国家林业和草原局普通高等教育"十四五"重点规划教材

基础生物化学

(第3版)

高建华　杨致荣　主编

中国林业出版社
China Forestry Publishing House

内容简介

本教材包括三部分，第一部分主要介绍生物大分子及其结构、性质和功能，包括蛋白质、核酸、酶和生物膜；第二部分主要介绍物质和能量的代谢，包括生物氧化、糖类代谢、脂质代谢、核酸的降解与核苷酸代谢，以及蛋白质的降解与氨基酸代谢；第三部分主要介绍遗传信息的流动和调节，包括核酸的生物合成、蛋白质的生物合成、代谢调节。本教材重视引导学生快速建立对各个章节内容的框架性认知，因此，在各章的起始设置了"学习导图"，并总结了相应的"学习要点"。对各章节重点内容，编写了辅助记忆的"打油诗"（助记小结）。另外，还在各章节提供了一些扩展阅读内容（知识窗），以增加趣味性，进一步理论联系实际。

本教材适用于高等院校本科生物化学课程的教学和生物科学类、农林类硕士研究生入学考试的复习，也可作为相关专业教师和科研人员的参考资料。

图书在版编目（CIP）数据

基础生物化学／高建华，杨致荣主编．—3 版．—北京：中国林业出版社，2023.8（2024.4 重印）
国家林业和草原局普通高等教育"十四五"重点规划教材
ISBN 978-7-5219-2208-0

Ⅰ．①基… Ⅱ．①高… ②杨… Ⅲ．①生物化学-高等学校-教材 Ⅳ．①Q5

中国国家版本馆 CIP 数据核字（2023）第 090277 号

策划编辑：高红岩
责任编辑：高红岩
责任校对：苏 梅
封面设计：睿思视界视觉设计

扩展阅读

助记小结

出版发行	中国林业出版社
	（100009，北京市西城区刘海胡同 7 号，电话 83223120）
电子邮箱	cfphzbs@163.com
网　　址	www.forestry.gov.cn/lycb.html
印　　刷	北京中科印刷有限公司
版　　次	2003 年 9 月第 1 版
	2006 年 8 月第 2 版
	2023 年 8 月第 3 版
印　　次	2024 年 4 月第 2 次印刷
开　　本	787mm×1092mm　1/16
印　　张	28.75
字　　数	700 千字　数字资源：60 千字
定　　价	69.00 元

《基础生物化学》(第3版) 编写人员

主　编　高建华　杨致荣

副主编　杨致芬　李艳丽　刘悦萍　黄权军

编写人员（以姓氏笔画为序）

丛靖宇（内蒙古农业大学）

刘　娜（河北农业大学）

刘建东（山西农业大学）

刘悦萍（北京农学院）

李　丽（山西农业大学）

李艳丽（吉林农业大学）

杨致芬（山西农业大学）

杨致荣（山西农业大学）

张二芳（吕梁学院）

高建华（山西农业大学）

黄权军（三峡大学）

薛智权（山西农业大学）

主　审　王金胜（山西农业大学）

第 3 版前言

党的二十大提出"实施科教兴国战略，强化现代化建设人才支撑"，这就要求我们坚持教育优先发展，加快建设教育强国。高等教育与科技前沿联系紧密，是培养高层次人才的重要环节，对相关教材建设提出了更高的要求。生物化学是生命科学领域的基础学科和前沿学科，是生命科学发展的支柱，是生命科学领域的"世界语"。随着生物学领域研究的深入，生物化学的知识点也在不断增加，这就要求教育工作者坚持学习，不断更新、梳理和归纳。另外，随着各种现代化教学方式的改革，以及教育资源的不断丰富，对教材编写思路提出了更高的要求。

本教材在第 2 版的基础上进行了较大程度的升级，主要包括：

1. 升级核心知识，保持内容新颖。第 3 版距上一版间隔 16 年之久，内容上需要进行较大的升级，包括更新或添加新的知识点、整理表述逻辑等。因此，本次教材编写参考了国内外新版主流生物化学和生物学教材，以及研究论文和文献综述等。现对主要修改内容进行总结。第一章，添加了蛋白质新的二级结构，修正了超二级结构和结构域与其他空间结构的层次关系。第二章，更新了 DNA 多态性的细节，添加了各种 RNA 的内容。第三章，调整了酶作用机制的表述逻辑，升级了 EC 分类，完善了各个公式推导过程，更新了核酶、抗体酶、酶工程等知识点，添加了脂溶性维生素。第四章，添加了板块镶嵌模型、"脂筏"模型、脂质翻转运动细节、小分子类型与跨膜运输总结，以及协同运输等相关内容。第五章，添加了 ATP 功能方式的总结，升级了呼吸链中复合体、电子传递、氧化磷酸化，以及 ATP 运输的细节描述。第六章，更新了淀粉、糖原降解和合成相关酶类的描述，添加了无氧氧化和有氧氧化的对比，更新了各个代谢途径调节的描述。第七章，通篇梳理并明确了脂质代谢在动植物体中的差异。第八章，更新了限制性内切酶的内容，添加了碱基分解和合成的详细流程，整理了补救途径的规律，最后图形化总结了核苷酸合成的流程。第九章，更新了蛋白酶的分类和蛋白质降解的方式，完善了 5 类氨基酸的合成过程。第十章，整体重新编写了核酸合成内容。第十一章，整体完善了蛋白质合成的表述，添加了肽链合成后的折叠、加工和修饰的内容。第十二章，重新总结了反馈抑制类型，添加了真核生物基因表达调节的详细内容，更新了细胞水平和激素水平调节的内容。

2. 梳理知识框架，提升"教""学"效率。为了帮助学生对每章内容形成宏观认识，促进脑图生成，本教材为每章添加了"学习导图"。该导图主要关注对章节内容的框架性和逻辑性梳理，学生可以参考并构建适合自己的学习导图。另外，结合学习导图，总结了各章的学习要点，以"掌握""理解""了解"等词汇体现相关知识在生物化学课程中的重要程度。该模块的特色还在于提供了学习方法建议，为学生的单章学习和跨章节融会贯通提供了一些经验。

3. 添加课外读物，扩展趣味知识。本教材为各个章节提供了相关联的课外读物，有些知识点紧密结合大家的身边事，如新冠病毒的核酸检测，为大家课余时间扩展知识，并贴近生活，理论联系实际。另外，对附录中诺贝尔奖名录进行了更新。

4. 凝练助记诗歌，激发记忆创新。生物化学知识点繁杂，有些知识本身逻辑性较弱，不利于记忆。本教材期望借助传统汉语言的艺术形式，如诗词、口诀、顺口溜、俏皮话等，与生物化学知识融合，辅助大家对难点、重点和烦琐细节的梳理和记忆。本教材原创了22首"打油诗"（助记小结），希望抛砖引玉，激起大家的学习兴趣，实现在生物化学课程，甚至其他多学科"教""学"过程的巧妙融合，达到趣味与功效双重效果。

本次编写依然采用分工编写、统一协调的方法。其中，第一章由吕梁学院张二芳编写；第二章由北京农学院刘悦萍编写；第三章由山西农业大学刘建东编写；第四章由山西农业大学李丽编写；第五章由吉林农业大学李艳丽编写；第六章由河北农业大学刘娜编写；第七章由三峡大学黄权军编写；第八章由山西农业大学杨致荣编写；第九章由山西农业大学杨致芬编写；第十章由内蒙古农业大学丛靖宇编写；第十一章由山西农业大学薛智权编写；第十二章由山西农业大学高建华编写。最后，由高建华、杨致荣、杨致芬、李艳丽、刘悦萍和黄权军统稿，由山西农业大学王金胜教授主审。

本教材的编写要感谢各位参编老师所在学校教务部门和学院的支持。同时，还要感谢前二版编者山西农业大学的王金胜老师、范月仙老师、郭春绒老师和潘登奎老师，甘肃农业大学的马静芳老师，河北农业大学的王冬梅老师，内蒙古农业大学的孙庆林老师和魏建民老师，青岛农业大学的孙晓红老师、张勇老师和高玲老师，云南农业大学的陈疏影老师，福建农林大学的周洁老师，湖北农学院的魏中一老师，他们为本教材奠定了扎实的基础。本教材的修订受到了山西省高等学校教学改革创新项目（J20220259、J20212017）、中华农业科教基金课程教材建设研究项目（NKJ202102021）的支持。

由于水平和时间有限，教材中难免存在不足，敬请读者批评指正。

编　者

2023年4月

第2版前言

生物化学是现代生物学的基础,是生命科学发展的支柱,是生命科学领域的"世界语"。因此,奠定坚实的生物化学基础是农业科学、生命科学学生和科技工作者的共同需要。

本教材的第1版是在"基础生物化学教学大纲"基础上,根据生物化学的发展,结合参编院校的教学实践,并在吸取国内主要农业院校的教学经验的基础上编写的。可作为农林院校生物科学类、农学类各专业生物化学课的教材,也可供其他专业的学生及研究生、教师和科技工作者参考。在编写过程中,为了能尽快反映现代生物化学的面貌和水平,将新进展、新成果及时介绍给学生,我们集中讨论制订了编写大纲,根据各编者学术上的专长,分别编写各有关章节。编写本教材总的指导思想是,根据农林院校生物科学类、农学类各专业对生物化学的要求,结合本学科的最新成就,内容既要有学生必须掌握的基础知识、基本理论和基本技能,又要尽可能地反映现代生物化学的新成果、新进展;既要使本教材的内容成为一个完整的丰富的体系,又要兼顾学科之间的相互交叉和相互渗透。目的是使学生既能掌握生物化学的基本内容,又能开拓其思路和知识领域。

经过几年的使用,《基础生物化学》(第1版)得到了使用院校的肯定,同时也发现了一些不足,特别是生物化学发展迅速,有些概念、理论需及时修正、充实。因此,我们对本教材编写队伍进行了充实,接纳了一些学校的教学骨干,使编写力量进一步加强。编写的指导思想与第1版相同,编写原则是继承成熟的内容体系,力求第2版更加先进、实用。在此基础上,对本教材进行了全面的勘误、改错、补充、修订,使本教材的图文更加准确,内容更加全面,介绍了新的概念和理论,反映了新的成果和进展。

本教材体系与第1版相同,共分十二章,第一章至第四章为蛋白质、核酸、酶及生物膜的结构、功能和性质,即生物化学的静态部分;第五章以后为物质的代谢和调节,即生物化学的动态部分。本教材中重要术语在第一次出现时附有英文,所用术语的英文名及缩写主要以科学出版社出版的《英汉汉英生物化学词汇》(沈昭文等主编,1998)为根据,有争议内容以高等教育出版社出版的《生物化学》(王镜岩等主编,2002)为标准。为了便于学生学习,各章均编有学习要点,章末附有思考题、推荐阅读资料和参考文献。

由于编写时间短,加之编者的水平有限,本教材中定有不少缺点和错误,恳请读者予以批评指正。

编 者
2006年8月

第1版前言

生物化学是现代生物学的基础，是生命科学发展的支柱，是生命科学领域的"世界语"。因此，奠定坚实的生物化学基础是农业科学、生命科学等相关专业学生和科技工作者的共同需要。

本书是在"基础生物化学教学大纲"(1993)基础上，根据生物化学的发展，结合参编院校的教学实践，并在汲取国内主要农林院校教学经验的基础上编写的。可作为农林院校生物科学类、农学类各专业生物化学课的教材，也可供其他相近专业学生及研究生、教师和科技工作者参考。

近年来，生物化学的发展极其迅速，新的进展层出不穷。为了尽快反映现代生物化学的面貌和水平，及时将新进展、新成果介绍给学生，我们组织编写组集中讨论、制订了编写大纲，根据各编写者学术专长，分工编写各有关章节。本书编写总的指导思想是：根据农林院校生物科学类、农学类各专业对生物化学的要求，结合本学科的最新成就，内容既有学生必须掌握的基础知识、基本理论和基本技能，又尽可能地反映现代生物化学的新成果、新进展；既使本书的内容成为一个完整的体系，又兼顾学科之间的相互交叉和相互渗透，以便学生既能掌握生物化学的基本内容，又能开拓其思路和知识领域。

本书共分12章，第一章至第四章为蛋白质、核酸、酶及生物膜的结构、功能和性质，即生物化学的静态部分；第五章以后为物质的代谢和调节，即生物化学的动态部分。本书中重要术语在第一次出现时附有英文，所用术语的英文名及缩写主要以科学出版社出版的《英汉汉英生物化学词汇》(沈昭文等主编，1998)为根据，有争议内容，以高等教育出版社出版的《生物化学》(王镜岩等主编，2002)为标准。为了便于学生学习，各章均编有学习要点，章末附有思考题、推荐阅读资料和参考文献。

由于编写时间短，加之编者的水平有限，书中定有不少缺点和错误，恳请读者予以批评指正。

编 者
2003年6月

目 录

第3版前言
第2版前言
第1版前言

绪 论 ·· 1
  一、生物化学的概念、研究对象和内容 ·· 1
  二、生物化学的发展 ··· 2
  三、生物化学与其他学科的关系 ·· 3
  四、生物化学的应用和发展前景 ·· 4

第一章 蛋白质化学 ·· 5
 第一节 蛋白质的元素组成 ·· 6
 第二节 氨基酸 ··· 7
  一、蛋白质氨基酸 ··· 7
  二、非蛋白氨基酸 ··· 14
  三、氨基酸的重要性质 ·· 16
  四、氨基酸的分离和分析鉴定 ··· 22
 第三节 肽 ··· 24
  一、肽的概念 ·· 24
  二、重要的寡肽及应用 ·· 24
 第四节 蛋白质结构 ··· 26
  一、蛋白质的一级结构 ·· 26
  二、蛋白质的空间结构 ·· 30
 第五节 蛋白质结构与功能的关系 ·· 42
  一、蛋白质一级结构与生物学功能 ··· 43
  二、蛋白质空间结构与功能的关系 ··· 45
 第六节 蛋白质的重要性质 ·· 48
  一、蛋白质的相对分子质量 ·· 48
  二、蛋白质的两性电离和等电点 ·· 49
  三、蛋白质的胶体性质 ·· 50
  四、蛋白质的沉淀反应 ·· 50
  五、蛋白质的变性 ··· 51
  六、蛋白质的紫外吸收 ·· 52
  七、蛋白质的颜色反应 ·· 52

第七节　蛋白质分类 ··· 53
　　　　一、根据分子形状分类 ··· 53
　　　　二、根据组成分类 ··· 54
　　　　三、根据溶解度分类 ··· 55
　　第八节　蛋白质的分离纯化 ··· 55
　　　　一、蛋白质分离纯化的一般原则 ··· 56
　　　　二、分离纯化蛋白质的基本原理 ··· 56
　　　　三、蛋白质纯度的鉴定 ··· 60
　　思考题 ·· 60

第二章　核酸化学 ·· 62
　　第一节　核酸的种类、分布与化学组成 ··· 64
　　　　一、核酸的种类和分布 ··· 64
　　　　二、核酸的化学组成 ··· 65
　　　　三、核酸的生物学功能 ··· 70
　　第二节　核酸的分子结构 ·· 71
　　　　一、DNA 的分子结构 ·· 71
　　　　二、RNA 的分子结构 ·· 81
　　　　三、核酸的序列分析 ··· 88
　　第三节　核酸的理化性质及研究方法 ·· 90
　　　　一、核酸的理化性质 ··· 90
　　　　二、核酸的变性 ··· 93
　　　　三、核酸的复性 ··· 94
　　　　四、分子杂交 ·· 95
　　第四节　核酸的分离提纯 ·· 96
　　　　一、核酸分离提纯的一般原则 ··· 96
　　　　二、分离纯化的一般步骤 ··· 96
　　　　三、核酸分离纯化技术 ·· 97
　　思考题 ·· 98

第三章　酶 ··· 99
　　第一节　酶的概述 ·· 100
　　　　一、酶的概念 ·· 100
　　　　二、酶的催化特点 ·· 101
　　　　三、酶作用的专一性 ··· 102
　　　　四、酶的化学组成及分类 ··· 104
　　第二节　酶的命名 ·· 104
　　　　一、习惯命名法 ··· 104
　　　　二、国际系统命名法 ··· 105
　　　　三、EC 编号 ··· 105

第三节　酶的作用机理 ·· 107
      一、酶的活性中心 ·· 108
      二、酶与底物分子的结合 ·· 108
      三、酶的三大基元反应 ·· 110
      四、反应活化能与降低反应活化能的因素 ·· 113
      五、酶促反应实例：羧肽酶 A ·· 115
   第四节　影响酶促反应速率的因素 ··· 117
      一、反应速率与酶活力，酶的活力单位和酶的比活力 ···························· 117
      二、底物浓度对酶促反应速率的影响 ·· 119
      三、酶浓度对酶促反应速率的影响 ··· 123
      四、温度对酶促反应速率的影响 ·· 124
      五、pH 值对酶促反应速率的影响 ·· 124
      六、激活剂对酶促反应速率的影响 ··· 125
      七、抑制剂对酶促反应速率的影响 ··· 126
   第五节　调节酶类 ··· 131
      一、别构酶 ·· 131
      二、同工酶 ·· 134
      三、共价修饰调节酶 ··· 135
      四、酶原及其激活 ·· 136
   第六节　核酶 ·· 137
      一、核酶 ·· 137
      二、脱氧核酶 ··· 139
   第七节　抗体酶 ··· 139
   第八节　酶的分离纯化及应用 ·· 140
      一、酶分离纯化的一般原则 ··· 140
      二、酶的应用 ··· 141
   第九节　酶工程 ··· 143
      一、酶工程的概念及研究内容 ··· 143
      二、酶工程的应用 ·· 144
   第十节　维生素和辅酶 ·· 146
      一、水溶性维生素 ·· 147
      二、脂溶性维生素 ·· 155
   思考题 ·· 157

第四章　生物膜的结构与功能 ·· 159
   第一节　生物膜的组成 ·· 160
      一、膜脂 ·· 160
      二、膜蛋白 ·· 164
      三、糖类 ·· 165
      四、其他膜组分 ··· 165

第二节 生物膜的结构 ······ 166
一、生物膜结构的主要特征 ······ 166
二、生物膜的结构模型 ······ 169
第三节 生物膜的功能 ······ 171
一、物质运输 ······ 171
二、能量传递和转换 ······ 176
三、信息传递 ······ 177
四、识别功能 ······ 177
思考题 ······ 177

第五章 生物氧化 ······ 179
第一节 生物氧化概述 ······ 180
一、生物氧化的概念 ······ 180
二、自由能与氧化还原电位 ······ 183
三、高能化合物 ······ 185
第二节 电子传递链 ······ 191
一、电子传递链的概念和部位 ······ 191
二、电子传递链的组分 ······ 191
三、电子传递链及其工作机理 ······ 194
四、电子传递抑制剂 ······ 201
第三节 氧化磷酸化作用 ······ 202
一、氧化磷酸化作用的概念 ······ 202
二、氧化磷酸化作用的偶联部位 ······ 202
三、ATP 合酶 ······ 204
四、氧化磷酸化机理 ······ 206
五、氧化磷酸化的解偶联和抑制 ······ 208
六、外源 NADH 氧化磷酸化和 ATP、ADP、无机磷酸的运输 ······ 209
七、ATP 的利用和贮存 ······ 212
八、氧化磷酸化的调节 ······ 213
第四节 活性氧 ······ 214
一、活性氧的种类、产生及作用 ······ 214
二、活性氧的清除 ······ 215
思考题 ······ 216

第六章 糖类代谢 ······ 217
第一节 生物体内的糖类化合物 ······ 218
一、单糖 ······ 218
二、寡糖与多糖 ······ 219
第二节 双糖和多糖的酶促降解 ······ 221
一、双糖的酶促降解 ······ 221

二、淀粉、糖原的酶促降解 …………………………………………………… 222
第三节　单糖的分解与糖酵解 ………………………………………………………… 226
　　　一、糖酵解的概念 …………………………………………………………… 226
　　　二、糖酵解的生化历程 ……………………………………………………… 226
　　　三、丙酮酸的去路 …………………………………………………………… 231
　　　四、化学计量与生物意义 …………………………………………………… 232
　　　五、糖酵解的调控 …………………………………………………………… 233
第四节　三羧酸循环 …………………………………………………………………… 234
　　　一、丙酮酸的氧化脱羧——三羧酸循环的准备阶段 …………………… 234
　　　二、三羧酸循环 ……………………………………………………………… 236
　　　三、丙酮酸氧化脱羧及三羧酸循环中 ATP 的形成 ……………………… 242
　　　四、丙酮酸氧化脱羧及三羧酸循环的调控 ……………………………… 243
　　　五、三羧酸循环的生物学意义 …………………………………………… 244
　　　六、糖的无氧氧化和有氧氧化的能量计算 ……………………………… 245
第五节　磷酸戊糖途径 ………………………………………………………………… 245
　　　一、反应历程 ………………………………………………………………… 245
　　　二、化学计量与生物学意义 ……………………………………………… 249
　　　三、磷酸戊糖途径的调控 ………………………………………………… 250
第六节　糖的异生作用 ………………………………………………………………… 251
　　　一、糖异生的反应历程 …………………………………………………… 251
　　　二、糖异生的能量消耗 …………………………………………………… 252
　　　三、非糖物质进入糖异生途径 …………………………………………… 252
　　　四、糖异生作用的生物学意义 …………………………………………… 252
　　　五、糖异生作用的调控 …………………………………………………… 253
第七节　蔗糖和多糖的生物合成 ……………………………………………………… 255
　　　一、活化的单糖基供体及其相互转化 …………………………………… 255
　　　二、蔗糖的生物合成 ……………………………………………………… 256
　　　三、淀粉和糖原的生物合成 ……………………………………………… 257
思考题 …………………………………………………………………………………… 260

第七章　脂质代谢 …………………………………………………………………………… 261
第一节　植物体内的脂质及其功能 …………………………………………………… 262
　　　一、脂质的种类 ……………………………………………………………… 262
　　　二、脂质的生理功能 ……………………………………………………… 264
第二节　三酰甘油的降解 ……………………………………………………………… 264
　　　一、三酰甘油的酶促水解 ………………………………………………… 264
　　　二、甘油的转化及降解 …………………………………………………… 265
　　　三、脂肪酸的氧化分解 …………………………………………………… 265
　　　四、酮体 ……………………………………………………………………… 270
　　　五、乙醛酸循环 ……………………………………………………………… 272

    六、脂肪酸氧化的调节 ………………………………………………………… 273
  第三节 三酰甘油的生物合成 …………………………………………………………… 273
    一、甘油-3-磷酸的形成 …………………………………………………………… 274
    二、脂肪酸的生物合成 …………………………………………………………… 274
    三、脂肪酸合成的调节 …………………………………………………………… 282
    四、三酰甘油的合成 ……………………………………………………………… 282
    五、磷脂的代谢 …………………………………………………………………… 283
  思考题 ………………………………………………………………………………………… 285

第八章 核酸的降解和核苷酸代谢 …………………………………………………………… 286
  第一节 核酸的酶促降解 ……………………………………………………………… 287
    一、外切核酸酶 …………………………………………………………………… 287
    二、内切核酸酶 …………………………………………………………………… 287
    三、核酸限制性内切酶 …………………………………………………………… 288
  第二节 核苷酸的分解代谢 …………………………………………………………… 290
    一、核苷酸和核苷的降解 ………………………………………………………… 290
    二、含氮碱基的降解 ……………………………………………………………… 291
  第三节 核苷酸的合成代谢 …………………………………………………………… 293
    一、嘌呤核苷酸的从头合成 ……………………………………………………… 293
    二、嘧啶核苷酸的从头合成 ……………………………………………………… 297
    三、补救途径 ……………………………………………………………………… 299
    四、脱氧核糖核苷酸的生物合成 ………………………………………………… 300
  思考题 ………………………………………………………………………………………… 302

第九章 蛋白质的降解和氨基酸代谢 …………………………………………………………… 303
  第一节 蛋白质的降解 ………………………………………………………………… 304
    一、蛋白酶分类 …………………………………………………………………… 304
    二、蛋白质的酶促降解 …………………………………………………………… 307
  第二节 氨基酸的分解与转化 ………………………………………………………… 310
    一、氨基酸的脱氨基作用 ………………………………………………………… 310
    二、氨基酸的脱羧基作用 ………………………………………………………… 314
    三、氨基酸分解产物的去向 ……………………………………………………… 315
    四、一碳基团的概念及其生物学意义 …………………………………………… 321
    五、一碳单位的种类和生成 ……………………………………………………… 321
  第三节 氨基酸的生物合成 ……………………………………………………………… 323
    一、氨的来源 ……………………………………………………………………… 323
    二、氨的同化 ……………………………………………………………………… 326
    三、碳架来源 ……………………………………………………………………… 329
    四、氨基酸的生物合成 …………………………………………………………… 329
  思考题 ………………………………………………………………………………………… 337

第十章 核酸的生物合成 ································· 338
第一节 DNA 的生物合成 ································ 339
一、DNA 的半保留复制 ································· 340
二、DNA 复制的酶类和蛋白质因子 ····················· 341
三、原核细胞的 DNA 复制 ······························ 347
四、真核细胞的 DNA 复制 ······························ 352
五、反转录 ··· 354
六、DNA 的人工合成 ···································· 355
第二节 DNA 的损伤修复 ······························ 356
一、突变 ·· 357
二、修复 ·· 358
第三节 RNA 的生物合成 ······························ 362
一、不对称转录 ··· 362
二、RNA 聚合酶 ·· 363
三、原核生物的转录 ····································· 364
四、真核生物的转录 ····································· 367
五、转录过程的抑制剂 ·································· 370
六、RNA 转录后加工 ···································· 371
七、RNA 的剪接 ·· 379
八、RNA 的复制 ·· 382
思考题 ··· 384

第十一章 蛋白质的生物合成 ······························ 385
第一节 蛋白质合成体系的重要组分 ················· 386
一、mRNA 与遗传密码 ·································· 386
二、核糖体 ··· 390
三、tRNA ··· 391
第二节 蛋白质合成的过程 ······························ 392
一、氨基酸的活化 ·· 393
二、肽链合成的起始 ····································· 395
三、肽链合成的延伸 ····································· 396
四、肽链合成的终止与肽链的释放 ··················· 398
五、真核细胞蛋白质生物合成 ························· 398
六、多核糖体 ·· 400
七、蛋白质合成的抑制剂 ······························· 401
第三节 肽链合成后的修饰 ······························ 401
一、新生肽链的折叠 ····································· 401
二、翻译后的加工和修饰 ······························· 403
第四节 蛋白质合成后的运送 ··························· 403
一、蛋白质的分选信号 ·································· 404

         二、蛋白质的运送类型 ·· 404
    思考题 ··· 404
第十二章 物质代谢的联系与调节 ··· 406
  第一节 物质代谢的相互关系 ·· 407
         一、糖代谢与蛋白质代谢的相互关系 ·································· 407
         二、糖代谢与脂代谢的相互关系 ······································ 407
         三、脂类代谢与蛋白质代谢的相互联系 ································ 408
         四、核酸代谢与糖类、脂类及蛋白质代谢的相互联系 ··················· 409
  第二节 代谢调节 ·· 409
         一、代谢调节的不同水平 ·· 409
         二、分子水平调节 ·· 410
         三、细胞水平调节 ·· 426
         四、激素调节 ·· 427
    思考题 ··· 430
参考文献 ··· 431
附录 诺贝尔生理学或医学奖、化学奖清单(1901—2022年) ···················· 433

绪 论

一、生物化学的概念、研究对象和内容

生物化学是研究生命现象化学本质的科学。或者说，生物化学是用物理的、化学的原理与技术，从分子水平来研究生物体的化学组成、生命活动的基本规律及其调节方式，从而阐明生命现象化学本质的一门科学。

根据研究对象的不同，生物化学又可分为人体生物化学、动物生物化学、植物生物化学、微生物生物化学等。

研究生物体化学本质的一个基本任务是了解有机体的化学组成。生物体的基本化学元素组成有碳、氢、氧、氮、硫、磷和少量的其他元素。这些元素可以构成各种各样的含碳有机化合物，其中最主要的是蛋白质、核酸、多糖和脂类。由于这些化合物的相对分子质量很大，所以称为生物大分子(biological macromolecule)。此外，生物体内还有其他有机物（如可溶性糖、有机酸、生物碱、维生素和激素等）和无机离子。本书第一、二章介绍了蛋白质和核酸这两类最重要的生物大分子的结构、性质及生物功能。第三章介绍了奇妙的生物催化剂——酶的结构、性质和催化机理。

生物的基本单位是细胞，细胞的一个显著特点是它的内部活动和周围环境的关系要受到细胞表面的生物膜的严格调控。或者说，生物膜是物质流、能量流和信息流进出细胞的门户。本书在第四章介绍了生物膜的组成、结构和功能。

生物体通过呼吸作用有控制地、逐步地将部分光合产物氧化分解成二氧化碳和水。在这一过程中释放的能量有40%~60%被用来合成生物能量通货"ATP"，其余能量以热的形式散失。ATP随即被生物体以不同方式利用，如用于主动吸收和物质运输，或用来合成多糖、脂肪、蛋白质、核酸等。本书第五章讨论了电子传递链及氧化磷酸化作用机理。

生物体具有高度有序的复杂结构，为了复制、维持这些结构，生物必须不断与环境进行物质交换，从这种新陈代谢中取得所需的物质和能量。因此，新陈代谢是有机体生命活动的基础。生物机体可以把从外界摄取的营养物质，经过加工和改造，转变为自身的组成成分，这一过程称为合成代谢(anabolism)或同化作用(assimilation)。绿色植物和光合细菌通过光合作用，利用太阳的辐射能，把 CO_2 和水转变为碳水化合物或其他形式的化学能，不仅用来滋养植物体本身，也用来滋养动物和大多数微生物。另外，生物体原有的物质和摄取的营养成分，又经常不断地进行分解，转变为较简单的化合物，并释放出部分能量。这些化合物或者作为中间体重新用来合成生物体的组成成分，或者作为最终产物排出体外。这一过程称为分解代谢(catabolism)或异化作用(dissimilation)。合成代谢和分解代谢，或同化作用和异化作用贯穿生物体整个生命活动的始终，而且这些代谢过程能够有条不紊、高效地进行。从第六章到第九章介绍了生物体内主要物质糖、脂代谢和生物大分子基本单位——氨基酸、核苷酸的代谢。

生命的一个重要内容是如何记录信息并且再生自我。生命体内记录并传递遗传信息的生物大分子是核酸，核酸分子上携带着生命的遗传信息，它可通过复制、转录、翻译，把遗传信息传递给下一代，以保证生物体的发育和繁殖；同时遗传信息还要表达为蛋白质，由蛋白质执行着各种生物功能。这种遗传信息的传递过程也是生物化学研究的重要内容。本书第十章和第十一章讨论了这方面的内容。

生物体是一个有机的统一体，各种代谢途径之间相互协调，和谐共处，这些都又赖于生物体精确的调节机制。第十二章就介绍了物质代谢调节的基本形式和机理。

诚然，生物化学的内容博大精深，体系十分庞大，上述内容只是这个体系的骨干内容和基础知识。

二、生物化学的发展

生物化学是19世纪末、20世纪初才发展成为一门独立的新兴学科。随着社会发展和人类对食品、医药的需求，人们早已广泛应用了生物制品，并积累了不少关于生物化学的知识。例如，我国古代劳动人民已广泛应用并发展了酿酒、制醋和生产饴糖等技术，这些在古书里都有详细的记载。显然，这些技术都是酶和发酵过程的实际应用。此外，还广泛利用了动物脏器和植物材料作为药物来治疗疾病；在临床诊断中，对代谢产物（如粪、尿、血液等）变化，都有较详细的观察。时至今日，我国古代有关生物化学的著作和记载，仍有发掘、整理和进行科学分析的价值。

西方国家在15、16世纪，由于发明了机器，科学技术和生产力都有了较大发展。但到了18世纪，由于"活力论"的影响，使生物化学的发展停滞不前。活力论者认为，生命现象是由某种超自然的、不可认识的"活力"所支配，因而生物体内的物质变化，不服从于一般的物理、化学规律；而且，生物体内存在的天然化合物，不能用普通的化学方法在实验室里合成出来。这样就在生物与非生物间划了一道鸿沟。到18世纪中叶，Lavoisier在1775年证实了呼吸过程是一个氧化过程；1776年Priestley发现了光合作用；19世纪初，Wöhler用人工方法将氰酸铵合成尿素，实现了在一定条件下无机物与有机物之间的转化。这有力地说明了生物与非生物间并没有不可逾越的鸿沟，从而否定了"活力论"者。

德国的Liebig在1840年出版了著名的《有机化学在农业和生理学中的应用》一书，对当时的科学界有很大影响。书中详细地描述了自然界存在的物质循环，阐明了动物、植物和微生物在物质和能量方面相互依赖和循环关系。

Pasteur在1857年、1860年对乳酸发酵和酒精发酵进行了深入研究，指出发酵是由微生物所引起的，为发酵和呼吸的生化理论奠定了基础。其后，Buchner首次用酵母无细胞提取液进行发酵，证实了酶的作用，随后人们对很多酶进行了分离提纯。1926年，Sumner首次将酶制成结晶，并证明了酶的蛋白质本质。Funk在1911年结晶出复合维生素B，并提出"vitamine"一词，意为"生命的胺"。后来发现许多维生素并非胺类化合物，所以，又改为"vitamin"。1902年，Abel分离出肾上腺素并制成结晶。1905年，Starling提出"hormone"一词来表示激素。1926年，Went从燕麦胚芽鞘中分离出植物激素——生长素。

19世纪末、20世纪初，生物化学领域有三个重大发现，即酶、维生素和激素。

20世纪30年代以后，由于不同学科间的互相渗透，和各项新技术的综合应用，生物化学有了迅速的发展。如同位素示踪原子技术、X-射线衍射技术、电子显微技术、核磁共振、顺磁共振、电泳、层析和超速离心等技术手段的应用，使人们能够从亚细胞或分子水平深入研究细胞的组成和结构、超分子聚集体的结构和功能以及细胞内进行的一系列代谢过程。1940年前后，糖酵解、三羧酸循环、氧化磷酸化、磷酸戊糖途径、脂肪酸代谢和光合磷酸化等主要代谢途径均被阐明，许多著名的生物化学家如Warburg、Keilin、Embden、Meyerhof、Krebs、Hill、Lipmann等为此作出了重要的贡献。50年代以后，生物化学经过几十年的发展，已成为生物学科的中心和前沿领域。其中许多举世瞩目的研究成果为人类全面解释生命现象的本质提供了新的希望。例如，Calvin和Arnon阐明了光合碳循环和光合磷酸化过程；年轻的科学家Watson和Crick在总结Chargaff等人对核酸特性和组成研究的基础上，于1953年首次提出了DNA双螺旋结构模型，成为生命科学发展史上的一块里程碑，开创了生物科学的一个新纪元；Kendrew和Perutz采用高分辨率X-射线分析，解释了蛋白质的三维空间结构等。由于这些研究成果的问世，使人们相信驾驭生命已不再是空谈，认为今后的世纪将是生物学的世纪。

当前，生物化学正在进一步发展，它已在生理学、遗传学、细胞学、生态学等领域得到应用和发展。对生物大分子如蛋白质和核酸的空间结构及功能的认识已取得成功。酶催化作用的机理及对代谢过程的控制，也取得了很大的进展。光合作用机理，植物的抗逆性分子基础，生物固氮的机制，基因的克隆、转化以及基因表达的调控等研究，都取得了可喜的成果。特别是人类基因组计划的实施和"完成图"的得出，加速了人类认识生命的步伐，使21世纪成为世人公认的生物世纪。

由于各学科的互相渗透，产生了许多新兴的边缘学科，如分子生物学、分子遗传学、量子生物学、结构生物学等。生物化学是这些新兴学科的理论基础，而这些学科的发展又为生物化学提供了新的理论和研究手段。如生物化学和分子生物学之间的联系，为阐明生命现象的分子机理开辟了广阔的前景。

在我国，生物化学也得到了突飞猛进的发展，许多生物化学工作者在血液生化、免疫化学、酶的作用机理、蛋白质变性理论、血红蛋白变异、植物肌动蛋白结构、生物膜结构与功能等方面作出了突出贡献，取得了国际水平的研究成果。中国科学院生物化学研究所与有机化学研究所的科学家通力合作，于1965年完成了牛胰岛素的全合成；并于1972年用X-射线衍射法测定了猪胰岛素的空间结构；1979年年底完成了由41个核苷酸组成的酵母丙氨酰tRNA 3′端半分子的人工合成；1981年年底完成了该tRNA的人工全合成，共76个核苷酸，达到了世界先进水平。特别是我国作为唯一的发展中国家参加了人类基因组计划，并出色地完成了1%的任务，为我国在生命科学领域领先方阵中赢得领先的地位。

三、生物化学与其他学科的关系

生物化学是用物理的、化学的原理和方法研究生物体的化学现象，所以生物化学与化学特别是分析化学、有机化学以及物理化学有着密切的关系。例如，研究生物体的化学成分，必须应用化学方法或物理化学方法把它分离、提纯，研究它的性质，确定它的组成和结构，以至把它合成出来。而生物化学的物质代谢和能量代谢的研究，则需要物理化学中的热力学原则和理论作为基础。

生物化学的研究对象是生物体，属于生物学科的一个分支，它和生物学科的其他分支也有着相互联系。生理学主要研究生物体各类细胞、组织和器官的功能，以及生物体对内外环境变化的反应。它必然要涉及生物体内有机物的代谢，而有机物的代谢途径和机理正是生物化学的核心内容之一。细胞生物学研究生物细胞的形态、成分、结构和功能，包括研究组成细胞的各种化学物质的性质及其变化，而生物化学所研究的生物分子都是定位于细胞的某一部位而发挥作用的。目前研究发现，不同生物体内相似的蛋白质具有一定的遗传保守性，它们比形态解剖特征较少地受到自然选择的影响，所以可以作为生物物种遗传关系中进化亲缘关系的可靠指标。蛋白质及其他特殊生化成分，还可以作为生物分类的依据，以弥补形态分类的不足，把分类学推向一个高度。核酸和蛋白质的生物合成与调控，即基因表达与调控是遗传学、分子生物学研究的重要内容，当然也是生物化学必须讨论的重大课题。目前，许多生物化学理论是用微生物作为研究材料而证实的，而生物化学的理论又为研究微生物形态、分类和生理过程提供了理论基础。

四、生物化学的应用和发展前景

生物化学向其他学科的渗透越来越明显，它几乎渗透到了一切生命科学的领域，绝大多数生物学问题都需要从生化角度和用生化方法才可能较深入地得到了解。可以说，生物化学的原理与技术是研究现代生物科学的重要手段之一。

生物化学的原理和技术在生产实践中也得到了广泛的应用，如食品、发酵、制药及皮革工业，预防、治疗医学等都与生物化学有着密切的关系。

生物化学是农业科学的重要理论基础之一，如研究植物的新陈代谢的各种过程，就有可能控制植物的发育，如能明确糖、脂类、蛋白质、维生素、生物碱以及其他化合物在植物体内合成规律，就有可能创造一定的条件，以获得优质高产的某种农作物。或在了解了某种作物的遗传特性之后，可利用基因重组技术，培育出优良的作物新品种。此外，农产品的贮藏与加工、植物病虫害的防治、除草剂和植物激素的应用、家畜的营养问题和畜牧业生产率的提高、土壤微生物学、土壤的肥力提高和养分的吸收等都需要应用生物化学的理论和技术手段。

生物化学在20世纪80年代发展了生物工程或生物高技术的崭新领域，包括遗传工程或基因工程、蛋白质工程和酶工程，以及细胞培养、组织培养等体外技术，用于改造物种和生产对人类有用的产物，以生物化学的理论和技术为基础的生物工程具有广阔的前景。首先，利用生物工程的方法和技术可以改造物种，培育高抗逆性、具有特殊品质的转基因植物。其次，人们正在试图利用植物建造"植物工厂"，生产对人类有用的特殊生物化学物质。利用生物工程来生产新型的药物和疫苗，对于治疗疾病、维护人类健康有着重要的意义，将会大大提高劳动生产率、降低生产成本。生物化学理论还可以与工业技术领域学科相结合，在材料工业、污水和废物处理方面发挥作用。目前已产生了生物化学和电子学的边缘学科——分子生物电子学，研究生物芯片和生物传感器，对电子计算机制造、疾病防治和生物模拟都有重要的推动作用。因此，生物工程产业的崛起将会极大地改变社会产业结构和人们的劳动生产方式。

第一章 蛋白质化学

【学习导图】

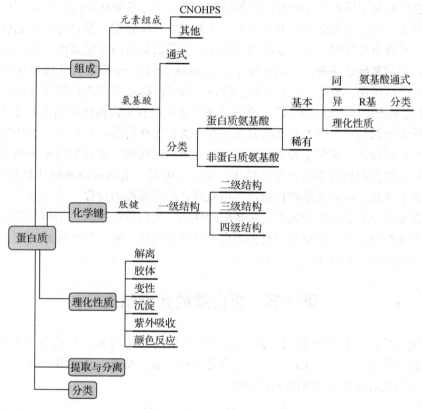

【学习要点】

掌握组成蛋白质的基本元素及规律。

掌握组成蛋白质的基本分子单位——氨基酸。掌握氨基酸的基本结构。掌握氨基酸的分类，尤其是组成蛋白质的氨基酸（基本氨基酸）的种类、分子通式和区别，以及在此基础上产生的共有或特色的理化性质。理解结构决定性质、性质决定行为，如在学习氨基酸理化性质的同时，了解氨基酸的分离鉴定方法。

掌握基本氨基酸形成蛋白质的连接方式，即由共价键连接的一级结构。理解生物大分子除了简单的顺序结构外，还有更复杂的空间结构（类比线条等物品）。为了便于理解和学习，人为将蛋白质的空间结构划分了3个层次，从局部（二级结构）到整体（三级结构），再到更复杂的叠加（四级结构）。

掌握蛋白质的基本理化性质，尤其是对比其基本单元氨基酸的理化性质，了解两者之间的继承或因果关系和区别。同理，在学习蛋白质基本理化性质的基础上，了解其提取、分离和纯化的基本原则(对比氨基酸的理化性质与分离鉴定)。

学习建议：本章是接触生物大分子的开始。建议大家充分把握层次，即先元素、后单元(氨基酸)、再整体序列(一级结构)、最后再看空间结构的讲述和学习逻辑。为后面其他大分子物质的学习建立框架性思路。

蛋白质(protein)是动物、植物和微生物细胞中最重要的有机物质之一，也是细胞结构中最重要的成分，如蛋白质与 DNA 构成染色体；在质膜、核膜、叶绿体膜、线粒体膜、内质网中蛋白质与脂质构成生物膜；在核糖体中蛋白质与核糖核酸(RNA)结合在一起。此外，所有重要的生命活动都离不开蛋白质。从细胞的有丝分裂、发育分化到光合作用、物质的运输、转移及细胞内千头万绪的化学变化，都是依靠蛋白质完成的。现已明确，遗传信息传递的物质基础是核酸，基因实际上就是 DNA 分子中有特定核苷酸顺序的片段。然而，遗传信息的传递、表达，包括复制、转录、翻译，都离不开蛋白质的作用。正如恩格斯所说"生命是蛋白体的存在方式"，充分说明了蛋白质在生命活动中的重要意义。

蛋白质研究的另一个巨大的推动力是其在人类食物和营养中具有重要的地位。就我国人民的饮食习惯而言，大部分的蛋白质营养取自植物性食物。随着生活水平的提高，从动物性食物中取得蛋白质营养的比重已经逐步增大。但是，动物最终还是从植物取得营养。从某种意义上来说，饲养业是转化植物蛋白质或必需氨基酸的过程。

本章着重介绍了蛋白质构成单位氨基酸的性质、蛋白质的结构、结构与功能的关系及蛋白质的重要性质，同时简单介绍有关蛋白质的分离提纯、相对分子质量测定、一级结构分析的基本知识和一些技术、方法的原理。

第一节　蛋白质的元素组成

许多蛋白质已经获得结晶的纯品。根据蛋白质的元素分析，所有蛋白质都含有碳、氢、氧、氮 4 种元素，一些蛋白质还含有其他一些元素，如硫、磷、铁、铜、锌、钼、碘等。一般蛋白质的元素组成见表 1-1 所列。

表 1-1　一般蛋白质的元素组成

元素	含量/%	元素	含量/%
碳	50~55	硫	0~4.0
氢	6.5~7.3	磷	0~0.8
氧	19~24	铁	0~0.4
氮	15~19		

应当指出的是，生物体组织中所含的氮，大部分存在于蛋白质中，而蛋白质中氮的百分含量又比较恒定，平均为 16%。这是蛋白质元素组成的一个特点。每百克蛋白质中平均含氮 16 g，即含氮量为 1 g 的样品中，蛋白质的含量为 100/16 = 6.25 g。根据这一关系，当测出样品中氮的含量后，按照下式就可以计算出蛋白质的含量：

$$蛋白质含量 = 蛋白氮含量 \times 6.25$$

因此，"6.25"常称为蛋白质系数。这种方法正是凯氏定氮法(Kjeldahl method)测定蛋白质含量的计算基础,并且常用于农产品粗蛋白分析上。凯氏定氮法是由丹麦化学家凯道尔(Johan G. C. T. Kjeldahl)于1883年建立的。凯氏定氮法是测定化合物或混合物中总氮量的一种方法。先在有催化剂的条件下,用浓硫酸消化样品,使有机氮都转变成无机铵盐;然后,在碱性条件下将铵盐转化为氨,随水蒸气蒸馏出来;氨通入过量的硼酸液,被完全吸收;再以标准盐酸滴定硼酸的剩余量,即可获得硼酸的消耗量;而消耗硼酸的物质的量与氨相同,即可计算出样品中的氮含量,用于估计蛋白质含量。

第二节 氨基酸

从各种生物体中发现的氨基酸(amino acid)已近300种,但组成蛋白质的氨基酸只有20余种,其中常见氨基酸为20种,它们均由相应的遗传密码编码,称为基本氨基酸(standard amino acid)。此外,在某些蛋白质中还存在若干种不常见的氨基酸,它们都是在已合成的肽链上由常见的氨基酸经专一性酶催化的化学修饰转化而来的,称为稀有氨基酸(nonstandard amino acid)。前两者均是蛋白质的组成成分,因此,统称为蛋白质氨基酸(proteinogenic amino acid)。天然氨基酸大多数是不参与蛋白质组成的,这些氨基酸被称为非蛋白质氨基酸(non-proteinogenic amino acid)。本节重点讨论的是蛋白质的基本氨基酸。

一、蛋白质氨基酸

氨基酸是组成蛋白质的基本单位,它们在结构和性质上既有共性又有差异。

(一)基本氨基酸

1. 氨基酸的结构特点及表示方法

蛋白质的基本氨基酸有20种(助记小结1-1),除脯氨酸以外,其余19种基本氨基酸在结构上的共同点是与羧基相邻的α-碳原子上都有一个氨基,因而称为α-氨基酸;另外,除甘氨酸外,其余19种氨基酸的α-碳都是手性碳原子,它们都有D、L两种构型,基本氨基酸都是L-型。20种基本氨基酸之间的差别在于它们的特殊侧链结构,即所谓的R基。蛋白质氨基酸结构通式如下:

$$H_3\overset{+}{N}\text{·····}C_\alpha\text{—COO}^- \qquad H_3\overset{+}{N}\text{—}\underset{R}{\overset{COO^-}{\underset{|}{\overset{|}{C}}}}\text{—H}$$

透视式　　　投影式

生物化学中,氨基酸的名称既可使用3个字母的简写符号表示,也可用单字母的简写符号表示。这两套简写符号见表1-2~表1-6所列。

表1-2 非极性脂肪族R基氨基酸

名 称	三字母符号	单字母符号	结 构 式	相对分子质量
甘氨酸(glycine)	Gly	G	$H_3\overset{+}{N}\text{—}\underset{H}{\overset{COO^-}{\underset{|}{\overset{|}{C}}}}\text{—H}$	75.05

(续)

名称	三字母符号	单字母符号	结构式	相对分子质量
丙氨酸 (alanine)	Ala	A	$\text{H}_3\overset{+}{\text{N}}-\underset{\underset{\text{CH}_3}{\|}}{\overset{\overset{\text{COO}^-}{\|}}{\text{C}}}-\text{H}$	89.06
脯氨酸 (proline)	Pro	P	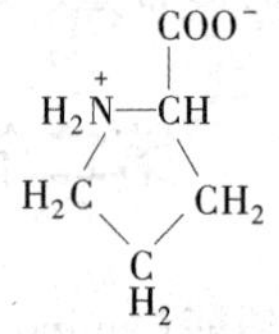 (环状结构)	115.08
缬氨酸 (valine)	Val	V	$\text{H}_3\overset{+}{\text{N}}-\underset{\underset{\text{CH}(\text{CH}_3)_2}{\|}}{\overset{\overset{\text{COO}^-}{\|}}{\text{C}}}-\text{H}$	117.09
亮氨酸 (leucine)	Leu	L	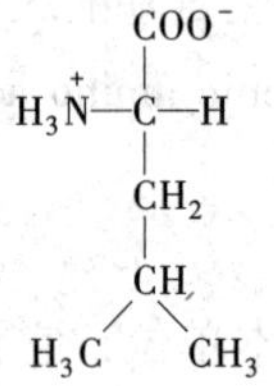 $\text{H}_3\overset{+}{\text{N}}-\text{C}(\text{COO}^-)\text{H}-\text{CH}_2-\text{CH}(\text{CH}_3)_2$	131.11
异亮氨酸 (isoleucine)	Ile	I	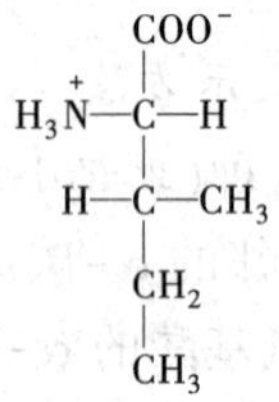 $\text{H}_3\overset{+}{\text{N}}-\text{C}(\text{COO}^-)\text{H}-\text{CH}(\text{CH}_3)-\text{CH}_2-\text{CH}_3$	131.11
甲硫氨酸 (methionine)	Met	M	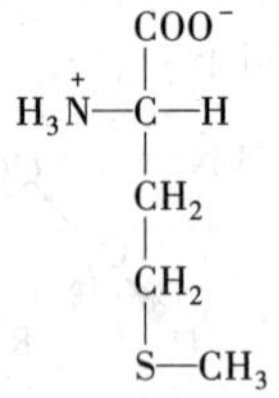 $\text{H}_3\overset{+}{\text{N}}-\text{C}(\text{COO}^-)\text{H}-\text{CH}_2-\text{CH}_2-\text{S}-\text{CH}_3$	149.15

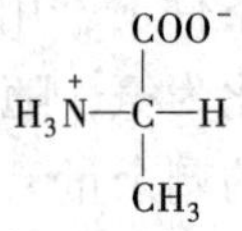

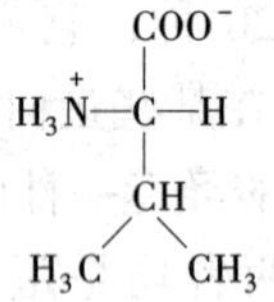

表 1-3 芳香族 R 基氨基酸

名称	三字母符号	单字母符号	结构式	相对分子质量
苯丙氨酸 (phenylalanine)	Phe	F	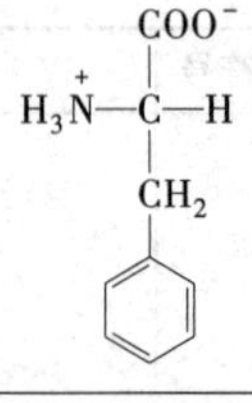 $\text{H}_3\overset{+}{\text{N}}-\text{C}(\text{COO}^-)\text{H}-\text{CH}_2-\text{C}_6\text{H}_5$	165.09

(续)

名　称	三字母符号	单字母符号	结　构　式	相对分子质量
酪氨酸 (tyrosine)	Tyr	Y	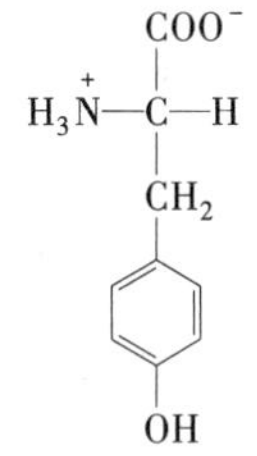 (结构式)	181.09
色氨酸 (tryptophan)	Trp	W	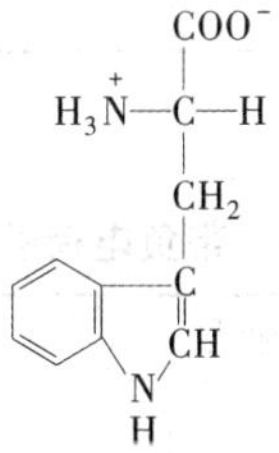 (结构式)	204.11

表 1-4　不带电荷的极性 R 基氨基酸

名　称	三字母符号	单字母符号	结　构　式	相对分子质量
丝氨酸 (serine)	Ser	S	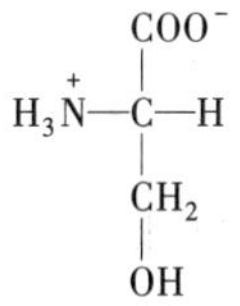 (结构式)	105.6
苏氨酸 (threonine)	Thr	T	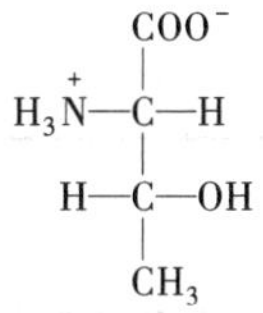 (结构式)	119.18
半胱氨酸 (cysteine)	Cys	C	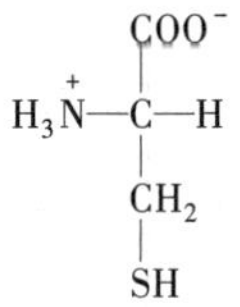 (结构式)	121.12
天冬酰胺 (asparagine)	Asn	N	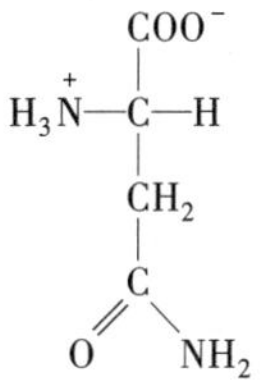 (结构式)	132.60

(续)

名　称	三字母符号	单字母符号	结　构　式	相对分子质量
谷氨酰胺 (glutamine)	Gln	Q	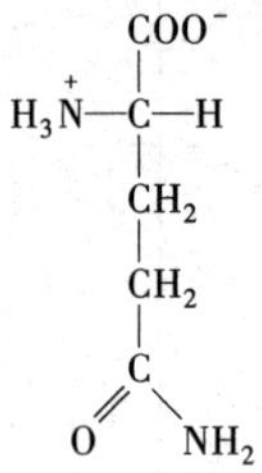 $\mathrm{H_3N^+{-}\overset{COO^-}{\underset{\underset{\underset{C(=O)NH_2}{CH_2}}{CH_2}}{C}}-H}$	146.08

表 1-5　带负电荷的 R 基氨基酸(酸性氨基酸)

名　称	三字母符号	单字母符号	结　构　式	相对分子质量
天冬氨酸 (aspartic acid)	Asp	D	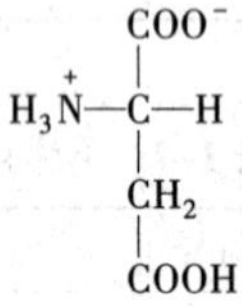 $\mathrm{H_3N^+{-}\overset{COO^-}{\underset{\underset{COOH}{CH_2}}{C}}-H}$	133.6
谷氨酸 (glutamic acid)	Glu	E	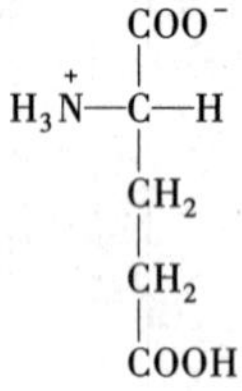 $\mathrm{H_3N^+{-}\overset{COO^-}{\underset{\underset{\underset{COOH}{CH_2}}{CH_2}}{C}}-H}$	147.08

表 1-6　带正电荷的 R 基氨基酸(碱性氨基酸)

名　称	三字母符号	单字母符号	结　构　式	相对分子质量
赖氨酸 (lysine)	Lys	K	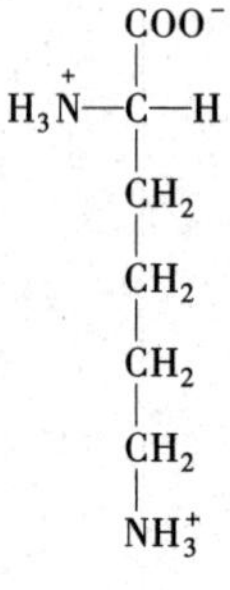 $\mathrm{H_3N^+{-}\overset{COO^-}{\underset{\underset{\underset{\underset{\underset{NH_3^+}{CH_2}}{CH_2}}{CH_2}}{CH_2}}{C}}-H}$	146.13

(续)

名　称	三字母符号	单字母符号	结构式	相对分子质量
精氨酸 (arginine)	Arg	R	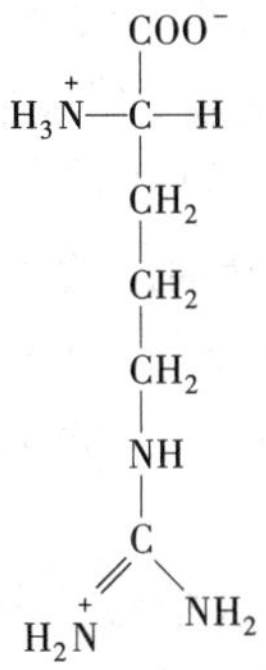 $H_3N^+-C(COO^-)H-CH_2-CH_2-CH_2-NH-C(=N^+H_2)-NH_2$	174.40
组氨酸 (histidine)	His	H	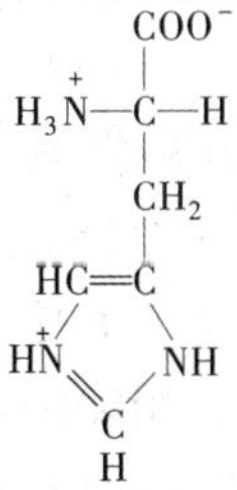 $H_3N^+-C(COO^-)H-CH_2-$ 咪唑环	155.09

2. 根据 R 基的分类

按照 α-氨基酸中侧链 R 基在生理 pH 值(7.0)时的极性性质，20 种基本氨基酸可以分为以下 5 组：①非极性脂肪族 R 基氨基酸；②芳香族 R 基氨基酸；③不带电荷的极性 R 基氨基酸；④带负电荷的 R 基氨基酸；⑤带正电荷的 R 基氨基酸(助记小结 1-2)。

(1) 非极性脂肪族 R 基氨基酸

这类氨基酸的侧链 R 基极性很小，多为烃基，具有疏水性，共有 7 种(表 1-2)。其中，丙氨酸(Ala)、亮氨酸(Leu)、异亮氨酸(Ile)、缬氨酸(Val)和甲硫氨酸(Met，也称为蛋氨酸)这 5 种氨基酸侧链基团 R 为脂肪族烃基；甲硫氨酸中含有硫(硫醚基)，硫原子上的甲基可在相关反应中转移给其他化合物。甘氨酸(Gly)的 R 基最小，是 H，对整个分子的疏水性和空间位阻没有任何贡献，同时也无法解离，介于极性和非极性之间，有时也将其归入不带电荷的极性 R 基氨基酸。脯氨酸(Pro)的脂肪侧链为一个特殊的环状结构，与一般的 α-氨基酸不同，没有自由 α-氨基，是一种 α-亚氨基酸(α-imino acid)，可以看成是 α-氨基酸上的侧链取代了氨基上的一个氢原子所形成的产物。

(2) 芳香族 R 基氨基酸

这类氨基酸包括苯丙氨酸(Phe)、色氨酸(Trp)和酪氨酸(Tyr)(表 1-3)。由于 R 基都有芳香性，其疏水性较强，参与蛋白质疏水相互作用(参见本章后文)。酪氨酸比苯丙氨酸多一个酚羟基，具有一定的解离能力，能形成氢键；色氨酸的吲哚环(indole ring)中虽然含有带孤对电子的 N，但是孤对电子参与了共轭体系，因此吸引质子的能力较弱，即不是广义碱。其吲哚环上的 C_3 具有一定的极性。因此，三者的 R 基极性从大到小排序依次为 Tyr>Trp>Phe。

(3) 不带电荷的极性 R 基氨基酸

这一组有 5 种氨基酸，它们的结构见表 1-4。这组氨基酸比非极性 R 基氨基酸极性强。它们的 R 基在生理 pH 值下，基本不解离（即解离的比例很小），但能与水形成氢键。丝氨酸（Ser）和苏氨酸（Thr）分子中侧链的极性是由它们的羟基造成的；天冬酰胺（Asn）和谷氨酰胺（Gln）的 R 基极性是由它们的酰胺基（amide group）引起的；半胱氨酸（Cys）则是由巯基（—SH）造成的。Asn 和 Gln 分别是两种带负电荷 R 基氨基酸（天冬氨酸和谷氨酸）的酰胺。酰胺键在酸碱环境下容易水解，变成天冬氨酸和谷氨酸。两个半胱氨酸的巯基容易被氧化连接，形成二硫键（—S—S—，disulfide bridge），强疏水，也是蛋白质中的重要化学键。

(4) 带负电荷的 R 基氨基酸（酸性氨基酸）

这一类中的两个成员是天冬氨酸（Asp）和谷氨酸（Glu），每一个氨基酸侧链 R 基上都有一个可完全解离的羧基，因此，在 pH 7.0 时带负电荷（表 1-5）。

(5) 带正电荷的 R 基氨基酸（碱性氨基酸）

在生理 pH 值时，R 基带有一个净正电荷的碱性氨基酸（表 1-6）都有 6 个碳原子。它们包括：赖氨酸（Lys），在它侧链的 ε 位置上带有正电荷氨基；精氨酸（Arg）则带有一个正电荷的胍基（guanidinium group）；组氨酸（His）含有弱碱性的咪唑基（imidazole group）。His 就其性质来看属于边缘氨基酸。在 pH 6.0 时，His 分子 50%以上质子化，但在 pH 7.0 时，质子化分子低于 10%，这是 R 基的 pK 值接近于 7.0 的唯一氨基酸。

3. 根据人体能否合成分类

如果按人体是否可以合成来分类氨基酸，可将基本氨基酸分为必需和非必需氨基酸。必需和非必需氨基酸都是人体所需要的氨基酸，只不过必需氨基酸（essential amino acid）人体自身不能合成或合成的量很少，不能满足人体的需要，必须由食物供给，包括异亮氨酸、甲硫氨酸、缬氨酸、赖氨酸、亮氨酸、色氨酸、苯丙氨酸、苏氨酸、组氨酸和精氨酸。其中，组氨酸和精氨酸在婴幼儿生长期合成速度不能满足自身需要，被称为半必需氨基酸（semi-essential amino acid）。非必需氨基酸（non-essential amino acid）是人体可以自身合成的氨基酸，为剩下的 10 种氨基酸。

4. 第 21 和第 22 种基本氨基酸

1986 年，英国科学家 Chamber 在研究鉴定一些动物的谷胱甘肽过氧化物酶（glutathion peroxidase，GSHPx）时发现了第 21 种氨基酸：硒代半胱氨酸（selenocysteine，Sec，U）。德国科学家 Zinoni 等进一步证实硒代半胱氨酸是由终止密码子 UGA 编码的，因此，也增加了 UGA 的功能——还可以作为有意义的密码子。硒代半胱氨酸含量较高的谷胱甘肽过氧化物酶几乎存在于所有的细胞中。硒比硫更易氧化成+4 价而不易氧化成+6 价，使其能保护膜组织和 DNA 不受过氧化物的伤害。

Krzycki 等发现一些产甲烷菌（methanogen，一类古菌）和一种细菌的遗传密码编码了第 22 种氨基酸——吡咯赖氨酸（pyrrolysine，Pyl，O）。例如，在这些微生物中，存在特殊的转甲基酶（methyltransferase），其基因序列中包含一个密码子 UAG，与硒代半胱氨酸的编码类似，该密码子没有被识别为终止密码子，而是变成了编码 Pyl 的密码子。

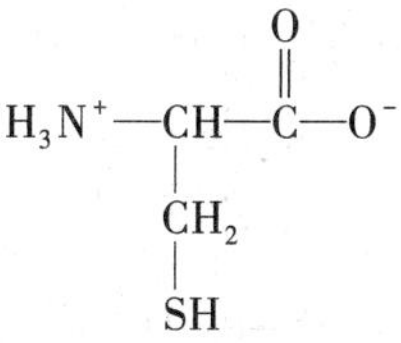

半胱氨酸(Cys) 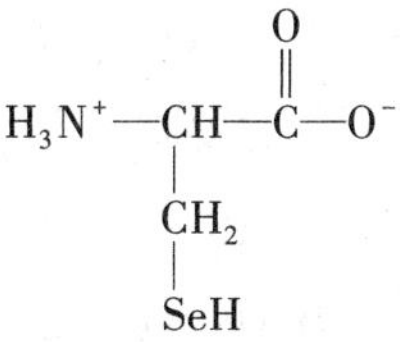　　　硒代半胱氨酸(Sec)

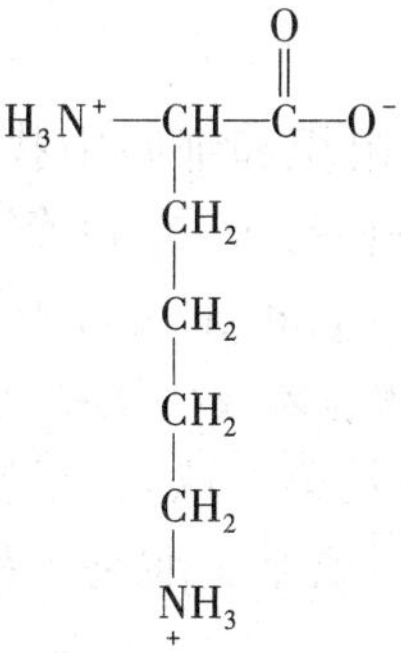

赖氨酸(Lys) 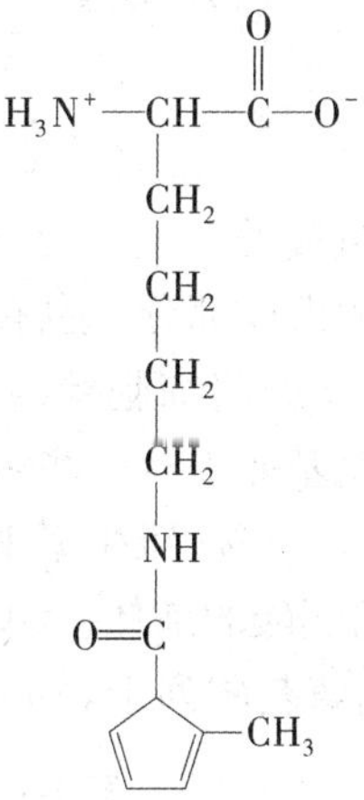　　　吡咯赖氨酸(Pyl)

基本氨基酸都溶于水，因为都含有极性的氨基和羧基，只是溶解度差异较大。

(二) 不常见的蛋白质氨基酸(稀有氨基酸)

除了上述 20 种基本氨基酸外，还有一些修饰的氨基酸存在于天然蛋白质中。这些氨基酸是在蛋白质合成后，在已有氨基酸基础上修饰而成的。例如，4-羟基脯氨酸(4-hydroxyproline)是脯氨酸的衍生物，存在于纤维蛋白、胶原(collagen)以及某些植物蛋白中(如烟草细胞壁的糖蛋白)。有的修饰是暂时的或可逆的，如两个半胱氨酸的巯基(—SH)氧化后可以通过二硫键形成一分子胱氨酸(cystine)；丝氨酸和苏氨酸 R 基中的羟基(—OH)经磷酸化之后，能分别生成磷酸丝氨酸和磷酸苏氨酸等。

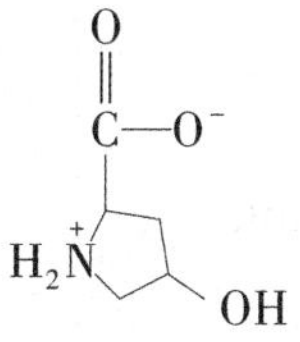

4-羟脯氨酸 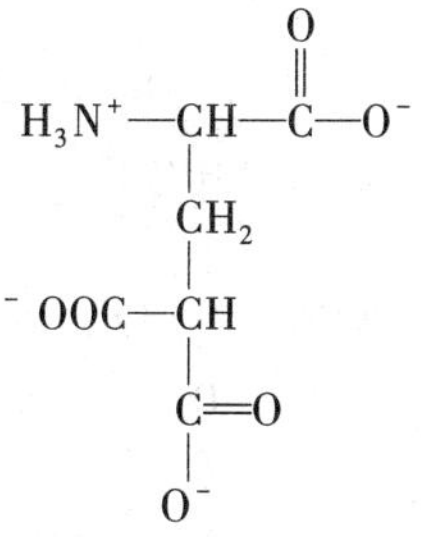　　　γ-羟基谷氨酸

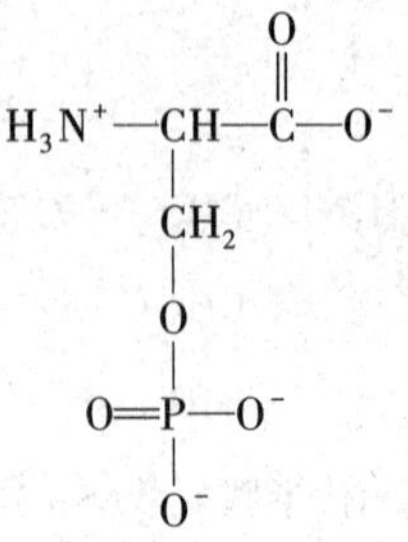

$$\begin{array}{cc}
\text{磷酸丝氨酸} & \text{磷酸苏氨酸}
\end{array}$$

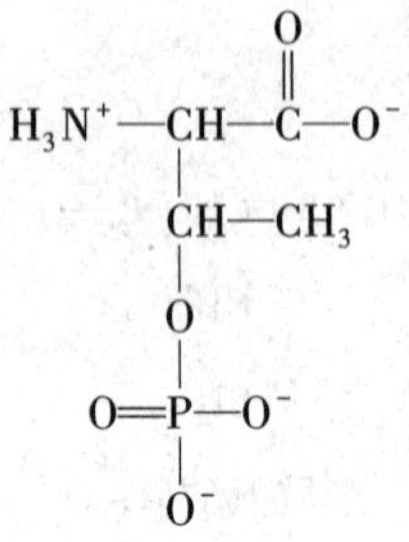

二、非蛋白氨基酸

除了参与蛋白质组成的氨基酸之外,还在各种组织和细胞中找到 300 多种其他氨基酸。它们不是蛋白质的组成部分,也有 D-型和一些 β-、γ-或 δ-氨基酸。例如,D-谷氨酸和 D-丙氨酸就存在于细菌细胞壁组成的肽聚糖(peptidoglycan)中;D-苯丙氨酸存在于短杆菌肽 S 中。这些氨基酸中有一些是重要的代谢物前体或代谢中间物,如存在于肌肽和鹅肌肽中的 β-丙氨酸是泛酸(维生素 B_5)的前体(参见第三章);瓜氨酸(citrulline)和鸟氨酸(ornithine)是合成精氨酸的前体(参见第六章);γ-氨基丁酸是一种神经递质(参见第九章)。现将一些非蛋白氨基酸列于表 1-7,以供参考。

表 1-7 一些非蛋白质氨基酸

名称	结构式	存在或功用
β-丙氨酸	$H_2N-CH_2-CH_2-COOH$	泛酸的前体
L-瓜氨酸	$H_2N-C(=O)-NH-CH_2-CH_2-CH_2-CH(NH_2)-COOH$	合成精氨酸前体
L-鸟氨酸	$H_2N-CH_2-CH_2-CH_2-CH(NH_2)-COOH$	合成精氨酸前体
高丝氨酸	$HO-CH_2-CH_2-CH(NH_2)-COOH$	在氮素贮藏与转运中起作用
刀豆氨酸	$H_2N-C(=NH)-NH-O-CH_2-CH_2-CH(NH_2)-COOH$	氮的贮藏形式,杀虫作用 精氨酸拮抗物
黎豆氨酸	$HOOC-CH(NH_2)-CH_2-S-S-CH_2-CH(NH_2)-COOH$	对其他生物有毒
β-氰丙氨酸	$N≡C-CH_2-CH(NH_2)-COOH$	对其他生物有毒

(续)

名　称	结　构　式	存在或功用
铃兰氨酸	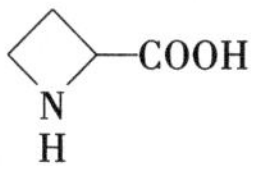 氮杂环丁烷-2-羧酸结构	脯氨酸拮抗物
乙硫氨酸	$CH_3CH_2-S-CH_2-CH_2-CH(NH_2)-COOH$	蛋氨酸拮抗物
茶氨酸	$CH_3-CH_2-NH-CO-CH_2-CH_2-CH(NH_2)-COOH$	茶叶中，与茶品质有关
γ-甲基谷氨酸	$HOOC-CH(CH_3)-CH_2-CH(NH_2)-COOH$	花生仁、紫穗槐、蕨类中
γ-亚甲基谷氨酸	$HOOC-C(=CH_2)-CH_2-CH(NH_2)-COOH$	花生中
γ-甲叉谷氨酰胺	$H_2N-CO-C(=CH_2)-CH_2-CH(NH_2)-COOH$	花生中，氮素贮运中起作用
S-甲基半胱氨酸	$CH_3-S-CH_2-CH(NH_2)-COOH$	豆科中
α,γ-二氨基丁酸	$H_2N-CH_2-CH_2-CH(NH_2)-COOH$	多年生甜豌豆种子中
高精氨酸	$H_2N-C(=NH)-NH-(CH_2)_4-CH(NH_2)-COOH$	山黎豆种子中，能抑制细菌生长
N-乙酰鸟氨酸	$H_2N-CH_2CH_2CH_2-CH(NH-CONH_2)-COOH$	紫菜科中，氮素贮藏物
3-(3-羧基-4-羟苯基)丙氨酸	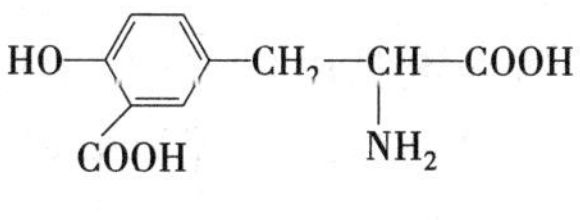 3-羟基-4-羧基苯基-$CH_2-CH(NH_2)-COOH$	十字花科中，氮素贮藏物
5-羟基色氨酸	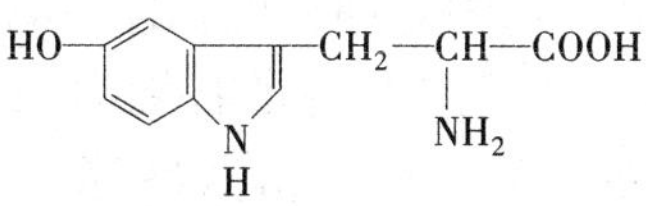 5-羟基吲哚-3-基-$CH_2-CH(NH_2)-COOH$	杀虫作用
D-丙氨酸	$H-C(CH_3)(\overset{+}{N}H_4)-COO^-$	乳酸菌、细菌肽聚糖中

(续)

名　称	结　构　式	存在或功用
D-谷氨酸	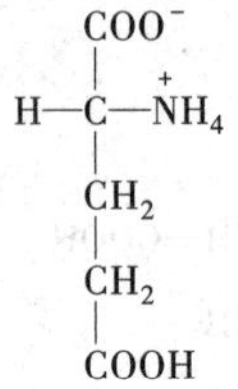 $\begin{array}{c} COO^- \\ H-C-NH_4^+ \\ CH_2 \\ CH_2 \\ COOH \end{array}$	细菌肽聚糖中

非蛋白氨基酸普遍存在于各种生物体中，必然具有某些特殊功能，这里将比较清楚的功能概括叙述如下：

①有些非蛋白氨基酸是某些代谢过程的中间产物或重要代谢物的前体。例如，瓜氨酸和鸟氨酸是生物合成精氨酸的中间产物，也是鸟氨酸循环的中间产物；酵母氨酸是酵母合成赖氨酸过程的中间产物；高丝氨酸是生物合成苏氨酸及蛋氨酸的中间产物，而β-丙氨酸则是泛酸和辅酶A的前体。

②很多非蛋白氨基酸在可溶性氮素的贮藏和运输中具有一定的作用。例如刀豆氨酸，在刀豆萌发期间，种子中存在的刀豆氨酸很快消失，充分说明它是氮素的一种贮藏形式。又例如，花生中γ-甲叉谷氨酰胺是贮藏和转运氮素的一种主要成分。

③调节生长作用。

④杀虫防御作用。例如，种子中高浓度的刀豆氨酸和5-羟色氨酸能防止毛虫的危害，高精氨酸能抑制细菌的生长。

⑤在柱头组织上的非蛋白氨基酸有抑制异种花粉发芽的作用。因而有学者认为，这些非蛋白氨基酸可能与种间隔离的机理有关。

总之，非蛋白氨基酸种类繁多，其功能也可能是多方面的。而且不同植物中常含有某些特殊的非蛋白氨基酸，它们既有不同的合成途径，又表现不同的生理功用。因而对各种非蛋白氨基酸研究，必将对代谢规律的探索提供更多的信息资料。

三、氨基酸的重要性质

(一) 氨基酸的光吸收

从结构上看，除甘氨酸以外，所有基本氨基酸的α-C上的4个基团都不相同，也就是说19种基本氨基酸的α-C都具有手性(chirality)。脯氨酸虽是环状结构，其α-C上的4个基团也不相同。这些氨基酸都具有光学活性，即在旋光计中测定时它们能使偏振光旋转（拓展阅读：知识窗1-1）。蛋白质中的氨基酸有些是右旋的(dextrorotatory)，如丙氨酸、异亮氨酸、谷氨酸、天冬氨酸、赖氨酸、缬氨酸、精氨酸等，其他为左旋(levorotatory)。右旋化合物以(+或d)表示，左旋以(-或l)表示。比旋光度是α-氨基酸的物理常数之一，也是鉴别各种氨基酸的一种根据。各种氨基酸比旋光度见表1-8所列。

也可以根据3-磷酸甘油醛的结构，将α-C有手性的氨基酸分为D和L两种构型。从蛋白质水解得到的α-氨基酸都属于L-构型(除甘氨酸外)。但在生物体内，特别是细菌中，D-型氨基酸还是存在的。

参与蛋白质组成的20种氨基酸，在可见光区域都没有吸收，但在远紫外区($\lambda<220$

nm)均有光吸收。在近紫外区域(220~300 nm),只有酪氨酸、苯丙氨酸和色氨酸有光吸收的能力。因为它们的 R 基含有苯环共轭双键系统。酪氨酸的最大光吸收波长(λ_{max})在 275 nm,在该波长下的摩尔消光系数 $\varepsilon_{275} = 1.4 \times 10^3$ $mol^{-1} \cdot L \cdot cm^{-1}$;苯丙氨酸的最大光吸收波长($\lambda_{max}$)在 257 nm,其摩尔消光系数 $\varepsilon_{257} = 2.0 \times 10^2$ $mol^{-1} \cdot L \cdot cm^{-1}$;色氨酸的最大光吸收波长($\lambda_{max}$)在 280 nm,其摩尔消光系数 $\varepsilon_{280} = 5.6 \times 10^3$ $mol^{-1} \cdot L \cdot cm^{-1}$。

表 1-8 蛋白质中常见 L-氨基酸的比旋光度

名称	$[\alpha]_D(H_2O)$	$[\alpha]_D(5\ mol/L\ HCl)$	名称	$[\alpha]_D(H_2O)$	$[\alpha]_D(5\ mol/L\ HCl)$
甘氨酸	—	—	精氨酸	+12.5	+27.6
丙氨酸	+1.8	+14.6	赖氨酸	+13.5	+26.0
缬氨酸	+5.6	+28.3	组氨酸	-38.5	+11.8
亮氨酸	-11.0	+16.0	半胱氨酸	-16.5	+6.5
异亮氨酸	+12.4	+39.5	甲硫氨酸	-10.0	+23.2
丝氨酸	-7.5	+15.1	苯丙氨酸	-34.5	-4.5
苏氨酸	-28.5	-15.0	色氨酸	33.7	+2.8 (1 mol/L HCl)
天冬氨酸	+5.0	+25.4	脯氨酸	-86.2	-60.4
天冬酰胺	-5.3	+33.2 (3 mol/L HCl)	羟脯氨酸	-76.0	-50.5
谷氨酸	+12.0	+31.8	谷氨酰胺	+6.3	+31.8 (1 mol/L HCl)

蛋白质由于含有这些氨基酸,所以也有紫外吸收能力,一般最大光吸收在 280 nm 波长处,因此,能利用分光光度法很方便地测定蛋白质的含量。但由于不同的蛋白质中这些氨基酸的含量不同,所以它们的消光系数(extinction coefficient,或称吸收系数)是不完全一样的。

(二)氨基酸的两性解离和等电点

氨基酸在水溶液中主要以偶极离子(dipolar ion)或兼性离子(zwitterion)($\overset{+}{H_3N}-CHR-COO^-$)的形式存在,不带电荷的中性分子为数极少。其证据有:①氨基酸晶体的熔点一般都很高,通常在 200℃以上,这是因为氨基酸结晶体晶格是靠氨基酸偶极离子的异性电荷之间的强大静电引力维持的。②当有机分子溶解在水中时,水的介电常数(dielectric constant)一般是降低。但是氨基酸溶于水时,水的介电常数反而增高。这种反常现象说明氨基酸是一类高极性分子。这与假定氨基酸在水溶液中呈偶极离子状态是一致的。

按照 Bronsted-Lowry 的酸碱理论,酸是质子供体,碱是质子受体,氨基酸分子中含有羧基和氨基两种基团,因此,氨基酸既是质子供体又是质子受体,也就是说氨基酸既是酸又是碱。

氨基酸的兼性离子形式

例如,甘氨酸在水溶液中存在着如下解离平衡:

$$\overset{+}{H_3N}-CH_2-COOH \overset{K_1}{\rightleftharpoons} \overset{+}{H_3N}-CH_2-COO^- +H^+ \quad (1)$$
$$\text{Gly}^+ \qquad\qquad\qquad \text{Gly}^\pm$$

$$\overset{+}{H_3N}-CH_2-COO^- \overset{K_2}{\rightleftharpoons} H_2N-CH_2-COO^- +H^+ \quad (2)$$
$$\text{Gly}^\pm \qquad\qquad\qquad \text{Gly}^-$$

在式(1)中 $Gly^{\pm}$、式(2)中的 Gly^- 都可以接受质子,所以是广义碱。而式(1)中的 Gly^+、式(2)中的 $Gly^{\pm}$ 都可以给出质子,所以都是广义酸。在溶液中,甘氨酸的3种离子形式各占有比例的多少,取决于所处溶液的 pH 值。

$$H_3\overset{+}{N}-CH_2-COOH \underset{+H^+}{\overset{-H^+}{\rightleftharpoons}} H_3\overset{+}{N}-CH_2-COO^- \underset{+H^+}{\overset{-H^+}{\rightleftharpoons}} H_2N-CH_2-COO^-$$

pH=1 时的　　　　　　pH=6 时的　　　　　　pH=10 时的
主要形式　　　　　　　主要形式　　　　　　　主要形式

在酸性溶液中时(如 pH=1),甘氨酸主要以 Gly^+ 的形式存在,式中具有两个可解离 H^+,因而可看作一个二元弱酸。因此,可按上面式(1)和式(2)的平衡式分步解离。相应平衡常数分别为

$$K_1 = \frac{[Gly^{\pm}][H^+]}{[Gly^+]} \tag{3}$$

$$K_2 = \frac{[Gly^-][H^+]}{[Gly^{\pm}]} \tag{4}$$

当向甘氨酸酸性溶液中逐步滴加稀的 NaOH 溶液时,上述的式(1)、式(2)平衡就会向右移动,即酸式解离。当滴加到一定程度时,溶液中的 $[Gly^+]=[Gly^-]$,此时溶液的 pH 值就是甘氨酸的等电点。在溶液的某一 pH 值时,氨基酸净电荷等于 0,该 pH 值则为这个氨基酸的等电点(isoelectric point, pI)。在 pI 时,氨基酸在电场中既不向正极也不向负极移动,即处于等电兼性离子状态。少数分子解离成阳离子和阴离子,但是解离成阳离子和阴离子的数目和趋势相等。

由式(3)、式(4)分别得

$$[Gly^+] = \frac{[Gly^{\pm}][H^+]}{K_1}$$

$$[Gly^-] = \frac{K_2[Gly^{\pm}]}{[H^+]}$$

在等电点时,$[Gly^+]=[Gly^-]$ 即为

$$\frac{[Gly^{\pm}][H^+]}{K_1} = \frac{K_2[Gly^{\pm}]}{[H^+]}$$

所以有

$$\frac{[H^+]}{K_1} = \frac{K_2}{[H^+]}$$

$$[H^+] = \sqrt{K_1 K_2}$$

则甘氨酸等电点 pI 表示式为 $pI = \frac{1}{2}(pK_1 + pK_2)$,根据实验,甘氨酸的 $pK_1 = 2.34$,$pK_2 = 9.60$,所以它的等电点是 $pI = \frac{1}{2}(2.34 + 9.60) = 5.97$。

在甘氨酸等电点计算公式中,K_1 和 K_2 分别代表 α-COOH 和 α-NH_3^+ 的表观解离常数(K_a)。pK 值是 K_a 的负对数,可通过滴定曲线的方法求得。如用 0.1 mol/L 的 NaOH 溶液去滴定甘氨酸溶液,以加入 NaOH 的量对溶液的 pH 值作图,即得到滴定曲线 A(图 1-1)。该曲线可以分为两个阶段,即 A 和 B。

在 A 阶段,主要是式(1)中 Gly^+ 的羧基逐步释放质子变成 $Gly^{\pm}$。当 $[Gly^+]=[Gly^{\pm}]$ 相

等时，反应达到第一次平衡，即达到 A 阶段的中点。根据式（3）可知，此时的 $K_1 =$ [H$^+$]，也就是说，此时 pH 值等于该阶段表观解离常数的负对数，即 pK_1(2.34)。继续滴定，[Gly$^\pm$]超过[Gly$^+$]，变成优势离子。

滴定至整个滴定的中点时，出现一个转折点，到这个转折点时，[Gly$^\pm$]的浓度接近最大值，即达到甘氨酸的等电点，此时的 pH 就是 pI。

继续滴定，进入 B 阶段。此时，Gly$^\pm$ 中的氨基开始释放质子，产生 Gly$^-$。当进行到 B 阶段的中点时，[Gly$^\pm$] = [Gly$^-$]。同理，此时的 pH 值等于该阶段表观解离常数的负对数，即 pK_2 = 9.60。

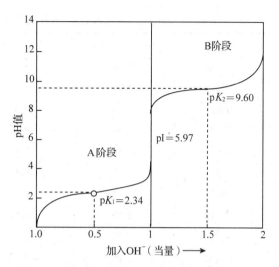

图1-1　甘氨酸滴定曲线

值得注意的是，该曲线还说明，在 pK_1 和 pK_2 附近，分别存在一个缓冲区（pK±1）。

对于侧链上没有解离基团的其他氨基酸来讲，上述处理完全适用。在侧链上有解离基团的氨基酸的 pI 计算，由于等电点时的解离主要是以净电荷为零的形式向左或向右进行的，以精氨酸为例，其解离过程如下：

$$\text{Arg}^{++} \xrightleftharpoons{K_1} \text{Arg}^{+\pm} + \text{H}^+$$

$$\text{Arg}^{+\pm} \xrightleftharpoons{K_2} \text{Arg}^{\pm} + \text{H}^+$$

$$\text{Arg}^{\pm} \xrightleftharpoons{K_R} \text{Arg}^- + \text{H}^+$$

从上式可以看出，精氨酸的等电点主要与 K_2 和 K_R 有关，即兼性离子（Arg$^\pm$）的出现和浓度主要与这两步解离有关。K_R 是能够解离的 R 基的表观解离常数，也可根据解离顺序用数字表示，如 K_3。此时，一级解离接近完全，即 [Arg^{++}] 可忽略不计。因此，精氨酸 pI $= \frac{1}{2}(\text{p}K_2 + \text{p}K_R)$。

其他两种碱性氨基酸的 pI 也是类似计算，即 pI $= \frac{1}{2}(\text{p}K_2 + \text{p}K_R)$。同理，可以推出酸性氨基酸的 pI $= \frac{1}{2}(\text{p}K_1 + \text{p}K_R)$（请自行尝试推理）。各种氨基酸等电点见表1-9所列。

表 1-9　氨基酸的表观解离常数和等电点

氨基酸	pK_1(—COOH)	pK_2(—NH$_2$)	pK_R(—R 基)	pI
甘氨酸	2.34	9.6	—	5.97
丙氨酸	2.34	9.69	—	6.02
缬氨酸	2.32	9.62	—	5.97
亮氨酸	2.36	9.60	—	5.98
异亮氨酸	2.36	9.68	—	6.02
丝氨酸	2.21	9.15	13.6	5.68
苏氨酸	2.63	10.43	13.6	6.53
天冬氨酸	2.09	9.82	3.86(β-COOH)	2.97
天冬酰胺	2.02	8.80		5.41
谷氨酸	2.19	9.67	4.25(γ-COOH)	3.22
谷氨酰胺	2.17	9.13		5.65
精氨酸	2.17	9.04	12.48(胍基)	10.76
赖氨酸	2.18	8.95	10.53(ε-NH$_2$)	9.74
组氨酸	1.82	9.17	6.00(咪唑基)	7.59
半胱氨酸	1.71	10.78	8.33(—OH)	5.02
甲硫氨酸	2.28	9.21		5.75
苯丙氨酸	1.83	9.13		5.48
酪氨酸	2.20	9.11	10.07(—OH)	5.66
色氨酸	2.38	9.39		5.89
脯氨酸	1.99	10.06		6.30

注：除半胱氨酸是30℃测定数值外，其他氨基酸都是25℃测定；表观解离常数：在生化研究中，应用解离常数时习惯于在特定的条件下测定（如浓度、pH值和离子强度）。因此，将在这种条件下测得的常数称为表现解离常数（apparent dissociation constant），与物理化学中所用的真实解离常数（true dissociation constant）不同，前者是校正值，是对浓度和离子强度所造成的偏离经校正后的数值。

氨基酸的两性解离及等电点的概念，在氨基酸分离技术上得到了广泛的应用。例如，氨基酸处于等电点时，净电荷等于零，在电场中没有电泳行为。而当环境pH值大于等电点时，氨基酸带负电；反之，当环境pH值小于等电点时，氨基酸带正电。

另外，由于在等电点时氨基酸的水化能力最弱，因而溶解度最小，可以沉淀析出，以达到分离氨基酸的目的。这也是其他具有等电点的物质（如蛋白质、核酸等）的共性特点。

(三) 氨基酸的重要呈色反应

氨基酸有特征性的有机反应，即官能团反应。例如，α-羧基、α-氨基、侧链上的官能团的反应对蛋白质研究十分有用：①鉴定和分析蛋白质水解产物中的氨基酸；②鉴定蛋白质中氨基酸的排列顺序；③鉴定天然蛋白质生物学功能所必需的氨基酸残基；④研究蛋白质生物活性及性质；⑤多肽化学合成。

1. 茚三酮反应

茚三酮反应（ninhydrin test）是氨基酸α-氨基的经典反应，可以用来定性、定量测定氨基酸。一分子的氨基酸与两分子的茚三酮（ninhydrin）在弱酸性溶液中加热反应，产生一种蓝紫色产物。水合茚三酮具有较强氧化作用，可引起氨基酸氧化脱羧、脱氨变成醛。同时，自身变成还原茚三酮(hydrindantin)。然后，还原茚三酮与第二个分子的水合茚三酮，在有 NH_3 存在时发生反应，形成紫色物质，这种物质中只有氮原子是从氨基酸中来的，在 570 nm 波长处有最大光吸收，可用分光光度计进行定量测定。反应如下：

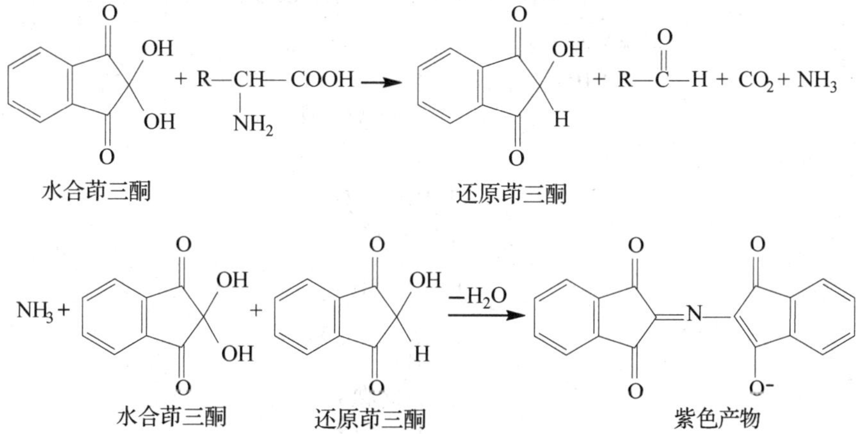

几乎所有氨基酸及具有游离 α-氨基的肽与茚三酮反应都产生紫色产物。脯氨酸和羟脯氨酸是特例，这种亚氨基酸与水合茚三酮反应产生黄色产物。因其分子中 α-氨基被取代，反应时不释放 NH_3，而直接生成黄色产物，最大光吸收在 440 nm 波长处。此产物的结构式如下：

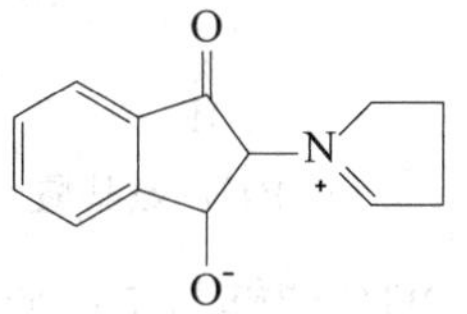

2. Sanger 反应

氨基酸与二硝基氟苯(2,4-dinitroflurobenzene，DNFB)在弱碱下反应生成二硝基苯代氨基酸(DNP-氨基酸)：

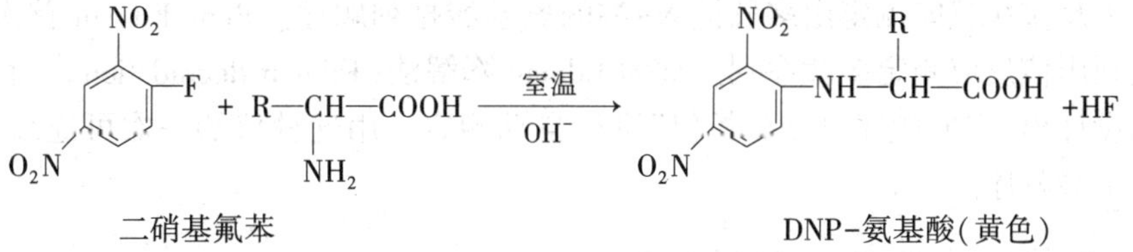

这一反应是定量转变的，产物在弱碱性条件下十分稳定，而且呈现颜色(黄色)。该反应可以用于鉴定多肽 N-端的氨基酸，由英国科学家 Frederick Sanger 发现，并使用这一反应第一次测定了蛋白质(胰岛素)的氨基酸排列顺序，故此反应也称为 Sanger 反应。DNFB 也称为 Sanger 试剂。Frederick Sanger 也因此获得他的第一个诺贝尔化学奖(参见附录)。

3. Edman 反应

Edman 反应也是 α-氨基参与的反应，是另一种测定肽链氨基酸排列顺序的 α-氨基的最有用的反应。所用试剂为异硫氰酸苯酯(phenylisothiocyanate，PITC)，它能与 α-氨基酸在弱碱性条件下定量反应，形成相应的苯氨基硫甲酰氨基酸(phenylthiocarbamyl amino acid，PTC-氨基酸）。后者在酸性条件下（氟化氢和三氯乙酸）迅速发生环化，生成相应的苯乙内酰硫脲氨基酸（phenylthiohydantoin amino acid，PTH-氨基酸）。这种衍生物无颜色，但可以用层析法分离后显色鉴定。Edman 反应如下：

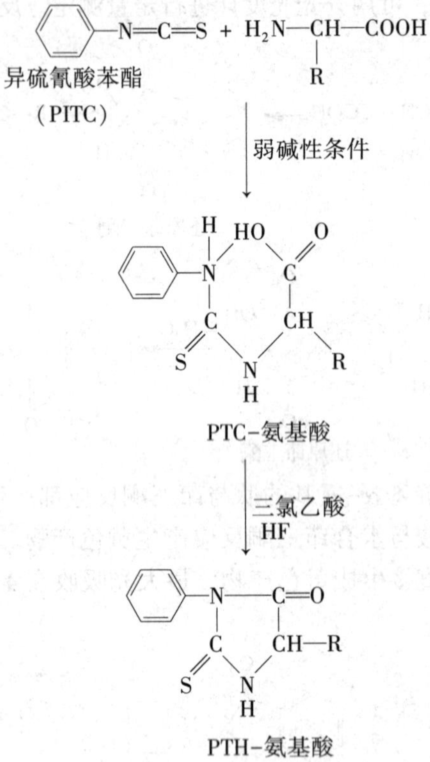

$$
\text{Ph-N=C=S} + \text{H}_2\text{N-CH(R)-COOH}
$$
异硫氰酸苯酯
（PITC）

↓ 弱碱性条件

PTC-氨基酸

↓ 三氯乙酸 HF

PTH-氨基酸

由于 Edman 反应的最大特点是 PITC 能够与蛋白质多肽链 N-端氨基酸的 α-氨基发生反应产生 PTC-多肽或 PTC-蛋白，经酸性溶液处理，释放出末端的 PTH-氨基酸和比原来少了一个氨基酸残基的多肽链，当所得 PTH-氨基酸经乙酸乙酯抽提后，用层析法进行鉴定，确定肽链的 N-端氨基酸种类。剩余的肽链可以重复应用这一方法测定其 N-端的氨基酸。如此重复多次就能测定出多肽链 N-端的氨基酸排列顺序。Pehr Edman 首次使用该反应，因此利用该反应测定多肽序列又称为 Edman 降解法（Edman degradation）。目前，根据此原理已设计出"多肽顺序自动分析仪"进行自动测定，用这种仪器一次可连续测出 60 个以上的氨基酸顺序。

四、氨基酸的分离和分析鉴定

为了测定蛋白质的氨基酸组成或从蛋白质水解液中制取氨基酸，都需要对氨基酸混合物进行分离、分析和鉴定。用于氨基酸的分离、分析方法很多，如层析法、电泳法、酶化学法以及利用某些氨基酸特殊基团的显色反应等，其中最主要的是层析法。层析法（又称色谱法，chromatography）是近几十年来广泛应用于分离、分析和鉴定在结构、性质上极其相似的一类化合物的实验技术。从操作形式上分为柱层析（column chromatography）、薄层层析（thin layer chromatography）和纸层析（filter paper chromatography）等。根据层析原理又可以分为分配层析（partition chromatography）、吸附层析（adsorption chromatography）、凝胶过滤层析(gel filtration chromatography)、离子交换层析(ion-exchange chromatography)和亲和层析(affinity chromatography)等。根据层析系统的两相状态又可分为气相色谱(gas chromatography)和液相色谱(liquid chromatography)。目前,许多层析方法与自动化检测仪器和记录仪、计算机相结合,已组成了自动化分析仪器,如氨基酸自动分析仪、气相色谱仪、高效液相色谱仪等。这里仅主要介绍两种分离分析方法的原理。

1. 分配层析

所有的层析系统通常都由两个相组成,一个为固定相或静相(stationary phase),另一个为流动相或动相(mobile phase)。静相是固定的,可以是固体、液体或者是一种固体-液体的混合物;动相是可以定向移动的,它可以是液体或气体,流过或穿过固定相。

分配层析的基本原理是利用混合物中各种组分在两种互不相溶的两相中分配系数的差异,经过在这两相中多次的分配而达到分离目的。

纸层析法是用滤纸作支持物而进行的分配层析法。此方法操作简便,而且可以分离分析微克量级的样品,混合物经分离后进行显色,可以定性定量分析。由于待分离物质的分配系数不同,经过一定时间的分配层析,各物质在滤纸上的迁移率 R_f(rctardation factor,又称比移值)为:

$$R_f = \frac{\text{从原点到斑点中心的距离}}{\text{从原点到溶剂前沿的距离}}$$

在实际研究中,由于样品中氨基酸组分较多,单向层析可能不会使某些分配系数相近的氨基酸分离开,因此常采用双向层析法进行分离,图1-2是氨基酸的双向纸层析图谱。

2. 离子交换层析

离子交换层析是常用的层析方法,它是用离子交换树脂、离子交换纤维素、离子交换葡聚糖或离子交换琼脂糖等含有酸性或碱性基团的不溶性高聚物作支持物,分离离子状态化合物的一种方法。

离子交换树脂的树脂一般都制成球形颗粒。常见的阳离子交换树脂含有酸性基团,如—SO_3H(强酸型)或—COOH(弱酸型),可解离出 H^+。H^+ 跟溶液中的其他阳离子,如酸性环境中的氨基酸阳离子,发生交换,从而使氨基酸结合在树脂上。同样,—$N(CH_3)_3OH$(强碱型)或—NH_3OH(弱碱型)作为阴离子交换树脂可以解离出 OH^-,与碱性环境中的氨基酸阴离子发生交换,使氨基酸结合到树脂上。

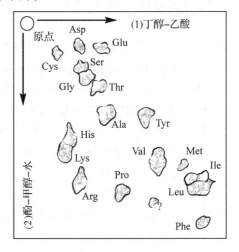

图1-2 氨基酸的双向纸层析图谱

离子交换层析分离氨基酸时,大多采用强酸型阳离子交换树脂。树脂先用 NaOH 溶液处理使之转变为钠盐。氨基酸上柱时保持酸性,此时大部分氨基酸为阳离子带正电荷,可与树脂上的 Na^+ 进行交换而结合到树脂上。由于各种氨基酸的 pK 值不同,结合能力有强有弱,在酸性条件下,碱性氨基酸结合最紧,酸性氨基酸结合最差。所以,用逐步增高 pH 值和盐浓度的洗脱剂洗脱,使氨基酸与树脂的亲和力逐渐减弱,氨基酸就会按一定先后顺序逐个洗下。分段收集,用茚三酮显色后定量,绘制洗脱曲线。

氨基酸与树脂间的亲和力,主要取决于它们之间的静电吸引力,其次是氨基酸侧链与树脂基质聚苯乙烯之间的疏水相互作用。根据标准混合氨基酸的柱层析图谱来确定样品中的氨基酸种类,并根据相应峰的面积,可以计算各种氨基酸的含量。氨基酸自动分析仪就是根据这个原理设计制造的。

第三节 肽

一、肽的概念

一个氨基酸分子中的 α-羧基与另一个氨基酸分子中的 α-氨基脱水缩合而成的酰胺键叫作肽键(peptide bond)。氨基酸通过肽键连接而成的化合物称为肽(peptide,又称肽链、多肽链)。

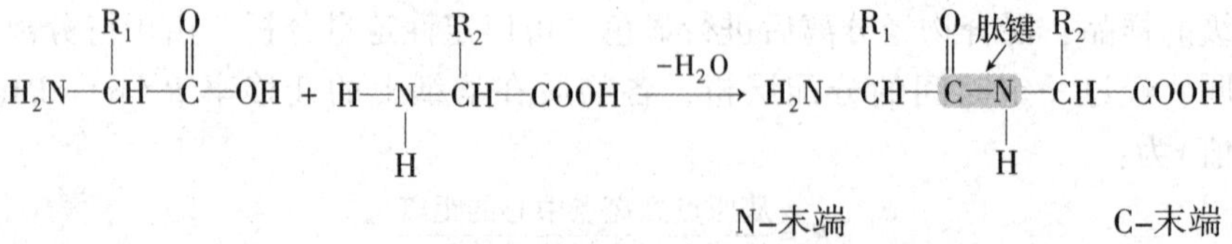

$$H_2N-CH(R_1)-C(O)-OH + H-N(H)-CH(R_2)-COOH \xrightarrow{-H_2O} H_2N-CH(R_1)-\underset{\text{肽键}}{\boxed{C(O)-N(H)}}-CH(R_2)-COOH$$

N-末端　　　　　　C-末端

2 个氨基酸所形成的肽称为二肽(dipeptide),3 个氨基酸缩合成的肽称为三肽(tripeptide),依此类推。若一种肽含有少于 10 个氨基酸,则称为寡肽(oligopeptide),超过此数的肽统称为多肽(polypeptide)。肽链中的氨基酸由于参加肽键的形成,已经不是原来完整的分子,因此称为氨基酸残基(amino acid residue)。多肽链有两端,一端具有游离的 α-氨基,称为 N-末端(氨基端,N-端),另一端具有游离的 α-羧基,称为 C-末端(羧基端,C-端)。书写时习惯上将氨基末端写在左侧。肽的命名是从肽链的 N-端氨基酸残基开始,称为某氨基酰……某氨基酸。如甘氨酰谷氨酰丙氨酸,这种命名很烦琐,除少数短肽外,一般都是根据其生物功能或来源命名。例如,短杆菌肽 S(gramicidin S,抗菌)、催产素(oxytocin,促进子宫肌肉收缩)、加压素(vasopressin,增加血压)等。

多肽链中除去 R 基的部分称为主链骨架或称主肽链。主肽链的重复单位"—C_αO—NH—"称为肽单位(peptide unit)(图 1-3)。每个肽单位由两个氨基酸脱水缩合而成。

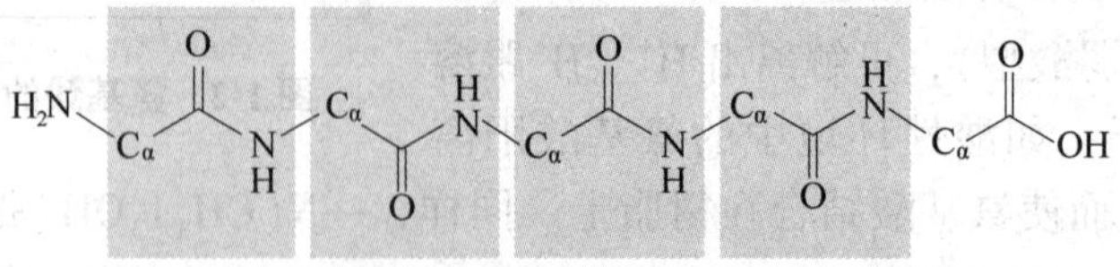

$$H_2N-C_\alpha-\underset{H}{\overset{O}{\boxed{C-N}}}-C_\alpha-\underset{H}{\overset{O}{\boxed{C-N}}}-C_\alpha-\underset{H}{\overset{O}{\boxed{C-N}}}-C_\alpha-\underset{H}{\overset{O}{\boxed{C-N}}}-C_\alpha-COOH$$

图 1-3 主肽链和肽单位
注:灰底部分为肽单位;主肽链不包含 R 基(未显示)

二、重要的寡肽及应用

除了从蛋白质部分水解产物中所获得的大量各种寡肽以外,在生物体内还发现有许多不是从蛋白质衍生而来的肽类。这些非蛋白质肽类在结构上常常与那些从蛋白质水解得到的肽类不一样。

(一) 谷胱甘肽

在高等动植物机体细胞内发现的谷胱甘肽(glutathione，GSH)，是一种重要的三肽，由谷氨酸残基、半胱氨酸残基和甘氨酸残基构成。

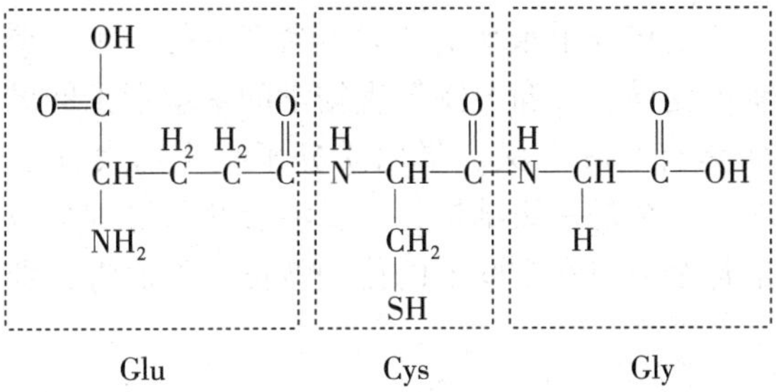

谷胱甘肽

其中，谷氨酸残基是通过一种不常见的肽键与半胱氨酸连接的，即通过它的 γ-羧基而不是 α-羧基形成肽键。谷胱甘肽分子中含有游离巯基。巯基具有还原性，易氧化成二硫键(disulfide bond)，形成氧化型的谷胱甘肽(GSSG)。

$$2G-SH \underset{+2H^+, +e^-}{\overset{-2H^+, -2e^-}{\rightleftharpoons}} G-S-S-G$$

谷胱甘肽在体内参与氧化还原过程，作为某些氧化还原酶的辅因子，保护含有巯基酶的活性，发挥抗氧化作用。它可能在呼吸过程中参与电子传递作用。例如，当种子萌发时，随着呼吸作用的增强，谷胱甘肽的含量迅速增加，因此认为，它可能参与呼吸作用。

(二) 短杆菌酪肽 A

一种抗菌素叫作短杆菌酪肽 A(tyrocidine A)，分子中含有 10 个氨基酸残基，并且是环状结构。其中，苯丙氨酸为 D-构型，还包括 L-鸟氨酸(L-Orn)。在这些天然寡肽中含有 γ-肽键、D-型氨基酸。很可能这些结构上的变化使这些分化了的肽可以免受蛋白水解酶的作用。蛋白酶一般只水解由 L-氨基酸形成的正常肽键。

许多激素也是属于非蛋白多肽或寡肽，如催产素(促进子宫肌肉收缩)、加压素(增加血压)等。

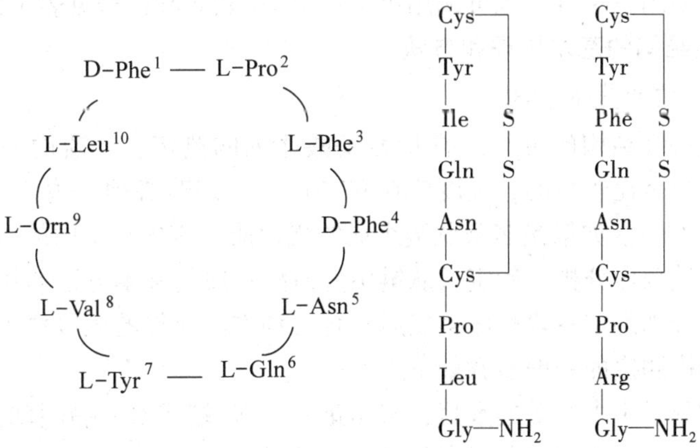

短杆菌酪肽 A　　牛催产素　　牛加压素

第四节　蛋白质结构

蛋白质在生命过程中起着极其重要的作用，研究蛋白质的结构以及与功能的关系是当前生物化学的中心课题之一，是在分子水平上认识生命现象的一个重要方面。它不仅对阐明生命起源、生物进化、遗传变异、代谢控制等生物学的基本理论问题具有重要意义，而且在工农业生产和医学方面具有实际意义。蛋白质分子是生物大分子，具有多层次的结构，主要可以分为两个层次，一个是一级结构，主要涉及共价键的形成和排列顺序；另一个层次是空间结构，主要是各个环节在空间上的排列特征。下面将分别介绍。

一、蛋白质的一级结构

蛋白质的一级结构既是最基础的结构，也是最稳定的结构，研究蛋白质结构首先从一级结构开始。

(一)一级结构的内容

1969年国际纯粹与应用化学联合会(International Union of Pure and Applied Chemistry, IUPAC)规定：各种氨基酸按一定的顺序排列构成的蛋白质肽链骨架为蛋白质的基本结构，称为蛋白质的一级结构。但是，对于复杂的蛋白质，还要包含其他共价键，如二硫键的数目和位置。因此，最新的定义是：一级结构(primary structure)也称为蛋白质的共价结构(covalent structure)，包括氨基酸残基的排列顺序(也称为氨基酸序列)，以及其他共价键的类型、数目和位置。

蛋白质中的共价键主要包括：①肽键，连接氨基酸残基；②二硫键，由两个Cys的巯基脱氢形成，可在一条多肽链内部或多条多肽链链间形成；③缀合蛋白中其他共价相连的辅基。缀合蛋白是指很多蛋白质含有除氨基酸以外的其他化学成分作为其永久性结构的一部分，如无机离子、其他有机分子一起组合而成的蛋白质。这些无机离子或其他有机小分子通常称为蛋白质的辅因子(cofactor)。

蛋白质氨基酸序列的表示方法一般是从左至右，表示多肽链从氨基端到羧基端。氨基酸的排列顺序既可采用三字符，也可采用单字符书写(氨基酸符号见表1-2~表1-6)。

(二)测定一级结构的基本原理和方法

1. 测定一级结构的基本步骤

蛋白质多肽链一级结构的分析通常指氨基酸序列的测定、二硫键的数目和位置的确定。所用的样品应当是比较纯的，纯度应在97%以上，同时必须知道它的相对分子质量，其误差允许在10%左右。如果是多条肽链组成的蛋白质，应先将不同的肽链分离，然后对每条肽链进行氨基酸顺序分析。确定长肽链中氨基酸顺序的基本方法是用不同的方法把它切成小的肽段，再分别测定各段顺序，然后整合几种方法获得的肽段序列，推断出整个序列。蛋白质一级结构测定的一般步骤如下：

①测定蛋白质分子中多肽链的数目，根据蛋白质N-端或C-端残基的摩尔数和蛋白质的相对分子质量可以确定蛋白质分子中的多肽链数目。

②拆分蛋白质分子的多肽链。如果蛋白质分子是由一条以上多肽链构成的，并且多肽链之间靠非共价键缔合，则可用变性剂如8 mol/L 尿素、6 mol/L 盐酸胍(CH_6ClN_3)等处

理。若多肽链间或链内有二硫键存在，则可用还原剂将二硫键断裂。拆开后的多肽链可依据它们的大小或电荷不同进行分离、纯化。

③水解法测定每条肽链的氨基酸组成，用于后期与测序结果比对、分析。

④鉴定每条肽链的 N-端或 C-端残基，作为后期分析的重要参考位点。

⑤用酶学或化学方法对肽链进行部分水解，得到较小的肽段。一般要用两种以上不同的方法分别独立切割待测样品，以得到两套或更多套各不相同的短肽集合。

⑥使用层析、电泳等各种方法分离所得的短肽。

⑦确定所得每一种小肽段的氨基酸顺序。前面已经谈到，根据 Edman 反应所设计的氨基酸顺序测定仪的使用，使这一工作的开展已十分容易、简便和快速。

⑧利用两套肽段上的重叠部位，进行核对拼接，排出整个肽链的氨基酸顺序。

⑨利用待测蛋白的另一份样品，在保持二硫键完整的情况下，部分水解后分离出带有二硫键的肽段，分析其氨基酸顺序，再与整个氨基酸序列核对得出二硫键的位置。

其他共价键根据需要，使用相应的方法测定。

2. 部分水解

(1) 利用蛋白酶做部分水解

蛋白酶有各种不同的专一性，利用一些蛋白质内肽酶(endopeptidase，分解多肽链内部的肽键，参见第九章)，可将多肽切成适当的片段。下面介绍几种常用蛋白酶的专一性。其中，A、B、C、D 代表肽链的片段中氨基酸残基，箭头所指位置是受作用的肽键。

$$\downarrow$$
$$A—B—C—D$$

胰蛋白酶(trypsin)：专一水解 B=赖氨酸或精氨酸残基的羧基端肽键。C=脯氨酸残基时水解受阻。A 或 C 两者是酸性氨基酸残基时，水解速度降低。

胰凝乳蛋白酶(chymotrypsin)：B=色氨酸、酪氨酸或苯丙氨酸残基时水解快，B 为其他非极性氨基酸残基时也可水解，B 为甲硫氨酸、亮氨酸、组氨酸残基时水解较差。C=脯氨酸残基时受阻。C 或 A 及两者均为酸性氨基酸残基时速率降低。

弹性蛋白酶(elastase)：B 带小的脂肪侧链时水解效率高，特别是 B=丙氨酸、缬氨酸、甘氨酸或丝氨酸残基时。

嗜热菌蛋白酶(thermolysin)：C 带疏水 R 基时，特别是 C=苯丙氨酸、亮氨酸、缬氨酸、酪氨酸、异亮氨酸、甲硫氨酸、色氨酸残基时水解快，C 为甘氨酸、脯氨酸残基时不水解。

胃蛋白酶(pepsin)：B、C 两者都带疏水侧链时水解快，特别是 C=苯丙氨酸、酪氨酸、色氨酸或亮氨酸残基时。除了 B=脯氨酸残基外，其他键都能水解。

枯草杆菌蛋白酶(subtilisin)：B、C 两者都带疏水 R 基时水解快，当 B=C=丝氨酸、组氨酸、丙氨酸残基等也能水解。

木瓜蛋白酶(papain)：专一性相当宽，B=精氨酸残基时水解最快，其次是赖氨酸、甘氨酸、丙氨酸、亮氨酸、谷氨酸、天冬氨酸、组氨酸、丝氨酸残基等。

部分水解时用得最多的是胰蛋白酶和胰凝乳蛋白酶。例如，有一段含 18 个氨基酸残基的肽，用胰蛋白酶水解可得 3 种小肽(T_1、T_2、T_3)，用胰凝乳蛋白酶水解可得 4 种小肽(C_1、C_2、C_3、C_4)。根据这 7 种小肽的氨基酸顺序，并结合提前测定好的整个肽链 N-端和 C-端的氨基酸,可以拼接出 18 肽的全部氨基酸顺序。

胰蛋白酶水解产物:

T_1: Leu-Glu-Trp-Gly-Lys;

T_2: Val-Ala-Asp-Tyr-Ser-Arg;

T_3: Asn-Thr-Met-Phe-Pro-Ile-Ala

胰凝乳蛋白酶水解产物:

C_1: Leu-Glu-Trp;

C_2: Gly-Lys-Val-Ala-Asp-Tyr;

C_3: Ser-Arg-Asn-Thr-Met-Phe;

C_4: Pro-Ile-Ala

N-端:Leu; C-端:Ala

拼接后肽链一级结构:

Leu-Glu-Trp-Gly-Lys-Val-Ala-Asp-Tyr-Ser-Arg-Asn-Thr-Met-Phe-Pro-Ile-Ala

(2)溴化氰法

溴化氰(cyanogen bromide,BrCN)只断裂由甲硫氨酸残基的羧基参与形成的肽键。溴化氰能与肽链中甲硫氨酸的硫醚基起反应,生成溴化亚胺内酯,它进一步与水反应使肽链断裂,断口前面的羧基末端成为高丝氨酸内酯(homoserine lactone unit)。肽链内有几个甲硫氨酸就有几个切点。反应如下:

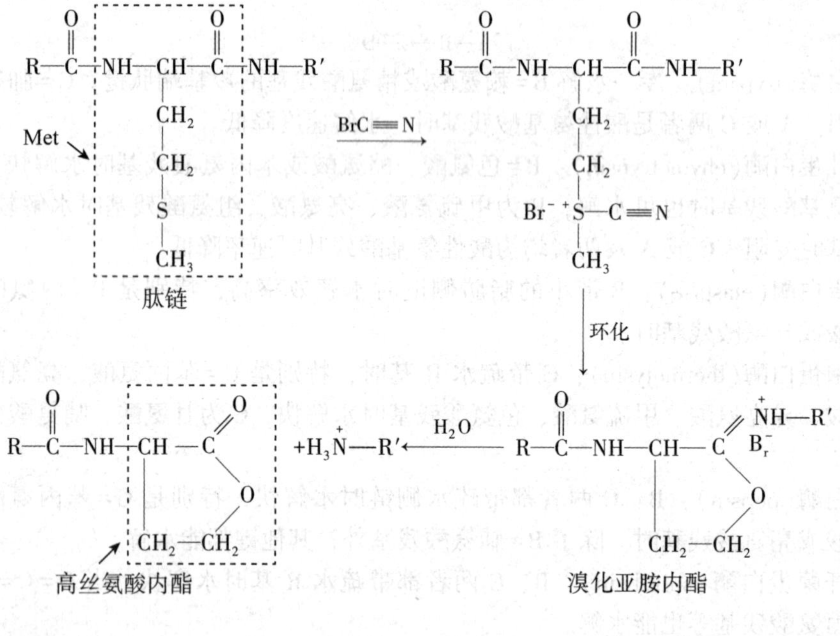

3. 末端分析

(1)N-末端氨基酸分析

N-末端分析法有二硝基氟苯法(DNP 法,即前文的 Sanger 法)和丹磺酰氯法(dansyl method,DNS-Cl 法)。DNS-Cl 法较 DNP 法灵敏度高 100 倍。

与 DNP 法相类似,DNS-Cl 法中 DNS-Cl(dansyl chloride)能和肽链的 N-端氨基酸反

应，水解后得到的 DNS-氨基酸经层析后可进行定性、定量测定，这主要是基于丹磺酰基具有强烈的荧光，使水解后的 DNS-氨基酸不需要提取，直接用于确定 N-端氨基酸。反应过程如下：

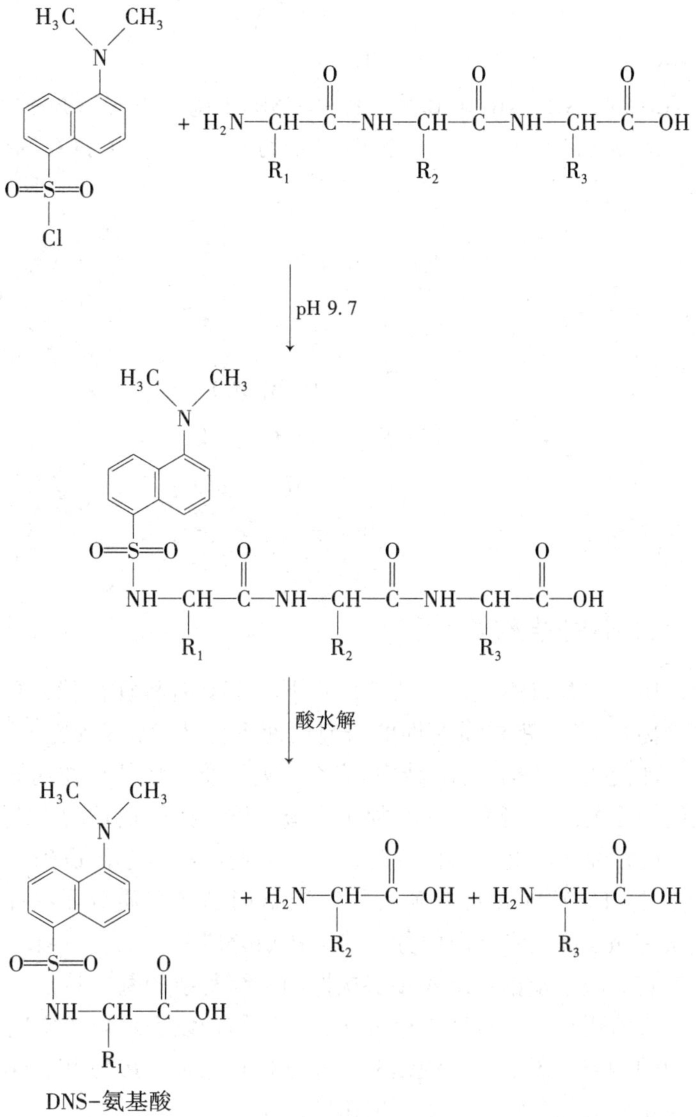

$$\text{DNS-Cl} + H_2N-\underset{R_1}{CH}-\overset{O}{C}-NH-\underset{R_2}{CH}-\overset{O}{C}-NH-\underset{R_3}{CH}-\overset{O}{C}-OH$$

$$\downarrow \text{pH 9.7}$$

$$\text{DNS}-SO_2-NH-\underset{R_1}{CH}-\overset{O}{C}-NH-\underset{R_2}{CH}-\overset{O}{C}-NH-\underset{R_3}{CH}-\overset{O}{C}-OH$$

$$\downarrow \text{酸水解}$$

$$\text{DNS-氨基酸} + H_2N-\underset{R_2}{CH}-\overset{O}{C}-OH + H_2N-\underset{R_3}{CH}-\overset{O}{C}-OH$$

(2) C-末端氨基酸测定

常用 C-末端氨基酸测定方法是肼解法。当蛋白质与无水肼($H_2N—NH_2$)在 100 ℃下反应 5~10 h 后，除 C-末端氨基酸从肽链中分裂出来之外，其余氨基酸由于发生肼解而转化为肼化物。肼化物与苯甲醛缩合成非水溶性产物，可用离心法使之与水溶性的 C-末端氨基酸分开，留在水溶液中的 C-末端氨基酸可用 DNS-Cl 等方法进行检测。肼解法反应如下：

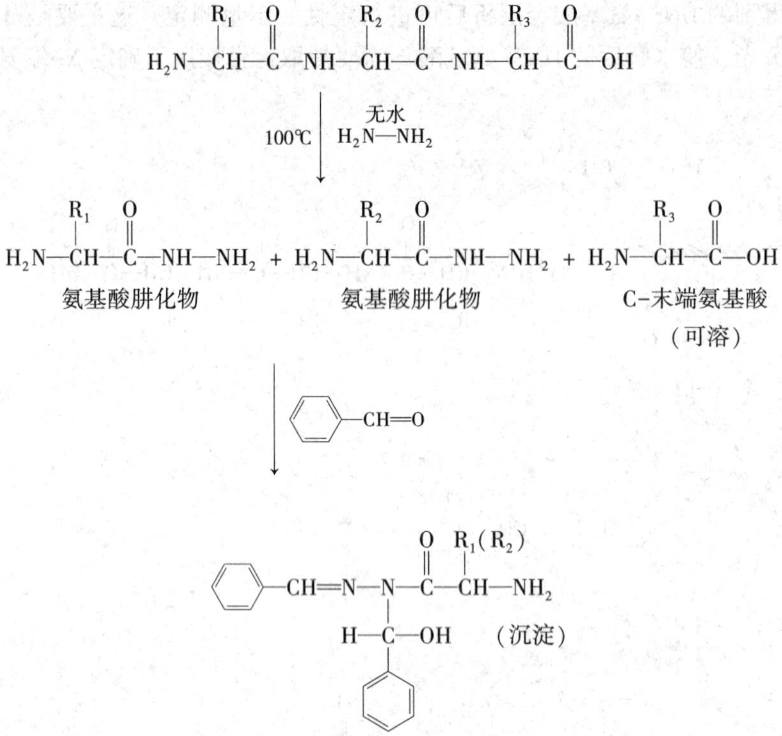

二、蛋白质的空间结构

任何一种蛋白质，在其自然状态或活性形式下，都具有特征而稳定的三维结构（又称空间结构或立体结构）。关于蛋白质变性的研究已使人们清楚认识到，一旦这种专一的空间结构遭到破坏，即使化学结构（一级结构）完全不变，蛋白质的生物功能也会丧失。关于蛋白质结构与功能关系的深入研究进一步揭示，蛋白质在执行正常的生理功能时，这种专一的三维结构常常必须发生一些微妙的变化。现在人们已经普遍认识到，没有特征的三维结构就没有复杂的蛋白质功能，具有独特的三维结构是蛋白质分子一个最显著的特征。1952年，Lindstrom-Lang首先将蛋白质分子的结构划分成一、二、三级。这种分法尽管有它一定的缺点，但它反映了蛋白质结构多层次性和错综复杂的基本特点，使用上也有极大的方便，因此，一直沿用至今。按照这个分法，二级结构以上就属于空间结构的范畴。随着蛋白质结构知识的积累，添加了四级结构，并已日趋完善。1970年，国际生物化学大会提出专门建议，对蛋白质的各级结构做了明确的定义。

(一) 二级结构

蛋白质局部主肽链的空间排列称为蛋白质的二级结构（secondary structure）。注意，二级结构仅考虑主肽链，不考虑R基。维持二级结构的主要作用力是氢键。下面分别描述二级结构形成的原理和二级结构的类型。

1. 多肽链折叠及其空间限制

肽键跟一般的酰胺键类似，由于N原子孤对电子的离域（delocalization），与羰基C的轨道重叠，最终导致其在N原子和羰基O发生共振互作（图1-4）。

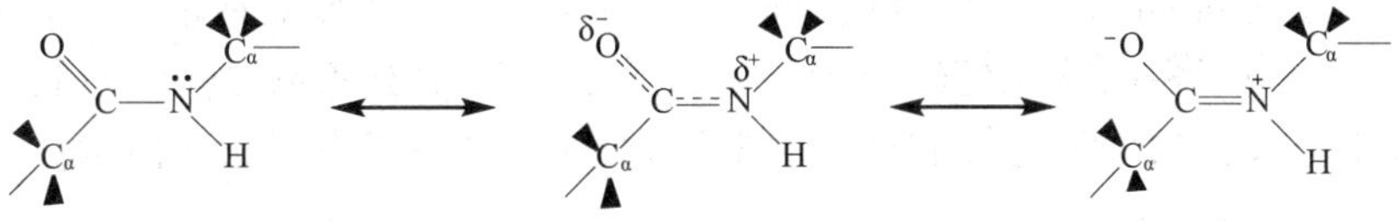

图 1-4　肽键电子共振形式

在极端结构 1 中，C—N 之间是我们直观认识的单键，此时 N 原子（sp^3）孤对电子与羰基 C（sp^2）的轨道没有重叠。极端结构 2 中，两个原子均为 sp^2 杂化，形成完整的双键（C=N），所有 6 个原子均在一个平面上。而真正的肽键处于两种极端结构之间，即 C—N 键的键长（0.133 nm）介于单键（0.148 nm）和双键（0.127 nm）之间，也就是说，肽键中的 C—N 键具有双键性质，同理，C=O 具有单键性质。3 个原子形成共轭 π 键。肽键 C—N 键的双键性质使其不能自由旋转，导致直接相连的几个原子均处于一个平面，即肽平面（peptide plane）或酰胺平面（amide plane）。肽平面具有刚性，两个肽平面由 α 碳原子（C_α）连接。C_α 参与的 C_α—C_2 和 C_α—N_1

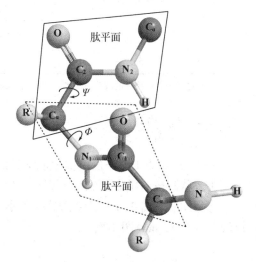

图 1-5　肽平面及二面角

是单键，可以旋转。绕 C_α—N_1 键旋转的角度称 Φ（角），绕 C_α—C_2 键旋转的角度称 Ψ（角）（图 1-5）。原则上，Φ 和 Ψ 可取 $-180°\sim+180°$ 的任一值。这样多肽链的所有可能构象都能用 Φ 和 Ψ 这两个构象角（conformational angle），又称二面角（dihedral angle）来描述。

通常，将肽链处于完全伸展状态时，此时所有肽键基本处于同一个平面，Φ 和 Ψ 定义为 $\pm180°$。当 Φ 的旋转键 C_α—N_1 两侧的 N_1—C_1 和 C_α—C_2 呈顺式时规定 $\Phi=0°$；同样，Ψ 的旋转键 C_α—C_2 两侧的 C_α—N_1 和 C_2—N_2 呈顺式时，规定 $\Psi=0°$（图 1-5）。从两个肽平面共用的 C_α 向 N_1 看，沿顺时针方向旋转 C_α—N_1 键所形成的 Φ 角度规定为正值，逆时针旋转为负值；从 C_α 向 C_2 看，沿顺时针旋转 C_α—C_2 键所形成的 Ψ 角度规定为正值，逆时针旋转为负值。

当 C_α 的一对二面角 $\Phi=180°$ 和 $\Psi=180°$ 时，C_α 的两个相邻肽单位将呈现充分伸展的肽链构象。然而，当 Φ 和 Ψ 同时等于 $0°$ 时的构象实际上并不能存在，因为两个相邻平面上的酰胺基 H 原子和羰基 O 原子的接触距离比其范德华半径之和小，因此，将发生空间重叠。虽然 C_α 原子的两个单键（C_α—N_1 和 C_α—C_2）可以在 $-180°\sim+180°$ 范围内自由旋转，但不是任意二面角（Φ，Ψ）所决定的肽链构象都是立体化学所允许的，如 $\Phi=0°$，$\Psi=0°$ 的构象就不存在。二面角（Φ，Ψ）所决定的构象能否存在，主要取决于两个相邻肽单位中，非键合原子之间的接近有无阻碍。

Ramachandran 等将肽链的原子看作简单的硬球，根据它们的范德华半径确定了非键合原子之间的最小接触距离（允许距离）（表 1-10）。在构象中当非键合原子的距离不小于一般允许距离（范德华距离）时，二者之间没有斥力，构象能量最低，所以肽键构象最稳定。

如果非键合原子之间的距离小于最小允许距离，斥力很大，构象能量很高，肽链构象就很不稳定。总之，由于多肽链几何学原因，存在着上述的原子基团之间的不利空间相互作用，所以相对于肽链的可能构象来说，肽链实际所取构象的范围是很有限的。

表 1-10　蛋白质中非键合原子之间的最小接触距离　　　　　　　　　　　　nm

原子	C	N	O	H
C	0.32*(0.30)	0.29(0.28)	0.28(0.27)	0.24(0.22)
N		0.27(0.26)	0.27(0.26)	0.24(0.22)
O			0.27(0.26)	0.24(0.22)
H				0.20(0.19)

注：*这是一般可接受的范德华距离，括号内是 Ramachandran 在小分子中发现的最小允许距离。

2. 二级结构的类型

（1）α-螺旋

α-螺旋（α-helix）是蛋白质中最常见的二级结构。大多数 α-螺旋的参数一致，包括：
①多肽链按右手方向盘绕形成右手螺旋，螺旋半径为 0.23 nm。
②每圈螺旋占 3.6 个氨基酸残基，沿螺旋方向上升 0.54 nm；每个残基绕轴旋转 100°，沿轴上升 0.15 nm（图 1-6）。

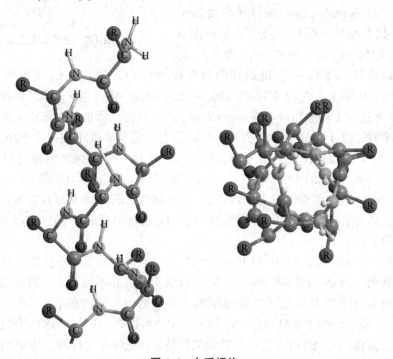

图 1-6　右手螺旋

③α-螺旋中氨基酸残基的 R 基伸向外侧。
④每个残基的成对二面角 Φ 和 Ψ 相对恒定，$\Phi=-57°$、$\Psi=-47°$，即形成具有周期性规则的构象。

⑤相邻螺圈之间形成链内氢键，氢键的取向几乎与中心轴平行。氢键是由肽键上的 N—H 的氢和它后面(N-端)第四个残基上的 C=O 的氧之间形成的：

$$\text{N-端} \ \ -\!\!\!-\!\!\!C\!-\!N\!-\!\left[\begin{array}{c}H\\|\\C\\|\\R\end{array}\!\!-\!\!\begin{array}{c}H\\|\\C\\|\\O\end{array}\!\!-\!\!N\right]_3\!\!\!-\!\!\!- \ \ \text{C-端}$$

（上方有 O······H 氢键连接）

常用 3.6_{13}-螺旋代表 α-螺旋，其中 3.6 指每圈螺旋含 3.6 个残基（非整数螺旋），3.6 右下角的 13 表示氢键封闭的环内含 13 个原子。

蛋白质中的 α-螺旋的形态也不完全一致，也有其他参数的右手螺旋，也有左手。左手螺旋中 L-型氨基酸残基侧链的第一个碳原子过分接近主链上羰基的氧原子，以致能量较高、构象不稳定。而右手 α-螺旋，空间位阻较小，比较符合立体化学的要求，因而在肽链折叠中容易形成、构象稳定。左手 α-螺旋虽然很少，但也偶有出现。例如，在嗜热菌蛋白酶中就有很短一段左手 α-螺旋，由 Asp-Asn-Gly-Gly（第 226~229 个氨基酸）组成。

一条多肽链能否形成 α-螺旋，以及形成的螺旋是否稳定，与它的氨基酸组成和排列顺序有极大关系。研究发现 R 基小，并且不带电荷的多聚丙氨酸，在 pH 7 的水溶液中能自发地卷曲成 α-螺旋。但是多聚的赖氨酸在 pH 7 条件下却不能形成 α-螺旋，而是以无规卷曲形式存在，只有在 pH 12 时才能自发形成 α-螺旋。这是因为 pH 7 时多聚赖氨酸的 R 基具有正电荷，彼此间由于静电排斥，不能形成链内氢键。

除 R 基的电荷性质之外，R 基的大小对多肽链能否形成螺旋也有影响。如多聚异亮氨酸 R 基空间位阻大，因而不能形成 α-螺旋。多聚脯氨酸的肽键不具亚氨基而不能形成氢键，更主要原因是 α-碳原子参与 R 基吡咯的形成，环内的 C_α—N 键和 C—N 肽键都不能旋转，因此多肽链中只要存在脯氨酸或羟脯氨酸，α-螺旋即被中断并产生一个"结节"（kink）。

（2）β-折叠

β-折叠（β-sheet）又称 β-折叠片（β-pleated sheet），也是蛋白质中常见的二级结构（图 1-7）。它是由若干条 β-股（β-strand）以平行或反平行的方式并列聚集产生的。β-股可以是来自两条或多条肽链的局部序列，也可以是同一肽链不同肽段。β-折叠中，相邻肽链主肽链上的—NH 和 C=O 之间形成有规则的氢键，所有的肽键都参与肽链间氢键的交联，氢键与肽键的长轴接近垂直，在肽链的长轴方向上具有重复单位。

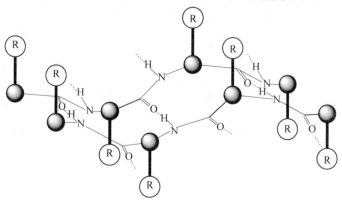

图 1-7 β-折叠构象（反平行式）

如前所述，β-折叠可分两种类型，一种是平行式，相邻 β-股的排列是同向的（N→C 或 C→N）；另一种是反平行式，相邻 β-股是反向的（图 1-8）。在 β-折叠中，多肽主链取锯齿状折叠构象。R 基与 C_α 连接的 C_α—C_β 键几乎垂直于折叠平面，R 基交替地分布在片层平面的两侧。反平行式 β-折叠在纤维轴上的重复周期为 0.70 nm，而平行式 β-折叠是 0.65 nm，因此，平行式折叠程度略大于反平行式。在纤维状蛋白质中 β-折叠主要是反平行式，而在球状蛋白质中反平行和平行式两种方式几乎同样广泛存在。此外，在纤维状蛋白质的 β-折叠中，氢键主要是在肽链之间形成；而在球状蛋白质中，β-折叠既可以在不同肽链或不同分子之间形成，也可以在同一肽链的不同部分之间形成。

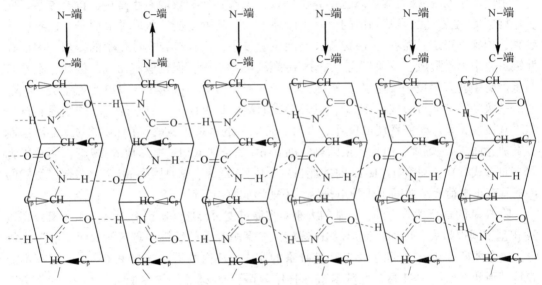

图 1-8　β-折叠的平行式和反平行式

β-凸起（β-bugle）可认为是 β-折叠结构的一种变体。当一条 β-股中额外插入一个残基，而相邻 β-股保持不变时，而该位点无法形成规则氢键，使得该位点凸起。图 1-9 是一

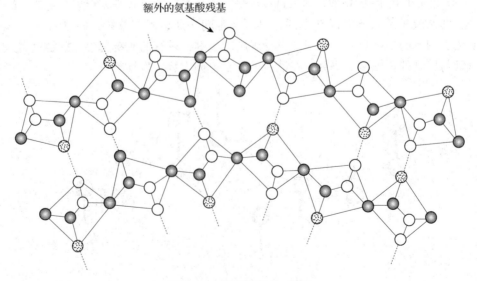

图 1-9　一种典型的 β-凸起

种典型的 β-凸起。因此，β-凸起引起多肽链方向的改变，但改变程度不如 β-转角。这种结构一部分是由于突变引起，如插入突变，导致原来的 β-折叠形成 β-凸起；另一部分也出现在一些蛋白质的关键部位，如二氢叶酸还原酶(dihydrofolate reductase，DHFR)和超氧化物歧化酶(superoxide dismutase，SOD)。

(3) β-转角

β-转角(β-turn)也称 β-回折或发夹结构(hairpin structure)，它是球状蛋白质中发现的又一种二级结构。β-转角有两种类型(Ⅰ型和Ⅱ型)，每种类型都由 4 个氨基酸残基组成(图 1-10)。在这两种类型的 β-转角中，弯曲处的第一个残基的 C=O 和第 4 个残基的氨基 H 之间形成一个氢键，产生一种很稳定的环形结构。脯氨酸和甘氨酸经常在 β-转角序列中存在。脯氨酸的亚氨基形成的肽键可以形成顺式结构；而甘氨酸的 R 基最小，整个分子的柔性最大，因此，这两种氨基酸适合 β-转角的形成。

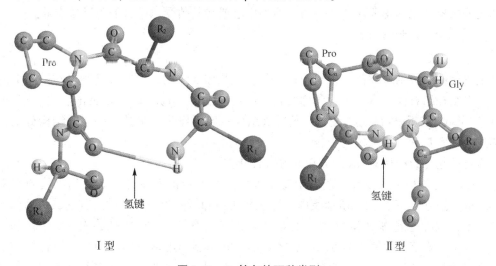

图 1-10 β-转角的两种类型

Ⅰ型和Ⅱ型的关系在于中心肽单位旋转了 180°。Ⅰ型中，该肽平面的羰基 O 与左右两个 R 基方向相反，如图 1-10 所示。脯氨酸通常出现在第二位。Ⅱ型中第二个氨基酸多是脯氨酸，第三个氨基酸几乎都是甘氨酸残基，否则由于空间位阻，不能形成氢键。自然界中Ⅱ型的频率远高于Ⅰ型，约 2 倍。无论哪种类型，第四位是甘氨酸的频率较高；第一位中，半胱氨酸、天冬氨酸、天冬酰胺和丝氨酸出现的频率较高。目前发现的 β-转角多数都处在球状蛋白质分子表面，在这里改变多肽链的方向阻力较小。研究发现，β-转角在球状蛋白质中含量是十分丰富的，约占全部残基的 1/4。当然，β-转角还有其他类型陆续被发现。

(4) γ-转角

γ-转角(γ-turn)在蛋白质中出现的数量少于 β-转角，形成转角的连续残基数也比 β-转角少 1 个，即转角处有 3 个连续的氨基酸残基。在 γ-转角中，弯曲处的第一个残基的 C=O 和第三个残基的氨基 H 之间形成氢键。γ-转角也可分为两种类型，即 Classic 型和 Inverse 型，与 β-转角的分类的差异类似。γ-转角也常分布于蛋白质的表面，参与蛋白质折叠与分子识别等过程。

(5) Ω 环

Ω 环(Ω-loop)是近年来才确定的一类普遍存在于球状蛋白质中的新的二级结构,早年认为蛋白质的某些肽段是以无规则卷曲的构象形式出现的,经进一步的观察发现,有相当的部分虽然不像 α-螺旋和 β-折叠那样有规则,但仍有一定的规律可循,属于有序结构。Ω 环是由不超过 16 个残基(最常见的是由 6~8 个残基)的氨基酸组成的肽段,构成 Ω 环的首尾两个残基之间的距离小于 1 nm。因此,这类肽段外形与希腊字母 Ω 相似,被称为 Ω 环。Ω 环改变了蛋白质肽链的走向,从形式上可以看作 β-转角的延伸。它以亲水残基为主,总是出现在蛋白质分子的表面,可能在蛋白质的分子识别中起作用。

(6) 无规卷曲

无规卷曲(random coil)并不是说这些区域的结构可以随意改变,而是由于目前这些结构形式类型非常多,缺乏一定的规律,因此,称为无规卷曲。但有些无规卷曲往往是蛋白质功能或构象变化的重要区域,如酶的活性中心或与其他受体结合的关键位点等。

3. 超二级结构与结构域

(1) 超二级结构

上述这些二级结构往往可以组合在一起,彼此相互作用,形成有规则、在空间上能辨认的二级结构组合体,这些组合体称为超二级结构(super secondary structure),又称为模体或基序(motif)或折叠(fold)。注意,超二级结构一般不作为一个独立的空间结构分级,只是描述一些常见的二级结构的组合。

常见的超二级结构有 αα、βXβ 和 ββ(图 1-11)。

① αα 是一种由两股或三股右手螺旋彼此缠绕而成的左手超螺旋,超螺旋的螺距约为 14 nm。它是 α-角蛋白、肌球蛋白、原肌球蛋白和纤维蛋白原中的一种超二级结构。由于超卷曲,螺旋主链的 Φ 和 Ψ 角与正常的 α-螺旋略有偏差。每圈螺旋为 3.5 个残基,而不是 3.6 个。螺旋重复距离 0.51 nm。螺旋之间的相互作用是由侧链的装配所控制的,螺旋之间可能作用的侧链是非极性的侧链。氨基酸序列分析表明,这些多肽链中存在 7 个残基的重复序列,其中第 3 和第 4 个是疏水残基,并沿 α-螺旋一侧排列成非极性边缘。它们向着超螺旋的内部,避开与水接触。这种非极性侧链的互相装配紧密,它们之间的范德华相互作用稳定着超螺旋结构[图 1-11(a)]。其他的极性侧链处于螺旋的外侧,即第 2、3 和 6 个残基一般是荷电的,第 5、7 个残基是极性的,由荷电残基组成的极性边缘位于超螺旋外侧,与溶剂水相互作用。

② βXβ 最简单的组合是由两段平行的 β-链(单股的 β-折叠)和一段连接链组成,连接链或是无规卷曲即 βCβ[图 1-11(b)],或是 α-螺旋即 βαβ。最常见的 βαβ 组合是由三段平行式的 β-链和二段 α-螺旋链构成[图 1-11(c)],此超二级结构称为 Rossmann 折叠。

③ ββ 是指由两条或两条以上的 β-股反平行排列产生的,实际上就是前述的反平行式的 β-折叠。经典的 ββ 有 β-曲折和回形拓扑结构。

β-曲折(β-meander)是由在一级结构上连续的 β-折叠中相近的多条反平行式 β-股多次反转排列而成,转角处即是 β-转角[图 1-11(d)]。β-曲折含有与 α-螺旋相近数目的氢键,结构稳定。

回形拓扑结构("Greek Key" topology)也是反平行式 β-折叠中常出现的一种超二级结构[图 1-11(e)]。

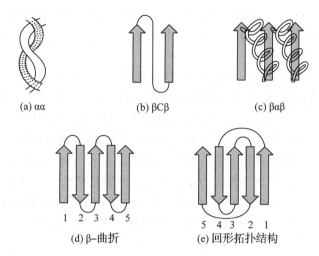

图 1-11 蛋白质中的超二级结构

(2) 结构域

二级结构和超二级结构以特定的方式组织连接,在一个蛋白质分子中常具有两个或多个在空间上可以明显区分的折叠实体,称为结构域(structural domain 或 domain)。结构域本身也是由一条肽链内局部的多种二级结构或者超二级结构组成,与超二级结构没有明显的划分界限,前者主要强调在空间上相对独立。一般来说,较大的蛋白质分子(多于150个氨基酸残基)都有结构域存在,很多大型蛋白质的结构域即使独立存在,也能保持相应的空间结构。研究证实,很多结构域也是蛋白质或酶执行特定功能的功能域(functional domain)。从结构角度上看,一条长的多肽链先分别折叠成几个相对独立的三级结构区域,再缔合成完整的三级结构,比整条多肽链直接折叠成完整的三级结构在动力学上更合理。肌钙蛋白 C(troponin C)由一条多肽链组成,但是其 N-端和 C-端分别折叠为两个独立的结构域(图 1-12,PDB ID:4TNC)。其中,N 端结构域(结构域 1)能够结合 2 个 Ca^{2+},并与另一个肌钙蛋白 I 的 C-端结构域结合,具有调节功能;肌钙蛋白 C-端结构域(结构域 2)对整个蛋白的空间结构很关键,且可以结合 Ca^{2+} 或 Mg^{2+},并与肌钙蛋白 I 的 N-端结构域结合。

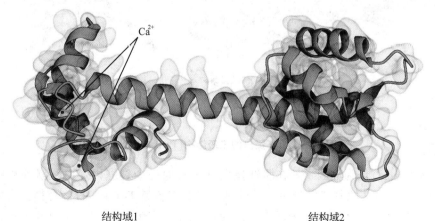

图 1-12 结构域实例:肌钙蛋白

值得注意的是，超二级结构和结构域只是在二级结构"元件"的基础上形成的更复杂的组合，并不作为蛋白质空间结构的一个独立层次。

(二) 蛋白质三级结构

蛋白质的三级结构(tertiary structure)是指多肽链在二级结构的基础上，蛋白质多肽链进一步盘绕、卷曲和折叠后，所有原子的空间排列或三维结构。这种三维结构有时候也称为蛋白质的构象(conformation)。大部分可溶蛋白质，其形状为近似球状，也称为球状蛋白质(globular protein)，其分子表面具有裂缝(也称为穴、袋或沟)的结构，这些结构往往跟蛋白质功能有关。对于球状蛋白，其三级结构蛋白质的最大特点是其疏水基团趋于内部，亲水基团趋于外部，结果形成了外部为亲水表面，内部有疏水核的结构。

例如，肌红蛋白(myoglobin, Mb)是哺乳类动物肌肉中运输氧的蛋白质。人体肌红蛋白是由一条多肽链和一个血红素辅基构成，相对分子质量为 1.73×10^4，含 153 个氨基酸残基。

用 X-射线衍射分析表明，肌红蛋白分子呈扁平的菱形，分子大小为 4.5 nm×3.5 nm×2.5 nm。分子中多肽主链由长短不等的 8 段直的 α-螺旋组成，最长的螺旋含 27 个残基，最短的 7 个残基，分子中几乎 76% 的氨基酸残基处于 α-螺旋区内(图 1-13)。这 8 段螺旋分别命名为 A，B，C，…，H。相邻的 α-螺旋之间由不规卷曲连接。肌红蛋白的整个分子显得十分致密结实，分子内部只有一个能容纳 4 个水分子的空间。含亲水基团侧链的氨基酸残基几乎全部分布在分子的外表面，疏水侧链的氨基酸残基几乎全部被包埋在分子内部，不与水接触。在分子表面的侧链亲水基团正好与水分子结合，使肌红蛋白成为可溶性蛋白质。一些介于亲水与疏水之间的残基可以在球状蛋白质分子的内部和外表面找到。

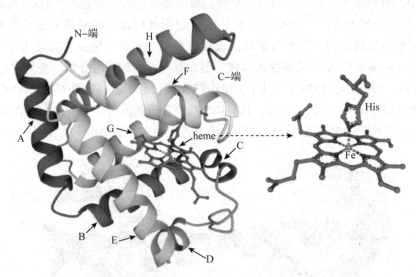

图 1-13 肌红蛋白的三级结构(PDB ID：2SPO)

血红素(heme)作为辅因子处在肌红蛋白分子表面一个裂缝内。血红素或称铁卟啉也是血红蛋白和许多其他血红素蛋白质的辅基。它是二价铁 Fe(Ⅱ) 的螯合物，由原卟啉Ⅸ与一个 Fe(Ⅱ) 离子所组成。卟啉环中心的亚铁态铁原子有 6 个配位键，4 个与平面卟啉分子的 N 结合；另外 2 个与卟啉面垂直，其中一个(第 5 个配位键)与 His_{93} 的咪唑环 N 结合;另一个(第6个配位键)处于开放状态,是O_2的结合部位;His_{64}就在它的附近,中间的空隙正好容纳一个O_2分子。血红素与蛋白质结合后,血红素中的Fe(Ⅱ)能进行可逆氧合作用。血红素中的Fe(Ⅱ)如果处于水环境中就很容易被氧化成Fe(Ⅲ),并因此失去氧合能力。肌红蛋白为血红素提供了一个疏水裂缝,避免Fe(Ⅱ)原子发生氧化,以保证血红素的氧合功能。一氧化碳与氧竞争血红素中那个开放的配位键,在这里CO的结合能力约比O_2大240倍。所以煤气中毒时,肌红蛋白或血红蛋白(参见本章后文)的大部分均以CO-肌红蛋白和CO-血红蛋白的形式存在。当空气中CO的含量达到0.06%~0.08%时,即有中毒危险;达到0.1%则使人窒息死亡。

(三)蛋白质的四级结构

很多蛋白质是以多个独立折叠的球状蛋白质的聚集体形式存在的。这些球状蛋白质通过非共价键彼此缀合在一起,每个球状形式的多肽链称为亚基或亚单位(subunit)。这样的聚集形式称为蛋白质的四级结构(quaternary structure),四级结构即指蛋白质中亚基的空间排列。四级结构的蛋白质中,一个亚基通常都是一条多肽链,但有的亚基由二条或多条多肽链组成,这些多肽链相互间以二硫键相连。亚基也称为单体(monomer)。由二个亚基组成的称为二聚体蛋白质,由四个亚基组成的称为四聚体蛋白质,由二个或多个亚基组成的蛋白质统称为寡聚蛋白质(oligomer)或多聚体蛋白质(multimer)。无四级结构的蛋白质如肌红蛋白、溶菌酶等称为单体蛋白质。寡聚蛋白质分子如果都是由一种类型的亚基组成,称为同型多聚体蛋白质(homomultimeric protein);反之,如果由不同类型的亚基组成,称为异型多聚体蛋白质或杂多聚体蛋白质(heteromultimeric protein)。有些多聚体蛋白质中,既不是每个亚基都完全相同,也不是完全不同,即有些亚基或亚基组合重复出现,我们将这种重复出现的单位称为原聚体或原体(protomer)。也就是说,原体既可以是一个亚基,也可以是二个或多个亚基的组合。下面以血红蛋白(hemoglobin,Hb)为例说明(图1-14)。

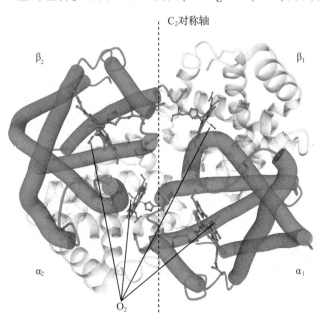

图1-14 氧合状态血红蛋白的四级结构(PDB ID:1HHO)

血红蛋白是红细胞中的主要蛋白,用于运输氧和二氧化碳及调节血液 pH 值。血红蛋白分子是由 4 个亚基组成。血红蛋白也有多种类型,在正常成人红细胞中血红蛋白主要是 HbA(占血红蛋白总量 96% 以上),它的亚基组成的 $\alpha_2\beta_2$,各个亚基之间由非共价键缔合。因此,血红蛋白是一种寡聚蛋白,为四聚体。α 亚基包含一条肽链(141 个氨基酸残基)和一个血红素,β 亚基包含一条肽链(146 个氨基酸残基)和一个血红素。一个 α 和 β 亚基的组合(αβ)可以看作该寡聚蛋白中的一个重复单位,因此,αβ 二聚体是血红蛋白的原体。实验表明,用尿素处理会导致四聚体解体为 αβ 二聚体。两个二聚体呈 C_2(2-重轴环状)对称性。有趣的是,每一个亚基的一级结构与前述的肌红蛋白差异较大,但是空间结构与前述的肌红蛋白均非常类似,都能通过血红素携带一分子的氧。稳定血红蛋白四聚体稳定的非共价键主要是疏水作用力,另外还有氢键、盐键、范德华力等。

在生物分子缔合的研究中,亚基、单体、原体和分子这几个词,目前尚未有严格的定义,它们都是一词多义,有时它们等同,有时各异。多数人认为分子是一个完整的独立功能单位。例如,作为四聚体的血红蛋白才具有输氧及其他功能,而它的任一亚基(α 链或 β 链)或原体(αβ 聚集体)单独存在时都不具有这种功能(这点与肌红蛋白不同),因此,对血红蛋白来说,四聚体就是它的分子。

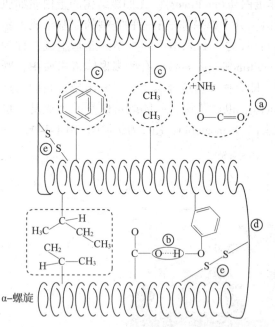

图 1-15 维持蛋白质三级结构的各种作用力
ⓐ盐键;ⓑ氢键;ⓒ疏水相互作用;ⓓ范德华力;ⓔ二硫键

(四)维持蛋白质空间结构的作用力

维持蛋白质空间结构的作用力主要是一些所谓弱的相互作用或称次级键,包括氢键、范德华力、疏水相互作用和盐键(离子键)。这些弱的相互作用也是维持核酸构象以及生物膜结构的作用力,因此,把标题扩大为维持生物系统结构的作用力也不过分。二硫键在维系某些蛋白质构象方面也起着重要作用(图 1-15)。

1. 氢键

氢键(hydrogen bond)在维持蛋白质的结构中起着极其重要的作用。已知多肽链主链上的羰基氧 C=O⋯H—N(酰胺氢)之间形成的氢键是用以维持蛋白质的二级结构的主要作用力。除此之外,氢键还可以在侧链与侧链、侧链与主链肽基、侧链与介质水或主链肽基与介质水之间形成。无论哪种氢键都不失它应有的方向性和饱和性两个特点。大多数蛋白质所采取的折叠策略是使主链肽之间形成最大数目的分子内氢键(α-螺旋、β-折叠),与此同时保持大部分能形成氢键的侧链处于蛋白质分子的表面将与水作用。

2. 范德华力

范德华力(van der Waals force)包括 3 种较弱的作用力,即定向效应、诱导效应和分散效应。定向效应(orientation effect)发生在极性分子或极性基团之间,它是永久偶极(permanent dipole)间的静电相互作用。诱导效应(induced effect)发生在极性物质与非极性物质之间，这是永久偶极与由它诱导而来的诱导偶极之间的相互作用。分散效应(dispersion effect)是在多数情况下起主要作用的范德华力，它是非极性分子或基团间仅有的一种范德华力，也称为 London 分散力。这是瞬时偶极(instantaneous dipole)间的相互作用，偶极方向是瞬时变化的。瞬时偶极是由于所在分子或基团中电子电荷密度的波动即电子运动的不对称性造成的。瞬时偶极可以诱导周围的分子或基团产生诱导偶极，诱导的偶极反过来又稳定了原来的偶极，因此在它们之间产生了相互作用。范德华力一般为 0.418~0.836 kJ/mol。这是很弱的作用力，而且随非共价键合原子或分子间距离(r)的六次方倒数即 $1/r^6$ 变化而变化。当非共价键合原子或分子相互挨得太近时，由于电子云重叠，将产生范德华斥力。实际上范德华力包括吸引力和斥力两种相互作用。因此，范德华力(吸引力)只有当两个非键合原子处于一定距离时才能达到最大，这个距离称为接触距离或范德华距离，它等于两个原子的范德华半径之和。某些生物学上重要原子的范德华半径及共价键半径见表 1-11。虽然就其个别来说范德华力是很弱的，但范德华相互作用数量大并且具有加和性，因此对于生物大分子(如球状蛋白质分子)的空间结构的约束来说就成为一种不可忽视的作用力。

表 1-11　几种生物学上重要原子的范德华半径和共价键半径　　　　　　　　　　nm

原子	接触半径	共价半径	原子	接触半径	共价半径
H	0.12	0.030	O	0.14	0.066
C	0.20	0.077	S	0.18	0.104
N	0.15	0.070	P	0.19	0.110

3. 疏水相互作用

前面曾经叙述过，水介质中球状蛋白质的折叠总是倾向于把疏水残基埋藏在分子的内部。这些基团间存在疏水相互作用(hydrophobic interaction)或疏水效应，也曾称为疏水键。它在维持蛋白质的三级结构方面占有突出的地位。疏水相互作用其实并不是疏水基团之间存在的范德华力，而是疏水基团或疏水侧链出自避开水的需要而彼此接近。当然，当疏水基团接近到等于范德华距离时，相互间将有弱的范德华力，但这不是主要的。

蛋白质溶液系统的熵增是疏水相互作用的主要动力。当肽链上的非极性基团伸入水溶液时，迫使水分子在它周围呈比较整齐的排列，而当非极性基团从水中转入分子内部时，原来在它周围的水分子的有序程度即降低，即混乱程度增大，称为熵增。另外，非极性基团转入内部形成疏水核心增加了有序程度，发生熵减。但是这个熵减比水分子的熵增小得多，因而总熵变是正值，过程可以自发进行。也就是说，蛋白质多肽链的疏水侧链基团从介质转到蛋白质分子内部聚集形成疏水核心是受熵增大驱动的。有实验材料证明，当把一种侧链烃基从水中转移到纯烃类环境中，要放出 12.55~20.92 kJ/mol 的能量。很显然，转移后热力学能位降低 12.55~20.92 kJ/mol，系统会达到一个更稳定的状态。这就不难理解，在溶液中，蛋白质的肽链会自发地进行盘卷折叠，会使大多数亲水基团位于分子的表面，形成水化膜，而多数疏水侧链则聚集于蛋白质的分子内部形成疏水核心。这对于维持蛋白质三级结构起着十分重要的作用。

4. 盐键

盐键(salt bond)，也称离子键(ionic bond)或盐桥(salt bridge)，蛋白质中常称为盐键，

其键能一般在 100~500 kJ/mol。在生理 pH 值下，蛋白质中的酸性氨基酸（Asp 和 Glu）的侧链可解离成负离子，碱性氨基酸（Arg、Lys 和 His）的侧链可解离成正离子。游离的 N-端氨基和 C-端羧基也可以解离。这些解离基团间可以形成盐键。在多数情况下这些基团都分布在球状蛋白质分子表面，而与介质水分子发生电荷-偶极之间的作用，形成排列有序的水化层，这对稳定蛋白质的构象有着一定的作用。

但这些带电荷的侧链也在蛋白质分子内部出现，它们一般与其他基团形成强的氢键，而在有些蛋白质分子内的疏水环境中形成盐键。例如，血红蛋白分子亚基之间的盐键，因在疏水环境中，介电常数比在水中低，相反电荷间的吸引力是比较强的。因此，这对三级结构的稳定或维持会发挥重要的作用。

5. 二硫键

二硫键（disulfide bond）是由处在同一肽链不同位置或不同肽链中的两个半胱氨基酸侧链的巯基（—SH）氧化后相连接形成，是一种比较稳定的共价键。二硫键在蛋白质中的数量和有无差异较大，如胰岛素分子中有 3 个，核糖核酸酶（RNase）中有 4 个，但有些蛋白质中却完全没有二硫键。

在有二硫键存在的蛋白质中，二硫键对三级结构的稳定具有很重要的作用。假如蛋白质中所含有的二硫键（如在 RNase 中）相继被还原，将引起蛋白质的天然构象改变和生物活性丢失。在许多情况下，二硫键可以选择性地被还原。这些实验证明，某些二硫键是生物活性所必需的，另一些二硫键则不是生物活性所必需的，但与维持蛋白质的三维结构有关。

6. 配位键

配位键即为配位共价键（coordinate covalent bond）的简称，是指两原子的成键电子全部由一个原子提供所形成的共价键。其中，提供所有成键电子的称为配体（donor），提供空轨道接纳电子的称为受体（acceptor）。常见的配体有：氨中氮原子、羰基碳原子、羟基氧原子；受体有氢离子等缺电子化合物及大量过渡金属元素。

配位共价键与一般共价键的区别只体现在成键过程上，它们的键参数是相同的。例如，铵根离子的氮形成的氢键中，有 3 条是一般共价键，1 条是配位共价键，但这 4 条键完全等价，铵根离子也是完全对称的正四面体形。在书写时，一般共价键使用符号"—"；配位共价键使用符号"→"，箭头从配体指向受体。在金属蛋白质分子中，金属离子与多肽链的连接，往往是配位共价键。如人体内的血红蛋白由 4 个亚基构成，每个亚基由一条肽链和一个血红素分子构成，血红素分子是一个具有卟啉结构的小分子，在卟啉分子中心，卟啉中 4 个吡咯环上的氮原子与一个亚铁离子就属于配位结合。用于固定血红素的组氨酸和血红素亚铁离子之间的结合是第 5 个配位键。

第五节　蛋白质结构与功能的关系

蛋白质分子多种多样的生物功能是以其组成和结构为基础的，研究蛋白质结构与功能的关系是生物化学与分子生物学的热点之一。蛋白质的空间结构主要取决于它的一级结构，因此，研究蛋白质一级结构与功能的关系是十分必要的。

一、蛋白质一级结构与生物学功能

研究蛋白质一级结构对揭示生命本质、了解蛋白质结构与功能关系、阐明活性中心、探讨分子进化及遗传变异等提供了有力证据，也是当前基因工程中研究基因克隆、DNA序列分析及基因表达的重要内容。

1. 蛋白质的一级结构与分子进化

不同的生物体各自拥有一套特定的蛋白质，称为蛋白质组(proteome)，研究蛋白质组的学科称为蛋白质组学(proteomics)。这些蛋白质中，大部分成员在不同物种间均存在，但是其一级结构可能存在一定的差异，称为同源蛋白质(homologous protein)。通常情况下，不同物种间的同源蛋白的功能相同或相似，如牛、鸡、兔等的血红蛋白都有运输 O_2 的功能。人们发现，可以通过不同生物体的同源蛋白质一级结构的比较研究，一定程度上揭示不同种属的进化关系。因此，蛋白质一级结构关系的研究是生物分子进化(molecular evolution)研究的一个重要组成部分。

随着生物信息学的迅猛发展，同源蛋白质一级结构的比较研究成果已经硕果累累。高通量的比较技术已成为常规手段。以细胞色素 c(cytochrome c)为例。细胞色素 c 是一种含有血红素的电子转运蛋白，它存在于所有真核生物的线粒体中(参见第五章)。脊椎动物的细胞色素 c 由 104 个氨基酸残基组成，昆虫由 108 个残基组成，植物则由 112 个残基。比较一些不同生物的细胞色素 c 发现其中 35 个氨基酸残基完全相同，即具有高度的保守性(图 1-16)。这 35 个氨基酸残基包括第 14 位和 17 位的半胱氨酸，血红素的乙烯基与这两个位置上的半胱氨酸的巯基以硫酯键连接；18 位组氨酸咪唑基的 N 原子和 80 位甲硫氨酸的 S 原子分别与血红素中的 Fe 原子形成第 5 和第 6 个配位键。我们已知细胞色素 c 在执行其电子传递功能时，依赖于 Fe 的氧化与还原，因此，与 Fe 原子相结合的氨基酸残基十分重要，是完成其功能所必不可少的结构部位。此外，血红素周围的绝大部分疏水性氨基酸残基如 10 位苯丙氨酸、32 位亮氨酸、48 位缬氨酸、59 位色氨酸等，以及维持分子适当构象的一些氨基酸，如甘氨酸、脯氨酸等也都表现出一定的保守性。虽然生物不断进化，但是只要细胞色素 c 仍然担负着传递电子的功能，这些关键氨基酸就会一直趋于保守。因此，研究蛋白质分子结构中保守的氨基酸残基，对了解蛋白质分子结构与功能有着十分重要的意义。

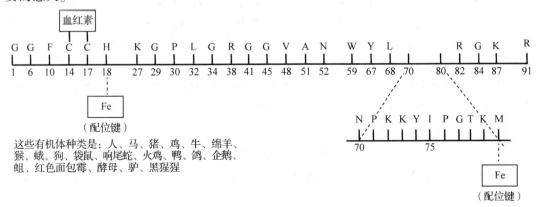

图 1-16 不同种属有机体的细胞色素 c 中不变的氨基酸残基

在不同种属细胞色素 c 的一级结构中，除了那些不变的氨基酸残基外，还有相当一部分残基是可变的、互不相同的。

一个简单判断不同蛋白质亲缘程度的方式是比较不同蛋白质之间差异氨基酸残基的数量或比例。例如，人与恒河猴的细胞色素 c 之间只相差一个氨基酸残基，而人与马相差 12 个，与小麦相差 35 个，与酵母相差 44 个（表 1-12）。这就清楚地表明亲缘关系越近，氨基酸的差异就越少。根据不同种属间氨基酸差异的多少和替换速度可反映生物的进化关系（phylogenetic relationships）。因此，通过蛋白质一级结构分子水平的比较研究，从生命活动更本质的方面揭示了生物种间的进化关系，也为分子分类学的发展提供了可靠的依据。

表 1-12　细胞色素 c 的种属差异（以人为标准）

生　物	残基改变数	生　物	残基改变数	生　物	残基改变数
黑猩猩	0	狗	11	狗鱼	23
恒河猴	1	骡	11	蛾	31
兔	9	马	12	小麦	35
袋鼠	10	鸡、火鸡	13	面包霉	43
鲸	10	响尾蛇	14	酵母	44
牛、猪、羊	10	鳄龟	15		

2. 一级结构与分子病

随着蛋白质一级结构研究的进展，从分子水平上对遗传性疾病的病因有了进一步的了解，从而提出了分子病的概念。所谓分子病是指某种蛋白质分子一级结构的氨基酸排列顺序与正常有所不同的遗传病。

镰刀状贫血（sickle-cell anemia）是最早被认识的一种分子病，它是由于基因的突变导致血红蛋白分子一级结构的突变引起的。这些个体的红细胞数目仅为正常人（约 $5.4×10^6$ 个/mL 血液）的一半，且红细胞中除了有大量未成熟的红细胞外，含有许多薄而呈新月或镰刀状的红细胞。将这种贫血患者的血红蛋白用胰蛋白酶降解后进行电泳和层析，所获得的指纹图谱与正常人血红蛋白不同。经一级结构分析鉴定，发现正常血红蛋白 β 亚基的第 6 位谷氨酸被缬氨酸所替代，使血红蛋白分子空间结构发生一些变化，特别是在 O_2 分压降低的情况下，其溶解度显著降低，分子间容易聚合，沿血红蛋白一个轴的方向呈杆状多聚体，导致血红蛋白呈新月状。患者血液黏滞性加大，造成末梢组织血流障碍，引起疼痛、坏死、出血等。同时，这种血红蛋白的机械脆性增高，可引起伴有脾肿大的溶血性贫血。

现已发现异常血红蛋白有 480 多种。当然并非所有的异常血红蛋白都伴有症状出现，但它们都是基因突变而引起血红蛋白分子一级结构的改变。

3. 胰岛素的一级结构与生物功能

蛋白质执行其特定的功能必须具有一定的结构。如果结构破坏，功能也就随之丧失。从一级结构中看蛋白质的功能是 20 世纪 60 年代迅速发展的一个课题，下面举例说明结构与功能的关系。

胰岛素（insulin）由 A、B 两条链组成，分别含有 21、30 个氨基酸残基，牛胰岛素的一级结构如图 1-17 所示。高等哺乳动物不同种属的胰岛素一级结构变异见表 1-13（拓展阅读：知识窗 1-2）。

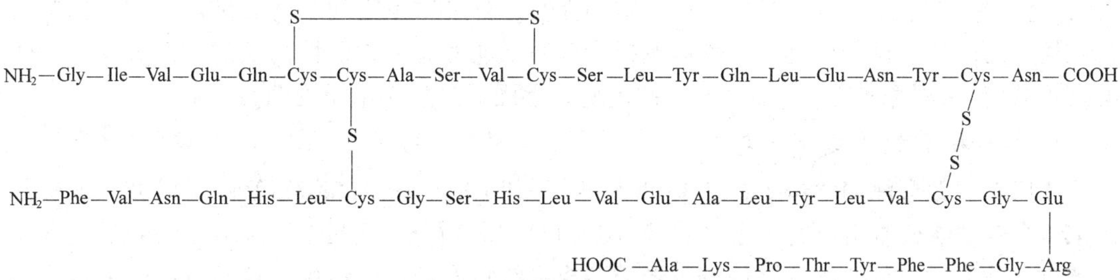

```
                    S―――――――――S
                    |           |
NH₂―Gly―Ile―Val―Glu―Gln―Cys―Cys―Ala―Ser―Val―Cys―Ser―Leu―Tyr―Gln―Leu―Glu―Asn―Tyr―Cys―Asn―COOH
                            |                                                    |
                            S                                                    S
                            |                                                    |
                            S                                                    S
                            |                                                    |
NH₂―Phe―Val―Asn―Gln―His―Leu―Cys―Gly―Ser―His―Leu―Val―Glu―Ala―Leu―Tyr―Leu―Val―Cys―Gly―Glu
                                                                                     |
                                  HOOC―Ala―Lys―Pro―Thr―Tyr―Phe―Phe―Gly―Arg
```

图 1-17　牛胰岛素的一级结构

表 1-13　胰岛素一级结构种属差异

来源	A 链			B 链
	第 8 位	第 9 位	第 10 位	第 30 位
人	Thr	Ser	Ile	Thr
狗	Thr	Ser	Ile	Ala
兔	Thr	Ser	Ile	Ser
牛	Ala	Ser	Val	Ala
猪	Thr	Ser	Ile	Ala
羊	Ala	Gly	Val	Ala
马	Thr	Gly	Ile	Ala

不同哺乳动物的胰岛素其一级结构稍有不同，可变的氨基酸只在 A 链 8、9、10 位和 B 链 30 位上，即主要表现在分子二硫环肽的一部分。由于此二硫环肽结构中除半胱氨酸以外的各个氨基酸都不是胰岛素活性的重要部分，因此在不同种属胰岛素的二硫环肽上，这几个氨基酸出现变异。实验证明，胰岛素的活性与分子的二硫键有密切关系，胰岛素的活性取决于二硫键的反应性。而二硫键的反应性又取决于分子结构的完整性。如果二硫键被还原断裂了，胰岛素的活性也就丧失。

胰岛素 B 链羧基端的一部分氨基酸在胰岛素的功能发挥中也起重要的作用。若将 B 链 C-端的八肽切除后，所得部分无胰岛素活力；去除 B 链 C-端五肽的胰岛素，其活力为天然胰岛素的一半。进一步实验证明，胰岛素 B 链上 Phe_{24}、Phe_{25} 和 Tyr_{26} 3 个芳香族氨基酸不能被其他氨基酸替代，其中 Phe_{25} 在增加其与受体结合能力上起着关键作用。

二、蛋白质空间结构与功能的关系

生物系统中所有蛋白质的一级结构都是由基因决定的。蛋白质多肽链只有按照特定方式盘绕卷曲、折叠形成特定的三维结构之后，才能表达其生物功能。如果通过化学的或物理的方法破坏其三维结构，蛋白质原有的生物功能就会丧失，称为蛋白质的变性（denaturation）。当去除这些破坏因素后，蛋白质的生物功能可能会复原。这种三维结构复原，导致生物学功能恢复的现象称为蛋白质的复性(renaturation)。也就是说，变性过程中只涉及非共价键的破坏，如果涉及一级结构，包括肽键和二硫键的破坏，这就超出了变性概念的范畴。值得注意的是，很多蛋白质在执行功能时，都会发生空间结构的微调，称为构象变化或构象的改变。这种变化是生物体调控蛋白质功能的有无或活性高低的普遍方式，如酶的别构效应(参见第三章)，不属于变性范畴。下面通过实例给予说明。

1. 核糖核酸酶的变性与复性

牛胰核糖核酸酶(RNase)早在20世纪60年代Christian Anfinsen就做了研究。该酶是由124个氨基酸残基组成的单个多肽链(图1-18)。相对分子质量$1.38×10^4$，链内含有4个二硫键，并通过其他非共价键使分子形成多次盘绕折叠的三维结构，这对维持酶的活力是必不可少的。进一步研究证明，RNase分子中的12号和119号两个组氨酸侧链的咪唑基及41号赖氨酸残基侧链 $\varepsilon-\overset{+}{N}H_3$ 在空间上非常接近，并且共同参与RNase对核糖核酸的催化水解。很显然，只有当该酶多肽链按特定方式折绕成一定空间结构，这3个在一级结构上相距甚远的氨基酸残基才能彼此靠近，构成RNase的催化功能中心，即活性中心，才能表现其活性。

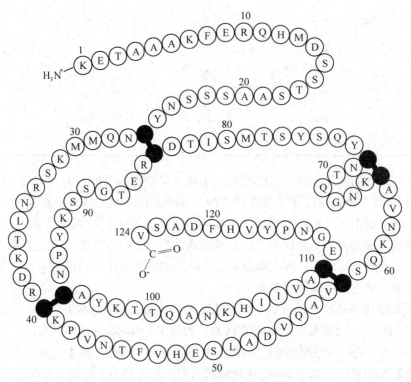

图 1-18　牛胰核糖核酸酶的氨基酸顺序

注：黑色实心圆代表半胱氨酸，其连线为二硫键

Christian Anfinsen在实验中发现，当天然RNase在8 mol/L尿素存在下用β-巯基乙醇处理后，分子内的4个二硫键即被还原(断裂)，整个肽链伸展而呈无规则卷曲，同时活性完全丧失。由于高浓度尿素可以破坏氢键，β-巯基乙醇对二硫键具有还原性，在此种条件下，RNase原有的三级结构被破坏，此时12号和119号组氨酸残基及41号赖氨酸残基

在空间上的靠近和空间上的结构关系不存在，因此，丧失了应有水解 RNA 的催化功能。这就说明，牛胰核糖核酸酶在生理条件下的三维结构决定它的生物学功能，当其三维结构破坏后，其生物学功能也就完全丧失。

　　Christian Anfinsen 进一步实验发现，当用透析方法将尿素和 β-巯基乙醇除去后，RNase 活性又可逐渐恢复，最后达到原来活性的 95%~100%（图 1-19）。经多方分析表明，复性后的产物与天然 RNase 并无区别，所有正确配对的二硫键获得了重建。但是，如果保持高浓度的尿素，仅去除 β-巯基乙醇，RNase 仅能恢复 1% 的活性。

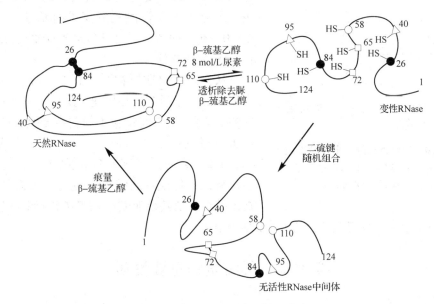

图 1-19　RNase 变性与复性示意图

　　本案例中，高浓度的尿素是导致 RNase 变性的关键化学因素。而 β-巯基乙醇的加入，破坏了属于一级结构范畴的二硫键，不属于变性范畴，但结果也进一步导致该酶三维结构的破坏。总体来看，RNase 的一级结构中的氨基酸序列决定了它的高级结构，而高级结构决定了二硫键的位置和数量。因为，正常条件下，8 个巯基总能形成正确的配对，说明二硫键可能是空间结构折叠过程中或形成后才生成的。因此，二硫键的作用是稳定蛋白质的空间结构。

　　2. *血红蛋白的变构效应*

　　含多亚基的蛋白质由于一个亚基的构象改变而引起其余亚基和整个分子构象、性质和功能发生改变的现象称为别构效应（allosterism 或 allosteric effect）。血红蛋白和许多酶蛋白都有变构作用。下面以血红蛋白为例做进一步说明。

　　蛋白质的别构效应，最初是在研究血红蛋白与氧结合的性质时发现的。1965 年，Jacque Monod 等首先发现脱氧血红蛋白（deoxyhemoglobin）与氧的亲和力很弱，但当 1 或 2 个亚基与氧结合后，其余亚基与氧的亲和力即大大增加，很快达到饱和。这种现象可以从血红蛋白的氧饱和曲线上看出（图 1-20）。

　　血红蛋白的氧饱和度（Y）定义为：

$$Y = \frac{\text{血红蛋白中被氧合部位数}}{\text{血红蛋白中氧合部位总数}}$$

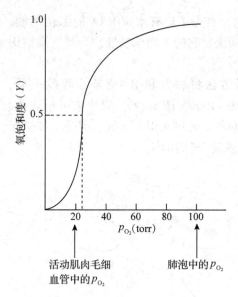

图 1-20 血红蛋白的 S 形氧合曲线
注：一般"S"形曲线(sigmoid)表示寡聚蛋白质的亚基间的协同作用

Y 值从 0 到 1(100%)。$Y=0$ 表示所有氧合部位空着；$Y=1$，表示所有部位被 O_2 占据。Y 对 p_{O_2} 所作的图称为氧合曲线或氧解离曲线。从血红蛋白氧合曲线看出，随 p_{O_2} 的增大，曲线的斜率逐步增大(p_{O_2} 从 0 torr 开始到 25 torr)，这是因为其中一个 α 亚基氧合后，由于自身构象变化，使得其他亚基构象随之变化，对氧亲和力增大所致。经进一步分析血红蛋白氧解离平衡常数 $K_1=41.6$，$K_4=0.136$，即血红蛋白对第 4 个 O_2 的亲和力为第 1 个 O_2 的 300 倍。

从血红蛋白质结构分析得知，脱氧血红蛋白的 4 个亚基之间有 4 对盐键，此时每个亚基血红素中的 Fe(Ⅱ)的空间位置不易与氧结合，故脱氧血红蛋白与氧的亲和力很小。当有一个亚基(α 亚基)与氧结合时，与该亚基有关的 Fe 原子位置发生位移，引起自身肽链构象变化，进而使亚基间盐键破坏，使其余亚基中的 Fe(Ⅱ)原子位置都变得适宜与 O_2 结合，故与氧结合的速率大大加快。

第六节 蛋白质的重要性质

蛋白质由氨基酸组成，因此蛋白质的性质有些与氨基酸相似，但也有其特殊的性质，现分述如下。

一、蛋白质的相对分子质量

蛋白质是一类生物大分子，相对分子质量一般在 1 万~100 万或更大一些(表 1-14，拓展阅读：知识窗 1-3)。

表 1-14 一些蛋白质的相对分子质量、亚基数及亚基相对分子质量

蛋白质名称	相对分子质量	亚基	
		亚基数	相对分子质量
胰岛素	5 734	1	5 734
细胞色素 c	12 398	1	12 398
RNA 酶	13 683	1	13 683
溶菌酶	14 300	1	14 300
α-淀粉酶	97 600	2	48 800
血红蛋白(人)	64 500	4	16 000
天冬酰胺酶	255 000	2	139 000

（续）

蛋白质名称	相对分子质量	亚基	
		亚基数	相对分子质量
脲酶	483 000	6	83 000
醇脱氢酶（酵母）	150 000	4	37 000
RNA 聚合酶	880 000	2	440 000
烟草花叶病毒蛋白	40 000 000	2 130	17 500

蛋白质分子质量除了用化学方法测定外，主要还是利用蛋白质的物理化学性质来测定。这些方法有渗透压法（osmometry）、超离心法（ultracentrifugation）、凝胶过滤法（gel filtration）、十二烷基硫酸钠-聚丙烯酰胺凝胶电泳法（sodium dodecyl sulfate-polyacrylamide gel electrophoresis，SDS-PAGE）等。其中，渗透压法较简单，对仪器设备要求不高，但灵敏度较差。而用凝胶过滤和 SDS-PAGE 所测定的蛋白质分子质量是近似值。超离心法的精确度相对更高，但需要超速离心机。此方法的基本原理是将蛋白质溶液放在 25 万~50 万倍重力场的离心力作用下，使蛋白质颗粒从溶液中沉降下来。在沉降过程中应用光学系统检测蛋白质颗粒沉降行为，从而计算推导出沉降系数再根据沉降系数计算出分子质量。另外，质谱法（mass-spectrography）是目前灵敏度、精确度最高的测定蛋白质分子质量的方法，该方法还可以测定肽链的顺序、二硫键的位置和数量。

二、蛋白质的两性电离和等电点

蛋白质如同氨基酸一样，是两性电解质，既能和酸作用，也能和碱作用。蛋白质分子中可解离的基团除肽链末端的 α-氨基和 α-羧基外，主要还是肽链中氨基酸残基上 R 基中的基团，如 ε-氨基、β-羧基、γ-羧基、咪唑基、胍基、酚基、巯基等。在一定的 pH 值条件下，这些基团的解离可使蛋白质带电。在酸性环境中蛋白质氨基酸残基的质子受体与质子结合，使蛋白质带正电荷，在碱性环境中蛋白质氨基酸残基的质子供体解离出质子后，与环境中 OH^- 结合成水，而蛋白质带负电荷。当溶液在某一 pH 值时，使蛋白质所带正电荷与负电荷恰好相等，即净电荷为零，这时溶液的 pH 值称为该蛋白质的等电点（pI）。蛋白质的两性解离可用下式表示（为简单起见，未画出 R 基的解离）：

$$P\begin{matrix}NH_2\\COOH\end{matrix} \quad (蛋白质)$$

$$\updownarrow$$

$$P\begin{matrix}NH_2\\COO^-\end{matrix} \underset{H^+}{\overset{OH^-}{\rightleftharpoons}} P\begin{matrix}\overset{+}{N}H_3\\COO^-\end{matrix} \underset{H^+}{\overset{OH^-}{\rightleftharpoons}} P\begin{matrix}\overset{+}{N}H_3\\COOH\end{matrix}$$

阴离子　　　　等电点　　　　阳离子

pH>pI　　　　pH=pI　　　　pH<pI

各种蛋白质具有特定的等电点(表1-15)，这是和它所含氨基酸的种类和数量有关的。如蛋白质分子中含碱性氨基酸较多，其等电点偏碱。例如，从雄性鱼类成熟精子中提取的鱼精蛋白含精氨酸特别多，其等电点为12.0~12.4。如蛋白质分子中含酸性氨基酸较多，则其等电点偏酸。例如，胃蛋白酶含酸性氨基酸为37个，而碱性氨基酸仅含6个，其等电点为1.5左右。含酸性和碱性氨基酸残基数目相近的蛋白质，其等电点大多为中性偏酸，约为5.0。

表1-15　一些常见蛋白质的等电点

蛋白质名称	等电点	蛋白质名称	等电点
胃蛋白酶	1.5~2.5	血清γ_1-球蛋白(人)	5.8~6.6
胰蛋白酶(片)	5.0~8.0	血红蛋白	7.07
鸡蛋清蛋白	4.55~4.90	细胞色素c	9.8~10.3
血清白蛋白(人)	4.64	溶菌酶	11.0~11.2
明胶	4.7~5.0	胸腺组蛋白	10.8
胰岛素	5.30~5.35	鱼精蛋白	12.0~12.4

蛋白质在等电点时，以两性离子的形式存在，其净电荷为零，这样的蛋白质颗粒在溶液中因为没有相同电荷互相排斥的影响，所以最不稳定，易于聚集成较大颗粒而沉淀析出，因而溶解度最小。这一性质常在蛋白质的分离、提纯时应用。同时，在等电点时蛋白质的黏度、渗透压、膨胀性最小。

带电粒子在电场中可以向异性电极移动。由于蛋白质在溶液中解离成带电的颗粒，因此在电场中能移动，这种带电粒子在电场中移动的现象称为电泳(electrophoresis)。蛋白质电泳的方向、速度主要取决于其中蛋白质所带电荷的正负性、多少、分子颗粒的大小以及分子形状。

三、蛋白质的胶体性质

蛋白质是高分子化合物，由于分子质量大，它在水溶液中所形成的颗粒直径在1~100 nm，属于胶体范畴。因此，蛋白质溶液具有胶体溶液的特征，如布朗运动、丁达尔现象、不能透过半透膜以及具有吸附能力。

蛋白质水溶液是一种比较稳定的亲水胶体，这是因为蛋白质颗粒表面带有很多极性基团，如—NH_2、—COO^-、—OH、—SH、—$CONH$等，这些亲水性基团易与水形成氢键而结合，因此，在蛋白质颗粒外面形成一层水化膜(又称水化层，hydration layer)。水化膜的存在使蛋白质颗粒相互隔开，颗粒之间不会碰撞而聚集成大颗粒，因此，蛋白质在水溶液中比较稳定而不易沉淀。

蛋白质溶液比较稳定的另一个重要原因，是蛋白质颗粒在非等电状态时带有相同电荷，使蛋白质颗粒之间相互排斥，保持一定距离，不致互相凝集沉淀。

但稳定是相对的，当溶液pH值和介质极性发生变化时，其稳定性就会随之发生变化。

四、蛋白质的沉淀反应

蛋白质由于带有电荷和表面水化膜，因此在水溶液中呈稳定的胶体。如果在蛋白质溶液中加入适当的试剂，破坏了蛋白质的水化膜或中和了蛋白质的电荷，或者蛋白质空间结构发生很大变化，则蛋白质溶液就不稳定而会出现沉淀(precipitation)现象。

在蛋白质溶液中加入下列试剂(或加热)会产生沉淀。

(一)高浓度中性强电解质盐

高浓度硫酸铵、硫酸钠、氯化钠等，可以破坏蛋白质胶体周围的水膜，同时又中和了蛋白质分子的电荷。因此，当给蛋白质溶液中加入盐类浓度达到一定程度时，会使蛋白质沉淀析出，这种现象称为蛋白质盐析(salting out)。盐析法不破坏蛋白质天然构象，是分离制备蛋白质常用的方法。不同蛋白质由于胶体稳定性的差别，盐析时所需的盐浓度不同，因此，通过调节或控制盐浓度，可使混合蛋白质溶液中的几种蛋白质分别析出，这种方法叫作分段盐析(fractional salting out)。例如，血清中加$(NH_4)_2SO_4$至50%饱和度，则球蛋白先沉淀析出；继续加$(NH_4)_2SO_4$至饱和，则清蛋白沉淀析出。

另外，在蛋白质溶液中加入稀的中性盐溶液，蛋白质溶解度则会增加，这种现象叫作盐溶(salting in)。其原因是蛋白质分子吸附某种盐离子后，带电层使蛋白质分子彼此排斥，与水分子相互作用加强，因而溶解度增高。

(二)有机溶剂

乙醇、丙酮等可使蛋白质产生沉淀，这是由于这些有机溶剂和水有较强的作用，同时降低介电常数，既破坏蛋白质分子周围的水膜，又增加带电质点间的相互作用，致使蛋白质颗粒容易凝集而发生沉淀反应。如果蛋白质处于等电点，加入这些有机溶剂可加速蛋白质沉淀。因此，也可利用有机溶剂沉淀法来分离纯化蛋白质。

(三)重金属盐

如氯化高汞、硝酸银、乙酸铅及三氯化铁等。蛋白质在碱性溶液中带负电荷，可与这些重金属离子作用生成不易溶解的盐而沉淀。

(四)某些生物碱试剂和有机酸类

生物碱试剂是指能引起生物碱(alkaloid)沉淀的一类试剂，如苦味酸、单宁酸等。某些有机酸指的是三氯乙酸、磺基水杨酸等。当蛋白质处在酸性溶液中时，自身带正电荷，而生物碱试剂和酸类的酸根负离子能和蛋白质化合成不溶解的蛋白质盐而沉淀。

(五)加热变性

几乎所有的蛋白质都因加热变性而凝固。少量盐类促进蛋白质加热凝固。当蛋白质处于等电点时，加热凝固最完全和最迅速。加热变性引起蛋白质凝固沉淀的原因可能是由于加热使蛋白质天然结构解体，疏水基外露，因而破坏了水化层，同时由于蛋白质处于等电点也破坏了带电状态。

用盐析法或在低温时加入有机溶剂(可先将蛋白质用酸碱调节到等电点状态)等方法制取的蛋白质，仍然保持天然蛋白质的一切特性如原有的生物活性，将蛋白质重新溶解于水仍然成为稳定的胶体溶液。但如温度较高情况下加入有机溶剂来沉淀分离蛋白质，或用有机溶剂沉淀分离得到的蛋白质没有及时与有机溶剂分开，都会引起蛋白质的性质发生改变，这是应加以注意的。用有机溶剂沉淀蛋白质后，有机溶剂易于挥发掉，而盐析沉淀所得蛋白质中含有较多盐分，须通过透析或凝胶过滤脱盐。究竟选用哪种方法，应根据研究要求及蛋白质的性质加以选择。

五、蛋白质的变性

天然蛋白质因受物理或化学因素影响，其分子内部原有高度规律性的空间结构被破坏，致使蛋白质的理化性质改变，丧失原有生物活性，但一级结构未遭破坏，这种现象叫作变性(denaturation)，变性后的蛋白质称为变性蛋白质。核糖核酸酶变性过程结构变化如图1-19所示。

能使蛋白质变性的因素很多，化学因素有强酸、强碱、尿素、胍、去污剂、重金属盐、三氯醋酸、磷钨酸、苦味酸、浓乙醇等。物理因素有加热(70~100℃)、剧烈振荡或搅拌、紫外线及X-射线照射、超声波等。但不同蛋白质对各种因素的敏感程度是不同的。

蛋白质的变性作用，如不过于剧烈，则是一种可逆反应，说明蛋白质分子的内部结构变化不大。例如，胃蛋白酶加热至80~90℃时，失去溶解性，也无消化蛋白质的能力，如将温度再降低到37℃，则它又可恢复溶解性与消化蛋白质的能力，即复性。但随着变性时间的增加，条件加剧、变性程度也加深，如蛋白质的结絮作用和凝固作用就是变性程度加深的表现，这样就达到不可逆的变性。

蛋白质的变性与凝固已有许多实际应用，如豆腐就是大豆蛋白质的浓溶液加热加盐而成的变性蛋白凝固体。临床分析化验血清中非蛋白质成分，常常用加三氯乙酸或钨酸使血液中蛋白质变性沉淀而去除。为鉴定尿中是否含有蛋白质，常用加热法来检验。在急救重金属盐中毒(如氯化汞)时，可给患者吃大量乳品或蛋清，其目的就是使乳品或蛋清中的蛋白质在消化道中与重金属离子结合成不溶解的变性蛋白质，从而阻止重金属离子被吸收进入体内，最后设法将沉淀物从肠胃中洗出。

在生物体的生命活动中，还有不少现象是与蛋白质的变性作用有关的，如机体衰老时相应的蛋白质也逐渐缓慢地发生变性，亲水性相应减弱；如种子放久后蛋白质的亲水性降低而失去发芽能力。

另外，在制备蛋白质和酶制剂过程中，为了保持其天然性质，就必须防止发生变性作用。因此在操作过程中，必须注意保持低温，避免强酸、强碱、重金属盐类，防止振荡等。相反，那些不需要的杂蛋白则可利用变性作用而除去沉淀。

六、蛋白质的紫外吸收

由于蛋白质中含有苯丙氨酸、酪氨酸、色氨酸残基，因此，蛋白质也有紫外吸收，其最大吸收波长是280 nm。这个性质可用于蛋白质的定量测定和层析分离蛋白质过程中进行动态监测。

七、蛋白质的颜色反应

在蛋白质的分析工作中，常利用蛋白质分子中某些氨基酸或某些特殊结构与某些试剂产生颜色反应，作为测定的根据。重要的颜色反应有：

(一) 双缩脲反应

双缩脲(biuret)是由两分子尿素缩合而成的化合物，将尿素加热到180℃，则两分子尿素缩合成一分子双缩脲，并放出一分子氨。双缩脲在碱性溶液中能与硫酸铜反应产生红紫色络合物，此反应称为双缩脲反应。

蛋白质分子中含有许多和双缩脲结构相似的肽键(图1-21)，因此也能起双缩脲反应(Biuret test 或 Piotrowski's test)，形成红紫色络合物。通常可用此反应来定性鉴定蛋白质，也可根据反应产生的有色物质在540 nm处有光吸收，定量测定蛋白质。

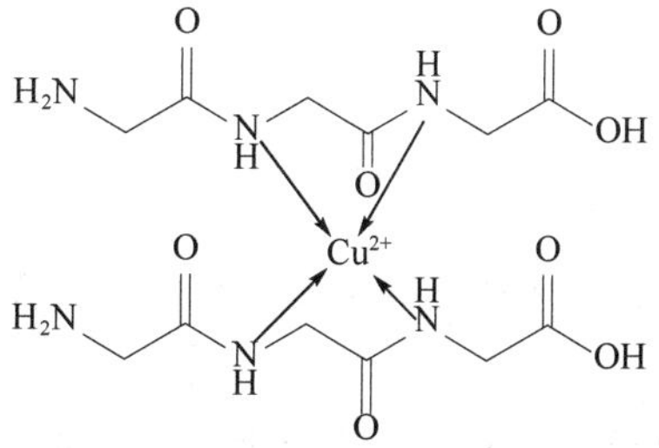

图 1-21　Cu^{2+} 与肽键氮形成的络合物结构示意图

(二)福林酚试剂反应

福林酚试剂，又称 Folin-酚试剂、福林试剂（Folin's phenol reagent）。蛋白质分子一般都含有酪氨酸，而酪氨酸中的酚基能将福林试剂中的磷钼酸及磷钨酸还原成蓝色化合物（即钼蓝和钨蓝的混合物）。这一反应常用来定量测定蛋白质含量。

(三)茚三酮反应

由于蛋白质肽链的 N-端有游离氨基，有的 R 基也有氨基，因此，蛋白质也可以和茚三酮反应。

第七节　蛋白质分类

不同的蛋白质有不同的分子形状、分子组成和溶解度等性质差异。根据蛋白质分子形状可以分为球状蛋白质、纤维状蛋白质和膜蛋白；许多蛋白质仅由氨基酸组成，不含其他化学成分，这样的蛋白质称为简单蛋白质，但是许多其他蛋白质含有除氨基酸外的化学成分作为其结构的一部分，这样的蛋白质称为结合蛋白质。这些非蛋白质部分为辅基或配体。因此，根据组成差异可以将蛋白质分为简单蛋白质和结合蛋白质；根据溶解度可以将蛋白质分为可溶性蛋白质、醇溶蛋白质和不溶性蛋白质。

一、根据分子形状分类

(一)球状蛋白质

球状蛋白质（globular protein）形状接近球形或椭球形。其多肽链盘绕折叠紧密，疏水的氨基酸侧链位于分子内部，亲水的侧链暴露于外部。因此，球状蛋白质溶于水且溶于稀的中性盐溶液中，如中性盐浓度过高，则从溶液中析出，即盐析。细胞中的大多数可溶性蛋白质（如胞质酶类），都属于球状蛋白质。

(二)纤维状蛋白质

纤维状蛋白质（fibrous protein）具有比较简单、规则的线性结构，形状呈细棒或纤维状，在生物体内主要起结构作用。典型的不溶性纤维状蛋白质有胶原蛋白、弹性蛋白、角蛋白和丝蛋白等，肌球蛋白和血纤蛋白原属于可溶性纤维状蛋白质。

(三)膜蛋白

膜蛋白（membrane protein）与细胞的各种膜系统结合，很多具有一次或多次的跨膜区域，而这些区域表面要与生物膜内部的脂质"相似相溶"，因此，这些区域的表面为疏水性,这点正好与球状蛋白质相反。

二、根据组成分类

(一)简单蛋白质

简单蛋白质(simple protein)分子中只含有氨基酸,没有其他成分。

1. 清蛋白

清蛋白(albumin)又称白蛋白,分子质量较小,溶于水、中性盐、稀酸或稀碱,可被饱和硫酸铵沉淀。在自然界分布广泛,如小麦种子中的麦清蛋白、血液中的血清白蛋白和鸡蛋中的卵清蛋白等。

2. 球蛋白

球蛋白(globulin)一般不溶于水而溶于稀盐溶液、稀酸或稀碱溶液,可被半饱和的硫酸铵沉淀。球蛋白在生物界广泛存在并具有重要的生物功能。大豆种子中的豆球蛋白、血液中的血清球蛋白、肌肉中的肌球蛋白以及免疫球蛋白都属于这一类。

3. 醇溶蛋白

醇溶蛋白(prolamine)不溶于水和盐溶液,溶于70%~80%的乙醇。醇溶蛋白组成特点是脯氨酸和酰胺较多,非极性侧链偏多。多存在于禾本科作物的种子中,如玉米醇溶蛋白、小麦醇溶蛋白。

4. 谷蛋白

谷蛋白(glutelin)不溶于水、醇及中性盐溶液,溶于稀酸或稀碱。谷蛋白存在于植物种子中,如水稻种子中的稻谷蛋白和小麦种子中的麦谷蛋白等。

5. 精蛋白

精蛋白(protamine)易溶于水及稀酸,是一类分子质量较小、结构简单的蛋白质。精蛋白含有较多的碱性氨基酸,缺少色氨酸和酪氨酸,所以是一类碱性蛋白。精蛋白存在于成熟的精细胞中,与DNA结合在一起,如鱼精蛋白。

6. 组蛋白

组蛋白(histone)可溶于水或稀酸。组蛋白是染色体的结构蛋白,含有丰富的精氨酸和赖氨酸,分子呈碱性。

7. 硬蛋白

硬蛋白(scleroprotein)不溶于水、盐、稀酸或稀碱,主要存在于皮肤、毛发、指甲中,起支持和保护作用,如角蛋白、胶原蛋白、弹性蛋白、网硬蛋白等。

(二)结合蛋白质

根据非蛋白组分的不同,结合蛋白质可分为6类:

1. 色蛋白

色蛋白(chromoprotein)是含有生色基团的蛋白质,其中以含卟啉类的色蛋白最多。血红蛋白就是由球蛋白和血红素辅基组成的。血红素即铁卟啉,是由一种原卟啉与一个二价铁原子构成的化合物。过氧化氢酶、细胞色素c都属于色蛋白。

2. 核蛋白

核蛋白(nucleoprotein)由蛋白质与核酸(辅基)结合而成。存在于核糖体、含核酸的病毒里。

3. 磷蛋白

磷蛋白(phosphoprotein)，含与蛋白质的丝氨酸、苏氨酸或酪氨酸残基的羟基酯化的磷酸基。如胃蛋白酶、乳中的酪蛋白等。

4. 脂蛋白

脂蛋白(lipoprotein)是由蛋白质和三酰甘油、胆固醇、磷脂等结合而成。存在于生物膜和动物血浆中。脂蛋白不溶于乙醚而溶于水，是血液中脂类的运输方式。如血浆脂蛋白等。

5. 糖蛋白

糖蛋白(glycoprotein)是由蛋白质与糖类物质组成。广泛存在于细胞膜、胞外基质、血浆以及黏液中，如纤连蛋白、胶原蛋白和蛋白聚糖等。

6. 金属蛋白

金属蛋白(metalloprotein)是由蛋白质和金属离子结合形成。如铁蛋白含 Fe，乙醇脱氢酶含 Zn，细胞色素氧化酶含 Cu 和 Fe，固氮酶含 Mo 和 Fe。具有催化生物体内化学反应的金属酶，金属离子常位于活性中心，如羧肽酶和碳酸酐酶。

三、根据溶解度分类

蛋白质作为有机大分子化合物，在水中以胶体形式存在。因此，蛋白质在水中无严格意义上的溶解度，只是将蛋白质在水中的分散量或分散水平相应地称为蛋白质的溶解度(solubility)。同时，蛋白质溶解度的大小受到溶液的离子强度、温度、溶剂类型等的影响。

(一)可溶性蛋白质

可溶性蛋白质是指疏水侧链位于分子内部，亲水侧链暴露于水溶剂。可溶于水、稀盐、稀碱，如清蛋白、组蛋白、精蛋白。

(二)醇溶蛋白质

醇溶蛋白质(prolamine)不溶于水和盐溶液，溶于 70%~80% 的乙醇，多存在于禾本科作物的种子中，如玉米醇溶蛋白、小麦醇溶蛋白。

(三)不溶性蛋白质

不溶性蛋白质指不溶于水、中性盐、稀酸、稀碱或有机溶剂，如硬蛋白。

第八节 蛋白质的分离纯化

每一生物体内，甚至每一类细胞内都含有成千上万种不同的蛋白质，欲对任何一种蛋白质进行研究，首先必须进行分离(separation)和纯化(purification)。由于目的蛋白质在细胞内是与许多其他蛋白质和非蛋白质共存的，加之蛋白质在某些条件下易变性，使得蛋白质的分离纯化工作十分复杂而艰巨。尽管如此，由于现今许多先进技术的发展，已有几百种蛋白质得到结晶，上千种蛋白质获得高纯度制剂。蛋白质纯化的总目标是增加制品纯度(purity)。虽然蛋白质种类繁多，结构各异，具体分离纯化方法不尽相同，但其基本原则都是相通的。

一、蛋白质分离纯化的一般原则

首先要选择一种含目的蛋白质较丰富的材料。分离纯化其中目的蛋白质的一般程序可分为前处理、粗分级、细分级和结晶四大步骤。

1. 前处理(pretreatment)

选择适当的细胞破碎法和适宜的提取介质(一般用一定浓度和一定 pH 值的缓冲液),将蛋白质从细胞中以溶解状态释放出来,并保持天然状态。过滤除渣后,即得到蛋白质提取液。

2. 粗分级(rough fractionation)

建立一系列分离纯化的方法,使目的蛋白质与其他较大量的杂蛋白分开。

3. 细分级(fine fractionation)

粗分级后的样品液体积小,在细分级中,也要确立一套适宜的方法,进一步将目的蛋白质与少量结构类似的杂蛋白分开,最终使纯度达到预定要求。

4. 结晶(crystallization)

结晶本身也是进一步提纯的过程。由于结晶中未发现过变性蛋白质,因此,蛋白质结晶不仅是纯度的一个指标,也是判定制品处于天然状态的可靠指标。但是,不同蛋白的结晶条件不同,难度差异较大。

二、分离纯化蛋白质的基本原理

现有的各种蛋白质分离纯化技术主要是根据蛋白质之间某些理化性质上的差异进行的。例如,分子大小、溶解度、电离性、吸附性以及生物学功能专一性等。下面仅简要介绍分离蛋白质的基本原理,具体实验技术、操作可参考有关书籍。

(一) 根据蛋白质分子大小不同进行分离

1. 透析和超滤

这是利用蛋白质分子颗粒大,不能透过半透膜的胶体性质而设计的。用一张半透膜就能阻留蛋白质分子,使之与其他可通过膜的小分子物质分离。利用蛋白质不能透过半透膜的性质,可用羊皮纸、火棉胶、玻璃纸做成透析袋,将含有小分子杂质的蛋白质装入透析袋,然后置流水中进行透析,此时小分子化合物不断地从透析袋中渗出,而大分子留在袋内,经过一定时间的透析,就可去除小分子杂质而使蛋白质得以纯化,此方法称为透析(dialysis)。不同的半透膜具有不同的截留分子质量(molecular weight cut-off,MWCO),即 90%的大于该分子质量的物质无法通过半透膜。另外,人们在透析的基础上发展出一种新的方法,称为超滤(ultrafiltration)。该方法在改变压力或离心的条件下,使蛋白溶液快速通过特殊的微孔滤膜。这类微孔滤膜与半透膜类似,具有不同截留分子质量,从而快速实现小分子与大分子的分离(脱盐、浓缩、更换溶剂)。

2. 离心沉降法

由于蛋白质分子是胶体分子,因此,将蛋白质置于超重力离心场中离心时,它会向离心管底部运动,蛋白质分子这种性质称为沉降(sedimentation)。蛋白质分子不同,沉降特性不同，不同蛋白质的沉降特性用沉降系数来表示，沉降系数(sedimentation coefficient)定义为：单位(cm)离心场中大分子物质的沉降速度，其单位是$1×10^{-13}$s。由于数值太小，一般用"S"表示，S也称为沉降系数单位。如某蛋白质沉降系数为$8×10^{-13}$s，则表示为8S。利用沉降法可以纯化蛋白质，也可测定其分子质量。

3. 凝胶过滤

凝胶过滤也称凝胶过滤层析或凝胶排阻层析(gel chromatography)。凝胶是具网孔状结构的颗粒。当分子大小不同的蛋白质混合液流经凝胶装成的层析柱时，比凝胶网孔小的蛋白质进入网孔内，比凝胶网孔大的蛋白质分子则被排阻在外。当用溶剂洗脱时，大分子不进入曲折的凝胶颗粒内部，所以移动路程短，先被洗脱下来，小分子在凝胶颗粒内部的路程蜿蜒曲折，被洗脱下来的时间较晚，故可用分步收集法将不同的蛋白质分离开(图1-22)。

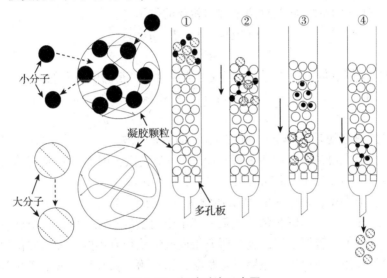

图1-22 凝胶过滤示意图

(二) 根据蛋白质溶解度的差异进行分离

蛋白质在溶液中的溶解度常随环境pH值、离子强度、溶剂的介电常数以及温度等因素改变而改变。这是由于蛋白质各具有其本身特定的氨基酸组成，从而决定了每种蛋白质的电解质行为。所以利用改变环境条件，控制其溶解度，可以分离不同的蛋白质。

1. 等电沉淀(isoelectric precipitation)

利用蛋白质等电点时溶解度最低的原理，调节混合蛋白质溶液的pH值到目的蛋白质的等电点使其沉淀，其他蛋白质仍溶于溶液中。

2. 盐析

向溶液中加入中性盐达一定饱和度使目的蛋白质沉淀析出。最常用的中性盐是硫酸铵，它的溶解度大，在高浓度时也不易引起蛋白质变性，而且使用方便、价廉。

3. 有机溶剂分级分离

蛋白质的溶解度与介质的介电常数有关。在蛋白质溶液中加入介电常数较低而且与水能相溶的有机溶剂(如乙醇、丙酮等)能降低水的介电常数，使蛋白质分子中相反电荷间的吸引力增强，加之有机溶剂也有脱去蛋白质分子水膜的作用，故使蛋白质易于凝聚而沉淀。

(三) 根据蛋白质的电离性质不同进行分离

各种蛋白质的等电点不同,分子质量大小、颗粒大小也各不相同,在一个指定的 pH 值溶液中,各种蛋白质所带电荷不同。根据这一原理,就可以使用电泳法、离子交换层析等手段将蛋白质混合液中各种蛋白质分离开来。

1. 电泳

电泳是当前应用广泛的分离和纯化蛋白质的一种基本手段。当蛋白质在非等电点状态时必定带电荷,在电场中向其带电相反电极方向泳动。不同蛋白质分子所带的电荷性质、数量以及分子大小、形状等不相同,所以各有其不同的迁移速度而彼此分离。

带电颗粒在电场中的泳动速度主要取决于它所带的净电荷量以及颗粒的大小和形状。颗粒在电场中发生泳动时,将受到两个方向相反的作用力:

$$F(电场力) = qE = qU/d$$
$$F_f = fv$$

式中:q 是颗粒所带电量;E 是电场强度或电势梯度;U 是两电极间的电势差;f 是摩擦系数(与颗粒的形状大小和介质黏度有关);v 是颗粒泳动速度(cm/s);d 是两极间的距离(cm)。

当颗粒以恒速移动时,$F = F_f$,则 $qE = fv$,即 $v/E = q/f$。

在一定的介质中对某一蛋白质来说,q/f 是一个定值,因而 v/E 是定值,称作电泳迁移率或泳动度(electrophoretic mobility),以 M 表示:$M = v/E$。

M 值可由实验测得,蛋白质的 M 值通常为 $0.1 \times 10^{-4} \sim 1.0 \times 10^{-4}$ cm/(V·s)。M 值以及 pH 值和离子强度对 M 的影响都反映某一特定蛋白质的特性。因此,电泳是分离蛋白质混合物和鉴定其纯度的重要手段,也是研究蛋白质性质很有用的一种物理化学方法。

电泳技术不仅用于蛋白质,也用于氨基酸、肽、酶、核苷酸、核酸等生物分子的分离分析和制备。

电泳的类型有区带电泳(zone electrophoresis)和自由界面电泳(moving-boundary electrophoresis,又称 free-boundary electrophoresis),后者支持物为溶液,较少用。区带电泳是由于在支持物上电泳蛋白质混合物被分离成若干区带而得名。区带电泳包括纸电泳、醋酸纤维素薄膜电泳、粉末电泳、细丝电泳和凝胶电泳等。

(1) 醋酸纤维素薄膜电泳

醋酸纤维素薄膜电泳(cellulose acetate thin film electrophoresis)以醋酸纤维素薄膜为支持物。它是纤维素的醋酸酯,由纤维素的羟基经乙酰化而制成。它溶于丙酮等有机溶液中,即可涂布成均一细密的微孔薄膜,膜厚度以 0.1~0.15 mm 为宜。将待分离的蛋白质样品加在它的一端或中央,支持物的两端与电极连接,通电电泳。电泳完毕,各个组分分布在不同的区域,用显色剂显色后可以显示出各个组分。

正常成人血清中含有清蛋白、α_1-、α_2-、β-和 γ-球蛋白等多种蛋白,用醋酸纤维薄膜作支持物,在 pH 8.6 的条件下电泳时,血清中的各种蛋白质都带负电,通电后都向阳极泳动,由于它们所带负电的多少和分子质量大小不同,在电场中泳动速度不同,通电一定时间后,这几种蛋白质就可分开。停止电泳,经染色可以区分出明显的区带(图 1-23)。

（2）聚丙烯酰胺凝胶电泳

聚丙烯酰胺凝胶电泳以聚丙烯酰胺凝胶为支持物，可以制成凝胶柱或凝胶板，一般凝胶介质中的 pH 值被维持在碱性区，将蛋白质样品加到预先制好的凝胶介质上，使大多数蛋白质都带有负电荷，然后在凝胶的两端加上电场使蛋白质向阳极迁移。根据蛋白质多肽链的分子质量大小、形状及其在一定 pH 值下所带电荷不同，因而在电泳中的相对迁移率不同以达到分离蛋白质的目的。在凝胶电泳过程中，有 3 种物理效应：样品的浓度效应、电荷效应和凝胶对被分离分子的筛选效应。此法分离未变性蛋白质效果好，分辨率高。蛋白质分

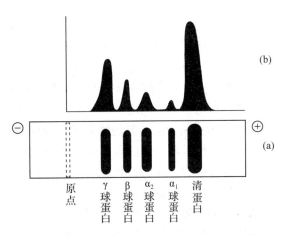

图 1-23 我国正常成人血清蛋白醋酸纤维薄膜电泳图（pH 8.6 条件下）
(a) 电泳图谱；(b) 电泳扫描仪扫描结果

子在聚丙烯酰胺凝胶电泳时的迁移率取决于它所带的净电荷、分子大小和形状等因素。

Shapiro 等（1967）发现，当在聚丙烯酰胺凝胶电泳体系中加入阴离子去污剂 SDS（十二烷基磺酸钠）和少量巯基乙醇时，则蛋白质分子的电泳迁移率主要取决于它的相对分子质量，而与原来所带的电荷和分子形状无关。这种电泳称为 SDS-PAGE。

SDS 是一种有效变性剂，它能够破坏蛋白质分子中的氢键和疏水作用，使蛋白质去折叠而处于伸展状态；巯基乙醇为还原剂，可以打开肽链中的二硫键。SDS 以疏水作用结合在伸展的肽链上面，形成形状近似长的椭圆棒状结构，不同蛋白质-SDS 复合体的直径都是一样的，结合的 SDS 量与肽链分子质量成正比（约两个氨基酸残基可以结合一个 SDS），由于 SDS 是阴离子，使多肽链覆盖上相同密度的负电荷，该电荷量远超过蛋白质分子上原有的电荷差别，结果所有的蛋白质-SDS 复合体在凝胶中的迁移率主要取决于蛋白质分子质量，与原来所带电荷、分子形状无关。不同大小的分子，电泳迁移率不同，小分子跑得快，大分子落在后面。

同样，分离人的血清，利用 SDS-PAGE 可分出近 26 种蛋白质。

（3）等电聚焦电泳

等电聚焦电泳（isoelectric focusing electrophoresis，IFE）是一种高分辨率的蛋白质分离技术，也可用于蛋白质等电点的测定。等电聚焦电泳是在具有 pH 梯度介质的电场作用下，将各种蛋白质移向并聚焦（停留）在等于其等电点的 pH 梯度处，达到分离的目的。等电聚焦可以把人的血清分成 40 多个条带，只要待测蛋白质的 pI 有 0.02 pH 单位的差别就能分开。若用等电聚焦电泳分离人的血清，则可分离出 30 多种蛋白质。

（4）双向电泳

双向电泳（two-dimensional electrophoresis）是在上述单向电泳无法满足蛋白质分离的情况下，在单次电泳后，再割下目的条带所在的凝胶条，旋转 90°，使用另一种电泳方法再次电泳分离的技术。常见的组合是，先用 IFE，将待测蛋白按照等电点分离，然后换方向后，用 SDS-PAGE 进行第二次分离。双向电泳比任意单向电泳的分辨率和灵敏度都高。

2. 离子交换层析

离子交换层析也是利用蛋白质两性解离的特点，以阳离子(或阴离子)交换剂装成层析柱。当蛋白质混合液进柱后，根据各自的荷电性与离子交换剂的阳离子(或阴离子)发生交换而被结合其上，在用不同 pH 值和不同离子强度的洗脱液进行洗脱时，由于柱内各蛋白质分子的荷电情况不同而以先后次序被洗脱下来，分步收集即达到分离目的。

(四) 根据蛋白质与其他物质的亲和性不同进行分离

亲和层析是利用蛋白质具有特异的生物化学性质而设计的。某些蛋白质能与其相应的专一性配基进行特异的非共价结合。例如，某些酶蛋白的活性中心或变构中心部位，能和专一性的底物、抑制剂、辅酶或变构因子等物质结合，在一定条件下又能解离。亲和层析的基本方法是先将目的蛋白质(A)的专一配基(B)通过适当的化学反应共价连接在某些固体载体(R)上，形成不溶性的带有配基的载体，即 R+B → R-B。常用的载体有琼脂糖凝胶等。将固定化的 R-B 装成层析柱，使含有待分离的目的蛋白质混合液从这样的层析柱上流过，目的蛋白质便与专一配基结合而吸附在带有此配基的载体表面，即 R-B+A ⇌ R-B-A。混合液中其他蛋白质和杂质不能被此配基结合而自由流过层析柱被洗脱。最后换用含有游离配基的洗脱液即可将可逆结合于载体上的蛋白质解离并洗脱下来，达到分离纯化的目的。如果有适宜的蛋白质配基接在载体上，此法对分离纯化蛋白质(特别是酶)是一个相当理想的方法。

三、蛋白质纯度的鉴定

分离纯化后的蛋白质需要鉴定其纯度。蛋白质纯度鉴定是指蛋白质提纯后需要有一定可靠的指标来表明它的纯度。常用的有各种电泳法、超速离心沉降法等，凡纯度均一的样品在不同 pH 值条件下电泳均以同一泳速移动，显示一条区带；在超速离心时也以同一沉降速度移动而在离心管中出现明显单层的分界面。

必须指出，蛋白质纯度的指标是相对的，即使结晶的蛋白质也不一定是均一性(homogeneity)的，只能表明该蛋白质的纯度很高。因此，通常需用两种方法或每种方法、两种条件下进行纯度鉴定，而且标明是电泳纯、层析纯等。

其他如层析法、免疫法、分光光度法、蛋白质化学结构分析等都能用来鉴定蛋白质纯度。

思 考 题

1. 谷氨酸溶液的 pH 值是多少时，能成为良好的缓冲液？
2. 请预测 Lys-Gly-Ala-Glu 在 pH 值为 6.0 时的电泳迁移方向(移向阳极、阴极或固定不动)。
3. 今有以下 4 种蛋白质的混合物：①相对分子质量为 15 000，pI=10；②相对分子质量为 62 000，pI=4；③相对分子质量为 28 000，pI=8；④相对分子质量为 9 000，pI=6；若不考虑其他因素，当(a)用离子交换柱层析分离时，(b)用 Sephadex-G50 凝胶层析柱分离时，试写出这些蛋白质的洗脱顺序。
4. 3 个氨基酸(Glu，His，Arg)的混合物，经过一个阳离子交换树脂后，用 pH 5.0 的缓冲液洗脱，洗脱液中氨基酸出现的顺序如何？
5. 试述蛋白质结构与功能的关系。
6. 试述镰刀状红细胞贫血病的分子机制。
7. 试述蛋白质多肽链空间折叠的限制因素。

8. 试述引起蛋白质变性的主要因素及其可能的原因。
9. 试述引起蛋白质沉淀的主要因素及其可能的原因。
10. 试述蛋白质分离提纯过程中所涉及实验方法的原理。
11. 胰岛素分子中包含 A 链和 B 链，是否代表有两个亚基？为什么？
12. 多聚赖氨酸(poly-Lys)在 pH 7 时呈无规则线团，在 pH 12 时呈 α-螺旋，为什么？

第二章 核酸化学

【学习导图】

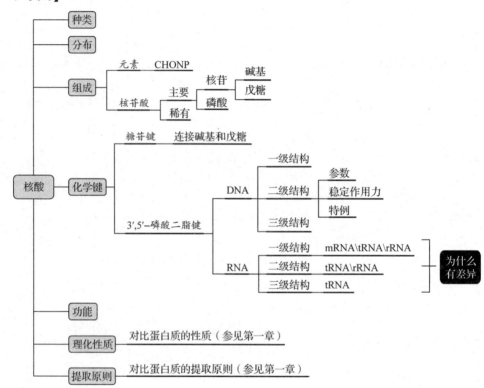

【学习要点】

掌握核酸的种类、分布和化学组成。

掌握核酸的两个主要化学键 3',5'-磷酸二酯键和糖苷键，前者是从核酸基本单元核苷酸形成核酸链的关键化学键；在此基础上，掌握 DNA 和 RNA 的结构层次。还要注意在本阶段学习过程中，对不同的 RNA 分子 3 个结构层次关注的侧重点差异。

掌握 DNA 和 RNA 在分子水平上的异同，了解因化学组成和结构差异导致的两者理化性质和提取原则的共性和区别。

学习建议：参照学习导图，逐条对比"蛋白质化学"（第一章）相关内容，体会两种生物大分子的区别和学习方法方面的共性。

核酸（nucleic acid）是一类重要的生物大分子。早在 1869 年，瑞士青年科学家 Friedrich Miescher 第一次从外科绷带的脓细胞细胞核中分离提取出一种含磷量很高的酸性化合物，当时称为核素（nuclein）。因此，Friedrich Miescher 被认为是核酸的发现者。1889 年，Richard Altmann 首先使用了核酸一词。对核酸的研究虽然只有一百多年的历史，但它却改变了整个生命科学的面貌。

核酸是遗传信息的载体。1928 年，Frederick Griffith 发现肺炎双球菌（*Pneumococcus*）的无毒菌株与被杀死的有毒菌株混合，即变成致病菌株。但引起这种转化的因子是什么当时并不清楚。1944 年，Oswald Avery 等进行了著名的肺炎双球菌转化实验，首次证明了 Frederick Griffith 实验中的转化因子就是 DNA（图 2-1）。随着核酸化学研究的进展，Erwin

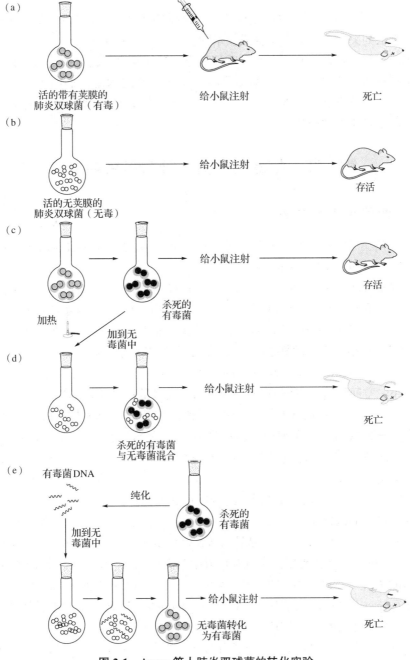

图 2-1 Avery 等人肺炎双球菌的转化实验

Chargaff(1949)从不同来源 DNA 中测定出 4 种核酸碱基,并发现了 Chargaff 规律。与此同时,Rosalind Franklin 及 Maurice Wilkins(1950—1952)用 X-射线衍射技术发现 DNA 有典型的螺旋结构,并且由 2 条以上的多核苷酸链组成。当时,Linus Pauling(1953)曾经提出 DNA 分子具有三股螺旋的设想。在前人工作的基础上,James Waston 和 Francis Crick 于 1953 年提出了 DNA 双螺旋模型(拓展阅读:知识窗 2-1),为人类进一步深入了解生命现象,从分子水平揭开遗传的奥秘开阔了一个崭新的视野,为现代分子生物学和分子遗传学奠定了基础。

20 世纪 70 年代以后,由于核酸限制性内切酶的发现和 DNA 体外重组技术的兴起,核酸序列分析方法的突破,核酸人工合成技术的实现,极大地推动了核酸的研究工作。

随着基因工程技术在工业、农业、医学和药学等领域的广泛应用,人们甚至可以按照自己的意愿改造出自然界没有的生物新品种,从而更好地满足人们的生产生活需求。因此,对核酸的基础研究是非常重要的。本章将主要讨论核酸的化学组成、结构、理化性质及分离纯化的一般原则和步骤。

第一节 核酸的种类、分布与化学组成

一、核酸的种类和分布

核酸按其所含糖的不同可分为两种类型,即脱氧核糖核酸(deoxyribonucleic acid, DNA)和核糖核酸(ribonucleic acid, RNA)。

在真核细胞(eukaryotic cell)中,DNA 主要分布在细胞核(nucleus)中,占细胞 DNA 总量的 98%以上。在细胞核内,DNA 被高度卷曲或压缩。首先,DNA 双股螺旋有规律地与组蛋白(histone,一类碱性蛋白质)结合,形成多个重复出现的复合物,称为核小体(nucleosome)。无数核小体再通过复杂的盘旋压缩,最终形成染色体(chromosome)。

线粒体(mitochondrion)和叶绿体(chloroplast)中,也含有 DNA。这类 DNA 的碱基组成、分子大小、空间结构都与核 DNA 有所不同,通常呈双股环状结构。

原核细胞(prokaryotic cell)内,因无明显的细胞核结构,DNA 与蛋白质结合成复合物,集中在一个类核的区域内。在细菌细胞内还有一类分子较小的 DNA,如质粒(plasmid),它是染色体外的独立因子,能携带多个基因,控制染色体 DNA 以外的遗传性状。质粒常在基因工程中用作载体。

细胞内的 RNA 主要存在于细胞质(cytoplasm)中,约占 90%;在细胞核内也存在,大部分集中在核仁(nucleolus)区。

细胞中的 RNA 主要有 3 种:一是转移 RNA(transfer RNA,tRNA),约占细胞内 RNA 总量的 10%~15%,主要功能是在蛋白质合成中携带活化氨基酸;二是核糖体 RNA(ribosomal RNA,rRNA),约占总 RNA 的 75%~80%,它与蛋白质结合形成核糖体,是蛋白质合成的细胞器(organelle);三是信使 RNA(messenger RNA,mRNA),约占总 RNA 的 5%~10%,它在蛋白质合成中起着决定氨基酸顺序的模板作用。

20 世纪 80 年代以来,陆续发现许多新的具有特殊功能的 RNA,几乎涉及细胞功能的各个方面。这些 RNA 或是以大小来分类,如 4.5S RNA、5S RNA 等。在凝胶电泳中 7S 位

置分出两个 RNA 条带，分别称为 7SK RNA 和 7SL RNA。这些 RNA 分子大小在 300 个核苷酸左右或更小，常统称为小 RNA(small RNA，sRNA)。最近发现一些长度在 20 多个核苷酸、起调节作用的 RNA 称为微 RNA(microRNA，miRNA)。RNA 或是以在细胞中的位置来分类，如核内小 RNA(small nuclear RNA，snRNA)、核仁小 RNA(small nucleolar RNA，snoRNA)、胞质小 RNA(small cytoplasmic RNA，scRNA)。已知功能的 RNA 也可以用功能来命名和分类，如反义 RNA(antisense RNA)、小分子干扰 RNA(small interfering RNA，siRNA)、小分子时序 RNA(small temporal RNA，stRNA)、指导 RNA(guide RNA，gRNA)、核酶(ribozyme)等。

二、核酸的化学组成

核酸是由许多个核苷酸缩合而成的多聚核苷酸(polynucleotide)，它的基本结构单位是核苷酸(nucleotide，nt)。

核酸基本组成元素是 C、H、O、N、P。其中 N、P 含量较高，且含磷量较稳定，所以可测定其含磷量以推算核酸的含量。

用酸或相关的酶作用于核酸，可以将核酸降解成核苷酸，核苷酸(助记小结 2-1)进一步水解，生成磷酸(phosphate)和核苷(nucleoside)。核苷继续水解，最后得到戊糖(D-核糖或 D-脱氧核糖)和含氮碱基(嘌呤和嘧啶)(参见第八章)。

$$核酸 \xrightarrow{酸或酶} 核苷酸 \begin{cases} 磷酸 \\ 核苷 \begin{cases} 碱基 \begin{cases} 嘌呤碱：腺嘌呤、鸟嘌呤 \\ 嘧啶碱：胞嘧啶、尿嘧啶、胸腺嘧啶 \end{cases} \\ 戊糖：核糖、脱氧核糖 \end{cases} \end{cases}$$

表 2-1 列举了 DNA 和 RNA 的化学组成。

表 2-1　核酸的组成成分

组成成分	RNA	DNA
戊糖	D-核糖	D-2-脱氧核糖
磷酸	磷酸	磷酸
嘌呤	腺嘌呤、鸟嘌呤	腺嘌呤、鸟嘌呤
嘧啶	尿嘧啶、胞嘧啶	胸腺嘧啶、胞嘧啶

(一) 戊糖

RNA 所含的戊糖是 D-核糖，DNA 所含的糖是 D-2-脱氧核糖，都是呋喃型环状结构。糖环中的 $C_{1'}$(糖上的 C 原子标号用"1′，2′，…"表示，以示与碱基上的原子相区别)是手性碳原子，有 α 和 β 两种构型，但存在于核酸中的戊糖均为 β-D 型。

β-D-核糖　　　　　β-D-2-脱氧核糖

(二)含氮碱

含氮碱(nitrogenous base)包括嘌呤(purine)和嘧啶(pyrimidine)两类：

1. 嘌呤

核酸中的嘌呤主要有腺嘌呤(adenine，A)和鸟嘌呤(guanine，G)两种，它们都是嘌呤母本的衍生物。这两种碱基为 DNA 和 RNA 所共有。

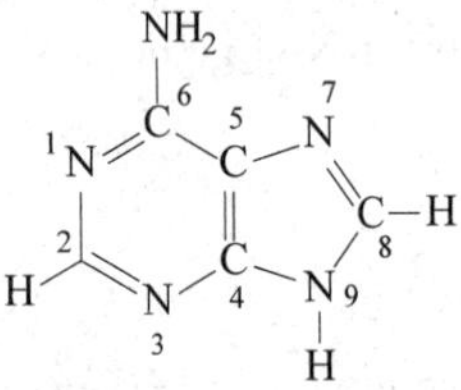

嘌呤 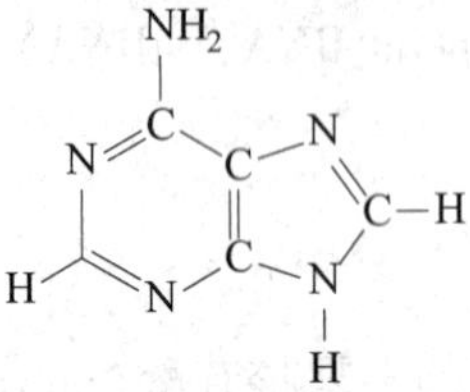　　　　腺嘌呤　　　　鸟嘌呤
　　　　（6-氨基嘌呤）　（2-氨基-6-酮基嘌呤）

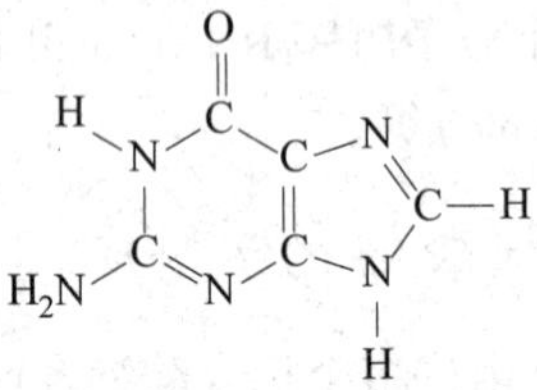

2. 嘧啶

核酸中的嘧啶主要有 3 种，即胞嘧啶(cytosine，C)、尿嘧啶(uracil，U)和胸腺嘧啶(thymine，T)。这些嘧啶都是嘧啶母本的衍生物。胞嘧啶为 DNA 和 RNA 所共有，尿嘧啶只存在于 RNA 中，胸腺嘧啶一般只存在于 DNA 中，在 tRNA 中也少量存在。

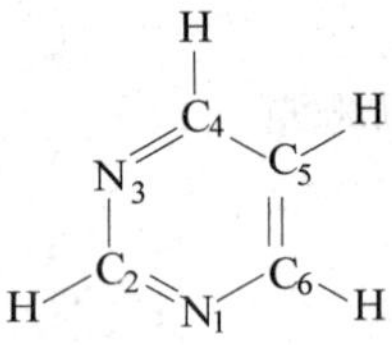

嘧啶 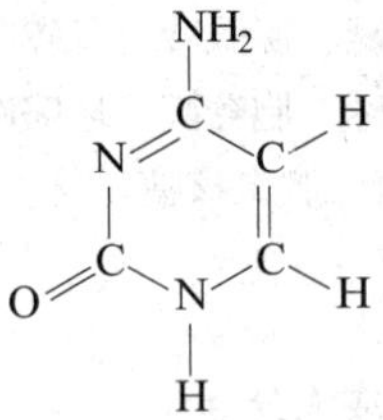　　　　胞嘧啶　　　　尿嘧啶　　　　胸腺嘧啶
　　　（2-酮基-4-氨基嘧啶）（2,4-二酮基嘧啶）（5-甲基尿嘧啶）

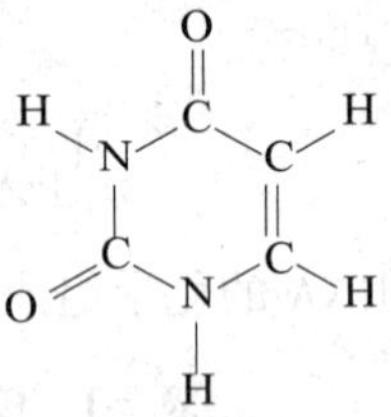

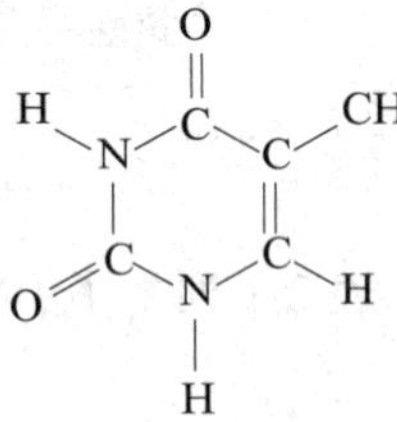

3. 稀有碱基

在核酸中，除上述 5 种主要的碱基外，还存在多种含量很少的碱基，称为稀有碱基(minor base)或修饰碱基。它们一般是在核酸生物合成之后经过修饰而成的。现在已知稀有碱基有 70 多种，如二氢尿嘧啶(dihydrouracil，DHU)、次黄嘌呤(hypoxanthine，I)等。在小麦胚和其他植物材料中分离出的 DNA 中发现有 5-甲基胞嘧啶。下面是几种稀有碱基的结构式：

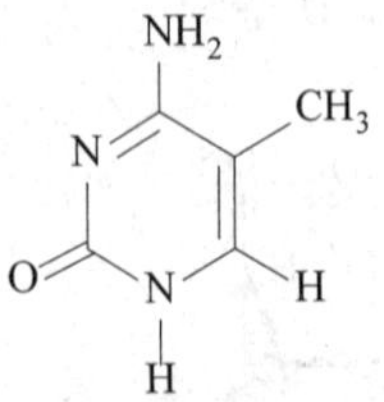

5-甲基胞嘧啶 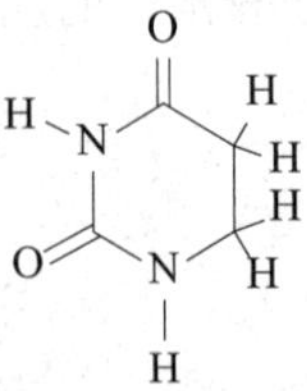　　5,6-二氢尿嘧啶 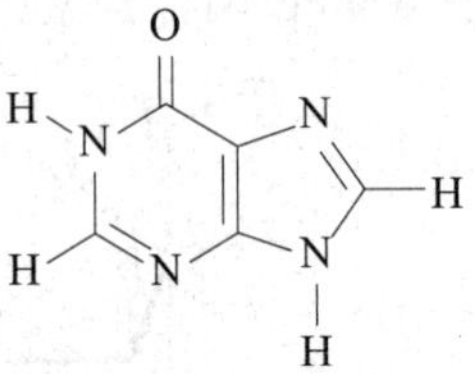　　次黄嘌呤

(三)核苷

戊糖的异头碳和嘧啶的 N_1 或嘌呤碱基 N_9 形成核苷。糖与碱基之间的连键是 C—N 苷键,都是 β-型。应用 X-射线衍射法证明,核苷中的碱基与糖环平面互相垂直。

根据戊糖的不同,核苷分为核糖核苷和脱氧核糖核苷两大类。又由于碱基不同,可进一步分为嘌呤核苷、嘧啶核苷、嘌呤脱氧核苷、嘧啶脱氧核苷 4 类。

表 2-2 中列举了核酸中的主要核苷。

表 2-2 核酸中的主要核苷

碱基	核糖核苷(RNA 中)		脱氧核糖核苷(DNA 中)	
	全称	简称	全称	简称
腺嘌呤	腺嘌呤核苷(adenosine)	腺苷	腺嘌呤脱氧核苷(deoxyadenosine)	脱氧腺苷
鸟嘌呤	鸟嘌呤核苷(guanosine)	鸟苷	鸟嘌呤脱氧核苷(deoxyguanosine)	脱氧鸟苷
胞嘧啶	胞嘧啶核苷(cytidine)	胞苷	胞嘧啶脱氧核苷(deoxycytidine)	脱氧胞苷
尿嘧啶	尿嘧啶核苷(uridine)	尿苷		
胸腺嘧啶			胸腺嘧啶脱氧核苷(deoxythymidine)	脱氧胸苷

除了以上主要核苷外,某些 RNA(如 tRNA)分子中还有少量由稀有碱基生成的或在结构上比较特殊的稀有核苷。例如,5-核糖尿嘧啶是 tRNA 分子中含量较多的一种核苷,其糖苷键不是 C—N 相连,而是 C—C 相连,即由 D-核糖的第 1 位碳原子($C_{1'}$)与尿嘧啶的第 5 位碳原子(C_5)相连接,故称为假尿嘧啶核苷(Ψ,pseudouridine),简称假尿苷。在 tRNA 内还发现有胸腺嘧啶核苷,它是由尿苷酸经甲基化后生成的。胸腺嘧啶一般是与脱氧核糖连接的,这里则与核糖连接。

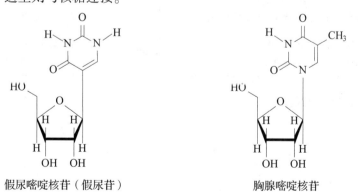

假尿嘧啶核苷(假尿苷)　　　　胸腺嘧啶核苷

(四)核苷酸

1. 核酸中的核苷酸类别

核苷酸是由核苷和磷酸脱水缩合而成的,是核苷的磷酸酯。由核糖核苷生成的核苷酸称为核糖核苷酸(ribonucleotide),由脱氧核苷生成的核苷酸称为脱氧核糖核苷酸(deoxyribonucleotide),二者均可简称为核苷酸。

由于核糖核苷中的戊糖环上的2′，3′，5′位上各有一个自由羟基，所以磷酸与核糖以酯键相连时，可以形成3种形式的核苷酸，包括核苷-5′-磷酸、核苷-3′-磷酸和核苷-2′-磷酸。例如，腺苷与磷酸缩合形成2′-腺苷酸、3′-腺苷酸和5′-腺苷酸。脱氧核糖核苷分子的戊糖因只含有两个自由羟基(3′，5′)，故磷酸化后只形成两种形式的脱氧核糖核苷酸。常见的核苷酸见表2-3。在细胞内的核苷酸多是5′-核苷酸，但用不同的方法水解核酸时，可生成各种不同的核苷酸。当然，如无特殊说明，某某核苷酸就是指核苷-5′-磷酸。

表2-3 常见核苷酸及缩写符号

	全称（简称）	英文缩写	备注
核糖核苷酸	腺嘌呤核糖核苷酸 （adenosine monophosphate，腺苷一磷酸）	AMP	腺苷-5′-单磷酸、腺一磷、5′-单磷酸腺苷
	鸟嘌呤核糖核苷酸 （guanosine monophosphate，鸟苷一磷酸）	GMP	鸟苷-5′-单磷酸、鸟一磷、5′-单磷酸鸟苷
	胞嘧啶核糖核苷酸 （cytidine monophosphate，胞苷一磷酸）	CMP	胞苷-5′-单磷酸、胞一磷、5′-单磷酸胞苷
	尿嘧啶核糖核苷酸 （uridine monophosphate，尿苷一磷酸）	UMP	尿苷-5′-单磷酸、尿一磷、5′-单磷酸尿苷
	腺嘌呤核苷二磷酸 （adenosine diphosphate，腺苷二磷酸）	ADP	腺苷-5′-二磷酸、腺二磷、5′-二磷酸腺苷
	腺嘌呤核苷三磷酸 （adenosine triphosphate，腺苷三磷酸）	ATP	腺苷-5′-三磷酸、腺三磷、5′-三磷酸腺苷
脱氧核糖核苷酸	腺嘌呤脱氧核糖核苷酸 （deoxyadenosine monophosphate，脱氧腺苷酸）	dAMP	2′-脱氧腺苷酸-5′-单磷酸、2′-脱氧腺苷一磷酸、5′-单磷酸脱氧腺苷
	鸟嘌呤脱氧核糖核苷酸 （deoxyguanosine monophosphate，脱氧鸟苷酸）	dGMP	2′-脱氧鸟苷酸-5′-单磷酸、2′-脱氧鸟苷一磷酸、5′-单磷酸脱氧鸟苷
	胞嘧啶脱氧核糖核苷酸 （deoxycytidine monophosphate，脱氧胞苷酸）	dCMP	2′-脱氧胞苷酸-5′-单磷酸、2′-脱氧胞苷一磷酸、5′-单磷酸脱氧胞苷
	胸腺嘧啶脱氧核糖核苷酸 （deoxythymidine monophosphate，脱氧胸苷酸）	dTMP	2′-脱氧胸苷酸-5′-单磷酸、2′-脱氧胸苷一磷酸、5′-单磷酸脱氧胸苷

部分核苷酸的结构式如下：

5′-腺苷酸（AMP）　　　　　　　5′-脱氧胸苷酸（dTMP）

其他核苷酸的结构可以类推。

在一些 RNA 和 DNA 中也含有少量的由稀有核苷形成的核苷酸。

2. 细胞内游离的核苷酸及核苷酸衍生物

在细胞内，除了构成核酸的上述核苷酸外，还有一些核苷酸自由存在于细胞内，它们具有重要的生理功能。

上述的各种核苷酸的分子只含一个磷酸基，所以又叫作核苷一磷酸。核苷酸还可以进一步磷酸化而生成核苷二磷酸和核苷三磷酸。例如，由腺苷单磷酸(腺一磷，AMP)可形成腺苷二磷酸(腺二磷，ADP)和腺苷三磷酸(腺三磷，ATP)。腺二磷和腺三磷的第二个和第三个磷酸键是高能磷酸键，它们在生物细胞能量转换中起着十分重要的作用。AMP、ADP 和 ATP 的结构关系可表示如下：

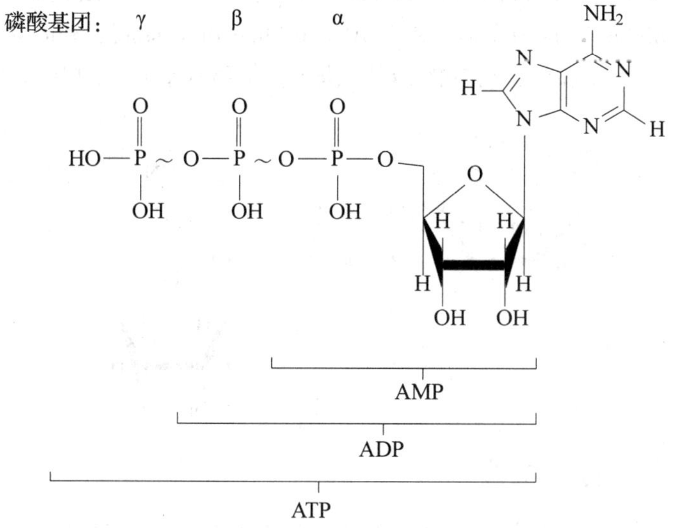

生物体内还有其他与 ADP、ATP 相类似的多磷酸核苷酸，它们在蛋白质、脂和糖等物质代谢活动中分别发挥着重要的作用。另外，还有 dADP 和 dATP，dGDP 和 dGTP，dCDP 和 dCTP 以及 dTDP 和 dTTP。脱氧的或不脱氧的核苷三磷酸是生物合成 DNA 和 RNA 的原料。

生物体内还有一些重要的辅酶，如烟酰胺腺嘌呤二核苷酸(NAD^+)、烟酰胺腺嘌呤二核苷酸磷酸($NADP^+$)、黄素腺嘌呤二核苷酸(FAD)等，都是核苷酸的重要衍生物(参见第三章)。

核苷酸还可以发生环化生成环化核苷酸，如 3′,5′-环腺苷酸(环腺苷酸，cyclic AMP，cAMP)和 3′,5′-环鸟苷酸(环鸟苷酸，cyclic GMP，cGMP)。这两种环化核苷酸在调节细胞物质代谢中起着重要的作用，如第二信使。

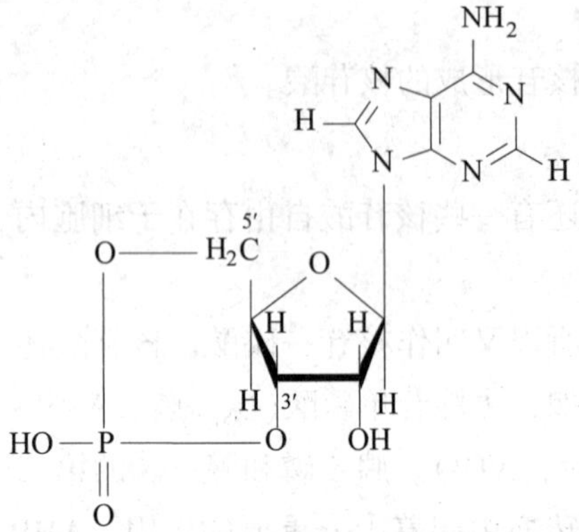

3′,5′-环腺苷酸 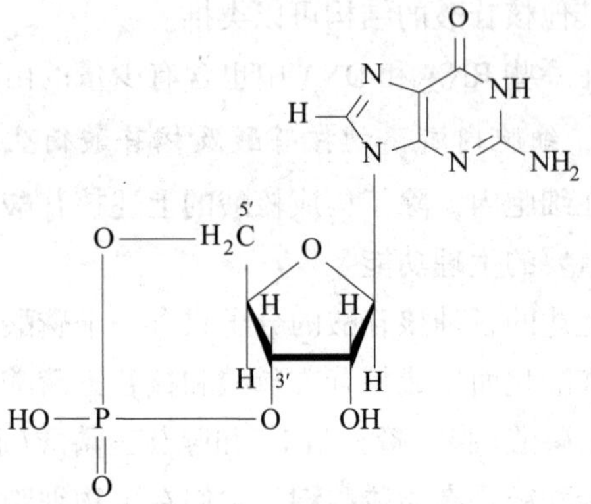　　　　　　　　　　　3′,5′-环鸟苷酸

生物体内的核苷三磷酸与葡萄糖-1-磷酸(glucose-1-phosphate，G-1-P)发生反应可以生成核苷二磷酸葡萄糖(nucleoside diphosphate glucose，NDP-glucose，NDPG)，主要有 ADPG(adenosine diphosphate glucose) 和 UDPG(uridine diphosphate glucose)。ADPG 和 UDPG 可以作为蔗糖、淀粉和糖原合成的糖基供体(参见第六章)。UDPG 结构如下：

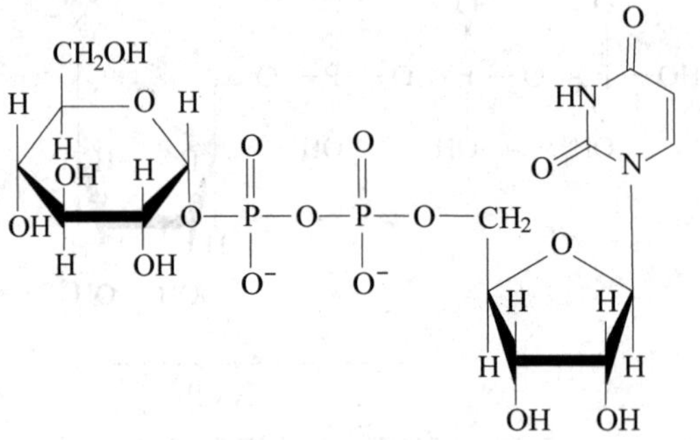

三、核酸的生物学功能

核酸是遗传物质(genetic material)，是遗传信息的载体。这种功能是由 DNA 分子特性决定的：①DNA 是大分子化合物，是由很多单核苷酸以不同数目、不同比例、不同排列顺序结合而成，在多核苷酸序列中，包含着很大的信息量；②DNA 在同一物种的不同组织细胞中无论在质或量方面都是恒定的，也不随年龄、环境、营养条件的变化而改变；③DNA 能够严格按照碱基互补原则，准确地自我复制；④DNA 能通过转录将遗传信息传递给 RNA，然后传给蛋白质；⑤DNA 分子中具有调控序列，能自动调节控制基因的表达。

核酸还可以在不同的生物间进行信息传递，表现为转化、转染和转导。

1944 年 Avery 等人第一次证明了 DNA 是细菌的转化因子(transforming factor)。Avery 从光滑型肺炎双球菌(有荚膜、菌落光滑)中分别提取 DNA、蛋白质、多糖，再分别与粗糙型肺炎双球菌(无荚膜、菌落粗糙)一起培养，发现只有 DNA 能使一部分粗糙型肺炎球菌转化为光滑型。这一实验说明了 DNA 是转化因子，即遗传物质。这种现象称为细菌的转化(bacterial transformation)。

转染(transfection)是寄主细胞捕获裸露的噬菌体 DNA 的过程。

转导(transduction)是指遗传物质借助于病毒从一个细菌转移到另一个细菌的作用。转导作用的实质是一个细菌的 DNA 通过病毒与受体细菌 DNA 的重组。

此外，RNA 病毒中的遗传物质是 RNA。RNA 的主要功能是在蛋白质的生物合成中起重要作用（参见第十一章），但在逆转录病毒（retrovirus）中 RNA 还可以指导 DNA 的合成（参见第十章）。

RNA 还具有调节、催化等功能性大分子的作用。

第二节　核酸的分子结构

核酸是由核苷酸构成的生物大分子。虽然核酸的组成单位核苷酸只有 4~5 种，不像蛋白质那样含有约 20 种氨基酸，但是核酸却能够指令编码各种蛋白质，这是为什么呢？对于这个问题的回答必须依赖于对核酸结构的认识。

一、DNA 的分子结构

（一）DNA 的碱基组成

绝大多数天然 DNA 主要由腺嘌呤、鸟嘌呤、胞嘧啶和胸腺嘧啶 4 种碱基组成。个别 DNA 分子中也含有其他碱基，如尿嘧啶。Chargaff 等在 20 世纪 50 年代应用纸层析及紫外分光光度计对不同生物 DNA 的碱基组成进行了定量测定，发现一些共同规律，这些规律被称为 Chargaff 规则（Chargaff's rules），其要点如下：

①所有 DNA 中腺嘌呤与胸腺嘧啶的摩尔含量相等，即 A＝T；鸟嘌呤与胞嘧啶的摩尔含量相等，即 G＝C。因此，嘌呤的总含量与嘧啶的总含量相等，即 A+G＝T+C。

②DNA 的碱基组成具有种的特异性，即不同物种的 DNA 具有自己独特的碱基组成。但 DNA 的碱基组成没有组织和器官的特异性。生长发育阶段、营养状态和环境的改变都不影响 DNA 的碱基组成。这条规则是细胞全能性的基础。

所有 DNA 中碱基组成必定是 A═T，G≡C。这一规律的发现，为 DNA 双螺旋结构的建立提供了重要的依据。表 2-4 列出了某些生物 DNA 的碱基组成。

表 2-4　某些生物 DNA 的碱基组成

来源	碱基的相对含量				来源	碱基的相对含量			
	腺嘌呤	鸟嘌呤	胞嘧啶	胸腺嘧啶		腺嘌呤	鸟嘌呤	胞嘧啶	胸腺嘧啶
人	30.9	19.9	19.8	29.4	扁豆	29.7	20.6	20.1	29.6
牛胸腺	28.2	21.5	22.5	27.5	酵母	31.3	18.7	17.1	32.9
牛脾	27.9	22.7	22.1	27.3	大肠埃希菌	24.7	26.0	25.7	23.6
牛精子	28.7	22.2	22.0	27.2	金黄色葡萄球菌	30.8	21.0	19.0	29.2
大鼠（骨髓）	28.6	21.4	21.5	28.4	结核分枝杆菌	15.1	34.9	35.4	14.6
母鸡	28.8	20.5	21.5	29.2	φ×174（单链）	24.6	24.1	18.5	32.7
蚕	28.6	22.5	21.9	27.2	φ×174（复制型）	26.3	22.3	22.3	26.4
小麦（胚）	27.3	22.7	22.8	27.1	λ噬菌体	21.3	28.6	27.2	22.9

(二) DNA 的一级结构

核酸的一级结构(primary structure)是指组成核酸的各种核苷酸彼此的排列顺序和键合方式(对比第一章蛋白质的一级结构)。DNA 的一级结构是由数量庞大的 4 种脱氧核苷酸通过 3′,5′-磷酸二酯键连接起来的线形或环形分子。即一个脱氧核苷酸中糖环 C_5 上的磷酸基与另一分子中糖环 C_3 上的羟基形成酯键。DNA 的一级结构是没有分支的长链。图 2-2(a) 为 DNA 多核苷酸的一个小片段。图的右侧是多核苷酸的几种缩写法。图 2-2(b) 为条线式缩写，竖线表示脱氧核糖的碳链，A、T、C 表示不同的碱基，P 代表磷酸基团，由 P 引出的斜线一端与 C_3 相连，另一端与 C_5 相连，表示 3′,5′-磷酸二酯键。图 2-2(c) 为几种文字式缩写，P 与左侧碱基的 C_5 羟基相连，与右侧碱基的 C_3 羟基相连。请注意，一般 A、T、C、G 是碱基的符号，但是为了书写方便，多核苷酸链也用这 4 个符号直接表示相应位置的核苷酸。

多核苷酸链有两个末端，一端为 3′端，另一端为 5′端。把核苷酸戊糖 C_3 不与其他核苷酸相连的一端叫作 3′端，此处游离 3′-羟基；另一端的核苷酸戊糖不与其他核苷酸相连，叫作 5′端，此处游离 5′-磷酸。

生物的遗传信息贮存于 DNA 的核苷酸序列中，4 种核苷酸千变万化的排列中孕育了生物物种的多样性。

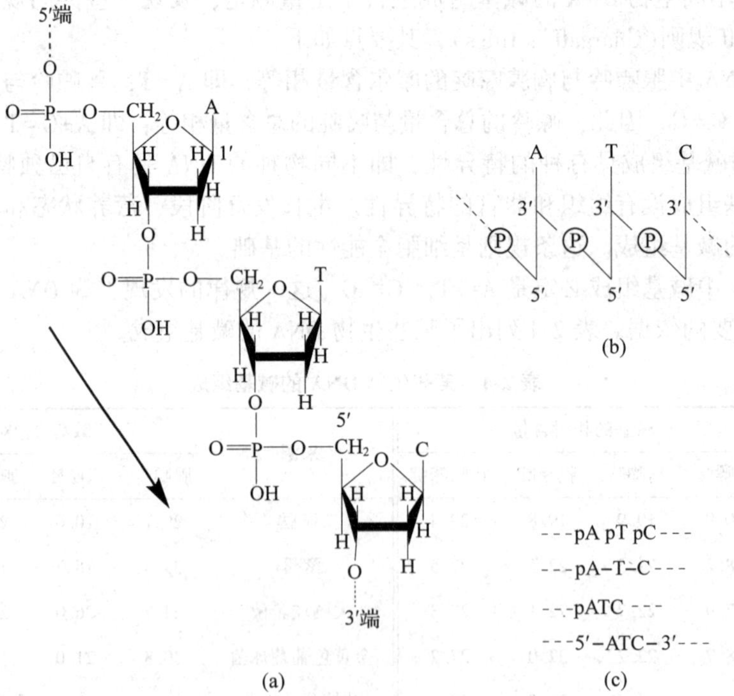

图 2-2 DNA 多核苷酸链示意图

(三) DNA 的二级结构(secondary structure)

1. DNA 的右手双螺旋结构

1953 年，Watson 和 Crick 在 Chargaff 规则和 DNA X-射线衍射结果的基础上提出了著名的 DNA 双螺旋(double helix)结构模型，即 B-DNA 模型(图 2-3)。这个模型的要点如下：

①两条反向平行的多核苷酸链围绕同一中心轴盘绕成右手双螺旋。

②嘌呤和嘧啶位于双螺旋的内侧，磷酸与核糖在外侧，彼此通过 3′,5′-磷酸二酯键相连接，形成 DNA 分子的骨架。碱基平面与纵轴垂直，糖环的平面则与纵轴平行。沿螺旋中心轴方向看去，双螺旋结构上有两个凹槽，一条较宽深，称为大沟（major groove），一条较窄浅，称为小沟（minor groove）。大沟宽度为 2.2 nm；小沟的宽度为 1.2 nm。这些沟对 DNA 和蛋白质的相互作用是很重要的。

③双螺旋的平均直径为 2 nm，螺距为 3.4 nm，相邻碱基距离为 0.34 nm，两个核苷酸的夹角为 36°。因此，沿中心轴每旋转一周包含 10 个核苷酸对。

④两条核苷酸链依靠彼此碱基之间形成的氢键相连而结合在一起，且总是 A=T，G≡C。由于两条链之间的距离是一定的，碱基不能随意配对，只能是腺嘌呤和胸腺嘧啶配对，形成两个氢键（A=T）；鸟嘌呤和胞嘧啶配对，形成 3 个氢键（G≡C）这样才能保证两条链距离在 2 nm 左右（图 2-4）。这种碱基之间配对的原则称为碱基互补原则。根据碱基互补原则，当一条多核苷酸链的序列

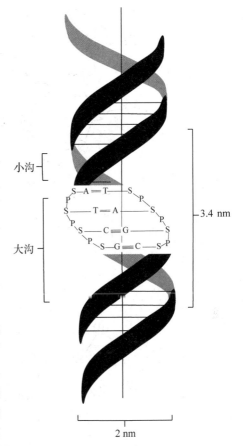

图 2-3　DNA 双螺旋结构模式图

被确定以后，即可推知另一条互补链的序列。碱基互补原则具有很重要的生物学意义。DNA 的复制、转录、反转录和翻译都是以碱基互补作为分子基础的。

DNA 双螺旋结构是很稳定的，主要有 3 种作用力在其中起作用。氢键：两条多核苷酸链中互补碱基对之间形成氢键。碱基堆积力（base stacking）：碱基对疏水的芳香环堆积所产生的疏水作用力和上下相邻的芳香环的 π 电子的相互作用共同形成了碱基堆积力。负电荷中和：核酸链上磷酸基团规则排布，每个磷酸基团都带负电荷，斥力较大，不利于 DNA 的双股螺旋的稳定。但是，DNA 可以与介质中的阳离子（如 Mg^{2+}）结合，也可与含阳离子的化合物（如含碱性氨基酸较多的蛋白质）结合，中和负电荷，增强自身的稳定性。

上述 3 种力中，以碱基堆积力所起的作用最大。

Watson 和 Crick 的 DNA 双螺旋结构模型是 DNA 的平均特征，还不够精确。后来 Richard E. Dickerson 以一段含有十二个碱基对的核苷酸链（5′-CGCGAATTCGCG-3′）进行精细研究，精确了几个参数。配对的两个碱基并非处于同一平面，而是沿着长轴呈现一定的倾斜角 12°~16°，因为形成的结构类似螺旋桨叶片的样子，又称为螺旋桨状扭曲（propeller twisting）（图 2-5）。该结构能够提高碱基堆积力，使 DNA 二级结构更稳定。另外，双股螺旋中上下相邻的两个碱基的夹角也不是 36°，而是 28°~42°不等。

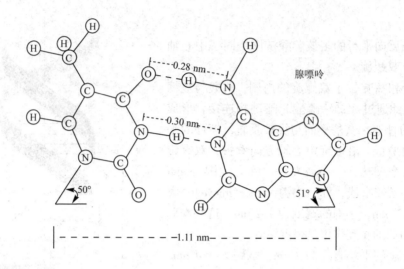

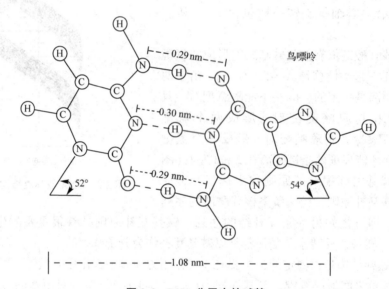

图 2-4　DNA 分子中的碱基

2. DNA 双螺旋结构的多态性

上述 DNA 双螺旋结构的特征是以 B-DNA 钠盐纤维为对象进行分析的结果。所谓 B-DNA 是指 DNA 钠盐纤维在相对湿度为 92%时所处的平均状态。当外界条件发生变化时，双螺旋的特征也会发生变化。当 DNA 钠盐纤维处在相对湿度为 75%时，则以 A-DNA 状态存在。在相对湿度为 66%时制成的 DNA 锂盐纤维，则以 C-DNA 状态存在。A-DNA 和 C-DNA 也是右手螺旋，但它们的双螺旋结构的螺旋距离以及碱基平面与中心轴间的关系等方面与 B-DNA 是有差异的。在体外，DNA 还能以 D-DNA、E-DNA、T-DNA 等形态存在。

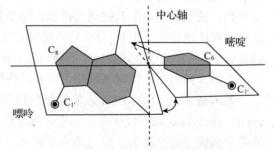

图 2-5　配对碱基平面间的倾斜角

在体内，正常的细胞不会缺水，因此，DNA 都是以 B-DNA 存在。RNA 的局部双螺旋和 RNA-DNA 杂交分子会以 A-DNA 结构存在。这是因为 RNA 的 2′-羟基在空间上阻碍了 B-DNA 的形成。还有部分处于逆境的微生物，如某些革兰阳性细菌的内生孢子，由于所处环境含水量不足，其遗传物质以 A-DNA 的形式存在。

1979 年，Andrew H. J. Wang 和 Alexander Rich 等通过对人工合成的脱氧六核苷酸 dCGCGCG 的 X-射线晶体衍射分析，发现两分子的上述片段以左手双螺旋结构的形式存在于晶体之中。由于左旋 DNA 中磷原子的走向呈锯齿形（zigzag），因此，被命名为 Z-DNA。现已知 Z-DNA 是 DNA 的一种稳定的构象，其局部结构存在于 B-DNA 中，如某些基因表达调控区域。DNA 的甲基化可以导致大沟表面暴露的胞嘧啶形成 5-甲基胞嘧啶，促进 Z-DNA 的形成。左手双螺旋结构与右手双螺旋结构有明显的不同。

A-DNA、Z-DNA 与 B-DNA 结构模式比较如图 2-6 所示，具体参数差异见表 2-5。

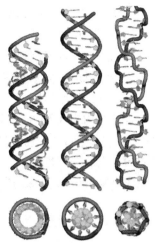

图 2-6　3 种 DNA 结构模式比较

（引自 David L. Nelson 和 Michael M. Cox, 2018）

表 2-5　几种不同类型的双股螺旋 DNA

参　数	A-DNA	B-DNA	Z-DNA
外形	短而宽	长而瘦	长而细
每个碱基对上升的距离	0.26 nm	0.34 nm	0.37 nm
螺旋直径	2.55 nm	2.37 nm	1.84 nm
螺旋方向	右手	右手	左手
螺旋内每重复单位的碱基对数	1	1	2
每圈碱基对数	11	10.5	12
碱基夹角	32.7°	34.6°	60°/2
螺距	2.86 nm	3.57 nm	4.44 nm
碱基对倾角	20°	6°	7°
螺旋轴位置	大沟	穿过碱基对	小沟
大沟	极度窄，很深	很宽，深度中等	平坦
小沟	很宽，浅	窄，深度中等	极度窄，很深
糖苷键构象	反式	反式	C 为反式，G 为顺式
糖环折叠	$C_{3'}$ 内式	$C_{3'}$ 内式	嘧啶 $C_{2'}$ 内式, 嘌呤 $C_{3'}$ 内式
存在条件	双链 RNA, RNA-DAN 杂交双链，低湿度 DNA(75%)	双链 DNA（高湿度，92%）	嘧啶和嘌呤交替存在的双链 DNA 或 DNA 链上嘧啶和嘌呤交替存在的区域
轴心与碱基对的关系	不穿过碱基对	穿过碱基对	不穿过碱基对

还需指出的是，并非所有 DNA 都呈双螺旋结构，如噬菌体 DNA 为单链，在这种情况下，A 不一定等于 T，C 也不一定等于 G。

3. DNA 的其他局部结构

值得注意的是,特殊的 DNA 序列往往会导致特殊的二级结构。

(1) DNA 的重复序列

一些常见的反向重复序列(invert repeat sequence)可以导致发夹(hairpin)或十字形结构(cruciform)。常见的反向重复序列有两种:一种是反向重复序列分别位于 DNA 不同的子链,且方向均为 3′ 到 5′,或均为 5′ 到 3′,这种结构称为回文序列(palindrome sequence)[图 2-7(a)]。回文序列容易产生发夹[图 2-7(c)]或十字形结构[图 2-7(d)]。很多限制性内切酶识别的序列也是回文序列(参见第八章)。如果反向重复序列位于同一条链上,则称为镜像重复(mirror repeat)[图 2-7(b)]。这种序列不易形成发夹结构或十字形结构。

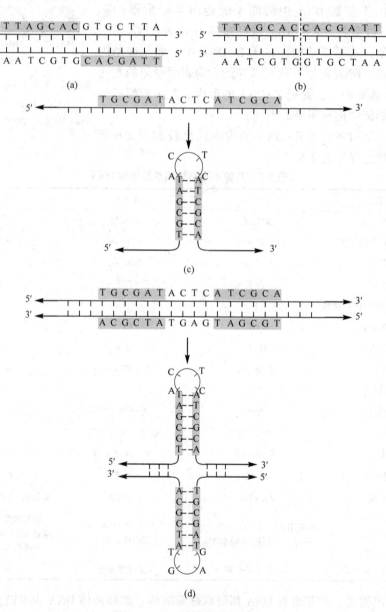

图 2-7 DNA 特殊序列与结构

还有一些连续出现的碱基链也会影响 DNA 的局部结构，如只要 4 个以上的腺苷酸重复出现，该区域就会发生弯曲。连续 6 个腺苷产生约 18°的弯曲。这些弯曲可能参与蛋白质与 DNA 互作。

(2) DNA 的三股螺旋

最早提出 DNA 的三股螺旋结构的构想是著名化学家 Pauling。1957 年，Felsenfeld 等第一次报道了 polyT 和 polyA 在 $MgCl_2$ 存在条件下形成的 2∶1 摩尔比的稳定复合物。

三股螺旋结构是在双螺旋结构的基础上形成的。K. Hoogsteen 于 1963 年首先描述了三股螺旋结构。在三股螺旋中，通常是一条同型寡聚核苷酸与双螺旋的大沟结合（图 2-8）。同型寡聚核苷酸是指要么都是嘌呤核苷酸（A 或 G），要么都是嘧啶核苷酸（C 或 T）。这些三股螺旋既可以在一条 DNA 分子内形成，也能在分子间形成。

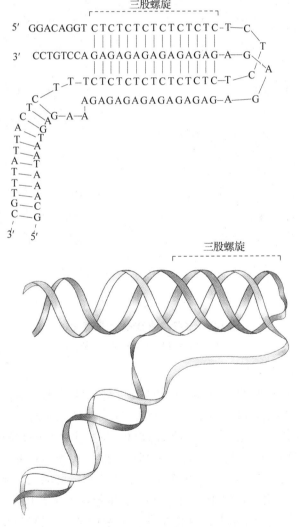

图 2-8 三股螺旋 DNA

第三股的碱基可与 Watson-Crick 碱基对中的嘌呤形成 Hoogsteen 配对。根据第三股的组成和糖环构型，三股螺旋可分为不同的类型，如 Py≡Pu·Py 。"·"表示 Hoogsteen 配对。一般情况下，三股中碱基配对方式比较固定，如第三个碱基 T 与 T=A 碱基中的 A 配对，表示为 T=A·T；C 与 C≡G 碱基对中的 G 配对，此时，该 C 必须质子化，以提供与 G 的 N_7 结合的氢键供体，并且它与 G 配对只形成两个氢键，表示为 C≡G·C$^+$（图 2-9）。通常接受第三个碱基配对的位点包括嘌呤的 N_7、C_6 上的 O 或 N，这些位点被称为 Hoogsteen 位点（Hoogsteen position）。

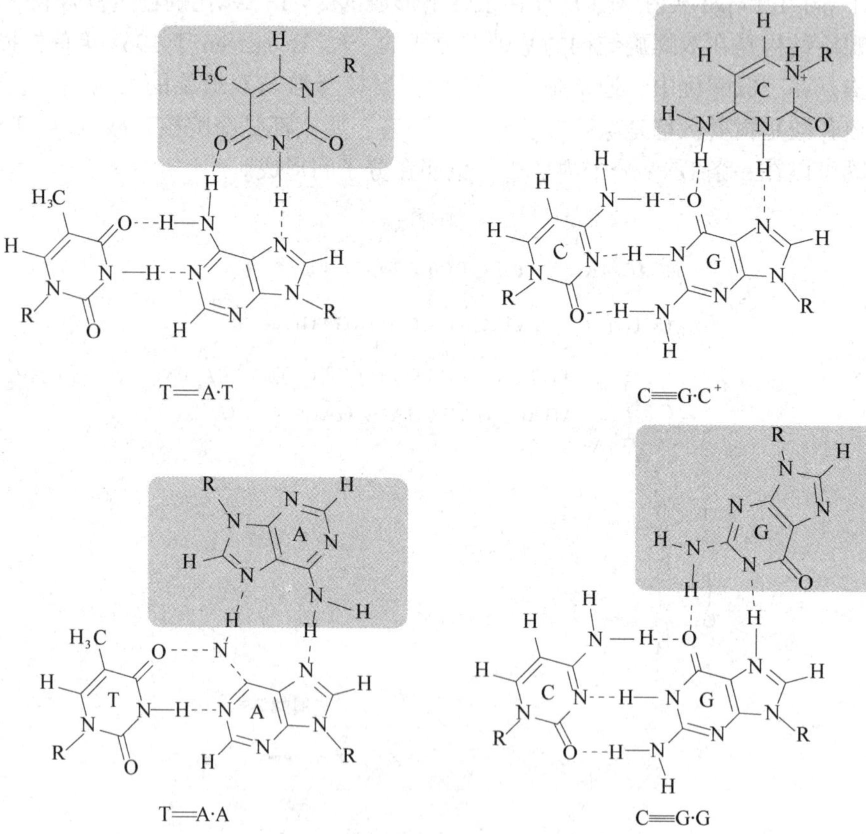

图 2-9　三股螺旋 DNA 的碱基配对

注：阴影为 Hoogsteen 配对碱基

（3）DNA 的四股螺旋

一些富含鸟嘌呤核苷酸的 DNA 链也能形成更复杂的结构，如四股螺旋（tetraplex 或 quadruplex，又称四联体或四链 DNA）（图 2-10）。在线性染色体的端粒处，含有 G_nT_n 的序列，例如，人类为 GGGATT，拟南芥为 GGGATTT。这些序列是端粒酶以自身 RNA 为模板反转录产生的（参见第十章）。而端粒处通常都有一段 3′突出（overhang），即单链部分（与 DNA 复制机制有关）。这些富含 G 的单链与富含 G 的双链区域会形成四链 DNA。两个 G 之间以 Hoogsteen 氢键配对。四链 DNA 非常稳定，能够应对多种极端环境，其功能主要是保护染色体的端部。另外，非端粒区域也发现了四链 DNA，可能参与基因表达的调控，若形成四链 DNA，基因表达关闭；若四链结构破坏，基因高效表达。

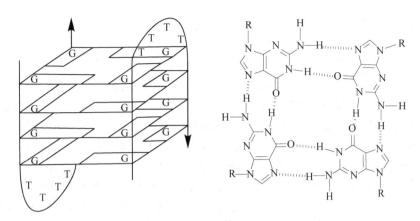

图 2-10　DNA 的四链结构

(四) DNA 的三级结构

DNA 三级结构(tertiary structure)是指 DNA 分子在二级结构的基础上进一步扭曲和折叠所形成的特定构象。超螺旋就是 DNA 三级结构的一种主要形式。

DNA 分子多呈线状,但也有一些 DNA 分子首尾共价连接成环状,称为共价闭环 DNA(covalently closed circular DNA,cccDNA)。例如,大肠埃希菌的 DNA 是一个闭合的环,叶绿体、线粒体和一些病毒的 DNA 均呈环状。环状的双螺旋 DNA 可以做多次扭曲而形成像麻花状的结构,这种结构叫作超卷曲(supercoil)或超螺旋(superhelix)结构(图 2-11)。

B 型 DNA 是能量学上的一种稳定状态。如果使这种正常的双螺旋分子额外地

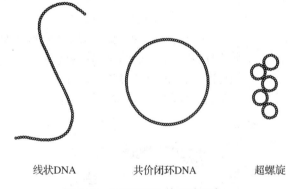

图 2-11　环形 DNA 的几种形态

多转几圈(拧紧状态)或者少转几圈(拧松状态),就会导致双螺旋内的原子偏离正常位置,使双螺旋分子中产生额外的张力。若双螺旋末端是开放的,这种张力可以通过链的转动而释放,DNA 尚可恢复原状;若双螺旋两端固定或是环状分子,则此额外张力不能释放到分子外,只能通过分子自身扭曲形成超螺旋结构,使得原子发生重排而消除张力。

双螺旋 DNA 处于拧紧状态时所形成的超螺旋称为正超螺旋(左手超螺旋);处于拧松状态则形成负超螺旋(右手超螺旋)。目前所发现的天然 DNA 中的超螺旋都是负超螺旋。DNA 形成超螺旋结构便进入另一种热力学上的稳定状态,但不会改变环形双螺旋 DNA 分子中一股多核苷酸链与另一股多核苷酸链的交叉次数,DNA 分子的这种变化可用一个数学式来描述:

$$L = T + W$$

式中,L 称为连接数(linking number,L),指环形 DNA 分子的一股与另一股交叉的次数,是给定 DNA 分子的特性,只要 DNA 不发生链的断裂,就是一个定值。因此,L 代表了分子的拓扑性质。右手螺旋时,L 为正值。T 为双螺旋的盘绕数(twisting number,T),一般 DNA 的右手螺旋,T 为正值。B-DNA 的 T 值为碱基对数/10.5(10.5 为 B-DNA 每圈螺旋所含的碱基对数)。W 为超螺旋数(writhing number,W)。T 和 W 是变量。因为,在一个完

整的环状双螺旋分子中 L 为常数,所以当其形成超螺旋时,ΔT 和 ΔW 数值相等,方向相反。例如,SV40 DNA 含 5 226 个核苷酸对,$T = \dfrac{5\,226}{10.5} = 497$,实际测得 $W = -26$,则 $L = T + W = 497 - 26 = 471$。当 $L < T$ 即拧松状态,或者称为双螺旋缠绕不足,DNA 形成负超螺旋。

DNA 分子形成超螺旋具有两方面的生物学意义。一是超螺旋 DNA 具有更紧密的形状,因此在 DNA 组装中具有重要作用;二是形成超螺旋可以改变双螺旋的解开程度,影响 DNA 分子与其他分子的相互作用,从而更好地执行正常生物功能。正常状态下,DNA 均以负超螺旋形态存在,这有利于 DNA 复制、RNA 转录、基因重组等过程中双股螺旋的局部解开。对一个环形 DNA 分子来说,双螺旋解开会导致负超螺旋数减少,进而形成正螺旋。但随着正超螺旋的形成,使 DNA 双螺旋解链受阻,影响 DNA 复制、RNA 转录等过程。为保证 DNA 双螺旋不断解开(T 值不断下降),而又不致形成正超螺旋(W 值不变),必然需要 L 值发生变化,这需要多核苷酸链的共价键发生断裂。能使多核苷酸链发生快速切割、盘绕并最终再恢复连接,从而改变 DNA 分子拓扑状态的酶叫作拓扑异构酶(topoisomerase)。L 值不同的同种 DNA 分子可形成含不同超螺旋数的异构体,称为拓扑异构体。DNA 拓扑异构体之间的转变需要拓扑异构酶催化完成。

(五) DNA 与蛋白质复合物的结构

生物体内的核酸通常都与蛋白质结合形成复合物,以核蛋白(nucleoprotein)的形式存在。基因组 DNA 与蛋白质结合形成染色体。

真核细胞的 DNA 分子很长,需要经过多个级别的压缩和组装,最终包裹在细胞核内。首先,与组蛋白结合形成基本结构单位——核小体。按照 Kornberg 的模型,核小体是由直径为 11 nm × 5.5 nm 的组蛋白核心(histone core)和盘绕其上的 DNA 所构成。核心由组蛋白 H_2A、H_2B、H_3、H_4 各 2 分子组成,所以是一个八聚体;DNA 以左手螺旋在组蛋白核心上盘绕 1.75 圈,共 146 bp。核小体之间连接 DNA 称为连线 DNA(linker DNA,或连接 DNA),其长度随不同核小体略有不同(8~114 bp,一般为 20~60 bp),平均每个核小体重复单位长约 200 bp(图 2-12)。

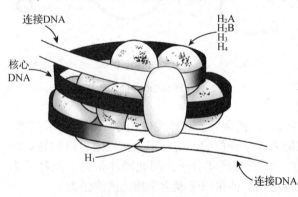

图 2-12 核小体结构模式

核小体由 DNA 相连,犹如一串念珠,念珠状的染色质进一步盘绕,形成螺线体;螺线体再螺旋化,形成超螺线体;再经折叠和螺旋化,形成染色单体。目前,DNA 盘绕压缩的精细过程尚未完全揭示,图 2-13 仅是一种模型。在此结构化过程中,DNA 的长度大约被压缩了 10 000 倍以上。

细菌没有真核细胞的核结构,其遗传物质也不显示真核细胞染色体的形态特征,但细菌的基因组 DNA 上结合着碱性蛋白,在细胞内紧密缠绕形成致密的小体,称为拟核或类核(nucleoid)。拟核包括 DNA、碱性蛋白如 NAP(nucleoid associated protein)、DNA 复制、RNA 转录相关的蛋白,以及 mRNA 等。有趣的是,古菌(archaea)具有组蛋白,与真核细胞的组蛋白是同源蛋白。古菌的共价闭环 DNA 也是与组蛋白形成核小体,其中包括组蛋白四聚体。另外，即使最简单非细胞生命——病毒，其遗传物质一般也要高度压缩于蛋白衣壳内。无论 DNA 还是 RNA 病毒，其基因组的压缩不需要类似组蛋白的蛋白质参与，但在很多情况下也要跟病毒颗粒里面包裹的蛋白质结合，如反转录病毒（参见第十章）的基因组 RNA 会与反转录酶、整合酶、蛋白酶等结合。

二、RNA 的分子结构

RNA 是由 A、G、C、U 4 种核糖核苷酸以 3′,5′-磷酸二酯键连接而成的多核苷酸链，也是无分支的分子。与 DNA 相比，RNA 种类繁多，分子质量相对较小，一般以单股链存在，但可以有局部二级结构。其碱基组成特点是以尿嘧啶代替了胸腺嘧啶，碱基配对发生于 C 和 G、U 和 A 之间，RNA 碱基组成之间无一定的比例关系，且稀有碱基较多。图 2-14 是 RNA 分子中的一小段结构。

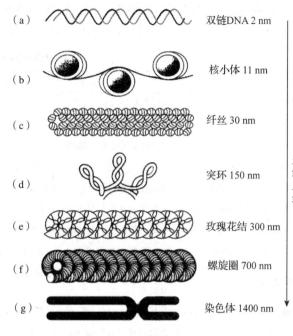

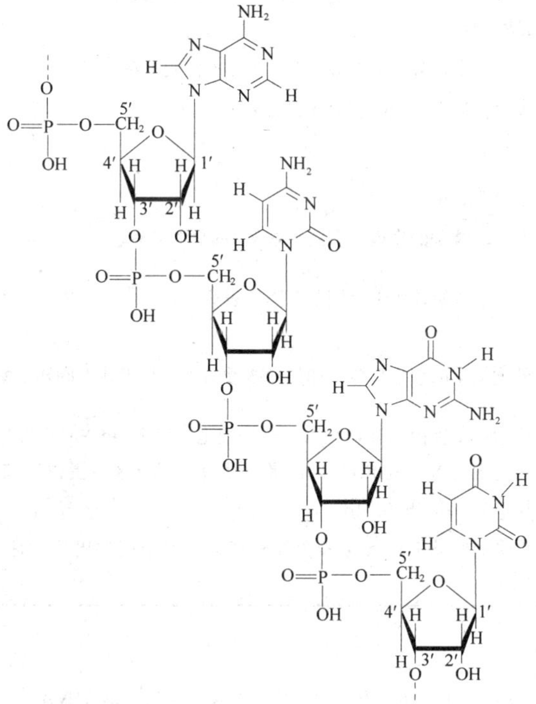

图 2-13　真核生物染色体 DNA 组装不同层次的结构

图 2-14　RNA 分子示意图

依据 RNA 功能的不同，细胞中存在的 RNA 主要有 3 种：转移 RNA、信使 RNA 和核糖体 RNA，另外还存在一些其他的小分子 RNA。各种 RNA 的结构和功能都不相同（表 2-6）。

表 2-6 RNA 的分类

名 称	功 能	存 在
信使 RNA（mRNA）	翻译模板	所有的生物
转移 RNA（tRNA）	携带氨基酸，参与翻译	所有的生物
核糖体 RNA（rRNA）	核糖体组分，参与翻译	所有的生物
核小 RNA（snRNA）	参与真核细胞核 mRNA 前体的剪接	真核生物
核仁小 RNA（snoRNA）	参与古菌和真核生物 rRNA 前体的后加工	真核生物和古菌
微 RNA（microRNA）	主要在翻译水平上抑制特定基因的表达	绝大多数真核生物
小干扰 RNA（siRNA）	主要在翻译水平上抑制特定基因的表达	绝大多数真核生物
小激活 RNA（saRNA）	"瞄准"特定基因的启动子，激活它们的转录	某些真核生物
piRNA 或 piwiRNA	反转位子的基因沉默，对于胚胎发育和某些动物的精子发生十分重要	脊椎动物或无脊椎动物的生殖细胞
长链非编码 RNA（lncRNA）	在基因表达的多个环节调节基因的表达	真核生物
7SL RNA	作为信号识别颗粒（SRP）的一部分，参与蛋白质的定向和分泌	真核生物和古菌
7SK RNA	抑制 RNA 聚合酶 II 催化的转录延伸	脊椎动物
RMRP RNA	参与线粒体 DNA 复制过程中 RNA 引物的加工；参与 rRNA 的后加工；参与切除一种阻滞细胞周期的蛋白质的 mRNA 的 5'-非翻译序列，而促进细胞周期的前进	真核生物
转移信使 RNA（tmRNA）	兼有 mRNA 和 tRNA 的功能，参与细菌无终止密码子的 mRNA 的抢救翻译	细菌
crRNA	锁定外来核酸，引导 Cas 蛋白将外来核酸水解	原核生物
向导 RNA（gRNA）	参与锥体虫线粒体 mRNA 的编辑	某些真核生物
病毒 RNA	作为 RNA 病毒的遗传物质	RNA 病毒
类病毒	最小的感染性致病因子	植物
端粒酶 RNA	作为端粒酶的模板，有助于端粒 DNA 的完整	真核生物
核开关或 RNA 开关（riboswitch）	在转录或翻译水平上调节基因的表达	原核生物和少数低等的真核生物
核酶	催化特定的生化反应，如核糖核酸酶 P 和核糖体上的转肽酶	原核或真核生物以及某些 RNA 病毒
环状非编码 RNA（circRNA）	作为竞争性内源 RNA，参与调控细胞内特定 miRNA 的功能；还可与细胞内一些 RNA 结合蛋白结合，调节这些蛋白质与其他 RNA 之间的相互作用	主要是真核生物
Xist RNA	促进哺乳动物一条 X 染色体转变成高度浓缩的巴氏小体（Barr body）	雌性哺乳动物

（一）tRNA 的结构

tRNA 是蛋白质合成过程中转运氨基酸的 RNA，约占总 RNA 的 10%~15%。一个细胞中的 tRNA 分子有 50 多种，各可携带一种氨基酸，将其转运到核糖体上，供蛋白质合成使用。然而，基本氨基酸仅有 20 种，因此，多种 tRNA 可以携带同一种氨基酸，称为同工受体 tRNA(isoaccepting tRNA)。各种 tRNA 分子无论在一级结构上，还是在二、三级结构上均有一些共同特点。

1. tRNA 的一级结构

1965 年，Holley 等测定了酵母丙氨酸 tRNA 的一级结构，由 76 个核苷酸组成，并提出二级结构模型。各种 tRNA 分子一级结构具有共同的特点：

①一般由 73~93 个核苷酸组成。

②含有较多的稀有碱基，如甲基化的嘌呤 mG、mA、DHU、I 等。此外，tRNA 内还含有一些稀有核苷，如胸腺嘧啶核糖核苷（一般存在于 DNA 中）、假尿嘧啶核苷等。tRNA 中含稀有碱基可达碱基总数的 10%~15%。

③3′端都是—CCA—OH 序列。

④5′端多数为 pG，也有为 pC 的。

tRNA 的一级结构中有一些保守序列，这与其特殊的结构和功能有关。

2. tRNA 的二级结构

tRNA 分子内的核苷酸通过自身折叠，根据碱基互补原则形成多处局部双螺旋结构，称为茎(stem)，未成双螺旋的区带构成突环（又称环，loop），因此，在 RNA 中常见的二级结构就是茎环结构(stem-loop)，又称发夹结构(hairpin)。所有 tRNA 均可呈现图 2-15 所示的三叶草形(clover leaf pattern)二级结构（助记小结 2-2）。

三叶草结构中，4 个双螺旋区构成了叶柄，3 个突环区好像是三叶草的三片小叶，以及一个额外环(extra loop，也称可变环，variable loop)。4 个臂依次是氨基酸臂(amino acid arm，又称受体臂，acceptor arm)、二氢尿嘧啶臂(dihydrouracil arm，DHU 臂)、反密码子臂(anticodon arm)、TΨC 臂(TΨC)。每个臂都包括一个茎，分别是受体茎、二氢尿嘧啶茎、反密码子茎和 TΨC 茎。依此类推，相应的环也有类似的名称。氨基酸臂没有环。因此，这一结构又可称为"四臂四环"。各部分的结构都和它的功能有关。

①氨基酸臂 由 7 对碱基配对组成，富含鸟嘌呤；3′端突出一段单链，末端序列为—CCA—OH；游离的羟基与氨基酸的羧基形成酯键，从而携带氨基酸。

②二氢尿嘧啶臂 由 8~12 个核苷酸组成，因其含有二氢尿嘧啶而得名。通过由 3~4 对碱基组成的二氢尿嘧啶茎与 tRNA 分子的其他部分相连。此部分辨认并结合氨基酰 tRNA 合成酶。

③反密码子臂 由 7 个核苷酸组成，环中部为反密码子(anti-codon)，由 3 个核苷酸组成。次黄嘌呤核苷酸(inosine monophosphate，IMP)常出现于反密码子中。反密码子环可识别 mRNA 的密码子。反密码子茎通常由 5 对碱基组成。

④额外环 位于 TΨC 臂与反密码子臂之间，通常由 3~18 个核苷酸组成。不同的 tRNA 分子在这个环中的核苷酸数目变化很大，也称为可变环，是 tRNA 分类的标志。

⑤TΨC 臂 因其含有 TΨC 三联体而得名。由 7 个核苷酸组成，通过由 5 对碱基组成的 TΨC 茎与 tRNA 分子的其他部分相连。TΨC 环与核糖体的结合有关。

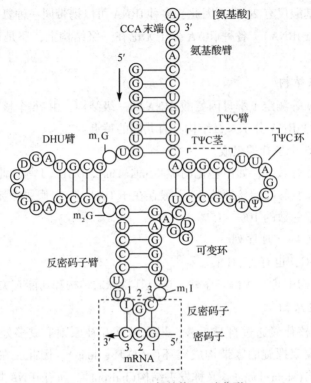

图 2-15 tRNA 二级结构(三叶草形)

D：二氢尿嘧啶核苷酸；m_1G：甲基鸟嘌呤核苷酸；m_2G：2-甲基嘌呤核苷酸；Ψ：假尿嘧啶核苷酸；
m_1I：甲基次黄嘌呤核苷酸；I：次黄嘌呤核苷酸；GCC：密码子；IGC：反密码子

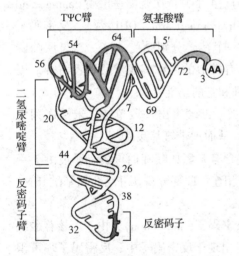

图 2-16 tRNA 三级结构(倒"L"形)

3. tRNA 的三级结构

每个 tRNA 的二级结构都可以进一步折叠成紧凑的倒"L"形的三级结构。tRNA 三级结构的特点是氨基酸臂与 TΨC 臂构成"L"的一横，—CCA—OH 的 3′端就在这一横的端点上，是结合氨基酸的部位。二氢尿嘧啶臂与反密码臂共同构成"L"的一竖，反密码环在一竖的端点上，能与 mRNA 上对应的密码子碱基互补配对。二氢尿嘧啶臂与 TΨC 臂在"L"的拐角上（图 2-16）。形成三级结构的很多氢键与 tRNA 中不变的核苷酸有关，这就使得各种 tRNA 三级结构都呈倒"L"形的，提示这种空间结构与 tRNA 的功能有密切关系，使其两个功能域（functional domain）最大限度分开。在 tRNA 中碱基堆积力是稳定 tRNA 构象的主要因素。

(二) mRNA 的结构

mRNA 是细胞内含量较少的一类 RNA，约占总 RNA 的 5%～10%。其功能是将核内 DNA 的碱基顺序（遗传信息）按碱基互补原则转录出来并传递给核糖体，指导蛋白质的合成。mRNA 种类多，作为不同蛋白质合成的模板，其一级结构差异很大。mRNA 分子也是呈单链状态，大部分有茎环结构（二级结构）。mRNA 存在于原核生物和真核生物的细胞质及真核细胞的某些细胞器(如线粒体和叶绿体)中。mRNA 的结构在原核生物中和真核生物中差别很大。下面分别做介绍。

1. 原核生物的 mRNA

原核生物的 mRNA 与相应的 DNA 序列是相同的(U 代替 T)。原核生物的 mRNA 结构简单，往往含有几个功能上相关的蛋白质的编码序列(coding sequence)，可翻译出几种蛋白质，称为多顺反子。一条 mRNA 链上有多个编码区(顺反子)，可以编码两条或多条不同的多肽链称为多顺反子(polycistron)，这种 mRNA 称为多顺反子 mRNA(polycistronic mRNA)。在原核生物 mRNA 中编码序列之间有间隔序列(插入序列)，可能与核糖体的识别和结合有关。原核生物中 mRNA 转录后一般不需加工，直接进行蛋白质翻译。mRNA 转录和翻译不仅发生在同一细胞空间，而且这两个过程几乎是同时进行的(参见第十章)。

在 5′端与 3′端分别有与翻译起始和终止有关的非翻译序列(untranslated region, UTR, 又称非编码序列 non-coding sequence)。5′端起始密码子 AUG 上游的非编码序列，其中包括一段富含嘌呤核苷酸的序列，由 Shine Dalgarno 首先发现，又称 SD 序列，与翻译起始有关。而 3′端的非编码序列，含有终止子，负责翻译的终止。原核生物 mRNA 中没有修饰碱基，5′端没有帽子结构，3′端没有多聚腺苷酸的尾巴(polyadenylate tail, polyA 尾)。原核生物的 mRNA 的半衰期比真核生物的要短得多，转录后几分钟就开始降解。

2. 真核生物的 mRNA

真核细胞成熟 mRNA 是由其前体不均一核 RNA(heterogenous nuclear RNA, hnRNA 或 pre-mRNA，是原始转录产物)经过加工、修饰以及各种"质控"后才能进入细胞质中参与蛋白质合成。所以，真核细胞 mRNA 的合成和表达发生在不同的空间和时间。

真核生物成熟的 mRNA 为单顺反子(monocistron)结构，即一个 mRNA 分子只包含一条多肽链的信息。在真核生物成熟的 mRNA 中，5′端有帽子(5′-cap)结构，通常有 3 种类型，0-型($m^7G5'ppp5'Np$，也称为 Cap 0)、Ⅰ-型($m^7G5'ppp5'NmpNp$，也称为 Cap Ⅰ)和Ⅱ-型($m^7G5'ppp5'NmpNmpNp$，也称为 Cap Ⅱ)(图 2-17)。帽子结构有多种功能，包括调节 mRNA 向细胞核外转运，保护 mRNA 不被外切核酸酶水解，与帽结合蛋白(cap binding protein)结合促进翻译起始等。

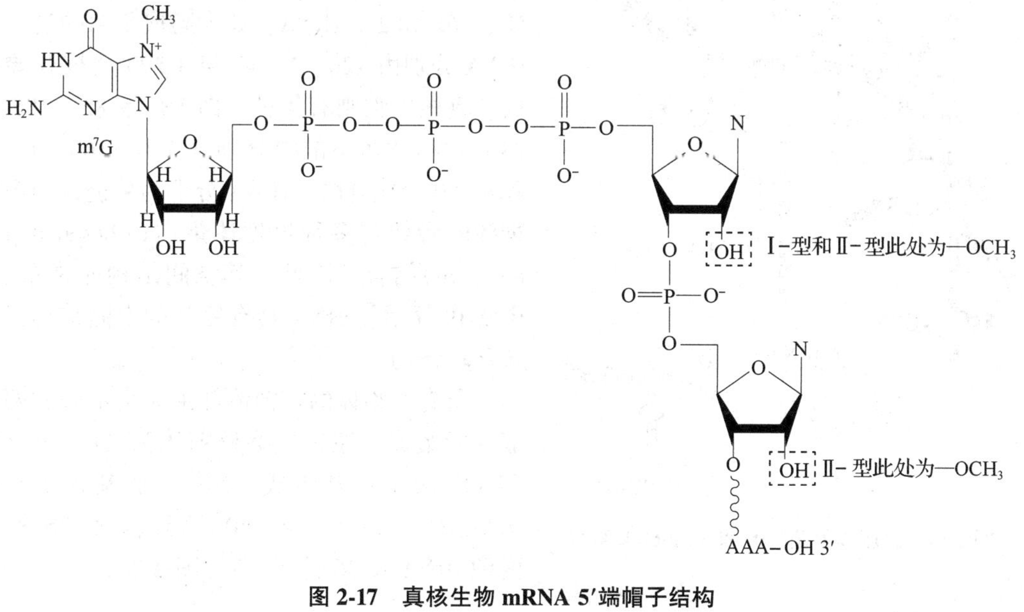

图 2-17 真核生物 mRNA 5′端帽子结构

绝大多数成熟 mRNA 的 3′端有 polyA 尾，其长度为 20~250 个腺苷酸，是转录完成后添加的。首先，剪切和多聚腺苷酸化特异性因子（cleavage and polyadenylation specificity factor，CPSF）在新合成的 mRNA 的 3′端 AAUAAA 序列下游 10~35 nt 处剪切，去掉后面的序列；其次，在 RNA 末端腺苷酸转移酶（polynucleotide adenylyl transferase）的催化下，合成 polyA 尾（图 2-18）。polyA 尾也具有多种功能，包括参与 mRNA 向细胞核外转运，保护 mRNA 不被外切核酸酶水解，参与蛋白质翻译起始和终止。少数成熟 mRNA 没有 polyA 尾巴，如组蛋白 mRNA，因此，它们的半衰期通常较短。很多小分子非编码 RNA 转录后也有 polyA 尾，有些在成熟后继续保留，如长链非编码 RNA（long non-coding RNA，lncRNA），而一部分则不保留，如 microRNA。此外，真核生物 mRNA 还常含有其他修饰的核苷酸，如 m^6A 等。

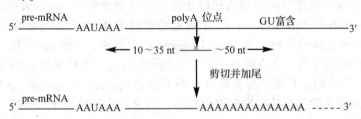

图 2-18　真核生物 mRNA 3′端 polyA 尾巴结构

mRNA 也具有二级结构，即不同程度的茎环结构，尤其是首尾的茎环结构与蛋白质的翻译效率有着密切关系。相比之下，由于一级结构直接关系到蛋白质的序列和功能，因此备受关注。而对二级结构的关注相对较少。

（三）rRNA 的结构

rRNA 种类不多，但却是细胞内含量最多的 RNA，约占 RNA 总量的 75%~80%。rRNA 是蛋白质合成机器——核糖体（ribosome）的组成成分。原核生物主要的 rRNA 有 3 种，即 5S、16S 和 23S rRNA，如大肠埃希菌的这 3 种 rRNA 分别由 120、1 540 和 3 200 个核苷酸组成。真核生物则有 4 种，即 5S、5.8S、18S 和 28S rRNA，如小鼠中分别含 120、160、1 900 和 4 700 个核苷酸。rRNA 分子为单链，作为核糖体的骨架与多种核糖体蛋白（ribosomal protein，rp）结合。因此，其空间结构非常重要。图 2-19 显示，rRNA 具有复杂的空间结构，富含茎环结构。

所有生物体的核糖体都由大小不同的两个亚基所组成。原核生物核糖体为 70S，由 50S 和 30S 两个亚基组成。30S 小亚基含 16S 的 rRNA 和 21 种蛋白质，50S 大亚基含 23S 和 5S 两种 rRNA 及 36 种蛋白质（图 2-20）。

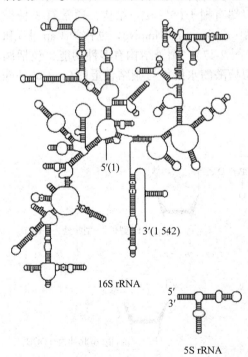

图 2-19　大肠埃希菌 16S 和 5S rRNA 结构

真核生物核糖体为 80S，是由 60S 和 40S 两个大小亚基组成。40S 的小亚基含 18S rRNA 及 33 种蛋白质，60S 大亚基则由 28S、5.8S 和 5S 3 种 rRNA 及 46 种蛋白质组成。分布在核蛋白体大亚基的蛋白称为 rpl，在小亚基的称为 rps。各种生物核糖体小亚基中的 rRNA 具有相似的二级结构。

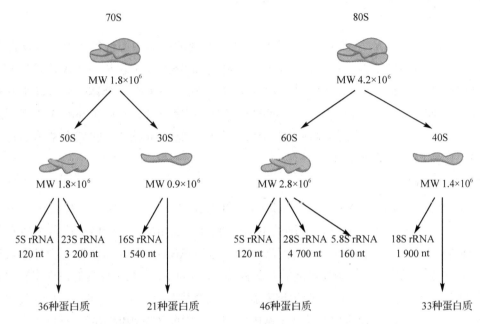

图 2-20　原核生物与真核生物核糖体的结构比较

(四) 其他的 RNA 分子

20 世纪 80 年代以后由于新技术不断产生，人们发现许多新的 RNA 基因和功能。有时按照 RNA 是否编码蛋白质将其分为编码 RNA(coding RNA)和非编码 RNA(non-coding RNA，ncRNA)。按此分类，除了 mRNA 和 tmRNA 外，其他 RNA 均属于非编码 RNA，包括 tRNA 和 rRNA。非编码 RNA 还可以进一步分为管家 ncRNA(housekeeping ncRNA)和调控 ncRNA(regulatory ncRNA)。管家 ncRNA 一般是组成型表达，而调控 ncRNA 只有在特定的情况下或特定细胞才会表达。长度大于 200 nt 的 ncRNA 称为长链非编码 RNA。

1. 核小 RNA

核小 RNA(small nuclear RNA，snRNA)存在于真核细胞的细胞核内，是一类称为核小核糖核蛋白(small nuclear ribonucleo protein，snRNP)的组成成分，有 U_1、U_2、U_4、U_5、U_6 snRNA 等，均为小分子核糖核酸，长 100~215 nt，其功能是在 hnRNA 成熟转变为 mRNA 的过程中，参与 RNA 的剪接，并且在将 mRNA 从细胞核运到细胞质的过程中起着十分重要的作用。

2. 核仁小 RNA

核仁小 RNA(small nucleolar RNA，snoRNA)是一类新的核酸调控分子，参与 rRNA 前体的加工以及核糖体亚基的装配。核仁小 RNA 是一个与特性化的非编码 RNA 相关的大家族。

3. 胞质小 RNA

胞质小 RNA（small cytosol RNA，scRNA）又称为 7SL RNA，长约 300 nt，主要存在于细胞质中，是蛋白质定位合成于粗面内质网上所需的信号识别体（signal recognition particle，SRP）的组成成分，SRP 参与分泌性蛋白质的合成。

4. 微 RNA

微 RNA（microRNA，miRNA）是在真核生物中发现的一类内源性的具有调控功能的非编码 RNA，具有茎环结构，其长 20~25 nt。成熟的 miRNA 是由较长的初级转录物经过一系列核酸酶的剪切加工而产生的，随后组装进 RNA 诱导的沉默复合体，通过碱基互补配对的方式识别靶 mRNA，并根据互补程度的不同指导沉默复合体降解靶 mRNA 或者阻遏靶 mRNA 的翻译。由于 miRNA 的表达具有阶段特异性和组织特异性，它们在基因表达调控和控制个体发育中起重要作用。

5. 反义 RNA

反义 RNA（antisense RNA）是指与 mRNA 互补的 RNA 分子，也包括与其他 RNA 互补的 RNA 分子。由于核糖体不能翻译双链的 RNA，所以反义 RNA 与 mRNA 特异性地互补结合，即抑制了该 mRNA 的翻译。通过反义 RNA 控制 mRNA 的翻译是原核生物基因表达调控的一种方式，最早是在大肠埃希菌的产肠杆菌素的 Col E1 质粒中发现的，许多实验证明在真核生物中也存在反义 RNA。近几年来通过人工合成反义 RNA 的基因，并将其导入细胞内转录成反义 RNA，即能抑制某特定基因的表达，阻断该基因的功能，有助于了解该基因对细胞生长和分化的作用。同时也暗示了该方法对肿瘤实施基因治疗的可能性。在原核生物中反义 RNA 具有多种功能，如调控质粒的复制及其接合转移，抑制某些转位因子的转位，对某些噬菌体溶菌-溶源状态的控制等。

三、核酸的序列分析

20 世纪 60 年代，Robert W. Holley 首先测定了酵母丙氨酸 tRNA 序列。其测序法的基本策略与蛋白质的测序相同，都是利用小片段的重叠原理，但该技术费工费时，用来测定基因组庞大的 DNA 序列非常困难。1975 年，Frederick Sanger 设计了 DNA 快速测序的"加减法"，1977 年，又对该测序技术做了重大改进，提出了"双脱氧链终止法"（chain-termination DNA sequencing 或 dideoxynucleotide procedure 或 Sanger sequencing）。下面重点介绍 Sanger 双脱氧链终止法的原理（图 2-21）。

该法设置 4 个分组，每组反应体系都包含单链 DNA（模板）、适量的引物、dNTPs 和 DNA 聚合酶。每一组额外加一种用放射性原子或荧光分子标记的双脱氧核苷三磷酸（ddATP 或 ddCTP 或 ddTTP 或 ddGTP）。ddNTP 是 dNTP 的类似物，但是它们的 3′位不是羟基而是氢，因此，无法形成新的磷酸酯键，会导致 DNA 链的合成终止。例如，在 ddTTP 分组中，当 ddTTP 代替 dTTP 掺入合成的 DNA 链，链的延伸即被终止，于是得到同一核苷酸结尾的不同大小的片段，它们都具有同样的 5′端，并在 3′端的 ddTTP 处终止。同理，分别加入 ddATP、ddCTP 或 ddGTP 的试管中得到一系列全部以 3′端 ddATP、ddCTP 或

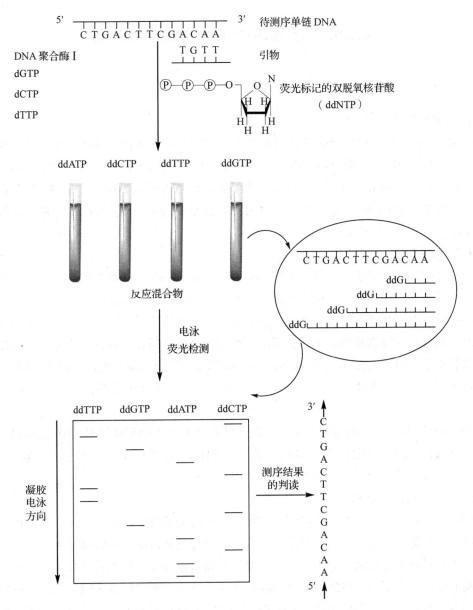

图 2-21 Sanger 双脱氧链终止 DNA 序列分析法原理

ddGTP 为终止残基的 DNA 片段的电泳带谱。4 个分组的反应产物经聚丙烯酰胺凝胶电泳（polyacrylamide gel electrophoresis，PAGE），就可以得到一系列的电泳带谱。片段越小，电泳速度越快，其碱基位置也越靠近 5′端（因为 DNA 的合成永远是从 5′向 3′端合成，参见第十章）。因此，图 2-21 中的 DNA 序列应该是 5′-AACAGCTTCAGTC-3′。

现在，Sanger 双脱氧链终止法被称为一代测序。随着科技的发展，核酸的高通量测序（high-throughput method），甚至单分子测序技术（single molecule sequencing）均获得了飞速发展。RNA 的测序通常先将其反转录（参见第十章）成 DNA 后测序。

第三节 核酸的理化性质及研究方法

一、核酸的理化性质

(一) 溶解性质

DNA 和 RNA 都是由核苷酸组成的大分子。它们含有许多极性基团,如羟基、磷酸基等。因此,DNA 和 RNA 都能溶于水,而不溶于乙醇、氯仿等有机溶剂。利用核酸的这种性质可以用乙醇把核酸从水溶液中沉淀出来。当乙醇浓度达到 50% 时,DNA 便沉淀析出,增高至 75% 时,RNA 也沉淀出来。常利用二者在有机溶剂中溶解度的差别,分离 DNA 和 RNA。

(二) 两性解离

组成核酸的核苷酸是兼性离子(参见第一章),因而核酸也是两性电解质。在多核苷酸链中,除了末端磷酸残基外,所有磷酸残基因形成磷酸二酯键而只能解离出一个 H^+,其 pK 值为 1.5。核酸的等电点偏于酸性。在一定的 pH 值条件下,核酸上的可解离的磷酸基和碱基依照各自的解离常数解离,从而使核酸带上电荷,因此,可以进行电泳。常用的电泳有琼脂糖凝胶电泳(agarose gel electrophoresis)和聚丙烯酰胺凝胶电泳。前者分辨率稍低,但分离范围广,易于操作,适用于分离较大的分子;后者分辨率高,适用于分离较小的分子。

由于碱基的解离受 pH 值的影响,而碱基的解离又会影响到碱基对间的氢键的稳定性。所以,pH 值直接影响核酸双螺旋结构中碱基对之间的氢键的稳定性。核酸在 pH4.0~11.0 是稳定的,超过这个范围就会变性(参见本章后文)。

(三) 酸水解和碱水解

糖苷键和磷酸酯键都能被酸水解,但糖苷键比磷酸酯键更易被酸水解。嘌呤的糖苷键比嘧啶的糖苷键更不稳定。对酸最不稳定的是嘌呤与脱氧核糖之间的糖苷键。

用稀酸对核酸作短时处理不会引起分解,但如用稀酸长时间或在升高温度下处理,或增加酸的强度,则嘌呤与脱氧核糖之间的糖苷键会发生水解,生成无嘌呤核酸,同时也使少数磷酸二酯键分解。若用中等强度的酸在 100℃ 下处理数小时,或用较浓的酸(如 1~6 mol/L HCl)处理,则可使嘧啶也发生分解,这时,也有较多的磷酸二酯键分解。

在温和的碱性条件下,核酸的 N-糖苷键是稳定的,但磷酸二酯键则发生分解。例如,在 37℃ 以下用 0.3 mol/L KOH 处理约 1 h,RNA 的磷酸二酯键即全部分解而生成 2′,3′-环核苷酸,在延长处理时间(12~18 h)后,后者再水解为 2′-磷酸核苷和 3′-磷酸核苷。反应式如下:

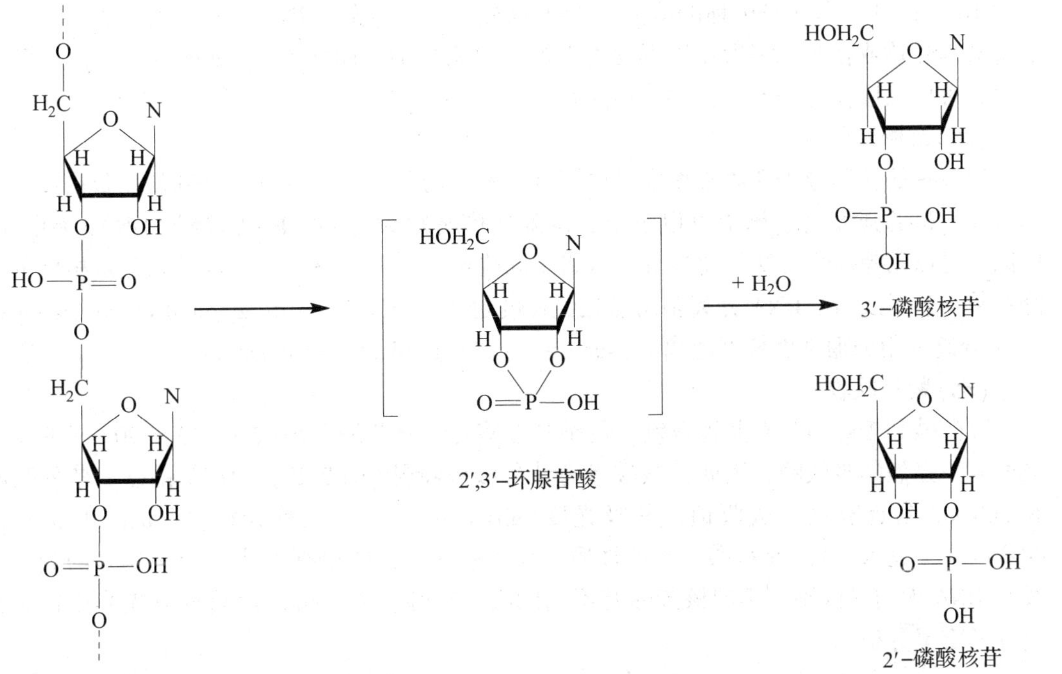

因为在 DNA 的脱氧核糖中的 2′ 位没有羟基，不能形成 2′,3′-环核苷酸，所以，DNA 的磷酸二酯键在温和的碱性条件下是稳定的。

(四) 分子大小

DNA 和 RNA 都是大分子化合物，相对分子质量很大，尤其是 DNA，虽然双螺旋结构的直径只有 2.0 nm，但天然 DNA 分子的长度可达几厘米，其相对分子质量约为 $1.6×10^6$ ~ $2.2×10^9$。通常，DNA 大小的描述方法有 3 种（表 2-7），第一种是描述其碱基对（base pair，bp）数量，如 1 000 bp；第二种是描述其长度（长度单位，如厘米）。两种描述方式之间可根据 DNA 双股螺旋的参数细节进行换算。当然，还可以直接描述其具体相对分子质量。3 种描述方式中，碱基对数量的使用最为常见。RNA 分子比 DNA 短得多，而且只有部分双螺旋区，分子质量也较小，约为几万到几百万或更大些。对于单链核酸分子的描述，不能使用碱基对，通常使用核苷酸的数量来表示，如 5S rRNA 长度为 120 nt、16S rRNA 长度为 1 540 nt。

表 2-7 3 种单位描述：长度、碱基对数和相对分子质量

机体	碱基对数/kb	长度/cm	相对分子质量	形状
腺病毒 40(SV40)	5.1	0.000 17	$3.6×10^6$	环状链
噬菌体 φ×174	5.4	0.000 18	$1.8×10^6$	环状链
噬菌体 λ	46	0.001 5	$3.3×10^7$	线状双链
大肠埃希菌	4 000	0.13	$2.2×10^9$	环状双链

注：一般长 1 μm 的 DNA 含 3 000 bp，相应的相对分子质量为 $2×10^6$。人类最大染色体的 DNA 分子长可超过 8 cm。

(五) 黏度

根据大分子溶液的黏度特征，高分子溶液比普通溶液的黏度要大得多，无规则线团比球状分子的黏度大，线性分子的黏度又比无规线团的黏度大。DNA 分子长度与直径之比

可达 10^7，因此，即使是极稀的溶液，DNA 也有极大的黏度，RNA 的黏度要小得多。当核酸溶液因受热或在其他因素作用下发生由螺旋向无规则线团转变时(如变性)，黏度降低。所以，可用黏度作为 DNA 变性的重要指标。

(六)沉降特性

溶液中的核酸分子在离心场中可以下沉。不同构象的核酸(线形、环形)、蛋白质，在超速离心机的强大离心场中可以下沉，沉降速度有很大差异，RNA>环形 DNA>蛋白质，所以，可以用超速离心法纯化核酸，或将不同构象的核酸进行分离，也可以测定核酸的沉降系数与分子质量。DNA 分离多用氯化铯梯度超离心(CsCl density-gradient centrifugation)，RNA 分离常用蔗糖密度梯度超离心(sucrose density-gradient centrifugation)。

(七)紫外吸收

嘌呤碱和嘧啶碱具有共轭双键，使碱基、核苷、核苷酸和核酸在 240～290 nm 的紫外波段有一强烈的吸收峰，因此，核酸具有紫外吸收特性(图 2-22)。DNA 钠盐的紫外吸收在 260 nm 附近有最大吸收值，其吸光度(absorbance，A，又称光密度，optical density，OD)以 A_{260} 表示，A_{260} 是核酸的重要性质，在核酸的研究中很有用处。RNA 钠盐的吸收曲线与 DNA 无明显区别。不同核苷酸有不同的吸收特性，所以可以用紫外分光光度计进行定性的定量分析。

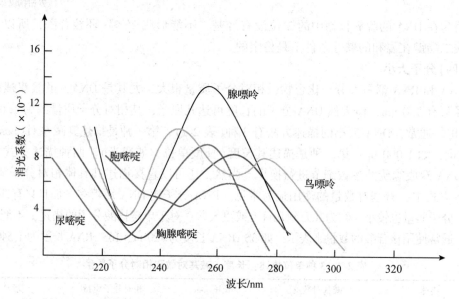

图 2-22　各种碱基的紫外吸收光谱

实验室中最常用的是利用紫外吸收特性定量测定小量的 DNA 或 RNA。对于纯的核酸溶液，测定 A_{260}，即可利用核酸的消光系数计算溶液中核酸的量，核酸的消光系数是指浓度为 1 μg/mL 的核酸水溶液在 260 nm 处的吸光度，天然状态的双链 DNA 的消光系数为 0.020 mL·g^{-1}·cm^{-1}，单链 DNA 和单链 RNA 的消光系数分别为 0.027 mL·g^{-1}·cm^{-1} 和 0.025 mL·g^{-1}·cm^{-1}。通常以 1 OD 值相当于 50 μg/mL 双链 DNA，或 33 μg/mL 单链 DNA，或 40 μg/mL 单链 RNA，或 20 μg/mL 寡核苷酸计算。这个方法既快速，又相当准确，而且不会浪费样品。不纯的样品不能用紫外吸收法作定量测定。对于不纯的核酸可以用琼脂糖凝胶电泳分离出区带后,经菲啶溴红染色而粗略地估计其含量。

对待测样品是否纯品可用紫外分光光度计读出 260 nm 与 280 nm 的 OD 值,因为蛋白质的最大吸收在 280 nm 处,因此,从 A_{260}/A_{280} 的比值即可判断样品的纯度。纯 DNA 的 A_{260}/A_{280} 应为 1.8,纯 RNA 应为 2.0。样品中如含有杂蛋白及苯酚,A_{260}/A_{280} 比值即明显降低。

二、核酸的变性

(一) 变性

变性(denaturation)是核酸的重要性质。核酸变性是指核酸分子中的氢键断裂,双螺旋结构解链为无规则线性结构的现象(图 2-23)。导致核酸变性的因素有很多,凡是能破坏双螺旋稳定性的物理和化学因素,如加热、极端 pH 值、有机试剂(如甲醇、乙醇等)、尿素及甲酰胺等,均可引起核酸分子变性。核酸变性不涉及其一级结构的改变,只是维持双螺旋稳定性的氢键断裂,碱基间的堆积力遭到破坏;而核酸的降解则是多核苷酸骨架上的 3′,5′-磷酸二酯键受到破坏而断裂,从而引起核酸相对分子质量降低。

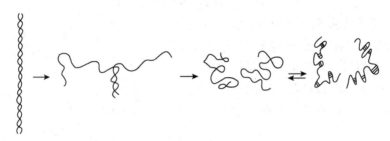

图 2-23 DNA 的变性过程

核酸变性后许多理化性质发生改变:溶液黏度降低,浮力密度升高,旋光性发生变化,紫外吸收增强,酸碱滴定曲线改变等。

(二) 增色效应和减色效应

核酸变性后对紫外吸收明显增加(图 2-24),这种现象叫作增色效应(hyperchromic effect)。DNA 分子或 RNA 双螺旋中的碱基藏入内侧,变性时双螺旋解开,于是碱基外露,更有利于紫外吸收,故而产生增色效应。而当变性的多核苷酸链在适当的条件下重新形成双螺旋后,碱基又藏入双螺旋内侧,对紫外光吸收又会明显减少,这种现象叫作减色效应(hypochromic effect)。

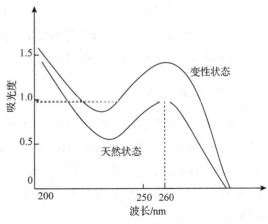

图 2-24 核酸变性后紫外吸收增加

(三) 熔解温度

热变性(thermotropy)是实验室中常用的使核酸变性的方法:对双链 DNA 的稀盐溶液进行加热,当温度升高到 80~100℃时,双螺旋结构即发生解体,两条链分开,形成无规则线团,DNA 溶液在 260 nm 处的吸光度上升至最高值,随后即使温度继续升高,吸光度

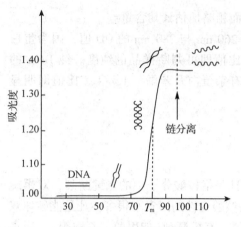

图 2-25 DNA 变性曲线

也不再明显变化。DNA 的变性特点是爆发式的，变性作用发生在一个很窄的温度范围之内，有一个相变的过程。通常将核酸加热变性过程中使 DNA 双螺旋结构失去一半时的温度称为核酸的解链温度，又称熔解温度（melting temperature，T_m）。若以温度对 DNA 溶液的紫外吸光度作图，得到的典型 DNA 变性曲线呈"S"形（图 2-25）。DNA 的 T_m 值一般在 82~95℃。

DNA 的 T_m 值大小与下列因素有关：

① 特定核酸分子的 T_m 值与其 G+C 所占总碱基数的百分比呈正相关，即 G+C 含量越高，T_m 值越大（图 2-26）。两者的关系可表示为

$$T_m = 69.3 + 0.41(G+C)\%$$

或

$$(G+C)\% = (T_m - 69.3) \times 2.44$$

利用此公式可以从 DNA 的 G+C 含量来计算出 T_m 值；也可以利用此公式通过测定 T_m 值，计算 DNA 碱基的百分组成。当然 T_m 有多种计算方法。

② 一定条件下（相对较短的核酸分子），T_m 值大小还与核酸分子的长度有关，核酸分子越长，T_m 值越大。

③ 溶液的离子强度较低时，T_m 值较低，熔点范围也较宽，反之亦然。因此，DNA 制剂不应保存在离子强度过低的溶液中。

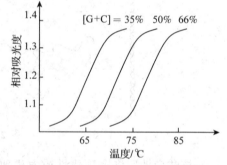

图 2-26 DNA 变性温度随 G+C 含量增加而增加

④ DNA 序列的均一性 均质（即 A≡T 和 G≡C 分布均一）DNA 变性温度范围较窄；异质 DNA 的变性温度范围则较宽。所以，T_m 值可以作为衡量 DNA 样品均一性的标准。

三、核酸的复性

变性 DNA 在适当的条件下，两条链的碱基可以重新配对，全部或部分恢复到天然双螺旋结构的现象叫作复性（renaturation），是变性的一种逆转过程。热变性 DNA 一般经缓慢冷却后即可复性，此过程称为退火（annealing）。这一术语也用于描述杂交核酸分子的形成（参见本章后文）。DNA 的复性不仅受温度影响，还受 DNA 自身特性等其他因素的影响。

① 温度和时间 一般认为比 T_m 低 25℃ 左右的温度是复性的最佳条件，离此温度越远，复性速度就越慢。复性时温度下降必须是一缓慢过程，若在超过 T_m 的温度下迅速冷却至低温（如 4℃ 以下），复性几乎是不可能的，核酸实验中经常以此方式保持 DNA 的变性（单链）状态。这说明降温时间太短以及温差大均不利于复性。

②DNA 浓度　溶液中 DNA 分子越多，相互碰撞结合的机会越大，有利于复性。

③DNA 顺序的复杂性　序列简单的 DNA 分子，如 polyA 和 polyU 这二种单链序列复性时，互补碱基的配对较易实现。而复杂序列要实现互补，则困难得多。

DNA 的变性和复性原理，现已在生命科学上得到广泛的应用，如核酸杂交与探针技术，聚合酶链式反应(polymerase chain reaction，PCR)技术等。

四、分子杂交

不同来源的核酸变性后，合并在一处进行复性，这时，只要这些核酸分子的核苷酸序列含有可以形成碱基互补配对的片段，复性也会发生于不同来源的核酸链之间，即形成所谓的杂化双链(heteroduplex)，这个过程称为分子杂交(molecular hybridization)。分子杂交既可以发生于 DNA 与 DNA 之间，也可以发生于 RNA 与 RNA 之间和 DNA 与 RNA 之间。例如，一段天然的 DNA 和这段 DNA 的缺失突变体(假定这种突变是 DNA 分子内部丢失了若干碱基对)一起杂交，电子显微镜下可以看到杂化双链中部鼓起小泡。测定小泡位置和长度，可确定缺失突变发生的部位和缺失的多少。核酸杂交技术是目前研究核酸结构、功能常用手段之一，不仅可用来检验核酸的缺失、插入，还可用来考察不同生物种类在核酸分子中的共同序列和不同序列以确定它们在进化中的关系。

在核酸杂交的基础上发展起来的一种用于研究和诊断的非常有用的技术称为探针技术。一小段(如十数个至数百个)核苷酸聚合体的单链，有放射性同位素如 ^{32}P、^{35}S 或生物素标记其末端或全链，就可作为探针(probe)。把待测 DNA 变性并吸附在一种特殊的滤膜，如硝酸纤维素膜(nitrocellulose membrane)上。然后把滤膜与探针共同培育一段时间，使发生杂交。用缓冲液冲洗膜。由于待测 DNA 牢固地吸附在滤膜上，而与之互补的探针也形成了双股螺旋，结合牢固，其他核酸在冲洗时洗脱了。带有放射性的探针若能与待测 DNA 结合成杂化双链，则保留在滤膜上。通过同位素的放射自显影或生物素的化学显色，就可判断探针是否与被测的 DNA 发生杂交。有杂交现象则说明被测 DNA 与探针有同源性(homogeneity)，即二者的碱基序列是可以互补的。例如，想知道某种病毒是否和某种肿瘤有关，可把病毒的 DNA 制成探针。从肿瘤组织提取 DNA，与探针杂交处理后，有杂化双链的出现，就说明两种 DNA 之间有同源性。虽然还不可以说这种病毒引起肿瘤，但至少这是可以继续深入研究下去的一条重要线索。如果待研究的核酸是 DNA，这种研究方法称为 Southern 印迹法(Southern blotting)；如果是 RNA，这种研究方法称为 Northern 印迹法(Northern blotting)。

Southern 印迹杂交包括两个主要过程：一是将待测定核酸分子通过一定的方法转移并结合到一定的固相支持物(硝酸纤维素膜或尼龙膜)上，即印迹(blotting)；二是将同位素标记的探针在一定的温度和离子强度下与固定于膜上的核酸退火，即分子杂交过程，其技术原理如图 2-27 所示。该技术是 1975 年英国爱丁堡大学的 Edwin Southern 首创的，Southern 印迹杂交因此而得名。

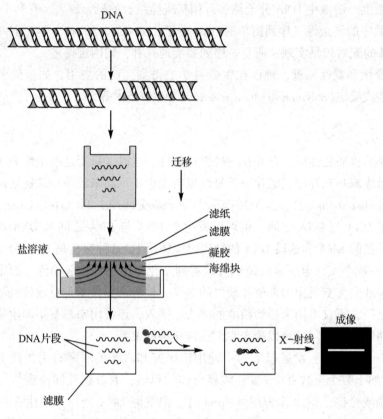

图 2-27 Southern 印迹杂交技术

第四节 核酸的分离提纯

一、核酸分离提纯的一般原则

无论是研究核酸的结构还是研究核酸的功能,都需要制备单一的、纯净的核酸样品。但是,在细胞内,核酸常和蛋白质结合成复合物。而且在细胞内还存在许多其他蛋白质及糖类等杂质。欲分离提纯核酸,就要想办法除去蛋白质及其他杂质。

制取核酸样品的根本要求是保持核酸的完整性,即保持天然状态。而核酸分子很大,特别是 DNA 的分子更大,而且很不稳定,在提取过程中,容易受到许多因素,如温度、酸、碱、变性剂、机械力以及各种核酸酶的破坏而变性、降解。因此,在分离提纯核酸时,应尽可能在低温下操作,避免过酸过碱或其他变性因素的影响,并注意使用核酸酶的抑制剂。

二、分离纯化的一般步骤

(一)细胞破碎

不同的材料,细胞破碎的方法不尽相同。这一步要特别注意加核酸酶的抑制剂,防止核酸被降解。

1. DNA 的分离

CTAB 法是 DNA 提取时常用的方法。CTAB(十六烷基三甲基溴化铵)是一种阳离子型去污剂，可溶解细胞膜，在高离子强度下(大于 0.7 mol/L NaCl)，与蛋白和中性多糖形成复合物沉淀出来。通常，在液氮环境下对细胞组织进行研磨，从而破碎细胞。然后加入 CTAB 缓冲液将 DNA 溶解出来，再用酚、氯仿抽提的方法去除蛋白质，最后经乙醇沉淀得到 DNA。

2. RNA 的分离

Trizol 是一种总 RNA 抽提试剂，可以直接从细胞或组织中提取总 RNA。其含有苯酚、异硫氰酸胍等物质，能迅速破碎细胞并抑制细胞释放出的核酸酶。Trizol 在破碎和溶解细胞时能保持 RNA 的完整性，因此对纯化 RNA 及标准化 RNA 的生产十分有用。Trizol 试剂可以快速提取人、动物、植物、细菌不同组织的总 RNA，该方法对少量的组织(50~100 mg)和细胞($5×10^6$)以及大量的组织(≥1 g)和细胞($>10^7$)均有较好的分离效果。

(二)去除杂质

除去与核酸结合的蛋白质及多糖等杂质，可以加酚或氯仿(使蛋白质变性)，除去酚类物质可以加 PVP，为了防止氧化可以加入适量的 β-巯基乙醇等。

(三)除去其他杂质核酸

除去 DNA 中少量的 RNA，可以加 RNase；除去 RNA 中少量的 DNA，可以加 DNase，这样可得均一的核酸样品。

三、核酸分离纯化技术

(一)离心

离心技术是利用离心力实现液液分离、固液分离的常见方法。绝大多数核酸提取方法都需要使用各种不同转速的离心技术，实现核酸与其他成分的分离。密度梯度离心(density-gradient centrifugation)除了用于蛋白质的分离纯化外，也可用于核酸的分离和分析。双链 DNA、单链 DNA、RNA 和蛋白质具有不同的密度，因而可经密度梯度离心形成不同密度的纯样品区带，该法适用于大量核酸样本的制备，其中氯化铯-溴化乙锭梯度平衡离心法被认为纯化大量质粒 DNA 的首选方法。氯化铯是核酸密度梯度离心的标准介质，梯度液中的溴化乙锭与核酸结合，离心后形成的核酸区带经紫外灯照射，产生荧光而被检测，用注射针头穿刺回收后，通过透析或乙醇沉淀除去氯化铯而获得纯化的核酸。

(二)电泳

电泳是进行核酸研究的重要手段。核酸电泳通常在琼脂糖凝胶或聚丙烯酰胺凝胶(参见第一章)中进行，浓度不同的琼脂糖和聚丙烯酰胺可形成分子筛网孔大小不同的凝胶，可用于分离不同分子质量的核酸片段。琼脂糖凝胶电泳适合分离、纯化 200 bp~50 kb 长度的核酸片段，广泛应用于基因组提取与分析、载体构建、质粒提取等方面。但是，其分辨率较低，相差 100 bp 以内的核酸片段较难分离。聚丙烯酰胺凝胶电泳适合分离 1 kb 以下的小核酸片段，适用于序列分析与比对、核酶分析与鉴定、小片段核酸的提取与分析等方面，分辨率较高，可以精确分离相差十几至几十 bp 的小片段核酸分子。凝胶电泳操作简便、快速，可以分辨用其他方法(如密度梯度离心)所无法分离的核酸片段，是分离、鉴定和纯化核酸的一种常用方法。

(三)层析

层析法是利用不同物质某些理化性质的差异而建立的分离分析方法(参见第一章)。目前,根据前述核酸分离纯化的一般步骤,配合特定的吸附滤膜,如聚偏二氟乙烯(polyvinylidene difluoride,PVDF)滤膜、聚醚砜(polyethersulfone,PES)滤膜、硝酸纤维素(nitrocellulose,NC)膜、聚碳酸酯(polycarbonate)滤膜、二氧化硅膜等,使用普通离心技术或压力差实现同步分离和纯化。上述相应耗材均有商品试剂盒供应,被广泛应用于核酸的纯化。另外,还有其他的选择性吸附方法,如用经修饰或包被的磁珠作为固相载体,磁珠可通过磁场分离而无须离心,结合至固相载体的核酸可用低盐缓冲液或水洗脱。该法分离纯化核酸,具有质量好、产量高、成本低、快速、简便、节省人力以及易于实现自动化等优点。

离子交换层析也能分离核酸。核酸为高负电荷的线性多聚阴离子,在低离子强度缓冲液中,利用目的核酸与阴离子交换柱上功能基质间的静电反应,使带负电荷的核酸结合到带正电的基质上,杂质分子被洗脱。然后提高缓冲液的离子强度,将核酸从基质上洗脱,经异丙醇或乙醇沉淀即可获得纯化的核酸。

思 考 题

1. DNA 和 RNA 在组成和分布方面有何区别?
2. 简述 DNA 分子的二级结构特点,并指出稳定其二级结构的作用力。
3. 什么是 DNA 分子的局部构象?什么是 DNA 二级结构的多态性?
4. 碱基配对的规律是什么?
5. tRNA、mRNA 的结构有什么特点?
6. 什么是 DNA 的变性和复性?在这些过程中,紫外吸收有什么变化?
7. 核酸杂交技术的基础是什么?有哪些应用价值?Southern 印迹法的基本步骤有哪些?
8. 如果人体有 10^{14} 个细胞,每个细胞的 DNA 量为 6.4×10^9 bp。试计算人体 DNA 的总长度是多少?

第三章 酶

【学习导图】

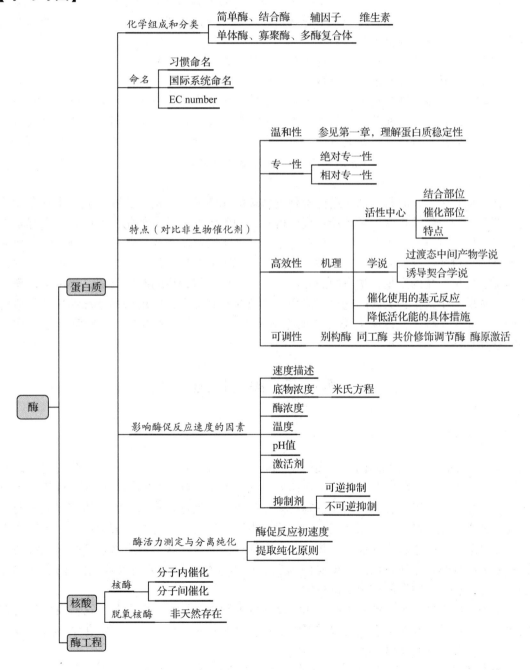

【学习要点】

掌握蛋白质中重要的工具——酶的化学组成、分类和命名方式。

掌握蛋白质作为生物催化剂与普通催化剂的异同，尤其是4个重要差异。本章围绕酶的这4个特点对酶进行全面表述。第一个特点：酶的温和性，主要涉及第一章蛋白质的性质，注意温习第一章相关内容。第二个特点：专一性，内容较少，易于理解。第三个特点：高效性，较为抽象也是本章的难点。本章从酶的关键部位(活性中心)、催化机制的相关学说、酶催化的化学本质(基元反应)以及酶促反应降低活化能的途径4个方面，全面阐述了酶促反应高效性的原因。第四个特点：即活性可调，且调节方式多样，也是酶区别于普通催化剂的另一重要特点。

掌握酶促反应速率的评价和测定思路。了解酶提取的一般原则。

了解另一种生物催化剂——核酶与酶蛋白质的异同。

学习建议：本章开始进入生物世界中重要的多功能生物大分子的学习，以第一章为基础，在全面掌握蛋白质相关知识的基础上，引出特殊蛋白质——酶。因此，建议对照第一章学习，理解这类特殊分子与其他蛋白质的异同。学习时，多以身边可见的工具(如剪刀、螺丝刀等)作类比，体会自然界这类超微工具的神奇魅力。

在活细胞中，每时每刻都在进行着种类繁多的化学反应。基于这些反应，生物体才能进行新陈代谢，保持正常生命活动。现已得知，细胞中发生的各种化学反应，几乎都是在酶催化作用下进行的。因此，酶的存在与生命活动是紧密联系在一起的。生物化学的形成和发展，与对酶广泛深入的研究也是分不开的。每当生物化学研究出现重大的突破，都往往伴随有大量新酶的发现。学习酶的知识，对于今后学习物质的新陈代谢，揭示生命现象的化学本质，了解生物家族的进化与演变，以及在此基础上，应用酶的特殊作用，改造传统的工农业生产技术，改善人类社会的生活环境，延长人类的寿命，无疑都是极其重要的、必须具备的理论基础。

第一节 酶的概述

一、酶的概念

酶(enzyme)是生物细胞内一类高效有机催化剂。在生理条件下，作为新陈代谢基础的一切反应过程进行得很顺利，而在生物体外，同样类型的反应却必须在特殊条件下才可以进行。例如，在呼吸过程中，糖类很容易被氧化成为二氧化碳和水。而在体外欲完成同一反应，就必须把糖燃烧，或用强氧化剂氧化。当种子萌发时，淀粉水解为单糖，蛋白质水解为氨基酸，油脂水解为甘油和脂肪酸。而在体外，要想让这些物质水解就必须在酸性溶液中长时间加热。之所以如此，就是因为在生物体内存在着一类高效有机催化剂——酶。各种生化过程都是在酶的作用下进行的。

酶的功能在很久前已被人类所利用。淀粉发酵制酒、制醋、做面包，这些发酵过程在古书上都有记载，在酶学史上有很重要的位置，然而对酶的分离、提纯、化学本质及催化动力学的研究，还是19世纪以来的成就。

绝大多数酶是活细胞产生的具有催化活性的蛋白质，又称蛋白质酶[protein enzyme,

此处注意与后文的蛋白质水解酶(缩写为蛋白酶)的区别](助记小结 3-1)。酶具有蛋白质的一切典型性质。例如,酶和蛋白质都能形成大分子胶体溶液,不能透过半透膜,酶的沉降速度与蛋白质相似,可用沉降法测定其分子质量;酶和蛋白质都具有两性电解质的性质,故每种酶都有一定的等电点;酶水解后产生各种氨基酸的混合物,和蛋白质相同;有些酶也具有辅基;在多种理化因素作用下,酶也容易发生变性而失去催化活性。

近年来的实验指出:RNA 分子也可以是高活性的酶。RNA 分子不仅可以自身催化,如四膜虫的 26S rRNA 的自我剪接;也可以异体催化,如核糖核酸酶 P(ribonuclease P)的 RNA 部分可催化 tRNA 前体的加工。这种具有催化活性的 RNA 又称为核酶(ribozyme)。

为了便于讲解和理解,除了明确指示外,本书提到的"酶"特指蛋白质组成的酶。涉及核酶的内容将明确使用"核酶"一词。

二、酶的催化特点

(一)酶和一般催化剂的共性

1. 用量少而催化效率高

酶与一般催化剂一样,用量虽少但能使一个慢速反应变为快速反应。酶本身在反应前后也不发生变化。

2. 不改变化学反应的平衡点

和一般催化剂一样,酶能加快化学反应的速率,缩短达到平衡所需的时间,但不能改变反应的平衡点。这意味着一个酶对正、逆反应按同一倍数加速。考虑 A 和 B 之间互相转化。假设在没有酶的情况下,正向反应的速率 k_F 是 $10^{-4}\,s^{-1}$,而逆向反应速率 k_R 为 $10^{-6}\,s^{-1}$。平衡常数 K 可通过正、逆反应速率算出:

$$A \underset{10^{-6}s^{-1}}{\overset{10^{-4}s^{-1}}{\rightleftharpoons}} B \qquad K=\frac{[B]}{[A]}=\frac{k_F}{k_R}=\frac{10^{-4}}{10^{-6}}=100$$

无论有没有酶起作用,B 的平衡浓度为 A 的 100 倍。但没有酶时达成平衡需要几小时,而在有酶起作用的情况下,可能不到 1 s 就能达到平衡。因此,酶加速达成平衡,但并不移动平衡的位置。

3. 可降低反应的活化能

在有酶和一般催化剂参与反应时,由于催化剂能短暂地与反应物结合成过渡态,因而降低了反应所需的活化能,只要较低的能量就可使反应物进入活化状态,活化分子数大大增加,故加快了反应速率。

(二)酶作为生物催化剂的特性

1. 作用条件温和

酶是由生物细胞所产生,对周围环境很敏感,不耐高温、高压,遇强酸、强碱、重金属盐或紫外线等因素影响易失去催化活性。因此,在酶催化下的大多数反应都是在比较温和的常温、常压和接近中性条件下进行的。该特点相对简单,且蛋白质的稳定性在第一章有详细的介绍,因此,本章不再赘述。

2. 催化效率高

在相同条件下,酶的存在可以使反应的速率大大加快。然而,要把一个酶催化的反应和一个其他催化剂催化的反应,或非催化反应做定量比较,却是十分困难的。许多比较往往只能估计出一个下限。这一方面是由于它们的反应历程不同;另一方面,一些反应在酶的催化下可以顺利进行,但在没有酶存在时,其反应速率几乎难以测出。用尿素的水解反应来看,这个反应在水溶液中是一个假一级反应,在100℃时,是不受pH值影响的。其一级反应速率常数为 $4.15×10^{-5}$ s^{-1},活化能为 136.817 kJ/mol。而尿素被脲酶催化水解时在20℃,pH 8.0,其一级反应速率常数为 $3×10^4$ s^{-1},活化能为 46.024 kJ/mol。换算到非酶促反应在20℃时的一级反应速率常数应该是 $3×10^{-10}$ s^{-1},其活化能相差 92.048 kJ/mol。因此,酶促反应比非酶促反应至少要快 10^{14} 倍。一般来讲,如果催化效率用分子比表示,则酶催化反应的反应速率比非催化反应高 10^8 ~ 10^{20} 倍,若用转换数[turnover number,每秒每个酶分子能催化多少个微摩尔(μmol)的底物发生变化]表示,大部分酶为 1 000,最大的可达 100 万以上。

3. 高度专一性

酶作用的专一性(specificity)是指酶对催化底物(substrate)有严格的选择性,对催化的反应类型也有严格的规定性,即一种酶在一定条件下只能催化一种或一类结构相似的底物进行某种类型反应。和普通催化剂相比,酶的专一性较高,但在不同酶之间,仍有程度上的差别。

4. 可调控

酶的催化活性在体内受到多种因素调节控制。这是酶区别于一般催化剂的重要特征。细胞和生物机体为执行各种生理功能和适应外界条件的变化,往往需要自我调节——即通过代谢调控来达到整体的平衡与外界的统一。从根本上讲就是通过对酶的调控(包括酶活性的调节和酶合成速率的调节)来达到的。细胞内酶的调控方式是多种多样的,有的从不同水平来调节和控制酶的合成和降解;有的通过调节酶的活性,包括共价修饰、酶原激活、别构调节等多种方式。有关这方面的问题后面还要详细地讨论。高效率、专一性以及温和的作用条件使酶在生物体内新陈代谢中发挥强有力的作用,酶催化活性的调控使生命活动中各个反应得以有条不紊地进行。

三、酶作用的专一性

酶作用的高度专一性包括两个方面:对底物的专一性与对反应的专一性。一般来说,一种酶只催化一种(类)底物发生一定类型的化学反应。酶的专一性可表现为以下两种:

(一)结构专一性(非立体化学专一性)

可以从底物的化学键及键两侧的基团来考虑其结构专一性。如以 A—B 为底物,可认为它是由 3 部分组成,A、B(两个基团),以及与连接它们的键。结构专一性可根据酶对这 3 种组成部分选择程度的不同而分为两类。

1. 绝对专一性

绝对专一性(absolute specificity)是指酶对底物的键和键两侧的 A、B 基团都有绝对严格的要求,即一种酶只对一种特定的底物起催化作用,而对其他结构非常类似的底物不起作用。例如,脲酶(urease)只能催化尿素的水解:

$$O=C{<}^{NH_2}_{NH_2} + H_2O \xrightarrow{脲酶} 2NH_3 + CO_2$$

尿素

如果尿素分子上一个氨基氢被氯或甲基取代,形成结构非常类似的衍生物,它们便不会被脲酶水解。

$$O=C\begin{matrix}NH_2\\NH_2\end{matrix} \qquad O=C\begin{matrix}NH_2\\NHCl\end{matrix} \qquad O=C\begin{matrix}NH_2\\NH-CH_3\end{matrix}$$

尿素　　　　　　　　氯代尿素　　　　　　　甲基代尿素

2. 相对专一性

有些酶对底物的要求不像绝对专一性酶那样严格，这些酶能对结构上属同一类型的物质起催化作用，这种现象称为相对专一性，包括基团专一性和键专一性。当酶只需要底物分子反应键一端的基团与之相适应，则称为基团专一性（group specificity）。例如，α-葡萄糖苷酶（α-glucosidase）能水解多种α-葡萄糖苷，如麦芽糖、蔗糖等，它要求底物不仅有α-糖苷键，而且键的一端必须是α-葡萄糖残基（A），但对键另一端的配基（B）则要求不严。

还有一些酶，只要求底物分子中有适宜的化学键，而对键两端的基团 A 和 B 并无严格要求。这种专一性称为键专一性（bond specificity）。例如，脂肪酶对具有酯键（$R-\overset{O}{\underset{\|}{C}}-O-R'$）的各种底物都能水解，其他如水解糖苷键的糖苷酶、水解肽键的某些蛋白酶等。

（二）立体专一性

几乎所有的酶对底物的立体构型都有高度的选择性，即酶只能作用于底物的立体异构体中的一种，这种专一性称为立体专一性（stereospecificity），它包括旋光异构专一性和几何异构专一性两种类型。

1. 旋光异构专一性

有些酶对具有旋光异构体的底物的构型有严格的选择性。如 L-氨基酸氧化酶（amino acid oxidase）只能使 L-氨基酸氧化脱氨，对 D-氨基酸没有活性。

2. 几何异构专一性

有些酶对具有顺式和反式异构体的底物具有严格的选择性。如延胡索酸酶（fumarase）只能催化反丁烯二酸（延胡索酸）水合成为 L-苹果酸，对顺-丁烯二酸则没有催化作用。

$$\begin{matrix}H-C-COOH\\\|\\HOOC-C-H\end{matrix} + H_2O \xrightleftharpoons{\text{延胡索酸酶}} \begin{matrix}H_2C-COOH\\|\\HO-CH-COOH\end{matrix}$$

延胡索酸　　　　　　　　　　　　　　L-苹果酸

另外，酶还可以区别潜手性（prochirality）碳原子上两个从有机化学的角度认为完全等同的基团，并只催化其中一个。例如，甘油激酶可将 ATP 的磷酰基转移至甘油非 C_2 的羟基上。从有机化学的角度讲，甘油的 C_1（又称 sn-1 位）的羟基和 C_3（又称 sn-3 位）的羟基是完全相同的，但是放射性标记（^{14}C）实验证实，该酶只能将其转移到 C_3（又称 sn-3 位）上。

酶的专一性为后面将要着重研究的酶的作用机理提供了某些思考线索。酶对底物的识别能力，必然和催化过程中酶与底物某种类型的相互结合有关，而酶对底物结构方面的要求，又说明了这种相互结合必然发生在某些结构部位，使酶与底物相互适应。

酶作用的专一性在生产实践中也非常有用。例如，食品工业中用凝乳酶制乳酪、用淀粉酶糖化淀粉生产葡萄糖、用果胶酶澄清果汁、用木瓜蛋白酶澄清啤酒和嫩化肉类以及加酶洗涤剂等都是利用酶的专一性来达到制造某些产品或用以去除某些物质的目的。

四、酶的化学组成及分类

(一)酶的组成和辅因子

根据酶的组成可将酶分为单纯酶(simple protein)和结合酶(conjugated protein)两类。有些酶除了蛋白质外，不含其他物质，这类酶称为简单酶或单成分酶(单纯酶)。

有些酶分子中除含蛋白质外，还含有非蛋白质成分，称为结合酶，又称缀合酶(conjugated enzyme)。这类酶中的非蛋白质部分称为辅因子(cofactor)，而蛋白质部分称为酶蛋白(apoprotein)或脱辅酶(apoenzyme)。酶蛋白与辅因子结合后所形成的复合物称为"全酶"(holoenzyme)，即

$$全酶 = 酶蛋白 + 辅因子$$

辅因子是酶表现催化活性所必需的，当从酶分子中除去这些辅因子后，酶就不表现活性或活性很低，以全酶形式存在时，酶的活性才充分表现出来。结合酶中，酶蛋白决定反应的高效率和专一性，辅因子决定反应类型。酶的辅因子包括金属离子，如 K^+、Na^+、Mg^{2+}、Ca^{2+}、Zn^{2+}、Fe^{2+}(或 Fe^{3+})或 Mn^{2+} 等，还有很多有机化合物。人们根据这些辅因子与酶结合的紧密程度将其分为辅酶(coenzyme)和辅基(prosthetic group)。辅因子中与酶蛋白结合松弛的称为辅酶，可以通过透析或其他物理方法将其从全酶中除去；辅基与酶蛋白较牢固地结合(通常为强离子键或共价键)，不易透析除去。辅基和辅酶的区别只在于它们与酶蛋白结合的牢固程度不同，并无严格的界限。

(二)根据酶蛋白分子的特点分类

1. 单体酶

单体酶(monomeric enzyme)通常只有一个亚基，一般由一条多肽链组成，也可以是多条肽链，但是，这些肽链由二硫键共价相连(参见第一章)，相对分子质量较小(13 000~35 000)。一些催化水解反应的酶，如溶菌酶、胃蛋白酶等均是单体酶。

2. 寡聚酶

寡聚酶(oligomeric enzyme)由两个或多个亚基组成，这些亚基可以是相同的多肽链，也可以是不同的多肽链。亚基之间不是共价结合，在剧烈条件下(如 4 mol/L 尿素溶液中)或通过其他方法可把它们分开。寡聚酶的相对分子质量从几万至几百万。

3. 多酶复合体

多酶复合体(multienzyme complex)是由多种酶彼此嵌合形成的复合体。它有利于一系列反应的连续进行。这类多酶复合体相对分子质量很高，一般都在几百万以上。例如，脂肪酸合酶复合体、丙酮酸脱氢酶复合体。

第二节 酶的命名

一、习惯命名法

1961 年以前使用的酶的名称都是习惯沿用的，称为习惯名，习惯命名的原则是：

①绝大多数酶依据其底物来命名，如催化水解淀粉的酶称为淀粉酶，催化水解蛋白质

的酶称为蛋白酶。

②某些酶是根据其所催化的反应性质来命名，如催化氧化反应的酶称为氧化酶、脱氢酶；催化基团转移的酶称为转移酶，如转氨酶。

③有的酶结合上述两个原则来命名，如琥珀酸脱氢酶是催化琥珀酸脱氢反应的酶。

④在这些命名的基础上有时还加上酶的来源或酶的其他特点，如胃蛋白酶（pepsin）及胰蛋白酶（trypsin）、碱性磷酸酯酶（alkaline phosphatase）和酸性磷酸酯酶（acid phosphatase）等。

习惯命名较简单，应用历史较长，但缺乏系统性，有时出现一酶数名或一名数酶的情况。为了避免命名的重复及适应酶学的发展，1955年，国际生物化学大会（International Congress of Biochemistry）设立了酶学委员会（Enzyme Commission，EC），开始制定酶的命名法。

二、国际系统命名法

按照国际系统命名法原则，每一个酶有一个系统名称和习惯名称。习惯名称通常简单，便于应用。系统名称（systematic name）应当明确标明酶的底物及催化反应的类型。如果一个酶催化两个底物起反应，应在其系统命名中包括两种底物的名，并以":"将两者分开。如草酸氧化酶（oxalate oxidase，习惯名称）写出系统名称时，应将它的两个底物"草酸"与"氧"同时列出，它所催化反应的性质为"氧化"，也需指明，所以，它的系统名称为草酸：氧氧化还原酶（oxalate：oxygen oxidoreductase）。如果底物之一是水，可省略水。这种系统命名法原则是相当严格的，一种酶只能有一种名称。酶的命名英文单词后缀都是"ase"。

在国际科学文献中，为严格起见，一般使用酶的系统名称，但是某些系统名称太长，为了方便起见，有时仍使用酶的习惯名称。

三、EC编号

1961年，酶学委员会提出了一个以编号为基础的精确命名和分类体系。经过多年的更新，国际生物化学与分子生物学联盟（The International Union of Biochemistry and Molecular Biology，IUBMB）于1992年发布了第六版命名系统，将所有的酶按催化反应的性质分为六大类，并沿用至今。期间进行了多次修订。最新的一次修订是2018年，新增了第七类酶。这七大类酶分别用1，2，3，4，5，6和7的编号表示。再根据底物中被作用基团或键的特点将每一大类分为若干亚类，每一亚类也按照1，2，3，4……顺序进行编号。每一亚类又可分为若干亚亚类，也编成1，2，3，4……顺序号。最后，每个酶还有一个在亚亚类中的顺序号。因而，根据这一方案，每个酶的分类编号都由4个阿拉伯数字组成，数字间用点隔开，四位分类号前添加EC（Enzyme Commission的首字母缩写）。例如，乳酸脱氢酶（lactate dehydrogenase，LDH，EC 1.1.1.27）催化下列反应：

$$\underset{\text{乳酸}}{\begin{array}{c}CH_3\\|\\CHOH\\|\\COOH\end{array}} + NAD^+ \rightleftharpoons \underset{\text{丙酮酸}}{\begin{array}{c}CH_3\\|\\C=O\\|\\COOH\end{array}} + NADH + H^+$$

其编号可解释如下：

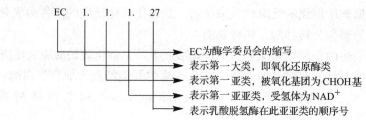

现将七大类介绍如下：

1. 氧化还原酶类（oxidoreductases）

此类酶催化底物的氧化还原反应：

$$AH_2 + B \rightleftharpoons A + BH_2$$

式中，AH_2 为供氢体，B 为受氢体，A 和 AH_2，B 和 BH_2 是两个氧化还原电对。如过氧化氢酶（EC 1.11.1.6）几乎存在于所有动植物细胞和微生物中，催化 H_2O_2 歧化为 H_2O 和 O_2 的反应。由于过氧化氢酶的存在，可防止有毒性的 H_2O_2 在生物细胞内的聚集。

$$2H_2O_2 \xrightarrow{\text{过氧化氢酶}} 2H_2O + O_2$$

人体分解乙醇的乙醇脱氢酶和乙醛脱氢酶都属于氧化还原酶类（扩展阅读：知识窗 3-1）。

2. 转移酶类（transferases）

这类酶催化底物分子中功能基团（如磷酸基、氨基、甲基、羟甲基、酰基等）的转移反应，例如，丙氨酸：α-酮戊二酸氨基转移酶（EC 2.6.1.2），习惯名称为谷丙转氨酶（glutamic-pyruvic transaminase）。它催化的反应如下：

$$\text{谷氨酸} + \text{丙酮酸} \xrightleftharpoons{\text{谷丙转氨酶}} \alpha\text{-酮戊二酸} + \text{丙氨酸}$$

3. 水解酶类（hydrolases）

这类酶催化底物的水解反应。根据水解的键的类型不同，可分为 11 个亚类，其中最常见的主要是作用于酯键、糖苷键、肽键的酶，如水解酯键的酯酶类，水解肽键的蛋白酶或肽酶，水解糖苷键的糖苷酶类。水解反应表示如下：

$$AB + H_2O \rightleftharpoons AOH + BH$$

4. 裂合酶类（lyases）

这类酶催化从底物上移去一个基团而形成双键的反应或其逆反应。根据裂合的键不同，这类酶分为 5 个亚类，其中最常见的为 C—C、C—O、C—N 键裂合酶亚类。这类酶包括醛缩酶（aldolase）、水合酶（hydratase）及氨裂合酶（ammonia lyase）等。

例如，二磷酸酮糖裂合酶（EC 4.1.2.3）习惯名为醛缩酶，催化如下反应：

果糖-1,6-二磷酸 $\xrightleftharpoons{\text{醛缩酶}}$ 磷酸二羟丙酮 + 甘油醛-3-磷酸

醛缩酶在糖代谢中起着重要作用。

5. 异构酶类(isomerases)

这类酶催化各种同分异构体的相互转变,包括消旋酶类(racemase)、差向异构酶(epimerase)、顺反异构酶(*cis-trans*-isomerase)和变位酶(mutase, intramolecular transferase)等。如:

$$\begin{array}{c}CH_2OPO_3H_2\\|\\C=O\\|\\CH_2OH\end{array} \underset{}{\overset{\text{磷酸丙糖异构酶}}{\rightleftharpoons}} \begin{array}{c}CH_2OPO_3H_2\\|\\CHOH\\|\\CHO\end{array}$$

磷酸二羟丙酮　　　　　　甘油醛-3-磷酸

葡萄糖-6-磷酸 $\overset{\text{磷酸葡萄糖变位酶}}{\rightleftharpoons}$ 葡萄糖-1-磷酸

6. 连接酶类(ligases)

这类酶催化一切必须与供能反应相偶联,并由两个底物分子合成一种物质的反应,如丙酮酸羧化酶(pyruvate carboxylase, EC 6.4.1.1)催化的反应如下:

$$\begin{array}{c}CH_3\\|\\C=O\\|\\COOH\end{array} + CO_2 + ATP \xrightarrow{\text{羧化酶}} \begin{array}{c}COOH\\|\\CH_2\\|\\C=O\\|\\COOH\end{array} + ADP + Pi$$

丙酮酸　　　　　　　　　草酰乙酸

这类酶催化的合成反应中,最常见的是 ATP 供出能量而推动反应进行。

7. 易位酶类(translocases)

易位酶是催化离子或分子跨膜运转或细胞膜内易位的酶。

$$AX + B_{面1} \longrightarrow A + X + B_{面2}$$

易位酶区别于其他蛋白载体的关键是离子或分子易位过程一定要有酶促反应发生,如 Na^+/K^+-ATP 酶(Na^+/K^+-ATPase, 旧称 Na^+/K^+-泵, EC 7.2.2.13)(参见第四章)催化的反应:

$$ATP + H_2O + Na^+_{面1} + K^+_{面2} \rightleftharpoons ADP + Pi + Na^+_{面2} + K^+_{面1}$$

第三节　酶的作用机理

在这一节里,主要研究酶促反应的化学历程,包括酶和底物以某种形式的相互作用,以及在酶的影响下,底物分子旧键的断裂与新键形成的机理和酶促反应活化能的降低,从而阐明酶促化学反应的本质。

一、酶的活性中心

酶是大分子化合物，当酶与底物结合时，并非整个酶分子都与底物结合，而是通过酶分子上的某些活性基团或活性部位与底物相作用。这些与底物结合并与催化反应直接有关的区域，称为酶的活性中心(active center)。

活性中心不仅决定了酶的专一性，而且对酶的催化性质起决定性作用。实际上，活性中心包括两部分：一是直接与底物结合的部分，称为结合部位(binding site)；二是直接参与催化反应的部分，称为催化部位(catalytic site)。两者对酶的催化活性都是必不可少的，前者决定酶的专一性，后者决定酶的催化能力。酶分子的催化部位一般只由 2~3 个氨基酸残基组成，而结合部位的残基数却因酶而异，可能只有一个，也可能是多个。酶活性中心有的氨基酸残基同时兼有上述两种作用。

组成酶活性中心的氨基酸残基可能在线性顺序(一级结构，参见第一章)上相距很远，也可能存在于不同肽链上，但是通过蛋白质高级结构，使这些处于不同部位的基团在空间上接近，形成一个与底物作用的适宜部位。这可能就是维持完整构象对酶的催化活力具有重要意义的原因。例如，核糖核酸酶是由 124 个氨基酸残基组成的单链蛋白质，相对分子质量 13 800，链内四处由二硫键连接，并通过其他次级键使分子形成多次折绕的三级结构，这对维持该酶的活力是必不可少的。进一步研究证明，分子中 12 位和 119 位两个组氨酸残基与催化活性有密切关系，是组成活性中心的关键基团。这两个残基由于肽链多方折绕，在空间上非常接近，两个咪唑基相距仅约 0.5 nm，构成一种夹攻底物的形势。另外，41 号的赖氨酸残基带着 $\varepsilon\text{-NH}_2$ 基，位于这两个组氨酸残基的上面，它与底物核糖核酸分子上带负电荷的磷酸基形成盐键，对酶-底物复合物的形成起稳定作用。这种酶的活性中心及其与底物的作用方式如图 3-1 所示。

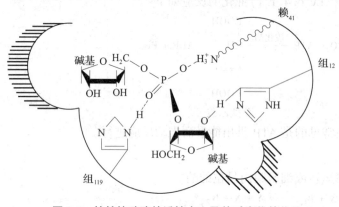

图 3-1 核糖核酸酶的活性中心及其对底物的作用

酶催化活性必不可少的基团称为必需基团(essential group)。活性中心中的必需基团有参与催化作用的催化基团和参与底物结合的结合基团。活性中心外也有必需基团，它们的主要功能是维持酶正常的空间结构。

二、酶与底物分子的结合

(一) 过渡态中间产物学说

目前普遍认为，酶发生催化作用时，首先是酶分子上的活性基团和底物相结合，形成一种不稳定的酶-底物复合物(或中间产物，reaction intermediate)，最后再分解成酶与最终产物，此过程称为中间产物学说。如果用 S 代表底物，E 代表酶，ES 和 EP 表示中间产物，P 代表最终产物，则这一过程可以表示如下：

$$E + S \rightleftharpoons ES \longrightarrow EP \longrightarrow E + P$$

即在中间产物状态下实现底物到产物的变化。中间产物存在时间非常短，约 10^{-13} s。中间产物学说基本体现了酶和底物在反应过程中的结合事实，但是无法表征在这个结合过程中活化能的降低以及酶和底物的结合细节。因此，人们不断研究并提出新的学说。

酶反应的过渡态学说认为，酶催化的反应和一般化学反应一样，也必须经过一个过渡态阶段。酶活性中心某些功能氨基酸残基和底物通过氢键、离子键、静电力等非共价键相互作用，迫使底物分子某些敏感键（旧键）极化、扭曲、形变而削弱，使底物仅需比非酶反应少得多的能量即可形成活化的中间物 ES，并达到不稳定过渡态（transition state，比如 ES^*），进而导致旧键断裂、新键形成而转化为 EP，最后分解释放出产物和游离酶。

可见，酶作用的实质在于降低反应活化能，因而为反应提供一条能障较低的反应途径，极大地加快了反应速率。其过程可用下式表示：

$$S + E \rightleftharpoons ES \rightleftharpoons ES^* \rightleftharpoons EP \longrightarrow P + E$$

式中，ES 是酶-底物中间复合物；ES^* 是酶-底物过渡态中间物；EP 是酶-产物中间复合物。

（二）诱导契合学说

上面已介绍酶的活性中心是由结合基团和催化基团按照一定的三维结构组成的活性结构。也就是说酶的活性不仅需要这两类基团，还要求这些基团之间有一定的构象以确保其能与底物结合，才能说是活性结构。酶和底物结合的专一性是由于酶的活性部位具有一定的大小和几何形状。

当底物大小不当或几何形状不合适时，都不能与酶的活性部位结合。

即使底物大小和形状合适，可以进入酶的活性中心部位，但还要求活性部位的基团和底物上的基团之间有相互作用力（如离子间的静电引力、分子间的氢键、范德华力以及疏水作用力等）。没有这种力的相互作用，酶要么不能与底物结合，要么即使结合也很松弛，无法进一步反应。

另外，还要求酶分子的催化基团与催化底物的键或基团之间位置配合适当，这样催化反应才能进行。

早年曾以锁与钥匙学说（lock and key theory, Emil Fischer, 1894）来解释酶作用的专一性，认为底物分子像钥匙那样专一性地楔入酶分子的活性中心部位，二者是互补关系，但这种假说过于简单和机械。根据研究，发现在酶和底物的结合过程中，酶活性中心本身的构象要发生变化，使酶和底物能形成较稳定的络合物。这种构象变化是酶的一种普遍性质，因此，1958 年 Daniel Koshland 提出了用"诱导契合"来解释酶作用的专一性。该学说认为酶活性中心的结构有一定的灵活性，在酶和底物接触之前，酶和底物并不是完全契合的。当底物（或激活剂、抑制剂）与酶分子非常接近时，酶分子受到底物分子的诱导作用，酶蛋白的构象发生了有利于与底物结合的变化，使反应所需的催化基团和结合基团正确地排列和定向；同时，底物分子也要发生构象的变化，这样才能使酶和底物完全契合，从而使酶促反应高效地进行。图 3-2 是"诱导契合"模式图，能较好地说明酶的作用方式。现已知，这种方式普遍存在于酶与底物的结合过程，因而称为诱导契合学说（induced fit theory）。

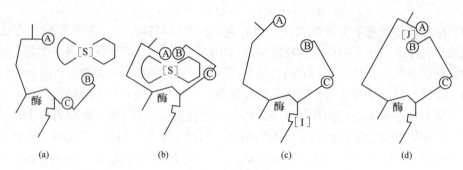

图 3-2 "诱导契合"模式图

Ⓐ和Ⓑ为酶分子的催化基团；Ⓒ为酶分子上的结合基团；[S]为底物；[J]为激活剂；[I]为抑制剂(a)酶蛋白活性中心原有构象和底物；(b)底物引入后，酶蛋白构象改变，使催化基团Ⓐ和Ⓑ并列，有利于Ⓒ与底物结合；(c)抑制剂引起酶分子构象改变，使Ⓒ固定，底物失去酶分子上Ⓐ和Ⓑ的协调而不能与酶络合，酶活性抑制；(d)当有激活剂时，酶与底物络合的自由能更低，因此催化效率更高

三、酶的三大基元反应

酶的催化过程是由一些基元反应(elementary reaction)组成的。基元反应又称简单反应，即由底物直接转化为产物的一步反应，在反应过程中最多仅有一种过渡态。酶催化时，酶活性中心的关键基团与底物特定基团间的基元反应包括共价催化、酸碱催化和金属离子催化。但是，这些基元催化反应在酶的作用过程中又有其独特之处。

1. 共价催化(covalent catalysis)

共价催化是指酶与底物形成一个活性很高的共价中间物，这个中间物很容易变成过渡态。因此，反应活化能大大降低，使底物能迅速转变为产物。

共价催化包括亲核催化和亲电催化两类，而在酶促反应中最常发生的是亲核催化。它是由酶分子的亲核基团(nucleophilic group)对底物催化的反应。亲核基团是含有孤对电子的基团或原子，可以提供电子。因此，它们能对底物分子中缺少电子的原子[如脂肪酰中羰基的碳原子 ($\overset{\oplus}{C}=\overset{\ominus}{C}$) 和磷酸基中的磷原子 ($-O-\overset{\overset{O^-}{|}}{\underset{\underset{O}{|}}{\overset{\oplus}{P}}}-O^-$) 等]进行亲核攻击，通过共用电子而形成共价结合的中间产物。酶分子中常见的3类亲核基团分别是组氨酸的咪唑基、半胱氨酸的巯基和丝氨酸或苏氨酸的羟基。这些基团都具有孤对电子，可作为电子供体和底物的亲电基团共价结合。

组氨酸的咪唑基　　半胱氨酸的巯基　　丝氨酸的羟基

此外，许多辅酶中也存在亲核中心，如以焦磷酸硫胺素为辅酶的一些酶、含辅酶 A 的一些脂质降解酶等。

亲电催化是由亲电基团（electrophilic group）催化的反应。和亲核基团相反，亲电基团包含可以接受电子的原子或基团。最典型的亲电基团就是 H^+。此外，还有 Mg^{2+}、Mn^{2+}、Fe^{3+} 以及酪氨酸的—OH 和—$\overset{+}{N}H_3$ 等。

共价催化在酶催化的反应中占有重要地位，有许多酶都有这种催化机制。表 3-1 列出了一些以共价催化进行反应的酶。

表 3-1 形成共价 ES 复合物的某些酶

酶	ES 复合物中酶和底物的连接方式	酶	ES 复合物中酶和底物的连接方式
丝氨酸类（—OH 结合）：		组氨酸类（咪唑基结合）：	
乙酰胆碱酯酶	酰基	琥珀酰-CoA 合成酶	磷酸-组氨酸
胰蛋白酶	酰基-丝氨酸	磷酸葡萄糖变位酶	磷酸-组氨酸
胰凝乳蛋白酶	酰基-丝氨酸	赖氨酸类（氨基结合）：	
弹性蛋白酶	酰基-丝氨酸	醛缩酶	希夫碱
半胱氨酸类（—SH 结合）：		转醛酶	希夫碱
甘油醛 3-磷酸脱氢酶	酰基-半胱氨酸	D-氨基酸氧化酶	希夫碱
木瓜酶	酰基-半胱氨酸		
乙酰-CoA 转移酶	酰基-半胱氨酸		

2. 酸碱催化（acid-base catalysis）

酸和碱是化学反应中最常用的催化剂。由于生物体的酶促反应大多是在接近中性的环境下进行的，因此，狭义的酸碱催化剂（specific acid-base catalyst），在酶促反应中的重要性是比较有限的。然而，广义的酸碱催化剂（general acid-base catalyst）在酶促反应中却占有重要的地位。什么是广义酸碱？按照布朗斯特－劳里酸碱理论（Brönsted-Lowry acid-base theory，又称酸碱质子理论），凡是能释放质子的都是酸，能接受质子的都是碱。发生在细胞内的许多生化反应，都是受广义酸碱催化的，如将水加在羰基上，羧酸酯及磷酸酯的水解，各种分子重排以及许多取代反应等。

酶分子中可以起广义酸碱催化的基团有：羟基、氨基、巯基、酚羟基及咪唑基等，这些基团既可作为质子供体，又可作为质子受体（表 3-2）。它们的存在为在近于中性的 pH 值条件下进行催化创造了有利的条件。

在上述广义酸碱基团中，组氨酸的咪唑基具有特别重要的意义，它不仅是一个很强的亲核基团，而且是一个有效的广义酸碱功能基团。主要体现在两个方面：一方面，咪唑基的 pK 值为 5.6~7.0，这就是说，在接近中性的生理条件下，它有一半以广义酸的形式存在，另一半以广义碱的形式存在，因而它既能作为一个质子供体，又能作为一个质子受体，有效地进行酸碱催化。另一方面，咪唑基供出和接受质子的速率也很快，其半衰期小于 0.1 ns。正是由于这些特点，所以许多酶的活性中心组成中都有组氨酸残基。

表 3-2　酶分子中可作为广义酸碱的功能基团

广义酸基团（质子供体）	广义碱基团（质子受体）
—COOH	—COO⁻
—NH₃⁺	—NH₂
—SH	—S⁻
—⟨⟩—OH	—⟨⟩—O⁻
咪唑基（质子化）	咪唑基

酸碱催化在酶反应中的例子不少，如溶菌酶（lysozyme）、胰凝乳蛋白酶（chymotrypsin）和胰核糖核酸酶（pancreatic ribonuclease）等都是很有代表性的。

3. 金属离子催化作用

已知的酶中，约有 1/3 的催化活性离不开金属离子。通常根据金属离子和蛋白质的结合作用大小，将其分为金属酶和金属激活酶。金属酶（metalloenzyme）与金属离子结合紧密，这些金属离子主要是过渡金属，如 Zn^{2+}、Fe^{2+}（Fe^{3+}）、Cu^{2+}、Mn^{2+} 或 Co^{3+} 等。金属激活酶（metal-activated enzyme）与金属离子的结合比较松散，主要涉及碱金属或碱土金属，比如 Na^+、K^+、Ca^{2+} 或 Mg^{2+} 等。

金属离子参与酶促反应主要有如下几种形式：

（1）电荷屏蔽作用

电荷屏蔽作用是酶中金属离子的一个重要功能。多种激酶（如磷酸转移酶）的底物是 Mg^{2+} 和 ATP 的复合物 Mg-ATP（参见第五章图 5-1）。Mg-ATP 中 Mg^{2+} 的作用是静电屏蔽磷酸基的负电荷。否则，这些负电荷将会对亲核试剂特别是负离子的亲核进攻产生排斥作用。

（2）定向作用

通过与金属离子的结合，可以使底物按正确的方向与酶的活性中心结合，保证反应的进行。还是上述 Mg-ATP 的案例，Mg^{2+} 的结合不仅能够减弱 ATP 负电荷的排斥作用，还能保障其按特定方向与底物的结合。

（3）电子传递中间体

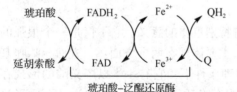

图 3-3　铁离子在琥珀酸-泛醌还原酶中的作用

许多氧化还原酶中都含有可以传递电子的离子，如铜或铁离子，它们作为酶的辅因子起着传递电子的功能。例如，线粒体呼吸链琥珀酸脱氢酶中铁硫中心的铁离子（图 3-3）。

当然，金属离子的作用机制非常复杂，远不止上述的几种原理。例如，金属离子还可以和水分子的 OH^- 结合，这种结合作用使其比自由水显示更大的酸性。同时，这种 OH^- 也是一种重要的亲核试剂。碳酸酐酶（carbonic anhydrase）是一种重要的金属酶，它催化二氧化碳转变成碳酸根的反应过程如下：

$$CO_2 + H_2O \rightleftharpoons HCO_3^- + H^+$$

碳酸酐酶的晶体结构显示，酶所含的 Zn^{2+} 是一个四面体配位结构，与3个组氨酸的咪唑环及一个水分子结合。由于 Zn^{2+} 使水发生极化作用，并对 CO_2 亲核进攻形成 HCO_3^-。

$$\text{His—Zn}^{2+}\text{—O}^-\text{+ C} \begin{matrix} O \\ \parallel \\ O \end{matrix} \rightleftharpoons \text{His—Zn}^{2+}\text{—O—C} \begin{matrix} O \\ \parallel \\ O^- \end{matrix} \xrightarrow{H_2O} \text{His—Zn}^{2+}\text{—O}^- + H^+ + HCO_3^-$$

四、反应活化能与降低反应活化能的因素

(一) 反应活化能

酶促反应的特点之一是具有高效催化性。这种高效性为什么会产生？对这个问题的阐明将大大有助于对酶促反应本质的了解。任何一个化学反应总是伴随着一些键的断裂和另一些键的形成。介于旧键断裂和新键形成的中间状态叫作过渡态（transition state）（即活化态 ES^*）。根据化学反应理论，一种化学反应的发生，反应物分子必须具有一定水平的能量，使分子处于活化状态，只有当活化分子发生碰撞时，才可能导致反应的发生。因此，活化分子之间的碰撞称为有效碰撞（effective collision）。为了使反应能够进行，就需要使分子活化，克服该反应的"能障"（energy barrier）或"能阈"，使分子过渡到过渡态，才能使反应物转变为产物。在一定温度下，具有平均能量水平的分子称为基态（ground state，有时称为"初态"）分子。由基态分子转变为活化分子必须获得的那部分额外能量就叫活化能（activation energy），其严格的定义为：在一定温度下将 1 mol 底物全部进入活化态所需要的自由能（free energy），单位是焦耳/摩尔（J/mol）（图 3-4）。每个反应都有其特定的活化能值。这个数值就称为该反应的"能障"或"能阈"。

显然，化学反应中需要的活化能越高，反应就越难进行，反应速率也就越慢（在相同条件下）；相反，活化能越低，反应越容易进行，在相同条件下，反应速率也越快。

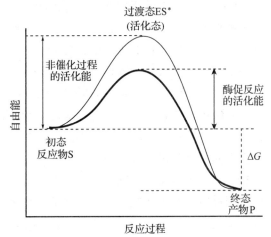

图 3-4 非催化过程及催化过程自由能的变化

欲加速化学反应有两种方法可供选择：一种方法是向反应系统中加入一定能量，如照光、加热等，以增加进入过渡态的分子数目，促进反应的进行；另一种方法是靠加入适当催化剂，以提高反应速率。催化剂的作用在于能降低反应活化能，使反应沿着一种新的、活化能阈较低的途径迅速进行。酶促反应能在常态下高速进行，正是由于酶能通过某种方式大大降低反应的活化能，使之较易达到过渡态，结果使更多分子参加反应。这一结论可以从下面几个比较数值中得到证实（表 3-3）。

表 3-3　活化能的比较

反应	催化剂	活化能/(kJ/mol)	反应	催化剂	活化能/(kJ/mol)
	无	75.4		无	1 339.8
H_2O_2 的分解	液态钯	48.9	蔗糖的转化	H^+	104.7
	过氧化氢酶(肝)	8.4		蔗糖酶	39.4

活化能值可用阿伦尼乌斯方程(Arrhenius equation)求出：

$$2.3 \lg K = \lg A - \frac{E_a}{RT}$$

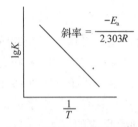

图 3-5　活化能的图解计数法

式中，A 是阿伦尼乌斯常数，单位与 K 相同；K 是反应速率常数；E_a 是活化能；R 是气体常数；T 是绝对温度。如果以酶促反应速率(V)的对数($\lg K$)对 $\frac{1}{T}$ 作图，所得曲线即为酶活性的阿伦尼乌斯图，从曲线的斜率可算出该酶促反应的活化能(图 3-5)。

酶究竟通过什么方式来降低反应的活化能？这是下面着重研究的问题。

(二)降低反应活化能的因素

酶促反应可降低活化能，这是由酶分子的特殊结构不仅为酶的催化提供各种功能基团和为酶形成特定的活性中心，而且能将这些功能基团定向和靠近到适宜的有效位置。在酶和底物结合成中间物的过程中，使分子间的催化反应变为活化能低的分子内的催化反应。与该过程有关的有如下因素：

1. 邻近效应(proximity effect)和定向效应(orientation effect)

这两种效应是指在酶和底物形成中间复合物的过程中，底物分子从稀溶液中密集到活性中心区，使得有效浓度大幅提高(邻近效应)；另外，活性中心的催化基团与底物的反应基团之间的排列被正确定向(定向效应)。这两种效应的作用下，使底物的反应从分子间反应转变为分子内反应，这显然要比在稀溶液中仅依靠双分子随机碰撞的反应有利得多，从而实现反应速率的加快。通常情况下，要想让溶液中的有效碰撞达到酶促反应的效率，其底物浓度要达到 $10^3 \sim 10^8$ mol/L，而如此高的浓度是不现实的，如纯水的浓度也仅仅才 55 mol/L。Michael I. Page 和 William P. Jencks 认为，两种效应在双分子反应中分别能够提升至少 10^4 倍的效果，如果两者共同作用，可使反应效率提升 10^8 倍。

2. 底物分子敏感键"扭曲变形"(distortion)

酶和底物的结合，不仅酶分子发生构象变化，同样底物分子也会发生扭曲变形。这是由于酶和底物结合后，一部分结合能使底物分子的某些键的键能减弱，产生键扭变，即酶中的某些基团或离子可以使底物分子内敏感键中的电子云密度增高或降低，产生"电子张力"，使敏感键中的一端更加敏感，有助于过渡态的形成，降低反应的活化能，使反应速率大大加快。

由酶和底物结合导致底物变形扭曲的例子不少，如溶菌酶和底物结合时能引起 D-糖环构象的改变，从椅式变成半椅式；磷酸二羟丙酮和磷酸丙糖异构酶结合时的变形状态已被 X-射线衍射结果证实。

3. 多元催化和协同效应

酶的活性中心部位往往含有多个起催化作用的基团，这些基团在空间上有特殊的排列和取向，可以对底物敏感键的形变、极化，以及调整底物基团的位置等起到协同作用，从而使底物达到最佳反应状态。在实际催化时，用到的基元反应也不限于一种，如胰凝乳蛋白酶催化蛋白降解时，活性中心的3个氨基酸 Asp_{102}、His_{57} 和 Ser_{195} 互相配合，可以同时用到共价催化、酸碱催化，是一种多元催化反应。再如，核糖核酸酶在水解底物时，His_{12} 起着广义碱的作用，从核糖2′羟基上接受一个质子，而 His_{119} 反而是广义酸，与磷酸的氧形成氢键。这种多元催化的协同作用也是酶促反应效率提高的重要因素之一。

4. 疏水微环境的影响

在酶分子上存在着极性不同的微环境。蛋白质空间结构研究表明，酶活性中心是位于酶分子的裂缝中，这些裂缝能够提供一个疏水的微环境，或者说是一个低介电常数(dielectric constant)区域。这对于酶促反应的顺利进行是非常有利的，因为在低介电常数的介质中，电荷间的作用力比在高介电常数的介质中要强得多。这就使底物分子中的敏感键和酶的催化基团之间有较强的作用力，从而有利于酶促反应的顺利进行。

五、酶促反应实例：羧肽酶 A

羧肽酶 A(carboxypeptidase A)是一个具有307个氨基酸残基的单链蛋白质，其中紧密地结合着一个 Zn^{2+}，因此属于金属酶。Zn^{2+} 处在接近于酶表面的裂缝中。在此处，两个组氨酸侧链、一个谷氨酸侧链和一分子水形成了一个四面体，Zn^{2+} 离子就处在这个四面体之中，与 His_{156}、His_{69}、Glu_{72} 以配位键相连。离 Zn^{2+} 不远处的空间允许底物末端的侧链伸入(图3-6)。

羧肽酶是一个外肽酶，它催化肽链 C-末端的肽键水解(参见第九章)。该酶不能水解C-末端的精氨酸、赖氨酸和脯氨酸，对其他氨基酸均能作用，尤其对芳香族和分支烷烃链的氨基酸，如酪氨酸、色氨酸、苯丙氨酸、亮氨酸和异亮氨酸等最为高效。为了详细了解羧肽酶的作用过程，人们曾选用了一个作用很慢的底物(称为"钝化底物")——甘氨酰酪氨酸(glycyltyrosine，一种二肽)进行研究。发现当此底物与酶结合时，它可楔入酶的裂缝中，裂缝顶部还有一个口袋，可以接受该二肽 C-末端酪氨酸的 R 基，酶的 Tyr_{248}、Arg_{145}、Glu_{270} 及 Zn^{2+} 将底物分子适当地定位于活性中心中(图3-6)。

1. 底物的结合与酶构象的改变

在底物的诱导下，酶活性中心的结构发生巨大的改变。底物的"靠近"及"定向"效应十分显著。

底物结合的过程分5步进行：第一步，羧肽酶 A 侧链中 Arg_{145} 上的正电荷与底物甘氨酰酪氨酸上的负电荷发生静电吸引作用(图3-6)；第二步，底物的酪氨酸残基进入酶的非极性口袋中；第三步，底物中待反应的敏感肽键的—NH 基上的 N 与酶中 Tyr_{248} 的羟基氧形成氢键；第四步，底物敏感肽键上羰基中的氧与 Zn^{2+} 配位；第五步，底物的末端氨基通过一个水分子与酶中 Glu_{270} 的侧链形成氢键。

羧肽酶 A 与甘氨酰酪氨酸的整个结合过程，必须通过酶活性中心的彻底重排才能实

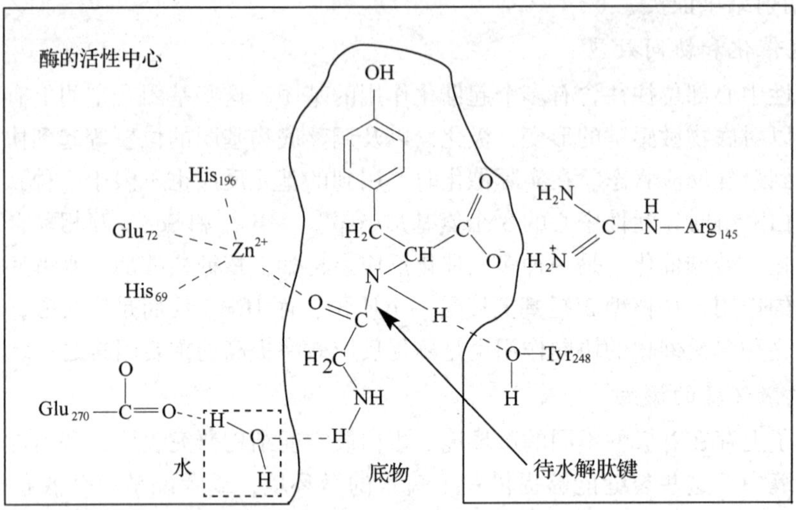

图 3-6 甘氨酰酪氨酸结合到羧肽酶 A 活性部位上的示意图

现。首先，结合底物时 Arg_{145} 的胍基和 Glu_{270} 的羧基都移动了 0.2 nm；其次，底物羧基将结合在 Zn^{2+} 离子上的水分子推开，自身结合到 Zn^{2+} 离子上；最后，当底物的酪氨酸残基结合到酶上时，至少还从非极性的口袋中推走了另外 4 个水分子。除此之外，最重要的是发生了重大的构象改变，Tyr_{248} 的酚羟基一下移动了 1.2 nm（图 3-7），这个距离大约相当于整个蛋白质分子直径(5 nm)的 1/4。

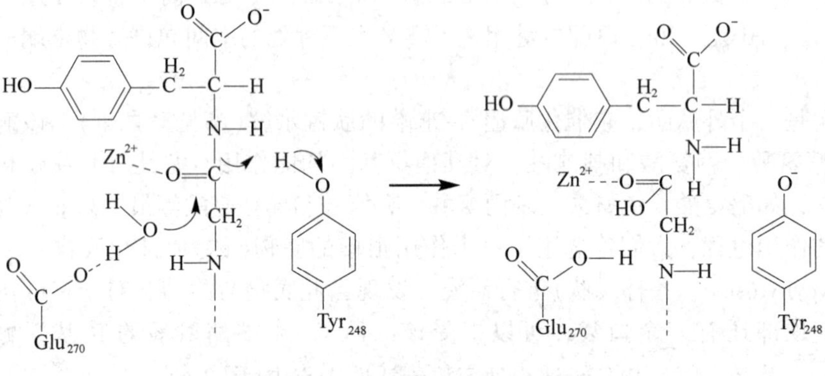

图 3-7 羧肽酶 A 电子张力机理

这个结构改变可能是从 Arg_{145} 结合到底物末端的羧基上开始的，这样一来，Tyr_{248} 的羟基从酶的表面移动到底物肽键附近，如此引起的重要结果是：关闭了活性中心的凹道，并且活性中心从充满水的状态转变为疏水区。

酶的 Glu_{270} 使底物的敏感肽键发生电子张力(electronic tension)，结果使敏感肽键变得极易断裂。

2. 酶催化机制

Zn^{2+} 在电子张力机理中起到使敏感肽键产生电子张力的作用。酶与底物靠近后，底物的敏感肽键指向酶的 Zn^{2+}，由 Zn^{2+} 的作用，使底物羰基碳原子的电子云密度降低而呈正电性。换言之，非极性区的 Zn^{2+} 使敏感肽键的诱导偶极增强，从而使该肽键中的羰基比别处的羰基更为极化，因而增加了此羰基碳原子的有效电荷。结果使得该羰基碳原子在亲核攻击下更加脆弱。同时，Glu_{270} 负电荷靠近肽键也使底物敏感肽键羰基的偶极矩加大，但并不抵消电子张力的作用。这样，Zn^{2+} 在底物中造成的电子张力就大大地促进了底物的水解过程。

受 Glu_{270} 激活的水分子释放出 OH^-，直接攻击底物敏感肽键的羰基，与此同时，Tyr_{248} 供出一个质子。这样，底物的肽键被直接水解，如图 3-7 所示。

从羧肽酶作用机理的研究中还发现，如果底物有末端羧基，就能与 Arg_{145} 的正离子基团形成盐键，触发 Tyr_{248} 移到酶活性中心，如果底物没有末端羧基，那么就不发生这种移动，酶则不表现活性。因此认为底物与酶的诱导契合是一个互相识别的动态过程。在这个过程中发生活性中心的重排，从而使底物有可能被酶的功能基团包围，进行酶的催化反应。

第四节　影响酶促反应速率的因素

了解生物体中酶促反应的速率问题是非常重要的。在活细胞中一个合成反应必须以足够快的速率满足细胞对反应产物的需要，而且有毒的代谢产物也必须以足够快的速率被排除，以免积累到损伤细胞的水平。若需要的物质不能以足够的速率提供，而有害的代谢产物又不能以足够的速率排走，势必将造成代谢的紊乱。因此，研究酶促反应的速率，既可阐明酶反应本身的性质，又可了解生物体的正常的和异常的新陈代谢。

酶促反应是很复杂的，它的反应速率受底物浓度、酶本身的浓度、介质的 pH 值以及温度等多种因素的影响，下面分别进行讨论。

一、反应速率与酶活力，酶的活力单位和酶的比活力

在了解酶促反应影响因素之前，我们必须了解酶促反应速率的描述方式。

(一) 反应速率与酶活力

酶促反应速率可以用单位时间内底物的减少量或产物的增加量表示。以产物浓度[P]对反应时间(t)作图，得到酶促反应速率曲线(图3-8)。由此可见，产物的增长速率(即反应速率)并非一成不变。反应发生初期($t_初$)，产物浓度与反应时间呈正比，反应速率不变，称此时的反应速率为初速率($v_初$)。在这个阶段，底物浓度[S]远大于酶浓度[E]，酶的活性中心达到饱和，反应处于米氏方程的零级反应，即反应速率为最大反应速率(V_{max})阶段。因此，图中的斜率就是反应速率，是一个稳定值。

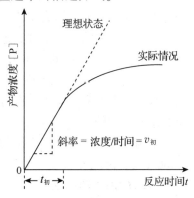

图 3-8　酶促反应速率曲线

随着反应的进行，产物的积累速率趋缓，即反应速率呈减慢趋势。这是因为酶促反应受到了干扰，如底物浓度的减少、产物浓度的增加对酶产生了抑制、酶在反应体系中部分失活等均能引起反应速率的下降。

酶活力(enzyme activity)是指酶催化一定化学反应的能力，也称为酶活性。其大小可用

一定条件下的酶促反应速率来表征，反应速率越快，酶活力越高；反之亦然。它的单位是浓度/时间，常用(μmol/min)来表示。用$v_{初}$表征酶活力更准确。

(二) 酶活力测定的一般原则

无论是酶学性质研究，还是酶的分离纯化，或是酶的实际应用，均离不开酶活力的测定。一般测定单位时间内产物浓度的增加量来表示酶活力，因为产物生成是从无到有的变化，比起检测底物的减少更简便。此外，酶活力测定要测定酶促反应初速率，以减少干扰，使结果更准确。酶活力受底物浓度、pH 值、温度等多种环境因素及酶本身部分失活等因素的影响，这些影响需予以控制。

(三) 酶活力的表示方法

酶的定量不能直接用酶的质量、摩尔浓度或体积来表示，因为酶的活力受物理、化学、生物等多种因素的影响，即使在酶的最适反应条件下仍然会失活，因此，酶的定量只能采用酶活力来表示。

酶活力的大小一般以酶活力单位表示(active unit, U)，酶活力单位就是酶活力的度量单位，是指在一定条件下、一定时间内将一定量的底物转化为产物所需的酶量。

为了使各种酶活力单位标准化，1961 年，酶学委员会建议使用"国际单位"表示酶活力，规定在最适反应条件(25℃，其他为最适条件)下，每分钟内催化 1 μmol 底物转化为产物所需的酶量即为 1 个国际单位(IU，又称 U)。1972 年，开始使用开特(Katal, Kat)单位表示酶活力国际单位，规定在一定条件下每秒内转化 1 mol 底物所需的酶量，为 1 Kat 单位。当然，在实际的商品化酶制剂中，不同的产品规格说明书都会对该产品的活力单位进行明确的定义。

酶活力的大小还可用酶的转换数(turnover number)来衡量，是指在一定条件下，每分钟或每秒每个酶分子催化底物转变的分子数。酶的转换数用 k_{cat} 表示，对于只有一个活性中心的酶来讲，k_{cat} 是常数。碳酸酐酶的转换数为 3.6×10^7/min，即每个酶分子在 1 min 内可以催化 3.6×10^7 个底物分子发生反应。

在实际应用中，酶活力单位往往与测定方法、反应条件等因素有关。酶采用不同活力测定方法所得到的酶活力单位数是不同的，即使是同一种测定方法，如果采用的实验条件不同，所测得的酶活力单位数也有差异。

酶的比活力(specific activity)是指每毫克酶蛋白所具有的酶活力单位数，比活力单位为 U/mg。比活力是表示酶制剂纯度的一个重要指标，对同一种酶来说，比活力越高，纯度越高。为方便实际应用，有时也可以用单位质量或单位体积的酶制剂中含有多少活力单位数来表示酶的比活力(U/g, U/mL)。酶的比活力是酶学研究和生产中经常使用的数据，如两个酶制剂工厂都生产 α-淀粉酶，其中甲厂的指标为 3 000 U/g，乙厂的指标为 4 000 U/g，由此可知乙厂生产的 α-淀粉酶纯度更高。

(四) 酶活力的测定

在酶的分离纯化工作中，必须测定每一分离步骤所得酶液的总活力和比活力，由此计算回收率和纯化倍数，以考察所采取的分离纯化程序是否合理。

$$总活力(U) = 活力单位数(U)/酶液体积(mL) \times 总体积(mL)$$

$$回收率(\%) = 纯化后的总活力/未纯化时的总活力 \times 100\%$$

未纯化时的回收率定义为 100%。

$$比活力(U/mg) = 总活力(U)/总蛋白(mg)$$
$$纯化倍数 = 纯化后的比活力/未纯化时的比活力$$

未纯化时的纯化倍数定义为 1。

一个合理的纯化程序，随着纯化的进行，酶的总活力和回收率会逐渐下降，酶的比活力和纯化倍数会逐渐提高。因为在纯化过程中，搅拌、温度或有机溶剂等各种因素的存在会导致酶部分失活从而使酶活力下降，而且逐步的纯化会导致酶蛋白损失从而使酶活力下降，因此酶的总活力下降，回收率也会下降。但由于纯化过程是去除杂蛋白的过程，总蛋白量会减少，尽管总活力下降，但比活力会提高，纯化倍数也会越来越高。表 3-4 为一个假定的酶的纯化表。

表 3-4 一个假定的酶的纯化表

程序或步骤	回收体积/mL	总蛋白/mg	总活力/U	比活力/U/mg	回收率/%	纯化倍数
1. 粗细胞提取物	1 400	10 000	100 000	10	100	1
2. 硫酸铵沉淀	280	3 000	96 000	32	96	3.2
3. 离子交换层析	90	400	80 000	200	80	20
4. 凝胶排阻层析	80	100	60 000	600	60	60
5. 亲和层析	6	3	45 000	15 000	45	1 500

二、底物浓度对酶促反应速率的影响

在 20 世纪初，就已观察到了酶被底物所饱和的现象，而这种现象在非酶促反应中则是不存在的。

后来发现底物浓度(substrate concentration)的改变，对酶促反应速率的影响比较复杂。当酶的浓度不变，在不同的底物浓度下如将酶促反应的速率对底物浓度[S]作图可得图 3-9 的结果。

从图 3-9 可以看到，当底物浓度较低时(底物浓度从零逐渐增高)，反应速率随着底物浓度的增加而直线上升，呈正相关，表现为一级反应(first order reaction)。

$$-\frac{dc}{dt} = k_1 c$$

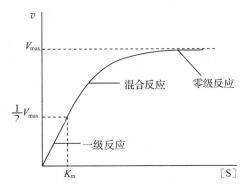

图 3-9 底物浓度对酶促反应速率的影响

式中，c 是初浓度，负号表示随着时间(t)的增长，底物浓度不断减小；k_1 是速率常数。

随着底物的增加，反应速率不再直线上升，两者之间不再是简单的正比关系，是比较复杂的多级反应并存，称为混合级反应(mixed order reaction)。

当底物浓度提高到一定程度时，酶促反应速率与底物浓度无关，表现为零级反应(zero order reaction)。

$$-\frac{dc}{dt} = k_0$$

此时,尽管底物浓度还可以不断增大,反应速率却不再上升,趋向一个极限,说明酶已被底物所饱和(saturation)。所有的酶都有此饱和现象,只是各自达到饱和时所需的底物浓度有所不同,有的甚至差异很大。

研究者曾提出了多种假说,试图解释上述现象,其中比较合理的是"中间产物"假说。按此假说:酶与底物先形成复合物,此中间产物也被人们看作稳定的过渡态物质,然后中间复合物再进一步分解,形成产物并释放出游离态的酶。

早在1913年前后,Michaelis和Menten就在前人工作的基础上,从形成中间产物这一假定出发,深入研究底物浓度对酶促反应速率的影响,提出了酶促动力学的基本原理。后来,Briggs和Haldane又加以补充与发展,最终归纳为如下的数学式加以表达:

$$v = \frac{V_{\max}[S]}{K_m + [S]}$$

这个方程称为米氏方程式(Michaelis-Menten equation)。式中,v是酶促反应速率;[S]是底物浓度;K_m是米氏常数;$V_{\max}$是最大反应速率。

(一)米式方程的导出

从酶被底物饱和的现象出发,按照"稳定平衡"假说(steady-state theory)的设想,推论酶促反应分两步进行:

第一步:酶(E)与底物(S)作用,形成酶-底物中间产物(ES):

$$E + S \underset{k_2}{\overset{k_1}{\rightleftharpoons}} ES \tag{1}$$

第二步:中间产物分解,形成产物(P),释放出游离酶(E):

$$ES \underset{k_4}{\overset{k_3}{\rightleftharpoons}} P + E \tag{2}$$

这两步反应都是可逆的。它们的正、逆反应的速率常数分别为k_1,k_2,k_3,k_4。

由于酶促反应的速率与ES的形成及分解直接相关,所以必须先考虑ES的形成速率与分解速率。Briggs和Haldane的发展就在于指出的ES的量不仅与式(1)平衡有关,有时还与式(2)平衡有关,不能一概都把式(2)略去不计。

ES复合物的形成量与式(1)和式(2)中的k_1(从底物到复合物)和k_4(从产物到复合物)有关。但P+E形成ES的速率极小(特别是在反应处于初速阶段时,P很小),故k_4可忽略不计。因此,ES的形成速率(正值)可用下式表示:

$$\frac{d[ES]}{dt} = k_1([E]-[ES])[S] \tag{3}$$

式中,[E]是酶的总浓度;[ES]是酶与底物所形成的中间产物的浓度;[E]-[ES]是游离状态酶的浓度[E_f]。

通常底物浓度比酶浓度过量很多,即[S]≫[E],因此,被酶结合的底物的量(即[ES]),与总的底物浓度(即[S])相比,可忽略不计,所以

$$[S]-[ES] \approx [S]$$

而ES的分解速率则是

$$ES \xrightarrow{k_2} E + S \text{ 与 } ES \xrightarrow{k_3} E + P$$

那么，ES 分解的总速率就是

$$-\frac{d[ES]}{dt} = k_2[ES] + k_3[ES] \qquad (4)$$

当整个酶反应体系处于动态平衡（即稳态）时，ES 的形成速率与分解速率相等，即(3)=(4)，这样则有

$$k_1([E]-[ES])[S] = k_2[ES] + k_3[ES]$$

整理后得

$$\frac{([E]-[ES])[S]}{[ES]} = \frac{k_2+k_3}{k_1} \qquad (5)$$

令 $K_m = \frac{k_2+k_3}{k_1}$，并代入式(5)

则

$$\frac{([E]-[ES])[S]}{[ES]} = K_m \qquad (6)$$

由此式可得出动态平衡时的[ES]

$$[ES] = \frac{[E][S]}{K_m+[S]} \qquad (7)$$

因为酶反应的速率(v)与[ES]呈正比，所以

$$v = k_3[ES] \qquad (8)$$

将式(7)的[ES]值代入式(8)得

$$v = k_3\frac{[E][S]}{K_m+[S]} \qquad (9)$$

当底物浓度很高时，所有的酶都被底物所饱和，而转变成 ES 复合物，即[E]=[ES]时，酶促反应达到最大速率 V_{max}(maximum velocity)，所以

$$V_{max} = k_3[ES] = k_3[E] \qquad (10)$$

式(9)除以式(10)得

$$\frac{v}{V_{max}} = \frac{\frac{k_3[E][S]}{K_m+[S]}}{k_3[E]}$$

整理后得

$$v = \frac{V_{max}[S]}{K_m+[S]} \qquad (11)$$

这就是米氏方程。它表明了当已知 K_m 和 V_{max} 时，酶促反应速率与底物浓度之间的定量关系。

(二) 米氏常数的意义

当酶促反应处于 $v = \frac{1}{2}V_{max}$ 的特殊情况时，从米氏方程可求得[S] = K_m，由此 K_m 值的物理意义显而易见，即 K_m 值就是当酶促反应速率达到最大反应速率一半时的底物浓度，所以它的单位也是 mol/L，与底物浓度的单位相同。

米氏常数是酶学研究中的一个极重要的数据，所以关于 K_m 还可作以下几点分析：

①K_m 值是酶的特征常数之一，它一般只与酶的性质有关，而与酶的浓度无关。不同

的酶其 K_m 值不同，且各种酶的 K_m 值变动幅度颇大，这可以从表3-5中看出。

②如果一个酶有几种底物时，则对每一种底物，各有一个特定的 K_m 值(表3-5)。其中 K_m 值最小的底物一般称为该酶的最适底物或天然底物，如蔗糖是蔗糖酶的最适底物，葡萄糖是己糖激酶的最适底物等。K_m 值随不同底物而异的特性有助于判断酶的专一性，并有助于研究酶的活性中心。

表3-5 几种酶的 K_m 值

酶	底物	K_m/(mol/L)
麦芽糖酶(maltase)	麦芽糖	$2.1×10^{-1}$
蔗糖酶(saccharase)	蔗糖	$2.8×10^{-2}$
	棉子糖	$3.5×10^{-1}$
磷酸酶(phosphoenzyme)	磷酸甘油	$3.0×10^{-3}$
乳酸脱氢酶(lactate dehydrogenase)	丙酮酸	$3.5×10^{-5}$
过氧化氢酶(catalase)	过氧化氢	$2.5×10^{-2}$
脲酶(urease)	尿素	$2.5×10^{-2}$
己糖激酶(hexokinase)	葡萄糖	$1.5×10^{-4}$
	果糖	$1.5×10^{-3}$
葡萄糖-6-磷酸脱氢酶(glucosyl-6-phosphate dehydyogenase)	葡萄糖-6-磷酸	$5.8×10^{-5}$
磷酸己糖异构酶(phosphohexose isomerase)	葡萄糖-6-磷酸	$7.0×10^{-4}$
谷氨酸脱氢酶(glutamate dehydrogenase)	谷氨酸	$1.2×10^{-4}$
	α-酮戊二酸	$2.0×10^{-3}$
	NAD^+	$2.5×10^{-5}$
	NADH	$1.8×10^{-5}$
肌酸激酶(creatine kinase)	肌酸	$6.0×10^{-4}$
	ADP	$1.9×10^{-2}$
	磷酸肌酸	$5.0×10^{-3}$

③K_m 值可以近似地表示酶对底物亲和力的大小。K_m 值越小，说明达到最大反应速率一半时所需底物的浓度就越小，则酶对底物的亲和力就越大；反之亦然。显然，最适底物或天然底物与酶的亲和力最大。

④K_m 值测出后，可利用米氏方程求出任意底物浓度时的反应速率，或任何反应速率下的底物浓度。例如，欲求反应速率是最大速率的99%时的底物浓度，根据米氏方程应为

$$99\% = \frac{100\%[S]}{K_m+[S]}$$

$$99\%K_m + 99\%[S] = 100\%[S]$$

故

$$[S] = 99\%K_m$$

可见，只要知道了某酶的 K_m 值，就很容易求得该酶所催化的酶促反应在任何反应速率下所需底物的浓度。

而且，应用米氏方程计算得到的数值，与实验结果非常吻合，即若按米氏方程的计算结果，以 v 对 [S] 作图，可得到与实验结果（图3-9）非常相符的曲线。这种一致性，从一个侧面证明了在中间产物基础上推导出来的米氏方程的正确性。

另外，当 $[S] \ll K_m$ 时，根据米氏方程，则

$$v = \frac{V_{max}[S]}{K_m + [S]} = \frac{V_{max}}{K_m}[S]$$

反应为一级反应。而当 $[S] \gg K_m$ 时，则

$$v = \frac{V_{max}[S]}{K_m + [S]} = \frac{V_{max}}{K_m[S]} = V_{max}$$

反应速率达到最大速率时不再受 [S] 的影响，属于零级反应。这些和实验事实也相当一致（图3-9）。

⑤值得特别说明的是，K_m 值还受介质 pH 值及温度等实验条件的影响。因此，K_m 值作为常数只是对一定的底物、一定的 pH 值、一定的温度条件而言。所以，尽管测定酶的 K_m 值可以作为鉴定酶的一种手段，但必须在指定的实验条件下进行才有意义。

（三）米氏常数的求法

根据如上所述的 K_m 的物理意义，理论上我们从酶的 v-[S] 图上得到 V_{max}，再从 $\frac{1}{2}V_{max}$ 可求得相应的 [S]，即 K_m 值。但实际上即使用很大的底物浓度，也只能得到趋近于 V_{max} 的反应速率，而达不到真正的 V_{max}，因此测不到准确的 K_m 值。为了能得到准确的 K_m 值，一般采用双倒数作图法（double reciprocal plot, Lineweaver Burk plot）。

先将米氏方程改写成如下的倒数形式：

$$\frac{1}{v} = \frac{K_m}{V_{max}} \cdot \frac{1}{[S]} + \frac{1}{V_{max}}$$

实验时选择不同的 [S] 测得相应的 v，以 $\frac{1}{v}$ 对 $\frac{1}{[S]}$ 作图（图3-10），绘出直线，外推至与横轴相交，横轴截距（$-x$）即为 $\frac{1}{K_m}$ 值，$K_m = -\frac{1}{x}$。直线与纵轴的交点即截距，则是 $\frac{1}{V_{max}}$。此法因为方便而应用最广，但也有缺点：实验点过于集中于直线的左下方（不是虚线部分），而低浓度的实验点又因倒数后的误差较大，往往偏离直线较远，从而影响 K_m 和 V_{max} 的准确测定。

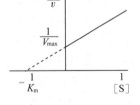

图3-10 双倒数作图法

三、酶浓度对酶促反应速率的影响

当酶促反应体系的温度、pH 值不变，底物的浓度足够大时，酶的浓度与酶促反应的速率成正比。可以想象，在底物过量的情况下，酶的数量越多，则生成的中间产物越多，反应速率也就越快。如果反应体系中底物不足，酶分子过量，现有的酶分子尚未完全发挥作用，在此情况下，增加酶的浓度，也不会加大酶促反应的速率。由米氏方程得知，当底

物浓度足够大时,特定的酶浓度下,酶促反应的速率达到最大,此时,不断提升酶的浓度,将使 V_{max} 成比例升高。

四、温度对酶促反应速率的影响

温度对化学反应速率的影响,通常用温度系数(temperature coefficient) Q_{10},即温度每升高 10℃,化学反应速率增加的倍数来表示。

$$v_{t_2} = v_{t_1} Q_{10}^{(t_2 - t_1)/10}$$

式中,t_1 是变化前的温度;t_2 是变化后的温度;v 是相应温度下的酶促反应速率。

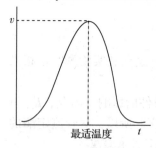

图 3-11 温度与酶反应速率的关系

一般生物体系中的化学反应速率的 Q_{10} 为 2~3。这种温度对化学反应速率的正效应关系,对酶促反应来说,在较低温度范围内表现明显,即随着温度的升高,酶促反应的速率按照 Q_{10} 为 2~3 的水平迅速加快。当达到某一温度时,酶促反应的速率达到最大。在此之后,随着温度的继续升高,反应速率逐渐下降(图 3-11)。我们把在一定条件下,酶活性达到最大(即酶促反应速率达到最大,因为酶活性的大小通常用一定条件下它所催化的化学反应速率快慢来表示)时的温度,称为该酶的最适反应温度或最适温度(optimum temperature)。

不同的酶,其最适温度也各不相同。一般说来,从温血动物组织中提取的酶,其最适温度大多在 35~40℃;从植物组织中提取的酶,最适温度稍高一些,大多数在 40~50℃;而从细菌中分离出来的某些酶,可能有更高的最适温度(如 DNA 聚合酶达 70℃左右,一些细菌的淀粉酶在 93℃左右下活力最高)。绝大多数的酶在温度接近 70℃时开始失活。当然也有一些例外,除了前面提到的两种酶外,还有一个比较典型的耐高温酶,它就是核糖核酸酶 A 家族的蛋白,很多加热到 100℃时仍不失活。

最适温度的出现,是由于温度对酶促反应有两种相互矛盾的影响。一方面,酶促反应和普通化学反应相似,遵循温度系数的一般规律;另一方面,随着温度的升高使酶逐渐变性而失活。这两种因素综合影响的结果,必然会导致在某一温度时酶活性最大,即所谓的最适温度。当温度低于最适温度时,前一种效应为主,故曲线上升;当温度较高时,变性因素逐渐变为主导方面,故通过最高转折点(即最适温度)后,曲线迅速下降。

应当指出的是,最适温度不是酶的特征物理常数,是受多种实验条件影响的非恒定值。即实验条件改变,最适温度的数值也随之变化。例如,作用时间长短不同,酶的最适温度也不同。这是因为酶可以在短时间内耐受较高的温度。

五、pH 值对酶促反应速率的影响

实验结果指出,酶的活性随介质 pH 值的改变而变化。因此,对于每一种特定的酶来说,只有在一定的 pH 值范围内,酶促反应才具有最大速率,而高于或低于此范围,反应速率都会下降。有时如果 pH 值改变幅度过大会导致酶活性的完全钝化而使酶促反应速率骤然下降甚至完全停止。通常把酶促反应速率最大(或者说酶活性最大)时的 pH 值称为最适反应 pH 值(optimum pH)(图 3-12)。

最适 pH 值有时因底物种类、浓度及缓冲液成分不同而不同。而且常与酶的等电点不一致，因此，酶的最适 pH 值并不是一个常数，只是在一定条件下才有意义。

植物和微生物体内的酶，最适 pH 值一般在 4.5~6.5，而动物体内的酶大多在 6.5~8.0，但也有例外，如胃蛋白酶的最适 pH 值为 1.5，而肝脏中的精氨酸酶则为 9.7。表 3-6 列出了几种常见酶的最适 pH 值。

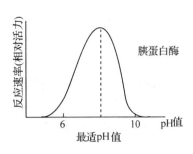

图 3-12　pH-酶活性关系图

pH 值影响酶活力的原因是很复杂的，强酸或强碱可以使酶的空间结构破坏，引起酶变性失活。即使在酶不会遭到破坏的 pH 值范围内，酸或碱也会影响酶分子中活性部位上有关基团的解离，或是影响到酶与底物的结合，或是影响中间产物进一步分解为产物，或是影响维持酶分子空间结构的有关基团解离，从而影响了酶活性中心部位的空间结构，进而影响了酶的活性。一般认为，最适 pH 值时，酶分子上活性基团的解离状态最适宜与底物结合和催化反应，故酶活性最高。高于或低于最适 pH 值时，改变了活性基团的解离状态，于是活性就相应降低。各种酶往往只有某一种解离状态时活力最大，如蔗糖酶、胆碱酯酶解离成两性离子时具有最大活力，精氨酸酶呈负离子时活力最大。

同样，pH 值对底物的解离情况也可能有影响，只有当底物和酶有相互适应的结构时，才容易形成中间产物，以降低反应的活化能，使反应能顺利进行。

表 3-6　几种常见酶的最适 pH 值

酶	底物	最适 pH 值
胃蛋白酶（pepsin）	鸡蛋清蛋白	1.5
	血红蛋白	2.2
丙酮酸羧化酶（pyruvate carboxylase）	丙酮酸	4.8
延胡索酸酶（fumarase）	延胡索酸	6.5
	苹果酸	8.0
过氧化物酶（catalase）	过氧化氢	7.6
胰蛋白酶（trypsin）	苯甲酰精氨酰胺	7.7
	苯甲酰精氨酸甲酯	7.0
精氨酸酶（arginase）	精氨酸	9.7

六、激活剂对酶促反应速率的影响

除温度和 pH 值外，不少分子对酶的活性也有明显的激活作用。凡能提高酶活性的物质统称为激活剂（activator）。例如，经透析得到的唾液淀粉酶（salivary amylase）活力不高，若加入少量 Cl^- 则酶的活力大大增加，因此，Cl^- 就是唾液淀粉酶的激活剂。

根据化学组成，激活剂有如下几种：

1. 无机离子

许多无机离子可以作为酶的激活剂，常见的有 Na^+、K^+、Mg^{2+}、Cu^{2+}、Fe^{2+}、Ca^{2+}、

Mn^{2+}、Cl^-、I^-等。

无机离子作为激活剂的机理有3种。一是作为调节因子，如 Mn^{2+} 可激活醛缩酶，Cl^- 可激活唾液淀粉酶，Mg^{2+} 可激活磷酸酶和二肽酶；二是帮助酶结合底物，有些金属离子通过生成络合物，在酶与底物结合中起着桥梁的作用，如羧肽酶中的 Zn^{2+}、精氨酸酶中的 Mn^{2+} 等（图3-13）；三是稳定酶分子的构象，有些金属离子还可能与酶分子肽链上的侧链基团相结合，对稳定酶活性构象具有一定的作用，如 Ca^{2+} 就是 α-淀粉酶的构象稳定剂。

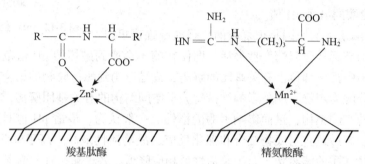

图3-13　Zn^{2+} 及 Mn^{2+} 的作用

2. 有机分子

有机分子作为激活剂的主要机理是作为酶活性的调节因子，如 ADP、AMP 是磷酸果糖激酶、丙酮酸激酶等的激活剂（参见第六章）。

有机分子作为激活剂的第二个作用是保护酶分子。有些酶如木瓜蛋白酶、甘油醛-3-磷酸脱氢酶，其活性中心必须有活性巯基，这些巯基常因氧化为二硫键使酶的活性受到抑制。某些还原剂如半胱氨酸、还原型谷胱甘肽等，能使二硫键还原为巯基，从而提高酶的活性。EDTA 是常见的金属离子螯合剂，能除去酶中重金属杂质，从而解除重金属离子对某些酶的抑制作用。

3. 蛋白质分子

有些蛋白质分子是酶的专一性激活剂，如复制、转录、蛋白质合成中的酶分别要受到各种蛋白质因子的作用。有关方面的内容将在相应章节中介绍。

从激活的意义来看，酶原激活、共价修饰等酶活性调节过程中用到的酶类也可以看作一种激活剂。

七、抑制剂对酶促反应速率的影响

抑制作用（inhibition）是指由于某些物质与酶的活性部位结合，使酶蛋白活性部位的结构和性质发生改变，从而引起酶活力下降或丧失的一种效应。引起抑制作用的物质称为酶的抑制剂（inhibitor）。抑制作用不同于酶蛋白变性而引起的酶活力降低或丧失的失活作用。

酶的抑制剂种类很多，一些对生物有剧毒的物质，大都是酶的抑制剂，如氰化物抑制细胞色素氧化酶的活性，有机磷农药抑制胆碱酯酶。日常生活中接触到的砷化物、一氧化碳、硫化氢、重金属离子（如 Hg^{2+} 和 Pb^{2+}）、生物碱、麻醉剂和磺胺类药物等都属于酶的抑制剂。另外，某些动物组织（如胰脏、肺）和某些植物（如大豆、绿豆、蚕豆等）种子都能产生胰蛋白酶抑制剂，抑制胰蛋白酶的活性。蛔虫等肠道寄生虫能产生抑制胃蛋白酶和胰蛋白酶的抑制剂，从而使它在动物和人体内不致被消化。

酶的抑制剂和抑制作用是很重要的。生物机体往往只要有一种酶被抑制就会使代谢不正常,以致表现病态,严重时甚至会导致死亡。有不少酶的抑制剂已用于杀虫、灭菌和临床治病。因此,研究酶的抑制作用,可以为医学设计有效药物和为农业生产研究新农药提供理论根据,为解除抑制剂中毒提出合理的解毒措施。此外,也是研究酶的结构与功能、催化原理以及代谢途径的基本手段,在理论研究和实践中都有重要意义。

抑制作用分为可逆抑制作用与不可逆抑制作用,前者抑制剂与酶蛋白结合力不强,而后者与酶蛋白结合力很强。

(一) 可逆抑制作用

一些抑制剂与酶蛋白非共价地可逆结合,可以用透析或超滤等方法除去抑制剂而恢复酶活性的现象称为可逆抑制作用(reversible inhibition)(助记小结3-2)。根据可逆抑制剂和酶的结合关系,又可分为3种类型:

1. 竞争性抑制作用

某些和底物结构相似的化合物,当存在于酶促反应体系中时,能够同底物竞争酶的活性中心,妨碍底物与酶形成复合物,从而使酶的活性受到抑制。这种方式称为竞争性抑制作用(competitive inhibition)。丙二酸对琥珀酸脱氢酶的竞争性抑制是一个典型的例子。

由于丙二酸与琥珀酸是同系物,结构非常相似。丙二酸虽然不能作为琥珀酸脱氢酶的真实底物而被脱氢氧化,但它可与琥珀酸对酶分子上的同一活性中心发生竞争性的结合,以致琥珀酸遭到排挤,而使酶促氧化过程受到抑制。

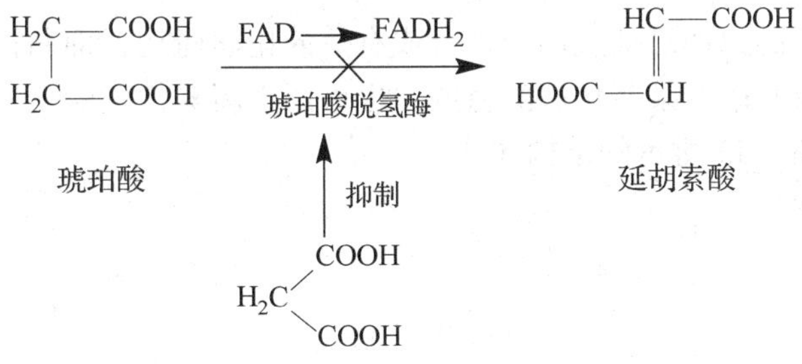

$$\begin{array}{c} H_2C-COOH \\ | \\ H_2C-COOH \end{array} \xrightarrow[\text{琥珀酸脱氢酶}]{FAD \longrightarrow FADH_2} \begin{array}{c} HC-COOH \\ \| \\ HOOC-CH \end{array}$$

琥珀酸 延胡索酸

↑ 抑制

$$\begin{array}{c} COOH \\ H_2C \\ COOH \end{array}$$

丙二酸

竞争性抑制作用的特征是:抑制程度的大小与抑制剂和底物的相对浓度以及抑制剂和酶的相对亲和力有关。因此,当底物浓度固定时,活力的抑制程度随抑制剂浓度的增加而增加;如果抑制剂的浓度固定,则酶活力随底物浓度的增加而逐渐恢复。实验结果表明:当丙二酸的浓度是底物浓度的 $\frac{1}{50}$ 时,琥珀酸脱氢酶活力将被抑制50%。减少丙二酸或增加琥珀酸都将使酶活力逐渐恢复。可见,这种竞争性抑制作用是可逆反应。

在竞争性抑制中,有两种反应竞相进行:

$$E + S \underset{k_2}{\overset{k_1}{\rightleftharpoons}} ES \xrightarrow{k_3} E + P \tag{12}$$

$$E + I \underset{k_{i2}}{\overset{k_{i1}}{\rightleftharpoons}} EI \tag{13}$$

式中,I 是抑制剂;EI 是酶-抑制剂复合物;k_{i1} 和 k_{i2} 分别是正逆反应的速率常数。注意,在竞争抑制中,没有 ESI 三元复合物的存在。因此,酶的总浓度为

$$[E] = [E_f] + [ES] + [EI] \tag{14}$$

式中，$[E_f]$是游离状态酶的浓度。

在竞争抑制作用中，若K_i为EI的解离常数：

$$K_i = \frac{[E_f][I]}{[EI]} \tag{15}$$

在竞争抑制作用中，若K_m为ES的解离常数：

$$K_m = \frac{[E_f][S]}{[ES]} \tag{16}$$

将式(8)和式(10)做除法，得

$$\frac{v}{V_{max}} = \frac{[ES]}{[E]} \tag{17}$$

将式(14)代入式(17)得

$$\frac{v}{V_{max}} = \frac{[ES]}{[E_f]+[ES]+[EI]} \tag{18}$$

将式(15)和式(16)代入式(18)，整理后，可推导出竞争性抑制动力学方程式：

$$v = \frac{V_{max}[S]}{K_m\left(1+\frac{[I]}{K_i}\right)+[S]} \tag{19}$$

用此式的双倒数方程可得图3-14。由式(17)和图3-14可知，加入竞争性抑制剂后V_{max}不变，但是K_m增大$\left[变成了 K_m\left(1+\frac{[I]}{K_i}\right)\right]$。

竞争性抑制作用的原理已被人们用来合成有效的化学药物，抑制机体内的某些酶，达到灭菌、杀虫、防虫及医治某些疾病的目的，也可用于新陈代谢的研究。例如，常用的磺胺类药物，具有如图3-15所示的结构通式。

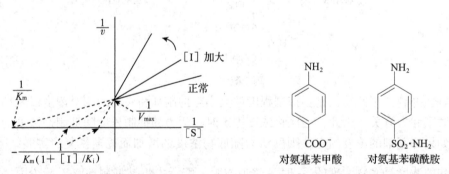

图3-14　竞争性抑制曲线　　图3-15　对氨基苯甲酸与磺胺类药物

这类药物的结构与对氨基苯甲酸很相似，对氨基苯甲酸是叶酸(参见本章后文维生素部分)的一部分，叶酸和二氢叶酸则是核酸的嘌呤核苷酸合成中的重要辅酶——四氢叶酸(THF)的前身。如果缺少四氢叶酸，细菌生长繁殖便会受到影响。

人体能直接利用食物中的叶酸，某些细菌则不能直接利用外源的叶酸，只能在二氢叶酸合成酶的作用下，利用对氨基苯甲酸合成二氢叶酸。而磺胺药物可与对氨基苯甲酸相互竞争，抑制二氢叶酸合成酶，影响二氢叶酸的合成，最后抑制细菌的生长繁殖，从而达到抗菌的效果，即

```
对氨基苯甲酸 ──二氢叶酸合成酶──→ 二氢叶酸 ──二氢叶酸还原酶──→ 四氢叶酸 ┈┈→ 嘌呤核苷酸 → RNA, DNA
              磺胺 ↑ ⊖                    TMP ↑ ⊖
```

抗菌增效剂甲氧苄啶(trimethoprim，TMP)可增强磺胺药的药效。因为它的结构与二氢叶酸有类似之处，是细菌二氢叶酸还原酶的强烈抑制剂，TMP 对原生动物、细菌中二氢叶酸还原酶的亲和力比哺乳类动物大 1 万至几万倍，所以在一定剂量下几乎不影响人体的二氢叶酸还原酶。它与磺胺药物配合使用，可使细菌的四氢叶酸合成受到双重阻碍，因而严重影响细菌的核酸及蛋白质的合成。

2. 非竞争性抑制作用

在非竞争性抑制作用(noncompetitive inhibition)中存在着如下的平衡：

$$\begin{array}{c} E + S \xrightleftharpoons{K_m} ES \longrightarrow E + P \\ + \qquad\qquad + \\ IH \qquad\qquad I \\ \Updownarrow K_i \qquad\quad \Updownarrow K_i \\ EI + S \xrightleftharpoons{K_m} EIS \end{array}$$

酶可以同时与底物及抑制剂结合，两者没有竞争作用。酶与抑制剂结合后，还可以与底物结合：$EI + S \rightleftharpoons ESI$；酶与底物结合后，也还可以与抑制剂结合：$ES + I \longrightarrow ESI$。但是三元复合物 ESI(酶、底物、抑制剂)不能进一步分解为产物。此时，游离状态酶的浓度：

$$[E_f] = [E] - [ES] - [EI] - [EIS] \tag{20}$$

将式(20)代入式(17)得

$$\frac{v}{V_{max}} = \frac{[ES]}{[E_f] + [ES] + [EI] + [EIS]} \tag{21}$$

稳态时，非竞争抑制中：

$$[ES] = \frac{[E_f][S]}{K_m}, \quad [EI] = \frac{[E_f][I]}{K_i}, \quad [EIS] = \frac{[ES][I]}{K_i} = \frac{[EI][S]}{K_m}$$

将上面几个公式代入式(21)，整理后，得到其动力学方程为

$$v = \frac{\dfrac{V_{max}}{\left(1 + \dfrac{[I]}{K_i}\right)} \cdot [S]}{K_m + [S]} \tag{22}$$

由式(22)的双倒数方程可得到图 3-16。由此可知，非竞争性抑制中，抑制作用的大小取决于抑制剂的浓度，以及抑制剂和酶亲和力的大小，而与[S]无关。加入非竞争性抑制剂可使 V_{max} 变小，而 K_m 不变。

3. 反竞争性抑制作用

在反竞争性抑制作用(uncompetitive inhibition)中存在着以下的平衡：

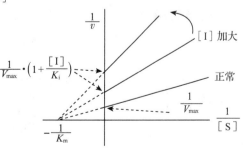

图 3-16 非竞争性抑制曲线

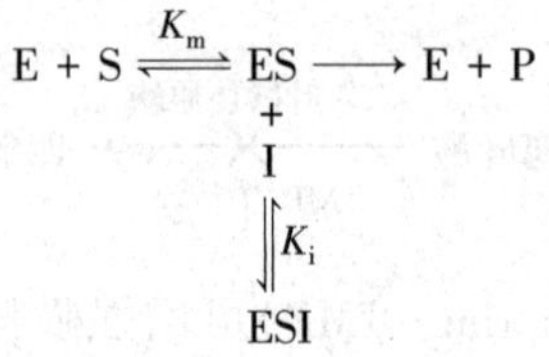

$$E + S \underset{}{\overset{K_m}{\rightleftharpoons}} ES \longrightarrow E + P$$
$$+$$
$$I$$
$$\updownarrow K_i$$
$$ESI$$

它的抑制特点是：酶只有在与底物结合后，才能与抑制剂结合形成 ESI 复合物。此时，游离状态酶的浓度：

$$[E_f] = [E] - [ES] - [ESI] \tag{23}$$

稳态时，反竞争性抑制中：

$$[ES] = \frac{[E_f][S]}{K_m}, \quad [ESI] = \frac{[ES][I]}{K_m} \cdot \frac{[I]}{K_i}$$

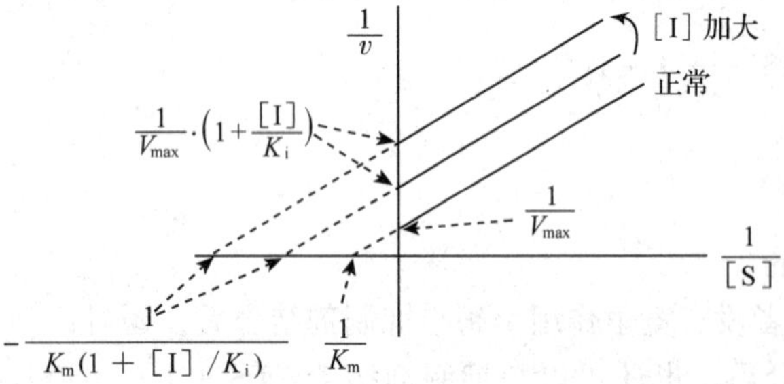

同样的方法，将上面几个公式代入式(16)，整理后，得到其动力学方程为

$$v = \frac{\frac{V_{max}}{\left(1 + \frac{[I]}{K_i}\right)} \cdot [S]}{\frac{K_m}{\left(1 + \frac{[I]}{K_i}\right)} + [S]} \tag{24}$$

图 3-17　反竞争性抑制曲线

可见，在反竞争性抑制作用下，K_m 及 V_{max} 都变小。从 $\frac{1}{v}$ 对 $\frac{1}{[S]}$ 的作图中，最易识别反竞争性抑制作用(图 3-17)。

将无抑制剂和有抑制剂各种情况下的最大酶促反应速率与 K_m 值归结于表 3-7 中。

表 3-7　有抑制剂存在时酶促反应进行的速率与 K_m 值

类型	公式	V_{max}	K_m
无抑制剂	$v = \dfrac{V_{max}[S]}{K_m + [S]}$	不变	不变
竞争性抑制	$v = \dfrac{V_{max}[S]}{K_m\left(1 + \dfrac{[I]}{K_i}\right) + [S]}$	不变	增加
非竞争性抑制	$v = \dfrac{\dfrac{V_{max}}{\left(1 + \dfrac{[I]}{K_i}\right)} \cdot [S]}{K_m + [S]}$	减小	不变
反竞争性抑制	$v = \dfrac{\dfrac{V_{max}}{\left(1 + \dfrac{[I]}{K_i}\right)} \cdot [S]}{\dfrac{K_m}{\left(1 + \dfrac{[I]}{K_i}\right)} + [S]}$	减小	减小

(二) 不可逆抑制作用

一些抑制剂可以共价键与酶活性中心的功能基团结合而抑制酶的活性，这种作用称为不可逆抑制作用(irreversible inhibition)。这些抑制剂不能用透析、超滤等方法除去。根据不同抑制剂对酶的选择性不同，将此类抑制作用分为两类：

1. 非专一性不可逆抑制

非专一性的不可逆抑制可以和一类或几类的基团反应。例如，烷基化试剂碘代乙酸、碘代乙酰胺和苯甲酰甲基卤代物等，可与酶分子表面的氨基、巯基、羧基、咪唑基和羟基等侧链基团作用。但是，在适当的条件下，不同基团与抑制剂的反应性质不同，故某一类基团首先或主要地被修饰。那么通过检查经过修饰的酶活力的变化程度，可推断酶有哪些必需基团。

2. 专一性不可逆抑制

专一性不可逆抑制仅仅和活性部位的有关基团反应。例如，二异丙基氟磷酸(diisopropyl fluorophosphate，DFP)能使处于活性中心的丝氨酸羟基磷酸化，从而使酶失活。

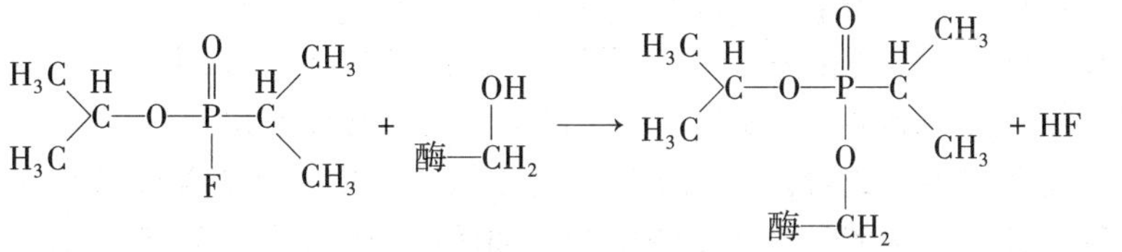

DFP　　　　　酶活性中心　　　　磷酰化的酶
　　　　　　丝氨酸残基　　　　(包含有 DFP 丝氨酸的肽段)

比较起来，非专一性不可逆抑制剂用途更广，它可以用来很好地了解酶有哪些必需基团。而专一性不可逆抑制剂则往往要在前者提供线索的基础上才能设计出来。另外，非专一性不可逆抑制剂还可用来探测酶的构象。

第五节　调节酶类

一、别构酶

别构酶是代谢调节中相当重要的酶类，它可利用本身结构及性质的特点，很好地调节酶促反应速率。

(一) 别构酶的性质及其结构特点

别构酶(allosteric enzyme)表现出非典型的底物浓度和反应速率的关系，因而不遵循米氏方程，代谢调节物产生的抑制作用也不服从典型的竞争性或非竞争性抑制作用的数量关系(助记小结3-3)。别构酶是由两个或两个以上亚基构成的寡聚酶。除了具有可以与底物结合并催化反应的活性中心以外，还有可以结合调节物的别构中心(allosteric center，也称调节中心)。而且，这两个中心既可位于同一亚基的不同部位上，也可处于不同的亚基上。当调节物结合在别构中心时，诱导出或稳定了酶的某种构象，使酶的活性中心催化作用受到影响，从而调节了酶促反应速率，这种效应称为别构效应。可见，两个中心虽然处于不同部位或分布在不同亚基上，但它们可以通过构象的改变来传递信息。

不同别构酶的调节物(又称效应物)不同。有的别构酶具有同促效应(homotropic

effect),或称同种协同效应,即它的调节物就是底物分子。这种酶分子有两个以上的底物结合中心,其调节作用取决于酶上有多少个底物结合中心被占据。有的别构酶具有异促效应(heterotropic effect),这种别构酶除了可与底物分子作用外,还可与其他的调节物结合,它的调节物不是底物分子。更多的别构酶是兼具同促、异促效应的,也就是说,它们既受底物分子的调节,又受底物以外其他分子的调节。

(二)别构酶作用的动力学性质

一般地说,大部分的别构酶 v-[S] 曲线不符合典型的米氏方程,即不是双曲线形,而是"S"形曲线,如图 3-18 所示。

这种"S"形曲线表明酶结合一分子底物(或效应物)后,酶的构象发生了变化,这种新的构象大大地有利于后续分子与酶的结合,从而促进酶对后续的底物分子(或效应物)的亲和性。这称为正协同效应(positive cooperative effect,有时也称正同促效应)。这种别构酶称为具有正协同效应的别构酶。

别构酶的"S"形动力学曲线,对酶促反应速率的调节十分有利。从图 3-18 可以看出,假如要想使酶促反应速率由最大速率(V_{max})的 10%,增加到 90%,如果是非别构酶催化的反应,则底物浓度[S]需要由 0.11 提高到 9,即提高 81 倍。如果是别构酶催化的反应,底物浓度只需由 3 提高到 9,即提高 3 倍。可见,底物浓度变化所引起的反应速率的改变,对别构酶来说要大得多,或者说,别构酶对底物浓度变化的反应要灵敏得多,而不像非别构酶催化的反应那样,速率随着底物浓度的增加而慢慢地变化。这就是别构酶可以灵敏地调节酶促反应的原因所在。

另有一类具有负协同效应(negative cooperative effect)的酶,这类酶的动力学曲线在表现上与双曲线有些相似(图 3-19),但仔细分析却是不同的。在这种曲线中,在底物浓度较低的范围内(图 3-19 的 O~A 段)酶活力上升很快,但继续下去(图 3-19 的 A~B 段),底物浓度虽有较大的提高,但反应速率升高却很小。也就是说,负协同效应可以使酶的反应速率对外界环境中底物浓度的变化不敏感。

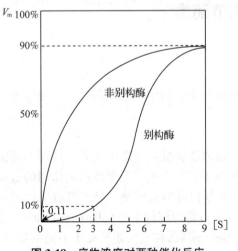

图 3-18 底物浓度对两种催化反应速率的影响

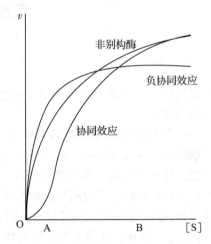

图 3-19 正负协同别构酶与非调节酶的动力学曲线比较

(三)别构酶调节酶活性的机理

别构酶的"S"形动力学曲线是一种复杂的动力学曲线。为了解释该动力学曲线,已提出了很多理论模型。其中最重要的两种模型都是以别构酶是寡聚酶为前提，结合血红蛋白接受氧的机理，以及"S"形动力学曲线协同作用的启发而提出的。

1. 序变模型

序变模型(sequential model)，也称 KNF 模型(Koshland-Némethy-Filmer model)。这种假说主张酶分子中的亚基有两种构象，当亚基结合小分子物质(底物或调节物)后，亚基构象逐个地依次变化，因此亚基有各种可能的构象状态(图 3-20)。

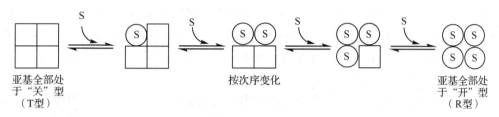

图 3-20　别构酶序变模型变化图

图 3-20 表示了一个有 4 个亚基的酶分子模型，其中 R 型为松弛型构象(relaxed state，R 型或 R 态)，它有利于结合底物或调节物，T 型为紧张型构象(tensed state，T 型或 T 态)，它不利于结合底物或调节物。当底物(或正调节物)浓度上升，升到可以与其中的一个亚基牢固地结合时，第一个亚基从 T 态变成 R 态。然后，第二个亚基会更容易地转变为 R 态，依此类推，直到形成一个有活性的四聚体，给出"S"形动力学曲线。这种依次促进相邻亚基活性的序变方式，称为正协同效应。

在序变模型中，既可有正调节物分子的作用，又可有负调节物分子的作用。第二种分子与酶的结合与第一种分子(底物)的结合相比，可能更紧密些(正调节)，也可能更松散些(负调节)，这取决于第一种分子结合所引起的形变。

由于序变模型可以表示酶分子的许多中间构象状态，因此，用来解释别构酶的酶活性调节作用比下面介绍的齐变模型更好一些，适用于大多数别构酶，特别是在描述异促效应时，一般认为用序变模型更好一些。

2. 齐变模型或对称模型

齐变模型或对称模型(symmetry model)，也称 MWC 模型(Monod–Wyman–Changeux model)。这种模型主张别构酶的所有亚基呈现两种状态：一种是全部呈坚固紧密的、不利于结合底物或调节物的 T 状态；另一种是全部呈松散的、有利于结合底物或调节物的 R 状态。这两种状态间的转变对于每个亚基都是同时、齐步发生的。T 状态中亚基的排列是对称的，变成 R 状态后亚基的排列仍然是对称的，如图 3-21 所示。

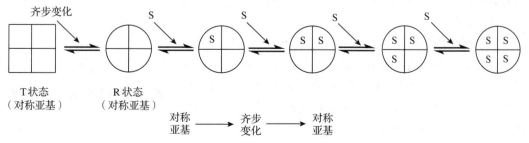

图 3-21　别构酶齐变模型变化图

正调节物(如底物)与负调节物浓度的比例决定别构酶究竟处于哪一种状态。当无小分子调节物存在时,平衡趋向于 T 状态,当有少量底物时,平衡即向 R 状态移动,当构象已转为 R 状态后,又进一步大大地增强对底物的亲和性,给出"S"形动力学曲线。

二、同工酶

同工酶(isozyme 或 isoenzyme)是指催化的化学反应相同,但其组成结构不完全相同的一组酶。这类酶虽能催化相同的化学反应,但它们的氨基酸序列、理化性质、调节方式、辅因子、组织和亚细胞定位等方面都存在一定的差异。同工酶可以存在于同一生物个体或同一组织甚至同一细胞中,它们与生物细胞的分化、胚胎发育和形态建成等都有密切关系,是生物体内代谢调节的一种重要方式。

在这方面研究得比较多的是人和动物体内的乳酸脱氢酶(lactate dehydrogenase,LDH),它以 5 种不同的同工酶存在于各组织中。该酶在 12 mol/L 的尿素溶液中,酶蛋白可以解聚成 4 个亚基,每个亚基的相对分子质量均为 35 000。但是,亚基只有心肌型(H 型)和骨骼肌型(M 型)两类,它们的氨基酸组成及顺序不同,电泳行为也不同。由 H 亚基或 M 亚基可以形成纯 H 型或纯 M 型的四聚体(H_4 或 M_4)。而将 H 型和 M 型混合则可形成另外 3 种杂交型。因此,乳酸脱氢酶中两种类型的亚基可以不同比例组合,形成 5 种不同结构的四聚体(图 3-22),分别用 H_4、MH_3、M_2H_2、M_3H 和 M_4 表示。

LDH_5	M_4	●●●●	骨骼肌和肝脏
LDH_4	M_3H	●●●○	骨骼肌和肝脏
LDH_3	M_2H_2	●●○○	大脑和肾脏
LDH_2	MH_3	●○○○	心脏和红细胞
LDH_1	H_4	○○○○	心脏和红细胞

图 3-22 乳酸脱氢酶同工酶谱

各种同工酶都能催化下述同样的可逆反应:

$$\underset{\text{乳酸}}{\overset{CH_3}{\underset{COOH}{H-C-OH}}} \xrightleftharpoons[NADH + H^+]{\overset{\text{乳酸脱氢酶}}{NAD^+}} \underset{\text{丙酮酸}}{\overset{CH_3}{\underset{COOH}{C=O}}}$$

但 H 型同工酶与乳酸的亲和力较大,并能受丙酮酸抑制;而 M 型同工酶则恰恰相反。由此可见,H 型同工酶可使乳酸与丙酮酸间的可逆反应趋向于形成丙酮酸,即平衡向右移动;而 M 型同工酶则使丙酮酸转变为乳酸,即平衡向左移动(图 3-23)。

这些同工酶在各个器官中有不同的分布,因而每种器官都有自己特有的同工酶谱。其中,心脏中以 H_4、MH_3 含量高;骨骼肌和肝脏中则以 M_4 最高,M_3H 次之。这种同工酶的不均匀分布和各组织的能源物质的利用是相适应的。例如,心脏能利用乳酸作为能源物质,这和高活性的 H 型乳酸脱氢酶是密切相关的。因为乳酸能顺利地转变为丙酮酸,然后进入三羧酸循环氧化供能。而骨骼肌和肝脏则不能利用

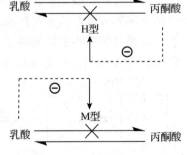

图 3-23 乳酸脱氢酶同工酶谱

乳酸作为直接能源，这和 M 型乳酸脱氢酶的催化特性是分不开的(参见扩展阅读：知识窗 6-1)。

当器官或组织发生病变时，同工酶酶谱即发生变化，这有助于鉴别和检查受损的组织或器官。

在植物中研究最多的是过氧化物酶的同工酶，它在很多植物中都已发现，而且在不同的组织或器官、不同生长发育时期、不同的生理或病理条件下，过氧化物酶同工酶的酶谱会发生很大变化。例如，在辣椒根中已分离出 10 种，不同品种的棉苗中 6~8 种(冷冻处理后可增至 8~10 种)，玉米种子中 5 种、幼苗中 6 种、叶子中 5~6 种等。乙醇脱氢酶、淀粉酶、磷酸酶、酚氧化酶等的同工酶在植物中也都有发现。

产生同工酶的原因有多种。一类是多基因位点编码的同工酶。同工酶如为单体酶，不同基因编码产物的一级结构存在差异，导致最终蛋白质的其他性质出现相应的不同；如为寡聚酶，则不同亚基由不同的基因编码，产生类似 LDH 同工酶的组合差异。从而导致即属此种类型，此类同工酶中，亚基间结构上的差异都比较大。另一类同工酶由等位基因编码，但是由于基因转录后或翻译后的加工方式差异，导致最终编码出的多肽链在一级结构上存在差异。

通常可以利用同种同工酶之间结构和性质的差异，进行同工酶的鉴定。例如，利用氨基酸序列差异使用电泳的方法分离鉴定同工酶。常用的方法是用聚丙烯酰胺凝胶电泳(参见第一章)。电泳完毕，利用同工酶专一性，利用一定的反应使同工酶显色，从而得到同工酶谱用于分析。

现在同工酶的研究已被多种学科利用，如利用同工酶可研究物种进化，可研究植物生长发育，可研究植物病害、杂交优势等。同工酶作为生物体中的一种天然标记，可反映机体里各种生理、病理的变化，因而同工酶的研究有重要的理论和实践意义。

三、共价修饰调节酶

有一些酶可以在另外的酶的催化下，以共价方式结合小分子基团或脱去与酶共价结合的基团，从而使酶从活性形式变为非活性形式或者从非活性形式变为活性形式，这种酶类称为共价修饰调节酶，也称为共价调节酶(covalently regulatory enzyme)。这类调节酶的特点首先是通过酶对酶催化而起调节作用；其次是酶活性调节的幅度要比别构酶大得多，因为这种调节方式类似于改变了酶的浓度；此外，多个共价修饰酶可以组成放大信号的级联放大系统。现在已经发现了多种共价修饰调节酶，它们以应用广泛、反应灵敏、机制多样等优势备受关注。共价修饰的类型非常多，常见的有磷酸化、乙酰化、甲基化、糖基化、腺苷化、尿苷化等，以及相应的逆反应。

糖原磷酸化酶(glycogen phosphorylase)是酶促共价修饰的典型例子。糖原磷酸化酶的作用是促进糖原的磷酸解反应，生成葡萄糖-1-磷酸(G-1-P)保持血糖或供能(参见第六章)。该酶是第一个被鉴定的磷酸化酶，因此，也可以直接称为磷酸化酶。骨骼肌和肝脏都含有糖原磷酸化酶。这种酶存在两种不同形式共价修饰，分别称为糖原磷酸化酶 a 和糖原磷酸化酶 b，区别仅仅是第 14 位的丝氨酸是否被磷酸化。糖原磷酸化酶 a 为高活性状态，而糖原磷酸化酶 b 为低(无)活性状态。当肌肉组织在剧烈运动时，需要大量葡萄糖供能，该酶可被磷酸化酶 b 激酶（phosphorylase b kinase）磷酸化为糖原磷酸化酶 a，用于快速分解肌糖原，提供糖分；当肌肉组织停止剧烈运动时，细胞内葡萄糖含量升高，葡萄糖-6-磷酸（G-6-P）分子会结合到该酶的别构中心，从而使第 14 位的丝氨酸暴露出来，便于磷蛋白磷酸酶 1（phosphoprotein phosphatase 1）催化水解磷酸基团，变成低活性的糖原磷酸化酶 b，停止分解肌糖原（图 3-24）。这里我们可以看到糖原磷酸化酶也是一种别构酶。因此，生物体内很多酶的调节方式不止一种。已知，骨骼肌中的糖原磷酸化酶受到 AMP 的别构激活，而 ATP、G-6-P 是该酶的别构抑制剂。

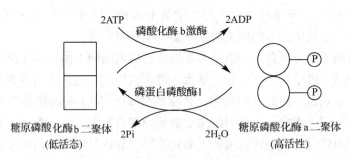

图 3-24　糖原磷酸化酶的酶促共价修饰

当然，糖原磷酸化酶的激活受到激素参与的多步调节，每步调节都会将信号放大，这种方式称为级联放大（cascade amplification）（参见第十二章）。

四、酶原及其激活

许多酶在细胞或组织内，或刚刚合成出来的时候，往往处于无活性状态，称为酶原（zymogen）。只有经过某种方式的加工后，才转变为有生物活性的酶，这一转变过程称为酶原激活（zymogen activation）。

酶原在激活前常由于没有形成完整的活性中心，不易与底物结合，故没有催化活性。酶原只有经过激活，才能转变为有活性的酶；主要激活方式是从酶原上切除一个肽段，使酶原的构象发生改变，从而形成了活性中心。下面以胰蛋白酶的激活过程来阐明这一观点。

胰蛋白酶原刚合成时，比有活性的胰蛋白酶的 N-端多了一个六肽，故其活性中心基团无法形成活性中心，无活性。当它进入小肠后，在 Ca^{2+} 的存在下，受小肠黏膜分泌的肠激酶（enterokinase）水解，使赖氨酸和异亮氨酸间的肽键被水解打断，失去一个六肽，使构象发生一定的变化，成为有活性的胰蛋白酶。这时肽链中的组氨酸(40)、天冬氨酸(84)、丝氨酸(177)和色氨酸(193)（括号中的序号是失去六肽后的顺序号）在空间上接近起来，形成了催化作用必需的活性中心，酶具有了催化活性（图 3-25）。有趣的是，被激活的胰蛋白酶不仅可用于肠道中蛋白质的水解，也能激活其他胰蛋白酶原分子。

以酶原存在的酶大多是水解酶类，在组织细胞中，这些酶在未进入作用部位前，以酶原状态存在，可保护产生及运输这些酶的组织不被水解。而当进入作用部位后，经激活剂作用，转变为有活性的酶才发挥作用，这是生物自我保护的一种方式。

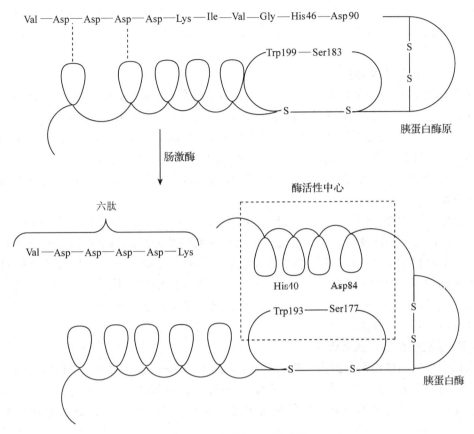

图 3-25 胰蛋白酶原的激活

第六节 核酶

一、核酶

(一)核酶的发现

20 世纪 80 年代初期,美国 Cech 和 Altman 各自独立地发现 RNA 具有生物催化功能,从而改变了生物体内所有的酶都是蛋白质的传统观念,两人共获 1989 年度诺贝尔化学奖(参见附录)。

1982 年,Cech 等发现,原生动物嗜热四膜虫(*Tetrahymena thermophila*)的 rRNA 前体在没有任何蛋白质酶的存在下,可发生自我剪接(self-splicing),在鸟苷和 Mg^{2+} 介导下,切掉自身的内含子(intron),从而使两个外显子(exon)拼接起来,变为成熟的 rRNA 分子,证明了 RNA 具有催化功能。因此,Cech 将这种具有催化活性的 RNA 定名为核酶(ribozyme)。1985 年,Cech 发现自我剪接过程中行使催化活性的是 rRNA 中内含子的一部分,称为 L19 RNA 或 L19 IVS(间插序列,intervening sequence),长度 395 nt。

1983—1984 年,Altman 和 Pace 合作发现,在 Mg^{2+} 存在下,从大肠埃希菌的核糖核酸酶 RNase P 中分离出来的 M1 RNA(占全酶 77%)具有催化 tRNA 前体成熟的活性,而组成

RNase P 的蛋白质 C5(占全酶 23%)无任何催化活性,仅仅是提高 M1 RNA 与底物的亲和力,以及提高与 Mg^{2+} 的结合从而促进催化效率。对 M1 RNA 基因进行体外转录也证实了 RNA 确有催化功能。

(二) 核酶的种类及功能

根据一级结构序列的大小不同,核酶可分为小核酶(small ribozyme)和大核酶(large ribozyme)。小核酶包括发夹状核酶(hairpin ribozyme)、锤头状核酶(hammerhead ribozyme)、HDV(hepatitis delta virus,HDV)以及 VS 核酶(Varkud satellite ribozyme),它们的序列长度都在 200 个核苷酸以下。大核酶包括核糖核酸酶 P(RNase P)、Ⅰ型内含子(group Ⅰ intron)、Ⅱ型内含子(group Ⅱ intron)以及核糖体(ribosome)等,它们的序列长度从几百到几千个核苷酸不等。

小核酶主要存在于拟病毒(virusoid)、类病毒(viroid)基因组以及微卫星 RNA(satellite RNA)中。Ⅰ型和Ⅱ型内含子在低等真核生物和植物的细胞器基因组中富集存在,它们的准确剪接对其宿主基因所编码的 RNA 的成熟至关重要。目前为止,发现有两类核酶在生物体中普遍存在,起看家功能。一类负责加工 tRNA 成熟的核糖核酸酶 P;另一类负责多肽的合成(参见第十一章)。肽键的形成是由核糖体 RNA 的肽酰转移酶活性催化的,这意味着核糖体也是一个核酶。

(三) 核酶的结构和催化机制

在研究核酶的精细结构方面,核磁共振(magnetic resonance imaging,MRI)和结晶是两个基本手段。直到 1994 年,第一个原子水平的核酶结构(锤头核酶)才被发现。虽然不同种属核酶的一级结构序列及其三级结构是非常不同的,但是它们的催化机制都有一定的规律。

小核酶和Ⅰ型内含子、Ⅱ型内含子都涉及磷酸基团的转移,反应均涉及核糖上的羟基氧对 3′,5′-磷酸二酯键中磷原子的亲核进攻。但是,前者主要利用相邻核糖的 2′-羟基作为亲核试剂,而Ⅱ型内含子主要利用较远处腺嘌呤核苷中的 2′-羟基,Ⅰ型内含子利用较远处鸟嘌呤核苷中的 3′-羟基。小核酶仅负责对特异位点剪切反应(反应可逆),因此,又称为 nucleolytic ribozyme(因为反应机制不涉及水分子,本书暂译为核苷解核酶);而对于Ⅰ型和Ⅱ型内含子来说,其反应分为两步,除前述的剪切外,下一步还要进行连接反应,如将两个外显子连接起来。

除了共价催化机制外,由于羟基属于弱亲核试剂,只有当羟基上的 H 去除后,才能提高其亲和性能。因此,广义酸碱的存在可以调节反应效率。

(四) 核酶的意义

关于世界上是先有蛋白质还是先有 DNA,这个问题一直困扰着无数科研工作者。核酶的发现打破了 RNA 分子在生命活动领域中无法替代蛋白质功能的"定论"——RNA 既能作为遗传信息的载体,又能行使酶的功能,直接支持了世界上曾经出现过"RNA 世界"(RNA world)的学说。该学说认为先有 RNA,随着生物复杂性的发展,逐渐进化出更加复杂的蛋白质代替 RNA 行使催化和结构功能,出现了更加稳定的 DNA 代替 RNA 作为遗传信息的载体。目前生物体中保留的核酶之所以没有被代替,可能是因为这些核酶完全能够满足相关生命活动的需求。但是,我们也看到,即使被保留,但是很多参与重要功能的核酶已经与多种蛋白形成了更为复杂的复合体,如核糖体、核糖核酸酶 P 等。

(五)核酶的应用前景

人工设计的核酶可特异地结合并切割致病基因 mRNA 来抑制致病基因的翻译及表达，从而达到预防及治疗疾病的目的；其也可用于识别并切割特定的病毒基因组，从而应对各种病原体的目的。因此，核酶是一种十分有前景的基因治疗工具，有望在未来的疾病治疗中发挥巨大作用。

二、脱氧核酶

虽然自然界核酶广泛分布，但似乎还没有发现具有催化活性的 DNA 分子。尽管如此，并不意味 DNA 不具有催化活性。通过体外分子进化技术，科学家筛选出了多种具有催化活性的 DNA 分子，称为脱氧核酶(deoxyribozyme，DNAzyme)。

随着越来越多的脱氧核酶被合成出来，对其功能性质的研究也随之深入，发现脱氧核酶具有 RNA 切割作用、DNA 切割作用、金属螯合作用和过氧化物酶活性、DNA 激酶活性以及 DNA 连接酶活性等多种催化功能。

由 Santoro 和 Joyce 在 1997 年筛选的能够催化 RNA 剪切反应的"10~23"型脱氧核酶是研究最活跃的脱氧核酶之一。它作为一种潜在的强有力的 RNA 特异性切割工具，无论是在体外应用于 RNA 限制性内切酶，还是在体内作为 RNA 水平上的基因失活剂，均使其可能成为对抗 RNA 病毒感染、肿瘤等疾病的新型工具，而且它比核酶更稳定，因此具有很好的应用前景。此外，通过体外分子进化技术，可以筛选到具有与各种目的分子特异结合能力的脱氧核酶，因此，脱氧核酶也可以用作生物传感器。

第七节 抗体酶

除了核酶，20 世纪 80 年代以来，酶学中另一个具有突破性进展的是抗体酶(abzyme)的发现。美国的 Richard A. Lerner 等在研究抗原抗体相互作用的机理中发现，某些抗原决定簇并非原来就处于抗原分子的表面，而是当抗原与抗体结合时才转位到抗原分子的表面。这种现象类似于酶与底物诱导契合。酶之所以能催化化学反应，在于它和底物形成中间产物时提供了一个过渡态，从而降低反应的活化能。而抗原和抗体的结合也可能有一个过渡态，使抗原分子的某些化学键断裂或形成新的化学键。在此思想指导下，Richard A. Lerner 和 Peter C. Schultz 等独立选择了一种在结构上与某些酯类水解反应的过渡态相类似的化合物作为半抗原制备单克隆抗体。发现此抗体竟能使酯的水解反应加速至少上千倍，并具有酶的基本特征，如底物特异性，pH 值依赖性和可被抑制性等。推测其机理可能是抗体与此半抗原契合时，使其形成类似于酶-底物过渡态的构象，从而催化其水解。

鉴于这类抗体兼有抗体和酶的双重特性，故命名为抗体酶。所以说抗体酶是指具有催化能力的蛋白质。其本质是免疫球蛋白，但是用人工的方法使其获得了酶的催化属性，故又称为催化性抗体(catalytic antibody)。可以预期，抗体酶的技术将为酶的定向设计展现广泛前景，如果能制造出对氨基酸序列有特异性的抗体酶，限制性地切割不同氨基酸残基间的肽键，则将对蛋白质结构的研究提供新的手段，并且抗体酶的定向设计也开辟了一个不依赖于蛋白质工程的真正酶工程领域。

第八节 酶的分离纯化及应用

在酶的研究中，酶的提取与分离纯化是一个重要的和必不可少的过程。因为在活细胞中不存在所谓的"纯酶"，它总是和其他物质或其他酶混合在一起，而且某一种酶的含量一般都是很少的。在研究某个酶的性质、作用、反应动力学、结构和功能的关系等问题时，需要把这种酶从组织细胞内提取出来，并根据不同的要求，适当纯化。对于由蛋白质组成的酶，分离纯化蛋白质的方法一般也适用。

一、酶分离纯化的一般原则

对酶进行分离纯化有两方面的目的：一是为了研究酶的理化特性（包括结构与功能、生物学作用等），对酶进行鉴定，必须用纯酶；二是作为生化试剂及用作药物的酶，常常也要求有较高的纯度。

根据酶在体内的作用部位，可以将酶分为胞外酶和胞内酶两大类。胞外酶易于分离，如收集动物胰液即可分离出其中的各种蛋白酶及酯酶等。胞内酶存在于细胞内，必须破碎细胞才能进行分离，分离步骤简述如下：

(一) 选材

应选择酶含量高、易于分离的动植物组织或微生物材料作原料。目前，利用动植物细胞体外培养技术可以大量获得珍贵的原材料，并用于酶的分离纯化，而在工业化生产中，微生物细胞发酵产酶是当今大多数酶的主要生产方法。

经发酵法生产的胞内酶在细胞破碎前要进行发酵液的预处理及细胞的分离回收。发酵液预处理方法主要是絮凝与凝聚，也可采取加热、调节 pH 值等方法，而细胞的分离回收则可采用过滤、离心分离，这两种方法也是酶分离纯化的初级手段。

(二) 破碎细胞

动物细胞较易破碎，通过一般的研磨器、匀浆器、捣碎机等就可达到目的；植物细胞具有较厚的细胞壁，较难破碎，需要用超声波、细菌磨、溶菌酶、某些化学试剂（如甲苯、去氧胆酸钠）或冻融等处理加以破碎；微生物细胞则可通过高压匀浆器、球磨机或细菌磨等进行破碎。

(三) 抽提

在低温下，用水、稀酸、稀碱或稀盐溶液，可从已破碎的细胞中将酶溶出，对于与脂质结合或含有较多非极性基团的酶，则可用有机溶剂提取，抽提过程应注意温度、pH 值及提取液体积的控制。这样所得的粗酶液中往往含有很多杂蛋白及核酸、多糖等成分。

(四) 分离纯化

根据酶是蛋白质这一特性，用一系列分离蛋白质的方法，如沉淀（包括盐析、有机溶剂沉淀、等电点沉淀等）、离心（差速离心、密度梯度离心、等密度梯度离心）、萃取（有机溶剂萃取、双水相萃取、超临界流体萃取、反胶束萃取）、膜分离技术等经典方法分离。

酶是生物活性物质，在分离纯化时必须考虑尽量减少酶活力的损失，因此，全部操作需在低温下进行（耐高温酶则可在室温进行）。一般在 0~5℃ 进行，用有机溶剂分级分离时必须在 -20~-15℃ 进行。为防止重金属使酶失活，有时需加入少量的 EDTA 螯合剂；为防止酶蛋白的巯基被氧化失活，需要在抽提溶剂中加入少量巯基乙醇。在整个分离纯化过程中不能过度搅拌，以免产生大量泡沫，使酶变性。

若要得到纯度更高的制品，还要进一步纯化，常用的方法主要有吸附法，如磷酸钙凝胶吸附；各种层析技术，如离子交换层析（ion-exchange chromatography）、凝胶过滤层析（gel filtration chromatography）、亲和层析（affinity chromatography）、疏水层析（hydrophobic interaction chromatography）等；电泳技术；结晶等。

在分离纯化过程中，必须过程监控，即按照方案的关键节点测定酶的总活力和比活力并计算纯化倍数，以指导分离纯化工作正确进行。

（五）保存

最后需要将酶制品浓缩、干燥或结晶，以便于保存。酶制品一般应在-20℃以下低温保存。

酶很易失活，不能高温烘干，可用的方法是：

①保存浓缩的酶液　用硫酸铵沉淀或硫酸铵反透析法使酶浓缩，使用前再透析除去硫酸铵。

②冰冻干燥　对于已除去盐分的酶液可以先在低温下结冰，再减压使水分升华，制成酶的干粉，保存于冰箱中。

③浓缩液加入等体积甘油后，可于-20℃下长期保存。

④对于分析试剂或医疗用酶则应做结晶处理。

二、酶的应用

酶在常温常压的温和条件下能高效、专一地催化反应，许多难以进行的有机化学反应在酶的催化下也能顺利进行，而且可以避免或减少副反应，有利于产物分离。但酶的化学本质是蛋白质，稳定性差，对热、强酸、强碱、有机溶剂等敏感而易变性，即使在酶反应的最适条件下，随着时间的延长，反应速率也会逐渐下降，反应后，酶难以回收，因此大大限制了酶的应用，尤其在现代化生产中的应用。近代发展起来的酶工程有效地克服了上述局限性，使酶反应的应用前景更加广阔。现从以下两方面介绍酶在实践中的应用。

（一）酶法分析的应用

酶法分析是指以酶为分析工具或分析试剂的一类分析方法，其目的是用以测定样品中除酶以外的其他物质含量，其原理和方法都是基于酶对底物的专一性和催化反应的高效性。在进行酶法分析时，必需根据分析对象，选择适宜的"工具酶"才能有效地通过酶反应测定未知物的含量。在此主要介绍酶法分析中常用的酶电极的应用。

酶电极是一种生物传感器（biosensor），由两部分构成：一部分是一层具有专一性的酶膜，相当于感应器的受体，有识别底物（待测物）的能力；另一部分是一个金属电极，能把酶反应产物或反应物的变量转换成电信号，相当于信号变换器。现以测定葡萄糖浓度的酶电极为例，说明它的应用。测定选用葡萄糖氧化酶为"工具酶"，它被固定在多孔性的醋酸纤维薄膜中制成酶膜，金属电极以铂（Pt）为正极，银（Ag）为负极，将酶膜覆盖在电极上即成酶电极（图3-26）。测定时，将酶电极浸入葡萄糖溶液中，酶即与底物进行下列酶反应：

$$葡萄糖 + O_2 \xrightarrow{\text{葡萄糖氧化酶}} 葡萄糖酸 + H_2O_2$$

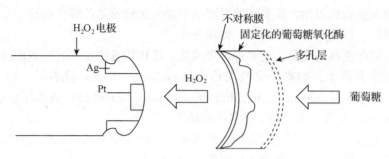

图 3-26　葡萄糖氧化酶酶膜与电极示意图

反应中产生的 H_2O_2 扩散到 Pt 电极,即被分解放出电子: $H_2O_2 \longrightarrow O_2 + 2H^+ + 2e^-$。所产生的电流经放大成电信号,由于 H_2O_2 与葡萄糖之间的定量关系,此电信号以电流或电压值指示葡萄糖含量。

酶电极已广泛用于化验分析和自动化检测。在医疗临床检测中,其简便快速、用样量少、灵敏度高,对有色样液(如血样)也可直接测定。在工业生产上也不乏应用酶电极监测生产的中间过程。例如,用谷氨酸氧化酶酶膜做成酶电极,由于此酶催化下列反应:

$$\text{谷氨酸} + O_2 + H_2O \longrightarrow \alpha\text{-酮戊二酸} + NH_3 + H_2O_2$$

因此,将酶电极安装在发酵法生产谷氨酸钠(味精)的发酵罐的适宜位置,可随时监测发酵过程中谷氨酸含量的动态变化,以便在发酵液中谷氨酸含量最高时放罐,获得最大得率。

(二)酶工程的应用

通过利用各种酶工程技术做成的酶制剂在工业、医药、农业、能源开发、环境工程等各方面有着广泛的应用和发展潜力。

1. 工业方面

由于酶具有反应条件温和、催化效率高、专一性强等特点,因而被广泛应用于化工、制药、食品加工等各方面,并日益受到重视。

生产淀粉糖是酶制剂在工业生产上最成功且规模较大的应用,其中果葡糖浆的酶法生产受到更多的重视。它以玉米淀粉为原料,先经 α-淀粉酶将淀粉液化为糊精,再利用葡萄糖淀粉酶将糊精转化为葡萄糖,再通过葡萄糖异构化酶(固定化酶)酶柱,使部分葡萄糖被异构化为果糖,流出来的产品即为含果糖和葡萄糖的混合糖浆。这种生产方法产量高、质量好、工艺简化、成本低,充分显示了酶法生产的优越性。

在皮革工业中,蛋白酶用于脱毛和软化皮革;在蚕丝精炼中,用木瓜蛋白酶脱丝;在橡胶、塑料工业中,用过氧化氢酶作发泡剂;在纺织工业中,用淀粉酶使布退浆;在食品工业中,用淀粉酶生产麦芽糖,用柚苷酶使橙汁脱除苦味等。

2. 医学方面

主要有药用酶和诊断用酶两方面。最常用的药用酶是消化酶和消炎酶类,如胃蛋白酶、菠萝蛋白酶、胰蛋白酶以及溶菌酶等。为了提高药用酶的疗效,往往用酶工程方法将酶制成微囊、脂质体、红细胞载体等,或口服或注射。

诊断用酶是一类酶分析试剂。利用检测体内某些与疾病有关的代谢物质或与疾病有关的酶的变化来诊断病情。酶法检测快速、简便、准确、灵敏,因而发展很快,已商品化的诊断用酶有百余种。例如，应用转氨酶诊断肝病，乳酸脱氢酶诊断心肌病，淀粉酶诊断急性胰腺炎等。必须指出，诊断用酶对纯度要求较严格，如果杂酶混入过量，将会影响检测结果，如乳酸脱氢酶中杂有的醛缩酶浓度不得大于 0.001%。

3. 农业方面

在我国，酶制剂主要用于饲料生产，而且使用的多为水解酶。例如，利用微生物淀粉酶、纤维素酶、果胶酶通过发酵法制备青贮饲料、糖化饲料等。近年来，用这些水解酶降解作物秸秆，其降解产物用以培养饲料酵母，生产单细胞蛋白，作为饲料生产的新蛋白源。此外，酶制剂作为添加剂直接用于饲料中。例如，用微生物发酵法制得含多种消化酶的粗酶，经葡萄糖类载体吸附制成复合酶添加剂，配入饲料中可促进饲料原料中大分子营养物质的降解，易被禽畜吸收消化，提高饲料利用率。

4. 能源开发和环境工程方面

利用酶工程从植物、林产品、废弃物（废纸、天然纤维等）生产燃料已成为近代各国能源开发的热点之一。这些物质主要是大分子化合物，经酶解为葡萄糖，再利用固定化酶将它进一步分解，产生氢气、甲烷、乙醇等可部分取代汽油作为燃料。此生物燃料的开发大大降低了空气污染。中国、巴西、德国、日本、美国等已有用作汽车燃料的混合乙醇燃料出售，显现出诱人的前景。

酶在净化废水、治理环境污染方面的应用正日益受到广泛的重视，随着工农业生产及生活现代化水平的提高，水的污染已成为世界性的严重问题，酶在废水处理和水体环境保护中起着重要的作用。例如，利用假单胞菌、镰刀霉菌的氰分解酶系，可将工业有毒废水中的氰化物转变成 CO_2 和 H_2：

$$HCN \xrightarrow[H_2O]{氰水解酶} HCONH_2 \xrightarrow[NH_3]{甲酰胺酶} HCOOH \xrightarrow{甲酸脱氢酶} CO_2 + H_2$$

此外，用酶法净化环境，处理生活废水的应用正在大力发展。例如，人们已经可以用复合酶制剂（以纤维素酶为主，辅以脂肪酶、蛋白酶、淀粉酶等）作甲烷发酵促进剂，处理水道流出的废水（包括粪便），不仅去污效果好，而且脱臭。

第九节　酶工程

一、酶工程的概念及研究内容

酶工程（enzyme engineering）又称酶技术，是指依照酶分子结构特征和催化原理加工、改造酶分子或设计新酶分子，使之能够规模生产和应用的技术。根据研究问题的方向和解决问题的方法不同将酶工程分为两大类：

（一）化学酶工程

化学酶工程又称为初级酶工程，主要由酶学和化学工程技术相结合发展而成，它包括自然酶、固定化酶、化学修饰酶和人工模拟酶的技术及其应用。其目的是改善酶的稳定性，提高酶的催化效率，以便用于现代化生产。

（二）生物酶工程

生物酶工程是在化学酶工程基础上发展起来的，是酶学和以 DNA 重组技术为主的现代分子生物学技术相结合的产物。生物酶工程主要包括3个方面：①用基因工程技术大量生产酶（工程酶或克隆酶）；②对酶基因进行修饰，产生遗传修饰酶（突变酶）；③设计新的酶基因，合成自然界不曾有过、性能稳定、催化效率更高的新酶。

生物酶工程应用涉及遗传工程的基本理论与技术，详细内容请参阅有关专著。这里仅简要介绍化学酶工程的应用。

二、酶工程的应用

(一) 自然酶

工业酶制剂的主要来源是微生物，其次是动物和植物。目前，用量最大的是淀粉酶和蛋白酶，占酶制剂消费总量的70%~80%。蛋白酶约有一半用于食品工业，其余用于制药、制革或制造工业。

(二) 化学修饰酶

为达到预想的催化效能，在保留自然酶的基本结构的前提下，可通过化学修饰改善酶的结构与性能，以利于它在工业和医学上的应用。常用的3种方法是：

1. 修饰酶的功能基团

酶分子表面的游离基团如—NH_2、—COOH、—OH等，可与某些化学试剂反应，使酶结构发生改变、性质得到改善。这种化学修饰可消除酶分子中导致变性和催化构象发生改变的不利的静电斥力。

2. 交联反应

某些双功能性化合物如二异硫氰酸酯、烷化剂与戊二醛等，可作为交联剂使酶发生分子间或分子内的交联反应，能使酶活性比自然酶稳定，而酶本身的特性又不丧失。

3. 酶与高分子化合物结合

某些蛋白质、多糖及聚乙二醇等高分子物质与酶结合后也可改善酶的性质，如热稳定性增加等。

修饰酶与天然酶相比，稳定性增强，减弱或消除了免疫原性，为药用酶的开发利用提供更广阔的前景。例如，用双聚乙二醇修饰牛血铜锌超氧化物歧化酶（Cu/Zn SOD），得到修饰酶。它在抗蛋白变性剂（脲、盐酸胍等）、抗胃蛋白酶水解以及抗原抗体反应等方面都有显著的改善（表3-8）。

表3-8 SOD与修饰SOD一些性质的比较　　　　　　　　　%

SOD	酶活残留率		结合力	
	SOD	修饰SOD	SOD	修饰SOD
抗盐酸胍能力（6 mol/L，37℃，30 min）	54	86		
抗胃蛋白酶消化能力（37℃，30 min）	20	55		
SOD抗血清反应（结合力）			100	27

(三) 固定化酶

固定化酶（immobilized enzyme）是指水溶性酶经吸附、偶联、交联、包埋等理化方法处理后，成为不溶于水但仍具有酶活性的一种酶的衍生物。它在催化反应中以固相状态作用于底物。固定化酶的优点如下：

①酶固定化后可以提高其稳定性。在工业生产中，酶失活最重要的原因是受热失活。为了增加产率和防止微生物污染，工业生产中常常需要提高反应器的温度，但随之而来的是酶蛋白受热变性失活。固定化后，由于酶分子是通过若干共价键或非共价键与支持物相连接，在这种状态下酶分子很稳定，酶的构象在高温下就不容易变性，所以耐高温。耐高温后，反应中残留的杂质（如细菌）少，纯度提高。

有些酶（如蛋白酶）失活主要是由于自溶。蛋白酶固定化后，酶分子之间接触的机会少，可避免分子间自我消化，从而使稳定性大大提高。

固定化后，还能使一些不耐氧的酶（如固氮酶、氢化酶等）的稳定性显著提高。氧气在浓盐溶液中的溶解度比在纯水中小得多，如果把酶固定在带很多电荷的支持物表面，则酶所处的微环境中离子强度很高，结果在这个微环境里氧的浓度比周围水中低得多，所以可以提高抗氧化性。

②固定化酶有一定的机械强度，可用搅拌或装柱的方式使之与底物溶液充分作用。这样在工业上可连续化、管道化和自动化。

③固定化酶使用前可以充分洗涤，故不会带进杂质；反应中酶与产物可以自然地分开，无须分离纯化，可反复利用。例如，葡萄糖氧化酶通过戊二醛固定后，可反复利用 20~30 次。

制备固定化酶的方法可分 4 类：

(1) 酶与固体支持物通过共价键相连接

例如，可以用多孔陶瓷使葡萄糖异构酶和乳糖酶固定化。固定化分两步进行：首先使支持物活化，然后使酶固定化。先用 3-氨丙基三乙氧基硅烷 $(C_2H_5O)_3Si(CH_2)_3NH_2$ 使支持物活化，形成陶瓷—$Si(C_2H_5O)_2$—$(CH_2)_3NH_2$，再与戊二醛作用，其中的—NH_2 与戊二醛作用，羰基形成希夫碱（Schiff base）：—$N\overset{H}{=}C$—$(CH_2)_3$—$\overset{H}{C}=O$，洗去未反应的戊二醛后，加入酶液，酶分子上的—NH_2 与游离的羰基相结合，将酶固定化。

(2) 把酶吸附在固定惰性支持物上

常用的固体惰性支持物有活性炭、多孔玻璃、离子交换纤维素等。此法操作简单方便，但固定化酶容易解吸后脱落，常常把固定化酶用半透性膜包起来。

(3) 包埋法

配制凝胶时把酶加进去，从而把酶包埋在凝胶中。由于凝胶中有网孔，底物流过时可与酶反应。例如，将 β-半乳糖苷酶包埋于醋酸纤维素凝胶格子中，稳定性很好，在 25℃下作用 60 d 后，剩余酶活力仍达 90%。

(4) 交联法

通过交联剂使酶相互连在一起，由于它有网孔，可与底物反应。

常用的交联剂是双官能团试剂，有戊二醛 [OHC—$(CH_2)_3$—CHO]、脂肪族二胺 [H_2N—$(CH_2)_x$—NH_2] 等。戊二醛和酶分子上的氨基进行交联，即

$$R—\overset{O}{\overset{\|}{C}}—H + H_2N—酶 \longrightarrow R—\overset{O}{\overset{\|}{C}}—NH—酶 + 2H^+$$

酶不止一个氨基，交联剂另一头还有功能基团，这样反复交联使酶分子之间形成网状

结构。

脂肪族二胺和酶上的—COOH反应，发生交联。

(四) 人工酶

模拟酶的生物催化功能，用化学方法合成了称为人工酶的催化剂。其制法有两种：

1. 半合成酶

将具有催化活性的金属或金属有机物与有结合特异性的蛋白质相结合，便可形成新的生物催化剂——半合成酶。以天然蛋白质或酶为母体，用化学或生物学方法引进适当的活性部位或催化基团，或改变其结构从而形成一种新的人工酶。

2. 全合成酶

这类人工酶是小分子有机物。它们通过并入酶的催化基团来控制空间构象，像自然酶那样选择性地催化反应。不过，这类酶因催化效率低，尚无实用价值。

第十节 维生素和辅酶

维生素(vitamin)是维持人体正常生命活动所必需的一类微量(通常以每日 mg 或 μg 计量)小分子有机化合物。这些化合物在机体中自身不能合成或合成量远无法满足正常生理活动需求。不同的维生素化学结构不同，生化功能各异。人、动物及多数微生物其自身只能合成少数几种维生素，如人体能合成维生素 D，大鼠能合成维生素 C，而其他多数维生素必须从食物中摄取，而植物能合成自身所需的大部分维生素，但不能合成维生素 B_{12}。因此，植物是供给人、动物和微生物所需维生素的主要来源。

人类对维生素的发现和认识也是生物化学史上最重要的事件之一，它在体内含量很少，但对维持人体正常生命活动却有着不可替代的作用。因为，大多数维生素的衍生物是各种酶的组成成分，参与生物体内的代谢。当机体缺乏某种维生素时，会影响相应酶的催化功能，使代谢发生障碍，影响到正常的生命活动，甚至会发生多种疾病，称为维生素缺乏症(avitaminosis)。对人类来说，维生素虽然必需，每天所需的量有一定的范围，过多摄入或使用不当，反而有害无益。

从化学结构上看，维生素都是小分子物质，在结构上无共同性，差异很大，不能按其结构分类。习惯上按照溶解性，将维生素分为水溶性维生素和脂溶性维生素两大类。脂溶性维生素有维生素 A、维生素 D、维生素 E 和维生素 K 4 类，水溶性维生素有 B 族维生素和维生素 C 等。对于不同的维生素，人体每日所需量差异也很大。

表 3-9 中列出酶的一些主要辅因子及其在催化中作用和与维生素的关系。

表 3-9 酶的一些辅基或辅酶

辅基或辅酶	与维生素的关系	酶例	主要功能
焦磷酸硫胺素(TPP)	含硫胺(V_{B_1})	丙酮酸脱羧酶	酰基转移和 α-酮酸的脱羧作用
黄素单核苷酸(FMN)	含核黄素(V_{B_2})	羟乙酸氧化酶	氧化还原反应
黄素腺嘌呤二核苷酸(FAD)	含核黄素(V_{B_2})	琥珀酸脱氢酶	氧化还原反应
烟酰胺腺嘌呤二核苷酸(NAD^+)	含烟酰胺(V_{B_3})	乳酸脱氢酶	氧化还原反应

(续)

辅基或辅酶	与维生素的关系	酶例	主要功能
烟酰胺腺嘌呤二核苷酸磷酸（NADP$^+$）	含烟酰胺（V_{B_3}）	G-6-P 脱氢酶	氧化还原反应
辅酶 A（CoA）	含泛酸（V_{B_5}）	脂酰辅酶 A 合酶	酰基转移
磷酸吡哆醛（PLP）	含吡哆素（V_{B_6}）	转氨酶	氨基酸转氨基、脱羧作用
生物胞素	含生物素（V_{B_7}）	丙酮酸羧化酶	传递 CO_2
脱氧腺苷钴胺素、甲基钴胺素	含钴胺素（$V_{B_{12}}$）	甲基丙二酸单酰-CoA 变位酶	分子内重排、甲基化
四氢叶酸（THF）	含叶酸（$V_{B_{11}}$）	丝氨酸转羟甲基酶	传递一碳单位
硫辛酸赖氨酸	硫辛酸	丙酮酸脱氢酶系	酰基转移、氧化还原反应
抗坏血酸	Vc	脯氨酰羟化酶	氧化还原反应

一、水溶性维生素

（一）维生素 B_1

维生素 B_1 分子结构中含有噻唑环（含硫）和嘧啶环，还含有氨基，故又称为硫胺素（thiamine）。K. Lohmann 和 P. Schuster 于 1937 年获得焦磷酸硫胺素，并命名为脱羧辅酶（cocarboxylase），也称焦磷酸硫胺素（thiamin pyrophosphate，TPP），结构式如下：

焦磷酸硫胺素

焦磷酸硫胺素是维生素 B_1 在生物体内的活性形式，是一些脱羧酶的辅酶，如丙酮酸脱羧酶。缺乏维生素 B_1 时糖代谢受阻，丙酮酸在体内积累，能量供应减少，因而神经系统不能维持正常功能，是人脚气病（beriberi）的病因。动物缺乏则出现多发性神经炎。维生素 B_1 广泛存在于植物中，谷类、豆类的种皮中含量很丰富，如麦穗中含维生素 B_1 达 10~15 μg/g；肉（尤其是猪肉）、蛋以及酵母中也含有维生素 B_1。

维生素 B_1 是白色针状晶体，易溶于水，在酸性溶液（pH<3.5）即使加热至 120℃ 也不破坏，在碱性溶液中极不稳定，且易被氧化。因此，在烹调过程中由于淘米过度而使维生素 B_1 大量丢失，或由于加碱蒸煮而使它大量破坏。

（二）维生素 B_2

维生素 B_2 化学名称为核黄素（riboflavin），是核糖醇和 7,8-二甲基异咯嗪的缩合物。

在体内核黄素以黄素单核苷酸(flavin mononucleotide, FMN)和黄素腺嘌呤二核苷酸(flavin adenine dinucleotide, FAD)的形式存在。FMN 和 FAD 的结构式如下：

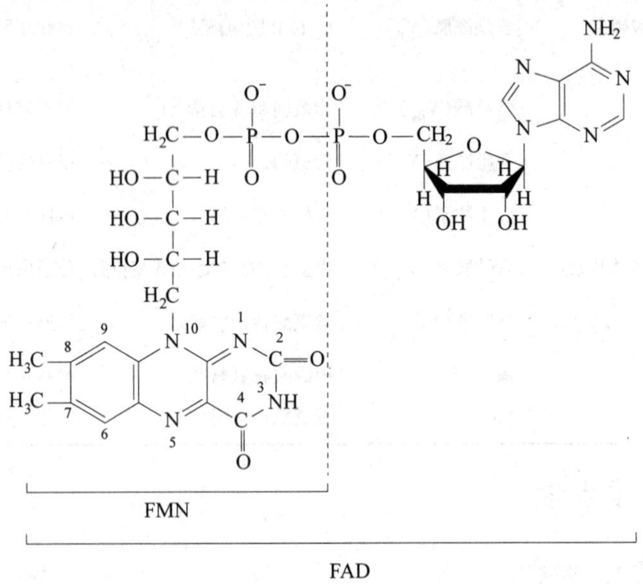

FMN 和 FAD 都能可逆地接受和供出质子和电子，这种反应发生在异咯嗪的 1 位和 5 位 N 原子上：

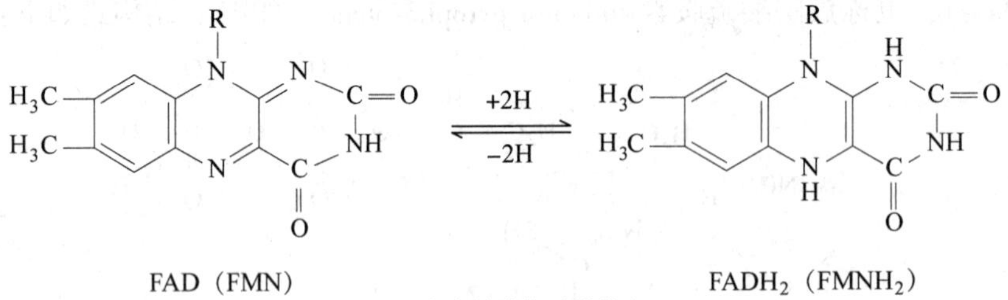

（R代表前式部分结构）

异咯嗪的氧化型吸收 450 nm 波长附近的光，呈亮黄色。当它被还原或"漂白"(bleached)时，无色。核黄素为橙黄色针状结晶，能溶于水及乙醇，不溶于丙酮、乙醚及氯仿等有机溶剂。核黄素在暗处、酸性及中性溶液中对热稳定，但容易被光或紫外线分解。

FMN 和 FAD 是多种氧化还原酶的辅基，与 FMN 或 FAD 结合的酶蛋白称为黄素蛋白(flavoprotein)或黄素酶(flavoenzyme)，处于氧化型时，通常呈黄色、红色或蓝绿色，被还原时，失去颜色。含 FMN 的脱氢酶有：L-氨基酸氧化酶、NADP-细胞色素氧化酶等；而含 FAD 的酶有：琥珀酸脱氢酶、脂酰-CoA 脱氢酶、硝酸还原酶(nitrate reductase)、黄嘌呤氧化酶(xanthine oxidase)等。

维生素 B_2 广泛存在于动植物中，黄豆(豆芽)、小麦、花生、糙米、酵母、绿色蔬菜及动物肝、肾、心、乳及蛋黄中维生素 B_2 含量尤其丰富。缺乏维生素 B_2 会引起口角炎、唇炎、舌炎、眼睑炎、阴囊皮炎、角膜血管增生等症状。

(三)维生素 PP

维生素 PP 的名称源自 pellagra preventing(抗癞皮病)二词的第一字母，又称维生素

B_3。它包括烟酸(nicotinic acid)和烟酰胺(nicotinamide)两种化合物，是吡啶衍生物。其化学结构如下：

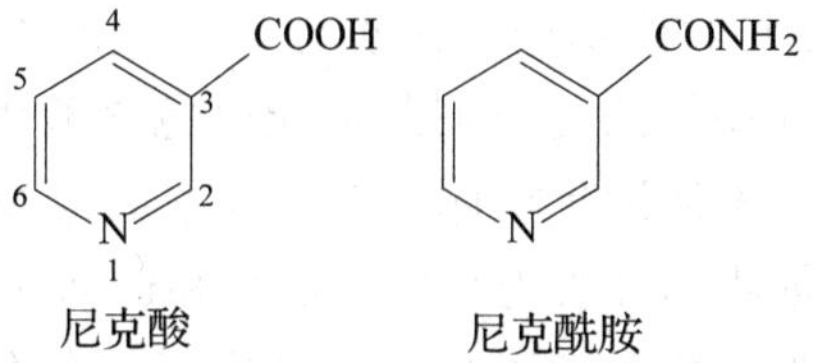

尼克酸　　　尼克酰胺

含有烟酰胺的辅酶有两种，它们是烟酰胺腺嘌呤二核苷酸(nicotinamide adenine dinucleotide)缩写为 NAD^+，也称为辅酶Ⅰ(coenzyme Ⅰ)，通常简写为 CoⅠ。另外一个烟酰胺辅酶是烟酰胺腺嘌呤二核苷酸磷酸(nicotinamide adenine dinucleotide phosphate)缩写为 $NADP^+$，也称为辅酶Ⅱ(CoⅡ)。其化学结构如下：

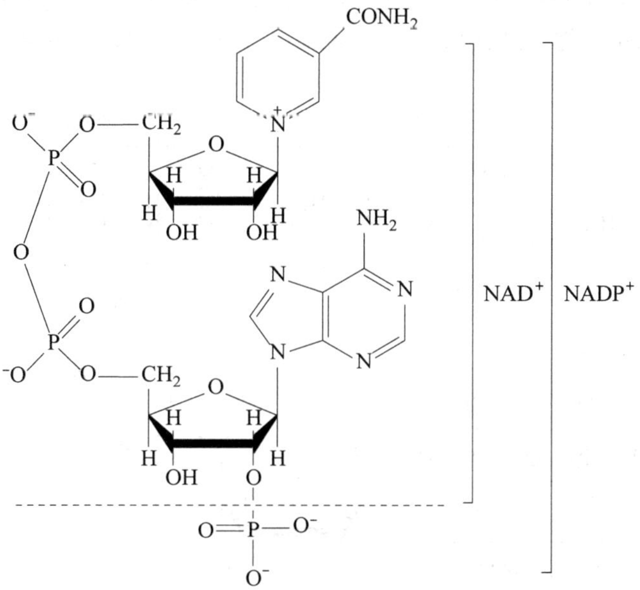

NAD^+ ｜ $NADP^+$

许多脱氢酶可以 NAD^+ 和 $NADP^+$ 作为辅酶。这两种辅酶都能可逆地接受并供出质子和电子，因而参与底物的氧化还原过程。这种反应主要发生在烟酰胺核苷酸的吡啶环上：

氧化型，NAD^+　　　还原型，$NADH + H^+$

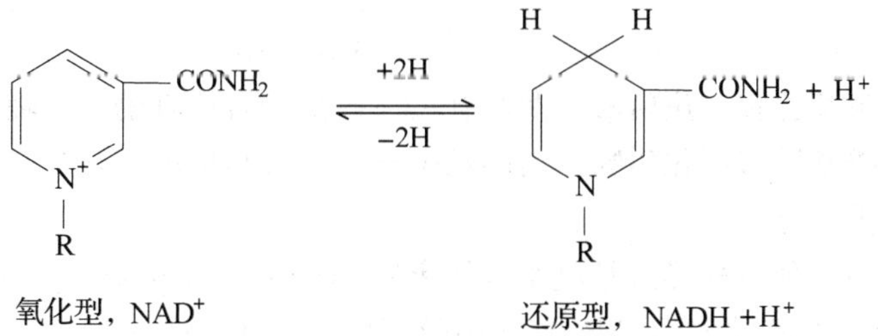

一般将上述反应式写成如下简式：

$$NAD^+(NADP^+) + 2H^+ + 2e^- \rightleftharpoons NADH(NADPH) + H^+$$

烟酸和烟酰胺均为无色或白色针状结晶。烟酸在水和乙醇中溶解度小，不溶于乙醚；而烟酰胺则易溶于水和乙醇，微溶于乙醚。它们在酸、碱及空气中都较稳定，高温和高压也不能改变其生物活性。烟酰胺的氧化型和还原型的吸收光谱都在 260 nm，摩尔吸收系数也很接近,但是在 340 nm 波长处的光吸收不同,还原型在此有一吸收峰,而氧化型没有。这一特点可以用来追踪酶促反应过程中烟酰胺的氧化还原程度。

维生素 PP 广泛存在于动植物组织中,如瘦肉、肝、蛋黄、豆类、花生、谷类胚芽等,米糠、酵母中含量丰富;人和动物的肠道细菌也能以色氨酸为原料合成维生素 PP,作为补充,但是这个合成量有限,不能满足机体需要。人在衰老过程中 NAD^+ 的下降被认为导致疾病和残疾的主要原因,如听力和视力丧失,认知和运动功能障碍,免疫缺陷,自身免疫炎症反应失调导致的关节炎、代谢障碍和心血管疾病。在人体中 NAD^+ 最直接的前体是 β-烟酰胺单核苷酸(NMN),因此,补充 NMN 可以提高体内 NAD^+ 含量。缺乏维生素 PP 还会导致癞皮病。

(四) 维生素 B_5

维生素 B_5,即泛酸(pantothenic acid)是 α,γ-二羟基-β,β-二甲基丁酸与 β-丙氨酸通过酰胺键相结合的化合物,是辅酶 A(coenzyme A,简写为 CoA-SH 或 CoA)的组成成分。辅酶 A 的结构如下:

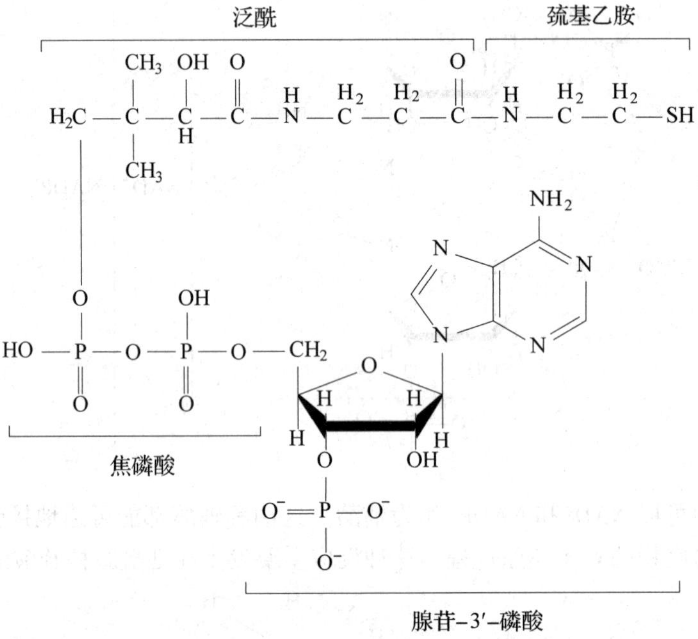

可见,泛酸与巯基乙胺、焦磷酸以及腺苷-3′-磷酸结合成辅酶 A。辅酶 A 是转酰基酶的辅酶,它能通过酰基转移催化生物体内的乙酰化反应或其他酰基化反应,这对糖代谢和脂肪酸的代谢都有重要意义。

泛酸在体内的另一种活性形式是酰基载体蛋白(acyl carrier protein,ACP)。该蛋白中,泛酸以 4-磷酸泛酰巯基乙胺的形式与 ACP 中丝氨酸的羟基相连。

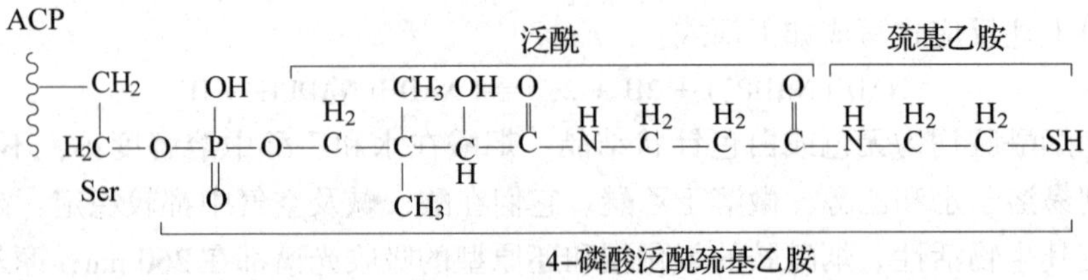

4-磷酸泛酰巯基乙胺

泛酸为黄色黏稠的油状物,易吸潮。泛酸易溶于水、乙酸及乙醇中,不溶于苯和氯仿。加热易分解破坏。在近中性(pH 5~7)的溶液中稳定。

泛酸广泛存在于动植物体中,因此又称遍多酸,缺乏的情况极少。在米糠、花生、豌豆、胡萝卜、酵母、苜蓿等,以及肝、肾、蛋、瘦肉中含量都较丰富。

(五)维生素 B_6

维生素 B_6 包括吡哆醛(pyridoxal)、吡哆胺(pyridoxamine)和吡哆醇(pyridoxine)3 种化合物。其结构式如下:

吡哆醛　　　　　吡哆胺　　　　　吡哆醇

吡哆胺和吡哆醛的磷酸酯,即磷酸吡哆胺(pyridoxamine-5-phosphate)和磷酸吡哆醛(pyridoxal-5-phosphate,PLP)是其生物学活性形式,是氨基酸转氨、消旋和部分脱羧反应相关酶的重要辅酶,在氨基酸代谢中起着重要作用。两者在生理条件下可以互变。例如,在氨基酸的转氨作用(transamination)中,转氨酶以磷酸吡哆醛为辅酶。在反应中,磷酸吡哆醛通过希夫碱,即醛亚胺(aldimine)$\begin{pmatrix} R_{1(2)} & P \\ HCN{=}CH \\ HOOC \end{pmatrix}$ 和酮亚胺(ketimine)$\begin{pmatrix} R_{1(2)} & P \\ C{=}N{-}CH \\ COOH & H \end{pmatrix}$ 的形式与磷酸吡哆胺交替转变,从而完成氨基的转移。反应的机理如下:

$$\begin{array}{c} R_1 \\ HCNH_2 \\ COOH \end{array} + \begin{array}{c} P \\ O{=}CH \end{array} \xrightleftharpoons[+H_2O]{-H_2O} \begin{array}{c} R_1 \quad P \\ HC{-}N{-}CH \\ COOH \end{array} \rightleftharpoons \begin{array}{c} R_1 \quad P \\ C{=}N{-}CH \\ COOH \; H \end{array} \xrightleftharpoons[+H_2O]{-H_2O} \begin{array}{c} R_1 \\ C{=}O \\ COOH \end{array} + \begin{array}{c} P \\ H_2N{-}C{-}H \\ H \end{array}$$

$$\begin{array}{c} R_1 \\ C{=}O \\ COOH \end{array} + \begin{array}{c} P \\ H_2N{-}C{-}H \\ H \end{array} \xrightleftharpoons[+H_2O]{-H_2O} \begin{array}{c} R_1 \quad P \\ C{=}N{-}C{-}H \\ COOH \quad H \end{array} \rightleftharpoons \begin{array}{c} R_2 \quad P \\ HC{-}N{=}CH \\ COOH \end{array} \xrightleftharpoons[+H_2O]{-H_2O} \begin{array}{c} R_2 \\ HCNH_2 \\ COOH \end{array} + \begin{array}{c} P \\ O{=}CH \end{array}$$

式中,$\begin{array}{c} P \\ O{=}CH \end{array}$ 和 $\begin{array}{c} P \\ H_2N{-}C{-}H \\ H \end{array}$ 分别表示磷酸吡哆醛转氨酶(pyridoxal phosphate transaminase)和磷酸吡哆胺转氨酶(pyridoxamine phosphate transaminase)。

维生素 B_6 为无色晶体,易溶于水和乙醇。在酸性溶液中稳定,在碱性溶液中易被破坏。吡哆醇对光敏感,对热稳定,但吡哆醛和吡哆胺在高温时迅速破坏。

维生素 B_6 在自然界分布较广,米糠、大豆、酵母、肝、肉、鱼、蛋类中含量丰富。肠道细菌也能合成,因此,维生素 B_6 的缺乏情况极少。

(六)生物素

生物素(biotin),又称维生素 H 或维生素 B_7,是由噻吩与尿素合并而成的双环化合物，在侧链上有一个五碳的羧酸(戊酸)。生物素的结构如下：

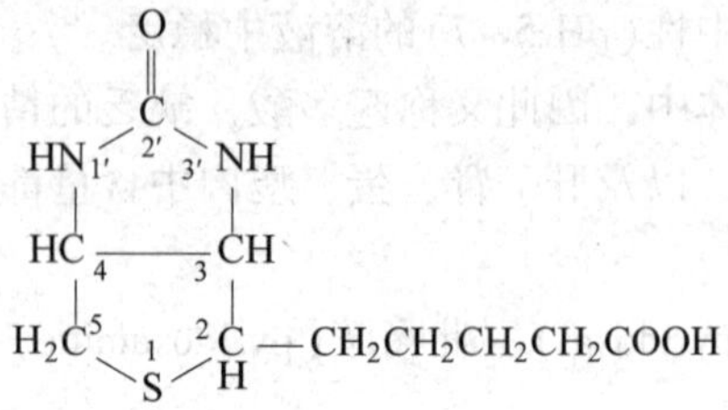

$$\begin{array}{c} O \\ \| \\ HN_{1'} \quad 2' \quad 3'NH \\ | \quad \quad | \\ HC_4 \text{—} 3CH \\ | \quad \quad | \\ H_2C_5 \quad ^2CH\text{—}CH_2CH_2CH_2CH_2COOH \\ \ \ \searrow S \swarrow \\ \ \ \ \ 1 \end{array}$$

生物素是许多羧化酶的辅基，参与对 CO_2 的固定。例如，丙酮酸羧化酶催化丙酮酸与 CO_2 结合产生草酰乙酸，这一反应需要生物素参加。生物素通过戊酸侧链与羧化酶的某一个赖氨酸的 ε-NH_2 形成酰胺键，这种生物素-赖氨酸官能团称为生物胞素(biocytin)，即生物素的辅酶形式。生物胞素由生物素蛋白连接酶(biotin protein ligase)催化形成。羧化作用在光合作用和脂肪酸的生物合成中具有重要的意义。

生物素为无色针状结晶，易溶于热水和稀碱，不溶于乙醇和氯仿。耐酸，比较耐碱和耐热。

生物素广泛分布于动植物界，如肝、肾、蛋黄、谷类、蔬菜、酵母中都有，大量的生物素可从卵黄中提取。肠道微生物也可以合成生物素，因此一般很少缺乏。有趣的是，鸡蛋的蛋清中含有亲和素(avidin)，一种抗生物素蛋白，与生物素具有很高的亲和力，能够阻碍生物素的吸收。

(七) 维生素 B_{12}

维生素 B_{12} 是目前最晚发现的维生素，结构非常复杂：

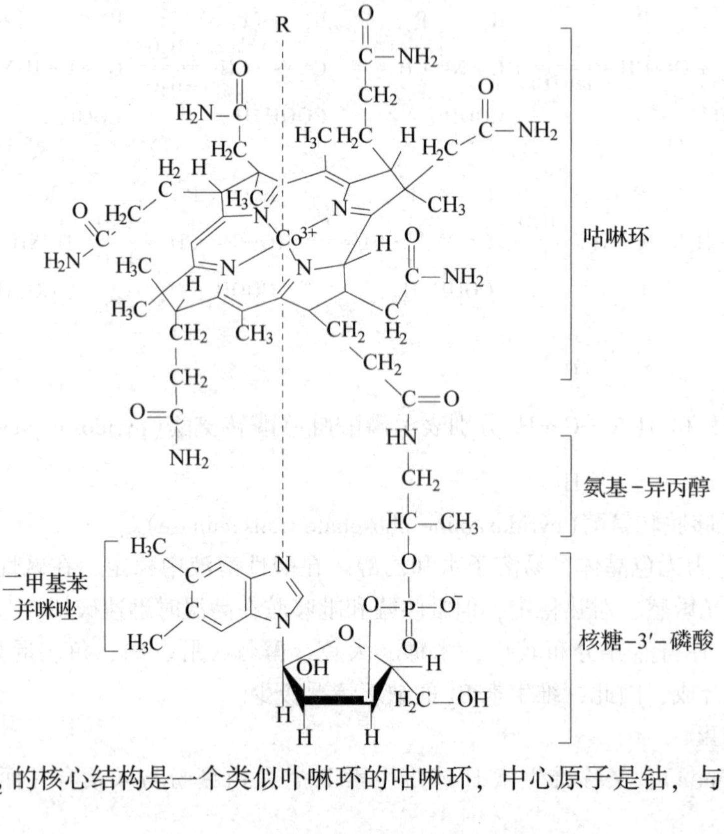

维生素 B_{12} 的核心结构是一个类似卟啉环的咕啉环，中心原子是钴，与 4 个吡咯环的

N 原子配位相连。咕啉环的四周含有多个酰胺基团，因此又称为钴胺素(cobalamin)。两个吡咯环直接相连，其他均以次甲基相连。环平面上下还有两个配位键，下方是一个含有二甲基苯并咪唑基的核苷酸，其中二甲基苯并咪唑基中的 N 原子与钴原子相连；上方 R 基代表 4 种基团，可以是甲基(甲基钴胺素)、羟基(羟钴胺素)、氰基(氰钴胺素)和 5′-脱氧腺苷基(5′-脱氧腺苷钴胺素)。

维生素 B_{12} 的辅酶形式是 5′-脱氧腺苷钴胺素(5′-deoxyadenosyl cobalamin，又称辅酶 B_{12})和甲基钴胺素(methylcobalamin)。天然维生素 B_{12} 衍生物中不存在氰钴胺素，只是提取方法导致氰基的加入。Hodgkin 等利用 X-射线衍射解析了辅酶 B_{12} 的晶体结构，因此获得了 1964 年的诺贝尔化学奖(参见附录)。维生素 B_{12} 的辅酶参与 3 种类型的反应，分子内重排(5′-脱氧腺苷钴胺素)、核糖核苷酸还原成脱氧核糖核苷酸(5′-脱氧腺苷钴胺素)和甲基转移(甲基钴胺素)。

维生素 B_{12} 只能在一些细菌和藻类中合成，植物也很少能够合成。有趣的是，人和动物肠道微生物可以合成维生素 B_{12}，基本能够满足机体所需。动物体内可以积累维生素 B_{12}，尤其是肝部，多吃这些食物也能够补充维生素 B_{12}。可见，素食主义者需要额外补充维生素 B_{12}。维生素 B_{12} 缺乏会产生恶性贫血和神经系统受损。

(八) 叶酸

叶酸(folic acid)，也称为蝶酰谷氨酸(pteroylglutamic acid)，简写为 PGA；它的结构式如下：

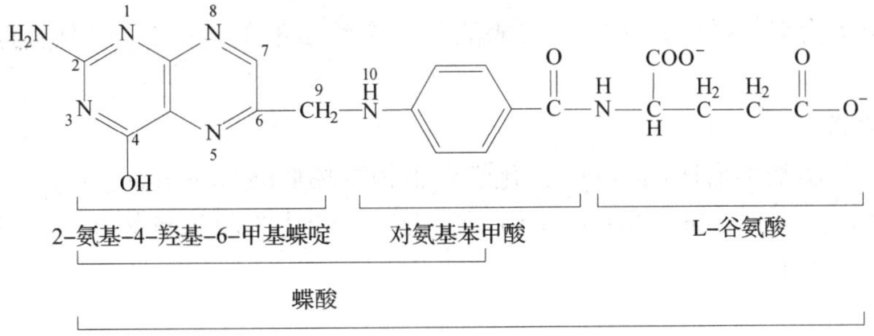

叶酸（蝶酰谷氨酸）

叶酸在叶酸还原酶催化下，以 NADPH 为供氢体，经过加氢还原作用，生成 5,6,7,8-四氢叶酸(tetrahydrofolic acid，THF 或 THFA 或 FH_4)。四氢叶酸是一碳基团转移酶系的辅酶，有时候也称为辅酶 F(CoF)。四氢叶酸作为一碳基团的载体，可转移甲基(—CH_3)、羟甲基(—CH_2OH)、甲酰基$\begin{pmatrix} H \\ | \\ -C=O \end{pmatrix}$、亚甲基(—$CH_3$—)等。$N_5$ 和 N_{10} 是一碳基团结合的位置，如传递亚甲基时生成 N^5,N^{10}-亚甲基四氢叶酸，传递甲基时生成 N^5-甲基四氢叶酸。四氢叶酸的结构如下：

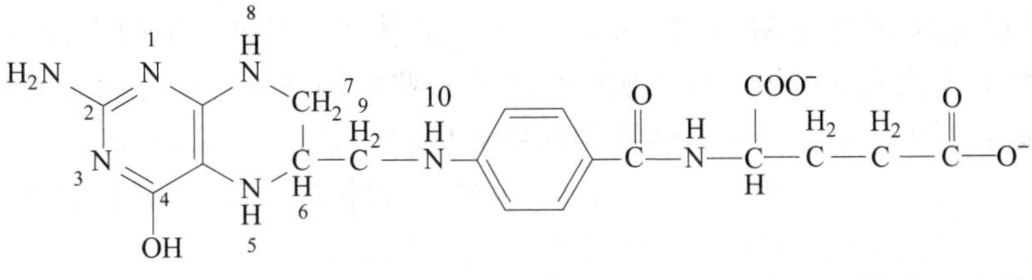

叶酸的主要功能是以四氢叶酸的形式作为转移一碳基团酶系的辅酶，在核酸和蛋白质

合成中起重要作用。

叶酸为黄色或橙色结晶；微溶于水，其钠盐易溶于水，溶于乙酸和碱性溶液；叶酸在中性和碱性溶液中对热稳定，在酸性溶液中加热或光照则会分解；在水溶液中也极易被光破坏。

叶酸广泛分布于动植物界，绿叶蔬菜、肝、酵母、牛肉以及各类植物中均含有叶酸，含叶酸较多的水果为柑橘类、木瓜、葡萄、香蕉、草莓等。

(九) 硫辛酸

硫辛酸(lipoic acid)是酵母和微生物等的生长因子，而不是动物必须从食物中取得的维生素；但是硫辛酸是一个重要的辅酶。当丙酮酸、α-酮戊二酸等进行氧化脱羧时，6,8-二硫辛酸及其他辅因子是组成丙酮酸脱氢酶复合体或α-酮戊二酸脱氢酶复合体的必要成分，参与递氢过程。分子中二硫键与巯基的可逆变化是传递质子和电子的反应基础：

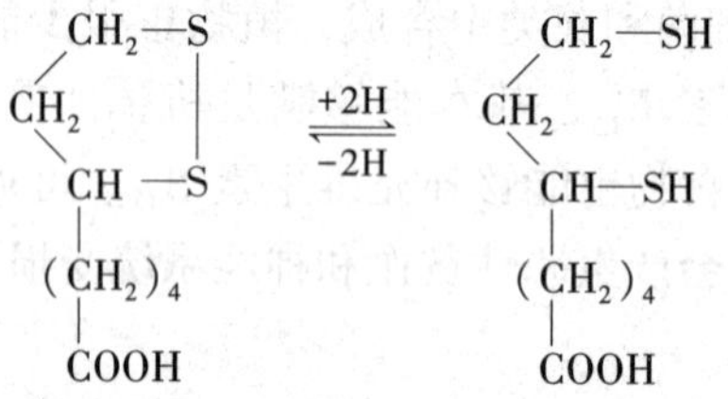

$$\text{硫辛酸} \underset{-2H}{\overset{+2H}{\rightleftharpoons}} \text{二氢硫辛酸}$$

硫辛酸像生物素一样也是用羧基与酶的某一个赖氨酸的 $\varepsilon\text{-}NH_2$ 以酰胺键的形式共价连接。

(十) 维生素 C

维生素 C 能防治坏血病(scurvy)，化学名称为抗坏血酸(ascorbic acid)。抗坏血酸在抗坏血酸氧化酶(ascorbic acid oxidase)作用下脱去氢，转化为脱氢抗坏血酸，这个脱氢反应是可逆的，列式于下：

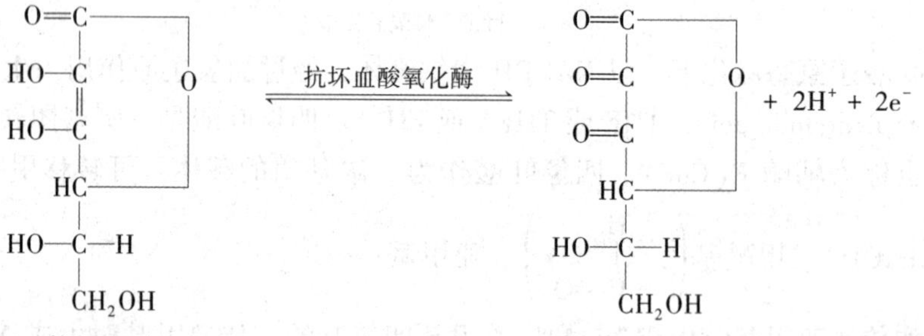

$$\text{抗坏血酸} \xrightleftharpoons{\text{抗坏血酸氧化酶}} \text{脱氢抗坏血酸} + 2H^+ + 2e^-$$

抗坏血酸是脯氨酰羟化酶(prolyl hydroxylase)的辅酶。另外，细胞内许多含巯基酶需要游离巯基状态才能发挥作用，抗坏血酸可维持这些酶的巯基处于还原态而具催化活性。人、猴和豚鼠在肝脏中缺少一个古洛糖酸内酯氧化酶(gulonolactone oxidase)，因此不能在体内合成抗坏血酸；人体、猴、豚鼠必须从食物中获得抗坏血酸，否则出现坏血病，表现为毛细管脆弱，皮肤出现小血斑、牙龈发炎出血、牙齿松动等。

固体抗坏血酸比较稳定，但在水溶液中极易氧化，氧化速率随温度、pH 值而不同，在酸性溶液中稳定。糖类、盐类、氨基酸、果胶、明胶等物质在溶液中都有保护维生素 C 的作用，大概是由于降低了氧在溶液中的溶解度的缘故。

维生素 C 广泛存在于水果及蔬菜中，如柑橘、枣、山楂、番茄、辣椒、豆芽、猕猴桃、番石榴等。

二、脂溶性维生素

脂溶性维生素均含有异戊二烯结构，属于萜类化合物（参见第七章），均不溶于水，因此，这类维生素通常与脂质共存，其肠道吸收也跟脂质相关。

（一）维生素 A

维生素 A 又名视黄醇（retinol），是一个具有脂环的不饱和一元醇。维生素 A 可由 β-类胡萝卜素（β-carotene）在 β-类胡萝卜素-15,15′-双加氧酶（β-carotene-15,15′-dioxygenase）的作用下一分为二，产生两分子的视黄醛（retinal 或 retinaldehyde），然后还原为视黄醇或氧化成视黄酸（tretinoin）。这些能够产生维生素 A 的分子，如类胡萝卜素，称为维生素 A 原（provitamin A）。除了醛和醇的形式外，还可以视黄醇酯（retinol ester）的形式存在。

维生素 A 包括 A_1 和 A_2 两种。维生素 A_1 即视黄醇，主要在哺乳动物及咸水鱼的肝脏中积累；维生素 A_2 是 3-脱氢视黄醇，主要在淡水鱼的肝脏中积累。两者的生理功能相同，但后者的生理活性只有前者的 1/2，其结构式如下：

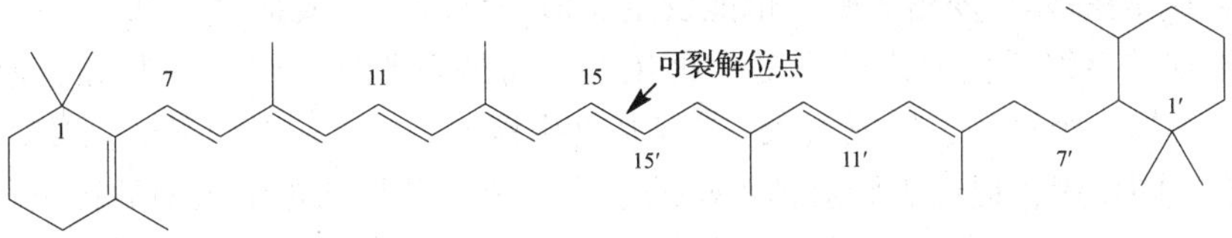

β-胡萝卜素

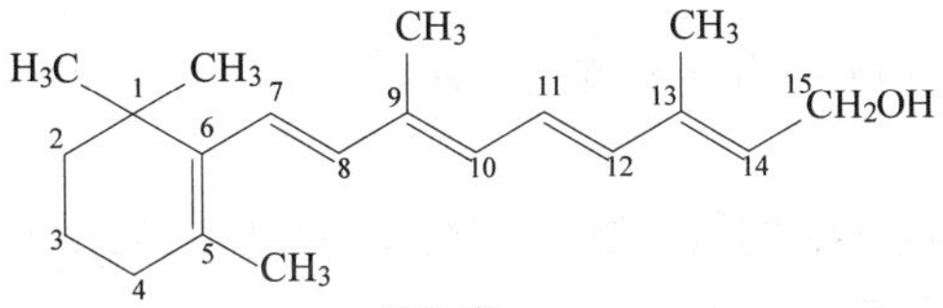

维生素 A_1

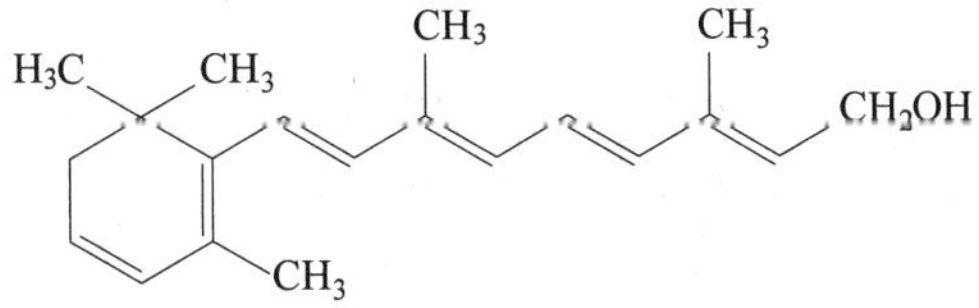

维生素 A_2

视黄醇、视黄醛和视黄酸均具有相应的生理活性。其中，视黄醇在 C_{11} 和 C_{12} 之间脱氢，形成 11-顺视黄醛，能与视杆细胞中的视暗蛋白（scotopsin）结合，生成视紫红质（rhodopsin）。注意，其结合方式是 11-顺视黄醛的醛基与视暗蛋白的一个赖氨酸的 ε-NH_2 基形成希夫碱结构，这与前述生物素、硫辛酸与蛋白质的结合方式相同。视紫红质是眼睛能够感受弱光的关键。因此，如果缺乏维生素 A，会导致 11-顺视黄醛不足，从而影响视紫红质的积累，影响人体对暗环境的适应，即夜盲症（night blindness）。视黄醇和视黄酸可以作为脂溶性激素，直接与细胞核内的受体结合，调节相关基因表达，从而促进细胞的生长和分化,并阻止角蛋白的合成。这种效果可以防止上皮组织干燥、增生和角质化。

维生素 A 主要来自动物性食品,如肝、乳制品及蛋黄等。而维生素 A 原主要来自植物性食品,以胡萝卜、绿叶蔬菜及玉米含量较多。

(二) 维生素 D

维生素 D 为固醇衍生物,主要包括麦角钙化醇(ergocalciferol,即维生素 D_2)及胆钙化醇(cholecalciferol,即维生素 D_3)。人体主要是维生素 D_3,其前体分子是 7-脱氢胆固醇(胆固醇 C_7 和 C_8 之间脱氢产生)。7-脱氢胆固醇在紫外线的作用下使 C_9 和 C_{10} 的单键断裂,形成前维生素 D_3,该化合物不稳定,自发异构化,生成维生素 D_3。由于人体自身能够合成胆固醇,因此,只要保证足够的阳光照射,就能够合成充足的维生素 D。

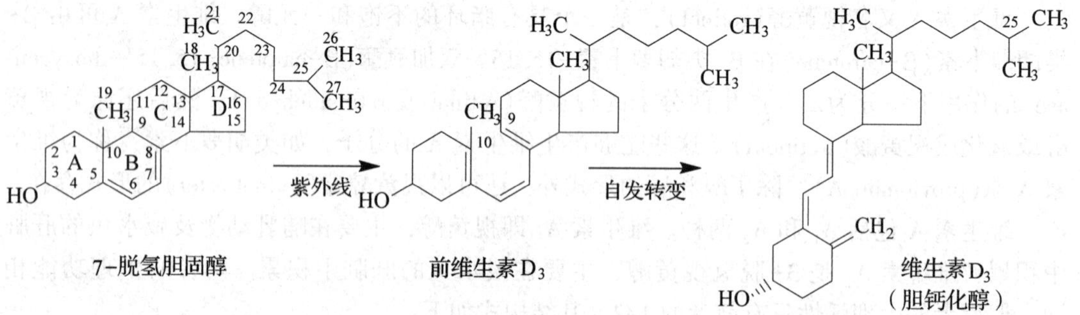

7-脱氢胆固醇 →(紫外线)→ 前维生素 D_3 →(自发转变)→ 维生素 D_3(胆钙化醇)

维生素 D_2 的前体是麦角固醇,也能发生类似的反应,生成维生素 D_2。

维生素 D 的最终活化形式还不是胆钙化醇,而是需要进一步在肝脏和肾脏中分别在 C_{25} 和 C_1 位各加一个羟基,生成 1,25-二羟基维生素 D_3。1,25-二羟基维生素 D_3 在体内与甲状旁腺素协同作用,促进小肠对钙和磷的吸收,调节肾脏和骨组织中的钙离子浓度,促进骨组织和牙齿的钙化作用,因此,具有抗佝偻病(rickets)作用,又称为抗佝偻病维生素。

维生素 D 主要存在于肝、奶及蛋黄中,而以鱼肝油中含量最丰富。

(三) 维生素 E

维生素 E 是苯骈二氢吡喃的衍生物,根据其中异戊二烯单元的饱和程度,可分为生育酚(tocopherol)和生育三烯酚(tocotrienol):

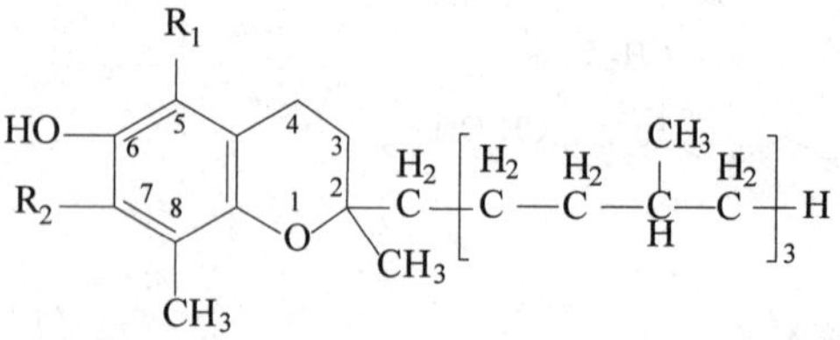

生育酚 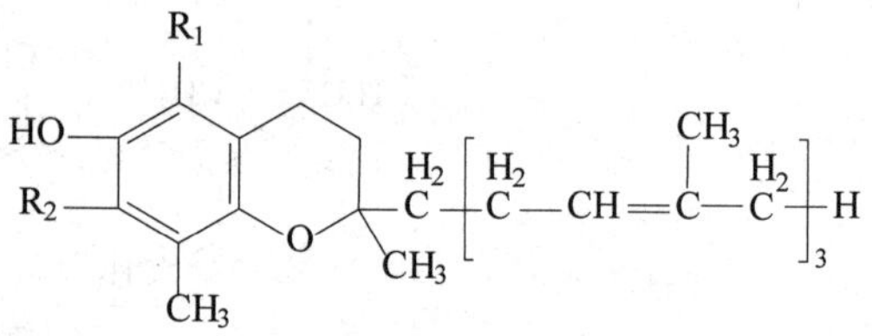　　　　　　　　生育三烯酚

	R_1	R_2
α-生育酚(α-生育三烯酚)	—CH_3	—CH_3
β-生育酚(β-生育三烯酚)	—CH_3	—H
γ-生育酚(γ-生育三烯酚)	—H	—CH_3
δ-生育酚(δ-生育三烯酚)	—H	—H

每种分子的两个 R 基要么是氢,要么是甲基。这种变化导致生育酚和生育三烯酚均有 8 种形态。

维生素 E 与动物生育有关,其中,α-生育酚生理活性最强。而另一种功效是抗氧化,δ-生育酚的抗氧化能力最强,而 α-生育酚最弱。

维生素 E 分布极广,主要存在于植物油中,尤以小麦胚油、大豆油、玉米油和葵花籽油中含量最丰富。维生素 E 一般不易缺乏,如果脂质吸收有问题会导致缺乏症。

(四) 维生素 K

维生素 K 是 2-甲基-1,4-萘醌的衍生物。天然的维生素 K 有两种:维生素 K_1 和 K_2,其结构如下:

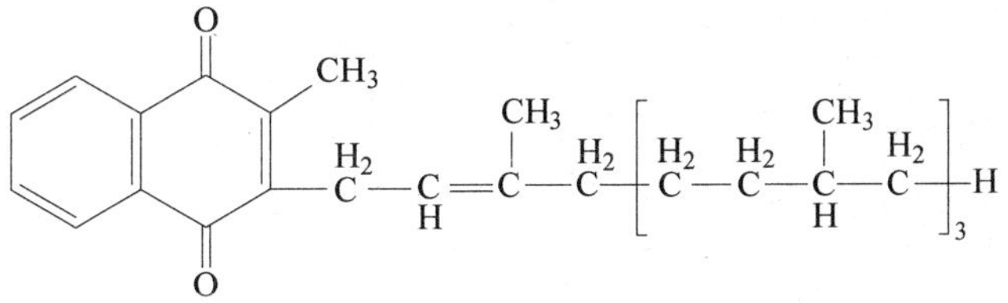

维生素 K_1

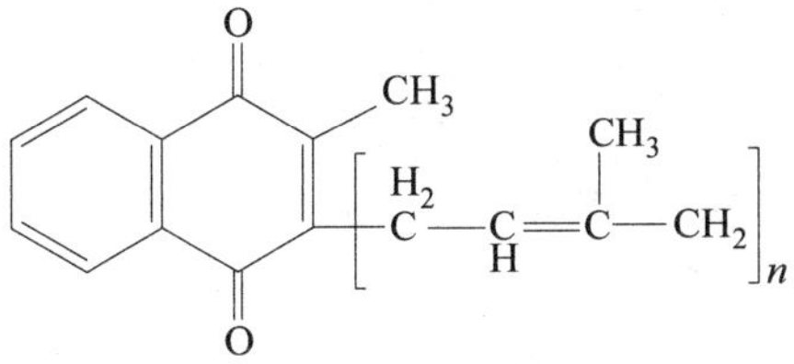

维生素 K_2 ($n=4 \sim 13$)

维生素 K 主要生理功能是促进肝合成凝血酶原(prothrombin, 凝血因子Ⅱ),调节另外 3 种凝血因子Ⅶ、Ⅸ及Ⅹ的合成。因此,具有促进凝血的功能,故又称凝血维生素。

维生素 K_1 在绿叶植物及动物肝中含量较丰富。K_2 是人体肠道细菌的代谢产物。因此,人体不会缺乏维生素 K。当长期服用抗生素或吸收障碍时,会导致维生素 K 缺乏。此时,血液中这几种凝血因子均减少,导致凝血时间延长,易发生肌肉及肠胃道出血。

思 考 题

1. 酶的化学本质是什么?如何证明?酶作为生物催化剂有何特点?
2. 根据国际生物化学与分子生物学联盟的建议,酶分为哪几大类?每一类的名称是什么?
3. 什么是酶的活性中心?有哪些部位?各有何作用?
4. 实现酶高效催化作用的因素有哪些?它们是如何提高酶促反应速率的?
5. 为什么许多酶的活性中心均有组氨酸?
6. 测定酶活力时为什么采用初速率?
7. 常用单位时间内、单位体积中底物的减少量或产物的增加量来表示酶活力的大小,你认为哪种表示为好?
8. 什么是米氏常数?在酶学研究中有何意义?
9. 酶的最适温度和最适 pH 值是酶的特征常数吗?为什么?
10. 何谓变构酶?变构酶的调节中心与活性中心之间有何关系?对于变构酶来说,加入低浓度的竞争性抑制剂,反而能起到激活作用,为什么?

11. 何谓同工酶？同工酶间的差异是否就是种属差异？
12. 说明辅基、辅酶与酶蛋白的关系？辅酶、辅基在催化反应中起什么作用？
13. 质子从酶分子上转移到它的底物上是催化反应中关键的一步。在羧肽酶 A 的催化反应中是否发生这种质子转移？如果发生，是哪一个氨基酸残基作为质子供体？
14. 现有 1 000 mL 的淀粉酶制剂，从中吸取 0.5 mL 测定该酶活性，测定得知 5min 分解 0.25 g 淀粉，计算该酶制剂所含的淀粉酶活力单位数（淀粉酶活力单位规定为：在最适条件下每小时分解 1 g 淀粉的酶量为一个活力单位）。

第四章 生物膜的结构与功能

【学习导图】

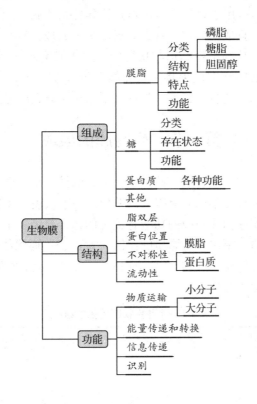

【学习要点】

掌握生物膜组成,尤其是掌握膜脂的分类、结构、特点和功能。了解糖和蛋白质在膜上的功能。

掌握生物膜的结构特点,包括膜和蛋白质的分布和运动方式,结合流动镶嵌模型和板块镶嵌模型深刻理解生物膜的流动性。

了解生物膜的四大功能,尤其掌握物质运输的详细内容。

生物体的基本结构和功能单位是细胞。所有的细胞都以一层薄膜(厚度6~10 nm)将其内含物与环境分开,这层膜称为细胞膜或外周膜(cytomembrane, cell membrane 或 plasma membrane)。此外,大多数细胞中还有许多内膜系统,它们组成具有各种特定功能的亚细胞结构和细胞器,如细胞核(nucleus)、线粒体(mitochondrion)、内质网(endoplasmic reticulum)、溶酶体(lysosome)、高尔基体(Golgi apparatus)、过氧化物酶体(peroxisome);在植物细胞中还有叶绿体(chloroplast)等。与真核细胞相比,原核细胞的内膜系统不很丰富,只有少量的膜结构。细胞的外周膜和内膜系统称为生物膜(biological membrane)。

生物膜结构是细胞结构的基本形式,在真核细胞中,膜结构约占整个细胞干重的

70%~80%。这些膜结构不仅构成了维持细胞内环境相对稳定的、有高度选择性的半透性屏障,而且直接参与物质转运、能量转换、信息传递与识别等重要的生命活动。细胞的形态发生、分化、生长、分裂,以及细胞免疫、代谢调控、神经传导、肿瘤发生、药物和毒物的作用,生物体对环境的反应等,都与生物膜有密切的联系。

对生物膜的研究不仅具有重要的理论意义,而且在工、农、医实践方面也有很广阔的应用前景。例如,在医药方面,用磷脂和能识别癌细胞表面抗原的抗体制成内含抗癌药物的微囊(micro-capsule),可用于设计定向运输并特异性杀死癌细胞。工业上,正在模拟生物膜选择透性的功能,一旦成功应用,将大大提高污水处理、海水淡化以及工业副产品回收的效率。在农业方面,从细胞膜结构与功能的角度来研究农作物的抗寒、抗旱、耐盐、抗病的抗性机理,这方面的研究成果将为农业增产带来显著成效。20世纪70年代以来,生物膜的研究已深入生物学的各个领域,是现代生命科学研究的焦点之一。

第一节 生物膜的组成

生物膜主要由蛋白质和脂质组成,此外还含少量的糖、水、金属离子等。其中,蛋白质和脂质的比例,因膜的种类不同而有很大的差异。一般来说,生物膜功能越复杂膜蛋白质所占比例越大。这说明蛋白质与膜的功能有关。例如,神经髓鞘功能简单,主要起绝缘作用,仅含有3种蛋白质,蛋白质与脂质的比值约为0.23;而线粒体内膜功能复杂,含有电子传递链和氧化磷酸化等酶类共约60种蛋白质,蛋白质与脂质的比值约为3.17。表4-1中列出了几种生物膜的化学组成。

表4-1 几种生物膜的化学组成

膜类型	蛋白质/%	脂质/%	蛋白质/脂质	糖/%
人红细胞质膜	49	43	1.14	8
神经髓鞘质	18	79	0.23	3
线粒体内膜	76	24	3.17	1~2
线粒体外膜	52	48	1.08	2.4
内质网系膜	67	33	2.03	
菠菜叶绿体膜	70	30	2.33	
鼠肝细胞核膜	59	35	1.69	2.9
变形虫质膜	54	42	1.29	4
支原体细胞膜	58	37	1.57	1.5
革兰阳性菌	75	25	3.00	

一、膜脂

膜脂是生物膜的基本组成成分。生物膜的脂质主要包括磷脂、糖脂和胆固醇,其中,以磷脂含量最高,占整个膜脂的50%以上。不同细胞脂质组成不同;同一细胞生长发育的时期不同,膜组成也不同。

(一)磷脂

所有的生物膜中都含有丰富的磷脂(phospholipid)。膜磷脂主要是甘油磷脂,即以甘油为骨架,甘油分子中 C_1 和 C_2 处的羟基分别与两个脂肪酸的羧基酯化。C_3 羟基则与磷酸酯化,所得化合物称为磷脂酸(或二酰基甘油-3-磷酸),它是最简单的甘油磷脂。膜上只有少量的磷脂酸(phosphatidic acid, PA),但它是合成其他甘油磷脂的关键性中间物,如磷脂酰胆碱(phosphatidylcholine, PC)、磷脂酰乙醇胺(phosphatidylethanolamine, PE)、磷脂酰丝氨酸(phosphatidylserine, PS)、磷脂酰肌醇(phosphatidylinositol, PI)、磷脂酰甘油(phosphatidylglycerol, PG)以及双磷脂酰甘油(diphosphatidylglycerol, DPG)等(图4-1)。

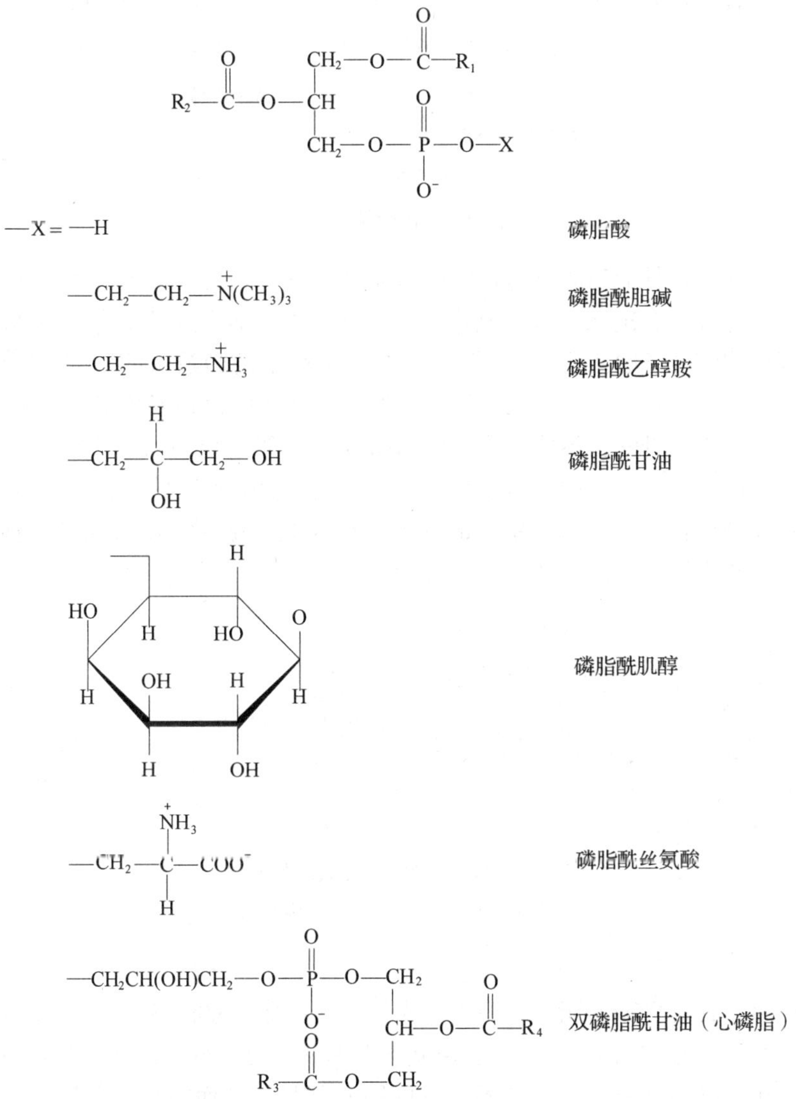

图 4-1 甘油磷脂结构

除了甘油磷脂,生物膜中还含有另外一种磷脂,称为鞘磷脂(sphingomyelin, SM)。鞘磷脂的骨架是鞘氨醇(sphingosine),这是一个含有不饱和长烃链的氨基醇。鞘氨醇骨架上的氨基通过一个酰胺键与脂肪酸相连,而其伯羟基则与磷酸胆碱(或磷酸乙醇胺)酯化(图4-2)。

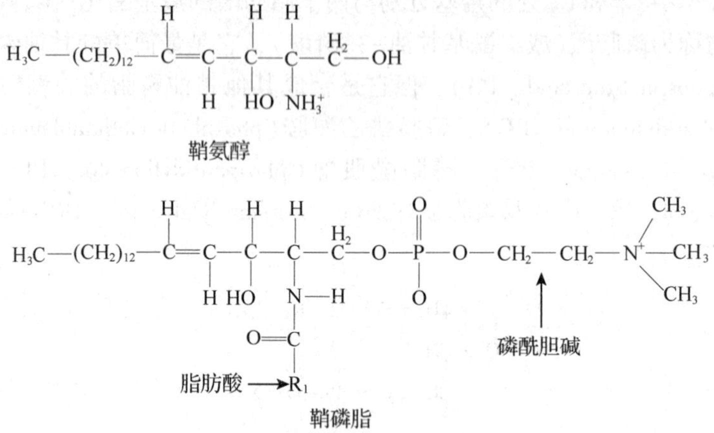

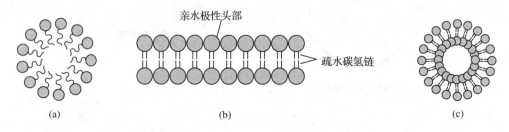

图 4-2 鞘磷脂结构

可以看出,无论是甘油磷脂还是鞘磷脂都是两亲分子(amphipathic molecule),即每一分子中既有亲水部分又有疏水部分。其中,磷酸基团及其连接的胆碱、乙醇胺、丝氨酸、甘油、肌醇等构成该分子的亲水头部,而两条较长的脂酰链为疏水的尾部。因此,磷脂分子在极性环境中,亲水的头部与水相接触,并通过疏水作用力和范德华力使疏水的尾部尽可能靠近,将水从内部排除,最终形成微团(micelle)或脂双层(bilayer)结构(图4-3)。磷脂分子形成脂双层是一个自发的组装过程,形成后边缘的疏水区域仍暴露在水中,结构相对不稳定,自发地回折闭合,形成中空的球形,称为双层微囊、微囊或脂质体(vesicle 或 liposome)。相对于平面脂双层形式,双层微囊更稳定。

图 4-3 微团、脂双层及微囊的结构
(a)微团;(b)脂双层结构;(c)双层微囊

(二) 糖脂

糖脂(glycolipid)是含糖的脂类。糖脂的含量约占膜脂总量的5%以下,即有不足1/10的脂质带有糖基,但在神经细胞质膜上糖脂含量较高,占5%~10%。糖脂与磷脂类似,也属于两亲分子。糖脂非极性尾部是不分支的脂酰基长链,而极性头部则是亲水的糖基。细菌和植物细胞质膜中的糖脂几乎都是甘油的衍生物,以单半乳糖甘油二酯和双半乳糖甘油二酯较丰富(图4-4)。

另外,植物叶绿体膜中还存在 6-亚硫酸-6-脱氧-α-葡萄糖甘油二酯(图4-5),在其他组织和器官的膜脂中此糖脂含量却很少。因此,这类糖脂又可称作植物糖脂(phytoglycolipid)。

动物细胞中的糖脂大多数都是鞘氨醇的衍生物，如最简单的脑苷脂类(cerebroside)(图4-6)，它的极性头部只有一个糖残基(葡萄糖或半乳糖)。比较复杂的糖脂，如神经节苷脂(ganglioside)，可以含有多达7个糖残基的分支链。

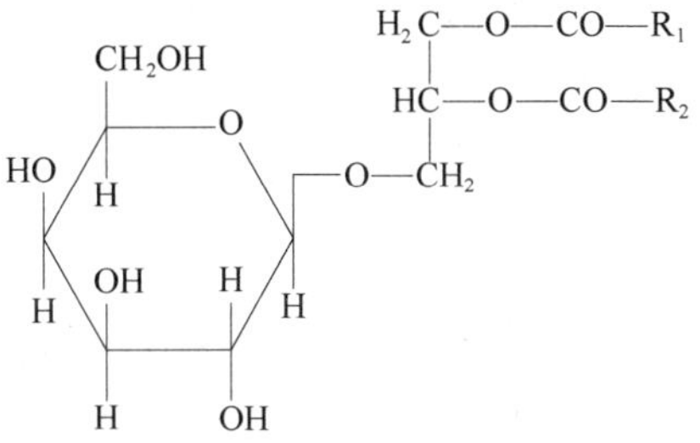

单半乳糖甘油二酯

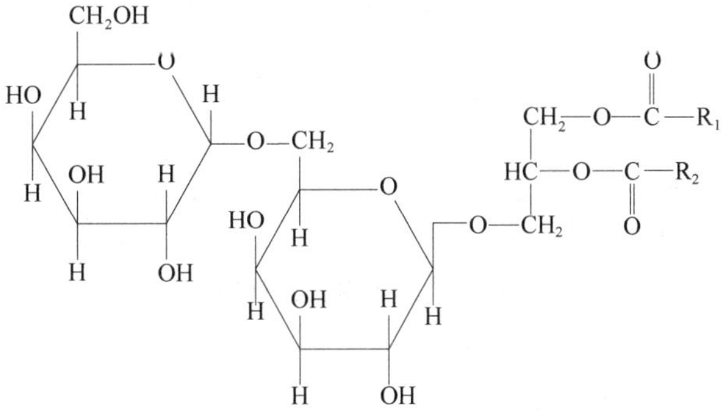

双半乳糖甘油二酯

图4-4 单半乳糖甘油二酯及双半乳糖甘油二酯的结构

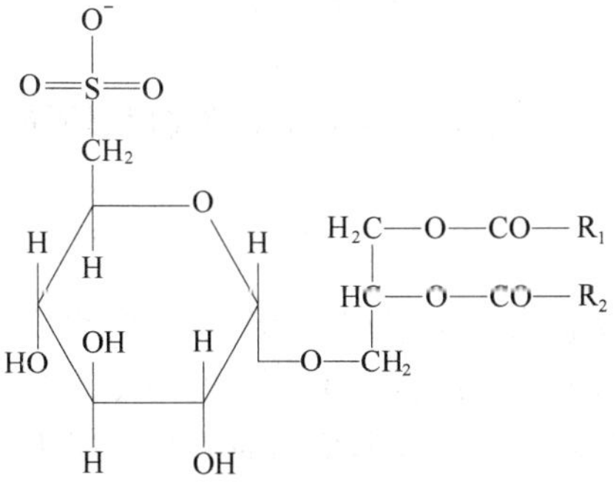

图4-5 6-亚硫酸-6-脱氧-α-葡萄糖甘油二酯的结构

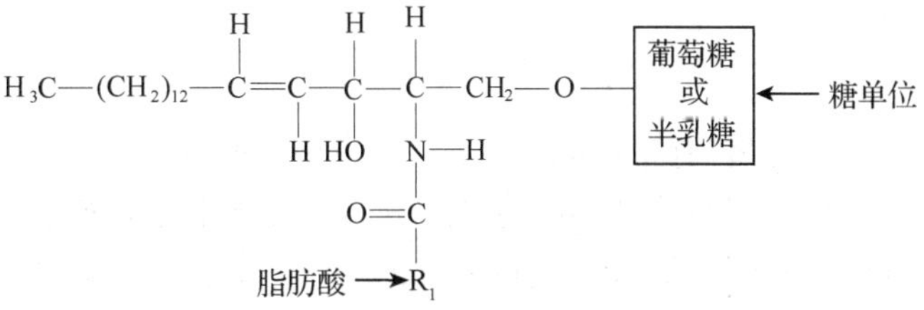

图4-6 脑苷脂类结构

(三)固醇类化合物

固醇(sterol)又称甾醇，也是一类重要的膜脂。其最重要的特征是有一个环戊烷多氢菲形成的母核，又称甾核(参见第七章)。动物、植物及微生物细胞生物膜中所含固醇的种类是不同的。动物膜固醇主要是胆固醇(cholesterol)，而植物细胞膜系中胆固醇含量很低，常见的固醇是豆固醇(stigmasterol)和谷固醇(sitosterol)。许多真菌如酵母的膜固醇以麦角固醇(ergosterol)为主(图 4-7)。

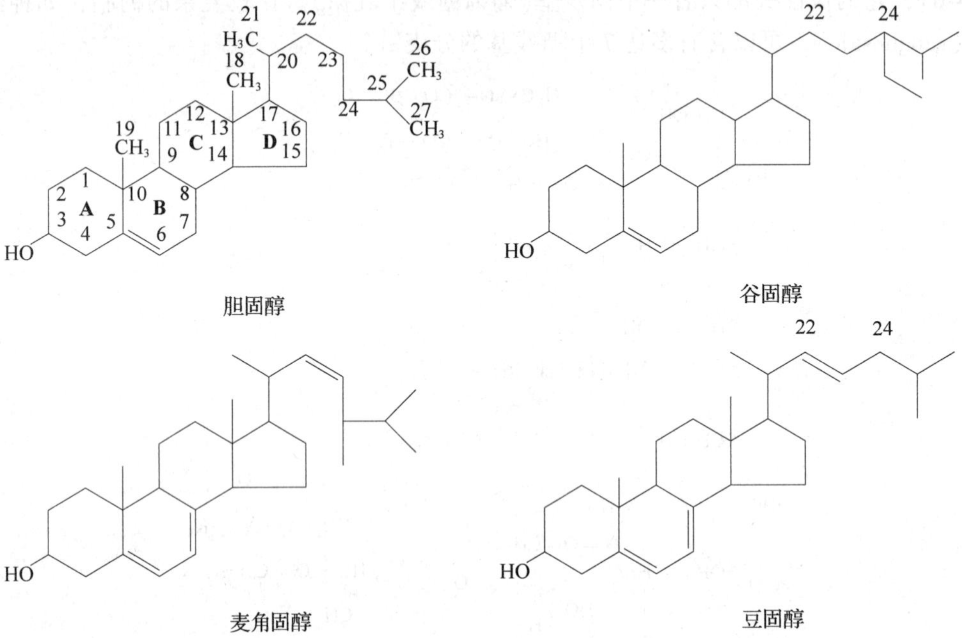

图 4-7　几种固醇的结构

二、膜蛋白

根据粗略计算，细胞中约有 20%～25% 的蛋白质是与膜结构相联系的。膜蛋白是生物膜功能的主要体现者。例如，有些蛋白质作为运输"载体"或"泵"，参与离子或其他分子的跨膜运转过程；有些是酶(ATP 合酶)，参与特定的反应，如能量的转换；有些作为受体或抗原来传递信息等。

根据膜蛋白与膜脂相互作用的方式及其在膜上的定位，可将其分为整合蛋白和外周蛋白。

1. 整合蛋白

整合蛋白(integral protein)，也称为嵌入蛋白，占膜蛋白总量的 70%～80%。它们通过非极性氨基酸残基侧链与膜脂分子的疏水部分以疏水作用力牢固结合，不同程度地插入或横跨脂双层(图 4-8)。横跨脂双层的整合蛋白，也称为跨膜蛋白。这类蛋白质不易从膜上分离，只有用破坏膜结构的试剂，如有机溶剂或去污剂才能把它们溶解下来。整合蛋白是不溶于水的，分离下来之后，一旦去掉有机溶剂或去污剂，会发生聚集而沉淀，构象与活性都发生很大的变化。所以，整合蛋白研究难度很大。

在真核生物中还发现部分整合蛋白本身并没有进入膜内，而是以共价键与脂质、脂酰链或异戊烯基团相结合，而后者小分子通过它们的疏水部分插入膜内。这类蛋白也称为锚定(anchored)在膜上的蛋白质。如糖基磷脂酰肌醇锚定的碱性磷酸酯酶(GPI-anchored alkaline phosphatase)，与糖基磷脂酰肌醇(phosphatidylinositol, GPI)共价相连，而只有 GPI

分子的烃链插入膜内。

2. 外周蛋白

外周蛋白(peripheral protein)也称为外在蛋白，分布于膜的脂双层表面，它们通过极性氨基酸残基侧链以静电引力、氢键等次级键与膜脂的极性头部或与某些膜蛋白的亲水部分相结合。如结合在线粒体内膜上的细胞色素 c、己糖磷酸激酶等，均属此类(图 4-8)。其中，一部分外周蛋白与膜脂或其他外周蛋白的结合不太紧密，而且结合是可逆的，导致这类蛋白既存在于膜上，又可在细胞质中被检测到，

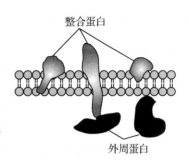

图 4-8 生物膜外周蛋白、整合蛋白示意图

人们把这类特殊的外周蛋白称为双向蛋白(amphitropic protein)。外周蛋白比较易于分离，通过改变介质的离子强度或 pH 值或加入金属螯合剂即可提取。外周蛋白一般占膜蛋白质的 20%~30%，这类蛋白质都溶于水。

三、糖类

生物膜中的糖类主要以糖蛋白和糖脂的形式存在。膜中的糖以寡糖链共价链结合于蛋白，形成糖蛋白(glycoprotein)；有少量的糖以共价键结合于鞘磷脂上形成糖脂。糖类在细胞质膜和细胞内膜系统都有分布。我们把这种现象称为糖基化(glycosylation)。蛋白质的糖基化发生在内质网和高尔基体中，修饰好的糖蛋白从高尔基体以囊泡的形式靶向运输至细胞膜。糖链可以通过 C—N 糖苷键与蛋白质中的天冬酰胺的酰胺基相连，或者通过 C—O 糖苷键与蛋白质上的丝氨酸或苏氨酸残基的羟基相连。糖类在膜上的分布是不对称的，无论是质膜还是内膜系统的糖脂和糖蛋白的寡糖，全部分布在非细胞质的一侧，即质膜中所有的糖类均暴露在细胞外面(图 4-9)，细胞内膜系统的糖类则朝向内膜系统的内腔。在生物膜中组成寡糖的单糖主要有半乳糖、甘露糖、岩藻糖、半乳糖胺、葡萄糖胺、葡萄糖和唾液酸等。糖类虽然仅占生物膜组分的 5% 左右，但其结构复杂，功能非常重要。细胞的很多反应都需要膜上糖蛋白的参与，如糖蛋白是许多膜上的酶、受体、膜抗原的主要组成部分。因此，有人

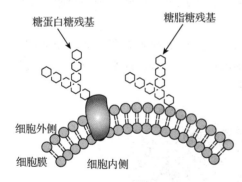

图 4-9 暴露在质膜外表面的糖脂和糖蛋白的糖残基

把细胞膜上的糖比喻为细胞表面的天线，在细胞免疫、细胞与细胞间的相互识别、细胞与感染等接受外界信息方面具有重要作用。

四、其他膜组分

生物膜上含有少量无机盐类。金属离子在蛋白质与脂质的结合中可能起盐桥的作用，例如，Mg^{2+} 对 ATP 酶复合体和脂质的结合有促进作用。有些金属离子还参与调节膜蛋白的生物功能，如 Ca^{2+} 和 K^+ 等。

生物膜中的含水量约为膜物质重的 30%，其中大部分呈液晶状的结合水，另有少量的

自由水。水分子可能参与膜蛋白分子和脂质分子极性基团间氢键的形成，以维持膜的稳定性和有序排列。

第二节　生物膜的结构

生物膜是由蛋白质、脂质和糖类组装成的超分子体系，具有独特的结构，简而言之，即：（脂双层）外亲内疏，（膜蛋白）两种方式，（膜组分）内外有别，（膜整体）微区运动。

一、生物膜结构的主要特征

（一）脂双层是生物膜的基本骨架

在生物膜中，磷脂、糖脂等分子形成了特有的脂双层结构（lipid bilayer）。所谓脂双层结构就是一层膜由两层膜脂分子组成，每一层中，膜脂分子都是极性头部朝向外侧，非极性尾部朝向内侧，其厚度可达到 5~8 nm（该厚度包括了膜蛋白，图 4-10）。从这个角度理解，脂双层也具备类似球状蛋白三级结构"外亲内疏"的重要特征（参见第一章）。

从热力学角度讲，这种结构具有最大的稳定性。在脂双层结构中，膜脂分子的疏水尾部区域存在疏水作用力。这种力在生物膜内外侧的亲水环境的作用下，显得非常强大，因为这种结构使水分子与膜脂分子无相互接触，使得水分子的熵值增大，而疏水作用力增强。另外，膜脂分子的极性头部之间还可以形成各种次级键，如氢键、离子键等。当然分子之间还存在范德华力。在这 3 种作用力中，疏水作用力是最主要的力。由于这种结构具有热力学稳定性，因此，它不仅能自动装配，而且可以自动融合。这样，每一个脂双层结构，都是连续性结构，没有暴露在外面的疏水尾部。

脂双层结构是生物膜的结构骨架，各种蛋白质或酶可以镶嵌或附着在上面。膜的内部是一个疏水环境，因而是亲水性物质进出细胞或细胞的屏障。同时，疏水环境使一些膜蛋白能够保持一定构象，有利于功能的发挥和反应的进行。

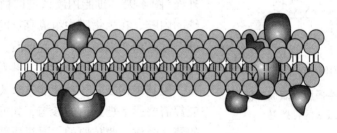

图 4-10　脂双层结构示意图

（二）膜蛋白以两种方式与膜结合

前已述及，膜蛋白以外周蛋白和整合蛋白两种方式与膜结合。虽然这两类蛋白在理化性质上有所区别，但是其功能上无优劣之分，都是生物膜执行功能所必需的成分。膜这两种蛋白的详细情况前面内容已经作了介绍，在此不再赘述。

（三）膜组分两侧不对称分布

组成生物膜的脂质、蛋白质和糖类在膜两侧的分布都是不对称的。

膜脂是组成膜的骨架成分，脂双层内外两侧脂质的种类、数量分布是不对称的，如真核细胞膜中，鞘磷脂和磷脂酰胆碱在外层分布较多，而磷脂酰乙醇胺及磷脂酰丝氨酸则主要分布在内侧(表4-2，扩展阅读：知识窗4-1)。

表 4-2 红细胞膜中主要磷脂的分布 %

种 类	膜内层	膜外层	种 类	膜内层	膜外层
鞘磷脂	~6	~20	磷脂酰丝氨酸	~10	~0
磷脂酰胆碱	~9	~23	总含量	~50	~49
磷脂酰乙醇胺	~25	~6			

膜蛋白在膜上的分布也是不对称的。如线粒体内膜上的细胞色素 c 定位于膜外侧，而其上的细胞色素氧化酶及琥珀酸脱氢酶则定位于膜内侧。膜脂和膜蛋白的不对称分布，必然导致膜内外两侧生物功能的差异。这一特性具有重要的生理意义。

另外，糖类在膜上的分布也是不对称的，无论是质膜还是细胞内膜系统的糖脂和糖蛋白中的寡糖都分布于膜的非细胞质一侧。

整体而言，膜组分的分布呈两侧不对称性，也可以简单理解为"内外有别"。

(四) 生物膜具有流动性

膜的流动性(fluidity)既包括膜脂，也包括膜蛋白的运动状态。流动性是生物膜结构的主要特征。大量研究结果表明，合适的流动性对生物膜表现其正常功能具有十分重要的作用。例如，物质的运送、能量转换、信息的传递和识别等都与膜的流动性密切相关。

1. 膜脂的流动性

膜脂的基本组分是磷脂。因此，膜脂的流动性主要取决于磷脂。磷脂的运动有以下几种方式：①烃链围绕 C—C 键旋转而导致异构化运动；②围绕与膜平面相垂直的轴左右摆动；③围绕与膜平面相垂直的轴做旋转运动；④在膜内做侧向扩散或侧向移动；⑤在双脂层中作翻转运动(图4-11)。

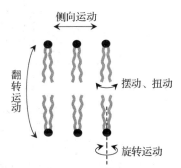

图 4-11 磷脂分子运动的几种方式

值得注意的是，脂质的自发翻转运动(transbilayer movement，flip-flop)速度非常缓慢，因为极性头部要穿过脂双层疏水的内部非常困难，因此，通常需要转位酶的催化。相关的转位酶有 4 种。第一种是翻转酶(flippase)，利用 ATP 提供的能量，将磷脂，如氨磷脂(aminophospholipid)、磷脂酰乙醇胺和磷脂酰丝氨酸从脂双层的外侧翻转至细胞质侧。第二种是转出酶(floppase，译名源自朱圣庚、徐长法编《生物化学》第4版)，可以将磷脂和固醇从细胞质侧转至细胞外侧。该酶的催化反应也需要消耗 ATP。不同的转出酶具有较强的底物特异性。第三种是促翻转酶(scramblase)，该酶利用脂双层两侧不同脂质的浓度差或 Ca^{2+} 浓度差翻转膜脂分子，不需要消耗 ATP。第四种是磷脂酰肌醇转运蛋白(phosphatidylinositol transfer protein)，这种蛋白特异性翻转含有磷脂酰肌醇的膜脂。

在生理条件下，磷脂大多呈液晶态，当温度降至一定值时，磷脂从流动的液晶态转变为高度有序的凝胶态，这个温度称为"相变温度"(critical temperature，T_c 或 phase transition temperature)(图4-12)。凝胶状态也可以再"熔解"为液晶态。不同的膜脂相变温度也各不相同。

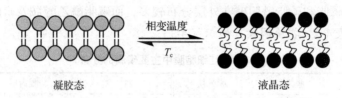

图 4-12　生物膜的相变

影响磷脂流动性的因素很多，主要有：①脂酰基的长度。脂肪酸碳链越长，其间相互作用力也越强，脂双层的流动性将会降低。②脂肪酸烃基的不饱和度。不饱和度越高，流动性越强。这是由于生物体内主要是顺式不饱和脂肪酸，而顺式双键会产生烃链的扭曲，并且会促进双键两侧烃链的旋转运动，分子间的距离也增大，降低了脂质分子间排列的有序性，从而削弱了相邻脂质的相互作用。③胆固醇在调节膜的流动性方面起重要作用，在相变温度以上，胆固醇干扰脂酰链的旋转异构化运动，从而降低膜的流动性（图 4-13）。在相变温度以下，胆固醇又会阻止脂酰链的有序排列，防止其向凝胶态转化。因此，胆固醇能够调节膜的流动性。

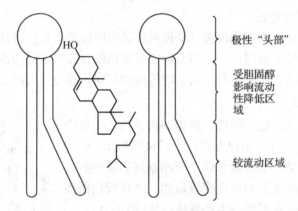

图 4-13　在磷脂单分子层中插入的胆固醇与磷脂的相互作用

2. 膜蛋白的流动性

许多实验证明，膜蛋白在生物膜上也具有流动性。其中，最典型的就是 1970 年 Frye 和 Edidin 所做的细胞融合（cell fusion）实验。人、鼠细胞融合实验分 3 步进行（图 4-14）：第一步，用荧光染料标记抗体，将小鼠细胞的抗体与发绿色荧光的荧光素（fluorescein）结合，人体细胞的抗体与发红色荧光的罗丹明（rhodamine）结合。这些抗体用于后面结合相应细胞表面的蛋白，而荧光标记是为了使用荧光直观地观察结果。第二步，将小鼠细胞和人细胞在灭活的仙台病毒（Sendai virus，SeV）的诱导下进行融合，获得异核体（heterokaryon），即一种细胞中含有两个或两个以上不同起源的细胞核。第三步，将标记的抗体加入人-鼠细胞融合的异核体中，让这些标记抗体与细胞膜上相应的抗原结合。结果显示，融合开始时，异核体一半是红色，一半是绿色。在 37℃下孵育 40 min 后，两种颜色的荧光在融合细胞表面呈均匀分布，这说明抗原蛋白（即原来两种细胞表面的蛋白）在膜平面内经扩散运动而重新分布。这种过程不需要 ATP。如果在低温（1℃）下重复该实验，则抗原蛋白基本停止运动。这一实验结果证明了膜蛋白的侧向扩散运动，也是下文中提到的"流动

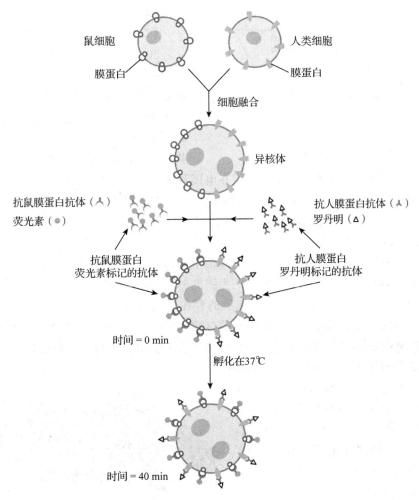

图 4-14 人、鼠细胞融合实验

镶嵌模型"的重要基础。

膜的流动性有利于膜中各组分的相互作用,包括脂质与脂质、蛋白与蛋白、脂质与蛋白等相互之间的作用,也有利于生物膜功能的正常发挥。

二、生物膜的结构模型

长期以来,许多科学工作者致力于生物膜的研究,对生物膜的基本结构和性质的认识不断深入,并提出不少关于膜结构的模型。对质膜的研究最早始于 1895 年 E. Overton 对细胞通透性的研究实验,他认为细胞由一定连续的脂质物质组成。1925 年,Gorter 和 Grendel 提出生物膜主要以脂双层的形式存在。在此基础上才进一步提出下述这些结构模型。

(一)"三夹板"模型(trilayer model)

1935 年,Danielli 与 Davson 提出,生物膜主要由蛋白质和脂质分子组成,蛋白质分子以单层覆盖在脂质双层两侧,因而形成蛋白质-脂质-蛋白质的"三明治"或"三夹板"结构(图 4-15),又称为片层结构模型(lamella structure model)。这个模型曾得到电镜观察和 X-

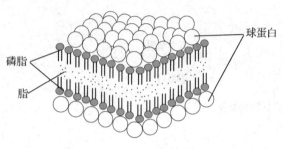

图 4-15 "三夹板"模型

射线衍射分析等方面实验结果的支持。

(二)单位膜模型(unit membrane model)

20 世纪 50 年代末期,Robertson 在"三夹板"模型的基础上,应用电子显微镜观察到膜具有三层结构,即在两侧呈现电子密度高、中间电子密度低的现象(即暗-明-暗的形式)。经过大量实验数据积累,Robertson 发现除细胞质膜外,其他如内质网、线粒体、叶绿体、高尔基体等在电镜观察下都呈现相似的三层结构。因此,他于 1964 年提出了单位膜(unit membrane)模型,以反映这种结构具有普遍性。这一模型与 Danielli 和 Davson 模型不同之处在于,认为脂双层两侧蛋白质分子以 β-折叠形式存在,而且呈不对称性分布。

但是,该模型存在多个不足。其一,该模型还是将膜看成静止的,无法说明膜如何适应细胞生命活动的变化;其二,该模型认为膜的厚度是均一的(7.5 nm),而实际是在一定范围之间(通常 5~8 nm);其三,对蛋白质的存在形式和构象也有误解。该模型也不能解释为什么大多数膜蛋白都需要用比较剧烈的方法(如去垢剂、有机溶剂等)才能从膜上分离下来。虽然单位膜模型依然不完善,但它的确代表了生物膜结构的一个基本特征。

(三)流动镶嵌模型(fluid mosaic model)

在生物膜流动性和膜蛋白分布的不对称性等研究获得一系列重要成果的基础上,1972,美国科学家 Singer 和 Nicolson 提出了流动镶嵌模型(图 4-16)。该模型要点为:脂双分子层是细胞膜的主要结构支架;膜蛋白为球蛋白,分布于脂双层表面或嵌入脂分子中,有的甚至横跨整个脂双层;细胞膜具有流动性;

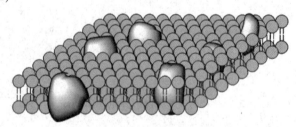

图 4-16 生物膜流动镶嵌模型

组成细胞膜的各种成分在膜中的分布是不均匀的,即具有不对称性。这一模型提出了流动性和膜蛋白分布的不对称性,至今仍然是最为广泛地被人们接受的膜结构理论。但也有它的局限性,它过分强调了膜的流动性,忽视了蛋白质、脂类等组分之间的相互作用。

(四)板块镶嵌模型(plate mosaic model)

近年来,人们提出了不少模型,大多都是对流动镶嵌模型的修正和改进,具有代表性的是 Jain 和 White 于 1977 年提出的板块镶嵌模型。这个模型认为,在由脂双层为骨架的生物膜中,膜蛋白、膜脂及膜内外物质存在一些特殊的相互作用,整个膜是由组织结构不同、性质不同、大小不同和流动性不同的板块组成。即生物膜是具有不同流动性的板块相间隔的动态结构。板块镶嵌模型的贡献在于强调了生物膜结构和功能的区域化特点。

(五)脂筏模型(lipid raft model)

1988 年,Simons 提出来脂筏模型,该模型认为脂质双层分子不是一个完全均匀的二维流体,膜中存在富含胆固醇和鞘磷脂的相对有序的脂相微区(microdomain),如同漂浮在脂双层上的"脂筏"(raft)。微区中聚集一些特定的蛋白质。该模型也可以理解为对流动镶嵌模型和板块镶嵌模型的进一步完善。研究表明，脂筏通常直径 10~200 nm，其本质是含有大量胆固醇和蛋白质，使其密度甚至厚度相对周围脂双层更大（图 4-17）。这些蛋白质（包括酶）的聚集被认为能够更加高效地完成相关的功能（助记小结 4-1）。

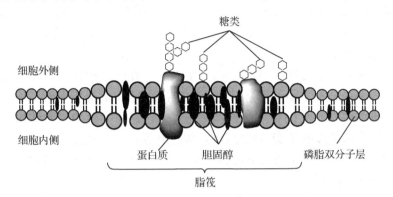

图 4-17 脂筏模型

第三节 生物膜的功能

过去人们曾简单地认为膜仅仅起着一种包裹作用，防止内部物质流出，维持细胞内部各组分的相对稳定性。但是，随着对生物膜研究的不断深入，使人们越来越清楚地认识到，膜的产生是生物进化过程中一次重大的飞跃。细胞内很多生命活动都与膜直接或间接有关。生物膜的主要功能可归纳为：物质运输、能量传递和转换、信息传递和识别。

一、物质运输

生物膜是具有高度选择性的半透膜（semipermeable membrane）。细胞通过生物膜从环境中摄取所需要的营养物质，并排除代谢产物和废物，使细胞保持动态恒定。这是活细胞维持正常的生理内环境的基本前提。此外，细胞间的相互作用、氧化磷酸化过程中能量的转化、神经和肌肉的兴奋等，都与膜的物质运输密切相关。根据被运输物质的分子大小，物质运输可分为小分子的运输与生物大分子的运输两类。

(一) 小分子物质的运输

按照物质运输自由能变化的情况，膜对小分子物质的运输可分为被动运输（passive transport）和主动运输（active transport）。

1. 被动运输

物质从高浓度一侧，通过膜运输到低浓度一侧，即顺浓度梯度的方向跨膜运输的过程，称为被动运输。物质运输过程中自由能变化（ΔG）的表达式为

$$\Delta G = 2.3RT \lg \frac{c_2}{c_1}$$

式中，c_1 和 c_2 表示物质从浓度 c_1 的一侧运送到浓度 c_2 的一侧；R 是气体常数；T 是绝对温度。

对于被动运输来说，$c_1 > c_2$ 所以 ΔG 为负值，说明这一过程是一个不需外界供能而自

发进行的过程。

根据是否需要专一性载体蛋白，可将被动运输分为简单扩散和协助扩散。

(1) 简单扩散(simple diffusion)

简单扩散是许多脂溶性小分子运送的主要方式。物质是由高浓度一侧通过膜向低浓度一侧扩散，其特点是不与膜上物质发生任何类型的反应，也不需要供给能量。扩散结果使物质在膜两侧浓度相等。

简单扩散的速度与溶质在油/水相中的分配系数、在膜中的扩散系数、溶质在膜两侧的浓度梯度以及溶质分子大小等因素有关。物质在油/水中的分配系数与物质通过膜的速度关系很大。即油溶性越高的物质，越容易通过。这是因为膜的基本结构是脂质双分子层。例如，医用麻醉剂多数是脂溶性化合物(如乙醚等)，这些化合物较容易渗入细胞而发挥其麻醉作用。很多农用杀虫药剂也是脂溶性的，将它们以乳剂形式喷洒，就很容易进入害虫细胞而起到杀虫作用。

带电离子无论大小，无法通过简单扩散跨膜运输。有些物质，如甘油，本身可以简单扩散运输，但是进入细胞后，随即发生磷酸化反应，生成磷酸甘油，后者在生理 pH 值下电离成阴离子，失去简单扩散的能力。

溶质分子的大小及形状，对简单扩散速率也有很大影响。分子越小，扩散过膜能力越强；反之，则越难通过。对大分子化合物来说，膜几乎成为不可逾越的"屏障"。

分子类型与简单扩散的关系示意如图 4-18 所示。当然，由于水、甘油、尿素、乙醇等小分子毕竟属于极性分子，因此其简单扩散的效率依然不高。研究表明，这些分子之所以能够高效转运，跟膜上的转运蛋白有关。例如，水孔蛋白(aquaporin)和尿素转运蛋白(urea transporter)分别用于协助水和尿素的跨膜转运。这部分水或尿素的转运属于协助扩散(参见下文)。

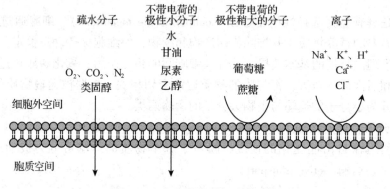

图 4-18　小分子类型与跨膜运输

(2) 协助扩散(facilitated diffusion)

有些物质在顺浓度梯度扩散时，其速度能大大提高。例如，在研究葡萄糖进入红细胞时发现，葡萄糖分子中有 5 个羟基，可以和水形成较多的氢键。当它通过红细胞膜时，从理论上分析应需要较高的活化能，根据推算，其活化能值应高于 79.914 kJ/mol。但实际测得的数值仅为 15.899 kJ/mol，因而它通过红细胞膜的速度约为简单扩散速度的 10^5 倍。可见，葡萄糖进入红细胞时是通过另外一种强化的扩散方式进行的，称为协助扩散。

在协助扩散时，溶质也是从高浓度一侧向低浓度一侧扩散，直至两侧浓度相等而达到动态平衡。协助扩散中，也不需要提供额外的能量，所不同的是被运送物质必须通过膜上的某种"载体"形成的特殊通道。第一个发现的葡萄糖转运载体是葡萄糖转运蛋白1(glucose transporter 1，GLUT1)。GLUT1是生物体内非常保守的葡萄糖转运载体，在人和小鼠中的同源性可达98%。底物葡萄糖结合和释放可以引起GLUT1蛋白的构象变化(空间结构如图4-19)。可能是GLUT1各种不同构象之间的能垒较低，自由热运动就足以完成构象变化。因此，即使没有底物葡萄糖存在，GLUT1也处于一个高度动态的状况，但是，底物的出现更能够诱导整个过程。GLUT1的生理功能是维持细胞膜两侧的葡萄糖浓度平衡。

协助扩散与简单扩散在动力学性质上的显著差别是前者有明显的饱和效应，即当被运送物质的浓度不断增加时，运送速度会出现一个极限值。

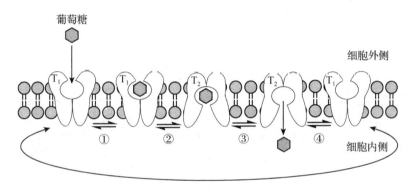

图4-19 人源葡萄糖转运蛋白GLUT1的结构模型

2. 主动运输

许多离子及小分子物质在细胞内外存在明显的浓度梯度，这是它们逆浓度梯度运输的结果。物质逆浓度梯度的运输过程称为主动运输。这一过程的进行需要专一性的载体蛋白并需要供给能量。这一点可以由前面的自由能计算公式推出。$c_2 > c_1$ 时，ΔG 为正值，这说明运送过程不能自发进行，因而必须由外界提供能量，这一过程才能发生。

如果运送物质带有电荷，则物质跨膜运送时需要逆两个梯度：一是浓度梯度；二是电荷梯度。这二者的总和又称为电化学梯度(electrochemical gradient)。此时，运送过程的自由能(ΔG)变化为

$$\Delta G = 2.3RT \lg \frac{c_2}{c_1} + nF\Delta E$$

式中，n是运送物质所带的静电荷；F是法拉第常数；ΔE是膜电位差。

主动运输时，物质逆着电化学梯度的方向跨膜运输，即从膜的低浓度一侧运输到高浓度一侧，它的自由能增大，是需要供给能量的过程，同时也需要膜上特殊的载体蛋白的参与。细胞中主动运输的供能方式主要有两种：依赖ATP水解放能的初级主动运输；离子浓度梯度驱动的主动运输。

(1) 依赖ATP水解放能的初级主动运输(primary active transport)

生物细胞内外存在很大的离子浓度差，如 Na^+、K^+ 在细胞内浓度分别为 10 mmol/L 和 100 mmol/L，而细胞外分别为 100~140 mmol/L 和 5~10 nmol/L，即细胞内高 K^+ 低 Na^+，

细胞外高 Na⁺低 K⁺。这种明显的离子梯度显然是离子逆浓度梯度主动运输的结果。执行这种运输功能的体系称为 Na⁺/K⁺-离子泵或称 Na⁺/K⁺-ATP 酶(Na⁺/K⁺-ATPase，旧称 Na⁺/K⁺-泵，EC 7.2.2.13)。它是利用 ATP 水解直接放能推动的。Na⁺/K⁺-ATP 酶由 α、β 两个亚基组成，是一个由 2 个 α 亚基、2 个 β 亚基组成的四聚体。α 亚基是催化亚基，是一个相对分子质量约 100 000 的跨膜蛋白，该蛋白在细胞质一侧有 Na⁺和 ATP 结合位点，向细胞外一端有 K⁺结合位点。β 亚基是一个糖蛋白，功能尚不清楚。Na⁺/K⁺-ATP 酶结合 3 个 Na⁺后，会水解一分子 ATP，导致该酶活性中心的天冬氨酸磷酸化，继而导致整个酶的构象变化；构象变化导致对 Na⁺的亲和力下降，向膜外释放；此时构象与 K⁺的亲和力变大，结合 2 个 K⁺，然后，在 Mg²⁺的作用下，该酶去磷酸化，导致构象恢复；恢复后的构象，与 K⁺的亲和力下降，将其释放到细胞内；恢复后的构象再次对 Na⁺表现出高亲和力，如此往复(图 4-20，扩展阅读：知识窗 4-2)。

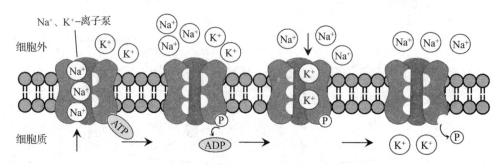

图 4-20 钠钾泵示意图

(2)离子浓度梯度驱动的主动运输

离子浓度梯度驱动的主动运输也称为次级主动运输(secondary active transport)，是指一些物质的逆浓度主动运输并不是直接靠水解 ATP 提供的能量推动，而是与一种离子的顺浓度梯度的运输相偶联。例如，动物细胞某些氨基酸和糖的主动运输是依赖于质膜两侧的 Na⁺浓度梯度。一般情况下，细胞外 Na⁺浓度大于细胞内，葡萄糖与 Na⁺和相应载体结合，一起被运送入细胞内，这种运输方式称为同向运输(symport)。该案例中，实际上是 Na⁺浓度梯度驱动了葡萄糖的跨膜转运。而 Na⁺的浓度梯度可由前述 Na⁺/K⁺-ATP 酶的作用来保持(图 4-21)。氨基酸和葡萄糖从小肠进入小肠上皮细胞就是通过这种途径实现的。

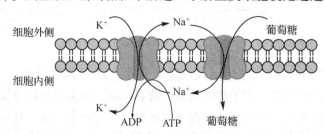

图 4-21 葡萄糖的主动运输

人们将这种同时对两种物质进行跨膜运输的方式，称为协同运输(cotransport)或偶联运输。前述，每次只转运一种物质的方式，称为单向运输(uniport)。协同运输的方向不仅仅是同向运输，还有反向转运(antiport)。例如，Cl⁻和 HCO₃⁻通过红细胞的氯离子/碳酸氢根交换蛋白(chloride bicarbonate exchanger)转运时,两者的运输方向正好相反,但是其转运结果不改变电荷数量。

小分子物质的跨膜转运方式总结如图 4-22 所示。

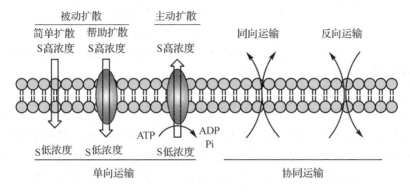

图 4-22　小分子物质跨膜运输的几种方式

注:S 为小分子物质。

(二)大分子物质的跨膜运输

大量的研究证明,小分子物质的跨膜运输主要通过膜上的运输蛋白系统来完成,然而,多核苷酸、多糖等生物大分子甚至颗粒物的运送,则主要是通过内吞作用(endocytosis)和外排作用(exocytosis)来完成的(图 4-23)。

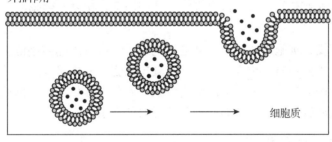

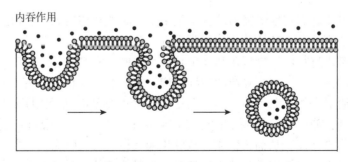

图 4-23　内吞和外排作用示意图

1. 内吞作用

细胞从外界摄入的大分子或颗粒,逐渐被质膜的一小部分包围,内陷,然后从质膜上脱落,形成含有摄入物质的细胞内囊泡的过程,称为内吞作用。内吞作用又可分为吞噬作用、胞饮作用及受体介导的内吞作用。

(1) 吞噬作用(phagocytosis)

凡以大的囊泡形式内吞较大的固体颗粒(通常≥0.5 μm),如细菌及细胞碎片等的过程,称为吞噬作用。例如,高等动物的免疫系统的巨噬细胞内吞入侵的细菌。

(2) 胞饮作用(pinocytosis, fluid endocytosis 或 bulk-phase pinocytosis)

胞饮作用是指以小的囊泡形式将少量胞外液体吞入细胞内的过程。被吞进的胞外液体中含有离子或小分子,绝大多数细胞都具有胞饮作用。

(3) 受体介导的内吞作用(receptor-mediated endocytosis, RME)

特定的内吞物与细胞表面的专一受体相结合,才能引发细胞膜的内陷,形成的囊泡将内吞物裹入并运入细胞内的过程,称为受体介导的内吞作用。因此,与吞噬作用和胞饮作用相比它是一种专一性很强的内吞作用,能使细胞选择性地摄入大量物质。例如,胆固醇在肝脏合成后,需要通过血液运输至身体不同部位,但是胆固醇是亲脂性的,无法在血液中很好地溶解。因此,需要与其他脂质和蛋白一起打包成脂蛋白(lipid protein)运输。脂蛋白分为5种,乳糜微粒(chylomicron, CM)、极低密度脂蛋白(very-low-density lipoprotein, VLDL)、中密度脂蛋白(intermediate-density lipoprotein, IDL)、低密度脂蛋白(low-density lipoprotein, LDL)和高密度脂蛋白(high-density lipoprotein, HDL)。脂蛋白为球状颗粒,表面被脂质包被,依然是"外亲内疏"的结构。不同脂蛋白表面还镶嵌着不同数量的载脂蛋白(apolipoprotein),例如,LDL 表面只有一个载脂蛋白 B100。载脂蛋白 B100 能被靶细胞表面的受体识别,并与之结合,从而启动胞吞作用。这种方式可以防止胆固醇等脂质被定向吸收。很多病毒,如冠状病毒等也是以受体介导的内吞作用进入细胞的。

2. 外排作用

与内吞作用相反,细胞内的物质先被囊泡包裹,形成自吞噬体小泡,然后与质膜接触融合并向外释放裹入的物质,称为外排作用。真核细胞中的分泌作用常是通过外排作用发生的。例如胰岛素的分泌,产胰岛素的细胞将胰岛素分子堆积在细胞内的囊泡里,然后这种分泌囊泡与质膜融合并打开,从而向细胞外释放胰岛素。

二、能量传递和转换

生物膜上能量传递和转换最突出的例子是生物细胞线粒体内膜系统(电子传递链)和光合生物中参与光能到化学能转换的复杂的膜系统(光合作用)。

线粒体是细胞内进行以生物氧化和能量转换为主的一种细胞器,它普遍存在于真核细胞中。在线粒体的内膜上存在有复杂的精细结构,定向有序地排列着许多特殊的蛋白质成分。例如,许多脱氢酶类、电子传递体及氧化磷酸化酶类等定位于内膜及嵴上。由于它们的精确定位与排列,使呼吸底物脱下的电子能够沿着内膜上的呼吸链传递,并能与 ADP 的磷酸化相偶联形成 ATP,从而为物质合成和生命代谢过程提供必需的能量。

与线粒体内膜上的能量传递与转换相类似,叶绿体中的能量转换同样依赖于膜系统上有关成分的精细排列。叶绿体膜上存在着捕获光能的叶绿素蛋白复合体、电子传递复合体和光合磷酸化偶联因子复合物,在光合作用中,由光子推动的电子传递所产生的电子动力,形成了具有高还原力的 NADPH,并且和 ADP 的磷酸化作用相偶联,产生 ATP。这些活跃的高能化合物用来同化 CO_2 形成有机化合物。

细胞的内膜体系不仅为能量的传递和转换提供了必要的场所，而且在时间上、空间上对能量的传递和转换起着调节和控制作用。

三、信息传递

生物在生长发育的过程中，不断与外界环境条件进行信息交换，这种交换是通过生物膜来实现的。细胞膜控制着信号的发生和传递。细胞膜和一些细胞器膜上存在一些特殊的蛋白质，它们负责膜内外的信息交流，这些蛋白质称作信号受体（signal receptor）。大多数信号受体是膜表面的糖蛋白或糖脂，分子中的寡糖链能够对一定的化学信号（如神经递质、激素、生长因子、抗原和药物等）表现出特异的亲和力。

细胞的信号传递（cell signaling）又指细胞通讯（cell communication），是指一个细胞发出的信号通过介质传递到另一个细胞并产生相应反应的过程。细胞通讯一般过程如下：合成信号分子→信号细胞释放信号分子→信号分子运输至靶细胞→靶细胞受体识别信号分子→信息传递→产生生物学效应。不同细胞对同样的化学信号分子做出的反应是不同的。

信号分子根据其溶解性可分为两类：亲脂性信号分子和亲水性信号分子。亲脂性信号分子主要是一些甲状腺素和甾类激素等，它们可直接穿过细胞膜进入细胞，并与细胞质或细胞核中的受体结合形成复合物。亲水性信号分子包括神经递质、化学递质、生长因子和大多数激素等，它们不能穿过靶细胞膜，而是与膜表面的受体结合，经信号转换机制在细胞内产生第二信使（如 cAMP）引起生物效应。

四、识别功能

生命活动中，细胞通过其表面的特殊受体选择性地与胞外信号物质分子发生相互作用，从而引起胞内一系列的生理生化反应，最终导致细胞的整体的生物学效应，这个过程称为细胞识别（cell recognition）。胞外信号物质包括能引起生物学效应的各类大、小分子，胞外基质，其他细胞的表面抗原等。识别这些信号物质的受体多为膜蛋白。

细胞识别包括对游离的信号物质的识别和细胞间的识别。前者涉及对激素、神经递质、药物、毒素、抗原、食物和其他物质的识别；后者包括同种同类细胞间的识别（如凝血过程中血小板聚集、低等生物细胞聚集等），同种异类细胞间的识别（如有性繁殖过程中配子的结合、免疫细胞对衰老细胞的吞噬等），异种异类细胞间的识别（如病原体对寄主细胞的侵染和各种共生、寄生过程），以及异种同类间的识别（如输血、器官移植中的识别）。

可见，细胞识别现象遍及动物、植物和微生物，体现了物种之间、同一物种个体内部的相互联系。细胞表面，尤其是质膜，活跃地参与识别过程。目前，对细胞识别的研究已涉及发育生物学、细胞学、内分泌学、免疫学、神经生物学、胚胎学，以及农业、医学等行业基础理论的若干领域和许多有着重大实用价值的课题。

思 考 题

1. 生物膜的主要组分是什么？分述它们的主要作用。
2. 简述生物膜结构的结构要点。
3. 什么是生物膜的流动性？生物膜流动性的生理意义是什么？

4. 生物膜"流动镶嵌"模型的要点是什么？
5. 试述物质被动运输和主动运输的基本特点。
6. 简述 Na^+/K^+-ATP 酶的作用机制。
7. 试述大分子物质跨膜运输的方式。
8. 简述影响生物膜流动性的因素。

第五章 生物氧化

【学习导图】

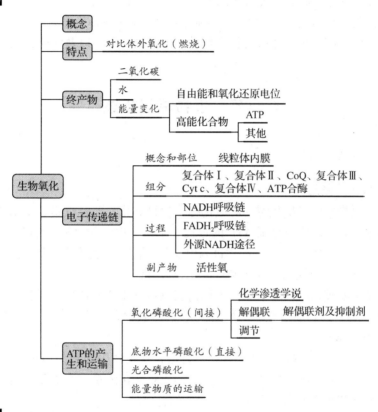

【学习要点】

理解生物氧化的概念和特点，了解与体外燃烧的异同。运用化学中所学知识理解生物化学反应的自由能变化，以及氧化还原电位与自由能变化的关系，进一步理解生物氧化过程中物质代谢和能量之间的联系。

掌握生物氧化发生部位和相关途径，以及其涉及的关键酶、蛋白质或小分子。理解呼吸链存在的意义。掌握生物氧化过程中，物质代谢和能量代谢是如何偶联的，以及这种偶联的意义和解偶联现象。

学习建议：与体外燃烧不同，生物氧化的3种产物(二氧化碳、水和能量)并非同步产生。本章主要解释水和能量的产生过程，以及两者之间是如何偶联的。二氧化碳的产生，主要来自糖类(第六章)、脂类(第七章)等化合物碳骨架的分解。这些过程中产生一些特殊的产物，如 NADH 和 $FADH_2$。

生物体的生存和生长除需要各种有机物以及无机物质之外，还需要大量的能量以维持复杂的生命活动。生物体所需的能量大都来自体内糖、脂肪、蛋白质等有机物的氧化。生物体内一切代谢物的氧化称为生物氧化（biological oxidation）。由于在这些氧化过程中要消耗氧气，释放二氧化碳，并且这些过程是在细胞中进行的，所以，生物氧化又称为组织呼吸或细胞呼吸。

生物氧化是生物体能量代谢的关键环节之一。光合自养生物通过光合作用（photosynthesis）利用太阳能将二氧化碳和水同化为糖类等有机物，将光能转化为有机物中稳定的化学能。异养生物和光合生物的非光合组织通过生物氧化将有机物分解为二氧化碳和水，将有机物中稳定的化学能转化为 ATP 中活跃的化学能，用于各种生命活动。

本章的任务就是阐述生物体有机物中化学能的释放、贮存以及转化为活跃化学能的过程和机制。

第一节 生物氧化概述

一、生物氧化的概念

（一）生物氧化的概念

前已述及，生物体内一切代谢物的氧化称为生物氧化，即有机物在生物体内氧化分解为二氧化碳和水，并释放能量合成 ATP 的过程。生物氧化可分为 3 个阶段：首先，是有机物的氧化脱氢；接着，氢以 $H^+ + e^-$ 形式进入电子传递链，再被传递给氧生成水，同时释放能量；最后，ATP 合成系统利用这些能量催化合成 ATP。

上述内容是生物氧化的广义概念，既包括有机物氧化的各种生物氧化反应，又包括呼吸链电子传递和 ATP 的合成过程。一般意义的生物氧化是狭义概念，指后两个阶段，即电子传递和 ATP 合成。

电子传递和 ATP 合成体系有两大类：一类是真核生物中线粒体（mitochondria）内膜上的线粒体氧化体系；另一类是原核生物质膜上的质膜氧化体系。本章重点讨论线粒体氧化体系，特别是电子的传递、水的生成以及 ATP 的合成。

（二）生物氧化的特点

虽然生物氧化与体外燃烧的起始和结果是相同的，如都消耗氧气、生成二氧化碳和水、释放同等能量等，但作用的条件、方式、过程却迥然不同。与体外燃烧相比，生物氧化具有如下特点：

①生物氧化是在温和条件下进行的，即在活细胞内、常温、常压、pH 值接近中性和有水的环境中进行。如植物体内生物氧化是在环境温度下进行的，恒温动物的生物氧化是在体温下进行的。而有机物体外燃烧需在高温或高压以及干燥条件下进行。

②生物氧化是酶催化的多步反应。如葡萄糖氧化为二氧化碳需经过 19 个酶催化完成（参见第六章）。体外燃烧是自发进行的反应。

③生物氧化时能量是逐步释放的。这种逐步分批次的放能方式，不会引起体温的突然升高，而且有利于放出能量的捕获、转化。体外燃烧时能量是一次性以光和热的形式释放的。

④生物氧化过程产生的能量一般贮存于一些特殊化合物中，主要是 ATP。体外燃烧释

放的能量无贮存形式,要利用这些能量,必须将放能过程和需能过程联系在一起同步进行,如内燃机的做功过程,否则就损失掉了。

(三)生物氧化反应的方式

生物氧化有各种各样的反应,但从原理上讲都属于氧化还原反应,其本质都是电子得失。由此入手,生物氧化有如下几种方式:

1. 单纯失电子

从作用物上脱去电子,如细胞色素类氧化时,其辅基血红素所含的 Fe^{2+} 会失去电子形成 Fe^{3+}:

$$Fe^{2+} \rightleftharpoons Fe^{3+} + e^-$$

2. 脱氢反应

(1)直接脱氢

从作用物上以 $H^+ + e^-$ 的形式脱去一对氢,如琥珀酸脱氢成为延胡索酸的反应:

$$\underset{\text{琥珀酸}}{\begin{array}{c}H_2C-COOH\\|\\H_2C-COOH\end{array}} \longrightarrow \underset{\text{延胡索酸}}{\begin{array}{c}HOOC-CH\\||\\HC-COOH\end{array}} + 2H^+ + 2e^-$$

(2)加水脱氢

向底物分子加成水分子,然后脱去两个氢($2H^+ + 2e^-$),其总结果是底物分子加上了来自水的氧原子。如乙醛加水脱氢成为乙酸:

$$\underset{\text{乙醛}}{CH_3-\overset{O}{\overset{||}{C}}-H} + H_2O \longrightarrow \left[CH_3-\underset{OH}{\overset{OH}{\underset{|}{\overset{|}{C}}}}-H\right] \longrightarrow \underset{\text{乙酸}}{CH_3-\overset{O}{\overset{||}{C}}-OH} + 2H^+ + 2e^-$$

3. 加氧反应

向作用物分子中直接加入氧分子或氧原子,如:

$$\bigcirc + \frac{1}{2}O_2 \longrightarrow \bigcirc-OH$$

加氧反应也是氧化还原反应,在分子加氧的同时,常伴有氧接受质子和电子还原成水的反应:

$$RH + O_2 + 2H^+ + 2e^- \longrightarrow ROH + H_2O$$

此外,加分子氧后,原子价数要发生变化。如上述苯的氧化,被氧化的碳原子反应前后化合价数变化如下:

$$\underset{(-1)\ (+1)}{\overset{\diagup}{\underset{\diagdown}{C}}-H} \longrightarrow \underset{(+1)(-2)(+1)}{\overset{\diagup}{\underset{\diagdown}{C}}-O-H}$$

被氧化碳由反应前-1价变为反应后+1价,价数升高即发生了氧化。从电子理论讲,反应前,碳由于吸引氢原子的电子云而处于富电状态;反应后,氧的电负性大于碳,碳原子的电子云被氧所吸引,碳处于缺电状态。所以,反应中虽无分子间的电子转移,却发生了电子云在分子内的重新分布,因而也是氧化还原反应。

由于体内并不存在游离的电子,上述反应中脱去的电子必须有另一物质接受。若只接受电子,则这种物质称为电子受体;若既接受电子又接受质子则称为受氢体。同理,只供出电子的物质称为电子供体；既供出电子又供出质子的物质称为供氢体。电子供体和电子受体以及供氢体和受氢体总是成对存在且同步反应，即氧化反应总是和还原反应偶联进行的。氧化还原反应实质上是电子或质子加电子的移换反应。这些移换反应可用通式表示如下：

$$A^{n+} + B^{m+} \longrightarrow A^{(n+1)+} + B^{(m-1)+} \qquad AH_2 + B \longrightarrow A + BH_2$$

  供电子体 受电子体   供氢体 受氢体
  （还原剂）（氧化剂）   （还原剂）（氧化剂）

  对于参与电子转移的具体物质来说，它接受电子若又供出去，在一个反应中是电子受体，在另一个反应中是电子供体，这种物质称为电子递体(electron carrier)。对于参与氢转移的物质来说，若它接受氢又供出去，这种物质称为递氢体(hydrogen carrier)。生物氧化中常见的电子递体为铁硫中心和细胞色素类，常见的递氢体为 NADH、NADPH、$FADH_2$、$FMNH_2$、CoQ 等（参见本章后文）。

  催化这些氧化还原反应的酶类分布于细胞的不同部位，构成了不同的生物氧化体系。各种单加氧酶存在于微粒体内，构成了微粒体氧化体系。过氧化氢酶、过氧化物酶主要存在于过氧化物酶体中，构成了过氧化物酶氧化体系。在线粒体内，集中了大多数脱氢酶、电子转移酶，它们构成了细胞内最重要的生物氧化体系。这个体系可将物质逐步氧化，并将释放的能量偶联产生 ATP。因此，线粒体称为细胞的"动力工厂"。本章及后文涉及的生物氧化酶类，主要是线粒体氧化体系的酶类。

（四）生物氧化中二氧化碳的生成方式

  生物氧化过程中，有机分子分解，碳原子以 CO_2 的形式释放出来。但是，生成的 CO_2 并不是碳和氧直接结合的结果，而是来源于有机酸的脱羧。有些脱羧反应不伴有氧化，称为单纯脱羧(simple decarboxylation)，如一些氨基酸的脱羧反应：

$$\underset{\text{氨基酸}}{R-\overset{H}{\underset{NH_2}{C}}-COOH} \xrightarrow{\text{氨基酸脱羧酶}} \underset{\text{胺}}{R-\overset{H}{\underset{H}{C}}-NH_2}$$

  有些脱羧反应伴有分子的氧化，称为氧化脱羧(oxidative decarboxylation)，如苹果酸的脱羧反应：

$$\underset{\text{苹果酸}}{\begin{matrix}H_2C-COOH\\HO-C-COOH\\H\end{matrix}} + NADP^+ \xrightarrow{\text{苹果酸酶}} \underset{\text{丙酮酸}}{CH_3-\overset{O}{\overset{\|}{C}}-COOH} + CO_2 + NADPH + H^+$$

（五）生物氧化中水的生成方式

  生物氧化中生成的水是代谢物中的质子和电子经生物氧化作用和氧结合而成的。代谢物中的氢一般是不活泼的，必须经相应脱氢酶作用后才能脱落；进入体内的氧也必须在氧化酶作用下才可接受氢。在大多数情况下，电子需要经过多个传递体（蛋白或酶），才能传递给氧，加上质子，生成水。这种体系称为水生成的多酶体系(multienzyme system)。另外，水的生成也可在一种酶的催化下完成，称为水生成的一酶体系(single enzyme system)。

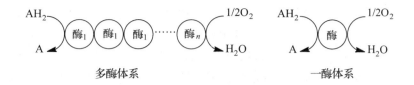

多酶体系　　　　　　　　一酶体系

二、自由能与氧化还原电位

(一) 自由能

实际上，世界上任何物质都包含有能量，任何物质变化必然伴随有能量的变化。能量表现的形式很多，如动能、机械能、电能、化学能、热能等。物质处于一种状态即是该物质的一种能量状态，其状态发生变化，能量也随之发生变化。我们一般了解最多的是热能做功，但是由于生物做功过程是等温过程，所以在生物体内热能是不能做功的。自由能(free energy)，又称吉布斯(Gibbs)自由能，是在恒温、恒压条件下体系可用来做功的能量。生物体是在恒温、恒压条件下做功的体系。为了研究说明生物体系的能量变化和做功情况，必须引入自由能这个概念。生物氧化所提供的能量正是可为机体所利用的自由能。

自由能用 G 来表示。反应总能量变化(ΔH)与用于做功的能量——自由能的变化(ΔG)的关系可用下式表示：

$$\Delta H = \Delta G + T\Delta S$$

式中，T 是绝对温度；ΔS 是熵变，即体系混乱度的变化。

由上式可知，生物化学过程变化的总能量不能全部用来做功，有一部分要用于 T 温度下的熵变，ΔG 总小于 ΔH，即

$$\Delta G = \Delta H - T\Delta S$$

在研究中，我们常用的是标准自由能的变化($\Delta G^{\ominus}$)。在物理化学中，标准自由能是指在标准条件下，即 25℃、一个大气压、各物质浓度为 1 mol/L、pH 值为 0 时物质的自由能，用 $G^{\ominus}$ 表示。但是在生物化学中，一方面其反应绝大多数是在 pH 7.0 左右条件下进行的，另一方面质子(H^+)也参与反应，溶液 pH 值会直接影响这个体系的自由能变化。所以，生物化学中将 pH 7.0 定为自己的标准状况，生物化学中的标准自由能用 $G^{\ominus\prime}$ 表示，标准自由能变化用 $\Delta G^{\ominus\prime}$ 表示。

$\Delta G^{\ominus\prime}$(标准自由能变化)与 K'_{eq} (反应平衡常数)有直接关系：

$$\Delta G^{\ominus\prime} = -RT\ln K'_{eq} = 2.303\, RT\lg K'_{eq}$$

这样，我们不仅可以从 $\Delta G^{\ominus\prime}$ 还可从 K'_{eq} 判断反应是否可自发进行。

研究生物化学反应时，能量的变化要考虑生物体的特点，为了方便做了一些规定：

①在任何情况下，一个稀的水溶液系统，当水作为底物或产物时，水的活度规定为 1.0，而实际浓度约为 55.5 mol/L。

②在生物化学能量学中，标准状况的 pH 值规定为 7.0。

③生物系统标准自由能的变化过去以卡(cal)或千卡(kcal)表示，现在主要用焦耳/摩尔(J/mol)或千焦耳/摩尔表示(kJ/mol)。

(二) 氧化还原电位

生物氧化的本质是电子的得失，氧化反应总是与还原反应相互偶联。一个能够氧化还原的物质就会有它的氧化还原电位，如细胞色素 c 中 Fe 的氧化还原电位为+0.22 V。由于

生物氧化时脱电子的同时还要脱质子，即脱氢，脱氢后就成为另一种物质，如琥珀酸脱氢成为延胡索酸，所以，生物氧化中不是像无机化学中称某物质的氧化还原电位，而是称某氧化还原系统的氧化还原电位。同标准自由能变化一样，生物化学中的标准氧化还原电位用 $E^{\ominus}{}'$ 表示。生物体中常见的氧化还原体系的标准氧化还原电位见表 5-1 所列。

表 5-1　常见氧化还原体系的标准氧化还原电位

半反应式	$E^{\ominus}{}'/V$ *
乙酸+CO_2+$2H^+$+$2e^-$ ⇌ 丙酮酸+H_2O	-0.70
琥珀酸+CO_2+$2H^+$+$2e^-$ ⇌ α-酮戊二酸+H_2O	-0.67
乙酸+$2H^+$+$2e^-$ ⇌ 乙醛+H_2O	-0.60
甘油酸-3-磷酸+$2H^+$+$2e^-$ ⇌ 甘油醛-3-磷酸+H_2O	-0.55
乙酰-CoA+CO_2+$2H^+$+$2e^-$ ⇌ 丙酮酸+CoA	-0.48
铁氧还蛋白(ox)+e^- ⇌ 铁氧还蛋白(red)	-0.432
$2H^+$+$2e^-$ ⇌ H_2	-0.414
α-酮戊二酸+CO_2+$2H^+$+$2e^-$ ⇌ 异柠檬酸	-0.38
$NADP^+$+$2H^+$+$2e^-$ ⇌ NADPH+H^+	-0.324
NAD^++$2H^+$+$2e^-$ ⇌ NADH+H^+	-0.320
NADH 脱氢酶(FMN)+$2H^+$+$2e^-$ ⇌ NADH 脱氢酶($FMNH_2$)	-0.30
甘油酸-1,3-二磷酸+$2H^+$+$2e^-$ ⇌ 甘油醛-3-磷酸	-0.29
硫辛酸(ox)+$2H^+$+$2e^-$ ⇌ 硫辛酸(red)	-0.29
谷胱甘肽(ox)+$2H^+$+$2e^-$ ⇌ 谷胱甘肽(red)	-0.23
乙醛+$2H^+$+$2e^-$ ⇌ 乙醇	-0.197
丙酮酸+$2H^+$+$2e^-$ ⇌ 乳酸	-0.185
草酰乙酸+$2H^+$+$2e^-$ ⇌ 苹果酸	-0.166
FAD+$2H^+$+$2e^-$ ⇌ $FADH_2$	-0.219 **
延胡索酸+$2H^+$+$2e^-$ ⇌ 琥珀酸	+0.031
2Cyt b(ox)+$2e^-$ ⇌ 2Cyt b(red)	+0.077
脱氢抗坏血酸+$2H^+$+$2e^-$ ⇌ 抗坏血酸	+0.08
CoQ+$2H^+$+$2e^-$ ⇌ $CoQH_2$	+0.045
2Cyt c_1(Fe^{3+})+$2e^-$ ⇌ 2Cyt c_1(Fe^{2+})	+0.22
2Cyt c(Fe^{3+})+$2e^-$ ⇌ 2Cyt c(Fe^{2+})	+0.254
2Cyt a(Fe^{3+})+$2e^-$ ⇌ 2Cyt a(Fe^{2+})	+0.290
2Cyt a_3(Fe^{3+})+$2e^-$ ⇌ 2Cyt a_3(Fe^{2+})	+0.35
Fe^{3+}+e^- ⇌ Fe^{2+}	+0.771
$1/2O_2$+$2H^+$+$2e^-$ ⇌ H_2O	+0.816

注：* $E^{\ominus}{}'$ 值是在 pH 7.0,25 ℃ 条件下和标准氢电极构成原电池的测定值。

** FAD/$FADH_2$ 的值为游离辅基的 $E^{\ominus}{}'$，当它结合到酶蛋白上后，根据蛋白质的不同，辅基 $E^{\ominus}{}'$ 值可能有所变动，例如，在复合体 Ⅱ 中几乎为零，在其他黄素蛋白中为 -0.40~+0.6 V。

由表 5-1 中所列数据可以粗略预期两个体系发生反应时，其氧化还原反应所进行的方向。因 O_2/H_2O 系统的氧化还原电位较强，因此，电子更倾向于向 O_2 传递，有利于水的生成。

氧化还原电位之所以重要，并不只是因为生物体内许多重要反应属于氧化还原反应，更重要的是生物体内所需的能量来源于体内的生物氧化还原反应。氧化还原过程中反应物

电位的变化必然与自由能变化有密切关系，其关系为
$$\Delta G^{\ominus\prime} = -nF\Delta E^{\ominus\prime}$$
式中，$\Delta E^{\ominus\prime}$是反应的标准氧化还原电位差；n是氧化还原反应中传递的电子数；F是法拉第常数 96.491 4 kJ·mol^{-1}·V^{-1}。

利用上述公式可由标准氧化还原电位差计算出化学反应自由能的变化。例如，NADH氧化为NAD^+，$1/2O_2$还原为H_2O时，其反应式为
$$NADH + H^+ + 1/2O_2 \longrightarrow NAD^+ + H_2O$$
两个氧化还原反应电对的$E^{\ominus\prime}$值分别为

$$NAD^+ + 2H^+ + 2e^- \longrightarrow NADH + H^+ \quad E^{\ominus\prime} = -0.32(V)$$
$$1/2O_2 + 2H^+ + 2e^- \longrightarrow H_2O \quad E^{\ominus\prime} = +0.816(V)$$
$$\Delta E^{\ominus\prime} = +0.816 - (-0.32) = +1.14(V)$$
$$\Delta G^{\ominus\prime} = -2 \times 96.491\,4 \times 1.14 = -220(kJ/mol)$$

三、高能化合物

(一) 概述

在生物体内，有许多化合物，当它们的某一基团水解时，其$\Delta G^{\ominus\prime}$变化很大。我们把水解反应时，释放的水解自由能大于 20.92 kJ/mol 的化合物称为高能化合物(high-energy compound)。高能化合物中的水解基团称为高转移势能基团，简称高能基团(high-energy group)，其水解的键称为高能键(high-energy bond)。高能键这个术语易与键能相混淆，物理化学中所说的键能是指化学键断裂时所需的能量，键能越高表示键越稳定，越不易断裂。生物化学中所指的高能键并非指键能高(恰恰相反，它比一般共价键键能还低)，而是指该键断裂时释放出较高的自由能。为了区别于一般的共价键，高能键用"~"表示。在众多高能化合物中，高能基团为磷酸基团的化合物，即高能磷酸化合物(high-energy phosphate compound)要占多数，并且也十分重要，生物体内许多重要的能量转移反应都有高能磷酸化合物参加。高能磷酸化合物中的高能键也称为高能磷酸键(high-energy phosphate bond)。

(二) 高能化合物的类型

体内高能化合物种类很多，根据键型特点，可将高能化合物分为以下几种类型：

1. 磷氧键型(—O~P)

高能键由氧原子和磷原子形成。这些化合物很多，又可分为几类：①焦磷酸化合物，高能键由两个磷酸基团形成，如腺苷三磷酸(ATP)；②酰基磷酸化合物，如甘油酸-1,3-二磷酸；③烯醇式磷酸化合物，如磷酸烯醇式丙酮酸(phosphoenolpyruvate，PEP)。

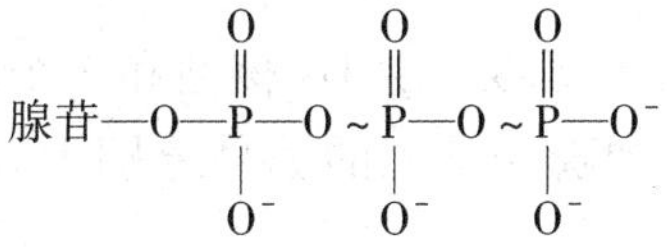

腺苷三磷酸 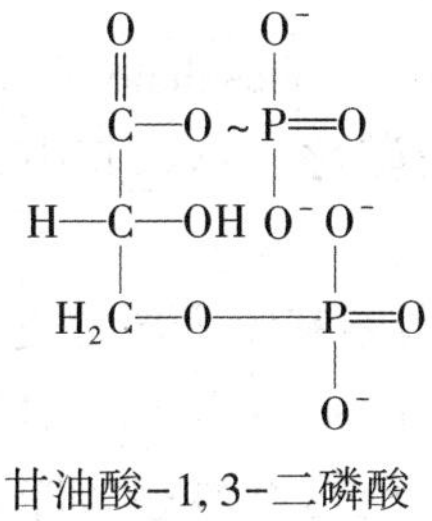　　　　甘油酸-1,3-二磷酸 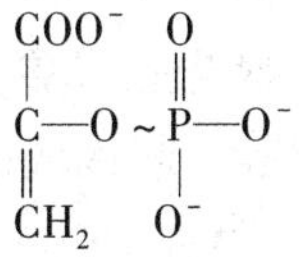　　　　磷酸烯醇式丙酮酸

2. 氮磷键型(—N~P)

高能键由氮原子和磷原子形成，如磷酸肌酸(phosphocreatine, PCr)。PCr 在肌细胞中的含量远高于 ATP，其高能键断裂，可将 ADP 转化成 ATP，从而保证肌肉突发运动的能量需求。

3. 硫碳键型(—C~S)

高能键由碳原子和硫原子组成，如脂酰辅酶 A(脂酰-CoA)和 S-腺苷甲硫氨酸(S-adenosyl-L-methionine, SAM)。

磷酸肌酸　　　　　脂酰-CoA　　　　　S-腺苷甲硫氨酸

并不是所有含磷酸基团的化合物都属于高能磷酸化合物。例如葡萄糖-6-磷酸(G-6-P)，其 $\Delta G^{\ominus}{}'$ 为-13.81 kJ/mol，甘油-3-磷酸 $\Delta G^{\ominus}{}'$ 为-9.20 kJ/mol。一些磷酸化合物水解时的标准自由能变化列于表 5-2 中。

表 5-2　常见磷酸化合物标准水解自由能　　　　　　　　　　kJ/mol

磷酸化合物	$\Delta G^{\ominus}{}'$	磷酸化合物	$\Delta G^{\ominus}{}'$
磷酸烯醇式丙酮酸	-61.92	ADP(→AMP+Pi)	-32.80
氨甲酰磷酸	-51.46	AMP(→腺苷+Pi)	-14.22
甘油酸-1,3-二磷酸	-49.37	PPi(→2Pi)	-19.20
磷酸肌酸	-43.10	ATP(→AMP+PPi)	-45.60
乙酰磷酸	-42.26	G-1-P	-20.92
磷酸精氨酸	-32.22	果糖-6-磷酸	-15.90
ATP(→ADP+Pi)	-30.54	G-6-P	-13.81
脂酰-CoA	-31.40	甘油-3-磷酸	-9.20
S-腺苷甲硫氨酸	-41.90		

(三) ATP

1. ATP 的结构与性质

ATP 即腺苷三磷酸(adenosine triphosphate)，是由腺嘌呤、β-D-核糖和 3 个磷酸基团形成的磷酸链一起构成的高能磷酸化合物。其中，3 个磷酸基团的编号分别为 α、β 和 γ 位(参见第二章)。

在 pH 7.0 时，ATP 的 3 个磷酸基团全部解离，所以，ATP 有很高的负电荷(ATP^{4-})并集中于磷酸链处，增强了酸酐键的不稳定性。ATP^{4-} 易和二价阳离子结合，形成较稳定的可溶性络合物。在生物体内，无论是游离态 ATP 还是与酶蛋白结合的 ATP，它总是和二

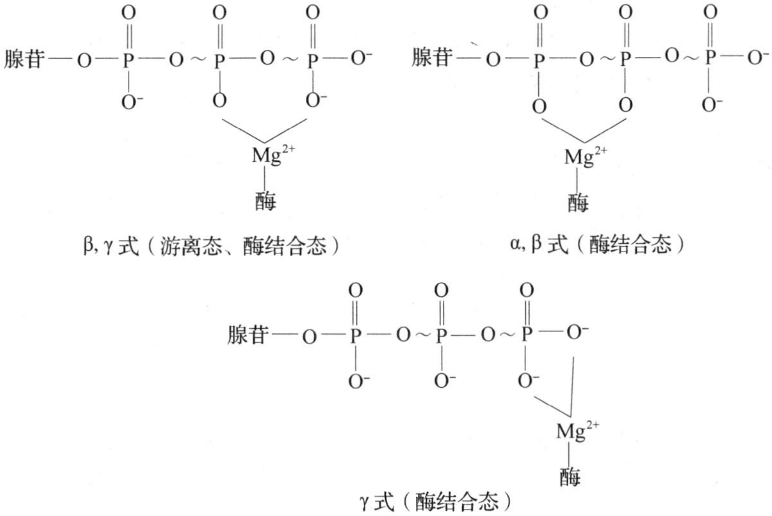

图 5-1 Mg-ATP 的多种形式

价镁离子结合在一起，Mg^{2+} 与 ATP^{4-} 结合有 β,γ 式、α,β 式和 γ 式 3 种方式(图 5-1)。

Mg-ATP 中的 Mg^{2+} 的作用是多方面的：①稳定 ATP。由于 Mg^{2+} 的结合中和了 ATP^{4-} 的两个负电荷，稳定了 ATP。②通过 Mg^{2+} 桥使 ATP 在酶活性中心正确定位。Mg^{2+} 桥中 Mg^{2+} 可与酶蛋白的天冬氨酸 γ-羧基结合。③辅助催化过程。④Mg^{2+} 与 ATP^{4-} 结合的多种类型，是 ATP 适合于多种酶催化的原因之一。

2. ATP 的水解自由能和结构基础

ATP 在酶催化下可水解成腺苷二磷酸(ADP)和磷酸(Pi)，其标准自由能变化为 -30.54 kJ/mol。

$$ATP + H_2O \longrightarrow ADP + Pi$$

ATP 也可水解为腺苷酸(AMP)和焦磷酸(pyrophosphate，PPi)，这个过程的 $\Delta G^{\ominus\prime}$ 为 -32.22 kJ/mol，但焦磷酸很不稳定，会水解成两个磷酸，其 $\Delta G^{\ominus\prime}$ 为 -28.87 kJ/mol。

$$ATP + H_2O \longrightarrow AMP + PPi$$
$$PPi + H_2O \longrightarrow 2Pi$$

而 AMP 的磷酸酯键为普通键。可见，ATP 带有两个高能键，一个位于 β,γ 磷酸基团间，另一个位于 α,β 磷酸基团间。其水解标准自由能平均为 -30.54 kJ/mol(表 5-2)。

ATP 水解时有较大的 $\Delta G^{\ominus\prime}$ 值，这与它的结构有直接关系。在它的结构中，两个高能键都是酸酐键，分别位于 α 和 β、β 和 γ 之间。有机化学的知识告诉我们酸酐键是活泼的键，易水解且水解自由能较大。ATP 除了与一般酸酐键共有特点之外，还有它自己特有的 5 个因素影响自由能的释放：

(1)负电荷集中

在 pH 7.0 时 ATP 所带的 4 个负电荷的作用。这 4 个负电荷分布如下：

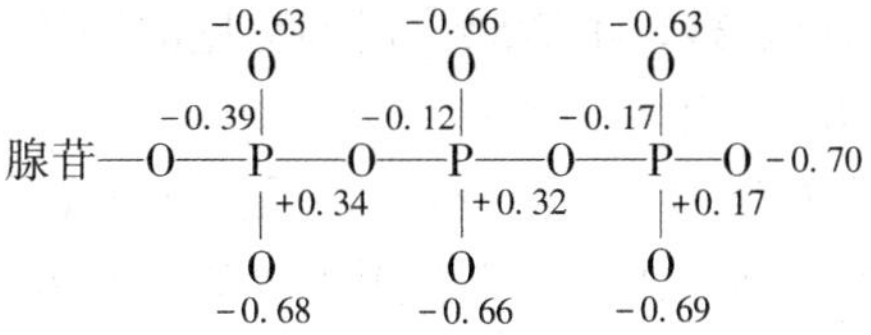

4个负电荷虽然分布平均化，但仍高度集中，它们之间存在强烈的相互排斥作用。当水解为 ADP^{3-} 和 HPO_4^{2-} 后，负电荷排斥力得到缓和，而且 ADP^{3-} 和 HPO_4^{2-} 再形成 ATP^{4-} 的可能性很小，因而促使 ATP 向水解方向进行。

(2) 共振杂化

ATP 及其水解产物都是共振杂化物。经计算 ATP^{4-} 的共振结构数比 ADP^{2-} 和 HPO_4^{2-} 的共振杂化结构数少(图 5-2)。共振杂化结构数越少，能量越高，反之亦然。因此，ATP 处于较高的能位，而 ADP^{3-} 和 HPO_4^{2-} 处于较低能位，ATP 水解则释放出较大的自由能。

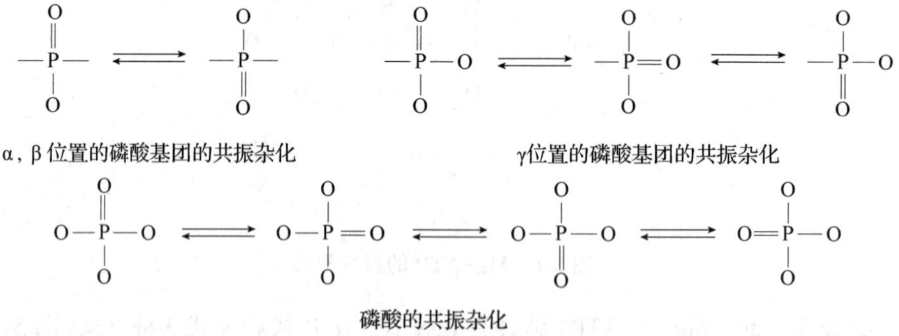

图 5-2　磷酸基团及磷酸的共振杂化

(3) H^+ 浓度低，反应彻底

ATP 含有 3 个磷酸基团，在水解为 ADP 时，γ-磷酸基团水解除去。在 pH 7.0 情况下，底物、产物都要发生解离而分别成为 ATP^{4-}、ADP^{3-}、HPO_4^{2-}、H^+。pH 7.0 时 ATP 的水解反应为

$$ATP^{4-} + H_2O \longrightarrow ADP^{3-} + HPO_4^{2-} + H^+$$

在 pH 7.0 时 H^+ 浓度只有 10^{-7} mol/L。根据质量作用定律，H^+ 的低浓度导致 ATP 向分解方向进行。

(4) ADP 离子化作用

水解产物 ADP 一旦产生，在 pH 7.0 的环境中立即离子化，生成 ADP^{3-}。这种离子化作用有利于水解而不利于逆反应。

(5) 水合程度

ADP^{3-}、HPO_4^{2-} 的水合程度要大于 ATP^{4-}，所以 ATP 的产物要比 ATP 稳定。

上述各种因素，归纳起来有两个方面：一是反应物不稳定；二是产物稳定。在这些因素中，最主要的是两个，负电荷集中和共振杂化。

3. ATP 供能的机理

虽然前述内容告诉我们 ATP 能够水解释放大量的自由能，但是，实际上，ATP 供能的主要方式是基团的转移，而不是简单的水解，因为简单水解放能，在等温系统中不能驱动化学过程。

ATP 上 3 个磷酸基团都对亲核攻击敏感。很多常见的亲核剂，如醇或羧酸的氧、精氨酸和组氨酸 R 基的氮等，均能够对 3 个磷酸基团发动亲核攻击，并生成相应的产物：

①对 γ 位亲核攻击，置换出 ADP，而剩余的磷酰基($—PO_3^{2-}$)被转移[图 5-3(a)]。切记，此处转移的不是磷酸基($—OPO_3^{2-}$)。磷酰基与亲核剂中相应基团，如醇中的羟基氧结

合，形成新的磷氧键，即产生磷酸基团。例如，谷氨酸和氨在谷氨酰胺合成酶的作用下生成谷氨酰胺(参见第九章)。该反应需要 ATP 供能，并产生 ADP 和 Pi。反应示意图如图 5-4(a)所示。但实际上，该过程中，ADP 和 Pi 的生成分为两步。第一步，ATP 的 γ 磷酸基团被谷氨酸 R 基上羧基中的羟基进攻，释放 ADP，而磷酰基转移至该羟基氧上，形成谷氨酰磷酸；第二步，NH_3 进入，置换新生成的磷酸基团，生成谷氨酰胺并释放磷酸。因此，这个磷酸中的一个氧来自谷氨酸 R 基中的羧基[图 5-4(b)]。因此，图 5-4(a)的表示方式，仅仅是为了简化流程，便于表达，请注意辨别。

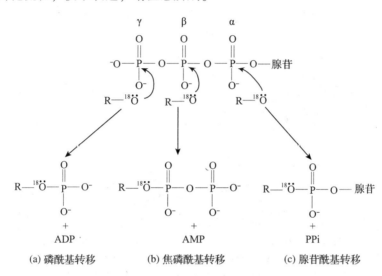

图 5-3 ATP 的亲核攻击反应

这类 γ 位被亲核攻击的案例较多，如糖酵解中，葡萄糖活化时，被己糖激酶催化生成葡萄糖-6-磷酸。该反应也需要 ATP 供能，也涉及 ATP 的 γ 位磷酸基团被亲核攻击，从而将磷酰基转移至葡萄糖的 6 位羟基(参见第六章)。

②对 β 亲核攻击，置换出 AMP，而剩余的焦磷酰基被转移给亲核剂[图 5-3(b)]。切记，此处转移的不是焦磷酸基。例如，5-磷酸核糖-1-焦磷酸(phosphoribosyl pyrophosphate, PRPP)的形成是由于核糖的一个羟基对 β 位亲核攻击的结果(参见第八章)。

③对 α 位亲核攻击，置换出焦磷酸(PPi)，而剩余的腺苷酰被转移给亲核剂[图 5-3(c)]。这一反应通常意味着亲核剂被腺苷酰修饰，称为腺苷酰化(adenylylation)。PPi 被广泛存在的无机焦磷酸酶(inoganic pyrophosphatase)催化，水解成两个 Pi，释放 19.2 kJ/mol 的能量。结合 α 和 β 之间酸酐键断裂释放的 45.6 kJ/mol 的能量，总反应释放 64.8 kJ/mol 的能量。脂肪酸分解前，会在 ATP 的帮助下活化，生成脂酰-CoA，而 ATP 变成 AMP。该反应就是利用了对 α 位的亲核攻击(参见第七章)。类似的反应还有蛋白质生物合成时，氨基酸的活化反应(参见第十一章)。

其他核苷三磷酸，如 GTP 等在作为能量供体时，通常也是利用基团转移，而不是水解。同理，很多高能化合物的高能键被利用时，几乎都是基团转移。

当然，生物体内也有少数案例是直接利用 ATP、GTP 或其他高能化合物水解释放的能量。当这些高能化合物与酶分子结合不紧密(非共价键)时，高能键水解释放的能量可以直接推动酶分子从一种构象转变成另一种构象。相关案例包括肌肉收缩时，肌球蛋白和肌动

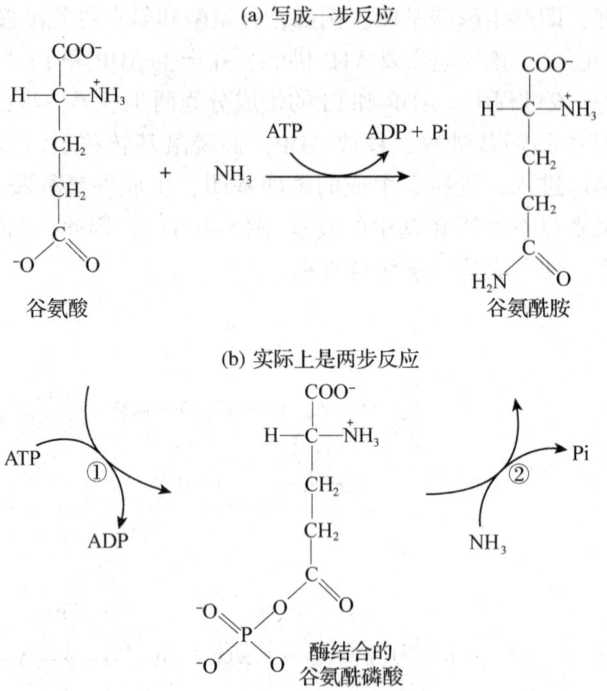

图 5-4 两步的 ATP 水解

(a) ATP 对一个反应的作用常以一步反应示出，但实际上几乎都是两步过程；
(b) 这里示出的是 ATP 依赖型谷氨酰胺合成酶催化的反应：①磷酰基从 ATP 转移到谷氨酸；②磷酰基被 NH_3 置换，以 Pi 释放出来

蛋白均可以直接将 ATP 的化学能转化为动能；核糖体沿着 mRNA 分子前进(参见第十一章)、解旋酶对 DNA 双股螺旋的解链(参见第十章)等也均属于这种利用方式。

4. ATP 作为"能量通货"的原因

在阐述生物能的流动时已谈到，生物能转换过程中，各种形式的化学能先转变为以 ATP 形式贮存的化学能；ATP 中蕴藏的能量又可直接用于细胞中各种需能反应。因此，人们把 ATP 称作细胞内的"能量通货"(energy currency)。

ATP 为什么可以作为能量通货呢？其原因有三：

①从表 5-2 中可看出，多种磷酸化合物的 $\Delta G^{\ominus\prime}$ 值高低有别，我们将这种现象描述为具有高、低不同的磷酰基转移势(phosphoryl group transfer potential)。ATP 的 $\Delta G^{\ominus\prime}$ 值处于中间位置，即其磷酰基转移势处于适中位置。在这些磷酸化合物中，具有高磷酰基转移势的化合物趋于将其磷酰基团转移出去，而低磷酰基转移势的化合物则易保留和接受磷酰基团。由于 ATP 处于中间地位，使 ADP 易从较高势能的磷酸化合物中接受磷酰基团形成 ATP。ATP 中 3 个磷酸基团相邻，在生理条件下，其两个酸酐键比较活泼(参见前述 2. ATP 的水解自由能和结构基础)，因此，又可在酶催化下，将其 γ-磷酰基团转移给低势能的受体，使其能量水平提高，有利于参加反应。如前所述，酸酐键非常活跃，容易被水解的 ATP 起到了磷酰基(或能量)中转站的作用(图 5-5)。

②如前所述，当 pH 7.0 时，ATP 的 3 个磷酸基团可以全部解离。

③如前所述，ATP^{4-} 与 Mg^{2+} 的结合，即 Mg-ATP 有多种形式(图 5-1)，可以适应多种

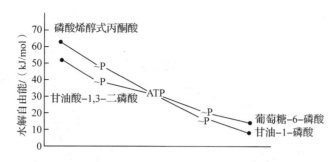

图 5-5　磷酸基团转移的自由能变化(图中~P 代表磷酰基)

酶结合位点的需求。

因此，在漫长的进化过程中，生物体普遍选择 ATP 作为多数需能酶促反应的能量供体。

第二节　电子传递链

一、电子传递链的概念和部位

在物质氧化分解过程中，代谢物上的氢被脱氢酶激活后脱落，以 H^+ 和 e^- 的形式交给辅因子 NAD^+ 或 FAD，使其还原为 NADH 和 $FADH_2$。NADH 和 $FADH_2$ 上的氢以质子形式脱去，电子则经过一系列的传递体最终传给氧并结合质子生成水，同时释放能量。这些传递体都是具有氧化还原作用的电子递体。由这些递体组成的传递电子的氧化还原系统称为电子传递链(electron transport chain，ETC)或呼吸链(respiratory chain)。

在电子传递过程中，电子的传递仅发生在两个相邻的传递体之间，它的传递方向取决于两个传递体间的氧化还原电位差。电子的传递还伴有质子的结合与释放。

在真核细胞中，电子传递链位于线粒体内膜上；原核细胞中电子传递链位于质膜(即细胞膜)上。下面我们主要介绍线粒体的电子传递链。

二、电子传递链的组分

线粒体电子传递链组分可分为 4 类：黄素蛋白类、铁硫蛋白类、辅酶 Q 类(CoQ)和细胞色素类。

(一)黄素蛋白

以黄素核苷酸(FAD 或 FMN)为辅基的蛋白质称为黄素蛋白(flavoprotein，FP)，其辅基与酶蛋白的结合很牢固，通常是共价结合。FMN 和 FAD 中的异咯嗪可以接受来自上游底物或递氢体的电子和质子，如琥珀酸或 NADH 传递的电子和质子。氧化型异咯嗪可以一次性接收 2 个质子和 2 个电子(还原型)，也可以只接受 1 个质子和 1 个电子(半醌型)(图 5-6)。

(二)铁硫蛋白

这类蛋白质含有非血红素(卟啉环结构)铁和对酸不稳定的硫形成的铁硫中心，故称为铁硫蛋白(iron-sulfur protein)。铁硫中心(iron-sulfur center)由铁原子和硫原子组成，两种

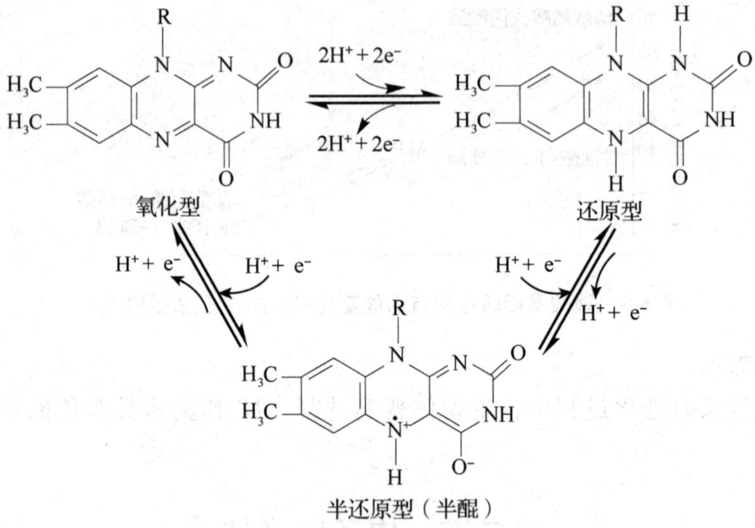

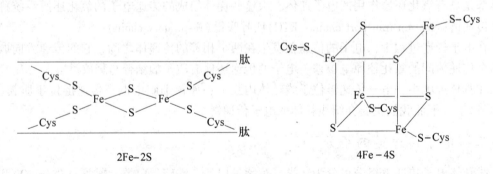

图 5-6 FMN 和 FAD 中异咯嗪的氧化与还原

元素的比例有所不同，如 Fe-S、2Fe-2S、4Fe-4S 等，因此，又称为铁硫簇(iron-sulfur cluster)。当铁硫簇仅含有 1 个 Fe 时，它与蛋白质的 4 个半胱氨酸的巯基配位相连，形成一个四面体。2Fe-2S 铁硫簇是 2 个 Fe 和 2 个无机 S 原子共价相连，然后被蛋白质的 4 个半胱氨酸的巯基固定(图 5-7)。4Fe-4S 除了 Fe 自身与蛋白质的 1 个半胱氨酸的巯基相连以外，还与 3 个 S 原子相连(图 5-7)。

图 5-7 2Fe-2S、4Fe-4S 中 Fe 与 S 的结合

铁硫中心属电子载体，它可通过非血红素铁依靠 Fe^{3+}、Fe^{2+} 的互变作用来传递电子。但是，无论铁硫中心是哪种类型，每次只有一个 Fe^{3+} 可接受电子，所以是单电子传递体。

$$Fe^{3+} + e^- \rightleftharpoons Fe^{2+}$$

电子传递链中，多处存在铁硫蛋白，其分子质量、氧化还原电势各不相同，它们与不同的黄素蛋白或细胞色素结合为复合体，在电子传递链的不同部位传递电子。

(三) 辅酶 Q

CoQ(coenzyme Q, Q)又称泛醌(ubiquinone)，脂溶性化合物，带有一个长的异戊二烯侧链。其异戊二烯单位数目(n)根据生物种类有所差异，哺乳动物及植物线粒体中为 10，其他生物为 6~10。其结构式如下：

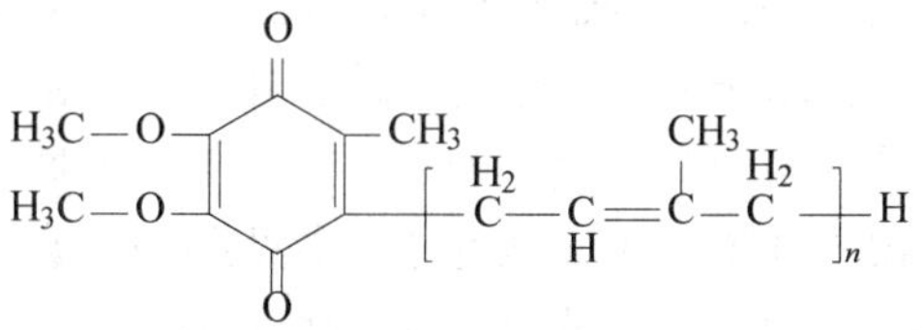

CoQ 可转移质子和电子，其 $E^{\ominus\prime}$ 值为 0.045 V。氧化型 CoQ 接受 2 个质子、2 个电子后成为还原型 CoQ（$CoQH_2$，QH_2）。研究发现，在反应过程中，CoQ 也可接受 1 个质子、1 个电子后变成半还原状态（ubisemiquinone，·QH，一种半醌自由基）（图 5-8）。

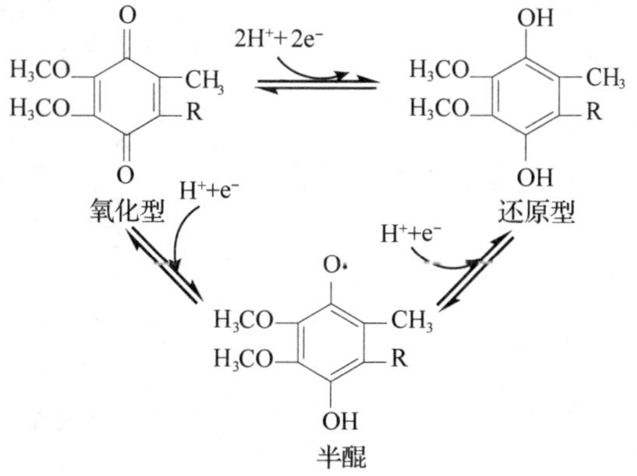

图 5-8　CoQ 的氧化与还原

CoQ 是电子传递链中唯一的非蛋白组分，又是脂溶性化合物，可以在线粒体内膜中自由扩散，往返于比较固定的蛋白类电子传递体之间。它不仅可接受 NADH 脱氢酶、琥珀酸脱氢酶传递的电子，还可以接受其他黄素酶类传递的电子，所以 CoQ 在电子传递链中处于中心地位。在线粒体内膜中，存在大量 CoQ 分子，形成了 CoQ 池（CoQ pools），它们分别以还原型和氧化型的形式存在，供电子传递链使用。

（四）细胞色素类

细胞色素（cytochrome，Cyt）存在于一切需氧生物的细胞中。这是一类以血红素（heme，又称铁卟啉）为辅基的蛋白质（扩展阅读：知识窗 5-1）。因为有颜色，又广泛存在于各种细胞中，因而得名。血红素中的铁可在氧化态（Fe^{3+}）和还原态（Fe^{2+}）之间可逆互变，从而接受和释放电子，因此，它是单电子传递体。铁卟啉中铁离子传递电子的反应如下：

$$Fe^{3+} + e^- \rightleftharpoons Fe^{2+}$$

细胞色素有很多种类，电子传递链中存在 3 类，即细胞色素 a、b 和 c 类。三者的区别主要是吸收光谱不同。通常情况下，细胞色素在可见光区域显示出 3 个吸收峰。电子传递链主要涉及 5 种细胞色素，即细胞色素 b（Cyt b）、细胞色素 c_1（Cyt c_1）、细胞色素 c（Cyt c）和细胞色素 a·a_3（Cyt aa_3）。同类的细胞色素有时候也根据其最大吸收峰来命名，以示区别，如细胞色素 b_{562} 和 b_{566}。

不同的细胞色素其辅基结构及其和蛋白质的结合方式各不相同。细胞色素 a、b、c 的辅基分别是 a 型血红素（血红素 A）、b 型血红素（铁-原卟啉Ⅸ）和 c 型血红素（铁-原卟啉Ⅸ）。c 型血红素和 b 型血红素的区别在于 b 型血红素与蛋白质是非共价结合（但比较紧密），c 型血红素和蛋白质中的两个半胱氨酸以共价键相结合。血红素中心铁大部分是 6 配位，其中，与卟啉环 4 个氮原子形成 4 个配位键，还可以和蛋白质中的组氨酸残基的氮或甲硫氨酸残基的硫形成另外两个配位键。卟啉环中的 Fe^{2+} 与肌红蛋白和血红蛋白中的血红素不同，不能再和其他物质如 O_2、CN^- 等结合（参见第一章）。细胞色素 $a \cdot a_3$ 的辅基不是血红素而是血红素 A（heme A）。血红素 A 与 b 型血红素的区别在于第 2 位不是乙烯基而是一个十七碳烯烃链；第 8 位不是甲基而是甲酰基；细胞色素 a_3 中铁原子不是 6 配位而是 5 配位，剩余一个配位键可以和 O、CN^- 等结合。血红素 A 与蛋白质是非共价结合。a、b、c 3 种血红素的结构如图 5-9 所示。

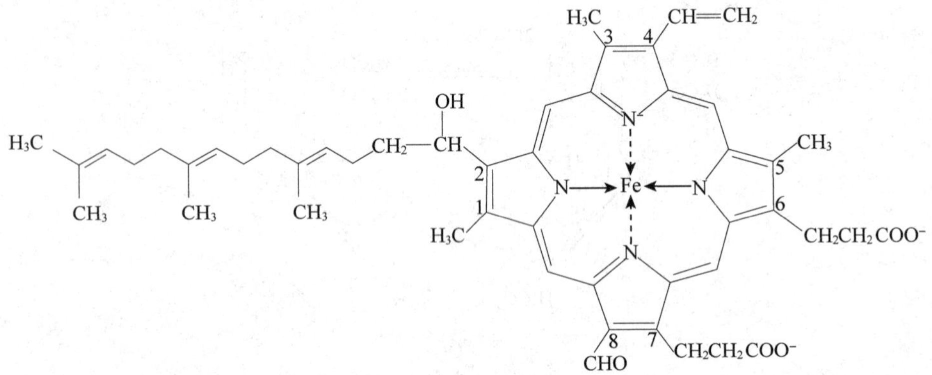

a 型血红素

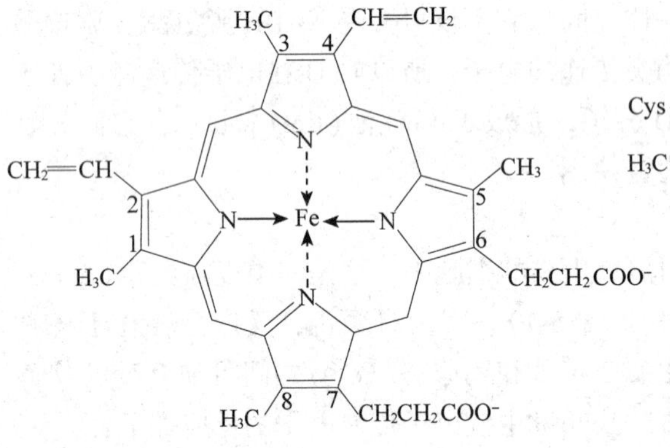

b 型血红素（铁-原卟啉Ⅸ）

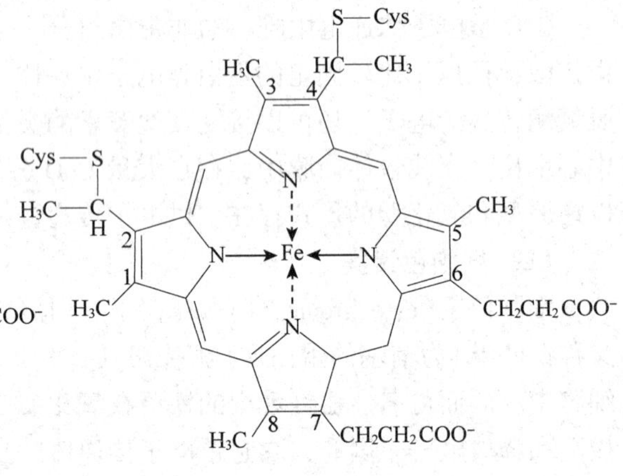

c 型血红素（铁-原卟啉Ⅸ）

图 5-9　血红素 a、b、c 结构

三、电子传递链及其工作机理

(一) 电子传递链在膜上的存在状态

电子传递链存在于线粒体的内膜上，是以数个多酶复合体的形式存在。这些复合体的基本情况见表 5-3。

表 5-3 呼吸链复合体的组成

酶复合体	相对分子质量(M_r)	亚单位	辅基	电子供体	电子受体
复合体Ⅰ	880 000	≥34	FMN、Fe-S	NADH	CoQ
复合体Ⅱ	140 000	4	FAD、Fe-S	琥珀酸	CoQ
复合体Ⅲ	250 000	9~10	血红素 b_{562} 血红素 b_{566} 血红素 c_1 Fe-S	CoQ	Cyt c
复合体Ⅳ	160 000	10	血红素 a 血红素 a_3 Cu_A、Cu_B	Cyt c	O_2

分离的复合体Ⅰ、Ⅲ、Ⅳ当嵌在磷脂载体上时，可催化电子转移和与其相偶联的质子转移。若将所有复合体和 ATP 合酶重新组合于线粒体膜上，则可恢复电子传递和氧化磷酸化功能。

复合体间的电子传递是由"摆渡"者完成的。复合体Ⅰ和复合体Ⅱ的电子由 CoQ 传给复合体Ⅲ；复合体Ⅲ的电子由细胞色素 c 传给复合体Ⅳ。由前面内容可知，这两个摆渡电子的组分有着与其他组分不同的性质。从电子传递链的复合体组合看，NADH 电子传递链由复合体Ⅰ、Ⅲ、Ⅳ和 CoQ、细胞色素 c 组成；$FADH_2$ 电子传递链由复合体Ⅱ、Ⅲ、Ⅳ和 CoQ、细胞色素 c 组成。实际上这两条电子传递链只有电子供体和脱氢酶是不同的，从 CoQ 以后的各组分是共用的。呼吸链各组分的电子供体、受体以及电子传递顺序如图 5-10 所示。

图 5-10 电子传递链的电子传递顺序

NADH 电子传递链的电子供体是 NADH，可生成 NADH 的代谢物有丙酮酸、α-酮戊二酸、异柠檬酸、苹果酸、谷氨酸、甘油醛-3-磷酸、β-羟脂酰-CoA 等。$FADH_2$ 呼吸链是以 FAD 为辅基的脱氢酶催化代谢物脱氢，FAD 还原为 $FADH_2$。这些代谢物主要有琥珀酸、脂酰-CoA（脂酰基与 CoA 的化合物）、甘油-3-磷酸等。两条电子传递链相关的代谢物如图 5-11 所示（主要参见第六、七章）。

从参与两条电子传递链的代谢物来看，糖分解过程脱下的氢主要进入 NADH 电子传递链，脂肪酸分解的氢有的进入 NADH 电子传递链，有的进入 $FADH_2$ 电子传递链。由于糖和脂是生物氧化供能的主要物质，NADH 电子传递链在电子传递过程中又占较大比重，所以 NADH 电子传递链在生物氧化中占有重要地位。

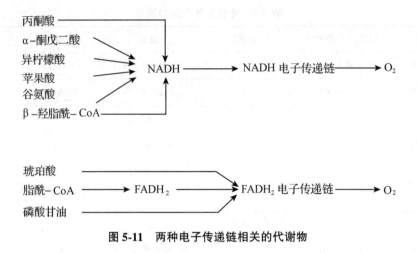

图 5-11　两种电子传递链相关的代谢物

(二) 电子传递链的工作机理

电子传递链的功能是进行电子传递，这个功能是由各组分依次完成的。

1. 复合体 I

复合体 I 又称为 NADH：Q 氧化还原酶，或 NADH 脱氢酶(NADH dehydrogenase)，其辅基是 FMN。该酶由多个肽链组成(真核细胞中通常有 45 条，细菌中 14 条)，属于多亚基的寡聚酶，因此称为复合体。其中，包括一个含 FMN 的黄素蛋白和至少 8 个铁硫中心，整个分子呈"L"形，水平臂为疏水部分，嵌入线粒体内膜，称为膜臂(membrance arm)；竖臂突出线粒体基质中，称为基质臂(matrix arm)。基质臂末端为 FMN-黄素蛋白，膜臂与基质臂的膜内结合部位为含 N-2 铁硫中心的 CoQ 结合位点，从 FMN 到 N-2 铁硫中心分布有一系列铁硫中心(图 5-12)。"N-2"并不是表示物理位置，而是根据电子顺磁共振(electron paramagnetic resonance，EPR)测量的自旋弛豫率(spin relaxation rate)，对复合体 I 中的铁硫中心进行的编号。实验结果表明，N-2 铁硫中心是 CoQ 的结合位点。

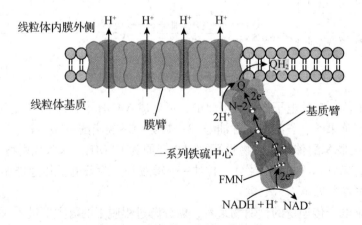

图 5-12　复合体 I 及其工作机制

该蛋白只能催化线粒体内部(即基质，matrix)的 NADH 脱氢，电子受体是铁硫中心，而铁硫中心会继续将电子转移给其下游的组分 CoQ。反应如图 5-13 所示。

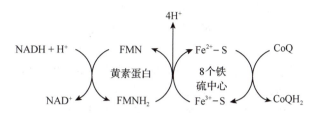

图5-13 复合体Ⅰ电子传递示意图

该酶具有质子泵的作用。在传递电子的同时,将质子泵出线粒体内膜外侧。研究表明,复合体Ⅰ传递从1分子NADH获取的2个电子给CoQ,同时,CoQ从线粒体基质中获取2个H^+,生成还原型的$CoQH_2$,这一过程推动复合体Ⅰ的4个质子泵构象变化,分别向线粒体膜外泵出1个H^+,共计4个H^+(图5-12)。

2. 复合体Ⅱ

在电子传递链中,复合体Ⅱ又称为琥珀酸:Q脱氢酶或琥珀酸脱氢酶(succinate dehydrogenase),以FAD为辅基。复合体Ⅱ亚基数相对较少(A、B、C和D),含有1个FAD为辅基的黄素蛋白,3个铁硫中心(2Fe-2S)、1个细胞色素b和2分子的磷脂酰乙醇胺(参见第四章)(图5-14)。其中,亚基C和D为膜的内在蛋白,也可以视为该复合体嵌入线粒体膜的底座。B亚基朝向线粒体基质,与3个铁硫中心结合。A亚基负责催化底物琥珀酸脱氢,生成延胡索酸。脱下的2个H^+直接释放到线粒体基质。而电子通过铁硫中心传递给结合在C亚基上的CoQ,将其还原。还原所需H^+也来源于线粒体基质。细胞色素b不参与复合体Ⅱ电子传递,但是对防止电子在复合体泄露至关重要。电子的意外泄露将产生活性氧,容易对机体引起损伤。

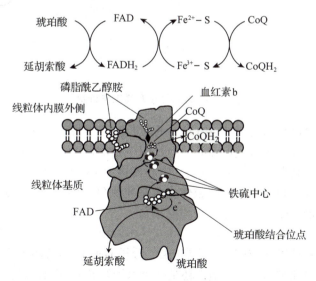

图5-14 复合体Ⅱ及其工作机制

3. 复合体Ⅲ

复合体Ⅲ通常以二聚体的形式存在(图5-15)。每个单体由11条肽链组成,包括Cyt

b、Cyt c_1 和 Fe-S 蛋白。因此，复合体Ⅲ又称为细胞色素 bc_1 复合体(cytochrosome bc_1 complex)。又因其主要功能是将接受 $CoQH_2$ 传递的电子和质子，并将电子转移给细胞色素 c，因此，复合体Ⅲ又称为 CoQ：细胞色素 c 氧还酶(CoQ：Cyt c oxidoreductase)。

每个单体中的细胞色素 b 含有两个不同的 b 型血红素，即血红素 b_{562}(b_H) 和血红素 b_{566}(b_L)，均位于线粒体内膜的中部疏水区域，用于接受 QH_2 传递的电子。Cyt b 的血红素与蛋白质以非共价键相结合，Cyt c_1 的血红素与蛋白质以共价键相连。这些血红素中的铁形成 6 个配位键，其中，与卟啉环形成 4 个配位键，与蛋白质的组氨酸残基形成 2 个配位键。复合体Ⅲ中 Fe-S 蛋白的铁硫中心为 2Fe-2S，但 Fe 不与蛋白质上的半胱氨酸的硫连接，而是与组氨酸连接，这种 Fe-S 蛋白称为 Rieske Fe-S 蛋白(Rieske iron-sulfur protein)。

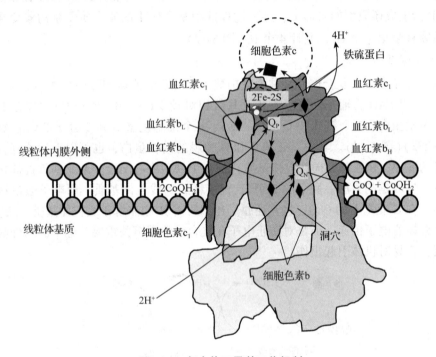

图 5-15 复合体Ⅲ及其工作机制

目前认为，复合体Ⅲ通过 Q 循环(Q cycle)进行电子传递。该循环可分为两个阶段。第一阶段，线粒体膜间隙侧(Q_P 位点)一分子 QH_2 中的两个高势能电子转移给复合体Ⅲ，自身变成氧化型 Q。其中一个电子经 Fe-S 中心传递给 Cyt c_1，并最终交给 Cyt c；另一个电子依次经血红素 b_L 和 b_H 传递给线粒体内膜基质侧(Q_N 位点)另一分子氧化型 Q，使其变为半醌阴离子，即 $·Q^-$。第一阶段反应结果为

$$QH_2 + Cyt\ c_{(氧)} + Q \longrightarrow Q + ·Q^- + 2H^+_{(外侧)} + Cyt\ c_{(还)}$$

第二阶段，线粒体膜间隙侧(Q_P 位点)第二分子 QH_2 继续将两个高势能电子转移给复合体Ⅲ，自身变成氧化型 Q。类似地，还是一个电子经 Fe-S 中心传递给 Cyt c_1，并最终交给 Cyt c(注意，此处是另一分子 Cyt c，参见后文)；另一个电子依次经血红素 b_L 和 b_H 传递给第一阶段产生的 $·Q^-$，同时，从线粒体基质中调取 2 个质子，使其变为一分子新的 QH_2。第二阶段的反应结果为

$$QH_2 + ·Q^- + 2H^+_{(内侧)} + Cyt\ c_{(氧)} \longrightarrow Q + ·Q^- + 2H^+_{(外侧)} + Cyt\ c_{(还)}$$

上述两个阶段总称为 Q 循环。总的反应是 2 分子 QH_2 供出 4 个电子生成 2 分子 Q，供出的电子 2 个转移给 Cyt c，生成 2 分子还原型 Cyt c；2 个转移给 Q，生成 1 分子 QH_2。总反应式如下：

$$2QH_2 + 2Cyt\ c_{(氧)} + Q + 2H^+_{(内侧)} \longrightarrow 2Q + QH_2 + 4H^+_{(外侧)} + 2Cyt\ c_{(还)}$$

净反应为

$$QH_2 + 2Cyt\ c_{(氧)} + 2H^+_{(内侧)} \longrightarrow Q + 4H^+_{(外侧)} + 2Cyt\ c_{(还)}$$

4. Cyt c

Cyt c 是一个相对分子质量为 13 000 的较小球状蛋白质，直径为 3.4 nm，由 104 个氨基酸构成一条单一的多肽链，含有 c 型血红素。这个血红素与蛋白质共价相结合，其血红素的铁是 6 配位。Cyt c 处于线粒体内膜外侧，是电子传递链中唯一的外周蛋白质，是现在了解最透彻的细胞色素蛋白（图 5-16）。氧化型的 Cyt c 可接受细胞色素 c_1（复合体Ⅲ）传来的电子，变成还原型的 Cyt c，还原型的 Cyt c 继续将电子转移给细胞色素 a · a_3（复合体Ⅳ）。

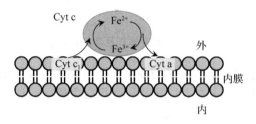

图 5-16　Cyt c 及其工作机制

5. 复合体Ⅳ

复合体Ⅳ又称为细胞色素氧化酶（cytochrome oxidase）或细胞色素 c 氧化酶，因处于电子传递链的末端，因此，又称末端氧化酶。哺乳动物细胞色素氧化酶的相对分子质量约 20 万，通常以二聚体的形式嵌在线粒体内膜，也是跨膜蛋白。这个复合体单体由 13 个亚基构成（细菌中为 3~4 个），分别称为亚基Ⅰ，Ⅱ，Ⅲ……其中，最大的和疏水性最强的 3 个亚基是由线粒体 DNA 编码的，其余是由核 DNA 编码的。复合体Ⅳ共有 4 个氧化还原辅基，即血红素 a、血红素 a_3 和 Cu_A、Cu_B。这 4 个辅基组成两个氧化还原中心，亚基Ⅱ包含两个铜离子形成的双核中心（binuclear center，又称 Cu_A 中心），这个中心与蛋白质上的两个半胱氨酸的巯基相连。亚基Ⅰ包含血红素 a 和 a_3，还有一个铜离子（Cu_B）。其中，血红素 a_3 和 Cu_B 形成第二个双核中心（Fe-Cu 中心）。如前所述，血红素 a 中 Fe 与卟啉环以及蛋白质以 6 配位结合，血红素 a_3 中的 Fe 与卟啉环形成 4 个配位键，与蛋白质形成 1 个配位键，共 5 个配位键，空出第 6 个配位键与氧分子结合。Cu_A 中心与 6 个氨基酸残基（2 个 Cys、2 个 His、1 个 Met 和 1 个 Glu）配位。复合体Ⅳ结构如图 5-17 所示。

复合体Ⅳ传递电子的顺序是还原型细胞色素 c 将电子传递给 Cu_A 中心，再转移到血红素 a，然后是 a_3-Cu_B 中心，传递给结合在 a_3 上的氧分子，生成水。氧的还原是人们一直关注的过程，因为这个过程中氧是以分子的形式被还原，因此，要接受 4 个电子才能还原为 2 分子水，显然这是一个比较复杂的过程，具体细节仍需进一步研究。

在此过程中，传递 4 个电子产生 2 分子水的同时，会将 4 个 H^+ 泵到了线粒体内膜的外

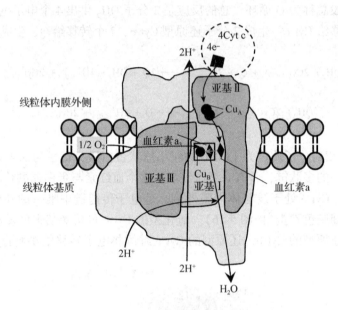

图 5-17　复合体Ⅳ及其工作机制

侧,即复合体Ⅳ具有质子泵功能。为了与前文几个复合体每次传输 2 个电子吻合,这里可以单纯从数字的角度考虑,每传输 2 个电子,泵出 2 个质子。切记,这句话仅仅为了便于计算,而不符合复合体Ⅳ实际工作机制。

(三)电子传递链电子传递机制总结

NADH 和 FADH$_2$ 电子传递链电子传递机制总结如图 5-18 所示。

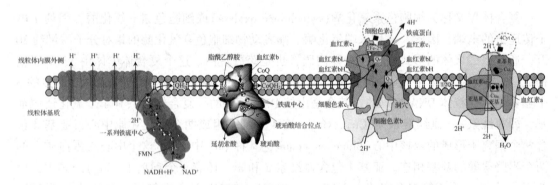

图 5-18　NADH 和 FADH$_2$ 电子传递链电子传递机制

电子传递链传递电子的过程是由各个氧化还原酶(即各复合体)催化 NADH、CoQ、Cyt c、O$_2$ 发生氧化还原反应的过程。值得注意的是,各复合体并不是像前文图中所示,各自独立嵌合在线粒体内膜上,而是以不同的方式聚合在一起。复合体Ⅰ和复合体Ⅲ,复合体Ⅰ和复合体Ⅳ,甚至复合体Ⅰ、复合体Ⅲ和复合体Ⅳ的聚合均已被发现。其中后者最为庞大,称为呼吸体(respirasome)。复合体Ⅱ通常独立于其他复合体存在。Cyt c 和 CoQ 分子在这些聚合体间穿梭系统。

四、电子传递抑制剂

能够阻断电子传递链某一部位电子传递的物质称为电子传递抑制剂(electron transfer inhibitor)。由于电子传递抑制剂的这种作用,它们对生物体具有毒性或药理作用。常见的电子传递抑制剂有以下几种。

(一) 鱼藤酮

鱼藤酮(rotenone)是一种极毒的植物源化合物,常用作广谱杀虫剂。它的作用是阻断电子从铁硫中心向 CoQ 传递,即抑制部位是复合体 I。除鱼藤酮外,有相同作用的还有安密妥(amytal)、杀粉蝶菌素(piericidin)。

(二) 抗霉素 A

抗霉素 A(antimycin A)是由链霉菌(*Streptomyces*)分离出来的抗菌素,它抑制电子从 Cyt b 向 Cyt c_1 的电子传递。

鱼藤酮　　　　　　　　　　抗霉素A

(三) 氰化物、一氧化碳、叠氮化合物、硫化氢等

氰化物(cyanide)、一氧化碳、叠氮化合物(azide)等可阻断电子由细胞色素 a·a_3 传至氧的作用。抑制部位是细胞色素 a_3。因 a_3 的铁是 5 配位,上述化合物可作为第 6 个配位化合物与铁结合而阻止 O_2 的结合。氰化物、叠氮化合物、硫化氢与 a_3 的 Fe^{3+} 形式作用,一氧化碳与 a_3 的 Fe^{2+} 形式结合。氰化物、一氧化碳、叠氮化合物都是需氧生物的毒害物质。电子传递抑制剂作用位点如图 5-19 所示。

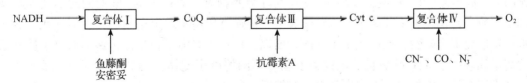

图 5-19　电子传递抑制剂作用位点

当某一部位被电子传递抑制剂作用后,其下游由于无电子供应,各组分处于氧化态;其上游各组分处于还原态。利用这个原理,可以用不同的抑制剂抑制后,再测定各组分的氧化还原状态,就可确定电子传递链各组分排列顺序。

第三节 氧化磷酸化作用

一、氧化磷酸化作用的概念

在代谢物氧化过程中要放出能量,这些能量一部分以热的形式释放,另一部分通过 ADP 的磷酸化作用转移到高能磷酸化合物 ATP 中。在生物体内由 ADP 磷酸化生成 ATP 的方式有 3 种,即光合磷酸化、氧化磷酸化和底物水平磷酸化。光合磷酸化存在于绿色植物和光合微生物中,底物水平磷酸化过程只是能量转移,不发生氧化,所以本节只讨论伴随氧化过程的氧化磷酸化。在有电子的终受体——氧存在时,无论是来自细胞质的还原辅酶,还是线粒体基质中产生的还原辅酶,其电子从 NADH 或 $FADH_2$ 经电子传递链传递给氧分子形成水,同时偶联 ADP 的磷酸化过程,生成 ATP,称为氧化磷酸化作用(oxidative phosphorylation)或电子传递体系磷酸化。

$$NADH \cdot FADH_2 \xrightarrow{2e^-} \boxed{电子传递链} \longrightarrow O_2$$
$$ADP+Pi \longrightarrow ATP$$

NADH、$FADH_2$ 截获了代谢物的大部分能量,所以氧化磷酸化作用是细胞 ATP 的主要来源。也是需氧细胞生命活动的基础。细胞活动过程中 ATP 的需要量相当大,在细胞中 ATP 不能大量贮存。在呼吸旺盛细胞中,ATP 的半衰期只有几秒,即使是呼吸非常滞缓的细胞,ATP 半衰期也只有几分钟。因此,ATP 必须通过氧化磷酸化作用源源不断地合成。

二、氧化磷酸化作用的偶联部位

电子经过电子传递链传递时,并不是每一步释放的能量都能与 ATP 合成相偶联,而是有一定部位。电子传递链组分传递电子时释放的能量能与 ATP 合成相偶联,这些组分所在的部位称为偶联部位(coupled site)。偶联部位是通过下面两种方法予以确定的。

(一)磷氧比

1940 年,S. Ochoa 测定了在呼吸过程中氧的消耗和 ATP 产生的比例关系而提出了磷氧比(P/O)的概念。P/O 是指以某一物质作为呼吸底物时,消耗 1 mol 氧的同时消耗无机磷的摩尔数。每消耗 1 个氧原子,就意味着电子传递链传递 1 对电子给氧,使氧生成 1 分子水;每消耗 1 个磷酸,就产生 1 个 ATP。所以,P/O 也是电子传递链传递 1 对电子所释放的能量偶联产生 ATP 的数目。不同的底物,不同的电子受体,其 P/O 值不同。表 5-4 列出了常用底物、氧气以及人工电子受体等情况下的 P/O 值。

表 5-4 不同底物的 P/O 值

反应序号	底物	电子受体	抑制剂	电子传递的组分	P/O
1	NADH	O_2	—	复合体Ⅰ-Q-复合体Ⅲ-复合体Ⅳ	2.5
2	琥珀酸	O_2	—	复合体Ⅱ-Q-复合体Ⅲ-复合体Ⅳ	1.5
3	Cyt $c_{(还)}$	O_2		复合体Ⅳ	1
4	NADH	铁氰化物	抗霉素 A	复合体Ⅰ-Q-Cyt b	1
5	琥珀酸	铁氰化物	抗霉素 A	复合体Ⅱ-Q-Cyt b	0

从表 5-4 可知，以细胞色素 c 为底物，其电子通过复合体Ⅳ传给氧时可产生 1 分子 ATP，所以复合体Ⅳ是一个偶联部位。铁氰化物是人工电子受体，它可接受细胞色素 b 的电子，在反应 4 中，当以抗霉素 A 阻断电子从细胞色素 b 流向细胞色素 c_1 后，NADH 的电子就经复合体Ⅰ、CoQ、细胞色素 b 流到了铁氰化物，这个过程产生 1 分子 ATP。当铁氰化物、抗霉素 A 存在时，若以琥珀酸为电子供体，则不产生 ATP。所以，复合体Ⅰ是一个偶联部位，复合体Ⅱ不是偶联部位。结合上述反应 1、2，我们可知复合体Ⅲ也是一个偶联部位。所以，电子传递链共有 3 个偶联部位，即复合体Ⅰ、Ⅲ、Ⅳ。

(二) 氧化还原电势差

电子传递链各组分都有各自的氧化还原电势 (表 5-1)，电子传递过程就涉及氧化还原电位的变化；有电位的变化，就有自由能的变化；当电子从 NADH 传递给氧的过程中，氧化还原电位从 -0.315 V 变为 +0.815 V，电位变化是 1.130 V，根据公式：

$$\Delta G^{\ominus\prime} = -nF\Delta E^{\ominus\prime}$$

可得，自由能变化是 -220.07 kJ/mol。而这一过程生成的 ATP 数量为 2.5 个，即贮存了 2.5 个高能键，合计 76.35 kJ/mol (2.5×30.54 kJ/mol)。因此，其能量贮存效率为 34.7%。电子从琥珀酸传递给氧的过程中，氧化还原电位从 +0.030 V 变为 +0.815 V，电位变化是 0.785 V，自由能变化是 181.58 kJ/mol。而这一过程生成的 ATP 数量为 1.5 个，即贮存了 1.5 个高能键，合计 45.81 kJ/mol (1.5×30.54 kJ/mol)。因此，其能量贮存效率为 25.2%。总电势差是由各组分间电势差组成，各组分间的电势差均为正值，所以电子在组分间传递是放能的，各组分间的电势差大小不同，释放的能量有大有小 (图 5-20)。

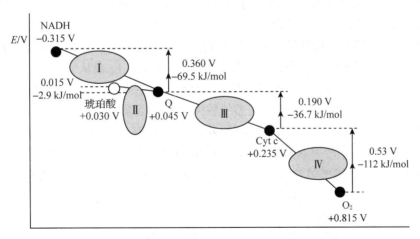

图 5-20　电子传递链各复合体电位差及自由能变化

电子传递过程释放的能量要用于 ATP 合成，则该部位放出的能量应该是大于 ATP 合成所需的能量。我们知道 ATP 水解为 ADP 时，其水解自由能是 -30.54 kJ/mol，以此自由能变化与电子对传递时的自由能变化相比，由图 5-20 可知，电子传递链中有 3 个部位自由能降大于 -30.54 kJ/mol。这 3 个部位是 NADH→CoQ、细胞色素 b→c_1、细胞色素 $a \cdot a_3$→O_2，即复合体Ⅰ、Ⅲ、Ⅳ。这 3 个部位是氧化磷酸化的偶联部位。这个结果和由 P/O 值得出的结果完全一致。

电子传递链的 3 个偶联部位可表示如下：

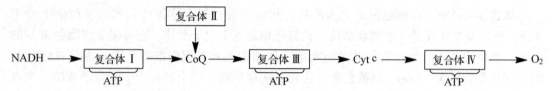

必须要指出的是偶联部位只是指该部位释放的自由能可以用于合成 ATP，并不是说这些部位是直接合成 ATP 的部位。

三、ATP 合酶

由上述可知，ATP 合成是靠电子传递释放的能量推动的。那么 ATP 的合成是由什么样的酶催化的？这种酶是如何利用电子传递链释放能量的？利用电子显微镜对线粒体的研究，解决了这一问题。通过电子显微镜可在线粒体内膜上观察到一个个球状体，所有球状体都朝向内膜内侧，这个小球状体具有合成 ATP 的功能，因而称为 ATP 合酶（ATP synthase），又称为 F_1-F_o 复合体（F_1-F_o complex）。注意这里 F_o 的下标是字母 o，是寡霉素英文单词 oligomycin 的首字母，代表该组分对寡霉素敏感（参见后文）。

（一）ATP 合酶的结构

这个系统由两部分组成，即 F_1 和 F_o。ATP 合酶结构如图 5-21 所示。

F_1 是球状结构，伸入线粒体基质，直径为 8.5~9.0 nm。它是多亚基蛋白质，含有 α、β、γ、δ、ε 5 种亚基，组成为 $α_3β_3γδε$ 结构。F_1 相对分子质量为 $3.6×10^5$~$3.8×10^5$。$α_3β_3$ 间隔出现排列成橘瓣状六聚体。每个 αβ 是一个功能单位，催化 ATP 可催化 ATP 合成。其中，催化活性由 β 亚基提供。γ 亚基一个结构域为轴状，贯穿 F_1；另一个结构域为球状，能够稳定亚基的空载时的构象。δ 亚基结合于 $α_3β_3$ 顶部，ε 亚基结合于 γ 亚基与 F_o 的 c 亚基结合处。当用胰蛋白酶或尿素处理线粒体内膜时，F_1 会从复合体上脱离下来成为可溶性 F_1 因子。可溶性 F_1 具有水解 ATP 的功能，因此，称为 F_1-ATP 酶（F_1-ATPase）。F_1-ATP 酶水解 ATP 的活力被认为是完整线粒体的 ATP 合酶正常功能的逆反应。

F_o 含有 3 种亚基（a，b，c），通常以 ab_2c_n 的比例存在，其中 c 亚基数量可变（8~17）。c 亚基主要由 2 个跨膜 α 螺旋组成，表面疏水性极强，多个 c 亚基排列成环状（c 环，c ring）。a 亚基与 c 环紧密结合，共同形成质子跨膜运输的通道。b 亚基连接 F_1 和 F_o。

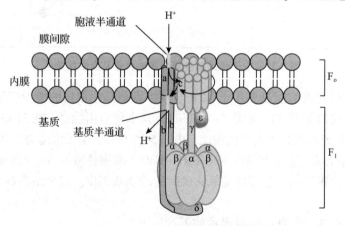

图 5-21　ATP 合酶结构示意图

(二) ATP 合酶的作用机理

现在认为，ATP 合酶的结构类似于电机。b 亚基一头与 a 亚基结合，另一头与 δ 亚基结合，δ 亚基又与 $\alpha_3\beta_3$ 六聚体结合，这样 a 亚基、b 亚基、δ 亚基、$\alpha_3\beta_3$ 六聚体组成了定子。而 c 亚基寡聚体和 γ 及 ε 亚基组成的聚合体为转子，在质子流推动下可以旋转。

转子的旋转是由 F_0 的 a 亚基和 c 亚基共同完成的。a 亚基有质子通道，由一个开口在线粒体内、外膜间隙的 H^+ 进入半通道和一个开口在基质的 H^+ 释放半通道组成（图 5-21）；两个半通道都与 c 亚基相通。F_0 有多个 c 亚基，因生物不同数目为 8~15，如所有脊椎动物都是 8 个，大肠埃希菌、酵母为 10 个。这些 c 亚基组成环状寡聚体，称为 c 环；每个 c 亚基都有一个 H^+ 结合位点，结合残基为 Asp 或 Glu。在质子电化学梯度驱动下，膜间隙的 H^+ 进入位于 a 亚基膜间隙的 H^+ 进入半通道，继而结合在刚好与通道相通的 c 亚基的 H^+ 结合位点；同时在 c 环上另一个 c 亚基正与 H^+ 释放半通道相通，它结合的 H^+ 进入位于基质侧的 H^+ 释放半通道而被释放到内膜的基质侧；接着 c 环顺时针旋转（俯视），下一个空载 c 亚基到达 H^+ 进入半通道结合 H^+，然后载 H^+ 的 c 亚基到达 H^+ 释放半通道，进行下一轮 H^+ 的进入和输出及 c 环旋转。每一个结合到 c 环的 H^+ 需要随着 c 环转动近一圈，最后到达 H^+ 释放半通道而释放。这样 H^+ 不断进入、释放，就推动 c 环不断旋转，从而带动与 c 环结合的 γ 不断旋转，驱动 αβ 不断合成 ATP。c 环-γε 即 ATP 合酶的转子的转速是惊人的，达到 100 r/s。

γ 的旋转是如何驱动 ATP 合成的呢？目前人们普遍公认的 ATP 合酶的旋转催化理论认为：

① F_1 的每个 αβ 单位都有 3 种构象，即无核苷酸结合的开放状态 (O)，结合 ADP+Pi 的松散结合状态 (L) 和结合 ATP 的紧密结合状态 (T)。γ 的旋转可以引起构象的变化，且是以 O→L→T……的顺序循环变化的。

② 在同一时刻，3 个 αβ 单位总是处于不同的构象。

③ γ 相对 $\alpha_3\beta_3$ 每旋转 120°，αβ 单位就发生一次构象变化，生产 1 分子 ATP，消耗 3 个 H^+。γ 旋转一周，共生成 3 分子 ATP。

④ 主要的需能步骤是 ATP 的释放，即 αβ 单位从 T 态到 O 态。

ATP 合酶的旋转催化过程如图 5-22 所示，当质子推动力驱使 1 个 H^+ 经亚基 a 的质子通道进入基质时，足够的扭矩力推动 γ 相对 $\alpha_3\beta_3$ 旋转 120°，使处于 T 态的 αβ 变为 O 态，释放 ATP；同时 L 态的 αβ 变为 T 态，催化 ADP+Pi 生成 ATP；O 态的 αβ 变为 L 态，从基质结合 ADP、Pi。转子旋转一周，不同的 αβ 各发生 3 次变构，产生 3 分子 ATP。

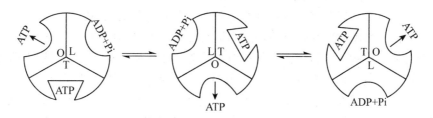

图 5-22 ATP 合酶的旋转示意图

四、氧化磷酸化机理

人们为了解释氧化磷酸化偶联的机制，提出过3种假说：化学偶联假说、构象偶联假说和化学渗透学说。

化学偶联假说(chemical coupling hypothesis)是1953年Edward Slater提出的，这个假说认为，在电子传递过程中，会形成一种高能共价中间物。这个中间物随后又裂解将其能量供给ATP的合成。其机理类似于底物水平磷酸化作用机理。但是到现在并没发现一种介于电子传递和ATP合成之间的高能化合物。

构象偶联假说(conformational coupling hypothesis)是1964年Paul Boyer首先提出的，这个假说认为电子沿电子传递链传递使线粒体内膜上某种蛋白组分发生构象变化而形成一种高能构象。这种高能构象将能量提供给ATP的合成而恢复到原来的构象。但是这一假说至今未找到有力的实验依据。

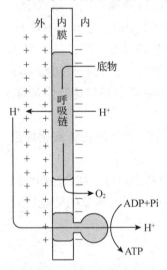

图 5-23　化学渗透学说示意图

化学渗透学说(chemiosmotic theory)是英国生物化学家Peter Mitchell于1961年提出的。他认为电子传递和ATP形成之间起偶联作用的是质子电化学梯度(electron chemical gradient)。在偶联过程中，线粒体内膜必须是完整而封闭的才能发挥作用。电子传递链是一个主动转移质子的体系，电子传递时可将质子从线粒体内膜内侧"泵"到内膜外侧，于是就形成了一个跨内膜的质子浓度梯度。由于质子带有一个正电荷，所以同时也形成了外正内负的电位梯度，这两个梯度合称为电化学梯度。这个梯度所含的渗透能可以驱动ATP的合成。这些由电子传递过程泵出的质子，在质子电化学梯度驱使下，经ATP合酶(F_1-F_o复合体)又回到线粒体基质时，释放自由能反应与ATP合成相偶联，从而推动合成ATP(图5-23)。

这一学说已受到越来越多的实验支持，例如：①氧化磷酸化作用确实需要线粒体膜的完整性；②线粒体内膜对质子是完全不通透的，对OH^-、K^+、Cl^-等也是不通透的；③电子传递链传递电子时能将质子排到内膜外，ATP的形成又伴随有质子向膜内的转移，且二者速度是相当的；④破坏质子浓度的形成(用解偶联剂或离子载体抑制剂等)必然破坏氧化磷酸化作用的进行；⑤膜表面不仅滞留大量的质子，而且质子沿膜的表面迅速转移，其速度大大超过在水相中的速度。

在大量的实验中，最经典的实验是1960年Efraim Racker所作的氧化磷酸化重组实验。该实验过程如下：用超声波处理线粒体，可将线粒体内的嵴打成碎片。停止超声处理后，有的嵴膜碎片又重新封闭起来形成泡状物，称为亚线粒体泡(submitochondrial vesicle)。这种泡的特点是使原来朝向线粒体基质的膜内侧翻转为朝外侧，即进行了"内外翻转"。这些由内膜重新封闭形成的亚线粒体泡仍保持有氧化磷酸化作用的功能。在囊泡外面可看到F_1球状体。当用尿素或胰蛋白酶处理这些囊泡时，可看到F_1球状体从囊泡上脱下，只留下F_o在上面。这种处理过的囊泡还保留有电子传递功能，但失去了合成ATP的功能。当将F_1球状体再加回到只有F_o的囊泡时，氧化磷酸化作用重新恢复(图5-24)。这一实验证明，线粒体内膜上的酶起电子传递作用，F_1球状体是合成ATP的重要成分，氧化磷酸化需要膜的完整性，电子传递和 ATP 的合成是通过一定的机制相偶联的。

电子传递过程可将质子泵到内膜外侧形成了质子的电化学梯度，贮存了能量，那么几个 H^+ 回到内膜内侧时可推动合成 1 分子 ATP 呢？我们知道，当质子从内膜外侧回到内膜内侧时，其自由能变化可由下式表示：

$$\Delta G = zF\Delta\Psi + 2.3RT\Delta pH$$

式中，ΔG 是自由能变化；z 是跨膜的质子数；F 是法拉第常数；$\Delta\Psi$ 是跨膜电势差；R 是气体常数；ΔpH 是跨膜 pH 值差；T 是绝对温度。

已测得，电子传递可使线粒体内膜内外产生 0.75 个 pH 单位差和 0.14 V 的电势差，则当温度为 25 ℃时，1 个 H^+ 回到内膜内侧，释放自由能为

$$\Delta G^{\ominus\prime} = 1 \times 96.48 \times 0.14 + 2.3 \times 8.31 \times 10^{-3} \times (273 + 25) \times 0.75 = 17.78 \text{(kJ/mol)}$$

照此算法，2 个 H^+ 回到内膜内侧其自由能（$\Delta G^{\ominus\prime}$）变化为 31.3 kJ/mol，这个自由能与合成 1 分子 ATP 所需自由能（30.5 kJ/mol）几乎相当，其反应基本为平衡反应，不能有 ATP 的净合成；而 3 个 H^+ 回到内膜内侧，其自由能（$\Delta G^{\ominus\prime}$）变化为 45.3 kJ/mol，完全可以推动合成 1 个 ATP。所以，3 个 H^+ 经 ATP 合酶回到内膜内侧，可推动合成 1 分子 ATP。但是由于 ATP 运出线粒体还需要 1 个 H^+，所以合成 1 分子 ATP 需要 4 个 H^+。

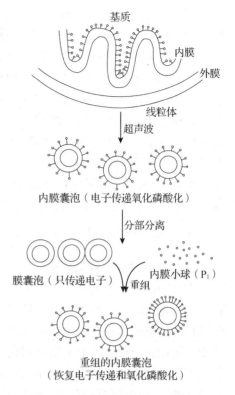

图 5-24 氧化磷酸化重组示意图

由上述内容可知，氧化磷酸化作用由 3 部分组成：电子传递、质子电化学梯度的形成和 ATP 合酶催化的 ATP 合成。三者必须偶联起来才能实现氧化磷酸化。这个氧化磷酸化过程可以总结于图 5-25（助记小结 5-1）。其中，ATP/ADP 的交换运输、$H_2PO_4^-$ 的运输参见本章后文。

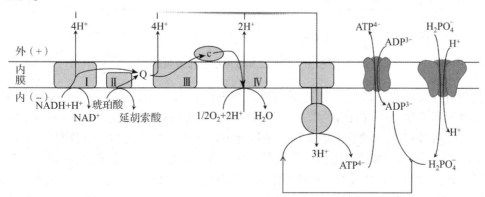

图 5-25 线粒体氧化磷酸化机制示意图

图 5-25 表明，当 NADH 被 NADH 脱氢酶催化脱氢后，其电子对经 FMN 和铁硫中心传给 CoQ，$4H^+$ 被泵到内膜外侧。当 CoQ 将电子传给复合体Ⅲ后，将 $4H^+$ 泵到了膜外，电子对由复合体Ⅲ经细胞色素 c 传给复合体Ⅳ，最终经其中的细胞色素 $a \cdot a_3$ 交给氧，同时将 $2H^+$ 从基质泵到内膜外侧。这样 NADH 电子传递链传递 1 对电子到氧，就泵出 10 个质子。若是 $FADH_2$ 电子传递链，传递 1 对电子到氧，共泵出 6 个质子。

这样，在线粒体内膜两侧就形成了质子电化学梯度，这个电化学梯度贮存了电子传递时释放的能量。当 3 个 H^+ 经 ATP 合酶回到基质时，释放的自由能可以推动合成 1 分子 ATP。此外，合成好的 ATP 从线粒体内部向外部运输，底物 ADP 和 $H_2PO_4^-$ 要再向基质运输一个 H^+。因此，共消耗 4 个 H^+ 合成 1 分子 ATP。所以，1 分子 NADH 的电子经电子传递链传给氧时，可偶联合成 2.5 个 ATP，1 分子 $FADH_2$ 可偶联产生 1.5 个 ATP。

五、氧化磷酸化的解偶联和抑制

（一）氧化磷酸化解偶联剂

有些物质可使紧密偶联的电子传递和 ATP 合成两个过程相分离，这类化合物称为解偶联剂（uncoupler）。解偶联剂只抑制 ATP 的形成过程，不抑制电子传递过程，而且会刺激线粒体对氧的消耗。电子传递所产生的自由能变为热能。因此，这种试剂使电子传递失去正常控制，造成过度的利用氧和底物，而能量得不到贮存。解偶联剂解偶联的本质是能够瓦解质子的电化学梯度，从而没有能量用于合成 ATP；由于电化学梯度被瓦解，电子传递速度加快，使氧消耗增大。现已知道有很多不同的解偶联剂，如 2,4-二硝基苯酚（2,4-dinitrophenol，DNP）、双香豆素、羰基-氰-对-三氟甲氧基苯胺等。这些试剂大部分是脂溶性的，含有一个酸性基团，一般都有芳香环。其中的典型是 2,4-二硝基苯酚。在 pH 7.0 的环境下，2,4-二硝基苯酚的酚羟基解离，分子以负离子形式存在，这种形式是脂不溶的，因而不能透过膜。在酸性环境下如线粒体膜间隙，2,4-二硝基苯酚接受质子成为不解离形式，恢复脂溶性，易透过内膜进入基质。一旦跨膜，相当于将 1 个质子带入线粒体基质。在基质内，由于质子浓度低，2,4-二硝基苯酚则放出质子。多个 2,4-二硝基苯酚过膜，便瓦解了内膜两侧的质子电化学梯度（图 5-26）。

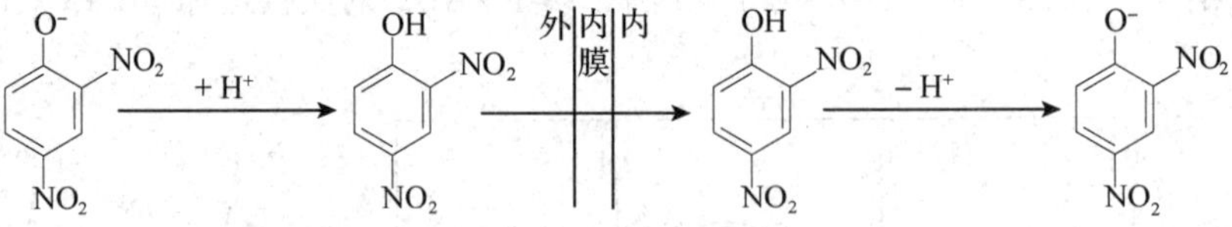

图 5-26 2,4-二硝基苯酚的作用机理

生物自身所产生的解偶联剂是蛋白质，称为解偶联蛋白（uncoupling protein，UCP）。UCP 是线粒体内膜上一种具有调节质子跨膜转运作用的转运蛋白，它可以破坏质子电化学梯度，使呼吸链和 ATP 的合成解偶联，导致能量转化为热量，进而提高静息代谢率（resting metabolic rate，RMR）（即人体在休息时，维持身体所有机能所消耗的总热量）。哺乳动物中有 5 种已知的解偶联蛋白，包括 UCP_1（又称产热素）、UCP_2（存在于多数细胞）、UCP_3（主要存在于骨骼肌）、UCP_4 和 UCP_5（均存在于脑）。人、新生无毛哺乳动物以及冬眠哺乳动物的颈部和背部都含有褐色脂肪组织（brown adipose tissue）。其中含有大量褐色脂肪细胞(brown adipocyte)，它的作用是非战栗性产热，即通过褐色脂肪细胞的线粒体中所含的产热素(thermogenin)调控线粒体内膜对质子的通透性，从而破坏氧化磷酸化的偶联，使能量以热的形式释放。适应寒冷环境生活的动物的褐色脂肪细胞线粒体内膜蛋白中含有高达15%的产热素。

(二) 氧化磷酸化抑制剂

能直接抑制ATP形成的化合物称为氧化磷酸化抑制剂。这类化合物作用的特点是既抑制氧的利用又抑制ATP的形成，但又不同于电子传递抑制剂，它并不直接抑制电子的传递，而是由于它抑制了ATP的形成，使质子电化学梯度一直处于最高能态，从而抑制了电子的传递。寡霉素就是一种氧化磷酸化抑制剂。寡霉素可堵塞ATP合酶F_o的质子通道从而抑制ATP的形成。

(三) 离子载体抑制剂

离子载体(ionophore)抑制剂是一类脂溶性物质。这些物质能与某些离子结合，并作为载体使这些离子能够穿过膜，这类载体运送的是K^+、Na^+等一价阳离子，方向为从线粒体内膜外侧到内膜内侧。由于一价阳离子的运入，从而破坏了电化学梯度中的电势梯度，即破坏了氧化磷酸化过程。它们和解偶联剂的区别在于：它们是作为质子以外的载体作用的，如缬氨霉素(valinomycin)可结合K^+，使K^+容易跨膜运输；短杆菌肽(gramicidin)可形成跨膜离子通道，很多一价的阳离子，如K^+、Na^+都能从中运输。

六、外源NADH氧化磷酸化和ATP、ADP、无机磷酸的运输

(一) 外源NADH的氧化磷酸化

NADH电子传递链只能氧化线粒体内部的NADH，即内源NADH。在细胞质中糖酵解等反应也产生NADH，即外源NADH。线粒体内膜对NADH是不通透的。那么外源NADH是如何将电子传给电子传递链的呢？

现已知，不同的生物将NADH的质子和电子转移给电子传递链的方式不同。

动物外源NADH常见的方式是通过"穿梭"途径，将外源NADH转换成内源NADH，进而实现利用。主要的穿梭途径包括：苹果酸-天冬氨酸穿梭途径(malate-aspartate shuttle)和甘油-3-磷酸穿梭途径(glycerol-3-phosphate shuttle)。

1. 苹果酸-天冬氨酸穿梭途径

苹果酸-天冬氨酸穿梭途径较为复杂，但是广泛分布于动物的肝脏、肾脏和心脏的线粒体上。由线粒体内外两种苹果酸脱氢酶、两种谷草转氨酶和内膜上两种交换运输载体构成。作用机制如图5-27所示，在细胞质中，外源NADH在胞质苹果酸脱氢酶(cytosolic malate dehydrogenase)催化下把氢转移给草酰乙酸生成苹果酸，苹果酸经苹果酸-α-酮戊二酸交换体(malate-α-ketoglutarate transporter, C_1)运输进入线粒体内部。在基质中，苹果酸被基质苹果酸脱氢酶(matrix malate dehydrogenase)催化，将氢交给NAD^+生成内源NADH，本身氧化为草酰乙酸。草酰乙酸不能通过线粒体内膜，它需要在谷草转氨酶(asparate amino transferase)作用下，与谷氨酸进行转氨作用，分别生成天冬氨酸和α-酮戊二酸。两种产物分别由交换运输载体C_1和C_2运出线粒体。C_2是谷草交换载体(glutamate-asparate transporter)。在细胞质中，天冬氨酸和α-酮戊二酸再经谷草转氨酶催化，恢复成草酰乙酸和谷氨酸，谷氨酸可由C_2运入线粒体。1分子外源NADH通过穿梭可被视为完全进入线

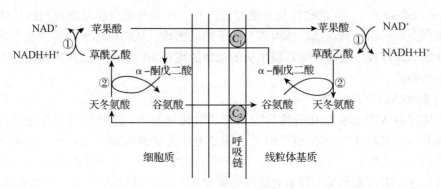

图 5-27 苹果酸-天冬氨酸穿梭途径
①苹果酸脱氢酶；②谷草转氨酶；C_1、C_2 交换运输载体

粒体，经复合体Ⅰ进入呼吸链，因此，这个途径可产生 2.5 个 ATP。

2. 甘油-3-磷酸穿梭途径

这个系统的关键分子为甘油-3-磷酸，催化的酶为甘油-3-磷酸脱氢酶(glycerol-3-phosphate dehydrogenase)。这种酶以两种状态存在：一种是可溶性的，存在于细胞质中(cytosolic glycerol-3-phosphate dehydrogenase)；另一种是膜蛋白，存在于线粒体内膜上(mitochondrial glycerol-3-phosphate dehydrogenase)，活性中心在膜外侧。前者催化细胞质中 NADH 脱氢生成 NAD^+，同时脱下的氢交给磷酸二羟丙酮生成甘油-3-磷酸(图 5-28)。甘油-3-磷酸穿过线粒体外膜到达内膜外侧。在线粒体内膜外侧甘油-3-磷酸脱氢酶的作用下，脱氢变回磷酸二羟丙酮。而脱下的氢交给该酶的辅基 FAD，生成 $FADH_2$。$FADH_2$ 直接将电子传递给内膜中的 CoQ，从而进入电子传递链。这个穿梭系统越过了第一个偶联部位(复合体Ⅰ)，因此外源 NADH 通过这个系统使其电子进入电子传递链而氧化磷酸化只产生 1.5 个 ATP。甘油-3-磷酸穿梭途径存在于动物的骨骼肌和大脑中。

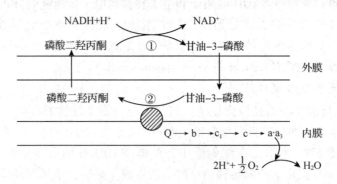

图 5-28 甘油-3-磷酸穿梭途径
①胞质甘油-3-磷酸脱氢酶；②线粒体甘油-3-磷酸脱氢酶

3. 植物外源 NADH 的氧化磷酸化

植物外源 NADH 的氧化磷酸化可通过特殊的外源 NADH 脱氢酶途径进行。在植物线粒体内膜上，除了有跨膜 NADH 脱氢酶外，在其内膜上还有两种脱氢酶。一种对鱼藤酮不敏感，可以直接将线粒体基质中的 NADH 或 NADPH 脱氢，并将电子直接传递给 CoQ，该

酶不具有质子泵功能。另一种镶嵌在线粒体内膜外侧,可以催化细胞质中的 NADH 脱氢,并将电子直接传递给 CoQ。两种途径都未涉及复合体Ⅰ,因此,电子只经过电子传递链的两个偶联部位,产生 1.5 个 ATP。

(二) ATP、ADP 和无机磷酸的运转

ATP 的合成主要是通过线粒体的氧化磷酸化作用,而 ATP 的利用大多数在线粒体以外的细胞质和其他细胞器,所以线粒体内合成的 ATP 要运出线粒体。ATP 合成的底物是 ADP 和无机磷酸,它们主要存在于线粒体外,ATP 的合成要求它们必须不断从线粒体外运到线粒体内。线粒体内膜对 ATP、ADP、无机磷酸是不通透的,须经过相应的运输载体才可完成它们的跨膜运输。

1. ATP、ADP 的运输

现已知 ATP 和 ADP 是通过一个载体以交换运输(exchange transport)方式运输的。这个载体称为腺苷酸易位酶(adenine nucleotide translocase,旧称 ATP/ADP 交换体,ATP/ADP exchanger)。腺苷酸易位酶在线粒体内膜上以二聚体存在。若解成单体,则失去对运输物质的亲和力,二聚体才有运输功能。腺苷酸易位酶有两种构象,一种对 ATP 有高亲和力,另一种对 ADP 有高亲和力,两种状态的相互转变从而实现两种物质的反向偶联运输,如图 5-29 所示,注意蛋白不是反转)。

ATP/ADP 交换运输是主动运输。因为运出的 ATP^{4-} 带 4 个负电荷,运进的 ADP^{3-} 带 3 个负电荷,就是说每交换一次,就相当于把 1 个负电荷送到了膜外,这个负电荷则会中和 1 个膜外的正电荷。所以,ATP/ADP 的交换运输降低了线粒体内膜两侧的电化学梯度,或者说电化学梯度推动了 ATP 和 ADP 的交换运输,这个过程属于主动运输。苍术苷(atractyloside)能够抑制腺苷酸易位酶的活性。

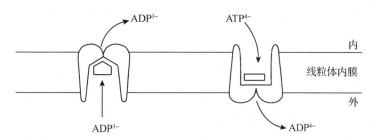

图 5-29 ATP/ADP 的交换运输

值得注意的是,ATP 从线粒体双层膜之间进入细胞质,也是受调控的,需要通过一个特殊的通道,称为电压依赖的阴离子通道(voltage-dependent anion channel,VDAC)。该通道打开时,每秒可通过 10^5 个 ATP 分子。

2. 无机磷酸的运输

无机磷酸是氧化磷酸化底物之一,它和 ADP 一样,必须得到充足供应。在线粒体内膜上存在着磷酸易位酶(phosphate translocase),可使内膜外侧的 $H_2PO_4^-$ 和 H^+ 离子进行交换运输(图 5-30)。这种交换速率比较快。无机磷酸运输也是主动运输,由质子电化学梯度推动。$H_2PO_4^-$ 的向内运输,抵消前述 ATP/ADP 交换运输向线粒体内膜外侧运输的 1 个负电

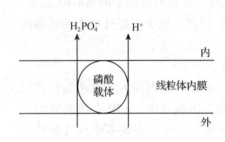

图 5-30 无机磷酸的交换运输

荷。因此，ATP、ADP、Pi 的运输，净运出 1 个 H^+ 至线粒体内膜外侧。因此，在计算 P/O 值时，一定要考虑每产生 1 个 ATP，共消耗 4 个质子。其中 3 个是通过 ATP 合酶泵回基质的，而另外 1 个质子是通过底物 (ADP、Pi) 或产物 (ATP) 的转运进入基质的。

研究表明，ATP 合酶、腺苷酸易位酶和磷酸易位酶在线粒体内膜上紧密结合，以提高 ATP 合成的效率。人们将整个复合体称为 ATP 合酶体 (ATP synthasome)。

七、ATP 的利用和贮存

合成的 ATP 被各种需能反应利用，或转化为其他高能化合物形式，将能量贮存起来。

(一) ATP 能量的利用

ATP 能量的利用分为直接利用和间接利用两种方式。

首先，ATP 是生物界普遍的直接供能体，许多生理作用需要 ATP 直接供能，如原生质体运动、肌肉收缩、电鳗放电、萤火虫发光等。前文已讲过的物质运输和后文将要谈及的物质代谢中，ATP 也是重要的能量供体。ATP 的化学能可转化为各种需能过程中的化学能、机械能、电能等。ATP 供能机制有两种：一种是基团转移；另一种是水解放能。两种方式具体内容，本章前文已经详细描述。

ATP 除了上述的直接供能作用外，还可转化为其他核苷三磷酸而间接供能。体内一些反应（主要是合成反应）不是直接利用 ATP 供能，而以其他核苷三磷酸为直接供能体，如多糖合成需 UTP、磷脂合成需 CTP、蛋白质合成需 GTP。这些核苷三磷酸除少量 GTP 外，不能通过氧化磷酸化过程合成，其生成方式是 ATP 将其高能磷酸基团转移给核苷二磷酸，生成相应的核苷三磷酸（参见第八章）。

(二) ATP 能量的贮存

ATP 是能量的传递者，并不是能量的贮存者。在神经和肌肉细胞中，ATP 的含量很低，如在哺乳动物的脑和肌肉中为 3~8 mmol/kg。这些 ATP 提供的能量只能供肌肉剧烈运动 1 s 左右的时间，所以不可能成为能量的贮存者。在这些组织中，真正的能量贮存形式是磷酸肌酸。当细胞 ATP 充足时，会通过肌酸激酶 (creatine kinase) 转移 ATP 的磷酰基给肌酸，生成磷酸肌酸；当细胞需要能量时，在肌酸激酶催化下，磷酸肌酸立即把磷酰基转移给 ADP 生成 ATP，快速补充 ATP 的不足 (图 5-31，扩展阅读：知识窗 5-2)。

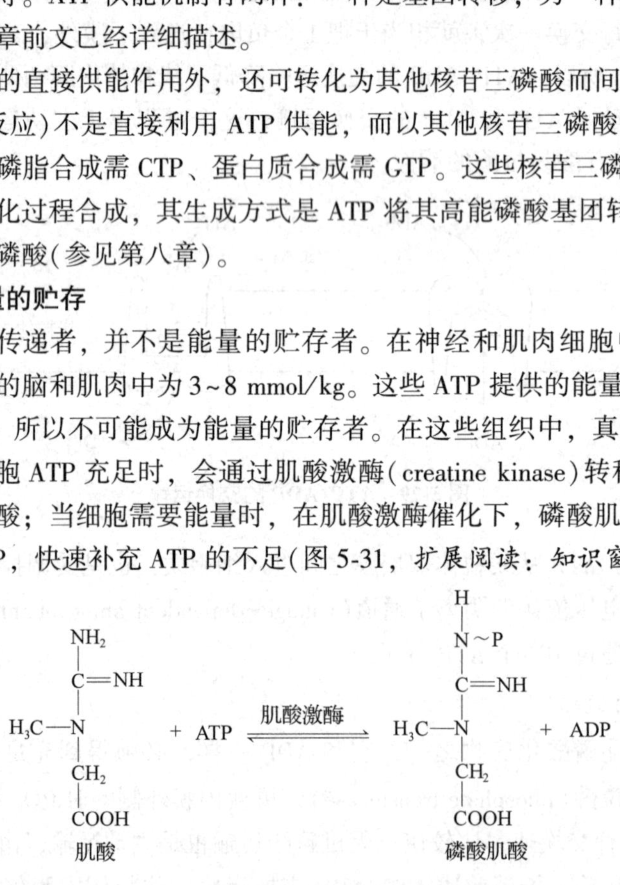

$$\underset{\text{肌酸}}{\text{H}_3\text{C}-\underset{\underset{\text{COOH}}{|}}{\underset{|}{\text{N}}}-\underset{\text{NH}_2}{\overset{\text{NH}}{\text{C}}}} + \text{ATP} \underset{\text{肌酸激酶}}{\rightleftharpoons} \underset{\text{磷酸肌酸}}{\text{H}_3\text{C}-\underset{\underset{\text{COOH}}{|}}{\underset{|}{\text{N}}}-\underset{\overset{\text{H}}{\text{N}\sim\text{P}}}{\overset{\text{NH}}{\text{C}}}} + \text{ADP}$$

图 5-31 肌酸与磷酸肌酸的相互转变

八、氧化磷酸化的调节

细胞内存在 3 种形式的腺苷酸，即 ATP、ADP、AMP，称为腺苷酸库（adenylate pool）。这 3 种腺苷酸在细胞中的相对含量，代表着细胞的能量状态。在生物体内，ATP 处于不断消耗和不断补充的动态平衡之中。D. E. Atkinson（1968）建议用"能荷"这一概念表示细胞的能量状态。能荷（energy charge）是指总的腺苷酸系统中所负荷的 ATP 的比例：

$$能荷 = \frac{[ATP] + 1/2[ADP]}{[ATP] + [ADP] + [AMP]}$$

由于 ATP 含有 2 个高能磷酸键，ADP 含有 1 个高能磷酸键，所以 1 mol ADP 只相当于 1/2 mol ATP。因此，上式中 ADP 浓度要乘以 1/2。

能荷的数值在 0~1。由上式可知，当细胞中所有腺苷酸全部磷酸化为 ATP 时，能荷值为 1.0，但这种情况绝少出现。当所有腺苷酸能量负荷全部"卸空"成为 AMP 时，能荷值为 0，这时细胞中完全没有高能状态的腺苷酸。只有生物体接近死亡时，才出现这种情况。正常情况下，大多数细胞的能荷在 0.8 左右，变动范围为 0.8~0.95。

ATP 直接的生成方式是底物水平磷酸化，间接的生成方式就是氧化磷酸化。底物水平磷酸化作用（substrate-level phosphorylation）是高能化合物在酶的作用下，利用其释放的能量推动 ADP 合成 ATP 的过程。例如，甘油酸-1,3-二磷酸生成甘油酸-3-磷酸时，就通过底物水平磷酸化产生了 ATP（图 5-32）。底物水平磷酸化作用是能量由其他高能化合物向 ATP 的直接转移，其特点是快速、简单。但由于物质氧化分解时只在少数步骤产生高能化合物，其能量也仅仅是部分转移到这些分子中，因此，通过底物水平磷酸化作用合成的 ATP 数只占总 ATP 数的很小比例。

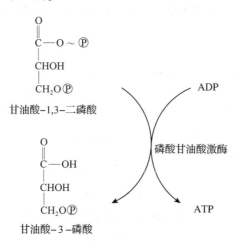

图 5-32 底物水平磷酸化示意图

因此，对氧化磷酸化作用的调节是保持能荷稳定的关键。反过来讲，能荷水平的变化，对细胞的代谢活动有重要的调节作用。上文已说到正常状态下，能荷值很高，即 ATP 含量相对很高而 ADP 含量非常低，此时 ATP 合成受到抑制。当能荷降低时，即 ATP 分解速率增大，ADP 含量升高，此时就加快合成 ATP 的速率，使之回到正常水平。可见，能荷的高低有效地调节着合成和消耗 ATP 的许多过程。

能荷对代谢的这种调节可分为对物质代谢过程的调节和对 ATP 合成的调节。在前一种调节方式中，ATP、ADP、AMP 以及无机磷酸是许多重要调节酶的别构效应物（参见第三章和第十二章）。例如，在糖酵解和三羧酸循环中，ATP 是负调节剂，ADP 磷酸是正调节剂。能荷对 ATP 合成的调节表现为 ADP 浓度低则合成速率则减慢，ADP 浓度高则合成速率加快。

第四节　活性氧

氧是一切需氧生物所必需的，过去人们总认为氧对需氧生物是有益无害的。但自从 1968 年 McCord 和 Fridovich 发现了超氧化物歧化酶以来，人们发现氧的代谢产物和衍生物可损伤机体。这些反应活性较大的氧的代谢产物或衍生物称为活性氧（reactive oxygen specie, ROS）。现已知，活性氧与机体多种生理生化过程有关。

一、活性氧的种类、产生及作用

如前所述，复合体 Ⅱ 中的 Cyt b 并不参与电子传递，但却从事一项非常重要的任务——防止电子意外泄露（leak out），即没有按照预定途径最终通过复合体 Ⅳ 提交给氧分子，而是提前释放到电子传递链以外。而电子传递链中的电子泄露，提前与分子氧结合，会产生一系列活性氧。

1. 活性氧的种类

主要的活性氧包括：超氧阴离子自由基（$\cdot O_2^-$）（superoxide radical）、羟基自由基（$\cdot OH$）（hydroxyl radical）、过氧化氢（H_2O_2）（hydrogen peroxide）和单线态氧（$^1O_2$）（singlet oxgen）等（扩展阅读：知识窗 5-3）。

2. 活性氧的产生

氧分子接受不同数量的电子，产生不同的活性氧：

$$O_2 + e^- \longrightarrow \cdot O_2^-$$
$$O_2 + 2e^- + 2H^+ \longrightarrow H_2O_2$$
$$O_2 + 3e^- + 3H^+ \longrightarrow H_2O_2 + \cdot OH$$

活性氧之间也可以相互转化：

$$2\cdot O_2^- + 2H^+ \longrightarrow H_2O_2 + {}^1O_2$$
$$\cdot O_2^- + \cdot OH \longrightarrow OH^- + {}^1O_2$$
$$\cdot O_2^- + H_2O_2 \longrightarrow \cdot OH + OH^- + {}^1O_2$$
$$\cdot OH + \cdot OH \longrightarrow H_2O_2$$

从这些互变可知，$\cdot O_2^-$ 是基础性活性氧，它转化为其他活性氧的可能性最大。

3. 活性氧的作用

4 种活性氧的活性极强，对机体危害很大，尤其是 $\cdot OH$。最易发生的是使脂质过氧化（lipid peroxidation）。从图 5-33 中可以看出，一旦脂质自由基出现，会引起连锁反应，如果不及时消除，生物膜会被严重过氧化，从而产生病变。

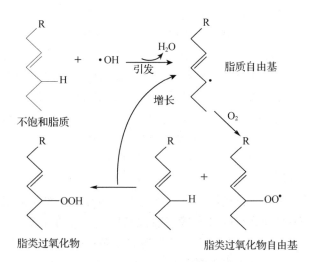

图 5-33 脂质过氧化物的产生

二、活性氧的清除

生物体内存在强的活性氧清除系统，可使产生的活性氧迅速得以清除。这个系统分为酶系统和有机分子系统两部分。

1. 清除活性氧的酶系统

这个系统包括超氧化物歧化酶(superoxide dismutase，SOD)、过氧化氢酶(catalase，CAT)、过氧化物酶(peroxidase，POD)等。

SOD 是最早发现清除活性氧的酶，它的催化机理如下：

$$2 \cdot O_2^- + 2H^+ \longrightarrow H_2O_2 + O_2$$

SOD 是清除活性氧最主要的酶类，因为 $\cdot O_2^-$ 是基础性活性氧。SOD 广泛地存在于动物、植物、微生物中。现已知，该酶共有 3 种，即 Cu，Zn-SOD、Fe-SOD、Mn-SOD。其中，Cu，Zn-SOD 存在于真核细胞中，Mn-SOD 存在于线粒体和原核细胞中，Fe-SOD 存在于原核细胞中。从人红细胞中提取出来的 Cu，Zn-SOD，相对分子质量 $3.0×10^4$，2 个亚基，含 2 个 Cu 和 2 个 Zn，对 CN^- 敏感。3 种 SOD 虽然结构性质不同，但催化反应相同，都可以催化超氧化物阴离子的歧化反应。

由于 SOD 可以清除超氧化物阴离子，因此，它在提高植物抗逆性、保护生物机体、防止机体衰老等方面起着重要作用。近年来，这种酶作为机体保护剂，已被加入药物、化妆品等产品。

综上所述，SOD 的产物是过氧化氢，过氧化物酶体中负责脂酰-CoA 分解的脂酰-CoA 氧化酶(一种黄素蛋白)的产物也是过氧化氢。过氧化氢是细胞的正常产物，但由于它有毒性，细胞不能积累，清除过氧化氢的任务主要由过氧化氢酶或其他过氧化物酶负责。过氧化氢酶广泛存在于各种生物中，它的功能是催化过氧化氢分解为氧和水。

$$2H_2O_2 \longrightarrow 2H_2O + O_2$$

过氧化氢酶的催化效率很高，在 0 ℃下的转换数为 $2.64×10^4$ min^{-1}。因此，体内不会发生过氧化氢积累。

过氧化物酶是一大类酶，其功能是还原其他过氧化物：

$$ROOR' + 2H^+ + 2e^- \longrightarrow ROH + R'OH$$

不同的过氧化物酶也能对过氧化氢进行清除，只是过氧化氢不是这些酶的最适底物。不同过氧化物的使用与还原性有机分子有所不同。在这些过氧化物酶中，谷胱甘肽过氧化物酶尤为突出。它以谷胱甘肽（GSH）为还原剂清除过氧化氢或脂质氢过氧化物，而以后者为其主要功能。

$$2GSH + H_2O_2 \longrightarrow GSSG + 2H_2O$$
$$2GSH + LOOH \longrightarrow GSSG + LOH + H_2O$$

2. 清除活性氧的有机分子系统

这个系统包括很多具有氧化还原性质的化合物，如 GSH、维生素 E、维生素 C、β-胡萝卜素、多酚类等。这些分子有的可直接与活性氧反应，如维生素 E 可猝灭 $^1O_2$，GSH 可还原过氧化氢等。有的可与自由基反应，使反应自由基（·OH、LOO·、L·等）失活，而本身成为稳定的自由基。如维生素 E 的反应：

$$V_E + LO·(LOO·) \longrightarrow V_E· + LOH(LOOH)$$
$$V_E· + V_C \longrightarrow V_E + V_C·$$
$$2V_C· \longrightarrow 脱氢抗坏血酸 + V_C$$

维生素 E 自由基（$V_E·$）可与维生素 C 反应而复原，而维生素 C 变成自由基形式（$V_C·$）。该自由基较为稳定，且两分子的 $V_C·$ 能够反应，生成 1 分子的 $V_C·$ 和 1 分子的脱氢抗坏血酸（V_C 的氧化态）。

总之，正常有机体内活性氧的产生和清除在低水平保持平衡。如果这个平衡被内、外因素打破，就会造成活性氧积累，进而使机体受到伤害。

思 考 题

1. 简述生物氧化的特点以及二氧化碳和水的生成方式。
2. 什么是高能化合物？ATP 为什么具有高的水解自由能？
3. 简述呼吸链组分的功能、存在状态及工作机理。
4. 简述化学渗透学说。
5. 总结影响 ATP 合成的各种试剂的作用机理，比较它们作用的异同点。
6. 呼吸链中不具有质子泵功能的是哪个复合体？
7. 3 个偶联部位分别是什么？
8. 由琥珀酸脱下一对氢，经呼吸链氧化可产生几分子 ATP？
9. 机体生命活动的能量直接供应者是什么？
10. 只催化电子转移的酶类是哪个？
11. 辅酶 Q 属于递氢体是由于分子中含有什么？
12. 生物氧化与体外物质氧化有什么异同？
13. 高能磷酸键的贮存形式是什么？
14. 什么是活性氧？它们有何作用？如何被清除？

第六章　糖类代谢

【学习导图】

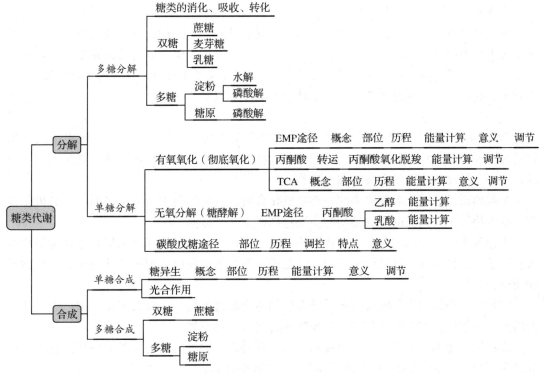

【学习要点】

了解常见寡糖、多糖在生物体内分解为单糖的主要过程。

掌握单糖(以葡萄糖为例)的彻底氧化分解过程。这一过程主要分为3个阶段，均为本章的重点，也是难点。第一阶段主要是六碳分子(葡萄糖)变成三碳分子(丙酮酸)的过程。学习时，要注意掌握该过程的概念、发生的亚细胞部位、详细反应历程和相关的酶、最终产物(丙酮酸)、能量变化(参见第五章，即呼吸链底物产生的数量和部位)、生物学意义以及限速步骤(即调节位点)。第二阶段即在有氧条件下，三碳分子(丙酮酸)变成二碳分子(乙酰-CoA 中的乙酰基)的过程。该阶段涉及丙酮酸从细胞质向线粒体转运的过程，这里要注意两个阶段发生部位的变化。同时，还要掌握前述第一阶段所要掌握的类似内容。第三阶段即二碳分子(乙酰-CoA 中的乙酰基)彻底变成 CO_2 的过程。第二阶段和第三阶段也要掌握类似第一阶段描述的内容，包括发生的亚细胞部位、详细反应历程和相关的酶、最终产物、能量变化、生物学意义以及限速步骤等。另外，还要掌握丙酮酸无氧条件下的去路，这也是发酵过程中经常被利用的去路，即酿酒和制作酸奶的重要机制。

掌握葡萄糖的另一条重要的分解途径——磷酸戊糖途径，该途径的重要意义在于产生

NADPH 和核糖-5-磷酸。

掌握分解的逆过程——单糖的合成（以葡萄糖在动物体内的合成为例；在植物体内的合成过程即光合作用，本书未做讨论），理解并比较分解和合成的差异，尤其是糖酵解和糖异生作用的异同。了解多糖合成的主要原理。

学习建议：如果说第五章开始进入动态生物化学阶段，那么本章将正式进入物质代谢过程。建议要紧紧围绕自然界最重要的单糖——葡萄糖的分解代谢进行学习。深刻理解和掌握其彻底氧化的三部曲（糖酵解、丙酮酸转运及氧化脱羧、三羧酸循环），并掌握脱氢氧化生成 $NADH+H^+$ 和 $FADH_2$，裂解、脱羧生成 CO_2 具体化学反应。同时，温习第五章的知识，思考葡萄糖的彻底氧化分解过程中产生的 $NADH+H^+$ 和 $FADH_2$ 与呼吸链的关系，进而理解碳水化合物氧化分解与能量产生的偶联过程。在深刻理解分解过程的基础上，逆向思维理解合成过程就相对简单了。但是仍要注意，合成（包括后面章节涉及的多种物质）绝不是分解的逆过程，只有通过不断对比总结，才能完全理解。

糖类（saccharide）广泛存在于生物界，特别是在植物界。按干重计算，糖类物质占植物的 85%~90%，占细菌的 10%~30%，占动物的不到 2%。动物体内糖的含量虽不多，但其日常生命活动所需能量主要来源于糖类。

糖类物质是地球上数量最多的一类有机化合物，也是细胞中非常重要的一类有机化合物。在生物体中，糖类的生物学功能主要包括以下几个方面：

①作为生物体的结构成分　植物细胞壁主要由纤维素、半纤维素和果胶等结构物质构成；属于杂多糖的肽聚糖是细菌细胞壁的结构多糖。昆虫和甲壳类的外骨骼也是一种糖类物质（壳多糖）。

②作为生物体的主要能源物质　糖在生物体内通过生物氧化释放能量，提供生命活动的需要。生物体内作为能量贮存的糖类物质有淀粉、糖原等。

③在生物体内作为其他物质合成的原料　有些糖类物质或糖的重要中间代谢物为合成其他重要分子（如氨基酸、核苷酸、脂肪等）提供碳骨架。

④作为细胞识别的信息分子　糖缀合物（glycoconjugate），又称糖复合物，是糖类物质与蛋白质或脂质等生物分子共价相连形成的缀合物，主要包括糖蛋白、糖脂等。细胞识别包括黏着、免疫保护（抗原与抗体）、代谢调控（激素与受体）、受精机制、形态建成、发育、癌变、衰老等，都与糖缀合物特别是糖蛋白的糖链有关，并因此产生了一门新的学科——糖生物学（Glycobiology）。

第一节　生物体内的糖类化合物

糖类是含多羟基的醛类或酮类化合物。不同的糖其分子质量差别很大。高分子质量的糖都是以简单的糖为基本单位缩合而成的，因此根据聚合度可将糖分为 3 类：单糖、寡糖和多糖。

一、单糖

单糖（monosaccharide）是不能水解成更小分子的糖，可分为醛糖和酮糖。其碳原子数一般 3~7 个，分别称为丙糖（三碳糖）、丁糖（四碳糖）、戊糖（五碳糖）、己糖（六碳糖）或庚糖（七碳糖）等（表 6-1）。有时候，为了区别醛糖和酮糖，也将其与碳原子数配合使用，如己醛糖、庚酮糖等。

除二羟丙酮外，单糖分子中都含有不对称碳原子，即手性碳原子。因此，几乎所有的单糖及其衍生物都具有旋光性。右旋用 d-[或(+)]表示；左旋用 l-[或(-)]表示。除此之外，还可以以 3-甘油醛为参照，将单糖的相对构型(relative configuration)分为 L-构型和 D-构型。生物体中主要是 D-构型单糖。

虽然单糖常以链式结构表示，但是含有 5 个及以上碳原子数的单糖在水中主要以环状结构存在。这种构象的变化会导致新配置的糖溶液的旋光性变化，称为变旋现象(mutarotation)。其中，以五元环或六元环最为常见。五元环为信封式构象(envelop form)、六元环以椅式构象(chair form)最为稳定。所有的醛糖都具有还原性，很多酮糖在溶液中能够异构化为醛糖，因此，也具有还原性。常见的单糖衍生物包括糖脂、糖苷、糖酸、糖醇和糖胺等。

表 6-1 自然界中常见的单糖

名称	醛糖	酮糖	名称	醛糖	酮糖
丙糖(3C)	D-甘油醛	二羟丙酮	己糖(6C)	D-半乳糖	D-果糖
丁糖(4C)	D-赤藓糖			D-甘露糖	
戊糖(5C)	D-核糖	D-木酮糖		D-葡萄糖	
	D-脱氧核糖	D-核酮糖	庚糖(7C)		D-景天庚酮糖

二、寡糖与多糖

(一) 寡糖

寡糖(oligosaccharide)是由 2~10 个单糖通过糖苷键(glucosidic bond)结合成的糖类。寡糖据其单糖数目可分为双糖、三糖、四糖等。据寡糖分子有无游离的半缩醛羟基，寡糖分为还原性糖和非还原性糖。半缩醛或半缩酮是由醇与酮或醛通过可逆的亲核加成反应形成的基团。

$$R'-\underset{\underset{H}{|}}{\overset{\overset{O}{\|}}{C}} + HO-R \underset{}{\overset{H^+(催化剂)}{\rightleftharpoons}} R'-\underset{\underset{H}{|}}{\overset{\overset{OH}{|}}{C}}-OR$$

　　醛　　　　　　醇　　　　　　　　　　半缩醛

$$R'-\underset{\underset{R''}{|}}{\overset{\overset{}{}}{C}}=O + HO-R \underset{}{\overset{H^+(催化剂)}{\rightleftharpoons}} R'-\underset{\underset{R''}{|}}{\overset{\overset{OH}{|}}{C}}-OR$$

　　酮　　　　　　醇　　　　　　　　　　半缩酮

植物中存在多种寡糖，以双糖分布最普遍。生物体中常见的双糖为麦芽糖、蔗糖和乳糖。

1. 麦芽糖

麦芽糖(maltose)是由 2 分子 α-D-葡萄糖通过 α(1→4)糖苷键缩合而成的双糖。麦芽糖是水解淀粉得到的双糖，由于有一个游离的半缩醛羟基，能发生羰基的反应，为还原性糖。

2. 蔗糖

蔗糖(sucrose)俗称食糖，是由 1 分子 α-D-葡萄糖和 1 分子 β-D 果糖通过 α,β(1→2)糖苷键缩合而成的双糖。蔗糖是叶绿体中光合作用的产物，可贮存于植物体中。由于两个单糖中的异头碳均用于形成糖苷键，因此，蔗糖失去了还原性，化学性质稳定。另外，蔗糖溶解度高并具有较高的运输速率，因此，植物选择蔗糖作为糖类物质运输的主要形式。

3. 乳糖

乳糖(lactose)是由 1 分子 β-D 半乳糖和 1 分子 α-D 葡萄糖通过 β(1→4)糖苷键连接形成的双糖。乳糖为白色晶体，溶解性差，甜度比蔗糖、麦芽糖低，有还原性，是哺乳动物乳汁中的主要糖分，含量一般在 4%~7%。

(二) 多糖

多糖(polysaccharides)由多个单糖($n>10$)分子脱水以糖苷键结合而成，其性质与单糖、寡糖有很大区别。它们多数不溶于水，有的在水中形成胶体溶液，无甜味，无还原性，有旋光性、无变旋现象。多糖为链状结构，可为直链，也可为支链。有的多糖由一种单糖缩合而成，这种多糖称为均多糖(homopolysaccharide)；有的多糖由不同的单糖缩合而成，这种多糖称为杂多糖(heteropolysaccharide)。从功能上讲，多糖分为两类，一类为贮存多糖(storage polysaccharide)，如淀粉、糖原；另一类为结构多糖(structural polysaccharide)，如纤维素、半纤维素。

1. 淀粉

淀粉(starch)是由 D-葡萄糖组成的均多糖，是植物的贮存物质和其他异养生物的主要营养物之一。叶绿体进行光合作用时可形成短期贮存的淀粉，黑暗条件下又以蔗糖形式运出。

根据结构可将淀粉分为直链淀粉和支链淀粉。

直链淀粉(amylose)是不分支的长链分子，其 D-葡萄糖残基均以 α(1→4)糖苷键相连。直链淀粉的相对分子质量在 $1.0 \times 10^4 \sim 2.0 \times 10^6$，相当于 $50 \sim 2 \times 10^4$ 个单体。

支链淀粉(amylopectin)是具有高度分支的分子，部分 D-葡萄糖单体以 α(1→4)糖苷键相连，分支点处葡萄糖单体以 α(1→6)糖苷键相连。每个分子的分支数约 50 个以上，每个分支平均含 20~30 个葡萄糖单体，每个分支链以螺旋状存在。支链淀粉的分支结构是三维的，分支伸向所有方向，为球形结构。支链淀粉分子比直链分子大，相对分子质量为 $5.0 \times 10^4 \sim 4.0 \times 10^8$，单体数为 $3.0 \times 10^2 \sim 1.0 \times 10^4$。

2. 糖原与植物糖原

糖原(glucogen)的化学本质与支链淀粉相同，结构也与支链淀粉相似，但糖原的分支更多，支链更短，相对分子质量更大。有趣的是，结构的差异导致糖原易溶于水，而支链淀粉不溶于水。糖原主要存在于动物和细菌细胞内，也属于贮存多糖。但玉米中除通常的直链淀粉和支链淀粉外，还有一种类似糖原的多糖，称为植物糖原(phytoglycogen)。

3. 纤维素

纤维素(cellulose)是植物界分布最广的有机化合物，是植物细胞壁的主要成分。在棉花、麻皮纤维中，纤维素达97%~99%。纤维素分子是由D-葡萄糖单位通过β(1→4)糖苷键连接成的链状化合物且无分支。其相对分子质量为$5.0×10^4$~$1.0×10^9$，含$3.0×10^2$~$1.5×10^4$个单体。葡萄糖单体以椅式构象存在。

4. 半纤维素

半纤维素(hemicellulose)是碱溶性植物细胞壁基质多糖，通常指去除果胶等物质后的残留物中能被17.5% NaOH溶液提取的多糖，主要有木葡聚糖、甘露聚糖、木聚糖等。半纤维素大量存在于植物木质化部分，为杂多糖，不溶于水，而溶于稀碱。

5. 果胶

果胶物质(pectin substance)是植物细胞壁和胞间层的基质多糖，主要是聚半乳糖醛酸(galacturonan)。其结构非常复杂，且植物不同发育阶段会发生较大的变化。其中，羧基被不同程度甲酯化的聚半乳糖醛酸称为果胶(pectin)。

6. 壳多糖

壳多糖(chitin)又称几丁质，为N-乙酰葡糖胺通过β(1→4)糖苷键连接聚合而成的结构同多糖。几丁质在化学本质上与纤维素的唯一区别是每个残基的C_2羟基被乙酰化的氨基取代。壳多糖也是直链状高分子聚合物，链长可达几百个N-乙酰葡糖胺单位，广泛存在于甲壳类动物的外壳、昆虫的甲壳和真菌的胞壁中，也存在于一些绿藻中。

第二节 双糖和多糖的酶促降解

一、双糖的酶促降解

生物体中主要的双糖为蔗糖、麦芽糖和乳糖，本书主要讨论这3种双糖的酶促降解。

(一)蔗糖的酶促降解

蔗糖在植物体内分布最广泛，并且生理功能上也最重要，它不仅是主要的光合产物，而且也是糖类物质贮存、积累和运输的重要形式。蔗糖的酶促降解有两条途径。

1. 蔗糖酶途径

蔗糖在蔗糖酶(sucrase, saccharase)作用下水解成等分子的葡萄糖和果糖。

$$蔗糖 + H_2O \xrightarrow{蔗糖酶} 葡萄糖 + 果糖$$

蔗糖及其水解产物都有旋光性。蔗糖为右旋糖(-66.6°)，水解后形成的D-葡萄糖(+52.5°)和D-果糖(-91.9°)的分子混合物为左旋的(-39.4°)。由于旋光性发生了转变，蔗糖酶又称为转化酶(invertase)，蔗糖的水解产物总称为转化糖(invert sugar)。蔗糖酶广泛存在于植物中，其功能是催化蔗糖水解，以供给细胞单糖。

2. 蔗糖合酶途径

在蔗糖合酶(sucrose synthase)催化下，蔗糖和核苷二磷酸(NDP)反应，生成果糖和相应的核苷二磷酸葡萄糖(ADPG、GDPG、CDPG、UDPG，也可表示为ADPGlc、GDPGlc、CDPGlc、UDPGlc)：

$$\text{蔗糖} + \text{NDP} \begin{cases} \text{ADP} \\ \text{GDP} \\ \text{CDP} \\ \text{UDP} \end{cases} \xrightleftharpoons{\text{蔗糖合酶}} \text{果糖} + \text{NDPG} \begin{cases} \text{ADPG} \\ \text{GDPG} \\ \text{CDPG} \\ \text{UDPG} \end{cases}$$

核苷酸葡萄糖是合成淀粉、纤维素等多糖的活性供糖体，所以该途径的重要意义在于降解蔗糖后，为多糖合成提供活化的底物(NDPG)。

已经从多种植物中分离得到了蔗糖合酶，不同来源的酶大小、聚合度不同。从绿豆种苗中分离的该酶相对分子质量为 3.75×10^5，为四聚体，最适 pH 值为 7.4。该酶催化的反应是可逆反应。动力学研究发现，当细胞内蔗糖浓度超过 10 mmol/L 时，此酶催化蔗糖的分解大于合成，因此，普遍认为它在植物细胞内的主要作用是催化蔗糖降解。蔗糖合酶可利用 4 种核苷二磷酸，但对 UDPG 亲和力最大。$NADP^+$、吲哚乙酸、赤霉素、焦磷酸等物质能抑制蔗糖的合成，促进蔗糖的分解。果糖-1-磷酸和 Mg^{2+} 则能抑制蔗糖的降解而促进其合成。

以上两种蔗糖降解的酶系，在植物不同发育期起着不同的作用。Tsai 等指出，在胚乳发育的早期，玉米蔗糖的降解主要由蔗糖酶催化水解；到生长后期，蔗糖降解主要通过蔗糖合酶途径。与此相反，Baxter 等发现，大麦幼嫩胚乳中，含有较高活力的蔗糖合酶。因此，研究这两种酶在糖降解中的消长关系，对于植物发育理论可能具有重要的意义。

(二) 麦芽糖的酶促降解

植物体内麦芽糖的主要来源是淀粉的水解。麦芽糖不会积累，一旦形成，立即在麦芽糖酶[maltase, 一种 α-葡萄糖苷酶(α-glucosidase)]作用下水解为两分子葡萄糖。

$$\text{麦芽糖} + H_2O \xrightarrow{\text{麦芽糖酶}} 2 \text{ 葡萄糖}$$

麦芽糖酶广泛分布在植物、微生物、脊椎动物体内。麦芽糖酶的命名主要考虑底物的类型，而 α-葡萄糖苷酶的命名主要考虑其作用于底物特定的化学键——α(1→4)糖苷键。很多情况下麦芽糖酶就是机体的主要 α-葡萄糖苷酶，即能够降解淀粉长链中的 α(1→4) 糖苷键。例如，人小肠分泌的麦芽糖酶具有两个结构域，N-端结构域高效水解麦芽糖，而 C-端结构域水解多种长度的葡萄糖低聚物，因此，又称为麦芽糖-葡糖淀粉酶(maltase-glucoamylase)。

(三) 乳糖的酶促降解

乳糖可在乳糖酶(lactase)催化下水解为葡萄糖和半乳糖。

$$\text{乳糖} \xrightarrow{\text{乳糖酶}} \text{葡萄糖} + \text{半乳糖}$$

在动物乳和乳制品中乳糖含量较高，这些乳糖被存在于肠道中的乳糖酶催化水解，而后单糖产物被吸收利用。

二、淀粉、糖原的酶促降解

(一) 淀粉的酶促降解

植物体内贮存的淀粉可通过水解和磷酸解两种方式降解。

1. 淀粉的水解

参与淀粉水解的酶有多种，主要有以下几种：

(1) 淀粉酶

淀粉酶(amylase)分为 α-淀粉酶、β-淀粉酶和 γ-淀粉酶 3 种。

①α-淀粉酶　可随机催化淀粉任何部位的 α(1→4)糖苷键的水解，又称内切淀粉酶。此酶作用于直链淀粉时，可将直链淀粉水解为麦芽糖(90%)和少量麦芽三糖和葡萄糖。当它作用于支链淀粉时，因它不能水解 α(1→6)糖苷键及其附近的糖链，所以其产物除了麦芽糖和少量葡萄糖和麦芽三糖外，还有一些包含分支点的片段，称为 α-糊精(α-dextrin)[图 6-1(a)]。经 α-淀粉酶充分水解至极限后的糊精称为极限糊精(limit dextrin)。

α-淀粉酶含有一个紧密结合的钙离子，这个钙离子不直接参加酶-底物复合物的形成，但它能保持酶的结构，使酶具有最大的稳定性和最高的活性。α-淀粉酶是人类消化淀粉的主要酶。唾液淀粉酶(salivary amylase)就是一种 α-淀粉酶，负责淀粉的初步消化，其最适 pH 值为 7 左右。该酶随着食物进入胃部后，在胃液的作用下会迅速失活。因此，人体主要的淀粉消化酶是胰腺分泌的胰淀粉酶(pancreatic amylase)，也是一种 α-淀粉酶。研究表明，唾液淀粉酶基因是从胰淀粉酶基因进化而来。

②β-淀粉酶　主要分布在细菌、真菌和植物中。该酶作用于淀粉时，从非还原端开始，将两个葡萄糖单体的 α(1→4)糖苷键水解断裂，产物为麦芽糖。此酶作用于直链淀粉时，可将淀粉分子全部水解为麦芽糖。当它作用于支链淀粉时，由于该酶既不能水解 α(1→6)糖苷键，又不能越过分支点作用，所以它只能作用分支周围的直链部分。当水解到离分支点两个葡萄糖单体的地方时，作用即停止。同 α-糊精一样，经 β-淀粉酶充分水解后的 β-糊精(β-dextrin)也是极限糊精[图 6-1(b)]。

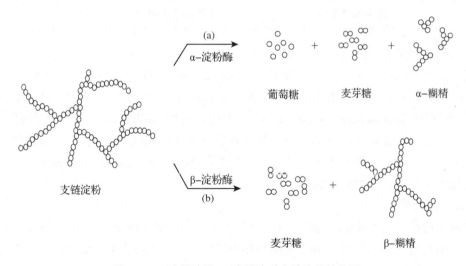

图 6-1　α-淀粉酶及 β-淀粉酶对支链淀粉的作用

③γ-淀粉酶　又称为淀粉转葡糖苷酶(amyloglucosidase)或葡萄糖淀粉酶(glucan 1,4-α-glucosidase)。这种酶与 β-淀粉酶类似，都是从非还原端作用，但不同的是，γ-淀粉酶每次水解一个 D-葡萄糖。值得注意的是，很多 γ-淀粉酶还能够高效水解一个 α(1→4)糖苷键后方相邻的 α(1→6)糖苷键。3 种淀粉酶的简单对比见表 6-2。

表 6-2　3 种淀粉酶的对比表

项目	α-淀粉酶	β-淀粉酶	γ-淀粉酶
编号	EC 3.2.1.1	EC 3.2.1.2	EC 3.2.1.3
来源	由哺乳动物的消化系统产生，也可以由植物和真菌产生	由细菌、真菌和植物产生的，不能由动物的组织或细胞产生	动物，微生物
组织	唾液、胰腺	种子、水果、微生物	小肠
钙的作用	钙对其功能至关重要	钙是必需的	
最适 pH 值	6.7~7.0	4.0~5.0	
最适酿造温度	68~74℃	58~65℃	63~68℃
主要功能	主要涉及食物的消化过程	主要涉及果实成熟和种子萌发过程	
作用位点	能在糖链上的任何 α(1→4) 糖苷键作用	能从非还原端起作用，催化第二个 α(1→4) 糖苷键的水解	作用于非还原端的 α(1→4) 糖苷键
反应产物	麦芽寡糖、麦芽糖、葡萄糖、糊精等	麦芽糖、糊精	葡萄糖
反应速率	比 β-淀粉酶快	比 α-淀粉酶慢	
理化性质	对高温和重金属离子不敏感，在低 pH 值下失活	对高温和重金属离子敏感，在低 pH 值稳定	

（2）异麦芽糖酶

异麦芽糖酶（isomaltase），又称极限糊精酶（limit dextrinase）。该酶专门水解极限糊精中的 α(1→6) 糖苷键，其产物主要是麦芽糖。该酶的名字比较多，还可以称为 R 酶（R enzyme），脱支酶（debranching enzyme，DBE），支链淀粉酶（pullulanase，音译为普鲁兰酶）。人体肠上皮细胞（enterocyte）分泌的异麦芽糖酶是一个双功能的酶，拥有两个结构域，一个水解极限糊精，另一个水解蔗糖，因此也称为蔗糖-异麦芽糖（sucrose-isomaltase）。细菌中表达的异麦芽糖酶也称为脱支酶。

（3）麦芽糖酶

如前文所述，在麦芽糖酶的作用下，可以进一步分解淀粉酶产生的一些短链寡糖，最终分解为葡萄糖。α-淀粉酶、异麦芽糖酶和麦芽糖酶是人体彻底消化淀粉的关键组合。

2. 淀粉的磷酸解

这种作用是指在较高浓度的磷酸存在条件下，由淀粉磷酸化酶（starch phosphorylase，SP，也称 PHO）催化，将磷酸作用于 α(1→4) 糖苷键，使淀粉链非还原端葡萄糖残基逐个解离，生成葡萄糖-1-磷酸（G-1-P）。在这里磷酸代替了水的作用，故称为淀粉的磷酸解（phosphorolytic starch degradation）。淀粉的磷酸解反应主要发生在植物和微生物中，且反应可逆。人体主要是前述的淀粉的水解和糖原的磷酸解（参见本章后文）。

$$\text{磷酸} + \text{淀粉}(n)\text{(非还原端)} \underset{\text{淀粉磷酸化酶}}{\rightleftharpoons} \text{G-1-P} + \text{淀粉}(n-1)$$

淀粉磷酸化酶属于 α(1→4)-葡聚糖磷酸化酶[α(1→4)-glucan phosphorylase]。这类酶主要分为 3 类：淀粉磷酸化酶、麦芽糊精磷酸化酶(maltodextrin phosphorylase)和糖原磷酸化酶(glycogen phosphorylase)。α(1→4)-葡聚糖磷酸化酶的最短底物可以是一分子的麦芽三糖(maltotriose)。淀粉磷酸化酶广泛存在于高等植物叶子及贮存器官中，目前至少发现两种同工酶，一种分布在细胞质中，另一种在叶绿体中。从甜玉米中得到的此酶为二聚体，相对分子质量为 3.15×10^5，含有结合的磷酸吡哆醛，最适 pH 值为 5.8，受 ADPG 和甘油醛-2,3-二磷酸的抑制。此酶能使淀粉链非还原端以 α(1→4)糖苷键结合的葡萄糖残基磷酸解，但不能使 α(1→6)糖苷键结合的单体磷酸解，也不能越过分支点。另外，微生物中主要是麦芽糊精磷酸化酶。请注意，该酶虽然称为麦芽糊精磷酸化酶，但是也作用于 α(1→4)糖苷键。

磷酸解产物 G-1-P 在磷酸葡萄糖变位酶(phosphoglucomutase，PGM)作用下转变为 G-6-P。Mg^{2+} 是该酶的辅因子。G-6-P 在 G-6-P：磷酸交换体(plastidic glucose-6-phosphate：phosphate translocator，GPT)的作用下转运至细胞质，进入下游途径，例如，在 G-6-P 酯酶作用下，迅速水解为葡萄糖和磷酸。G-1-P 也可在 NDPG 焦磷酸化酶(NDP-glucose pyrophosphorylase)催化下生成 NDPG 而作为糖基供体。

$$\text{G-1-P} \underset{\text{磷酸葡萄糖变位酶}}{\overset{Mg^{2+}}{\rightleftharpoons}} \text{G-6-P}$$

$$\text{G-6-P} + H_2O \xrightarrow{\text{G-6-P 酯酶}} \text{葡萄糖} + Pi$$

$$\text{G-1-P} + NTP \underset{}{\overset{\text{NDPG 焦磷酸化酶}}{\rightleftharpoons}} \text{NDPG} + PPi$$

(二) 糖原的酶促降解

糖原的降解主要是磷酸解，涉及的酶是前述糖原磷酸化酶。其反应过程与淀粉磷酸化相似。糖原磷酸化酶也只催化 α(1→4)糖苷键降解，当降解至离支点的 α(1→6)糖苷键前 4 个葡萄糖残基时就停止作用。这时，需糖基转移酶(glycosyltransferase)将支链上这 4 个葡萄糖链中的后 3 个转移到另一个直链上 4 个葡萄糖残基链的非还原端。此时，分支链只剩下1个葡萄糖残基以α(1→6)糖苷键相连,则由糖原脱支酶(glycogen debranching enzyme)将其水解(图6-2)。有趣的是,在微生物中转移酶和糖原脱支酶是两个独立的酶,但是,在酵母和哺乳动物中,两个功能是由一个酶完成的,总称为糖原脱支酶。

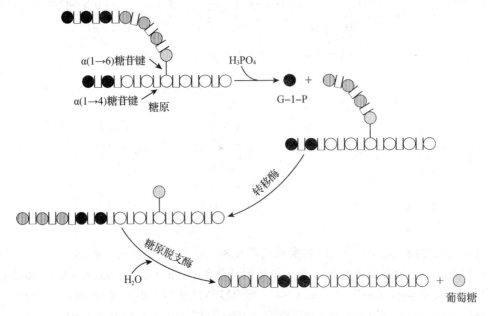

图6-2 糖原的酶促降解

第三节 单糖的分解与糖酵解

单糖的种类很多,但是,葡萄糖是生物界非常普及的营养和能量物质。因此,单糖的分解均以葡萄糖为例讲解,相关研究也最为深入(助记小结6-1)。

一、糖酵解的概念

糖酵解(glycolysis)是葡萄糖经果糖-1,6-二磷酸(fructose-1,6-diphosphate,F-1,6-2P)和甘油醛-3-磷酸转变成丙酮酸,同时生成ATP的过程。这一过程在细胞质完成,无论在有氧或厌氧条件下均可进行,是动物、植物、微生物细胞中葡萄糖分解产生能量的共同代谢途径。淀粉、糖原磷酸化产生的磷酸葡萄糖也是此途径的重要底物。

糖酵解的研究是从乙醇发酵研究开始的,但直到1940年,糖酵解的全过程才被全面了解,Embden、Meyerhof、Parnas对糖酵解的研究作出了很大贡献,因此,糖酵解途径又称为Embden-Meyerhof-Parnas Pathway,即EMP途径。

二、糖酵解的生化历程

从葡萄糖开始,糖酵解全过程共有10步,前5步为准备阶段,在此阶段,葡萄糖磷酸化分解成磷酸丙糖,后5步为产生ATP的释能阶段,磷酸丙糖生成丙酮酸。为了讨论方便,根据反应特点,我们将全过程分为上述两个阶段进行讨论。

(一)准备阶段(生成磷酸丙糖)

在此阶段,六碳糖两次利用 ATP 磷酸化,以提高反应活性,最后裂解成两个磷酸丙糖。

1. 葡萄糖的磷酸化

在己糖激酶(hexokinase)的催化下,葡萄糖被 ATP 磷酸化生成 G-6-P,该反应必须有 Mg^{2+} 的存在。这是一个磷酸基团的转移反应。将磷酸基团从 ATP 上转移至受体上的酶称为激酶(kinase)。己糖激酶是糖酵解过程中的第一个调节酶,由它催化的反应不可逆。

己糖激酶广泛存在于所有细胞中,但它的专一性不强,不仅可以作用于葡萄糖,还可以作用于 D-果糖、D-甘露糖和氨基葡萄糖等。动物细胞中已知有 4 种同工酶(Ⅰ~Ⅳ型),其中,Ⅰ型主要在脑和肾;Ⅱ型主要在骨骼和心肌;Ⅲ型主要分布于肝和肺;Ⅳ型只存在于肝脏。己糖激酶Ⅳ又称葡萄糖激酶(glucokinase),对 D-葡萄糖具有更高的专一性。

如前所述,淀粉或糖原的磷酸化产生的 G-1-P 在磷酸葡萄糖变位酶作用下生成 G-6-P,也可进入糖酵解途径。

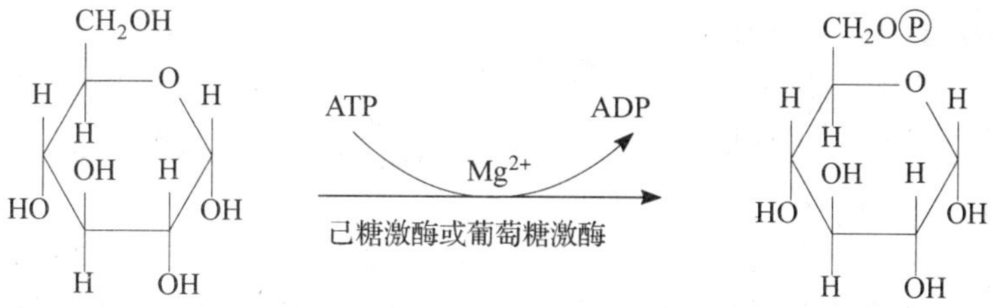

2. G-6-P 的异构化

G-6-P 在磷酸葡萄糖异构酶(phosphoglucose isomerase)催化下转化为果糖-6-磷酸(fructose-6-phosphate,F-6-P)。

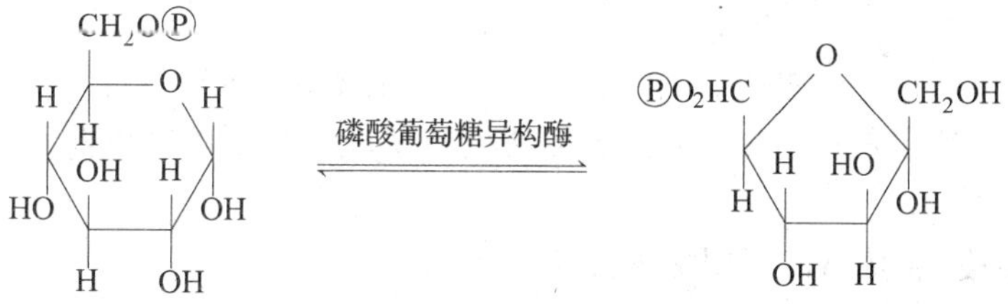

这一反应将羰基键从 C_1 移到 C_2,为 C_1 的磷酸化做了准备。该反应是可逆的,反应方向取决于底物和产物的相对含量。

3. F-6-P 的磷酸化

F-6-P 在磷酸果糖激酶 1(phosphofructokinase 1)催化下,被 ATP 磷酸化为 F-1,6-2P。

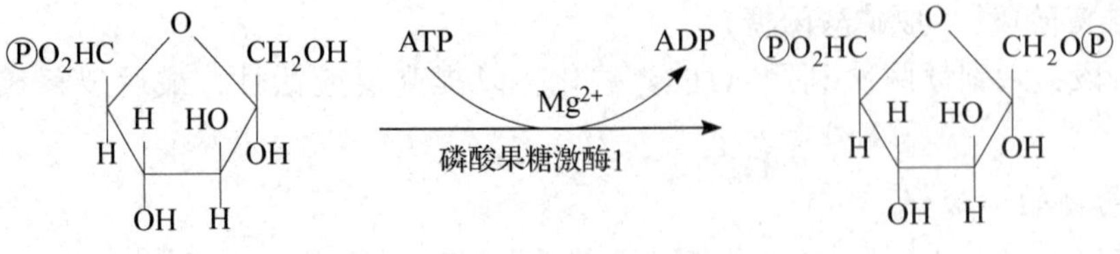

$$\text{F-6-P} \xrightarrow[\text{磷酸果糖激酶1}]{\text{ATP} \quad \text{ADP} \atop \text{Mg}^{2+}} \text{F-1,6-2P}$$

该反应是糖酵解过程中的第二个不可逆反应。磷酸果糖激酶1是一个别构酶，其活性受 ATP 和其他几种代谢物的调节。

糖的磷酸化形式在代谢中有十分重要的意义：一是提高单糖的能量水平；二是糖磷酸化后不能穿膜，使其能在一定的细胞区域中参加反应。

4. F-1,6-2P 的裂解

F-1,6-2P 在醛缩酶(aldolase)的催化下 C_3 和 C_4 之间的键发生断裂，产生 2 个三碳糖，即磷酸二羟丙酮(dihydroxyacetone phosphate)和甘油醛-3-磷酸(glyceraldehyde-3-phosphate)。

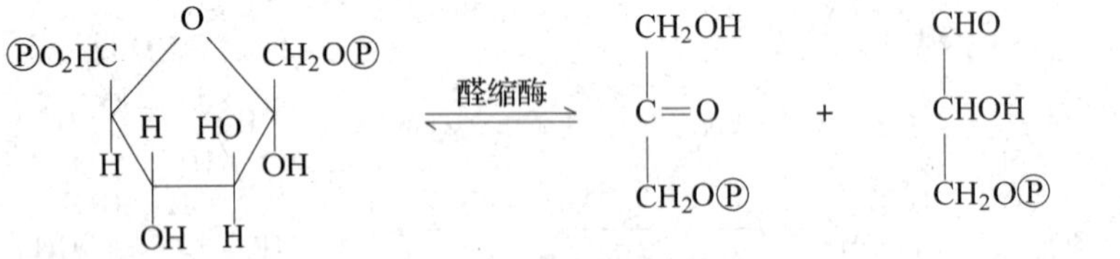

$$\text{F-1,6-2P} \xrightleftharpoons{\text{醛缩酶}} \text{磷酸二羟丙酮} + \text{甘油醛-3-磷酸}$$

醛缩酶的名称来源于其逆反应的性质，即醛醇缩合反应，此反应为可逆反应，平衡时有利于逆反应，但由于甘油醛-3-磷酸不断被利用，因此反应向裂解方向进行。

5. 磷酸丙糖的互变

在磷酸丙糖异构酶(triose phosphate isomerase)的催化下磷酸丙糖分子间可以发生互变。异构化反应非常迅速且是可逆的，达到平衡时，有96%的磷酸丙糖为磷酸二羟丙酮，但由于只有甘油醛-3-磷酸才能被继续利用，故平衡不断向生成甘油醛-3-磷酸的方向移动。

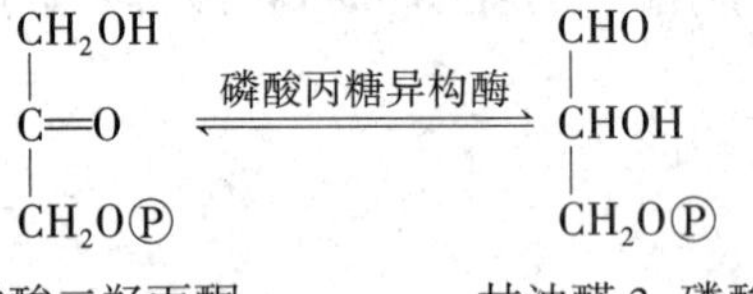

$$\text{磷酸二羟丙酮} \xrightleftharpoons{\text{磷酸丙糖异构酶}} \text{甘油醛3-磷酸}$$

在糖酵解第一阶段的反应中，1分子葡萄糖转变成2分子的甘油醛-3-磷酸，该过程消耗 2 个 ATP。

(二) 产能阶段(生成 ATP 和丙酮酸)

在此阶段，甘油醛-3-磷酸的醛基被氧化成羧基，C_2 羟基异构化为羰基。氧化释放的能量用于产生 ATP 和 NADH。

1. 甘油醛-3-磷酸氧化生成甘油酸-1,3-二磷酸

甘油醛-3-磷酸在磷酸甘油醛脱氢酶(phosphoglyceraldehyde dehydrogenase)催化下氧化为甘油酸-1,3-二磷酸(glycerate-1,3-diphosphate，一种高能磷酸化合物)，同时将 NAD^+ 还原为 $NADH + H^+$。此反应既是氧化反应，又是磷酸化反应，还是糖酵解中的一个重要反应。

$$\text{甘油醛-3-磷酸} \quad \underset{\text{CH}_2\text{O}\textcircled{P}}{\overset{\text{H}-\text{C}=\text{O}}{|\text{CHOH}}} + \text{NAD}^+ + \text{Pi} \xrightleftharpoons{\text{磷酸甘油醛脱氢酶}} \underset{\text{CH}_2\text{O}\textcircled{P}}{\overset{\overset{\text{O}}{\|}}{\underset{|}{\text{C}-\text{O}\sim\textcircled{P}}}} + \text{NADH}+\text{H}^+ \quad \text{甘油酸-1,3-二磷酸}$$

磷酸甘油醛脱氢酶的活性中心含有一个带游离巯基的半胱氨酸。它可与底物醛基作用形成半缩硫醛中间产物。酶分子中还紧密结合着 NAD^+，半缩硫醛中间产物发生脱氢反应生成硫脂，脱下的氢使 NAD^+ 还原成为 NADH，被还原的 NADH 立即脱离酶分子，而酶分子同时又结合上另一氧化型的 NAD^+。最后磷酸分子进攻硫酯键，使硫酯键断裂形成甘油酸-1,3-二磷酸和游离的酶（图6-3）。这里的硫酯键是高能键，产生的甘油酸-1,3-二磷酸也是一种高能化合物。

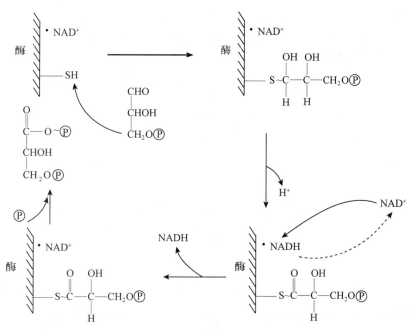

图 6-3 甘油酸-3-磷酸脱氢机理

磷酸甘油醛脱氢酶相对分子质量为 1.4×10^5，由4个相同亚基组成。因碘乙酸可与巯基发生不可逆反应，故可强烈抑制此酶的活性。

$$\text{E—SH} + \text{ICH}_2\text{COOH} \longrightarrow \text{E—S—CH}_2\text{—COOH} + \text{HI}$$

砷酸盐（AsO_4^{3-}）可与磷酸竞争性地与高能硫脂中间物结合，形成不稳定的化合物甘油酸-1-砷-3-磷酸，进一步可产生甘油酸-3-磷酸，但没有磷酸化作用，不生成甘油酸-1,3-二磷酸从而影响能量的生成。

2. 甘油酸-1,3-二磷酸转变为甘油酸-3-磷酸

上述反应中产生的甘油酸-1,3-二磷酸在磷酸甘油酸激酶（phosphoglycerate kinase）催化下，将其 C_1 上的高能磷酸基团转移给 ADP，生成 ATP 和甘油酸-3-磷酸。

$$\begin{array}{c}O\\\|\\C-O\sim\text{\textcircled{P}}\\H-C-OH\\CH_2O\text{\textcircled{P}}\end{array} + ADP \xrightleftharpoons[\text{磷酸甘油酸激酶}]{Mg^{2+}} \begin{array}{c}COOH\\H-C-OH\\CH_2O\text{\textcircled{P}}\end{array} + ATP$$

甘油酸-1,3-二磷酸　　　　　　　　甘油酸-3-磷酸

这是糖酵解过程中第一次产生 ATP，也是底物水平磷酸化的反应(参见第五章)。

3. 甘油酸-3-磷酸转变成甘油酸-2-磷酸

磷酸甘油变位酶(phosphoglycerate mutase)催化甘油酸-2-磷酸的生成。

$$\begin{array}{c}COOH\\H-C-OH\\CH_2-O-\text{\textcircled{P}}\end{array} \xrightleftharpoons{\text{磷酸甘油变位酶}} \begin{array}{c}COOH\\H-C-O-\text{\textcircled{P}}\\CH_2OH\end{array}$$

甘油酸-3-磷酸　　　　　　　　甘油酸-2-磷酸

实际上，上述反应中并不是底物 C_3 的磷酸基团转移到产物的 C_2 上，产物上的磷酸基团来自和酶共价结合的基团，反应机理为

$$\mathrm{E}_{\text{\textcircled{P}}} + E-\text{\textcircled{P}} \rightleftharpoons [\mathrm{E}_{\text{\textcircled{P}}\text{\textcircled{P}}}] \cdot E \rightleftharpoons \mathrm{E}_{\text{\textcircled{P}}} + E-\text{\textcircled{P}}$$

甘油酸-3-磷酸　　　甘油酸-2,3-二磷酸　　　甘油酸-2-磷酸

4. 甘油酸-2-磷酸脱水形成磷酸烯醇式丙酮酸

经烯醇化酶(enolase)催化，甘油酸-2-磷酸 C_2 及 C_3 上脱下一分子水，形成磷酸烯醇式丙酮酸。

$$\begin{array}{c}COOH\\H-C-O-\text{\textcircled{P}}\\CH_2OH\end{array} \xrightleftharpoons[\text{烯醇化酶}]{Mg^{2+}\text{ 或 }Mn^{2+}} \begin{array}{c}COOH\\C-O\sim\text{\textcircled{P}}\\\|\\CH_2\end{array} + H_2O$$

甘油酸-2-磷酸　　　　　　　　PEP

由于发生分子内脱水反应，使甘油酸-2-磷酸分子内部能量重新分配，C_2 上的低能磷酸基团转变成高能磷酸基团，形成的磷酸烯醇式丙酮酸是高能化合物。

烯醇化酶相对分子质量为 $8.8×10^4$，由两个亚基组成，可与 Mg^{2+} 或 Mn^{2+} 紧密结合。由于 F^- 与 Mg^{2+} 形成络合物并结合在酶上，因此 F^- 可抑制酶活性。

5. 磷酸烯醇式丙酮酸生成丙酮酸

在有 ADP、Mg^{2+} 和高浓度 K^+ 存在下，经丙酮酸激酶(pyruvate kinase)催化，将磷酸烯醇式丙酮酸上的高能磷酸基团转移给 ADP，形成 ATP 和丙酮酸(pyruvate)。

$$\begin{array}{c}COOH\\C-O\sim\text{\textcircled{P}}\\\|\\CH_2\end{array} + ADP \xrightarrow[\text{丙酮酸激酶}]{Mg^{2+}\text{、}K^+} \begin{array}{c}COOH\\C=O\\CH_3\end{array} + ATP$$

PEP　　　　　　　　　　　丙酮酸

这是糖酵解中第二处底物水平磷酸化。丙酮酸激酶相对分子质量是 $2.5×10^4$，由 4 个亚基组成，有 4 种同工酶。Mg^{2+} 和 Mn^{2+} 对此酶的活性至关重要。该酶也是糖酵解途径中重要的别构调节酶。

葡萄糖经过10步酶促反应,最后生成了2分子丙酮酸、2分子 NADH + H$^+$ 和2分子 ATP。糖酵解的反应过程总结如图6-4所示(助记小结6-2)。

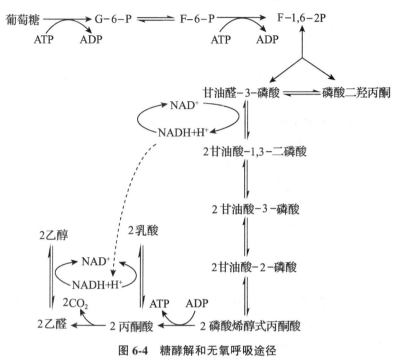

图6-4 糖酵解和无氧呼吸途径

三、丙酮酸的去路

从葡萄糖降解为丙酮酸,是所有生物细胞糖酵解的共同途径。而丙酮酸以后的代谢途径却随着生物体或其所处环境的变化而各不相同。在无氧条件下,丙酮酸不能进一步氧化,只能发生还原反应生成乳酸或乙醇。在有氧条件下,丙酮酸氧化脱羧生成乙酰-CoA,经三羧酸循环和电子传递链彻底氧化生成 CO_2 和 H_2O。

(一)丙酮酸的无氧氧化途径

1. 生成乙醇

丙酮酸生成乙醇需要两种酶催化。首先,丙酮酸在丙酮酸脱羧酶(pyruvate decarboxylase)催化下,以焦磷酸硫胺素为辅酶,羧基以 CO_2 形式脱去而形成乙醛。乙醛在醇脱氢酶(alcohol dehydrogenase)作用下接受来自 NADH 的质子和电子还原为乙醇,NADH 来自糖酵解过程。

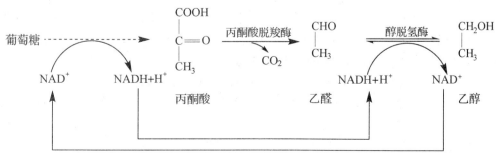

当高等植株被较长时间水淹而氧气供应缺乏时，体内就产生乙醇；即使在正常条件下，因器官肥大，使氧气不易到达深部组织时，在这些组织中也会产生乙醇，如梨、苹果果核处易积累乙醇，长时间贮存的果实更是如此。

乙醇发酵是葡萄糖生成乙醇的过程，它包括糖酵解途径和上述丙酮酸生成乙醇的反应，反应式为

$$葡萄糖 + 2Pi + 2ADP + 2H^+ \longrightarrow 2 乙醇 + 2CO_2 + 2ATP + 2H_2O$$

2. 生成乳酸

丙酮酸生成乳酸是在乳酸脱氢酶(lactate dehydrogenase)催化下，接受 NADH 的质子和电子完成的，NADH 来自糖酵解途径。

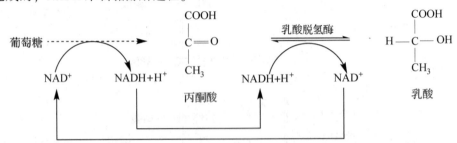

动物细胞缺氧时，丙酮酸则还原为乳酸。如当肌肉剧烈运动时，由于需氧量急剧增大而出现氧气暂时供应不足，肌肉中糖酵解产生的丙酮酸则转变为乳酸(肌乳酸)而进入血液(血乳酸)(扩展阅读：知识窗6-1)。高等植物在无氧条件下，除生成乙醇外，也常有乳酸生成。例如，胡萝卜根、玉米、豌豆和马铃薯块茎，在无氧条件下产生乳酸。

乳酸球菌和乳酸杆菌能使糖类发酵生成乳酸，这个过程为乳酸发酵(lactate fermentation)，其总反应式为

$$葡萄糖 + 2Pi + 2ADP \longrightarrow 2 乳酸 + 2ATP + 2H_2O$$

利用乳酸发酵可以制造酸牛奶、泡菜和青贮饲料等。

(二) 丙酮酸的有氧氧化途径

在有氧条件下，丙酮酸进入线粒体，在丙酮酸脱氢酶系作用下，形成乙酰-CoA，后者进入三羧酸循环而彻底氧化为 CO_2 和 H_2O。

四、化学计量与生物意义

(一) 化学计量

糖酵解过程中，碳骨架的变化为六碳化合物裂解成两个三碳化合物；对于每个三碳化合物，分别经历一步脱氢反应脱去 2 个氢，交给 NAD^+ 生成了 1 分子 $NADH + H^+$(1 分子葡萄糖，共 2 分子 $NADH + H^+$)；在准备阶段两步磷酸化消耗了 2 分子 ATP，在产能阶段两处底物水平磷酸化共产生 4 分子 ATP，所以净生成 2 分子 ATP；另外，烯醇化反应还产生 1 分子 H_2O。葡萄糖经糖酵解途径的总反应式为

$$葡萄糖 + 2Pi + 2ADP + 2NAD^+ \longrightarrow 2 丙酮酸 + 2ATP + 2NADH + 2H^+ + 2H_2O$$

从糖酵解的产能水平看，底物水平磷酸化产生 2 分子 ATP，有氧条件下，2 分子 $NADH + H^+$ 经两种穿梭系统之一进入呼吸链。以甘油-3-磷酸穿梭途径运输 NADH 的组织(如骨骼肌、脑组织)中，产生 3 分子 ATP；以苹果酸-天冬氨酸穿梭途径运输 NADH 组织

中(如心脏、肝脏),则产生5分子ATP,即可产生3~5分子ATP。因此,糖酵解共计产生5~7分子ATP。

(二)生物学意义

糖酵解作为糖分解的重要途径,有着重要的生物学意义。

(1)为代谢提供能量

我们已知,在有氧条件下,糖酵解过程可提供5或7分子ATP。ATP数目虽然不多,但毕竟占到1分子葡萄糖彻底分解提供ATP数的21%(参见本章后文)。更重要的是在无氧条件下的供能作用,虽数目少,但保证了此条件下细胞对能量的基本需要。

(2)为其他代谢途径提供中间产物

糖酵解过程的一系列中间产物中,有的可进入其他代谢途径。如G-6-P是磷酸戊糖途径的底物,磷酸二羟丙酮可转变为甘油-3-磷酸而用于脂肪的合成,磷酸烯醇式丙酮酸可作为供能物质,如大肠埃希菌通过基团转位运输葡萄糖时,其高能磷酸基团来源于磷酸烯醇式丙酮酸。

(3)为三羧酸循环途径提供丙酮酸

糖分解的自由能大部分是在三羧酸循环途径中释放的,所以糖酵解途径只是糖氧化放能的"前奏"。

五、糖酵解的调控

(一)限速酶

代谢途径是由多步反应组成的,也是由多个酶催化的。在一个代谢途径的系列反应中,如果其中一个反应进行的较慢,后续的反应也会随之减慢,那么前面的这一较慢的反应便成为整个过程的限速步骤或限速反应(rate-limiting reaction),催化此反应的酶则称为代谢途径的限速酶(rate-limiting enzyme)。这些限速酶往往是决定整个代谢途径速率的关键酶。

(二)糖酵解途径的调节酶

在细胞中,糖酵解反应的速率是受到严格调节的。调节的部位常常是不可逆反应。己糖激酶、磷酸果糖激酶1和丙酮酸激酶催化的反应是不可逆的,这3种酶则成为糖酵解途径的调节酶。

1. 磷酸果糖激酶1

磷酸果糖激酶1是糖酵解过程最关键的调节酶。该酶相对分子质量为3.6×10^5,由4个相同亚基组成。是一别构酶,受多种因子的调控。

(1)ATP/AMP比值的调节

ATP不仅是磷酸果糖激酶1的底物,同时又是该酶的别构抑制剂。当ATP浓度高时,ATP与酶的调节部位结合,引起酶构象改变,降低酶对F-6-P的亲和力,从而抑制该酶的活性。当ATP消耗加大,浓度降低,而ADP、AMP和Pi等浓度升高时,抑制作用可被逆转。ATP/AMP比值调节着酶的活性,这对细胞有重要的生理意义。

(2)柠檬酸调节

柠檬酸是此酶的抑制剂,它是通过增加ATP对酶的抑制而起作用的。

（3）果糖-2,6-二磷酸调节

果糖-2,6-二磷酸(fructose-2,6-diphosphate，F-2,6-2P)是1980年才发现的新调节物，是F-6-P在磷酸果糖激酶2(phosphofructokinase 2，PFK 2)的作用下，进一步磷酸化形成的。注意，磷酸果糖激酶2与前述磷酸果糖激酶1(产物为F-1,6-2P)不同。F-2,6-2P又可被F-2,6-2P磷酸酶(又称为果糖二磷酸酶2，fructose-2,6-bisphosphatase或fructose bisphosphatase 2，FBPase 2)水解，变回F-6-P。值得注意的是，磷酸果糖激酶2与F-2,6-2P磷酸酶是一个酶蛋白的两种功能，也暗示了其对F-6-P浓度的高效调节能力。

当体内F-6-P浓度降低时(即体内葡萄糖缺乏时)，一系列的应激反应导致F-2,6-2P磷酸酶被磷酸化而激活，同时该酶的另一个酶活性，即磷酸果糖激酶2活性被抑制。结果导致F-2,6-2P含量急剧降低，从而抑制磷酸果糖激酶1的活性。糖酵解途径被抑制。

当体内F-6-P浓度升高，F-2,6-2P磷酸酶去磷酸化而失活，同时该酶的另一个酶活性，即磷酸果糖激酶2活性被激活，促进F-2,6-2P的产生。F-2,6-2P是磷酸果糖激酶1的别构激活剂，进而促进F-1,6-2P的产生，加速糖酵解途径。

2. 己糖激酶的调节

己糖激酶调节着糖酵解的入口，但却不是该途径的关键调节位点，因为，其产物G-6-P不仅可以进入糖酵解，还有其他去路，如后文讲到的磷酸戊糖途径；还可以变成G-1-P，再合成糖原。该酶属于别构酶。其中，Ⅰ、Ⅱ和Ⅲ型同工酶受其产物G-6-P的强烈抑制。Ⅳ型则不同，受F-6-P的强烈抑制。然而，G-6-P和F-6-P之间的变构作用是可逆且动态平衡的，因此，G-6-P的过量积累不仅抑制了前3种同工酶的活性，还会因为变构产生了更多的F-6-P，间接抑制了Ⅳ型己糖激酶的活性。

3. 丙酮酸激酶的调节

此酶调节着糖酵解的出口。这也是一个别构酶，相对分子质量为2.5×10^5，由4个相同亚基组成，它可被F-1,6-2P活化，被长链脂肪酸、乙酰-CoA、ATP和丙氨酸抑制。另外，部分组织的丙酮酸激酶还受共价修饰的调解(参见第三章)，如肝脏丙酮酸激酶磷酸化后，活性抑制；而去磷酸化后，被激活。肌肉丙酮酸激酶则不受磷酸化调解。

第四节 三羧酸循环

在有氧条件下，葡萄糖经糖酵解产生的丙酮酸氧化成为乙酰-CoA。乙酰-CoA进入三羧酸循环(扩展阅读：知识窗6-2)，经一系列氧化、脱羧最终形成CO_2和H_2O。

一、丙酮酸的氧化脱羧——三羧酸循环的准备阶段

丙酮酸氧化脱羧形成乙酰-CoA的反应是在真核细胞的线粒体基质中进行的，这是连接糖酵解和三羧酸循环的中心环节。糖酵解产生的丙酮酸在细胞质中，它是通过线粒体内膜上的线粒体丙酮酸载体(mitochondrial pyruvate carrier，MPC)与质子同向运输进入线粒体。丙酮酸的氧化脱羧是由丙酮酸脱氢酶系或复合体(pyruvate dehydrogenase complex，PDH)催化的。这是一个庞大的多酶复合体(multienzyme complex)，位于线粒体内膜上。它由3种酶组成：第一个是丙酮酸脱羧酶(pyruvate decarboxylase，E_1)，其辅酶为焦磷酸硫胺素

（TPP）；第二个是二氢硫辛酸乙酰转移酶（dihydrolipoyl transacetylase，E_2），其辅酶是硫辛酸；第三个是二氢硫辛酸脱氢酶（dihydrolipoyl dehydrogenase，E_3），其辅基是 FAD。另外，还有 CoA、Mg^{2+} 和 NAD^+ 3 种辅因子。

整个反应过程分 5 步进行。

第一步，在丙酮酸脱羧酶催化下，丙酮酸与该酶的辅基酶——焦磷酸硫胺素共价结合，接着丙酮酸羧基以 CO_2 形式脱去，形成了羟乙基焦磷酸硫胺素（hydroxyethyl TPP）。

$$\begin{array}{c} COOH \\ C=O \\ CH_3 \end{array} + TPP-E_1 \longrightarrow \begin{array}{c} COOH \\ HO-C-TPP-E_1 \\ CH_3 \end{array} \longrightarrow \begin{array}{c} H \\ HO-C-TPP-E_1 \\ CH_3 \end{array} + CO_2$$

丙酮酸　　　　　　　　　　　　　　　　羟乙基焦磷酸硫胺素

第二步，在硫辛酸乙酰转移酶催化下，羟乙基氧化转变成乙酰基，并转移到 E_2 的辅酶硫辛酰胺（lipoamide）上生成和酶 E_2 共价相连的乙酰二氢硫辛酰胺（acetyldihydrolipoamide）。

$$\begin{array}{c} H \\ HO-C-TPP-E_1 \\ CH_3 \end{array} + \begin{array}{c} S \\ | \\ S \end{array} L-E_2 \longrightarrow \begin{array}{c} H_3C-C\sim S \\ \parallel \\ O \end{array} L-E_2 + TPP-E_1 \\ HS$$

羟乙基-TPP　　硫辛酰胺　　　　　乙酰二氢硫辛酰胺

第三步，还在二氢硫辛酸乙酰转移酶催化下，乙酰硫辛酰胺上的乙酰基转移给 CoA 形成乙酰-CoA，并释放出二氢硫辛酰胺（dihydrolipoamide）。

$$\begin{array}{c} H_3C-C\sim S \\ \parallel \\ O \end{array} L-E_2 + HS-CoA \longrightarrow H_3C-C\sim S-CoA + \begin{array}{c} HS \\ \\ HS \end{array} L-E_2$$

乙酰二氢硫辛酰胺　　　　　　　　乙酰-CoA　　　　二氢硫辛酰胺

第四步，由二氢硫辛酸脱氢酶催化，二氢硫辛酰胺脱氢氧化成硫辛酰胺，此酶属于黄素酶，其辅基 FAD 接受质子和电子还原为 $FADH_2$。

$$\begin{array}{c} HS \\ \\ HS \end{array} L-E_2 + FAD-E_3 \longrightarrow \begin{array}{c} S \\ | \\ S \end{array} L-E_2 + FADH_2-E_3$$

第五步，还是由二氢硫辛酸脱氢酶将 $FADH_2$ 的质子电子转移给 NAD^+。

$$FADH_2-E_3 + NAD^+ \longrightarrow FAD-E_3 + NADH + H^+$$

Reed 研究了丙酮酸脱氢酶复合体的组成和结构。大肠埃希菌此复合体的相对分子质量为 4.6×10^6，外形为呈圆球状的多面体，直径为 45 nm，可在电子显微镜下观察到该复合体。复合体由 60 条肽链组成，位于核心的是 24 个 E_2 组成的立方体，外面为 24 个 E_1 分子，以二聚体聚合，还有 12 个 E_3，也以二聚体聚合。这些酶以非共价力结合在一起。当 pH>7.0 时，复合体解聚为丙酮酸脱羧酶和其他两个酶形成的亚复合体。当有尿素存在且 pH 值为中性时，3 个酶则都解离成相应的亚单位。在没有尿素的中性溶液中，3 种酶可自动装配成复合体。真核生物的丙酮酸脱氢酶复合体更复杂。

所有丙酮酸氧化脱羧的中间产物均紧密地结合在复合体上，一个酶和另一个酶彼此接近，则中间产物可通过乙酰转移酶上赖氨酸和硫辛酸形成的长臂从一个酶的活性中心转移到另一酶的活性中心。在这个长臂摆动时，其净电荷可以是 0、-1 或 -2，即 L〈^S_S〉、L〈$^{S-乙酰基}_{SH}$〉、L〈$^{S^-}_{S^-}$〉 3 种状态。这种净电荷的变化可以为长臂在酶体系中的转动提供推动力。

丙酮酸脱氢酶复合体催化的各个反应及长臂作用模式如图 6-5 所示。

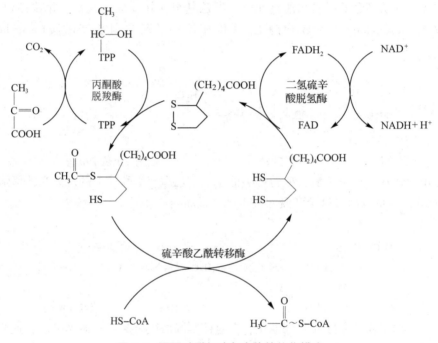

图 6-5 丙酮酸脱氢酶复合体的催化模式

由丙酮酸生成乙酰-CoA 的总反应如下：

$$\underset{CH_3}{\underset{|}{\underset{C=O}{COOH}}} + HS\text{-}CoA + NAD^+ \longrightarrow H_3C\overset{O}{\overset{\|}{-C}} \sim S\text{-}CoA + NADH + H^+ + CO_2$$

二、三羧酸循环

(一) 概念

三羧酸循环(tricarboxylic acid cycle，TCA 循环)，是因为反应开始几个中间产物均为三羧酸而得名，又称为柠檬酸循环。因它是由 H. A. Krebs 正式提出，所以又称 Krebs 循环。

三羧酸循环是乙酰-CoA 与草酰乙酸(oxaloacetate)合成柠檬酸(citric acid)，而后经过一系列氧化脱羧生成 CO_2 并再生草酰乙酸的循环反应过程。

早在 1920 年，就开展了这个代谢系统的研究工作，经过 Thunberg、Martins、Knoop 等人特别是 Krebs 的研究，于 1937 年提出了三羧酸循环。后来进一步发现，这一途径广泛地存在于动物、植物和微生物细胞中，不仅是糖代谢的重要途径，而且是脂肪、蛋白质分解代谢的最终途径，具有重要的生物学意义。为此，Krebs 于 1953 年获得诺贝尔生理学或医学奖（参见附录）。

三羧酸循环的全部酶存在于线粒体中，因此，全部反应是在线粒体内进行的。

(二) 反应历程

三羧酸循环共有 8 步反应，现分述如下：

1. 乙酰-CoA 和草酰乙酸结合生成柠檬酸

这是循环的起始步骤，由柠檬酸合酶(citrate synthase)催化乙酰-CoA 的甲基脱去质子形成负碳离子对草酰乙酸的酮基碳进行亲核进攻，形成柠檬酰 CoA，然后高能硫酯键水解推动总反应进行，生成柠檬酸。

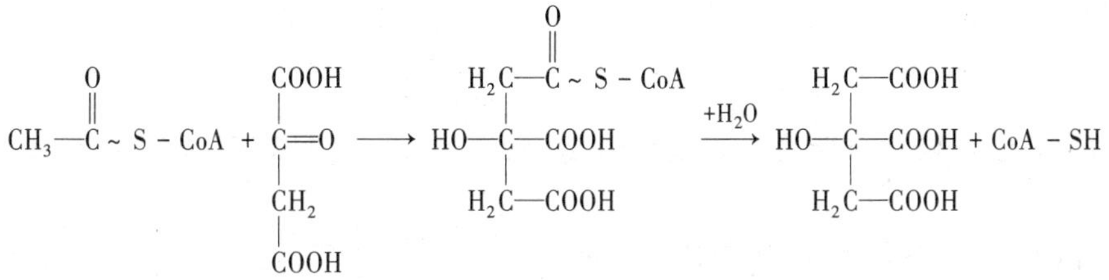

$$CH_3-\overset{O}{\underset{}{C}}\sim S-CoA + \underset{\underset{COOH}{|}}{\underset{CH_2}{\underset{|}{C=O}}}\overset{COOH}{\underset{}{|}} \longrightarrow HO-\underset{\underset{H_2C-COOH}{}}{\overset{H_2C-\overset{O}{\underset{}{C}}\sim S-CoA}{\underset{|}{C}-COOH}} \xrightarrow{+H_2O} HO-\underset{\underset{H_2C-COOH}{}}{\overset{H_2C-COOH}{\underset{|}{C}-COOH}} + CoA-SH$$

乙酰-CoA 草酰乙酸 柠檬酰-CoA 柠檬酸

柠檬酸合酶是别构酶。哺乳动物中柠檬酸合酶由相对分子质量为 2.9×10^4 的两个相同亚基构成，每个亚基有一大一小两个结构域，酶催化时，两个结构域发生相对运动，使酶发生关闭、开放的较大的构象变化。酶催化的关键是第一步，这是由两个组氨酸残基参与的。一个组氨酸残基与草酰乙酸羰基氧作用，使其易受进攻；另一个组氨酸残基促进乙酰-CoA 甲基的质子离开，形成负碳离子。这样就很容易形成 C—C 键。

由氟乙酸形成的氟乙酰-CoA(fluorine acetyl-CoA)可被柠檬酸合酶催化与草酰乙酸缩合成氟柠檬酸(fluorine citric acid)，它取代柠檬酸结合到顺乌头酸酶的活性部位上，从而抑制三羧酸循环下一步的反应，因此这个反应为致死性合成反应。

2. 柠檬酸异构化为异柠檬酸

柠檬酸由顺乌头酸酶(aconitase)催化脱水生成顺乌头酸(aconitate)，此酶因此而得名。生成的顺乌头酸并不离开酶，而是继续加水，水的 OH^- 和 H^+ 在双键碳上是可逆且随机结合的，因此，产物可能是柠檬酸，也可能是异柠檬酸。所以，柠檬酸、顺乌头酸和异柠檬酸(isocitric acid)三者之间可形成一个互变的动态平衡。在 pH 7.4 和 25℃ 的环境中，当反应达到平衡时，只有 10% 的异柠檬酸形成。但由于异柠檬酸不断被下游反应利用，因而平衡不断向生成异柠檬酸方向移动。

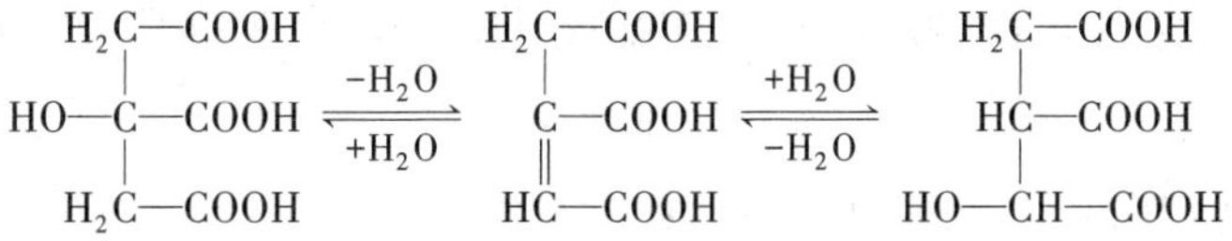

$$\underset{\text{柠檬酸}}{\overset{H_2C-COOH}{\underset{H_2C-COOH}{\underset{|}{HO-C-COOH}}}} \underset{+H_2O}{\overset{-H_2O}{\rightleftharpoons}} \underset{\text{顺乌头酸}}{\overset{H_2C-COOH}{\underset{HC-COOH}{\underset{||}{C-COOH}}}} \underset{-H_2O}{\overset{+H_2O}{\rightleftharpoons}} \underset{\text{异柠檬酸}}{\overset{H_2C-COOH}{\underset{HO-CH-COOH}{\underset{|}{HC-COOH}}}}$$

顺乌头酸酶是相当复杂的酶，含有 4 个共价结合的铁原子、这 4 个铁原子和 4 个无机硫原子及 4 个半胱氨酸硫原子结合成铁硫中心[4Fe-4S]。铁硫中心参与底物的脱水和水合反应。这个酶是含铁的非卟啉蛋白。有趣的是，当其失去铁时，铁硫中心会降解，此时，将变成另一种酶活性——铁调节蛋白 1(iron regulatory protein 1, IRP1)(扩展阅读：知识窗 6-3)。

3. 异柠檬酸氧化脱羧生成 α-酮戊二酸

异柠檬酸由异柠檬酸脱氢酶(isocitrate dehydrogenase)催化脱氢生成草酰琥珀酸，NAD^+($NADP^+$)为受氢体。草酰琥珀酸是不稳定的 β-酮酸，它不离开酶，一旦形成，接着脱羧生成 α-酮戊二酸(α-ketoglutaric)。这是三羧酸循环中第一个氧化脱羧反应(扩展阅读：知识窗 6-4)。

$$\begin{array}{c}H_2C-COOH\\HC-COOH\\HO-CH-COOH\end{array}\xrightleftharpoons[]{NAD^+\quad NADH+H^+}\begin{array}{c}H_2C-COOH\\HC-COOH\\O=C-COOH\end{array}\xrightarrow{CO_2}\begin{array}{c}H_2C-COOH\\CH_2\\O=C-COOH\end{array}$$

异柠檬酸　　　　　　　　　草酰琥珀酸　　　　　　　α-酮戊二酸

上述反应的标准自由能变化 $\Delta G^{\ominus'} = -20.92$ kJ/mol 表明该反应有利于向氧化方向进行。

线粒体内有两种异柠檬酸脱氢酶，一种以 NAD^+ 为电子受体，另一种以 $NADP^+$ 为电子受体。前者仅存在于线粒体内，后者在线粒体和细胞质中均有分布。该酶需要 Mg^{2+} 或 Mn^{2+} 的激活。

4. α-酮戊二酸氧化脱羧生成琥珀酰-CoA

这是三羧酸循环中第二个氧化脱羧反应，由 α-酮戊二酸脱氢酶复合体(α-ketoglutarate dehydrogenase complex)催化，形成琥珀酰-CoA(succinyl-CoA)，NAD^+ 为受氢体。

$$\begin{array}{c}COOH\\CH_2\\CH_2\\O=C\\COOH\end{array}+NAD^++HS-CoA\longrightarrow\begin{array}{c}COOH\\CH_2\\CH_2\\O=C\sim S-CoA\end{array}+NADH+H^++CO_2$$

α-酮戊二酸　　　　　　　　　琥珀酰-CoA

α-酮戊二酸脱氢酶复合体与丙酮酸脱氢酶复合体在组成、催化机理方面十分相似。它也是由 3 种酶，即 α-酮戊二酸脱羧酶(α-ketoglutarate decarboxylase, E_1)、二氢硫辛酸琥珀酰转移酶(dihydrolipoyl transsuccinylase, E_2)和二氢硫辛酸脱氢酶(dihydrolipoyl dehydrogenase, E_3)组成，也需 TPP、硫辛酸、CoA、FAD、Mg^{2+}、NAD^+ 6 种辅因子。这两种复合体的 E_1 和 E_2 相似，E_3 完全相同。反应机理也与丙酮酸脱氢酶复合体类似。

5. 琥珀酰-CoA 转变为琥珀酸及底物水平磷酸化

琥珀酰-CoA 由琥珀酰-CoA 合成酶(succinyl-CoA synthetase)催化，其高能硫酯键断裂，放出的能量偶联使 GDP 磷酸化生成 GTP。

$$\begin{array}{c}\text{COOH}\\|\\\text{CH}_2\\|\\\text{CH}_2\\|\\\text{O}{=}\text{C}\sim\text{S}-\text{CoA}\end{array} + \text{GDP} + \text{Pi} \rightleftharpoons \begin{array}{c}\text{COOH}\\|\\\text{CH}_2\\|\\\text{CH}_2\\|\\\text{COOH}\end{array} + \text{GTP} + \text{HS-CoA}$$

琥珀酰-CoA　　　　　琥珀酸

这个反应是三羧酸循环中唯一的一次底物水平磷酸化反应，但其产物是GTP，而不是ATP。GTP可以用于蛋白质合成，也可在二磷酸核苷激酶催化下将磷酰基转移给ADP生成ATP(参见第八章)。

$$\text{GTP} + \text{ADP} \rightleftharpoons \text{GDP} + \text{ATP}$$

6. 琥珀酸脱氢生成延胡索酸

这是三羧酸循环中第三步氧化还原反应，由琥珀酸脱氢酶(succinate dehydrogenase)催化，氢受体是FAD。

$$\begin{array}{c}\text{COOH}\\|\\\text{CH}_2\\|\\\text{CH}_2\\|\\\text{COOH}\end{array} + \text{FAD} \rightleftharpoons \begin{array}{c}\text{HOOC}-\text{CH}\\\|\\\text{HC}-\text{COOH}\end{array} + \text{FADH}_2$$

琥珀酸　　　　　　延胡索酸

琥珀酸脱氢酶催化的反应具有严格的立体专一性，产物延胡索酸(fumaric acid)是反丁烯二酸，而不是顺丁烯二酸(马来酸，maleic acid)。丙二酸(malonic acid)是琥珀酸的结构类似物，它可与酶结合，但不能催化其脱氢，因此，丙二酸是琥珀酸脱氢酶的强烈抑制剂(参见第三章)。

琥珀酸脱氢酶是三羧酸循环中唯一的嵌入线粒体内膜的酶(而其他的酶大多存在于线粒体基质中)，也是唯一的呼吸链组分，即复合体Ⅱ(参见第五章)。$FADH_2$的电子可直接经呼吸链传到氧。

7. 延胡索酸水化生成苹果酸

由延胡索酸酶(fumarase)催化，延胡索酸的双键加水，生成α-羟基丁酸即苹果酸。由于酶催化的立体专一性，羟基只能加入延胡索酸双键的一侧，因此只产生L-苹果酸。

$$\begin{array}{c}\text{HOOC}-\text{CH}\\\|\\\text{HC}-\text{COOH}\end{array} + \text{H}_2\text{O} \rightleftharpoons \begin{array}{c}\text{COOH}\\|\\\text{HO}-\text{C}-\text{H}\\|\\\text{H}-\text{C}-\text{H}\\|\\\text{COOH}\end{array}$$

延胡索酸　　　　　L-苹果酸

8. 苹果酸脱氢生成草酰乙酸

这是三羧酸循环中第四步氧化还原反应。反应由苹果酸脱氢酶(malate dehydrogenase，MDH)催化，NAD^+是氢受体。

$$\begin{array}{c} \text{COOH} \\ | \\ \text{HO—C—H} \\ | \\ \text{CH}_2 \\ | \\ \text{COOH} \end{array} + \text{NAD}^+ \rightleftharpoons \begin{array}{c} \text{COOH} \\ | \\ \text{C=O} \\ | \\ \text{CH}_2 \\ | \\ \text{COOH} \end{array} + \text{NADH} + \text{H}^+$$

L-苹果酸　　　　　　草酰乙酸

反应标准自由能为+29.68 kJ/mol，因此反应平衡有利于逆反应。但在细胞内，由于草酰乙酸因不断合成柠檬酸而移去，使反应向右进行。

苹果酸脱氢酶与苹果酸酶容易混淆，本书稍做整理。首先，从化学反应的角度讲，苹果酸脱氢酶催化苹果酸和草酰乙酸的互变，反应可逆。其辅因子既可以是 $NADP^+$（EC 1.1.1.82），也可以是 NAD^+（EC 1.1.1.37）。部分 NAD^+ 型苹果酸脱氢酶存在于线粒体内，催化此处三羧酸循环的第八步反应；而另一部分 NAD^+ 型苹果酸脱氢酶存在于细胞质中，参与苹果酸-天冬氨酸穿梭途径（参见第五章）。$NADP^+$ 型苹果酸脱氢酶主要存在于叶绿体中，是一种光激活型的苹果酸脱氢酶，当处于暗处时，失去活性。

苹果酸酶（malic enzyme），是一种脱羧型苹果酸脱氢酶，因此，其另一种英文名称为 malate dehydrogenase(decarboxylating)。该酶催化苹果酸和丙酮酸的互变，除了氧化还原反应外，还涉及 CO_2 的生成或释放。苹果酸酶也有3种类型，分别是两种 NAD^+ 型苹果酸酶（EC 1.1.1.38 和 EC 1.1.1.39）和一种 $NADP^+$ 型苹果酸酶（EC 1.1.1.40）。

至此产生了反应开始的底物之一草酰乙酸并可进入循环的第一步反应，三羧酸循环完成了一个周期。

整个三羧酸循环反应可总结于图6-6（助记小结6-3）。

(三) 中间产物的回补反应

从三羧酸循环反应的全过程可知，循环中的各种有机酸的量并不发生改变。但实际上，其中有几种化合物会离开循环途径，转变为其他的化合物。例如，α-酮戊二酸和草酰乙酸可用来合成氨基酸，琥珀酰-CoA 是生物合成卟啉环的原料等。这些转化的发生，使草酰乙酸浓度下降，从而影响三羧酸循环的进行。因此，这些中间物质必须以某些方式予以回补，称为回补反应（anaplerotic reaction）。生物体中的回补反应有下面两种方式。

1. 草酰乙酸的回补反应

(1) 丙酮酸的羧化

这一反应由线粒体中的丙酮酸羧化酶（pyruvate carboxylase）催化。生物素是这个酶的辅因子。它催化丙酮酸和 CO_2 结合，生成草酰乙酸，反应由 ATP 水解供能。

$$\begin{array}{c} \text{COOH} \\ | \\ \text{C=O} \\ | \\ \text{CH}_3 \end{array} + CO_2 + ATP + H_2O \xrightarrow[\text{生物素}]{Mg^{2+}} \begin{array}{c} \text{COOH} \\ | \\ \text{C=O} \\ | \\ \text{CH}_2 \\ | \\ \text{COOH} \end{array} + ADP + Pi$$

丙酮酸　　　　　　　　　草酰乙酸

丙酮酸羧化酶由4个相同亚基聚合而成，相对分子质量 5×10^5，每个亚基结合一个生物素。生物素通过其羧基与酶蛋白赖氨酸残基上的 ε-氨基以酰胺键结合，形成摆臂将活

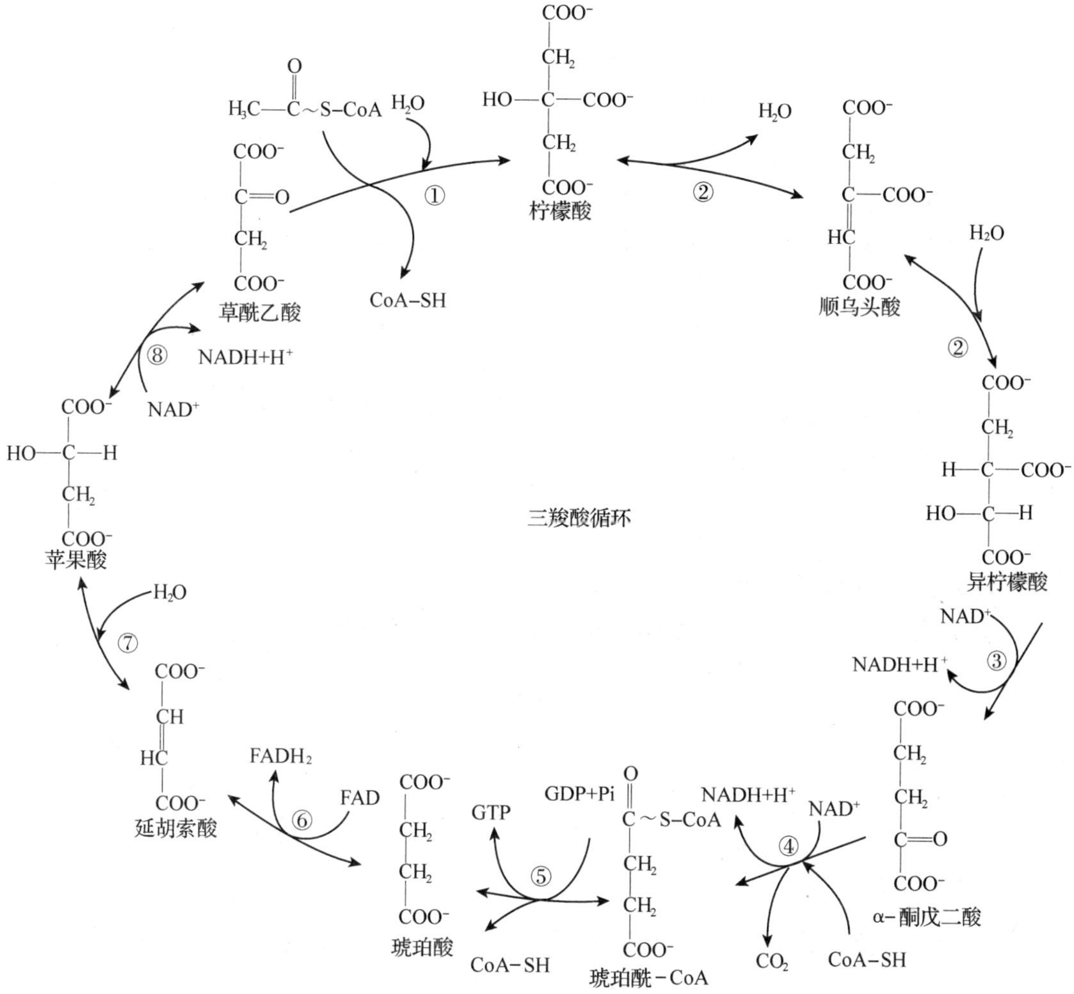

图 6-6 三羧酸循环
①柠檬酸合酶；②顺乌头酸酶；③异柠檬酸脱氢酶；④α-酮戊二酸脱氢酶复合体；
⑤琥珀酰-CoA 合成酶；⑥琥珀酸脱氢酶；⑦延胡索酸酶；⑧苹果酸脱氢酶

性 CO_2 结合在生物素上成为 N-1-羧化生物素，这一步需 ATP 水解供能。然后摆臂将羧基转移给丙酮酸生成草酰乙酸。反应还需要 Mg^{2+} 或 Mn^{2+}。

$$酶—生物素 + ATP + HCO_3^- \xrightleftharpoons{Mg^{2+}} 酶—生物素 \sim CO_2^- + ADP + Pi$$

$$酶—生物素 \sim CO_2^- + 丙酮酸 \xrightleftharpoons{Mn^{2+}} 酶—生物素 + 草酰乙酸$$

丙酮酸羧化酶是别构酶，平时活性很低，乙酰-CoA 可以增加其活性，高水平的乙酰-CoA 是需要更多草酰乙酸的信号。缺乏乙酰-CoA 时，生物素无法羧化。

(2) 磷酸烯醇式丙酮酸羧化

这是由磷酸烯醇式丙酮酸羧激酶(phosphoenolpyruvate carboxykinase)催化的反应。

$$\begin{array}{c}\text{COOH}\\|\\\text{C}-\text{O}\sim\text{P}\\|\\\text{CH}_2\end{array} + CO_2 + GDP \underset{}{\overset{Mn^{2+}}{\rightleftharpoons}} \begin{array}{c}\text{COOH}\\|\\\text{C}=\text{O}\\|\\\text{CH}_2\\|\\\text{COOH}\end{array} + GTP$$

磷酸烯醇式丙酮酸　　　　　草酰乙酸

（3）丙酮酸经苹果酸生成草酰乙酸

细胞质中的 NADP 依赖型苹果酸酶（NADP-malic enzyme）催化丙酮酸生成苹果酸，苹果酸进入线粒体再变成草酰乙酸。

$$\begin{array}{c}\text{COOH}\\|\\\text{C}=\text{O}\\|\\\text{CH}_3\end{array} + CO_2 \underset{NADPH+H^+ \quad NADP^+}{\overset{苹果酸酶}{\rightleftharpoons}} \begin{array}{c}\text{COOH}\\|\\\text{C}-\text{OH}\\|\\\text{CH}_2\\|\\\text{COOH}\end{array} \underset{NAD^+ \quad NADH+H^+}{\overset{苹果酸脱氢酶}{\rightleftharpoons}} \begin{array}{c}\text{COOH}\\|\\\text{C}=\text{O}\\|\\\text{CH}_2\\|\\\text{COOH}\end{array}$$

丙酮酸　　　　　　　　　苹果酸　　　　　　　　　草酰乙酸

（4）天冬氨酸脱氨生成草酰乙酸

在转氨酶的作用下，进入线粒体的天冬氨酸可以脱氨形成草酰乙酸。

$$\begin{array}{c}\text{COOH}\\|\\\text{HC}-\text{NH}_2\\|\\\text{CH}_2\\|\\\text{COOH}\end{array} + 酮酸 \overset{转氨酶}{\rightleftharpoons} \begin{array}{c}\text{COOH}\\|\\\text{C}=\text{O}\\|\\\text{CH}_2\\|\\\text{COOH}\end{array} + 氨基酸$$

天冬氨酸　　　　　　　　　　草酰乙酸

2. 其他物质的回补

除了草酰乙酸需要回补外，三羧酸循环中其他中间物质也需要根据情况及时补充。

（1）α-酮戊二酸

α-酮戊二酸可以由转氨酶催化谷氨酸转氨产生 α-酮戊二酸，还可以由谷氨酸脱氢酶催化谷氨酸氧化脱氨生成（参见第九章）。这些反应都可在线粒体中发生，而直接补充 α-酮戊二酸。

（2）琥珀酰-CoA

琥珀酰-CoA 可以由多种氨基酸（亮氨酸、甲硫氨酸、缬氨酸和苏氨酸）的氧化分解产生（参见第九章）。奇数脂肪酸在细胞内的氧化分解也可以产生琥珀酰-CoA（参见第七章）。

（3）苹果酸

苹果酸的回补反应参见上述草酰乙酸回补中，苹果酸酶催化丙酮酸还原的反应。

三、丙酮酸氧化脱羧及三羧酸循环中 ATP 的形成

在丙酮酸氧化脱羧为乙酰-CoA，再进入三羧酸循环彻底氧化过程中，释放大量自由能。这些自由能可转移到 ATP 中。在这个过程中既有底物水平磷酸化，又有氧化磷酸化。丙酮酸氧化脱羧生成乙酰-CoA，产生 1 分子 NADH + H$^+$，后者可进入呼吸链并发生氧化磷酸化产生 2.5 分子 ATP。在三羧酸循环中，异柠檬酸到 α-酮戊二酸、α-酮戊二酸到琥

珀酰-CoA、苹果酸到草酰乙酸这 3 步各产生 1 分子 NADH+H$^+$，可产生 7.5 分子 ATP。琥珀酸脱氢产生 1 分子 FADH$_2$，可产生 1.5 分子 ATP。琥珀酰-CoA 转变为琥珀酸时，通过底物水平磷酸化产生 1 分子 GTP，相当于 1 分子 ATP。1 分子乙酰-CoA 进入三羧酸循环彻底氧化产生的 ATP 数为：7.5 + 1.5 + 1 = 10，即 10 分子 ATP。所以，丙酮酸经上述途径彻底氧化分解共产生 12.5 分子 ATP。

四、丙酮酸氧化脱羧及三羧酸循环的调控

(一) 丙酮酸氧化脱羧过程的调控

丙酮酸氧化脱羧形成乙酰-CoA，是糖分解物进入三羧酸循环的关键反应，这也是一个不可逆反应。催化此反应的丙酮酸脱氢酶复合体的活性受到 3 方面的调控。

1. 产物对酶的反馈抑制

乙酰-CoA 和 NADH + H$^+$ 是丙酮酸氧化脱羧的终产物，它们能抑制酶复合体的活性，其中乙酰-CoA 抑制二氢硫辛酸乙酰转移酶，NADH 抑制二氢硫辛酸脱氢酶。这些抑制作用能分别被 CoA 和 NAD$^+$ 所解除。

2. 能荷调节

丙酮酸脱氢酶复合体活性受细胞能荷的调控。特别是丙酮酸脱羧酶受 ATP 的抑制，而被 AMP 激活。当细胞中可直接利用的能量充足，即能荷高时，酶复合体活性下降。当细胞中耗能增强，能荷下降，酶复合体活性则增强，以提供更多的乙酰-CoA，加快三羧酸循环，提高细胞能荷。

3. 共价修饰

丙酮酸脱羧酶复合体的 E$_1$ 有活化型和非活化型两种状态，在 ATP 丰富时，E$_1$ 上特定的丝氨酸残基被专一性丙酮酸脱氢酶激酶催化而磷酸化，酶成为非活化状态；当酶分子上的磷酸基团被专一性的丙酮酸脱氢酶磷酸酶水解时，又恢复为活性状态。细胞内 ATP/ADP、乙酰-CoA/CoA 和 NADH/NAD$^+$ 比值增高时，酶的磷酸化作用增加，但丙酮酸抑制磷酸化作用。Ca^{2+} 可增加去磷酸作用而促进丙酮酸脱氢酶复合体的活性。

(二) 三羧酸循环的调控

在三羧酸循环中，虽然 8 个酶参加反应，但在调节循环速率中起关键作用的限速酶有 3 种：柠檬酸合酶、异柠檬酸脱氢酶和 α-酮戊二酸脱氢酶系。三羧酸循环中酶的活性主要靠底物提供的情况推动，并受其生成产物浓度的抑制，同时还可受到别构效应物的调节。

1. 柠檬酸合酶是第一个调控点

乙酰-CoA 和草酰乙酸在细胞线粒体中的浓度并不能使柠檬酸合酶达到饱和，因此该酶的活性受到化学反应质量作用定律的调控，当底物乙酰-CoA 和草酰乙酸浓度较高时，可激活该酶的活性。柠檬酸和琥珀酰-CoA 分别是柠檬酸合酶的底物草酰乙酸和乙酰-CoA 的竞争性抑制剂，因此，二者浓度的增加，抑制柠檬酸合酶的活性。另外，该酶还受到 NADH 的抑制。

2. 异柠檬酸脱氢酶是第二个调控点

此酶也是别构酶，ADP 是酶的别构激活剂，异柠檬酸、NAD$^+$ 和 Mg^{2+} 对酶活性也有促进作用。NADH 则抑制它的活性。

3. α-酮戊二酸脱氢酶复合体是第三个调控点

该酶系受产物琥珀酰-CoA 和 NADH 抑制，也受高能荷抑制。当细胞内 ATP 水平高时，可使循环速率减慢。

上述各种调节，是互相补偿的，它们都受产物的抑制和高能荷的抑制。除此之外，循环中其他酶也有调节作用，如琥珀酸脱氢酶受 $FADH_2$ 抑制，而被 FAD 激活，苹果酸脱氢酶受 NADH 抑制，并被 NAD^+ 激活。

丙酮酸氧化脱羧及三羧酸循环的调控部位如图 6-7 所示。

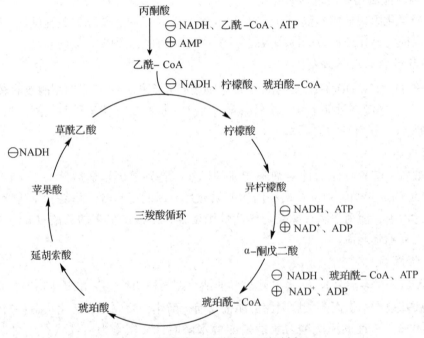

图 6-7 丙酮酸氧化脱羧和三羧酸循环

五、三羧酸循环的生物学意义

三羧酸循环是糖有氧分解的重要途径，有着重要的生物学意义。

1. 三羧酸循环是有机体获得生命活动所需能量的最重要途径

在糖的有氧分解中，每个葡萄糖分子通过糖酵解途径只产生 5 分子或 7 分子 ATP，而通过丙酮酸氧化、三羧酸循环就可产生 25 分子 ATP，远远超过糖酵解阶段或葡萄糖无氧降解(生成 2 分子 ATP)所产生的 ATP 数。此外，脂肪、氨基酸等其他有机物作为呼吸底物彻底氧化时所产生的能量主要也是通过三羧酸循环。因此，三羧酸循环是生物体能量的主要来源。

2. 三羧酸循环是物质代谢的枢纽

三羧酸循环具有双重作用：一方面，三羧酸循环是糖、脂肪和氨基酸等有机物彻底氧化的共同途径；另一方面，许多物质的合成代谢都利用三羧酸循环的中间产物作为合成的前体，循环中的草酰乙酸、α-酮戊二酸、柠檬酸、琥珀酰-CoA 和延胡索酸等又是生物体合成糖(糖异生)、氨基酸、脂肪酸和卟啉等的原料。因此，三羧酸循环可以看成新陈代谢的中心环节,起到物质代谢枢纽的作用。

六、糖的无氧氧化和有氧氧化的能量计算

综上所述,葡萄糖经过糖酵解途径生成丙酮酸后,将根据细胞所处环境进入不同的分解途径。当处于缺氧条件下,丙酮酸发生无氧分解,生成乙醇或乳酸,即前文描述的乙醇发酵或乳酸发酵。1分子丙酮酸经无氧氧化最终直接产出2分子ATP,即只有底物水平磷酸化。

而在有氧条件下,丙酮酸将进一步生成乙酰-CoA,继而进入三羧酸循环途径彻底氧化成 CO_2 和 H_2O 的过程。其化学计量参见前文。有氧氧化的能量计量见表6-3(扩展阅读:知识窗6-5)。

表6-3 糖有氧氧化产生ATP的数目

途径	步骤	能量物质	底物水平磷酸化	氧化磷酸化	产生ATP数	小计
糖酵解	葡萄糖→G-6-P	-ATP			-1	
	G-6-P→F-1,6-2P	-ATP			-1	
	甘油醛-3-磷酸→甘油酸-1,3-二磷酸	2×NADH		√	2.5×2	
	甘油酸-1,3-二磷酸→甘油酸-3-磷酸	2×ATP	√		2	
	PEP→丙酮酸	2×ATP	√		2	5或7
丙酮酸氧化	丙酮酸→乙酰-CoA	2×NADH		√	2.5×2	2.5×2
三羧酸循环	异柠檬酸→α-酮戊二酸	2×NADH		√	2.5×2	
	α-酮戊二酸→琥珀酰-CoA	2×NADH		√	2.5×2	
	琥珀酰-CoA→琥珀酸	2×GTP	√		2	
	琥珀酸→延胡索酸	2×FADH$_2$		√	1.5×2	
	苹果酸→草酰乙酸	2×NADH		√	2.5×2	10×2
合计						30或32

第五节 磷酸戊糖途径

在细胞中,糖的氧化除了糖酵解-三羧酸循环(EMP-TCA)途径外,还有另外一条途径,称为磷酸戊糖途径(pentose phosphate pathway, PPP),又称为磷酸己糖支路(hexose monophosphate shunt, HMP)。这条途径广泛存在于动物、植物和微生物中。对高等植物不同组织分析结果表明,通过HMP途径降解的葡萄糖占降解总量的30%。

这一代谢途径从G-6-P开始,经过氧化脱羧、糖磷酸酯间的互变,最后形成 CO_2 和NADPH。催化这一系列反应的酶都存在于细胞质中,所以磷酸戊糖途径存在于细胞质中。

一、反应历程

整个途径可分为磷酸戊糖的生成与磷酸己糖的再生成两个反应阶段。前一阶段是糖的氧化阶段,后一阶段是非氧化阶段。现分阶段将各步反应介绍如下。

(一) 戊糖磷酸生成

1. G-6-P 氧化与糖酸的生成

戊糖磷酸途径的最初底物是 G-6-P，这个化合物产生于糖酵解的反应：

$$葡萄糖 + ATP \xrightarrow{己糖激酶} G\text{-}6\text{-}P + ADP$$

G-6-P 首先在 G-6-P 脱氢酶 (glucose-6-phosphate dehydrogenase) 催化下，脱去半缩醛上的氢，形成葡萄糖酸内酯-6-磷酸。反应的受氢体是 $NADP^+$。葡萄糖酸内酯-6-磷酸在内酯酶 (6-phosphate gluconolactonase) 催化下水解为葡萄糖酸-6-磷酸。

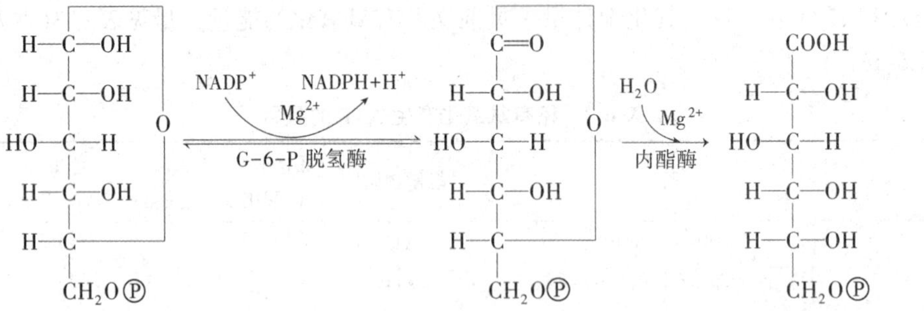

G-6-P　　　　　葡萄糖酸内酯-6-磷酸　　　　　葡萄糖酸-6-磷酸

2. 磷酸核酮糖的生成

葡萄糖酸 6-磷酸由葡萄糖酸-6-磷酸脱氢酶 (gluconate-6-phosphate dehydrogenase) 催化，氧化脱羧，生成核酮糖-5-磷酸。反应的受氢体也是 $NADP^+$，还需要 Mn^{2+} 存在。

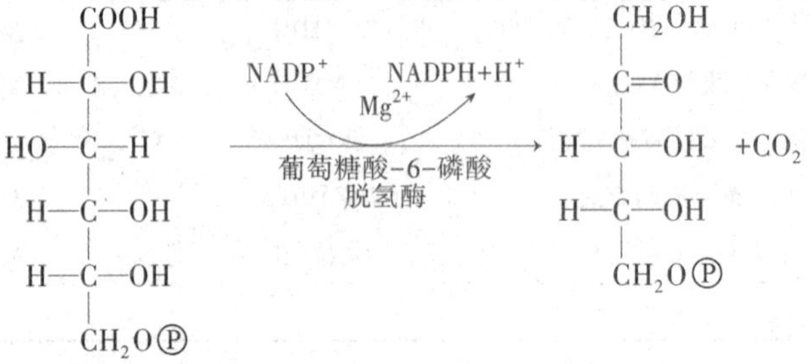

葡萄糖酸-6-磷酸　　　　　核酮糖-5-磷酸

3. 戊糖磷酸的互变异构

核酮糖-5-磷酸可在戊糖磷酸差向酶 (phosphopentose epimerase) 催化下转化成木酮糖-5-磷酸，也可在戊糖磷酸异构酶 (phosphopentose isomerase) 催化下同分异构化为核糖-5-磷酸。

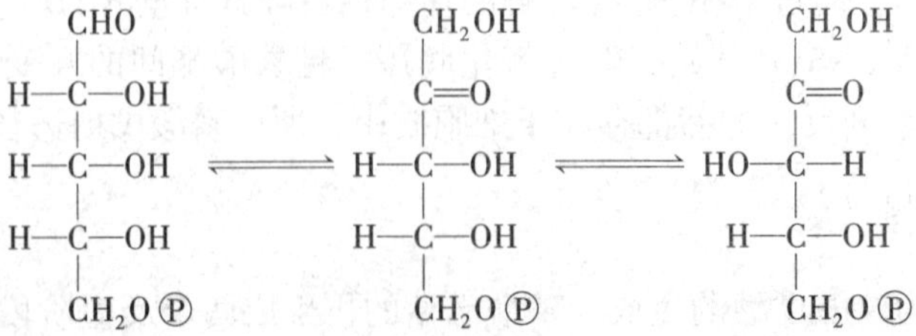

核糖-5-磷酸　　　核酮糖-5-磷酸　　　木酮糖-5-磷酸

(二) 己糖磷酸的再生成

1. 转酮反应与磷酸庚酮糖的生成

木酮糖-5-磷酸由转酮酶(transketolase)催化将二碳单位(羟乙醛基)转移到核糖-5-磷酸的 C_1 上。反应要求酮糖供体的 C_3 具有 L-构型，所形成的酮糖也为 L-构型。因此，产物为甘油醛-3-磷酸和景天庚酮糖-7-磷酸。

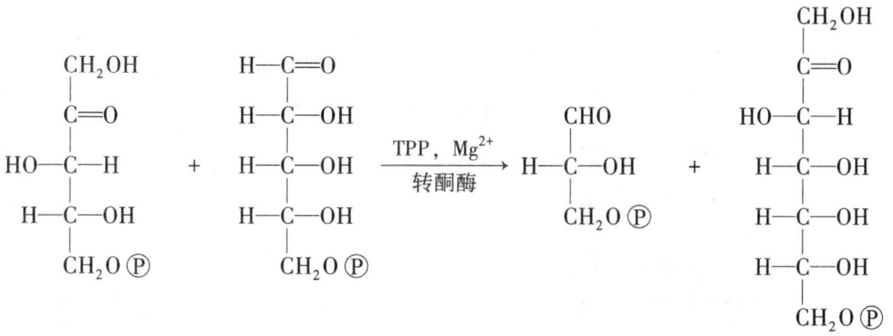

木酮糖-5-磷酸   核糖-5-磷酸   甘油醛-3-磷酸   景天庚酮糖-7-磷酸

转酮酶需要焦磷酸硫胺素(TPP)为辅因子，TPP 以其负碳离子进攻酮糖酮基碳从而生成 TPP-酮糖缩合物，进而 TPP 与二碳单位从糖分子断开，TPP 将二碳单位转移给醛糖。

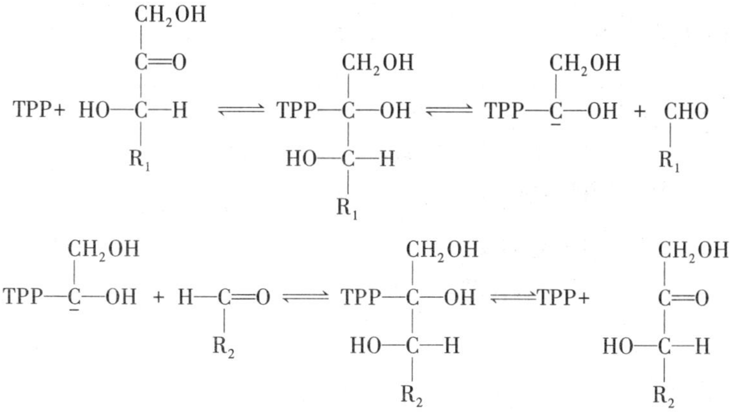

2. 转醛反应及 F-6-P 生成

上述反应生成的景天庚酮糖-7-磷酸由转醛酶(transaldolase)催化将分子中的三碳单位(二羟丙酮基)转移到甘油醛-3-磷酸 C_1 上，生成赤藓糖-4-磷酸(erythulose-4-phosphate, E4P)和 F-6-P。

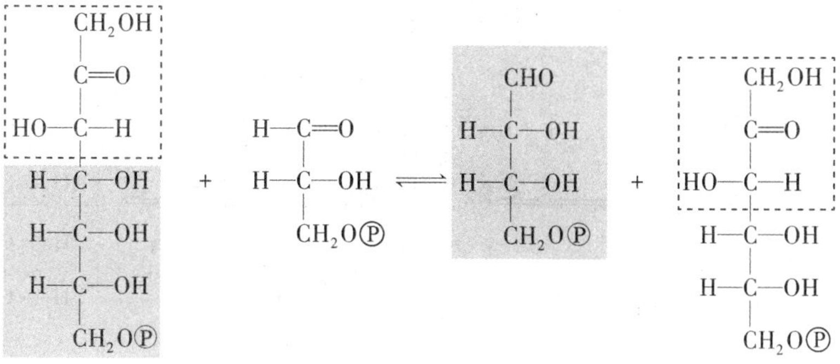

景天庚酮糖-7-磷酸   甘油醛-3-磷酸   赤藓糖-4-磷酸   F-6-P

转醛酶不需辅因子，酶活性中心赖氨酸残基的 ε-氨基与酮糖形成希夫碱，从而使底物 C_3、C_4 间的键断开，形成酶与三碳单位的共价化合物和醛糖。酶将共价结合的三碳单位转给另一个醛糖的反应是上述过程的逆反应。

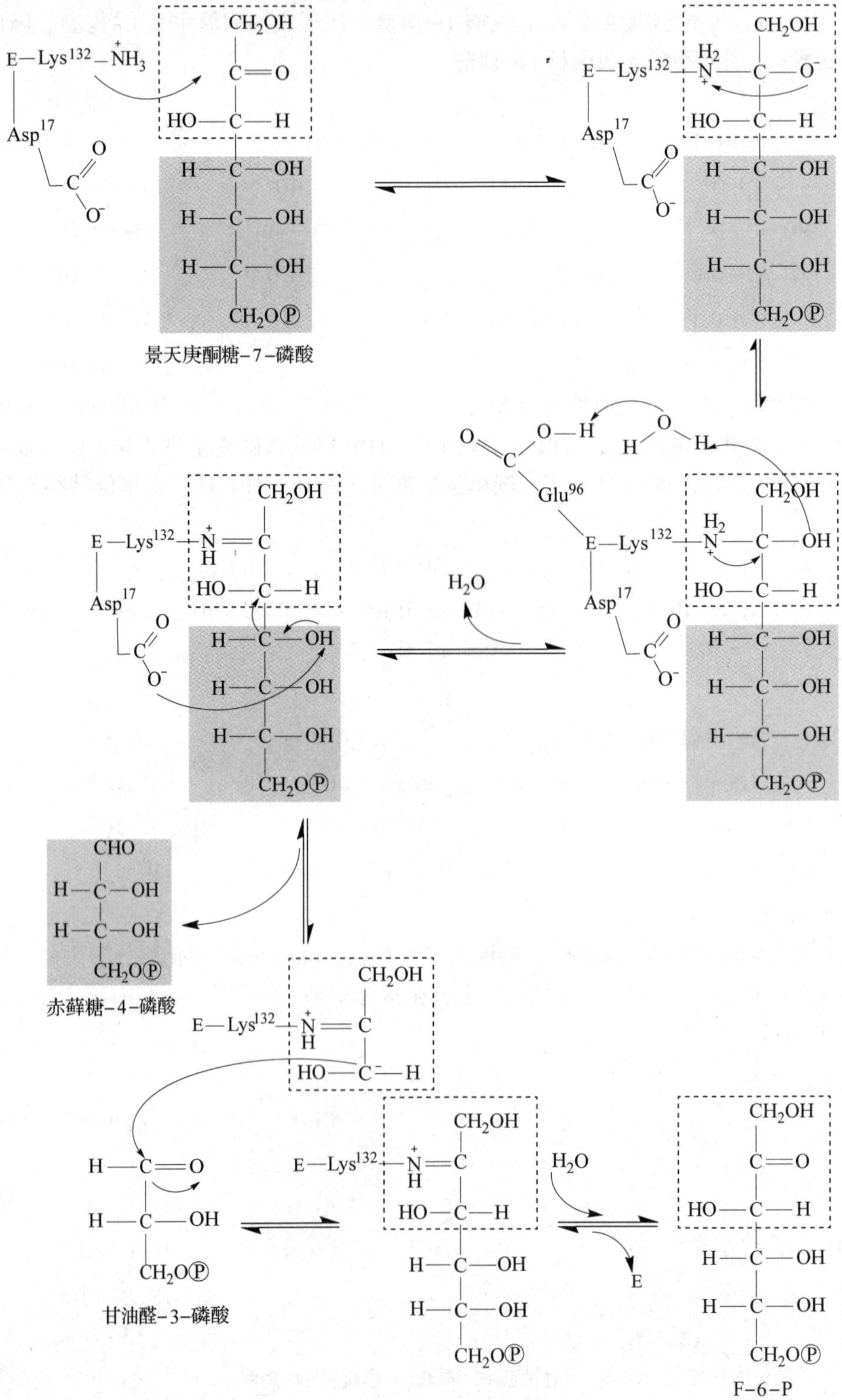

景天庚酮糖-7-磷酸

赤藓糖-4-磷酸

甘油醛-3-磷酸

F-6-P

3. 转酮反应及 F-6-P 的生成

木酮糖-5-磷酸在转酮酶催化下将二碳单位转移到赤藓糖-4-磷酸的 C_1 上形成 F-6-P 和甘油醛-3-磷酸。甘油醛-3-磷酸可异构化为二羟丙酮磷酸,二者在醛缩酶催化下缩合为 F-1,6-2P,后者水解去磷酸,则生成 F-6-P。所以 2 分子甘油醛-3-磷酸可生成 1 分子 F-6-P。

```
         CH2OH                              CH2OH
          |                                  |
          C=O            H—C=O               C=O              CHO
          |              |                   |                |
       HO—C—H     +   H—C—OH    ⇌        HO—C—H      +     H—C—OH
          |              |                   |                |
        H—C—OH         H—C—OH              H—C—OH           CH2O-P
          |              |                   |
        CH2O-P         CH2O-P              H—C—OH
                                             |
                                           CH2O-P

    木酮糖-5-磷酸    赤藓丁糖-4-磷酸       F-6-P           甘油醛-3-磷酸
```

4. G-6-P 再生

反应产生的 F-6-P 在磷酸己糖异构酶催化下,可异构化为 G-6-P。

图 6-8 可以较清楚地表示磷酸戊糖途径的全部反应。

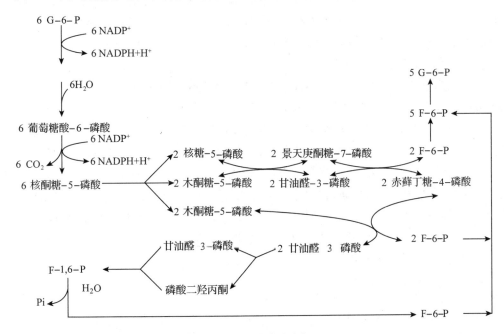

图 6-8 戊糖磷酸途径

二、化学计量与生物学意义

(一) 化学计量

由图 6-8 可看出戊糖磷酸途径由 G-6-P 开始,以同样物质结束。显然与糖酵解-三羧酸循环途径不同,单个 G-6-P 分子不能够完成途径。途径的反应顺利进行,需 6 分子 G-

6-P 进入途径氧化脱去 6 分子 CO_2，生成 6 分子戊糖-5-磷酸而后经过复杂转变，生成 5 分子 G-6-P，同时产生 12 分子 NADPH 并消耗 6 分子 H_2O。整个反应可用总方程式表示如下：

$$6G\text{-}6\text{-}P + 12NADP^+ + 6H_2O \longrightarrow 5G\text{-}6\text{-}P + 6CO_2 + 12NADPH + 12H^+ + Pi$$

方程式两边消去 5 个 G-6-P，则表示为：

$$G\text{-}6\text{-}P + 12NADP^+ + 6H_2O \longrightarrow 6CO_2 + 12NADPH + 12H^+ + Pi$$

即 G-6-P 进入戊糖磷酸途径，可氧化分解为 6 分子 CO_2 并产生 12 分子 $NADPH + H^+$。

（二）生物学意义

磷酸戊糖途径中，G-6-P 直接脱氢脱羧，而且只发生在 C_1 上。受氢体为 $NADP^+$ 而不是 NAD^+。中间产物包括了从磷酸丙糖到磷酸庚糖。这些方面与糖酵解-三羧酸循环途径截然不同，因而也具有特殊的生物学意义。

①提供生物体重要的还原剂——NADPH　无论动物还是植物，NADPH 不能直接被呼吸链氧化。NADPH 的重要功能是在很多合成反应中作为还原剂。例如，在脂肪酸和胆固醇的合成、二氢叶酸还原为四氢叶酸等反应中，都需要 NADPH 作为还原剂。

当然，生物体还有其他途径能够产生 NADPH，如光合作用的光反应，可以生成大量的 NADPH。丙酮酸在苹果酸酶的作用下生成苹果酸时，也会产生 NADPH。

②为其他合成提供中间产物　该途径涉及 3~7 碳糖的碳骨架，能够用于很多物质的合成。核糖-5-磷酸可进一步转变为核糖-5-磷酸-1 焦磷酸，这是核苷酸合成所必需的。甘油醛-3-磷酸可转变为磷酸烯醇式丙酮酸，后者可与赤藓糖-4-磷酸合成莽草酸，进而转化为酚类、芳香族氨基酸乃至木质素。

③间接进入呼吸链　在一定条件下，NADPH 被吡啶核苷酸转氢酶（pyridine nucleotide transhydrogenase）催化，将 NAD^+ 还原成为 NADH，进入呼吸链。

④维持红细胞膜的完整　红细胞富含氧气，容易使细胞膜上的脂质过氧化。但是，成熟的红细胞没有细胞核，无法重新合成新的蛋白质和脂质进行修复或替换，因此，过氧化物的伤害是不可逆的，容易导致溶血。因此，该细胞依靠一种谷胱甘肽过氧化物酶及时清除过氧化物，避免伤害。而该酶利用还原型谷胱甘肽（GSH）作为还原剂，反应完成后生成氧化型的谷胱甘肽（GSSG）。为了使 GSSG 及时恢复成 GSH，需要利用谷胱甘肽还原酶（glutathione reductase）将其还原。而 NADPH 正是该酶的辅酶。

⑤参与其他解毒、免疫和 NO 合成等过程。

三、磷酸戊糖途径的调控

磷酸戊糖途径的各个酶中，G-6-P 脱氢酶活性最低，催化的反应是不可逆反应，是该途径的限速酶。其活性受 $NADP^+$/NADPH 比例的调节。NADPH 与 $NADP^+$ 竞争 G-6-P 脱氢酶的别构位点。前者是 G-6-P 脱氢酶的别构抑制剂，后者是该酶的别构激活剂。当体内 NADPH 大量消耗时，$NADP^+$ 的含量逐渐升高，从而激活 G-6-P 脱氢酶的活性，促进磷酸戊糖途径的进行；反之，当体内 NADPH 需求量不大时，其含量维持较高水平，占据酶的别构位点，从而抑制该酶活性，减缓磷酸戊糖途径的进行。

非氧化阶段无调控酶，反应速率主要受控于底物浓度。

第六节 糖的异生作用

单糖既是贮存多糖或结构多糖合成的组成单元，又是它们分解的产物。单糖是氧化供能的重要物质，还可以为其他有机分子的合成提供碳骨架。因此，单糖是极为重要的糖类化合物。

植物体内的单糖合成有两条途径：一条是通过光合作用（本书不做讨论），另一条是通过糖的异生作用。

糖的异生作用（gluconeogenesis）是指从非糖物质合成葡萄糖的过程。在植物中，作为贮存物质的脂肪和蛋白质均可转化为葡萄糖，以供植物生长之需要。这些转化过程分为两个阶段：第一阶段是非糖物质转化为糖酵解途径的中间产物，第二阶段是这些中间产物基本逆着糖酵解途径合成葡萄糖。

一、糖异生的反应历程

糖的异生途径基本是糖酵解途径的逆过程，但有 3 个反应不同。从丙酮酸到葡萄糖大部分反应是可逆的，但有 3 步不可逆反应，它们的逆转需由另外的酶催化。糖的异生有特殊的调控酶，需要 ATP 供给能量，以保证合成的进行，因为必须克服从丙酮酸到葡萄糖的 3 个不可逆反应的能量障碍。

1. 丙酮酸生成磷酸烯醇式丙酮酸

这个过程分为 3 步反应，即丙酮酸羧化为草酰乙酸，草酰乙酸运出线粒体，草酰乙酸转变为磷酸烯醇式丙酮酸。之所以如此迂回，是因为丙酮酸激酶催化的反应是不可逆反应。其他可生成草酰乙酸的非糖物质也是经过这个过程进行糖异生作用的。

(1) 丙酮酸生成草酰乙酸

此反应由丙酮酸羧化酶催化，1 分子 CO_2 与丙酮酸结合生成草酰乙酸，反应需 ATP 供能，还需 Mg^{2+}、Mn^{2+} 参加。

$$丙酮酸 + CO_2 + ATP + H_2O \longrightarrow 草酰乙酸 + ADP + Pi + 2H^+$$

此反应是三羧酸循环中的回补反应，草酰乙酸是进入糖异生途径还是进入三羧酸循环，取决于细胞内 ATP 的含量，ATP 含量高则三羧酸循环速率降低，糖异生作用加强。

此反应的酶促反应机理在回补反应中也做过叙述，在此不再重复。

(2) 草酰乙酸从线粒体基质转运至细胞质中

草酰乙酸不能通过线粒体内膜，需先还原为苹果酸，催化的酶是细胞质中的 NAD^+ 型苹果酸脱氢酶，供氢体是 NADH。

$$草酰乙酸 + NADH + H^+ \rightleftharpoons 苹果酸 + NAD^+$$

苹果酸由线粒体膜的苹果酸-α-酮戊二酸转运蛋白（malate-α-ketoglutarate transporter）运出线粒体。

在细胞质中又被细胞质苹果酸脱氢酶催化，再氧化成草酰乙酸。

$$苹果酸 + NAD^+ \rightleftharpoons 草酰乙酸 + NADH + H^+$$

草酰乙酸在磷酸烯醇式丙酮酸羧激酶催化下脱羧生成磷酸烯醇式丙酮酸，反应由 GTP 供能。

$$\text{草酰乙酸} + \text{GTP} \longrightarrow \text{磷酸烯醇式丙酮酸} + CO_2 + \text{GDP}$$

不同生物中,磷酸烯醇式丙酮酸羧激酶在细胞中的位置不同。例如,在大鼠和小鼠的干细胞中,该酶属于胞质酶,而在鸟类和兔的肝细胞中,该酶属于线粒体酶。豚鼠和人类体内,该酶同时分布于线粒体和细胞质中。

2. F-1,6-2P 生成 F-6-P

在糖酵解中,这是一个不可逆反应,要再生成 F-6-P,必须由另外酶催化另一反应,即 F-1,6-2P 在 F-1,6-2P 磷酸酶(又称果糖二磷酸酶 1,fructose-1,6-diphosphatase 或 fructose bisphosphatase 1, FBPase 1)的催化下水解成 F-6-P。

$$\text{F-1,6-2P} + H_2O \longrightarrow \text{F-6-P} + Pi$$

3. G-6-P 转变为葡萄糖

此反应是由 G-6-P 磷酸酶(glucose-6-phosphatase)催化使 G-6-P 水解的,葡萄糖-6-磷酸酶主要存在于肝脏,其次是肾脏,因此糖异生过程主要在肝脏中发生。

$$\text{G-6-P} + H_2O \longrightarrow \text{葡萄糖} + Pi$$

糖异生的全过程如图 6-9 所示(助记小结 6-4)。

二、糖异生的能量消耗

综上所述,2 分子丙酮酸形成 1 分子葡萄糖的总反应如下:

$$2\text{丙酮酸} + 2NADH + 2H^+ + 4ATP + 2GTP + 4H_2O \longrightarrow \text{葡萄糖} + 2NAD^+ + 4ADP + 2GDP + 6Pi$$

上述反应的 $\Delta G^{\ominus\prime} = -37.66$ kJ/mol。

若完全按照糖酵解的逆过程,可推算其能耗为 $\Delta G^{\ominus\prime} = +83.68$ kJ/mol,为吸能反应,不能自发进行。

$$2\text{丙酮酸} + 2NADH + 2H^+ + 2ATP + 2H_2O \longrightarrow \text{葡萄糖} + 2NAD^+ + 2ADP + 2Pi$$

三、非糖物质进入糖异生途径

①凡是能生成丙酮酸或草酰乙酸的物质都可以变成葡萄糖。例如,三羧酸循环的中间产物柠檬酸、α-酮戊二酸、琥珀酸、苹果酸等都可转变成草酰乙酸进入糖异生途径。另外,肌肉剧烈运动后产生的大量乳酸,也可被氧化成丙酮酸参加糖异生途径变成葡萄糖。

②大多数氨基酸是生糖氨基酸(参见第九章),它们都可以不同方式进入糖异生途径。例如,丝氨酸、半胱氨酸、甘氨酸、苏氨酸、丙氨酸可生成丙酮酸。苯丙氨酸、酪氨酸转变为延胡索酸,进而生成草酰乙酸。天冬酰胺、天冬氨酸可转化为草酰乙酸等。丙酮酸、草酰乙酸则可通过糖异生作用生成糖。

③植物体内脂肪酸的 β-氧化若发生于乙醛酸循环体内,则可经过一系列反应转化为单糖。乙醛酸循环体中,脂肪酸经过 β-氧化和乙醛酸循环生成琥珀酸。琥珀酸进入线粒体,在三羧酸循环酶作用下生成草酰乙酸而进入糖异生途径生成糖(参见第七章)。

④反刍动物胃中的细菌分解纤维素产生的乙酸、丙酸、丁酸、奇数脂肪酸可转变为琥珀酰-CoA 参加糖异生途径合成葡萄糖。

四、糖异生作用的生物学意义

①在动物体中,糖异生作用的生理意义在于在空腹或饥饿状态下保持血糖浓度的恒定。

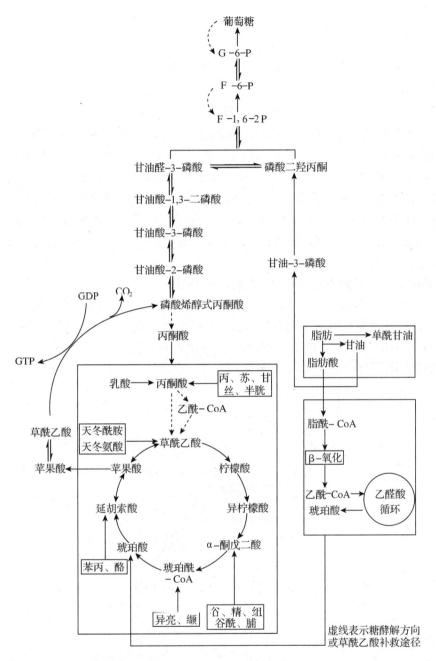

图 6-9 糖异生途径和非糖物质生糖的反应过程

②促进乳酸的再利用，补充肝糖原，补充肌肉消耗的糖。

③协助氨基酸代谢。

④在植物体中，糖异生作用的生物学意义主要在于脂肪转化为糖，这对种子萌发时物质和能量的供应十分重要。

五、糖异生作用的调控

糖异生作用和糖酵解是相反的过程，在一定时期、一定条件下细胞只能以一种途径为主进行，但不是说两种过程绝对排斥。从能量变化的角度看，两个过程均为自发过程。即使两者同时发生，也不会是毫无意义的无效循环（futile cycle）。这两个过程的调控关键点是在 F-6-P 和 F-1,6-2P 的相互转化，以及磷酸烯醇式丙酮酸和丙酮酸的相互转化。

1. 血糖调节

（1）F-6-P 和 F-1,6-2P 相互转化的调控

糖酵解中催化这步反应的酶是磷酸果糖激酶 1，糖异生作用是果糖二磷酸酶 1。当饥饿时，血糖含量降低，胰高血糖素含量升高，激发 cAMP 级联反应，最终导致果糖二磷酸酶 2（也具有磷酸果糖激酶活性，因此，又称为磷酸果糖激酶 2）被磷酸化。磷酸化使该蛋白的磷酸果糖激酶 2 活性被抑制，同时，果糖二磷酸酶 2 活性被激活，促进 F-2,6-2P 分解，产生更多的 F-6-P。如前所述，F-2,6-2P 是磷酸果糖激酶 1 的抑制剂，也是果糖二磷酸酶 1 的激活剂，因此，糖异生成为主导途径（图 6-10）。反之，当血糖充足时，糖酵解途径占主导。

（2）磷酸烯醇式丙酮酸和丙酮酸相互转化的调控

F-2,6-2P 是丙酮酸激酶的激活剂（前馈激活，参见第十二章）。根据上文描述，当饥饿时，F-2,6-2P 含量减少，丙酮酸激酶活性受到抑制。同时，胰高血糖素的升高，也会导致丙酮酸激酶的磷酸化而失活，最终进一步促进糖异生途径（图 6-10）。反之，当血糖充足时，丙酮酸激酶活性也会被激活，糖酵解途径占主导。

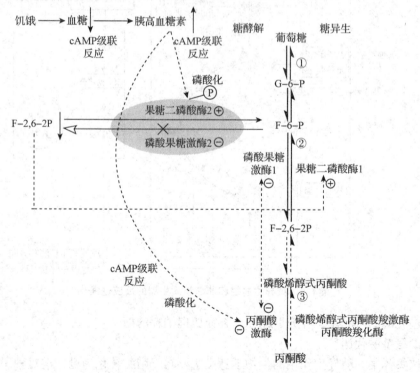

图 6-10　糖酵解和糖异生的血糖调节

⊖表示酶活性的抑制；⊕表示酶活性的激活

①②③表示糖酵解和糖异生的 3 个关键差异节点

虚线表示作用靶点；实线表示反应过程

2. 能荷调节

(1) F-6-P 和 F-1,6-2P 相互转化的调控

当 AMP 浓度升高时，意味着机体需要更多的 ATP。此时，AMP 是磷酸果糖激酶 1 的别构激活剂，加速 F-1,6-2P 的产生；同时 AMP 还能抑制果糖二磷酸酶 1 的活性，防止 F-1,6-2P 变回 F-6-P。

另外，ATP、柠檬酸和质子均能抑制磷酸果糖激酶 1 的活性。柠檬酸还能促进果糖二磷酸酶 1 的活性。

(2) 磷酸烯醇式丙酮酸和丙酮酸相互转化的调控

丙酮酸激酶也是别构酶，它受 ATP 和丙氨酸的负调控，即 ATP 含量低时，促进该酶的活性。丙酮酸羧化酶受乙酰-CoA 的激活和 ADP 的抑制。磷酸烯醇式丙酮酸羧激酶受 ADP 的负调控。

由此可见，两个途径的主导受到复杂的调控，但两者并不是完全排斥的，而是同时进行，但某一特定阶段，以其中一个途径为主导。

第七节 蔗糖和多糖的生物合成

植物通过光合作用合成的单糖，有的可参加生物氧化而释放能量，供生命活动的需要，有的则进一步合成寡糖或多糖。它们有的是作为贮存形式，如蔗糖、淀粉等；有的作为结构物质，如纤维素、半纤维素等。本节主要讨论蔗糖、淀粉和糖原的合成。

一、活化的单糖基供体及其相互转化

游离单糖由于其化学活性低，不能直接参与双糖和多糖的合成。必须先活化。单糖的活化形式是核苷二磷酸单糖(ribonucleoside diphosphate monosaccharide，NDP-糖)，它是活化的单糖基供体。根据核苷酸碱基和单糖的不同，核苷二磷酸单糖有好几种，并且不同种类间还可在酶催化下发生互变。

1. 核苷二磷酸单糖的形成与种类

核苷二磷酸单糖是一个糖分子通过糖苷键和核苷二磷酸末端磷酸结合而成的化合物。这类化合物包括各种单糖及其糖醛酸的衍生物与 UDP、CDP、ADP、GDP 结合的各种化合物，以尿苷二磷酸葡萄糖(UDPG)为例，其结构为

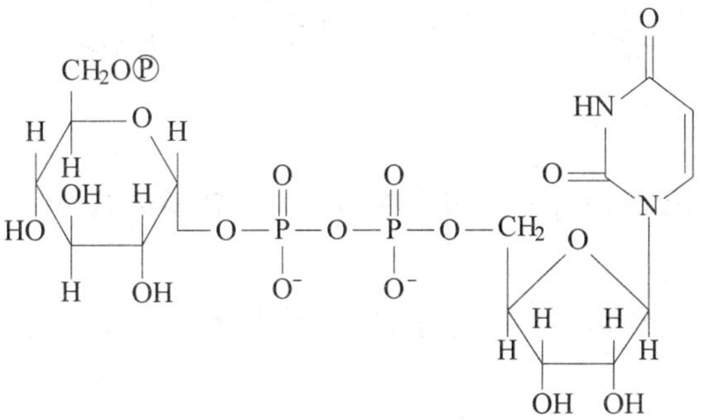

最常见的除 UDPG 外，还有 ADPG、CDPG 和 GDPG。

虽然称其为核苷二磷酸单糖，但分子中的两个磷酸基团一个来自糖，另一个来自核苷酸。其反应是以单糖-1-磷酸和核苷三磷酸为底物，按下列方式进行的：

$$单糖—Ⓟ^* + Ⓟ—Ⓟ—Ⓟ—R—N \rightleftharpoons 单糖—Ⓟ^*—Ⓟ—R—N + PPi$$

催化该反应的酶为焦磷酸化酶(pyrophosphorylase)。反应的平衡常数约为 1，表明这个反应是可逆的。由于细胞内广泛分布的焦磷酸酶可及时将焦磷酸水解为正磷酸，不断地除去焦磷酸，从而使上述反应向右进行。

焦磷酸化酶的底物之一单糖-1-磷酸来自单糖-6-磷酸，后者在磷酸单糖变位酶的作用下经分子内部重排转变为单糖-1-磷酸，以 UDPG 的合成为例，反应过程如下：

$$G\text{-}6\text{-}P \xrightarrow{\text{磷酸葡萄糖变位酶}} G\text{-}1\text{-}P$$

$$G\text{-}1\text{-}P + UTP \xrightarrow{\text{UDPG 焦磷酸化酶}} UDPG + PPi$$

$$PPi + H_2O \xrightarrow{\text{焦磷酸酶}} 2Pi$$

植物中存在多种焦磷酸化酶，如 UDPG 焦磷酸化酶、ADPG 焦磷酸化酶、GDPG 焦磷酸化酶等。多数以催化含葡萄糖的核苷酸形式为主，这可能是因为含量最丰富的多糖均以葡萄糖为单体的缘故。植物中主要的、活性始终不变的是 UDPG-焦磷酸化酶，此酶的活性可以几百倍甚至上千倍于其他的焦磷酸化酶。这可能与蔗糖在植物体内的重要意义有关。此酶广泛存在于高等植物组织中，对 UDPG、UTP 和 G-1-P 有高度专一性，可被 Mg^{2+} 激活，Mn^{2+}、Co^{2+} 等二价阳离子为弱激活剂。

此外，蔗糖也是核苷二磷酸单糖的重要来源。前面提到，在蔗糖合成酶催化下，蔗糖和 NDP 反应则生成果糖和 NDPG。

$$蔗糖 + NDP \rightleftharpoons NDPG + 果糖$$

2. 核苷二磷酸单糖间的相互转化

在差向酶催化下，核苷二磷酸单糖之间可相互转化：

$$UDPG \xrightarrow{\text{差向酶}} UDP\text{-}半乳糖$$

$$UDP\text{-}葡萄糖醛酸 \xrightarrow{\text{差向酶}} UDP\text{-}半乳糖醛酸$$

$$UDP\text{-}木糖 \xrightarrow{\text{差向酶}} UDP\text{-}阿拉伯糖$$

植物体内广泛存在着催化糖分子中 C_4 上的羟基发生构型变化的 C_4-差向酶系统。催化核苷二磷酸单糖互变的酶还有 UDPG 脱氢酶、UDP-葡萄糖醛酸脱羧酶。

$$UDP\text{-}葡萄糖 \xrightarrow{\text{UDPG 脱氢酶}} UDP\text{-}葡萄糖醛酸$$

$$UDP\text{-}葡萄糖醛酸 \xrightarrow{\text{UDP-葡萄糖醛酸脱羧酶}} UDP\text{-}阿拉伯糖$$

二、蔗糖的生物合成

在高等植物中，催化蔗糖合成的酶有蔗糖合酶和磷酸蔗糖合酶。

1. 蔗糖合酶途径

蔗糖合酶(sucrose synthase)主要利用 UDPG 作为葡萄糖基供体与果糖合成蔗糖，其反应如下：

$$UDPG + 果糖 \rightleftharpoons 蔗糖 + UDP \quad 平衡常数 K = 8(pH\ 7.5)$$

该途径也可以 ADPG、GDPG、CDPG 等作为葡萄糖供体，但该酶对 UDPG 亲和力最高。该反应为可逆反应,当细胞中蔗糖浓度大于 10 mmol/L 时,反应主要逆向进行,因此,一般认为蔗糖合酶的主要作用是催化蔗糖的水解,在蔗糖转化为淀粉中起作用。

2. 磷酸蔗糖合酶途径

磷酸蔗糖合酶(sucrose phosphate synthase)可使 UDPG 的葡萄糖基转移到 F-6-P 上形成磷酸蔗糖:

$$UDPG+F-6-P \rightleftharpoons 磷酸蔗糖+UDP$$

磷酸蔗糖在蔗糖磷酸酶(sucrose phosphatase)催化下,水解磷酸基团,生成蔗糖:

$$磷酸蔗糖+H_2O \longrightarrow 蔗糖+Pi$$

由于磷酸蔗糖合酶的活性较大,平衡常数有利于磷酸蔗糖合成,加之蔗糖磷酸酶催化磷酸蔗糖水解的反应是不可逆反应,因此植物细胞内可大量积累蔗糖。

动物没有磷酸蔗糖合酶,该酶是植物合成蔗糖的主要途径。

磷酸蔗糖合酶对 UDPG 有绝对专一性,对 ADPG 则无活性。Pontis 从水稻盾片中分离的该酶相对分子质量为 4.5×10^5,动力学曲线为"S"形,并受柠檬酸调节。

上述两种蔗糖合成的途径中,磷酸蔗糖合酶在光合组织中活性较高,蔗糖合酶在非光合组织中活性较高。因此普遍认为,磷酸蔗糖合酶主要在光合组织中合成蔗糖,蔗糖合酶在非光合组织中降解蔗糖,形成 UDPG,用于合成多糖。绿豆中两种酶的作用如图 6-11 所示。

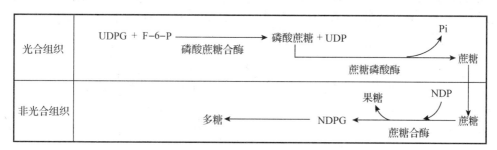

图 6-11 绿豆中磷酸蔗糖合酶和蔗糖合酶的作用

三、淀粉和糖原的生物合成

在植物中,淀粉可作为长期和短期贮藏的多糖。种子、块茎、块根中的淀粉一般是长期贮藏的,只有种子萌发或芽抽条时才被利用;而叶绿体在光合速率快时形成短期贮藏淀粉,暗期则转化为蔗糖输出。淀粉合成是一个非常复杂的过程,涉及不同细胞器的十几种酶共同配合。本书仅描述几个关键酶。

(一) 淀粉的生物合成

淀粉的合成有两条途径。

1. 淀粉磷酸化酶途径

这条途径是淀粉磷酸解的逆反应,反应式如下:

$$淀粉链(n)+G-1-P \rightleftharpoons 淀粉链(n+1)+Pi$$

催化的酶为淀粉磷酸化酶。如前所述,这种酶广泛存在于植物中。动物体内主要是糖原磷酸化酶,微生物体内主要是麦芽糊精磷酸化酶。植物体内的淀粉磷酸化酶有两类。第一类是存在于造粉体基质(amyloplast stroma，一种质体)中的淀粉磷酸化酶1(plastidic Pho1)，对糖原具有较低的亲和力。该酶是水稻主要的淀粉磷酸化酶，占总磷酸化酶活性的96%；是玉米造粉体基质中丰度第二的酶。第二类是分布在细胞质中的淀粉磷酸化酶2(cytosolic Pho2)，对糖原表现出高的亲和力。此酶不能将纯G-1-P合成淀粉，而是将G-1-P的糖基结合到已有葡聚糖链非还原端的C_4上，形成了新的$\alpha(1\rightarrow4)$糖苷键。

上述反应是可逆的，通常认为反应方向与植物细胞中无机磷浓度和G-1-P的比例有关，比例高时，倾向于淀粉的磷酸解，比例低时，有利于合成。

拟南芥中淀粉磷酸化酶1的缺失，对淀粉的合成和积累没有太大的影响。但是，其他作物如水稻处于低温(20℃)时，淀粉磷酸化酶1缺失会导致胚乳淀粉含量降低，影响籽粒饱满。

2. 淀粉合酶途径

淀粉合酶(starch synthase，SS，EC2.4.1.21)是一种葡萄糖基转移酶，它以ADPG为葡萄糖基供体，将葡萄糖转移至已有低聚麦芽糖(malto-oligosaccharides，MOS，在淀粉合成过程中也称为引物)或淀粉链非还原端C_4上，形成$\alpha(1\rightarrow4)$糖苷键的反应。

$$ADPG+寡聚葡萄糖(n) \longrightarrow ADP+寡聚葡萄糖(n+1)$$

上述反应重复进行，多糖链沿非还原性末端不断延长。

淀粉合酶催化的糖基转移反应，引物非还原端C_4羟基氧是亲核进攻基团，进攻ADPG糖基的C_1原子，导致ADP与O的连接断裂，形成新的$\alpha(1\rightarrow4)$糖苷键。反应机理如下：

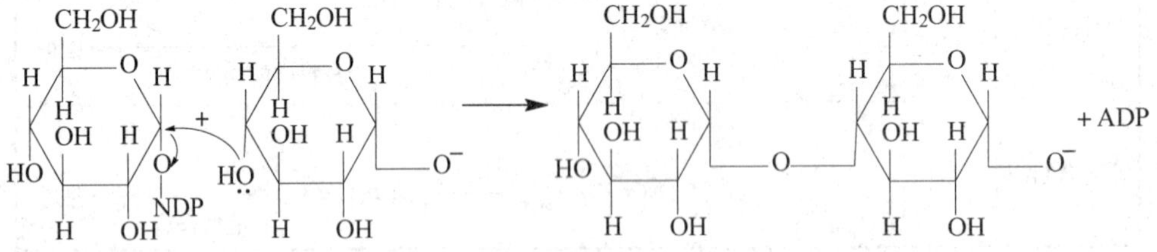

植物组织内至少有5种淀粉合酶(SSⅠ、SSⅡ、SSⅢ、SSⅣ和颗粒结合的淀粉合酶GBSS)。首先，GBSS与正在发育的淀粉粒紧密结合在一起，参与直链淀粉合成；其他为可溶性淀粉合酶，主要参与支链淀粉合成，其中，SSⅣ可能与淀粉颗粒的初期形成、形态以及淀粉积累程度有关。

早前的研究认为淀粉合酶也可利用UDPG，但其不是该酶的最适底物。

3. 引物的合成

由上述可知，从头合成淀粉需要引物。植物中，淀粉的引物尚未完全揭示，不同长度的低聚麦芽糖[即一段$\alpha(1\rightarrow4)$葡聚糖]只是其中一类引物。不同的淀粉合酶对引物的要求不同，如SSⅣ需要引物，尤其偏好麦芽三糖，而SSⅢ不需要引物。淀粉磷酸化酶也需要将G-1-P的葡萄糖基转移到已有的引物或淀粉链非还原端的C_4上。目前认为，引物是由D-酶(Disproportionating enzyme，DPE，EC 2.4.1.25)或淀粉磷酸化酶催化合成的。

D-酶是一种$\alpha(1\rightarrow4)$糖苷转移酶[$\alpha(1\rightarrow4)$glucanotransferase]，能将一个$\alpha(1\rightarrow4)$葡聚糖链转移到1分子葡萄糖、麦芽糖或低聚麦芽糖上，形成不同长度的$\alpha(1\rightarrow4)$葡聚糖链，作为引物：

$$G—G—G+G' \longrightarrow G—G—G—G'$$

G—G—G+G′—G′—G′—G′⟶G—G—G—G′—G′—G′—G′

研究表明，D-酶可与淀粉合酶形成复合体，为淀粉合成生产各种长度的引物。

淀粉磷酸化酶1(Pho1)催化合成的低聚麦芽糖也可被淀粉合酶用作引物。

4. 分支的形成

淀粉的支链是在淀粉分支酶(starch-branching enzyme，BE，EC 2.4.1.18)的作用下，将一段 α-葡聚糖的 α(1→4)糖苷键水解，并转移到其他位点葡萄糖上，形成 α(1→6)糖苷键，从而引入一个分支(图 6-12)。因此，该酶又称为淀粉(1→4)→(1→6)-转糖基酶[amylo-(1→4)→(1→6)-transglycosylase]。该酶有两种类型(BE Ⅰ 和 BE Ⅱ)。目前认为，BE Ⅱ 的底物稍长于 BE Ⅰ。BE 还可以调整已有分支的结构。因此，该酶不仅参与分支的生成，而且决定着支链淀粉的分支程度。

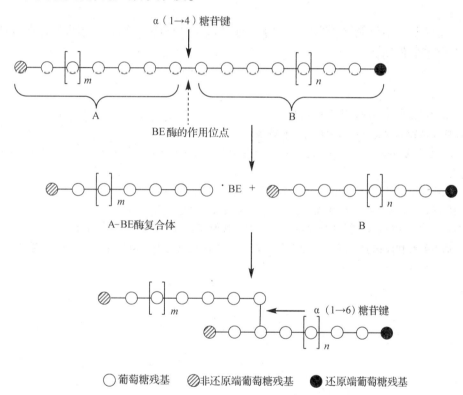

图 6-12 BE 酶的作用机理

(二) 糖原的合成

动物糖原合成与支链淀粉合成极为相似，因为其化学本质一样，只是糖原的分支更多，压缩度更高。合成异同点主要包括：

①合成糖原的葡萄糖基供体是 UDPG。

②合成时，葡萄糖基必须转移到已有链的非还原端，即必须有引物或者已有的葡聚糖链。

③引物的类型有两种：一种是糖原未完全降解的各个支链的非还原端；另一种是糖原素(glycogenin，又称糖原蛋白，EC 2.4.1.186)。这也是一个葡萄糖基转移酶(glycosyltransferase)。可以将 UDPG 的糖基转移到自身，生成 α-D-葡萄糖基糖原蛋白：

$$\text{UDPG} + \text{糖原蛋白} \rightleftharpoons \text{UDP} + \alpha\text{-D-葡萄糖基糖原蛋白}$$

反应是自身催化的，所以又称为自动催化作用（autocatalysis）。反应不断进行，直至糖原蛋白上的葡聚糖链约 8 个糖基后，由糖原合酶（glycogensynthase，EC 2.4.1.11）正式启动合成。

④糖原合酶必须与糖原蛋白紧密结合后，才能有效催化合成。因此，糖原蛋白其实就是一个糖原分子的核心。糖原合成到一定程度后，糖原合酶与糖原蛋白分离，合成停止，1 分子新的糖原形成。

⑤糖原合酶只能合成 $\alpha(1\rightarrow 4)$ 糖苷键，而分支的合成是由糖原分支酶（glycogen branching enzyme，与淀粉分支酶 EC 分类相同）实现的。具体是在一段长度超过 11 个葡萄糖直链上剪切一段含有 7 个葡萄糖残基的片段，然后转移至邻近的糖链上，以 $\alpha(1\rightarrow 4)$ 糖苷键相连。

⑥分支的引入不仅能够提高合成效率，还提高了糖原的可溶性。同时在糖原高效利用方面也有突出的作用。

思 考 题

1. 单糖的活化形式表现有哪几种方式？
2. 淀粉在植物体内通过什么途径合成和降解？
3. 1 mol 葡萄糖彻底氧化为 CO_2 和 H_2O，将净生成多少 ATP？写出生成或消耗 ATP 各步骤的酶促反应方程式。
4. 什么叫磷酸戊糖途径？该途径的代谢特点及生理意义如何？
5. 糖酵解、三羧酸循环、磷酸戊糖途径是如何联系起来的？
6. 为什么说三羧酸循环是物质代谢的中心？你是如何理解的？
7. 根据所学糖代谢内容，同学们考虑我们自身的成熟红细胞内的糖代谢途径主要有哪些，并简述原因。

第七章 脂质代谢

【学习导图】

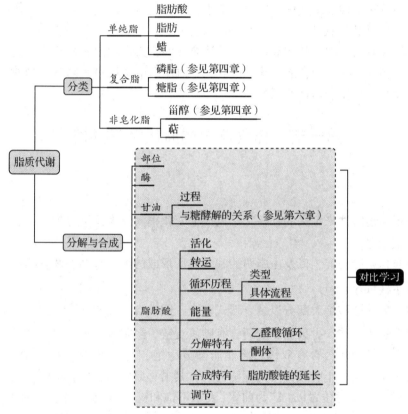

【学习要点】

熟悉脂质的分类和功能。

掌握脂质(主要是三酰甘油)分解代谢的层次和过程,包括初始降解部位、相关酶类。三酰甘油分解出的甘油骨架和脂肪酸的后续分解过程。其中,注意甘油代谢与糖代谢的关系、脂肪酸分解代谢部位和主要降解方式,以及与糖代谢的关系。掌握脂肪酸 β-氧化的主要调节位点和调控方式。

了解脂肪酸分解代谢相关的其他方式,包括 α-氧化和 ω-氧化及其与 β-氧化的区别和联系;了解脂质代谢副产物酮体的概念和相关知识。

了解其他脂质的代谢,如磷脂的合成过程中,与三酰甘油的共有和特异的部分。

学习建议:逐条对照上述脂质降解的过程,学习、体会和理解降解和合成的反向过程及细节异同。

脂质(lipid)是生物体内的一类不溶于或微溶于水而易溶于有机溶剂的生物有机分子,它包括多种不同物质,相互间化学结构有很大差异,生理功能也各不相同。按其组成结构的不同,脂质可分为单纯脂质、复合脂质和非皂化脂质3类,其他一些衍生脂质也根据衍生母体归入以上3类。

脂质在生命活动中具有重要的作用。磷脂是生物膜系统的主要组成成分,固醇也参与细胞膜的组成并调节膜的状态;同样质量的三酰甘油(油脂的主要成分)氧化分解时释放的能量是糖的2倍多,因此一些植物油脂作为种子中的主要贮藏物质以供发芽时利用;挥发性萜类、糖脂等在植物细胞间信息传递、识别及个体间信息传递等方面发挥作用。

脂质(特别是油脂)代谢时,可产生与糖代谢相同的中间物,实现糖与脂的互变;一些植物脂质中所含有的不饱和脂肪酸是人体无法合成的,必须通过食物摄入,这些脂质还可作为人体中许多重要物质的合成前体。因此,了解脂质的代谢过程对学习植物细胞中各物质的代谢及相互间转化是非常有用的。

第一节 植物体内的脂质及其功能

一、脂质的种类

脂质是根据溶解性来定义的,在化学组成上变化很大,大体可分为3类。

(一)单纯脂质

单纯脂质包括脂肪酸,以及由脂肪酸和醇类所形成的酯,包括三酰甘油和蜡。

1. 脂肪酸(fatty acid)

生物体中的脂肪酸绝大部分以结合形式存在,通常含4~36个碳原子(C_4~C_{36})。大部分脂肪酸是直链脂肪酸,少数脂肪酸还含有碳氢支链、羟基等支链。奇数碳原子的脂肪酸也较少见。根据链内是否含有双键可将脂肪酸分为饱和与不饱和两类,其中双键可有一个、两个或两个以上。脂肪酸常用简写法表示,其书写原则为:"碳原子数:双键数目(双键位置)",也可将双键位置以"Δ"为前缀(表示不饱和键),标在右上角。如软脂酸(棕榈酸,palmitic acid)为饱和脂肪酸,写成16:0;亚油酸在C_9和C_{12}分别含有一个碳碳双键,写成18:2(9,12)或18:$2^{\Delta 9,12}$。

2. 三酰甘油(triacylglycerol 或 triglyceride)

由3分子脂肪酸与1分子甘油形成的化合物,即三酰甘油,因分子呈中性,又称中性油脂(neutral fat)。通常把室温下呈液态的称为油(oil),呈固态的称为脂(fat),合称油脂。

3. 蜡(wax)

由高级脂肪酸(链长通常为14~16个碳原子)与高级脂肪族一元醇(链长通常为16~30个碳原子)结合而成的酯。由于蜡的分子质量较大,不易水解,因此性质稳定,常作为一些动植物的天然保护层。蜡也是一些浮游型微生物的主要能量贮存物质。

(二)复合脂质

复合脂质指分子中除了脂肪酸和醇组成的酯外,还含有其他非脂成分,如磷酸基、糖基等,可分别称为磷脂和糖脂。这些脂质主要存在于生物膜中,是膜脂的主要成分。

1. 磷脂(phospholipid)

磷脂指含有磷酸基团的脂类，根据骨架分子不同，称为甘油磷脂(glycerophospholipids)和鞘磷脂(sphingomyelin)。甘油磷脂中，磷酸或含磷酸的基团取代三酰甘油上的一个脂肪酸，如卵磷脂(lecithin，磷脂酰胆碱 phosphatidylcholine)、脑磷脂(cephalin，磷脂酰乙醇胺 phosphatidylethanolamine)等，均是构成生物膜脂质双分子层的基础。鞘磷脂以鞘氨醇(sphingosine)为骨架，也含有磷酸或含磷酸的基团。

2. 糖脂(glycolipid)

糖脂指分子中含有单糖或寡糖残基的脂类，也可以分为甘油糖脂(glyceroglycolipid)和鞘糖脂(glycosylsphingolipid)。多数糖脂取代位置与磷脂相同。一般在膜结构中作为信号分子存在，与细胞互作、免疫应答等过程有关。

(三) 非皂化脂质

以上两类脂质一般含有脂肪酸与醇所形成的酯键，该键的一个重要性质就是能发生皂化反应(即碱水解)，另有一类脂质不含脂肪酸和酯键，不能进行皂化反应，称为非皂化脂质，又称类脂，它们主要包括甾醇类化合物和萜类化合物两大类。

1. 固醇(sterol)

固醇，又称甾醇，是类固醇(又称甾体，steroid)中的一个亚类。类固醇最重要的特征是有一个环戊烷多氢菲形成的母核，又称甾核(图7-1)。甾醇是在类固醇的 C_3 位有一个羟基。甾醇广泛存在于动植物体内，植物中的甾醇称为植物固醇(phytosterol)，如菜油甾醇(campesterol)、谷固醇(sitosterol)、豆固醇(stigmasterol)等。而动物中的甾醇称为动物固醇(zoosterol)，其中最重要的就是胆固醇(cholesterol)及其衍生物。真菌和原生动物中也存在着代表性的甾醇，如麦角固醇(ergosterol)(参见第四章图4-7)。

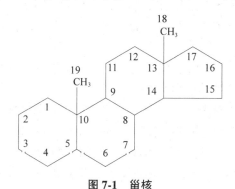

图7-1 甾核

2. 萜类化合物(terpene)和类萜(terpenoid)

萜类是种类繁多的一大类化合物，它们的碳骨架可以看成若干异戊二烯(isoprene，

$$H_2C{=}CH-\overset{\overset{\displaystyle CH_2}{\|}}{C}-CH_3$$

)结构单位首尾相连而成，并可形成环状。根据所含异戊二烯的数目，萜可分为单萜、倍半萜、双萜、三萜和多萜等，每个异戊二烯结构单位为半萜。它们具有不同的饱和度。类萜是在萜类的基础上包含其他官能团，许多是含氧官能团。萜类和类萜是植物最大的一类次生代谢物质，如叶绿醇(phytol)、胡萝卜素(carotene)、玉米黄素

(zeaxanthin)、赤霉酸(gibberellic acid)以及天然橡胶等。

二、脂质的生理功能

脂质在生物体中的生理功能可归纳为以下3个方面：

(一) 氧化供能和能量贮备

油脂是氧化供能和细胞内长期贮备能量的物质，多贮存于脂肪细胞(adipocyte)中。每克油脂彻底氧化时释放的能量约39.75 kJ/g，约为糖氧化时释放能量(17.15 kJ/g)的2倍多；并且油脂是疏水物质，不与水结合，因此，与相同质量的糖类相比，油脂所占体积要小得多。可见，作为细胞内贮能物质，油脂比碳水化合物有更大的优越性。而且，和碳水化合物相比，油脂分子中含氧原子数较少而含氢较多，所以，相同数目碳原子的油脂和糖被彻底氧化时，油脂产生水的分子数也较多。这种通过自身代谢而产生的水(metabolic water)，可以部分地补偿生物体对水分的需求，如可帮助增强植物的抗旱性，为冬眠动物提供生存保障。

(二) 脂质是细胞的重要组成成分

第四章中已经提到，脂质，包括磷脂、糖脂和固醇类是构成生物膜的骨架物质；若按干物质计算，脂质约占膜质量的25%~40%。叶绿体的类囊体膜上存在一系列的补光复合体(色素蛋白)，需要结合类胡萝卜素等作为辅因子才能正常参与光合作用中光能的吸收与传递。此外，磷脂的分子中既具有极性的磷酰基，又有非极性的脂酰基，具有"两亲性"(amphiphilicity)，具备了充当乳化剂的条件。所以，磷脂是体内良好的乳化剂，参与油脂的乳化过程，有助于油脂在细胞的水相环境中顺利运输，或参加代谢反应。另外，卵磷脂中具有活性甲基，是细胞内进行甲基化作用的甲基供体之一。覆盖在植物表皮细胞外面的蜡层，使极性分子和水溶液不易黏附在上面，也不易透入细胞，故能有效地减少植物细胞的蒸腾作用，并能防止水分或病原物入侵而对细胞起保护作用。

(三) 脂类的其他生理功用

在生物体内，脂质可转化成多种结构各异、功能多样的活性分子，在生命活动中发挥重要作用。例如，萜类在植物体中可作为一些外分泌物及许多小分子有机物合成的前体；固醇类分子可嵌入细胞膜中调节脂质双分子层的稳定，在动物体内可衍生出性激素、皮质激素、维生素D等活性物质；磷脂酰肌醇(phosphatidylinositol)被磷脂酶C(phospholipase C)水解产生的三磷酸肌醇和二酰甘油在细胞间信号传递过程中作为中间传递介质(第二信使)起作用。另外，植物体内所含有的一些多不饱和脂肪酸是人体不能合成的，需由膳食提供，这些脂质的缺乏将对人体代谢过程造成重要影响。

第二节 三酰甘油的降解

三酰甘油是生物体中最重要的长期能量贮存物质，当其用于供能时，先将3个酯键水解，产生1分子甘油和3分子脂肪酸，然后按不同途径分别转化或氧化降解。

一、三酰甘油的酶促水解

在脂肪细胞中一系列脂肪酶(lipase)的催化下，三酰甘油被水解为甘油和脂肪酸。胞质中存在 3 种脂肪酶，三酰甘油脂肪酶（adipose triacylglycerol lipase，ATGL）、激素敏感脂肪酶（hormone-sensitive lipase，HSL）和单酰甘油脂肪酶（monoacylglycerol lipase，MGL）分别作用于三酰甘油、二酰甘油和单酰甘油，依次水解一个酯键，释放一分子脂肪酸。

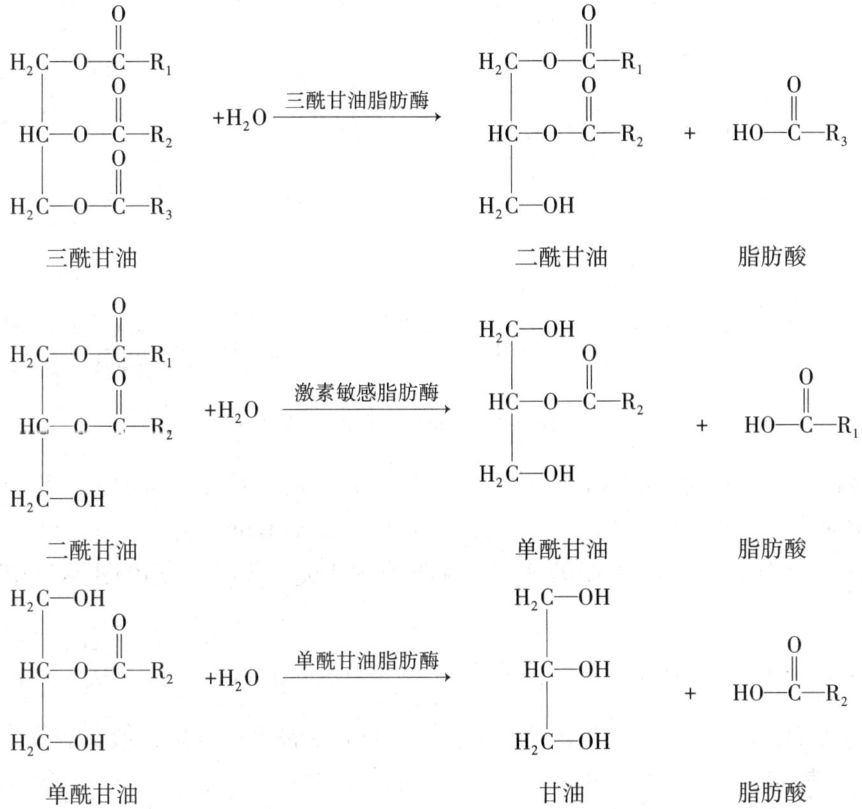

二、甘油的转化及降解

在甘油激酶（glycerol kinase）的催化下，甘油消耗 1 分子 ATP 生成甘油-3-磷酸（L-glycerol 3-phosphate）。甘油-3-磷酸即可在脂肪合成过程中与脂酰-CoA 作用重新合成三酰甘油（参见下一节），也可在磷酸甘油脱氢酶（glycerol 3-phosphate dehydrogenase）催化下，脱氢氧化成磷酸二羟丙酮（dihydroxyacetone phosphate，DHAP）。磷酸二羟丙酮可在磷酸丙糖异构酶的作用下，进一步转变成甘油醛-3-磷酸，进入糖代谢（参见第六章）。这样磷酸二羟丙酮既可沿糖异生途径转变为糖，也可沿糖酵解、三羧酸循环途径彻底氧化分解，转变为能量（图 7-2）。由此可见，甘油的代谢与糖代谢是紧密联系的。

三、脂肪酸的氧化分解

脂肪酸的进一步氧化分解有几个不同的途径，包括 β-氧化、α-氧化和 ω-氧化。其中，最主要的氧化方式是 β-氧化。

（一）脂肪酸的 β-氧化

1. 脂肪酸的活化与转运

在脂肪组织的脂肪细胞中被水解产生的脂肪酸进入血液，与清蛋白结合（albumin），

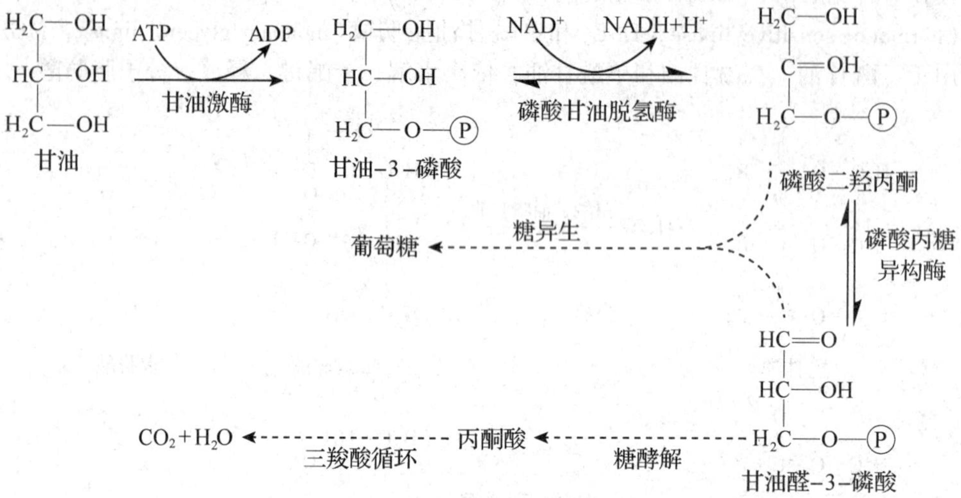

图 7-2 甘油降解转化过程

继而被运输进入肌细胞(myocyte)，在这里彻底氧化分解。首先，肌细胞细胞质中的脂肪酸需要被活化。活化反应由脂酰-CoA 合成酶(fatty acyl-CoA synthetase)催化，在 ATP 及 CoA 参与下，将脂肪酸转变为脂酰-CoA，ATP 释放 1 分子焦磷酸(PPi)生成 AMP：

$$R \cdot CH_2CH_2\overset{O}{\overset{\|}{C}}OH + ATP + HS-CoA \xrightleftharpoons{\text{脂酰-CoA 合成酶}} R \cdot CH_2CH_2\overset{O}{\overset{\|}{C}} \sim S-CoA + AMP + PPi$$

这一反应本是一个近平衡的可逆反应，但因焦磷酸被迅速分解，使反应最终成为不可逆反应；从能量上来说，反应中消耗了 2 个高能键，相当于 2 分子 ATP。生成的脂酰-CoA 属于硫酯键型高能化合物(参见第五章)。

碳原子数少于 12 的短链脂酰-CoA 能够直接穿过线粒体内膜进入线粒体。而其他长链的脂酰-CoA 无法直接进入线粒体，需要通过肉碱穿梭系统(carnitine shuttle)进入。首先，脂酰-CoA 和细胞质中的肉碱(carnitine)在线粒体外膜上的肉碱脂酰转移酶Ⅰ(carnitine acyltransferase Ⅰ，CAT Ⅰ)的作用下，转化成脂酰肉碱：

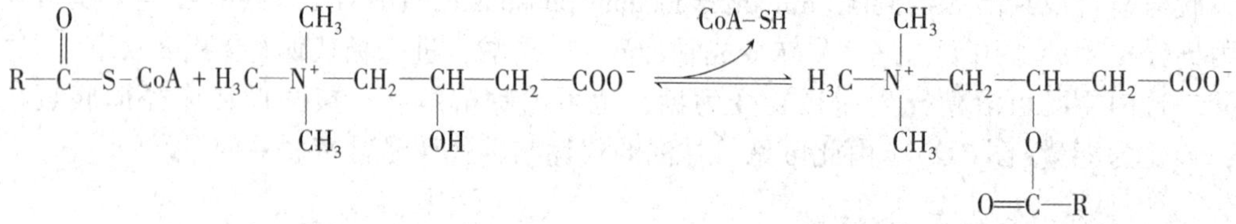

脂酰肉碱在脂酰肉碱/肉碱易位酶(acyl-carnitine/carnitine cotransporter)的作用下运输进线粒体基质。在线粒体基质内，脂酰肉碱被肉碱脂酰转移酶Ⅱ(carnitine acyltransferase Ⅱ，CAT Ⅱ)重新催化脂酰基转移，生成脂酰-CoA 和游离的肉碱。游离的肉碱再被脂酰肉碱/肉碱易位酶运输至线粒体外(图 7-3)。

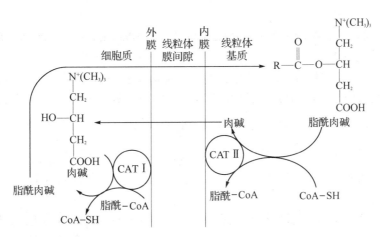

图 7-3 肉碱穿梭系统

2. β-氧化过程

β-氧化过程包括 4 个反应步骤，分别为氧化、水合、再氧化和硫解。

(1) 氧化(脱氢)

由脂酰-CoA 脱氢酶(acyl-CoA dehydrogenase)催化，将脂酰基的 α 碳和 β 碳各脱去一个氢，形成一个双键，生成 α,β-烯脂酰-CoA (反-Δ^2-烯脂酰-CoA，trans-Δ^2-enoyl-CoA)。脱去的质子和电子暂时转移至脂酰-CoA 脱氢酶的辅基 FAD，形成 $FADH_2$。然后，电子再依次转移给电子转移黄素蛋白(electron transfer flavoprotein，ETF)，再在电子转移黄素蛋白：泛醌氧化还原酶(electron transfer flavoprotein-ubiquinone oxidoreductase)的催化下将电子转移给 CoQ，从而进入呼吸链氧化生成水(参见第五章)。生物体内有 3 种脂酰-CoA 脱氢酶同工酶：长链脂酰-CoA 脱氢酶(very-long-chain acyl-CoA dehydrogenase，线粒体内膜蛋白，12~18 个碳原子)、中链脂酰-CoA 脱氢酶(medium-chain acyl-CoA dehydrogenase，线粒体基质蛋白，4~14 个碳原子)和短链脂酰-CoA 脱氢酶(short-chain acyl-CoA dehydrogenase，线粒体基质蛋白，4~8 个碳原子)，其主要区别是对底物链长的特异性不同。

$$R \cdot CH_2CH_2C(=O) \sim S\text{-CoA} \xrightarrow[\text{脂酰-CoA 脱氢酶}]{FAD \quad FADH_2} R\text{-CH=CH-C}(=O) \sim S\text{-CoA}$$

脂酰-CoA　　　　　　　　　　　　　α,β-烯脂酰-CoA

(2) 水合

由烯脂酰-CoA 水合酶(enoyl-CoA hydratase)催化，在 α,β-烯脂酰-CoA 的双键上加水，生成 L-β-羟脂酰-CoA(β-hydroxyacyl-CoA)，即羟基加在 β 位。此酶专一性较差，可催化多种烯脂酰-CoA 的水合反应。

$$R\text{-CH=CH-C}(=O) \sim S\text{-CoA} \xrightarrow[\text{烯脂酰-CoA 水合酶}]{H_2O} R\text{-CH(OH)-CH}_2\text{-C}(=O) \sim S\text{-CoA}$$

α,β-烯脂酰-CoA　　　　　　　　　　　　β-羟脂酰-CoA

(3) 再氧化(再脱氢)

由 L-β-羟脂酰-CoA 脱氢酶(β-hydroxyacyl-CoA dehydrogenase)催化,在 L-β-羟脂酰-CoA 的 β 碳上脱下两个氢,产生 β-酮脂酰-CoA(β-ketoacyl-CoA)。L-β-羟脂酰-CoA 脱氢酶只作用于 L-型羟脂酰-CoA。此步反应的受氢体为 NAD^+,反应完成后,生成 1 分子 NADH。NADH 可作为呼吸链复合体 I 的底物进入呼吸链氧化生成水(参见第五章)。

$$\underset{\text{β-羟脂酰-CoA}}{R-\overset{OH}{\underset{|}{CH}}-CH_2-\overset{O}{\underset{\|}{C}}\sim S-CoA} \xrightarrow[\text{β-羟脂酰-CoA 脱氢酶}]{NAD^+ \quad NADH+H^+} \underset{\text{β-酮脂酰-CoA}}{R-\overset{O}{\underset{\|}{C}}-CH_2-\overset{O}{\underset{\|}{C}}\sim S-CoA}$$

(4) 硫解

由 β-酮脂酰-CoA 酰基转移酶(acyl-CoA acetyltransferase)催化。该酶又称为硫解酶(thiolase)。在 CoA 的参与下,使 β-酮脂酰-CoA 的 α 碳和 β 碳断裂,而产生 1 分子乙酰-CoA,原 β 碳所在碳链与 CoA 结合,形成比原先缩短了两个碳原子的脂酰-CoA($n-2$)。

$$\underset{\text{β-酮脂酰-CoA}}{R-\overset{O}{\underset{\|}{C}}-CH_2-\overset{O}{\underset{\|}{C}}\sim S-CoA} \xrightarrow[\text{β-酮脂酰-CoA 硫解酶}]{HS-CoA} \underset{\substack{\text{脂酰-CoA}\\(\text{少两个碳})}}{R-\overset{O}{\underset{\|}{C}}\sim S-CoA} + \underset{\text{乙酰-CoA}}{H_3C-\overset{O}{\underset{\|}{C}}\sim S-CoA}$$

至此,第一轮反应结束。从反应流程可以看出,发生氧化的重要部位在脂酰-CoA 的 β 碳原子,因此,将这一过程称为 β-氧化(β-oxidation)。生成的 $n-2$ 个碳原子的脂酰-CoA 将继续重复 β-氧化过程,每次循环生成 1 分子乙酰-CoA 和 1 分子 $n-2$ 个碳原子的脂酰-CoA,直至把最初的长链脂酰-CoA 全转变为乙酰-CoA。以十六碳的软脂酸(palmitic acid,棕榈酸,16:0)为例,脂肪酸 β-氧化的总反应式可表示如下(助记小结 7-1):

软脂酸+ATP+7NAD^++8CoA-SH+7FAD+7H_2O ⟶ 8 乙酰-CoA+7$FADH_2$+7NADH+7H^++AMP+PPi

以上反应式包含了活化过程中的能量消耗。

3. β-氧化中的产物及能量计算

仍以软脂酸的 β-氧化为例,从以上反应过程可知,每一轮 β-氧化可生成 1 分子 $FADH_2$,1 分子 NADH,1 分子乙酰-CoA;每分子乙酰-CoA 经三羧酸循环及呼吸链而被完全氧化可释放 10 分子 ATP;$FADH_2$ 和 NADH 经呼吸链彻底氧化可分别产生 1.5 分子和 2.5 分子 ATP。软脂酸进行 7 次 β-氧化,共生成 8 分子乙酰-CoA,7 分子 $FADH_2$ 和 7 分子 NADH,从而可算出整个反应生成 ATP 的分子数,见表 7-1。

表 7-1 软脂酸氧化时的 ATP 产量

反应步骤	形成的产物	消耗或可生成的 ATP 数目
脂肪酸活化	脂酰-CoA	-2*
β-氧化中第一次脱氢	7$FADH_2$	7×1.5=10.5
β-氧化中第二次脱氢	7(NADH+H^+)	7×2.5=17.5
硫解	8 乙酰-CoA	8×10=80
合计		106

注:* 消耗 1 分子 ATP 中的两个高能键相当于消耗 2 分子 ATP。

对于含偶数碳原子的饱和脂肪酸，通过 β-氧化、三羧酸循环及呼吸链而彻底氧化为 CO_2 和 H_2O 时的 ATP 产量可按以下通式计算（设其碳原子数为 n）：

$$\text{ATP 数目} = \frac{n}{2} \times 10 + \left(\frac{n}{2} - 1\right) \times (1.5 + 2.5) - 2$$

已知软脂酸完全氧化时自由能的总变化为 $-9\,790.56$ kJ/mol，ATP 的水解自由能变化为 -30.54 kJ/mol，除 ATP 截获的这一部分能量外，其余以热的形式散去，因而总的能量利用率为

$$\frac{30.5 \times 106}{9\,790.56} \times 100\% \approx 33.02\%$$

动物脂肪酸的 β-氧化发生在线粒体，主要用于给宿主供能。而植物和大部分真菌的线粒体中不含有 β-氧化所需的酶类，因此，β-氧化发生在过氧化物酶体中（peroxisome），其目的不是供能，而是产生生物合成的前体物质。其具体过程类似，但不完全相同。例如，第一步脱氢反应，在线粒体中生成 $FADH_2$，然后电子继续通过呼吸链传递，并最终生成水。而在过氧化物酶体中，第一步也会产生 $FADH_2$，但是催化该反应的酶（黄素蛋白脂酰-CoA 氧化酶，flavoprotein acyl-CoA oxidase）最终会将电子和质子转移给氧分子，生成过氧化氢。这也是过氧化物酶体命名的由来。动物肝脏过氧化物酶体中的 β-氧化具有一定的偏好性，主要针对超长链脂肪酸（如二十六烷酸）或含有支链的脂肪酸[如植烷酸（phytanic acid）和降植烷酸（pristanic acid）]。将其链长变短后，如六碳的己酰-CoA，运输至线粒体进行 β-氧化。对于萌发的种子，一种特化的过氧化物酶体——乙醛酸循环体（glyoxysome）是该途径主要的细胞器。在过氧化物酶体和乙醛酸循环体中，产生的乙酰-CoA 不进入三羧酸循环氧化供能，而是通过乙醛酸循环进一步转变为磷酸己糖或蔗糖（参见下一节）。

（二）脂肪酸的 α-氧化

1956 年，P. K. Stumf 发现在植物种子和叶片的线粒体中，除 β-氧化作用外，还存在一类特殊的氧化途径，其氧化作用发生在游离脂肪酸的 α-碳原子上，故称为 α-氧化作用。α-氧化作用发生在过氧化物酶体，主要用于降解支链脂肪酸、奇数碳脂肪酸或过长链脂肪酸（碳原子数在 22 以上），现已证实人体内降解绿色蔬菜或反刍动物脂肪中带支链的植烷酸就是采用这一方式。

$$CH_3(CH_2)_nCH_2COOH \xrightarrow{\alpha-\text{氧化}} CH_3(CH_2)_nCOOH + CO_2$$

（三）脂肪酸的 ω-氧化作用

ω-氧化最关键的步骤是对脂肪酸的末端甲基（ω-端）直接氧化（多步反应），变成羧基，即生成 α,ω-二羧酸。该产物可以从两端同时进行 β-氧化，从而加速了脂肪酸的降解（助记小结 7-1）。一些特殊的微生物以脂质为主要碳源，为了提高分解效率，其进化出 ω-氧化作用。

这一氧化作用在脂肪酸代谢中不占主要地位，多见于十二碳以下脂肪酸的氧化，一般认为在植物体内可以用于合成在 ω-端带有其他基团（如羟基、羧基等）的化合物。目前，发现某些好氧性细菌能利用 ω-氧化分解长链烷烃或将其转变为可溶性物质，因而在环保方面受到重视，如可利用这样的细菌降解海面上的浮油，或在受控条件下分解某类塑料制品。

$$CH_3(CH_2)_n-COOH \rightarrow OH-CH_2(CH_2)_n-COOH \rightarrow HOOC-(CH_2)_n-COOH \rightarrow \beta\text{-氧化}$$
$$\quad\quad\quad\quad\quad\quad\quad\quad\quad \omega\text{-羟脂酸} \quad\quad\quad\quad\quad \alpha,\omega\text{-二羧酸}$$

(四)不饱和脂肪酸的氧化

不饱和脂肪酸氧化与饱和脂肪酸 β-氧化过程基本相同。生物不饱和脂肪酸分子中原有的双键,由于其构象和位置不适于作为烯脂酰-CoA 水合酶的底物,需要通过烯脂酰-CoA 异构酶改动双键位置及构型以形成 β-氧化的合适底物,然后通过 β-氧化来降解。对于多不饱和脂肪酸,还需要一种烯脂酰-CoA 还原酶参与,将反应中出现的二烯中间物还原为单烯中间物才能继续 β-氧化反应。

$$\text{单不饱和脂酸} \xrightarrow{\beta\text{-氧化}} \text{顺}\Delta^3\text{-烯脂酰-CoA} \xrightarrow{\text{烯脂酰-CoA 异构酶}} \text{反}\Delta^2\text{-烯脂酰-CoA} \longrightarrow \beta\text{-氧化}$$

$$\text{多不饱和脂酸} \xrightarrow{\beta\text{-氧化}} \text{反}\Delta^2,\text{顺}\Delta^4\text{-烯脂酰-CoA} \xrightarrow{\text{烯脂酰-CoA 还原酶}} \text{反}\Delta^3\text{-烯脂酰-CoA} \xrightarrow{\text{烯脂酰-CoA 异构酶}} \text{(上)}$$

(五)奇数碳脂肪酸的氧化

绝大多数脂肪酸的碳原子数都是偶数。但是奇数碳脂肪酸普遍存在于植物、反刍动物和海洋微生物中。这些奇数碳脂肪酸首先正常进行 β-氧化,至最后一轮时,产生 1 分子的乙酰-CoA 和丙酰-CoA。丙酰-CoA 需要 3 步反应生成琥珀酰-CoA 进入三羧酸循环(参见第六章)。第一步反应是丙酰-CoA 的羧基化。该步骤由丙酰-CoA 羧化酶(propionyl-CoA carboxylase)催化,生成 D-甲基-丙二酸单酰-CoA(D-methylmalonyl-CoA)。第二步反应是 D-甲基-丙二酸单酰-CoA 在甲基丙二酸单酰-CoA 消旋酶(methylmalonyl-CoA epimerase)催化下变成 L-甲基-丙二酸单酰-CoA。第三步反应是 L-甲基-丙二酸单酰-CoA 发生分子内重排,将羰基-CoA 基团与相邻甲基上的氢互换,转变成琥珀酰-CoA。该反应由甲基丙二酸单酰-CoA 变位酶(methylmalonyl-CoA mutase)催化。这步反应的重要辅基是 5′-脱氧腺苷钴胺素(5′-deoxyadenosylcobalamin),一种维生素 B_{12} 的衍生物(参见第三章)。

$$CH_3CH_2CO\sim CoA \xrightarrow[\text{(生物素)}]{ATP+CO_2 \quad ADP+Pi}_{\text{丙酰-CoA 的羧化酶}} \underset{\text{D-甲基-丙二酸单酰-CoA}}{\overset{COOH}{\underset{CO\sim S\text{-}CoA}{H-C-CH_3}}} \xrightleftharpoons[]{\text{消旋酶}} \underset{\text{L-甲基-丙二酸单酰-CoA}}{\overset{COOH}{\underset{CO\sim S\text{-}CoA}{H_3C-C-H}}} \xrightleftharpoons[(V_{B_{12}})]{\text{变位酶}} \underset{\text{琥珀酰-CoA}}{\overset{CH_2COOH}{CH_2CO\sim S\text{-}CoA}}$$

除了奇数碳脂肪酸外,一些氨基酸(如异亮氨酸、缬氨酸、苏氨酸和甲硫氨酸等)代谢生成的丙酸或丙酰基也可通过上述途径降解。

四、酮体

在人体或多数哺乳动物体肝内,乙酰-CoA 除了可以进入三羧酸循环被彻底分解外,还可能被缩合形成其他代谢物质,如乙酰乙酸(acetoacetate)、丙酮(acetone)和 D-β-羟基丁酸(D-β-hydroxybutyrate)。这 3 种物质被称为酮体(ketone bodies)。

当机体饥饿、禁食或某些病理状态(如糖尿病)时,人体内大量的脂肪酸被氧化。与此同时,为了维持血糖浓度的恒定,体内的糖异生途径非常活跃。三羧酸循环中的草酰乙酸转移至线粒体外侧，转变成磷酸烯醇式丙酮酸，进入糖异生途径。这就导致三羧酸循环受阻。而此时大量由脂肪酸 β-氧化产生的乙酰-CoA 因得不到氧化而大量积累，酮体就在这种情况下产生了。具体反应步骤如下（图7-4）：

①在硫解酶的作用下，2 分子的乙酰-CoA 缩合生成乙酰乙酰-CoA（acetoacetyl-CoA），并释放出 1 分子 CoA。

②乙酰乙酰-CoA 再与另 1 分子乙酰-CoA 进一步缩合生成 β-羟基-β-甲基戊二酸单酰-CoA（β-hydroxyl-β-methylglutaryl-CoA，HMG-CoA）。该反应由羟甲基戊二酸单酰-CoA 合酶（HMG-CoA synthase）催化（扩展阅读：知识窗7-1）。

③β-羟基-β-甲基戊二酸单酰-CoA 在 HMG-CoA 裂解酶（HMG-CoA lyase）的作用下生成乙酰乙酸和乙酰-CoA。

④乙酰乙酸可以在乙酰乙酸脱羧酶（acetoacetate decarboxylase）的催化下生成丙酮，也可以在 β-羟基丁酸脱氢酶（β-hydroxybutyrate dehydrogenase）的作用下生成 D-β-羟基丁酸（D-β-hydroxybutyrate）。

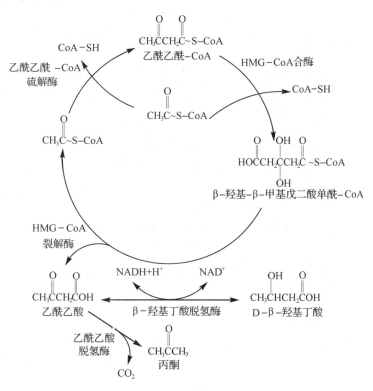

图 7-4 酮体的生成

酮体分子在肝外细胞中可以被进一步氧化分解，因此也是重要的能量供体。例如，D-β-羟基丁酸可以被 β-羟基丁酸脱氢酶氧化生成乙酰乙酸，而乙酰乙酸接受琥珀酰-CoA 的 CoA 基团，在 β-酮脂酰-CoA 酰基转移酶（β-ketoacyl-CoA transferase）的催化下生成乙酰乙酰-CoA，乙酰乙酰-CoA 在硫解酶的催化下发生硫解，将乙酰基转移给 CoA，生成 2 分子乙酰-CoA，进入 β-氧化途径。肝脏之所以无法利用酮体是因为其缺少 β-酮脂酰-CoA 酰基转移酶。

虽然酮体可作为能量供体物质,但是在一些特殊的疾病下,如糖尿病,因胰岛素含量不足,导致脂肪分解被动员,积累大量乙酰-CoA,而此时三羧酸循环中间代谢物质也不足,如草酰乙酸用于回补糖异生途径。因此,导致大量酮体的积累,可能导致血液和尿液中的酮体含量升高数十倍,即糖尿病酮酸症。

五、乙醛酸循环

乙醛酸循环(glyoxylate cycle)又称为乙醛酸途径,此途径只存在于植物、微生物、原生生物和极个别的动物,如线虫中。如前所述,乙醛酸循环在乙醛酸循环体内进行。在油料种子萌发时,脂肪酸水解产物乙酰-CoA 可以通过此途径将 2 分子乙酰-CoA 合成 1 分子琥珀酸。

(一)乙醛酸循环的反应历程

乙醛酸循环和三羧酸循环很相似,但也有不同,可以将乙醛酸循环看作三羧酸循环的分支。乙醛酸循环共 5 步反应(图 7-5),其中有两步关键反应与三羧酸循环有不同之处。

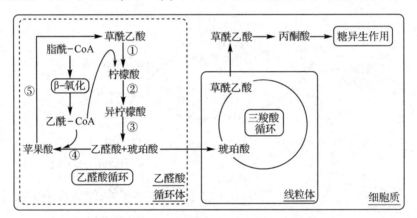

图 7-5 油料种子萌发时脂肪酸的代谢途径
①柠檬酸合酶;②顺乌头酸酶;③异柠檬酸裂解酶;④苹果酸合酶;⑤苹果酸脱氢酶

① 异柠檬酸在该途径中,被异柠檬酸裂解酶(isocitrate lyase)催化裂解为琥珀酸和乙醛酸:

$$\underset{\text{异柠檬酸}}{\begin{array}{c}H_2C-COOH\\HOOC-CH\\HO-C-COOH\\H\end{array}} \xrightarrow{\text{异柠檬酸裂解酶}} \underset{\text{琥珀酸}}{\begin{array}{c}H_2C-COOH\\H_2C-COOH\end{array}} + \underset{\text{乙醛酸}}{\begin{array}{c}O\quad O\\HC-C-OH\end{array}}$$

② 生成的乙醛酸与另 1 分子乙酰-CoA 在苹果酸合酶(malate synthase)的催化下,合成 1 分子的苹果酸:

$$\underset{\text{乙醛酸}}{HC-C-OH} + \underset{\text{乙酰-CoA}}{H_3C-C\sim S-CoA} \xrightarrow{\text{苹果酸合酶}} \underset{\text{苹果酸}}{HOOC-C-C-COOH} + CoA-SH$$

这两种酶只存在于乙醛酸循环体中，在线粒体中不存在。整体来看，乙醛酸循环中有 2 分子乙酰-CoA 的进入，其中 1 分子与草酰乙酸结合生成柠檬酸，另 1 分子与生成的乙醛酸合成苹果酸。总反应的结果是将 2 分子的乙酰-CoA 转变成 1 分子的琥珀酸。

(二) 产物琥珀酸的重要去路

生成的琥珀酸被运输到线粒体基质，进入三羧酸循环，生成草酰乙酸；苹果酸被运输至细胞质后，生成草酰乙酸，然后在磷酸烯醇式丙酮酸羧激酶的催化下转变为磷酸烯醇式丙酮酸，进入糖异生途径，合成单糖或蔗糖(图 7-5)。

(三) 乙醛酸循环的生物学意义

首先，在油料种子萌发时，种子中贮存的脂肪通过乙醛酸循环转变为糖，为种子萌发提供物质和能量的需要。乙醛酸循环是连接糖代谢和脂代谢的枢纽。该过程涉及脂肪水解、脂肪酸 β-氧化、乙醛酸循环、三羧酸循环和糖异生作用等多条代谢途径，总计通过乙醛酸循环体、线粒体和细胞质 3 个细胞部位来完成。随着油料种子的萌发，脂肪酸减少，糖量增加，一旦脂肪消耗完毕，种子真叶长出，乙醛酸循环消失。其次，微生物通过乙醛酸循环利用乙酸、乙酸盐为碳源，获得了能量和物质。

六、脂肪酸氧化的调节

脂酰-CoA 在细胞质生成后，有两个去路，既可以进入线粒体氧化分解，也可以重新再合成三酰甘油等脂质(参见下一节)，因此，脂肪酸的氧化分解需要严格的调控。其中，脂酰-CoA 向线粒体基质的转运是关键的调解位点。

当机体摄入大量糖分后，血糖升高，促进胰岛素分泌，继而激活胰岛素依赖型蛋白磷酸酶(insulin-dependent protein phosphatase)。该酶催化乙酰-CoA 羧化酶(acetyl-CoA carboxylase)去磷酸化，从而激活该酶活性。在乙酰-CoA 羧化酶的催化下，将乙酰-CoA 转化成丙二酸单酰-CoA(malonyl-CoA)(参见下一节)。丙二酸单酰-CoA 是脂肪酸合成过程中的第一个中间体，能够抑制肉碱脂酰转移酶 I 的活性，从而抑制脂肪酸进入线粒体，阻止脂肪酸降解。另外，线粒体中 β-氧化的相关酶也受调控。当 [NADH]/[NAD$^+$] 比例升高时(参见第十二章)，即意味着机体能量充足，L-β-羟脂酰-CoA 脱氢酶活性被抑制。高浓度的乙酰-CoA 也抑制硫解酶的活性。

当机体饥饿时，血糖下降，胰高血糖素(glucagon)释放，并激活蛋白激酶 A(protein kinase A)，从而催化乙酰-CoA 羧化酶的磷酸化，使其失活，阻断丙二酸单酰-CoA 的生成。肉碱脂酰转移酶 I 功能恢复，启动脂肪酸的氧化分解。另外，当 ATP 浓度升高时，也能激活 AMP 激酶(AMP kinase 或 AMP-activated protein kinase，AMPK)，该酶也能使乙酰-CoA 羧化酶磷酸化而失活。

第三节 三酰甘油的生物合成

本节主要介绍三酰甘油的合成。通常，动物体内会贮藏大量的三酰甘油，用于长期的能量保障，尤其是冬眠动物。人类可以在肝脏和肌肉组织中贮藏少量的脂肪用于短时间 (0~12 h) 的能量供应。如果食物摄入量超过日常所需能量消耗，人类会将其转化成脂肪贮存起来。植物通常在果实中贮藏脂肪。

一、甘油-3-磷酸的形成

甘油-3-磷酸可由两种方式合成。一种是在甘油激酶（glycerol kinase）催化下，由甘油与 ATP 直接作用生成：

$$\begin{array}{c} H_2C-OH \\ HC-OH \\ H_2C-OH \end{array} \xrightarrow[\text{甘油激酶}]{ATP \quad ADP} \begin{array}{c} H_2C-OH \\ HC-OH \\ H_2C-O-\text{P} \end{array}$$

甘油　　　　　　　　　　　甘油-3-磷酸

另一种是在甘油-3-磷酸脱氢酶（glycerol-3-phosphate dehydrogenase）催化下，由糖酵解的中间物磷酸二羟丙酮还原产生：

$$\begin{array}{c} H_2C-OH \\ C=O \\ H_2C-OPO_3^{2-} \end{array} \xrightleftharpoons[\text{甘油-3-磷酸脱氢酶}]{NADH+H^+ \quad NAD^+} \begin{array}{c} H_2C-OH \\ HC-OH \\ H_2C-O-\text{P} \end{array}$$

磷酸二羟丙酮　　　　　　　　　甘油-3-磷酸

但是，在动物体内，甘油-3-磷酸主要通过甘油异生途径（glyceroneogenesis）（图7-6）生成，即利用了上述第二种反应过程。该途径与糖异生途径比较相似，被认为一种精简版的糖异生途径（参见第六章），发生在肝脏和脂肪组织的细胞中，其中，脂肪组织中没有上述甘油激酶。

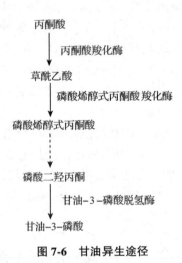

图 7-6　甘油异生途径

二、脂肪酸的生物合成

脂肪酸的合成（助记小结 7-2）主要有两种方式：一种从简单原料开始，即从头合成的途径，在动物体内，催化这一反应途径的相关酶存在于细胞质中，而植物中该酶系在叶绿体中；另一种是将已有的脂肪酸（从头合成的或从食物中吸收的）的碳链延长，称为延伸合成，不同生物中这一过程由不同的酶完成。

(一)饱和脂肪酸的从头合成途径

各种脂肪酸的从头合成途径中最基本的是饱和脂肪酸从头合成过程。反应发生在细胞质中，合成的原料是各种代谢过程产生的乙酰-CoA(主要是糖酵解产物丙酮酸脱羧过程产生的乙酰-CoA，参见第六章)，还有氨基酸降解产生的碳骨架继续降解产生的乙酰-CoA(参见第八章)，由磷酸戊糖途径(参见第六章)、苹果酸氧化脱羧反应以及光合作用的光反应等产生的 NADPH 提供还原力，并需 ATP 提供能量；催化合成反应过程的主要是两个酶系统：乙酰-CoA 羧化酶和脂肪酸合成酶系(fatty acid synthase，FAS)。

1. 参与合成反应的酶

(1)乙酰-CoA 羧化酶

在动物体内，乙酰-CoA 羧化酶是单链蛋白，具有 3 个结构域，分别为生物素羧化酶结构域(biotin carboxylase domain，BC)、羧基转移酶结构域(carboxyl transferase domain，CT)和生物素载体蛋白(biotin carboxyl carrier protein domain，BCCP)。BCCP 用于结合辅基生物素。而生物素羧化酶结构域负责结合碳酸氢根，并将其转运至生物素，即将生物素羧化；然后，羧化的生物素在羧基转移酶结构域的催化下将羧基转移给乙酰-CoA，生成丙二酸单酰-CoA。细菌中该酶为 3 个独立的亚基组成，每个亚基分别对应上述 3 个结构域的功能。

$$BCCP \xrightarrow[\text{生物素羧化酶}]{ATP\ CO_2 \quad ADP\ Pi} CO_2 \sim BCCP \xrightarrow{乙酰\text{-}CoA \quad BCCP} HOOC\text{-}\underset{H_2}{C}\text{-}\overset{O}{\underset{\|}{C}}\text{-}CoA$$
$$\text{丙二酸单酰-CoA}$$

(2)脂肪酸合成酶系

目前，将生物体中已发现的脂肪酸合成酶系分为两种类型，I 型存在于动物和酵母细胞中；II 型存在于植物和多数细菌中。它们都催化基本相同的反应过程，只是结构上有差异。

动物中的 FAS I 是一个分子质量极大的单链多功能蛋白，该蛋白有 6 个活性中心和 1 个酰基载体蛋白(acyl carrier protein，ACP)结构域。6 个活性中心均具有活性，分别是丙二酸单酰/乙酰-CoA：ACP 转移酶(malonyl/acyl-CoA-ACP transferase，MAT)、β-酮脂酰-ACP 合酶(β-ketoacyl-ACP synthase，KS)、β-酮脂酰-ACP 还原酶(β-ketoacyl-ACP reductase，KR)、β-羟脂酰-ACP 脱水酶(β-hydroxyacyl-ACP dehydratase，DH)、β-烯脂酰-ACP 还原酶(β-enoyl-ACP reductase，ER)和硫酯酶(thioesterase，TE)。ACP 结构域负责连接丁酰基、己酰基、辛酰基等反应过程中产生的酰基基团，还可以接受来自乙酰-CoA 和丙二酸单酰-CoA 的酰基，并将这些基团不断地向 6 个活性中心依次传递，使反应顺利进行，且不释放中间产物。因此，ACP 相当于反应过程的一个公共载体，也可以称为指导整个循环顺利完成的机械臂。动物体内完整的 FAS I 包括两条上述肽链，因此，是一个同源二聚体。而酵母的 FAS I 稍有不同，由两条不同肽链(α-亚基和 β-亚基)组成，其中 α-亚基含有 3 个酶的活性中心，β-亚基含有另外 4 个酶的活性中心。将 7 个酶的功能聚集在一起，有利于更高效地催化脂肪酸合成。

植物和细菌中是 FAS II，该酶系的 6 个酶和 ACP 处于游离状态，且其产物不仅限于软脂酸，还可以是其他长度的饱和脂肪酸、不饱和脂肪酸、分支的甚至羟化的脂肪酸。

2. 乙酰-CoA 的转运

脂肪酸合成的原料乙酰-CoA 可从丙酮酸脱羧、外源脂肪酸 β-氧化或氨基酸降解等代谢过程中获得，这些代谢反应都是在线粒体基质中进行，而脂肪酸合成则发生在细胞质中。乙酰-CoA 不能任意穿过线粒体内膜到细胞质中，而是需要通过一个称为"柠檬酸穿梭"的循环途径来转运。

柠檬酸穿梭过程如下：线粒体中的乙酰-CoA 先与草酰乙酸结合形成柠檬酸（参见第六章），然后，由三羧酸载体蛋白（tricarboxylate carrier protein，也称为三羧酸转运蛋白 tricarboxylate transport protein 或柠檬酸转运蛋白 citrate transport protein）转运过膜，再由膜外柠檬酸裂解酶裂解（citrate lyase）催化，重新生成草酰乙酸和乙酰-CoA。该反应消耗 1 分子的 ATP。生成的草酰乙酸又被苹果酸脱氢酶（malate dehydrogenase）还原成苹果酸。苹果酸有两个去路。一是在苹果酸酶（malic enzyme）的催化下，经氧化脱羧产生 CO_2、NADPH 和丙酮酸，丙酮酸经丙酮酸转运蛋白进入线粒体后，在丙酮酸羧化酶催化下形成草酰乙酸（参见第六章），又可参与乙酰-CoA 的转运；NADPH 还可用于脂肪酸合成中的还原反应（图7-7）。苹果酸的另一个去路是直接通过线粒体内膜上的苹果酸-α-酮戊二酸转运蛋白（malate-α-ketoglutarate transporter）直接进入线粒体，并进入三羧酸循环，生成草酰乙酸，继续参与乙酰-CoA 的转运。

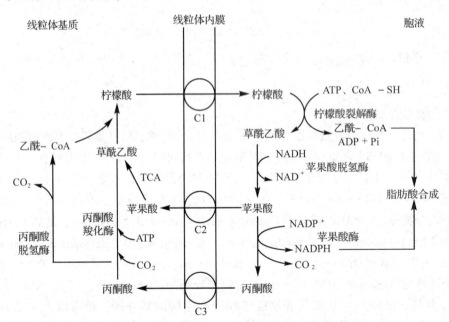

图 7-7 柠檬酸穿梭过程

C1 是三羧酸载体蛋白；C2 是苹果酸-α-酮戊二酸转运蛋白；C3 是丙酮酸转运蛋白

3. 乙酰-CoA 的活化

乙酰-CoA 不能直接参与脂肪酸合成反应，需要先进行活化，其活化形式就是在乙酰-CoA 羧化酶的催化下羧化形成丙二酸单酰-CoA：

$$\text{H}_3\text{C}-\overset{\overset{\text{O}}{\|}}{\text{C}} \sim \text{S-CoA} + \text{ATP} + \text{CO}_2 \xrightarrow{\text{乙酰-CoA 羧化酶}} \text{HOOC}-\text{CH}_2-\overset{\overset{\text{O}}{\|}}{\text{C}} \sim \text{S-CoA} + \text{ADP} + \text{Pi}$$

乙酰-CoA   丙二酸单酰-CoA

该反应是脂肪酸合成的限速步骤。值得注意的是,该酶的催化机理与前述丙酮酸羧化酶(参见第六章)和丙酰-CoA 羧化酶(参见本章三酰甘油降解相关内容)一样。

4. 脂肪酸从头合成反应过程

在整个脂肪酸合成反应过程中,以丙二酸单酰-CoA 的形式提供碳原子,经历 4 个反应完成一个循环,即缩合、还原、脱水、再还原。每完成一个循环,产物增加 2 个碳原子。第一个循环中接受二碳单位的受体是乙酰-CoA。这个乙酰-CoA 要先与酰基载体蛋白结合后才能参与反应,本书将这一过程称为脂肪酸从头合成反应的起始。

(1) 反应的起始

由丙二酸单酰/乙酰-CoA:ACP 转移酶催化,将乙酰-CoA 中的乙酰基转移到 ACP 的巯基上,形成乙酰-ACP:

$$\text{H}_3\text{C}-\overset{\overset{\text{O}}{\|}}{\text{C}} \sim \text{S-CoA} + \text{HS-ACP} \xrightarrow{\text{丙二酸单酰/乙酰-CoA:ACP 转移酶}} \text{H}_3\text{C}-\overset{\overset{\text{O}}{\|}}{\text{C}} \sim \text{S-ACP} + \text{HS-CoA}$$

乙酰-CoA   乙酰-ACP

ACP 分子中有一分子的辅基,即 4′-磷酸 泛酰巯基乙胺(4′-phosphate pantetheine),该结构也是 CoA 的主要组成部分(图 7-8)。因此,两者关键官能团一致,都是巯基,用于结合酰基。乙酰基并不一直保留在 ACP 上,而是在 β-酮脂酰-ACP 合酶催化下,立即转到该酶的半胱氨酸残基上,使 ACP 空载:

$$\text{H}_3\text{C}-\overset{\overset{\text{O}}{\|}}{\text{C}} \sim \text{S-ACP} + \text{HS-E} \longrightarrow \text{H}_3\text{C}-\overset{\overset{\text{O}}{\|}}{\text{C}} \sim \text{S-E} + \text{HS-ACP}$$

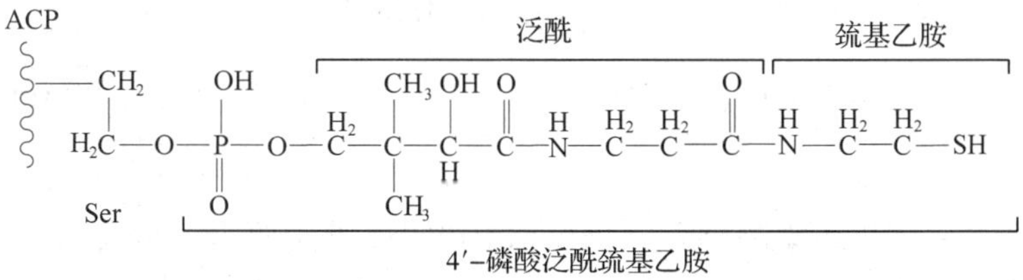

乙酰-ACP

图 7-8 磷酸泛酰巯基乙胺与 ACP 的结合示意图

这一反应是整个合成反应的起始,乙酰基成为最终产物中 ω-端的基团。

(2) 缩合反应

首先,由丙二酸单酰/乙酰-CoA:ACP 转移酶催化,将丙二酸单酰-CoA 的丙二酸单酰基转到 ACP 上,生成丙二酸单酰-ACP,释放 CoA;再由上述 β-酮脂酰-ACP 合酶催化,将该酶上所连的乙酰基转移至丙二酸单酰 ACP 脱去羧基后的碳原子上,生成乙酰乙酰-ACP。脱去的羧基以 CO_2 的形式释放:

$$\text{HOOC—}\underset{\underset{H}{|}}{\overset{\overset{H}{|}}{C}}\text{—}\overset{O}{\overset{\|}{C}}\text{~S-CoA} + \text{HS-ACP} \underset{}{\overset{\text{丙二酸单酰/乙酰-CoA：ACP 转移酶}}{\rightleftharpoons}} \text{HOOC—}\underset{\underset{H}{|}}{\overset{\overset{H}{|}}{C}}\text{—}\overset{O}{\overset{\|}{C}}\text{~S-ACP} + \text{CoA-SH}$$

丙二酸单酰-CoA　　　　　　　　　　　　　　丙二酸单酰-ACP

$$\text{HOOC—}\underset{\underset{H}{|}}{\overset{\overset{H}{|}}{C}}\text{—}\overset{O}{\overset{\|}{C}}\text{~S-ACP} + \text{H}_3\text{C—}\overset{O}{\overset{\|}{C}}\text{~S-E} \underset{}{\overset{\text{β-酮脂酰-ACP 合酶}}{\rightleftharpoons}} \text{H}_3\text{C—}\overset{O}{\overset{\|}{C}}\text{—}\underset{\underset{H}{|}}{\overset{\overset{H}{|}}{C}}\text{—}\overset{O}{\overset{\|}{C}}\text{~S-ACP} + \text{HS-E} + \text{CO}_2$$

丙二酸单酰-ACP　　　　　　　　　　　　　　乙酰乙酰-ACP

释放的 CO_2 就是反应的起始阶段乙酰-CoA 羧化时连接的 CO_2，其没有掺入脂肪酸中。羧基的加入，能够使丙二酸单酰基中的第二位碳原子(次甲基)活化。当缩合进行时，这个羧基以 CO_2 的方式释放，乙酰基接替该羧基的位置，与这个次甲基缩合，生成乙酰乙酰-ACP。

(3) 还原反应

由 β-酮脂酰-ACP 还原酶催化，由 NADPH 提供还原力，使乙酰乙酰-ACP 中的 β-酮基还原为 β-羟基，生成 D-β-羟基丁酰-ACP：

$$\text{H}_3\text{C—}\overset{O}{\overset{\|}{C}}\text{—}\overset{H_2}{C}\text{—}\overset{O}{\overset{\|}{C}}\text{~S-ACP} \underset{\text{β-酮脂酰-ACP 还原酶}}{\overset{\text{NADPH+H}^+ \quad \text{NADP}^+}{\rightleftharpoons}} \text{H}_3\text{C—}\underset{\underset{H}{|}}{\overset{\overset{OH}{|}}{C}}\text{—}\overset{H_2}{C}\text{—}\overset{O}{\overset{\|}{C}}\text{~S-ACP}$$

乙酰乙酰-ACP　　　　　　　　　　　　　　　β-羟基丁酰-ACP

(4) 脱水反应

由 β-羟脂酰-ACP 脱水酶催化 D-β-羟基丁酰-ACP 在 α-、β-碳间脱水形成一个双键，即生成反式-α,β-烯丁酰-ACP：

$$\text{H}_3\text{C—}\underset{\underset{H}{|}}{\overset{\overset{OH}{|}}{C}}\text{—}\overset{H_2}{C}\text{—}\overset{O}{\overset{\|}{C}}\text{~S-ACP} \underset{\text{β-羟脂酰-ACP 脱水酶}}{\overset{\text{H}_2\text{O}}{\rightleftharpoons}} \text{H}_3\text{C—}\underset{\underset{H}{|}}{C}\text{=}\overset{H}{C}\text{—}\overset{O}{\overset{\|}{C}}\text{~S-ACP}$$

β-羟基丁酰-ACP　　　　　　　　　　　　　　β-烯丁酰-ACP

(5) 第二次还原反应

由 β-烯脂酰-ACP 还原酶催化，仍由 NADPH 提供还原力，将反式-α,β-烯丁酰-ACP 还原为丁酰-ACP：

$$\text{H}_3\text{C—}\underset{\underset{H}{|}}{\overset{\overset{H}{|}}{C}}\text{=}C\text{—}\overset{O}{\overset{\|}{C}}\text{~S-ACP} \underset{\text{烯脂酰-ACP 还原酶}}{\overset{\text{NADPH+H}^+ \quad \text{NADP}^+}{\rightleftharpoons}} \text{H}_3\text{C—}\overset{H_2}{C}\text{—}\overset{H_2}{C}\text{—}\overset{O}{\overset{\|}{C}}\text{~S-ACP}$$

β-烯丁酰-ACP　　　　　　　　　　　　　　　丁酰-ACP

经过从反应(2)到反应(5)的一轮循环，一个二碳单位(由丙二酸单酰-CoA 提供)连接到最初的乙酰-ACP，并最终被还原为多了两个碳原子的脂酰基(如上所述，第一个循环是丁酰基)。反应进入第二个循环,再按照(1)中的反应,在 β-酮脂酰-ACP 合酶催化下,将丁酰-ACP 的丁酰基转移至 β-酮脂酰-ACP 合酶的半胱氨酸残基上,使 ACP 空载,从而可用于(2)到(5)的下一轮循环。注意,该轮循环的反应(2)是将丁酰基转移到新进入的丙二酸单酰-ACP 的 α-碳原子上,生成六碳的己酰乙酰-ACP。依此类推,经过七轮循环就可以合成出一个含十六碳的软脂酰-ACP。整个反应过程如图 7-9 所示。

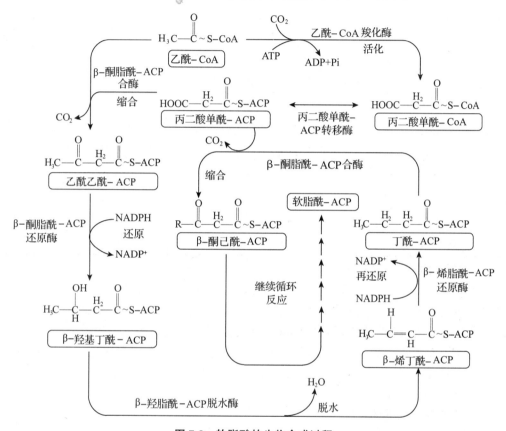

图 7-9 软脂酸的生物合成过程

在硫酯酶的催化下,软脂酰基从 ACP 上水解下来,成为游离的软脂酸,转运到适当的细胞部位后,再由硫激酶(thiokinase)催化,与 CoA 结合成软脂酰-CoA,用于三酰甘油或其他脂质的合成。释放出的脂肪酸合成酶系又可以用于下一个脂肪酸的合成。

5. 脂肪酸从头合成的消耗及产物计算

以合成软脂酸为例,每合成 1 分子软脂酸,需要将 7 分子乙酰-CoA 活化为丙二酸单酰-CoA,消耗 7 分子 ATP,另 1 分子乙酰-CoA 不需活化,直接参与合成;每增加一个二碳单位,需 2 分子 NADPH 用于还原,共消耗 14 分子 NADPH,故可将软脂酸合成的总反应式写为

8乙酰-CoA+7ATP+14NADPH+14H$^+$ ——→软脂酸+14NADP$^+$+8CoA-SH+7ADP+7Pi+6H$_2$O

6. 脂肪酸氧化与合成过程的比较

脂肪酸合成途径与脂肪酸降解即 β-氧化的异同可归纳为表 7-2。

表 7-2　软脂酸($n=16$)合成与分解代谢的比较

比较项	β-氧化	脂肪酸合成
发生场所	动物：线粒体 植物：过氧化物酶体或乙醛酸循环体	动物：细胞质 植物：质体
酰基载体	CoA	ACP
基本单元	乙酰-CoA	丙二酸单酰-CoA
氧化还原物质	$+[(n/2)-1]$ NADH(动物) $+[(n/2)-1]$ FADH$_2$(动物)	$-[n-2]$ 个 NADPH
中间产物立体结构	L-，反式	D-，反式
关键反应过程	氧—水—氧—裂	缩—还—脱—还
跨膜转运	肉碱转运系统(脂酰-CoA)	柠檬酸穿梭系统(乙酰-CoA)
方向	羧基→ω 位	ω 位→羧基
循环数	$(n/2)-1$	$(n/2)-1$
ATP 变化	$+[7n-6]$	$-[(n/2)-1]$

(二) 饱和脂肪酸链的延长

软脂酸(16∶0)是动物细胞 FAS Ⅰ 系统合成的最终产物。如果需要更长的饱和脂肪酸，需要将其转运至光滑内质网和线粒体，由脂肪酸延长系统(fatty acid elongation system)负责延伸。期间，软脂酸需要重新转换成棕榈酰-CoA，然后仍然由丙二酸单酰-CoA 提供二碳单位，再经历前述脂肪酸合成的 4 步反应，即缩合—还原—脱水—再还原，生成硬脂酸(stearate, 18∶0)。值得注意的是，在脂肪酸延长系统中，不使用 ACP 作为载体。植物可以利用自身的 FAS 系统直接合成至硬脂酰-ACP(18∶0)。

(三) 不饱和脂肪酸的合成

软脂酸(16∶0)和硬脂酸(18∶0)是合成多种不饱和脂肪酸，甚至更长链不饱和脂肪酸的直接前体。在动物体内，脂酰-CoA 去饱和酶(fatty acid desaturase)催化两种饱和脂肪酸的 C_9 和 C_{10} 的碳碳单键脱氢，生成双键，产物分别为棕榈油酸[16∶1(Δ^9)]和油酸[18∶1(Δ^9)]。该反应发生在光滑内质网，由 NADPH 提供还原力。在植物体内，亚油酸由去饱和酶(stearoyl-ACP desaturase, SCD)催化。值得注意的是，哺乳动物无法在大于 10 个碳原子的碳链中产生不饱和键，这就意味着其无法合成亚油酸[linoleate, 18∶2($\Delta^{9,12}$)](ω-6 不饱和脂肪酸)和亚麻酸[α-linolenate, 18∶3($\Delta^{9,12,15}$)](ω-3 不饱和脂肪酸)。而这两种多不饱和脂肪酸(polyunsaturated fatty acids)是多种长链不饱和脂肪酸的前体，因此，哺乳动物需要从食物中摄取这类不饱和脂肪酸，我们将其称为必需脂肪酸。动物通过食物摄入的亚油酸可用于继续合成 γ-亚油酸(γ-linolenate)、二十碳三烯酸(eicosatrienoic acid)和花生四烯酸[arachidonate, 20∶4($\Delta^{5,8,11,14}$)](扩展阅读：知识窗 7-2)。亚麻酸可以用于合成二十碳五烯酸[eicosapentaenoic acid, EPA, 20∶5($\Delta^{5,8,11,14,17}$)]和二十二碳六烯酸[docosahexaenoic acid, DHA, 22∶6($\Delta^{4,7,10,13,16,19}$)]，与哺乳动物不同，植物可以合成 ω-6 和 ω-3 不饱和脂肪酸。

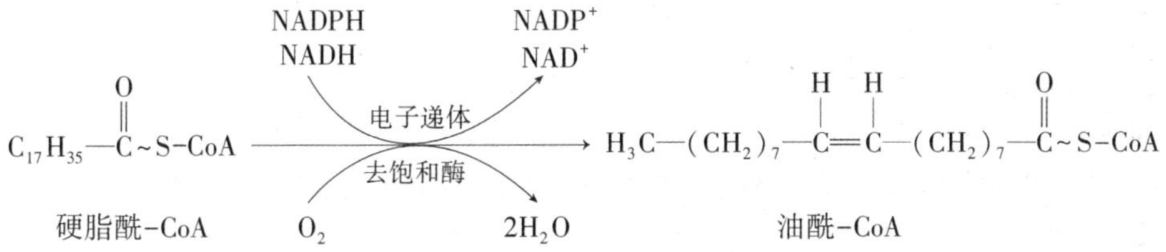

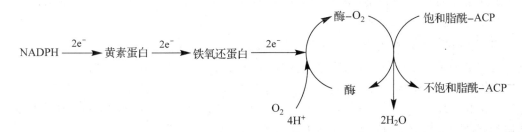

在植物体中，相应的氧化去饱和酶已在大豆种子、菠菜叶绿体和花椰菜花序等组织内发现，它是游离存在于细胞质中的可溶性酶，专一地要求脂酰-ACP 作为底物，对脂酰-CoA 不起作用并要求黄素蛋白（flavodoxin）和铁氧还蛋白（ferredoxin）代替上述两种递电子体。它催化的反应如下：

植物体内含两个或更多双键的多烯不饱和脂肪酸，如亚油酸、亚麻酸和花生四烯酸等，也可在去饱和酶的作用下逐步去饱和而形成，但底物不是游离的饱和脂肪酸，而是在内质网膜上至少含一个双键的磷脂中的脂肪酸。

大部分生物体内，低温环境可促进饱和脂肪酸转变为不饱和脂肪酸。有些生物在低温环境下，脂肪酸去饱和作用的酶浓度提高，不饱和脂肪酸进入脂肪的速度提高。不饱和脂肪酸的熔点低于饱和脂肪酸，所以增加不饱和脂肪酸浓度有利于维持细胞膜的流动性，这是一种对保持细胞总脂熔点低于环境温度的适应性。

（四）NADPH 的来源

从脂肪酸的合成过程来看，无论是饱和脂肪酸的从头合成、延长反应，还是不饱和脂肪酸的合成，都需要 NADPH 作还原剂，因此，NADPH 来源的问题必须予以充分考虑。在生物体内，它的来源主要有两条途径：

①糖代谢的磷酸戊糖途径产生的 NADPH 是胞浆中 NADPH 的主要来源。糖代谢和脂肪酸代谢也通过这一关系而互相联系。尤其因为线粒体不能迅速氧化外源性的 NADPH，通过脂肪酸合成使 $NADP^+$ 得到再生，对保证磷酸戊糖途径顺利进行有着重要的生物学意义。

②NADPH 的另一个来源是柠檬酸穿梭（图 7-7）。反应中以 $NADP^+$ 作为受氢体，形成 NADPH。既使细胞质中 NAD^+ 得到再生，保证糖酵解过程的顺利进行，又产生了 NADPH，为脂肪酸的合成提供了还原剂。

实验表明，动物体内，两种途径各为脂肪酸合成提供约 50% 的 NADPH。植物体内，光合作用的光反应能够为脂肪酸合成提供充足的 NADPH。

三、脂肪酸合成的调节

脂肪酸合成也受到严格的调控。当细胞的代谢燃料，例如糖，超过需要量时，会将它们转化为脂肪酸，进而转化为脂肪。脂肪酸合成的限速酶是乙酰-CoA 羧化酶（acetyl-CoA carboxylase）。在动物体内，这个酶属于别构酶，同时也受到共价修饰调控。

1. 别构调节

脂肪酸的合成产物软脂酰-CoA 对该酶具有反馈抑制作用，而柠檬酸是该酶的别构激活剂。当线粒体中乙酰-CoA 和 ATP 含量升高时，柠檬酸被排出线粒体，在细胞质中激活乙酰-CoA 羧化酶，加速脂肪酸的合成。有趣的是，柠檬酸还是磷酸果糖激酶 I 的抑制剂。这样可以在加速脂肪酸合成的同时，减缓糖的分解代谢。在植物体内，该酶的别构激活剂是叶绿体基质的 pH 值和 Mg^{2+} 浓度，即 pH 值和 Mg^{2+} 浓度上升，激活；反之，抑制。

2. 共价修饰调节

当 AMP 浓度升高或者在胰高血糖素和肾上腺激素的调控下，乙酰-CoA 羧化酶被磷酸化，且解聚为单体，此时，对其激活剂柠檬酸不敏感，从而抑制了脂肪酸合成。如前所述，当机体摄入大量糖分后，血糖升高，促进胰岛素分泌，继而激活胰岛素依赖型蛋白磷酸酶（insulin-dependent protein phosphatase）。该酶催化乙酰-CoA 羧化酶去磷酸化，从而激活该酶活性。在植物体内，该酶不受共价修饰调控。

当然，脂肪酸合成的调控是复杂的，除了对限速酶活性的调控外，还有基因表达水平的调控。例如，当动物摄入大量脂质分子后，机体优先利用食物中的脂质，因此，多个脂质分子合成相关的基因表达抑制。

四、三酰甘油的合成

脂肪酸被合成后既可以用于进一步合成脂肪，即三酰甘油，也可以参与形成磷脂等其他脂质。合成三酰甘油的原料是甘油-3-磷酸和脂酰-CoA，前面已讲述过两者的生成方式。由脂肪酸合成酶系统和去饱和酶生成的都是脂酰-ACP 形式的脂肪酸，需要在硫酯酶和脂酰-CoA 合成酶（fatty acyl-CoA synthetase，与前述脂肪酸氧化分解过程中活化脂肪酸的酶一样）的作用下转变为脂酰-CoA：

$$脂酰-ACP + H_2O \xrightarrow{硫酯酶} 脂肪酸 + HS-ACP$$

$$脂肪酸 + HS-CoA + ATP \xrightarrow{硫激酶} 脂酰-CoA + AMP + PPi$$

三酰甘油合成时，甘油-3-磷酸先依次与 2 分子的脂酰-CoA 结合，生成磷脂酸（phosphatidic acid 或 phosphatidate）。这一过程是由酰基转移酶（acyltransferase）催化。接着，磷脂酸在磷脂酸磷酸酶（phosphatidic acid phosphatase）作用下将磷酸残基水解，生成二酰甘油。二酰甘油再与另 1 分子脂酰-CoA 结合，即形成三酰甘油。整个过程如图 7-10 所示。

三酰甘油的合成受多种激素调控，如胰岛素。胰岛素可以促进多余的糖向三酰甘油转化。糖尿病患者因胰岛素分泌或功能紊乱，无法正常地促进脂肪的积累；相反，如果饮食不科学还会导致脂肪酸加速分解，最终表现为酮体的积累和体重下降。

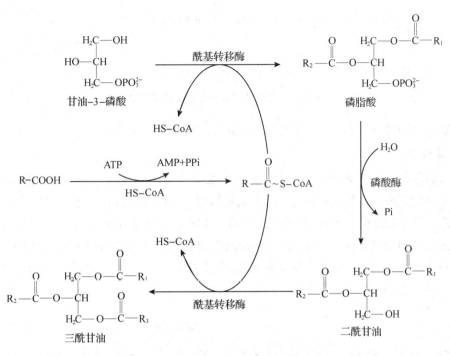

图 7-10 三酰甘油的合成过程

五、磷脂的代谢

磷脂和鞘磷脂是生物膜的主要组成成分，细胞中也在不断进行两种脂质的合成与降解，以维持膜的正常生理活动。

(一) 磷脂的合成

磷脂通常在光滑内质网(smooth ER)和线粒体内膜上合成。其合成途径与前述三酰甘油不同，但有多个共同点：①先合成骨架，如甘油和鞘氨醇；②向骨架上连接脂肪酸；③加入极性头部；④运输至高尔基体进行相应的修饰，如更换某个脂肪酸链，最后运输至细胞目的部位执行功能。

1 甘油磷脂

甘油磷脂主要在磷脂酸的基础上合成。磷脂酸(图 7-11)是脂酰甘油的活化形式，两个脂肪酸链分别位于 α-磷酸甘油的 C_1 和 C_2 位。随后，生物有两种方式将磷酸基团和极性头部加到 C_3 位。

一种是先将磷脂酸与 1 分子 CTP 的 β-磷酸形成磷酸酯键，其产物称为 CDP-二酰甘油(CDP-diacylglycerol)；然后，极性头部分子，如胆碱、乙醇胺等的活性羟基对 α-磷酸进行亲核攻击，生成另一个磷酸酯键，并脱去 1 分子的 CMP，最终产生完整的磷脂分子，如磷脂酰胆碱或磷脂酰乙醇胺。

另一种是极性头部先与 CTP 的 β-磷酸以酯键结合，然后与二酰甘油的 C_3 位发生反应，并脱去 1 分子的 CMP，生成磷脂分子。

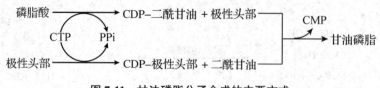

图 7-11 甘油磷脂分子合成的主要方式

动物中这两种方式都存在,而细菌中主要利用第一种方式生成磷脂。

2. 鞘磷脂

与甘油磷脂不同,鞘磷脂的主要骨架是鞘氨醇(sphingosine)。这类分子合成的主要过程是:①由丝氨酸和软酯酰-CoA 合成二氢鞘氨醇(sphinganine);②再向二氢鞘氨醇的氨基上连接 1 分子脂肪酸,形成 N-脂酰二氢鞘氨醇(N-acylsphinganine);③N-脂酰二氢鞘氨醇脱氢生成神经酰胺(ceramide);④神经酰胺的 C_1 位羟基接受来自磷脂分子中的极性头部,如磷脂酰胆碱的胆碱基团,生成鞘磷脂(图 7-12)。其中,前 3 步发生在内质网,最后的极性头部的连接发生在高尔基体。

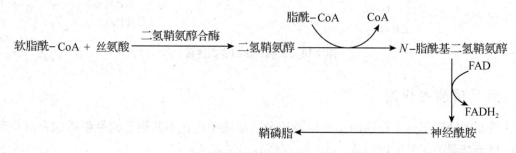

图 7-12 鞘磷脂分子合成的主要方式

糖脂的合成与磷脂类似,只是最后连接至骨架分子 C_1 的是糖基,而不是磷酸基团;糖基与脂质分子的连接键是糖苷键;糖分子的供体是 UDP 活化的,如 UDP-葡萄糖或 UDP-半乳糖等。

(二)磷脂的分解

生物体内,磷脂的分解主要依靠磷脂酶(phospholipase)来分解。磷脂酶是一个非常庞大的家族,主要分为四大类。其分类依据主要是水解部位的差异(图 7-13)。磷脂酶 A 主要水解甘油磷脂 sn-1 位和 sn-2 位的酯键,分别命名为磷脂酶 A_1(phospholipase A_1,PLA_1)和磷脂酶 A_2(phospholipase A_2,PLA_2)。磷脂酶 C(phospholipase C,PLC)主要水解 sn-3 位羟基与磷酸基团形成的磷酸酯键,生成二酰甘油和磷脂酰-X(X 表示胆碱、丝氨酸、乙醇胺和肌醇等分子)。而磷脂酶 D(phospholipase D,PLD)作用于甘油磷酸和 X 之间的酯键,生成磷脂酸和 X。磷脂酶 B 特异性较差,可以无差别地作用于甘油磷脂 sn-1 位和 sn-2 位的酯键,即同时具有 PLA_1 和 PLA_2 的活性。磷脂酶 B 也可以作用于这两个位点只有一个携带 R 基的分子,即溶血磷脂,其产物为甘油磷脂酰胆碱(glyceryl phosphorylcholine)和一分子的脂肪酸。

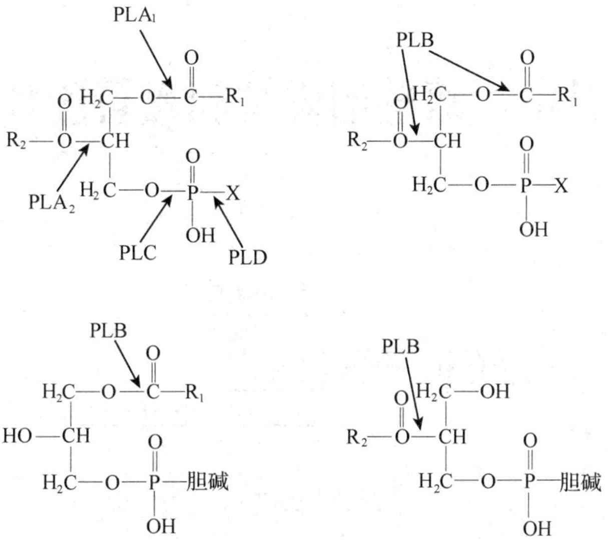

图 7-13　磷脂酶作用位点

思　考　题

1. 生物体内的脂质主要有哪些？它们主要具有哪些生理功能？
2. 简述脂肪酸的 β-氧化作用的主要过程。
3. 什么是乙醛酸循环？植物体内脂肪酸是怎样利用乙醛酸循环转化为糖的？
4. 试述饱和脂肪酸从头合成的主要过程。
5. 脂肪酸的 β-氧化与从头合成过程有什么异同点？
6. 甘油在植物细胞内是怎样代谢的？
7. 脂肪酸 β-氧化与从头合成的原料各是通过什么途径转运的？
8. 为什么脂肪酸 β-氧化产生的乙酰-CoA 不是脂肪酸合成的重要来源？
9. 计算 1 mol 甘油完全氧化分解为 CO_2 和 H_2O 时净生成的 ATP 数。
10. 计算 1 mol 软脂酸彻底氧化分解为 CO_2 和 H_2O 时净生成的 ATP 数。
11. 在脂肪酸生物合成中，乙酰-CoA 羧化酶的作用是什么？其活性是如何调控的？

第八章　核酸的降解和核苷酸代谢

【学习导图】

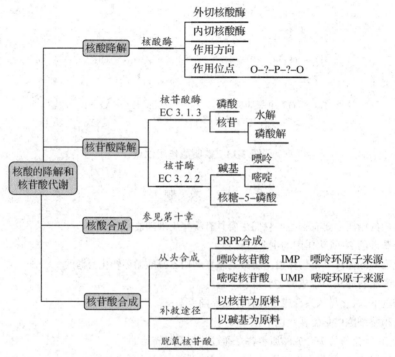

【学习要点】

掌握核酸降解的方式和主要酶类。此处要注意不同核酸水解酶作用于 3′,5′-磷酸二酯键的其中之一，且各不相同(仅作了解)。该知识点可对比蛋白质降解时，蛋白酶的作用位点(参见第九章)。

掌握核酸的基本单元核苷酸的降解方式及相关酶类。此处要注意部分核苷酶具有降解核苷酸的活性。为便于区别，导图中加入了 EC 编号(仅作了解)。

了解碱基的分解去路，体会两类碱基的差异。尝试参考第六章，复习核糖的代谢去路，将核苷酸代谢与糖代谢联系起来。

掌握核苷酸合成的两大途径(从头合成和补救途径)。从头合成途径重点体会两类碱基的差异，并明确环上主要原子的来源。补救途径有两种方式，要根据酶的有无，确定哪种方式更重要。

学习建议：本章相关名词容易混淆。建议按层次(如上面的学习导图)，归类对比学习。

第一节 核酸的酶促降解

在核酸酶(nuclease)的作用下,核酸中连接核苷酸的磷酸二酯键水解断裂产生寡核苷酸和单核苷酸。可见,核酸酶的作用主要是水解酶活性,水解磷酸二酯键。值得注意的是,目前已经发现一些核酸酶的作用机理为裂解酶活性。因此,EC 命名法进行了调整,但是传统命名没有改变(参考下文)。根据核酸酶对底物专一性的不同,分为核糖核酸酶(ribonuclease,RNase)、脱氧核糖核酸酶(deoxyribonuclease,DNase)和非特异性核酸酶。其中,核糖核酸酶水解核糖核酸;脱氧核糖核酸酶水解脱氧核糖核酸。所有的核酸酶还可根据作用的方式不同分为外切核酸酶(exonuclease)和内切核酸酶(endonuclease)(图8-1)。

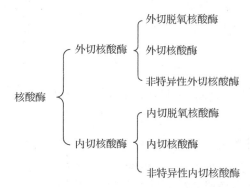

图 8-1 外切核酸酶和内切核酸酶

一、外切核酸酶

能够从一端开始水解核酸分子磷酸二酯键的酶称为外切核酸酶。有些非特异性的磷酸二酯酶(phosphodiesterase,PDE),如蛇毒磷酸二酯酶和牛脾磷酸二酯酶,对核糖核酸和脱氧核糖核酸(或寡核苷酸)都能分解。蛇毒磷酸二酯酶是从多核苷酸链的游离 3′端开始,逐个水解下 5′核苷酸。牛脾磷酸二酯酶则相反,从游离 5′端开始,逐个水解下 3′-核苷酸。由于水解的酯键位置不同,所得的核苷酸可以是 3′-核苷酸或 5′-核苷酸(图 8-2)。

二、内切核酸酶

内切核酸酶催化打开多核苷酸内部的磷酸二酯键。

有的只作用于 DNA。比如,脱氧核糖核酸酶 I (deoxyribonuclease I,DNase I,EC 3.1.21.1)和脱氧核糖核酸酶 II (deoxyribonuclease II,DNase II,EC 3.1.22.1)。前者的产物为 5′-磷酸寡聚核苷酸或二核苷-5′-磷酸;后者的产物为具有 3′-磷酸的寡聚核苷酸和核苷-3′-磷酸。

有的只作用于 RNA,如核糖核酸酶 T_1(ribonuclease T_1,EC 4.6.1.24)和核糖核酸酶 T_2(ribonuclease T_2,EC 4.6.1.19)作用于单链 RNA,且两种酶均为裂解酶活性。核糖核酸酶 III(RNase III,EC 3.1.26.3)作用于双链 RNA 分子,为水解酶活性。核糖核酸酶 H(RNase H,EC 3.1.26.4)作用于 RNA-DNA 的杂交分子,水解其中的 RNA 部分。

有的既可以作用于 DNA,也可以作用于 RNA。例如,粗糙脉孢菌核糖核酸酶(Neu-

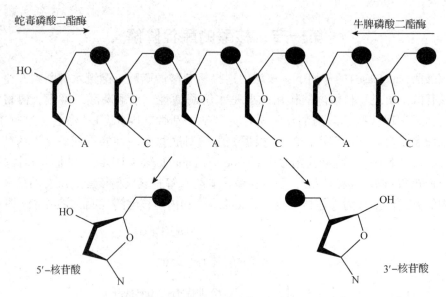

图 8-2 不同外切酶的水解位点和产物
注：黑色圆点表示磷酸基团

rospora crassa nuclease)可作用于单链 DNA 或 RNA，且产生具有 5′-磷酸的寡聚核苷酸或核苷-5′-磷酸。微球菌核酸酶(micrococcal nuclease)存在于葡萄球菌的培养物中，它把 DNA 或 RNA 降解为具有 3′-磷酸的寡聚核苷酸的混合物和核苷-3′-磷酸。该酶对双链或单链核酸都有效果。

三、核酸限制性内切酶

限制性内切酶(restriction endonuclease)也称限制性酶(restriction enzyme)，是一类特殊的内切核酸酶，最早由 Arber、Smith 和 Nathans 等(1979)发现。这类酶主要在细菌(bacteria)或古菌(archaea)中产生，可识别 DNA 分子内部特异性的碱基序列，并在该部位切断 DNA 双链。限制性内切酶具有极高的专一性，识别双链 DNA 上特定的位点(又称识别序列)，将两条链都切断，形成黏性末端或平末端。

限制性内切酶在细菌中的生物功能是防止病毒感染宿主细胞或者用于降解外面侵入的 DNA，但不降解细胞自身的 DNA，因为在自身 DNA 的酶切位点上有甲基化修饰从而受到保护。

最新的分类表明，限制性内切酶通常有 3 种类型，用罗马字母表示(Ⅰ~Ⅲ型)。

Ⅰ型通常多亚基，反应需要 S-腺苷甲硫氨酸、ATP 和 Mg^{2+}，识别位点与切割位点相差较远(至少 1 000 bp 以上)，且随机剪切。这类酶还是多功能酶(参见第三章)，还可以进行 DNA 的修饰(DNA modification)，如甲基化(methylation)。

Ⅱ型分子质量相对较小，大多数需 Mg^{2+}，识别位点通常 4~8 bp，且具有回文结构(参见第二章)。更为重要的是，其切割位点位于识别位点上，产物为专一性片段，因此，是现代分子生物学和基因工程研究的常用工具。

Ⅲ型识别位点为 5~6 bp 的非对称序列(asymmetric DNA)，切割位点在识别序列下游不远处(通常距离 25~27 bp)，切割双链，个别也切割单链，这类酶也具有 DNA 的修饰功能，如甲基化 DNA 一条链中腺嘌呤的 C_6 的氨基氮。

但是，目前还有两类内切酶被认为是限制性内切酶的新类型，即Ⅳ型和Ⅴ型。

Ⅳ型限制性内切酶种类不多，只作用于修饰过的 DNA，如甲基化、羟甲基化和进一步糖基化的羟甲基 DNA。

Ⅴ型限制性内切酶能够与特殊的 RNA 结合，包括聚类规则间隔短回文重复序列 RNA（clustered regularly interspaced short palindromic repeats RNA，CRISPR RNA 或 crRNA）和反式激活 RNA（*trans*-activating CRISPR RNA，tracrRNA）。其中，crRNA 用于识别靶标序列并与之碱基互补配对。Cas 酶，如 Cas12a 与 crRNA 结合后，与靶标序列结合，从而对其进行切割。部分 Cas 酶还需要额外的 RNA 分子，如 Cas9 需要 tracrRNA 与 crRNA 同时存在才能正常工作。

对于分子生物学家来说，限制性内切酶就是一把天赐神刀，可以用来解剖纤细的 DNA 分子。限制酶在分析染色体结构、制作 DNA 的限制酶谱、测定较长的 DNA 序列、基因的分离、基因的体外重组等研究中是不可缺少的工具。最新的 Cas 酶更是能够利用不同的向导 crRNA 识别不同的互补位点，并进行基因编辑（gene editing），带来了基因工程新的革命，该技术也因此获得了 2020 年诺贝尔化学奖（参见附录）。

大多数Ⅱ型限制性内切酶可以识别 DNA 上的特定位点。其识别位点的 DNA 序列常常是一种回文序列（表 8-1）。通常以 3 种方式切开 DNA 双链：①在双链的相同位点切开，产生平末端（blunt end）；②交错切割（staggered cut）产生 5'-突出端（5'-overhang），即在双链 DNA 末端，剩余一小段 5'末端突出的单链 DNA；③交错切割产生 3'-突出端。切开后的非平末端的突出序列为单链，可以与其他对应的序列碱基互补，从而黏合在一起，因此把这些切开后具有单链突出的末端称为黏性末端（cohesive end or sticky end）（图 8-3）。这些末端互补后，可以用 DNA 连接酶（ligase）催化，重新形成 3',5'-磷酸二酯键。如果重新相连的两个 DNA 来源不同，则新生成的 DNA 称为重组 DNA（recombinant DNA）（图 8-4）。平末端 DNA 分子也可由 DNA 连接酶连接起来，但这种反应效率相对较低。

表 8-1 限制性内切酶的识别位点举例

限制性内切酶	识别位点	产物末端	限制性内切酶	识别位点	产物末端
Bbu Ⅰ	5'-GCATG↓C-3' 3'-C↑GTACG-5'	3'突出	*Not* Ⅰ	5'-GC↓GGCCGC-3' 3'-CGCCGG↑CG-5'	5'突出
Sfi Ⅰ	5'-GGCCNNNN↓NGGCC-3' 3'-CCGGN↑NNNNCCGG-5'	3'突出	*Sau*3A Ⅰ	5'-↓GATC-3' 3'-CTAG↑-5'	5'突出
*Eco*R Ⅰ	5'-G↓AATTC-3' 3'-CTTAA↑G-5'	5'突出	*Alu* Ⅰ	5'-AG↓CT-3' 3'-TC↑GA-5'	平末端
Hind Ⅲ	5'-A↓AGCTT-3' 3'-TTCGA↑A-5'	5'突出	*Hpa* Ⅰ	5'-GTT↓AAC-3' 3'-CAA↑TTG-5'	平末端

目前，商业化的限制酶已有几百种。为了便于使用，人们对其命名进行了统一的规定。以 *Eco*R Ⅰ 为例，该酶名称的前 3 个字母来自宿主菌大肠埃希菌的物种名（*Escherichia coli*）。其中，第一个字母来自属名的首字母；后两个字母来自种加词的前两个字母，因此，这 3 个字符斜体。R 代表该菌株的特定株型 RY13，正体书写。最后，用罗马数字Ⅰ表示该酶是从这个菌株株型中发现的第一种限制性内切酶，依此类推。

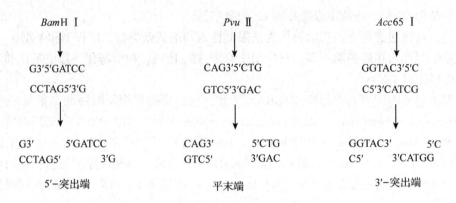

图 8-3 常用限制内切核酸酶 3 种切割类型

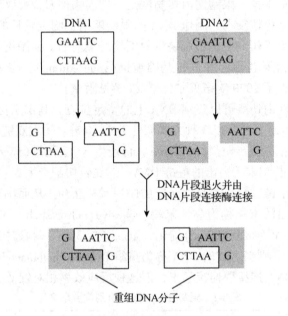

图 8-4 用限制性内切酶创建重组 DNA

第二节　核苷酸的分解代谢

一、核苷酸和核苷的降解

在生物体内，广泛存在有核苷酸酶（nucleotidase）。核苷酸经核苷酸酶催化并水解为核苷和磷酸。核苷酸酶属于磷酸单酯酶（phosphomonoesterase，EC 3.1.3）的范畴。

$$\text{核苷酸} + H_2O \xrightarrow{\text{核苷酸酶}} \text{核苷} + Pi$$

核苷酸酶在生物体内广泛分布，非特异性核苷酸酶对一切核苷酸都能水解，可作用于一切核苷酸的磷酸单酯键。某些特异性核苷酸酶具有绝对专一性。例如，存在于植物中的 3′-核苷酸酶，只能水解 3′-核苷酸；脑、网膜、蛇毒中的 5′-核苷酸酶只能水解 5′-核苷酸。

核苷可以在核苷酶(nucleosidase，EC 3.2.2)或核苷磷酸化酶(nucleoside phosphorylase，EC 2.4.2)的作用下进一步分解，为碱基和核糖：

$$核苷+H_2O \xrightarrow{核苷酶} 嘌呤或嘧啶+戊糖$$

$$核苷+Pi \xrightarrow{核苷磷酸化酶} 嘌呤或嘧啶+戊糖-1-磷酸$$

值得注意的是，还有一些核苷酶能直接作用于核苷酸的糖苷键，其产物是相应的碱基和核糖-5-磷酸，如 AMP 核苷酶(AMP nucleosidase，EC 3.2.2.4)和嘧啶核苷酸核苷酶(pyrimidine 5′-nucleotide nucleosidase，EC 3.2.2.10)。

$$核苷+H_2O \xrightarrow{核苷酶} 碱基+核糖-5-磷酸$$

核苷酸的分解总结如下：

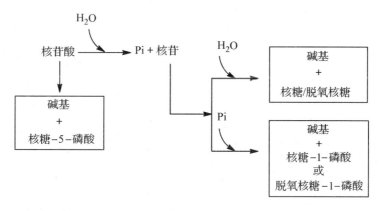

核苷降解的产物嘌呤和嘧啶还可以进一步分解。

二、含氮碱基的降解

(一) 嘌呤的降解

嘌呤分解时，首先在脱氨酶作用下脱去氨基。腺嘌呤脱氨后生成次黄嘌呤(hypoxanthine)，鸟嘌呤脱氨后生成黄嘌呤(xanthine)。黄嘌呤氧化酶(xanthine oxidase)可将次黄嘌呤和黄嘌呤氧化为尿酸(uric acid)；尿酸在尿酸氧化酶(urate oxidase)的作用下氧化为尿囊素(allantoin)；尿囊素在尿囊素酶(allantoinase)的作用下水解为尿囊酸(allantoic acid)；尿囊酸进一步被尿囊酸酶(allantoicase)水解，生成尿素和乙醛酸；尿素在脲酶(urease)的作用下，生成氨和二氧化碳。嘌呤的分解途径如图 8-5 所示。

必须注意的是，在不同生物体内嘌呤分解的终产物不同。人、猿类、鸟类、某些陆生爬行动物、昆虫等体内，嘌呤分解的终产物为尿酸。其他多种生物则还能进一步分解尿酸，形成不同的代谢产物，直至最后分解成二氧化碳和氨。例如，灵长类以外的一些其他哺乳动物可生成尿囊素，大多数鱼类则生成尿素，微生物和一些海洋无脊椎动物可生成氨。植物组织的嘌呤降解主要是在贮藏组织或衰老组织，主要分解产物为尿囊酸，运输到幼嫩组织或贮存起来。

痛风(gout)是一种相当普遍的嘌呤代谢紊乱疾病(拓展阅读：知识窗 8-1)。嘌呤代谢产生过多的尿酸，后者溶解性差，易在关节、软组织、软骨、肾等部位形成尿酸钠晶体并沉积，引起灼痛。痛风治疗可以采用别嘌呤醇(allopurinol)，一种次黄嘌呤的异构体，可

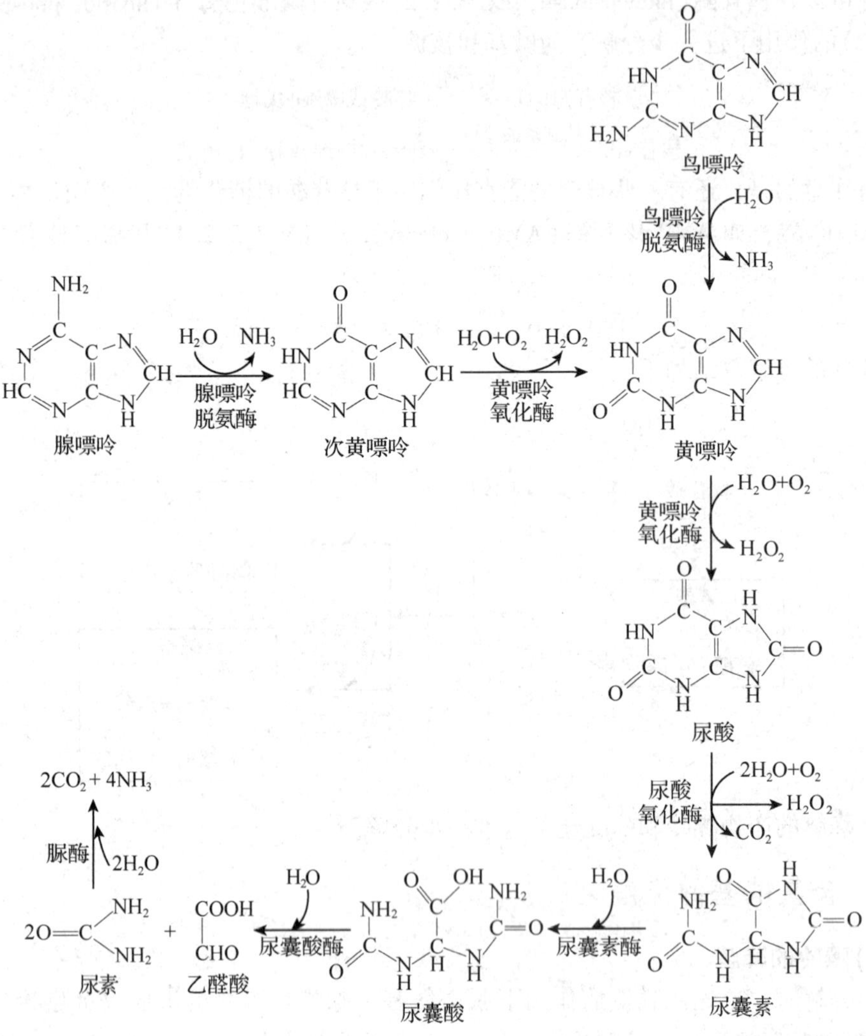

图 8-5 嘌呤的分解代谢

以抑制黄嘌呤氧化酶活性，从而逐步减少尿和血中的尿酸含量。正常人血清中尿酸含量为 0.12~0.36 mmol/L，当含量超过 0.47 mmol/L 时就会导致痛风症的发生。

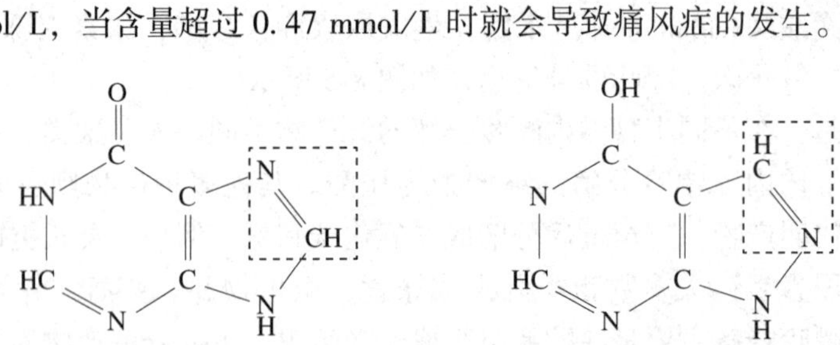

次黄嘌呤　　别嘌呤醇

(二) 嘧啶的降解

不同种类生物对嘧啶的分解过程也不一样。一般具有氨基的嘧啶需要水解脱去氨基，如胞嘧啶脱氨生成尿嘧啶，尿嘧啶或胸腺嘧啶经还原分别生成二氢尿嘧啶或二氢胸腺嘧啶。二氢尿嘧啶经水解使环裂开，生成β-脲基丙酸，再水解生成二氧化碳、氨和β-丙氨酸。二氢胸腺嘧啶也发生类似水解反应，先生成β-脲基异丁酸，后者水解生成二氧化碳、氨和β-氨基异丁酸。β-丙氨酸和β-氨基异丁酸经转氨作用脱去氨基后进入有机酸代谢，彻底氧化分解或经糖异生变成糖。嘧啶的分解代谢如图8-6所示。

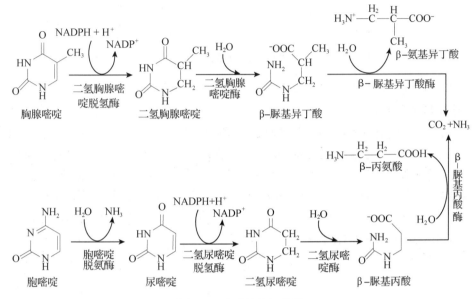

图 8-6　嘧啶的分解代谢

第三节　核苷酸的合成代谢

核苷酸的生物合成有两条途径：一是利用简单的原始材料"从头合成"（*de novo* synthesis），这是核苷酸生物合成的主要途径（助记小结8-1）；二是利用核酸的降解产物，即游离的嘌呤和嘧啶碱基或核苷合成新的核苷酸，这条途径称为"补救途径"（salvage pathway）。动物、植物、微生物均含有完整的碱基"从头合成"的相关酶，且流程基本一致。

一、嘌呤核苷酸的从头合成

嘌呤核苷酸的生物合成，简单地说，就是由5-磷酸核糖-1-焦磷酸（5-phosphoribosyl-1-pyrophosphate，PRPP）提供核糖部分，在磷酸核糖上逐步完成嘌呤环的"装配"，形成次黄嘌呤核苷酸（IMP），再由IMP转变为AMP及GMP。

PRPP是一个关键物质，是嘌呤核苷酸和嘧啶核苷酸从头合成途径、嘌呤核苷酸补救途径，以及微生物体内组氨酸和色氨酸合成途径中的第一个中间产物。PRPP的合成是由ATP和核糖-5-磷酸（该底物可由磷酸戊糖途径产生，参见第六章）由磷酸核糖焦磷酸激酶［ribose-phosphate diphosphokinase，又称PRPP合成酶（phosphoribosyl pyrophosphate synthetase）］催化的。反应过程中，ATP的焦磷酰基直接作为一个单位转移到核糖-5-磷酸分子第一位碳的羟基上，形成的PRPP具有α-构型（图8-7）。由于这步反应为多种生物合成途径所共有，因此该酶的活力受到许多代谢物的调节。无机磷酸和Mg^{2+}是该酶的激活剂，

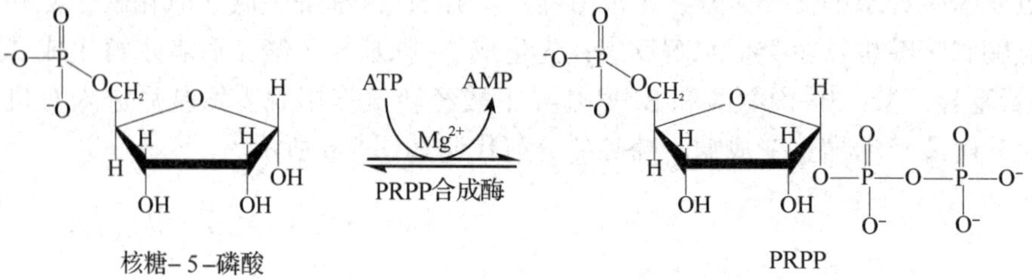

图 8-7 PRPP 的合成

ADP、AMP、GMP、IMP 和 $2',3'$-二磷酸甘油是它的抑制剂。

1. 嘌呤环各组成成分的来源

嘌呤核苷酸生物合成途径的机制是在20世纪50年代由 John Buchanan 和 Robert Greenberg 等阐明的。1948年，John Buchanan 给鸽子喂各种同位素标记的化合物，并测定了标记原子在鸽子排泄的尿酸中的位置，获得了嘌呤从头合成途径的线索。研究表明，合成嘌呤环的原料中，谷氨酰胺提供了嘌呤环上的 N_3 及 N_9 两个原子；天冬氨酸提供 N_1；甘氨酸提供 N_7、C_4 和 C_5；CO_2 提供 C_6；N^{10}-甲酰-四氢叶酸(N^{10}-formyltetrahydro folate, fTHF)分子中的甲酰基提供 C_2 和 C_8(图8-8)。

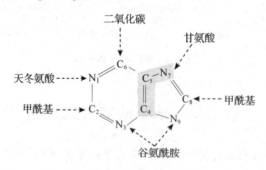

图 8-8 嘌呤环的原子来源

2. 次黄嘌呤核苷酸的生物合成

IMP 的合成过程共10步反应，可以分为两个阶段(图8-9)。

(1) 五元环合成

反应①：在谷氨酰胺磷酸核糖焦磷酸转酰胺基酶(glutamine phosphoribosyl pyrophosphate amidotransferase, GPAT)催化下，将 PRPP 和谷氨酰胺形成 5-磷酸核糖胺(5-phosphoribosylamine, PRA)。这一步是嘌呤核苷酸合成的关键步骤。

反应②：在 ATP 供给能量的情况下，甘氨酸在甘氨酰胺核苷酸合成酶(glycinamide ribonucleotide synthetase, GARS)的催化下连接在 PRA 的氨基上，产生甘氨酰胺核苷酸(glycineamide ribonucleotide, GAR)。

反应③：GAR 转甲酰基酶(GAR formyltransferase)催化将 GAR 中甘氨酸残基的 α-氨基末端甲酰化，产生 α-N-甲酰甘氨酰胺核苷酸(formylglycinamide ribotide, FGAR)。甲酰基由 fTHF 供给。

反应④：FGAR 的酰胺基在接受来自谷氨酰胺的氨基后转变为脒基，生成甲酰甘氨脒

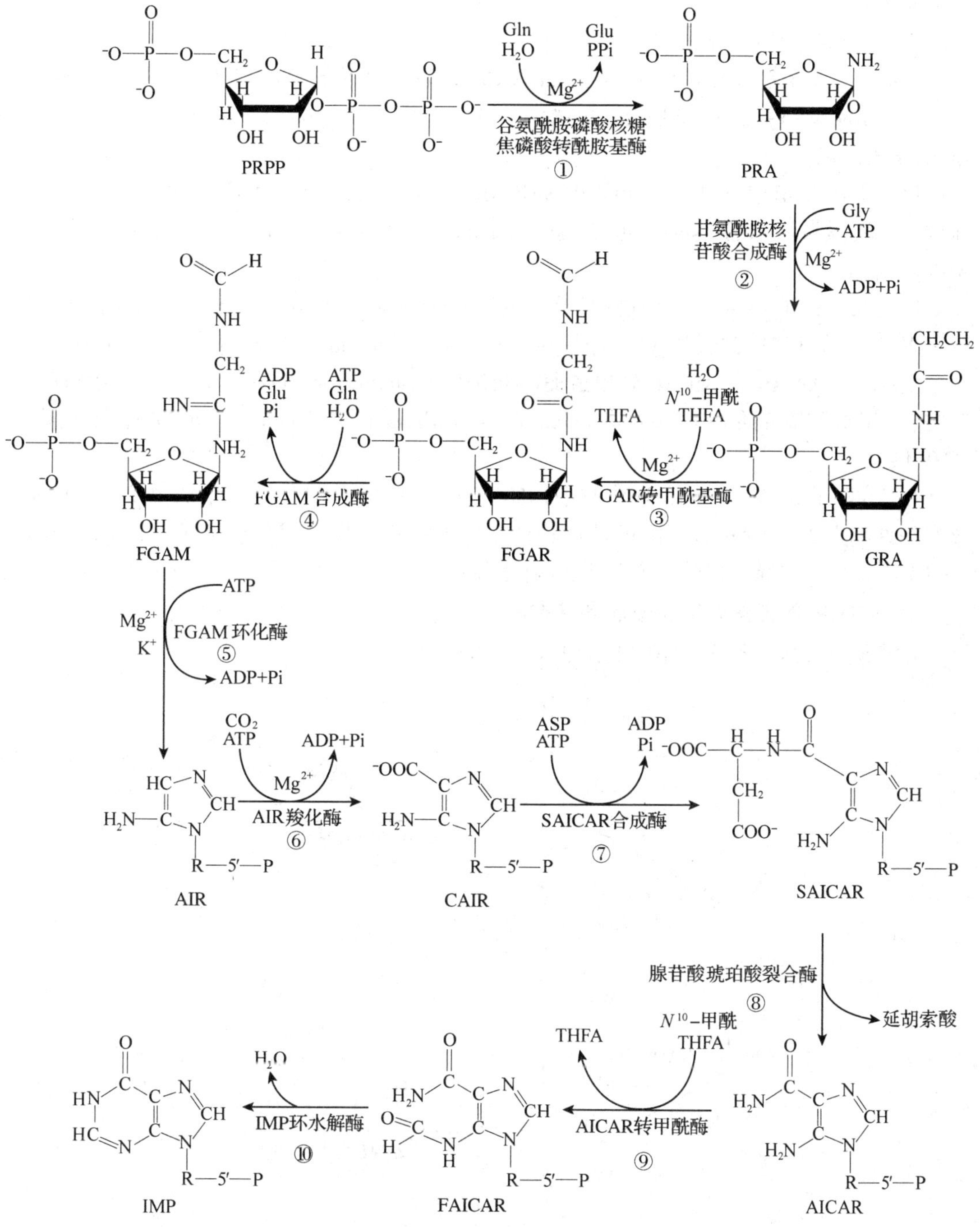

图 8-9 IMP 的合成过程

核苷酸（formylglycinamidine ribonucleotide，FGAM，又称 5′-phosphoribosylformylglycinamidine）。该反应由 FGAM 合成酶（FGAM synthetase）催化。

反应⑤：FGAM 经闭环作用形成 5-氨基咪唑核苷酸（5-aminoimidazole ribotide，AIR）。该反应由 FGAM 环化酶（FGAM cyclase，又称 AIR synthetase）催化。AIR 含有嘌呤骨架的完

整五元环。

(2) 六元环合成(即形成 IMP)

反应⑥：AIR 在 AIR 羧化酶(AIR carboxylase)的催化下生成 4-羧基-5-氨基咪唑-核苷酸(4-carboxy-5-aminoimidazole ribotide, CAIR, 又称 5′-phosphoribosyl-4-carboxy-5-aminoimidazole)。

反应⑦：CAIR 在 SAICAR 合成酶(SAICAR synthase)的催化下生成 N-琥珀酰-5-氨基咪唑-4-羧酰胺核苷酸(succinyl-5-aminoimidazole-4-carboxamide ribonucleotide, SAICAR)。

反应⑧：SAICAR 在腺苷酸琥珀酸裂合酶(adenylosuccinate lyase, ADSL)的催化下生成 5-氨基咪唑-4-甲酰胺核苷酸(5-aminoimidazole-4-carboxamide ribonucleotide, AICAR)。

反应⑨：AICAR 在 AICAR 转甲酰酶(AICAR transformylase)的催化下生成 5-甲酰胺基咪唑-4-甲酰胺核苷酸(5-formamidoimidazole-4-carboxamide ribotide, FAICAR)。甲酰基由 fTHF 供给。

反应⑩：FAICAR 在 IMP 环水解酶(IMP cyclohydrolase)的作用下生成 IMP。人体中，该酶活性和上述 AICAR 转甲酰酶活性均由次黄嘌呤核苷酸合成酶(inosine monophosphate synthase)提供，因此，也是一个多功能酶(参见第三章)。

3. 从 IMP 分别合成腺苷酸和鸟苷酸

IMP 继续反应，形成 AMP 和 GMP (图 8-10)。

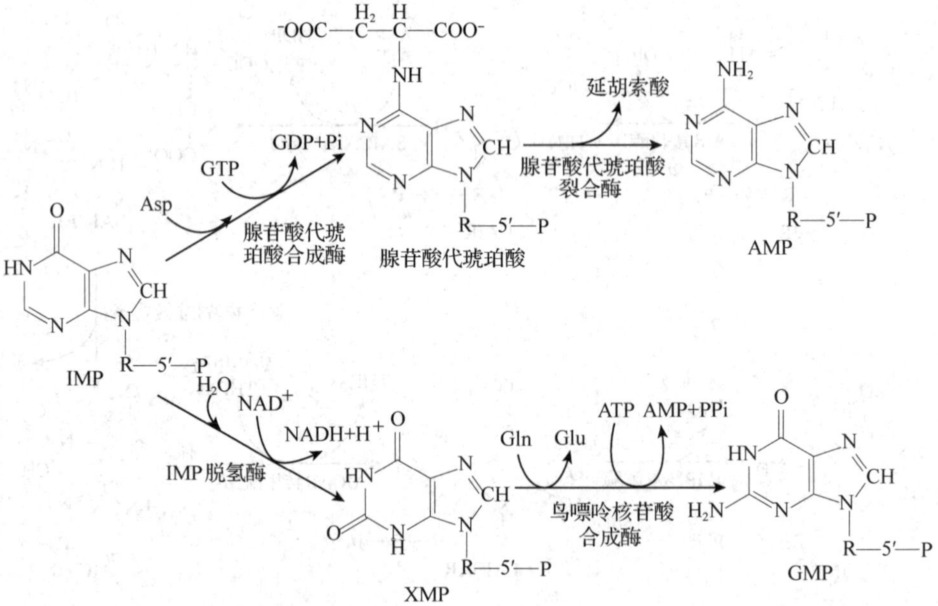

图 8-10 由 IMP 转变为 AMP 和 GMP

(1) 合成腺苷酸

由 IMP 生成 AMP 需两步反应。第一步，IMP 由 GTP 供给能量，在腺苷酸代琥珀酸合成酶(adenylosuccinate synthetase)催化下，生成腺苷酸代琥珀酸(adenylosuccinate)；第二步，腺苷酸代琥珀酸被腺苷酸代琥珀酸裂合酶(adenylosuccinate lyase)裂解，生成 AMP 和延胡索酸。

(2) 合成鸟苷酸

由 IMP 进一步合成 GMP 也需两步酶促反应。首先，IMP 氧化生成黄嘌呤核苷酸(xanthosine monophosphate，XMP)。反应由 IMP 脱氢酶(IMP dehydrogenase，IMPDH)催化，并需 NAD^+ 作为辅酶和 K^+ 激活。XMP 经 GMP 合成酶(GMP synthetase)催化进行氨基化反应，生成 GMP。细菌直接以氨作为氨基供体，动物细胞则以谷胺酰胺的酰氨基作为氨基的供体，同时需要 ATP 提供能量。

4. 嘌呤核苷酸生物合成的调节

嘌呤核苷酸生物合成的速度受合成途径的产物 IMP、AMP 和 GMP 的反馈抑制调节(参见第十二章)。主要的调节位点有 3 个(图 8-11)。第一个控制点是嘌呤核苷酸合成的第一步反应，即核糖胺-5-磷酸的形成，催化该步反应的酶是一个关键酶。当细胞内嘌呤核苷酸如 IMP、AMP 和 GMP 水平高时，会抑制该酶活性使嘌呤核苷酸合成速率降低，其抑制效果会累积(参见第十二章)。后两个控制点是位于 IMP 后的分支途径中，腺苷酸反馈抑制从 IMP 转变为腺苷酸代琥珀酸的反应，鸟苷酸则抑制从 IMP 向 XMP 的转变。

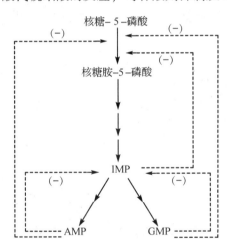

图 8-11 嘌呤核苷酸生物合成代谢调节

二、嘧啶核苷酸的从头合成

嘧啶核苷酸的生物合成与嘌呤核苷酸有所不同。它是先形成嘧啶环，再与磷酸核糖结合。经过乳清核苷酸等中间产物形成 UMP，然后由 UMP 转变成其他嘧啶核苷酸。

1. 嘧啶环组成成分的来源

嘧啶环的前体是氨甲酰磷酸和天冬氨酸。C_2 和 N_3 来自氨甲酰磷酸，而环中其他原子均来自天冬氨酸(图 8-12)。

2. 尿嘧啶核苷酸的生物合成

UMP 合成过程可分步描述如下(图 8-13)：

反应①：谷氨酰胺与 CO_2 在氨甲酰磷酸合成酶Ⅱ(carbamyl phosphate synthetase Ⅱ)的催化下合成氨甲酰磷酸(carbamyl phosphate)，消耗 2 分子 ATP。

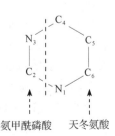

图 8-12 嘧啶环原子的来源

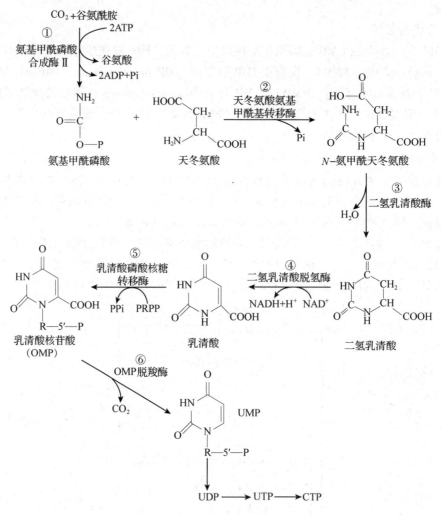

图 8-13 嘧啶核苷酸的合成代谢

反应②：氨甲酰磷酸在天冬氨酸氨基甲酰基转移酶(又称天冬氨酸转氨甲酰酶，aspartate carbamoyltransferase，ATCase，参见第三章)的作用下，与天冬氨酸结合形成 N-氨甲酰天冬氨酸(carbamoyl aspartic acid)。

反应③：N-氨甲酰天冬氨酸再经过脱水环化生成二氢乳清酸(dihydroorotate)。该反应由二氢乳清酸酶(dihydroorotase)催化。

反应④：二氢乳清酸在二氢乳清酸脱氢酶(dihydroorotate dehydrogenase，DHODH)催化下，生成乳清酸(orotate)。该酶位于线粒体内膜外侧，是嘧啶从头合成途径中唯一一个位于线粒体的酶。乳清酸是合成 UMP 的重要中间产物，至此嘧啶环已经形成。

反应⑤：乳清酸在乳清酸磷酸核糖转移酶(orotate phosphoribosyltransferase)催化作用下与 PRPP 的磷酸核糖结合形成乳清酸核苷酸(orotidine-5′-phosphate，OMP)。

反应⑥：OMP 在 OMP 脱羧酶(OMP decarboxylase)的作用下脱羧形成 UMP。

3. 胞嘧啶核苷酸的生物合成

CMP 是由 UMP 转变来的，反应发生在核苷三磷酸水平(图 8-14)。首先，UMP 在尿嘧啶核苷酸激酶(uridine-5′-phosphate kinase)催化下形成尿苷二磷酸(UDP)，UDP 在特异性较广的核苷二磷酸激酶(nucleoside diphosphate kinase)催化下形成尿嘧啶核苷三磷酸(UTP)。由 CTP 合成酶(CTP synthetase)催化 UTP 形成 CTP。反应需供给氨基。对于动物组织氨基供体为谷氨酰胺，在细菌中由氨直接提供。CTP 再通过磷酰基或焦磷酰基的转移，分别生成 CDP 和 CMP。

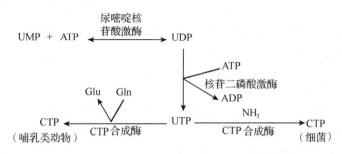

图 8-14　由 UMP 转变为 CTP

4. 嘧啶核苷酸生物合成的调节

大肠埃希菌嘧啶核苷酸的生物合成主要在 3 个位点上受到终产物的反馈调节(图 8-15)。氨甲酰磷酸合成酶Ⅱ是第一个调节酶，受 UMP 的反馈抑制。其他两个调节酶是天冬氨酸转氨甲酰酶和 CTP 合成酶，它们受 CTP 的反馈抑制。前者被抑制将影响 UMP 和 CTP 的合成，后者只与胞苷酸的合成有关。其中，氨甲酰磷酸合成酶Ⅱ是主要的调节酶。

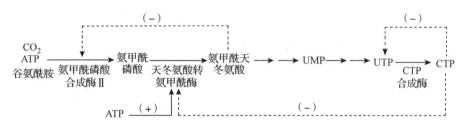

图 8-15　大肠埃希菌嘧啶核苷酸生物合成的调节

三、补救途径

生物体还可以利用外源的或核苷酸代谢产生的碱基和核苷重新合成核苷酸，称为补救途径(salvage pathway)(助记小结 8-2)。补救途径主要有两种方式。

一种是以核苷为原料，在激酶的作用下磷酸化，生成相应的核苷酸。例如，腺嘌呤核苷在腺苷激酶(adenosine kinase)的作用下，被磷酸化，生成 AMP。磷酰基(参见第五章)由 ATP 提供：

$$核苷 + ATP \rightleftharpoons NMP + ADP$$

但是，在自然界尚未发现鸟嘌呤核苷激酶，因此，该途径不是嘌呤核苷酸的重要补救途径。相反，两种嘧啶核苷，即尿嘧啶核苷和胞嘧啶核苷，均可以被尿苷激酶(uridine kinase)催化，生成相应的核苷酸。因此，该途径是嘧啶核苷的重要补救途径。

另一种是以含氮碱基为原料，在相应的转移酶的作用下，将 PRPP 中的核糖-5-磷酸转移至含氮碱基上，生成相应的核苷酸。例如，腺嘌呤在腺嘌呤磷酸核糖转移酶(又称腺嘌呤核苷酸焦磷酸化酶，adenosine phosphoribosyltransferase，APRT)的作用下与 1 分子 PRPP 生成 AMP 和焦磷酸：

$$PRPP + 腺嘌呤 \longrightarrow 腺嘌呤核苷酸 + PPi$$

同理，次黄嘌呤-鸟嘌呤磷酸核糖转移酶(又称鸟嘌呤核苷酸焦磷酸化酶，hypoxanthine-guanine phosphoribosyltransferase，HGPRT)和尿嘧啶磷酸核糖转移酶(又称尿嘧啶核苷酸焦磷酸化酶，uracil phosphoribosyltransferase，UPRT)分别负责转化鸟嘌呤(次黄嘌呤)和尿嘧啶。而胞嘧啶无法通过该途径转化为胞苷酸，因为没有相应的酶。因此，这是嘌呤转化为核苷酸的重要方式。

四、脱氧核糖核苷酸的生物合成

生物体内，脱氧核糖核苷酸均由核糖核苷二磷酸(NDP)还原形成。胸腺嘧啶脱氧核糖核苷酸的形成则需要额外的两个步骤。

(一) 核糖核苷二磷酸的还原

在生物体内，AMP、GMP、CMP、UMP 均可被还原成相应的脱氧核糖核苷酸，但是必须是以 NDP 为底物。以大肠埃希菌和哺乳动物为材料研究发现，4 种核苷酸均是由核糖核苷二磷酸还原酶(ribonucleotide disphosphate reductase，rNDP)，以氢代替 2′-羟基，即成为相应的脱氧核糖核苷二磷酸(dNDP)(图 8-16)。

在反应过程中，核糖部分还原为 2′-脱氧核糖需要的一对氢原子最初是由 NADPH 和 H^+ 提供的，先将氢转移给谷胱苷肽(GSSG)，再传递给谷氧还蛋白(glutaredoxin)，最后为

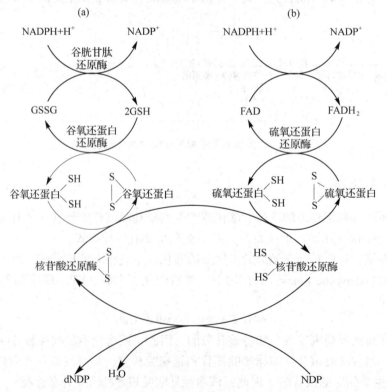

图 8-16　核糖核苷二磷酸还原酶催化 NDP 转化为 dNDP

提供核糖核苷二磷酸还原酶提供还原力。氢还可以经由硫氧还蛋白(thioredoxin)提供给核糖核苷二磷酸还原酶。

NDP 是由各自相应的核苷单磷酸(NMP)在核苷单磷酸激酶(nucleoside monophosphate kinase)催化下生成的。

$$ATP_{供} + NMP_{受} \rightleftharpoons ADP_{供} + NDP_{受}$$

NDP 还可以在核苷二磷酸激酶(nucleoside diphosphate kinase)的作用下生成相应的核苷三磷酸(NTP)。

$$NTP_{供} + NDP_{受} \rightleftharpoons ADP_{供} + NTP_{受}$$

(二)胸腺嘧啶核苷酸的合成

胸腺嘧啶脱氧核苷酸(dTMP)是由尿嘧啶脱氧核糖核苷酸(dUMP)甲基化生成的。催化 dUMP 甲基化的酶称为胸腺嘧啶核苷酸合酶(thymidylate synthase,TS)。甲基的供体是 N^5,N^{10}-亚甲基四氢叶酸(N^5,N^{10}-methylenetetrahydrofolate)。它在甲基化反应中既充当电子供体,又充当一碳单位供体。N^5,N^{10}-亚甲基四氢叶酸给出甲基后即变成二氢叶酸(dihydrofolate)。二氢叶酸再经二氢叶酸还原酶(dihydrofolate reductase,DHFR)催化,由 NADPH 供氢,重新被还原成四氢叶酸。如果有亚甲基供体,如丝氨酸存在时,四氢叶酸可获得亚甲基重新变成 N^5,N^{10}-亚甲基四氢叶酸,其反应过程如图 8-17 所示。

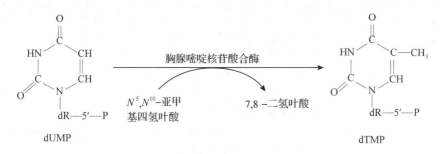

图 8-17 从 dUMP 合成 dTMP

dUMP 可以由 UDP 还原成 dUDP,再脱下一分子磷酸而形成;也可以由 dCTP 经胞嘧啶脱氧核糖核苷酸脱氨酶(dCTP deaminase)作用脱去氨基而形成 dUTP,再脱去两个磷酸形成。这在不同生物体内可能不一样。

(三)脱氧核糖核苷酸合成的"补救途径"

理论上讲,脱氧核糖核苷酸也可以使用碱基或脱氧核苷进行补救。

4 种脱氧核苷可以在相应的脱氧核糖核苷激酶的作用下,利用 ATP 提供磷酰基,生成相应的脱氧核糖核苷酸。脱氧核苷可由碱基和脱氧核糖-1-磷酸在相应的核苷磷酸化酶(nucleoside phosphorylase)的作用下合成。而脱氧核糖-1-磷酸可由脱氧核糖-5-磷酸经磷酸戊糖变位酶(phosphopentomutase)的作用产生。另外,核苷脱氧核糖基转移酶(nucleoside deoxyribosyl transferase)可以将碱基和脱氧核苷之间相互转变,如:

$$胸腺嘧啶 + 脱氧腺苷 \rightleftharpoons 脱氧胸苷 + 腺嘌呤$$

值得注意的是，目前还没有发现类似核苷酸"补救途径"中，有使用核苷和 PRPP 直接产生相应核苷酸的磷酸核糖转移酶途径。

根据以上所述，可将核苷酸的生物合成总结如图 8-18 所示。

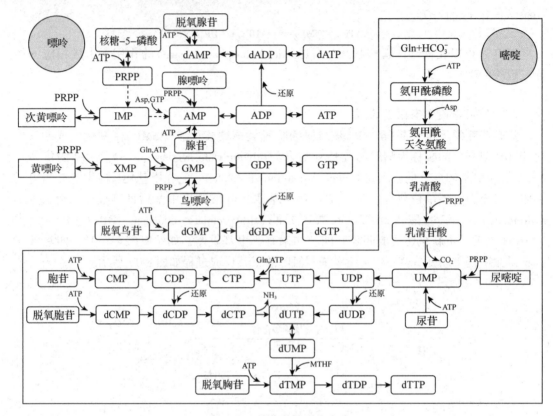

图 8-18 核苷酸的生物合成

思 考 题

1. 降解核酸的酶有哪几类？试举例说明它们的作用方式和特异性。
2. 嘌呤和嘧啶核苷酸从头合成途径均需要哪些物质？二者合成的主要不同点是什么？
3. 脱氧核苷酸是如何合成的？
4. 限制性内切酶有何特点？它的发现又有何特殊意义？
5. 简述 PRPP 在核苷酸合成代谢中的作用。
6. 核苷酸及其衍生物在代谢中有什么重要性？
7. 别嘌呤醇为什么可以用于治疗痛风症？

第九章 蛋白质的降解和氨基酸代谢

【学习导图】

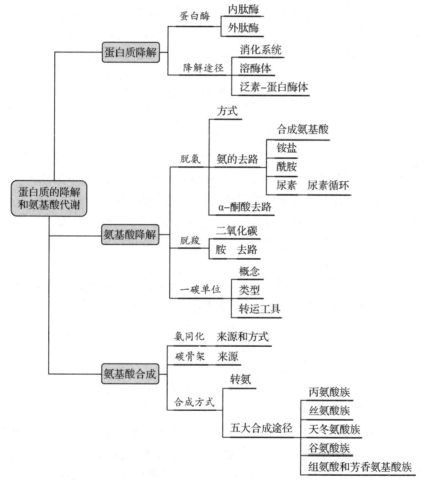

【学习要点】

　　了解从食物摄入和生物体自身表达的蛋白质分解的主要方式，以及蛋白酶的主要特点。

　　掌握基本氨基酸分解的主要方式(脱氨或脱羧)。掌握脱氨的方式和主要类型，尤其是联合脱氨作用；掌握游离氨的去路，最重要的是尿素循环。了解脱羧产物，尤其是胺的特点。掌握基本氨基酸分解时产生的一碳单位的概念、用途及其转运载体等知识点。了解不同基本氨基酸合成的几个主要途径。

　　学习建议：复习第一章和第六章内容，全面认识α-酮酸与氨基酸、糖代谢的关系。参照基本氨基酸的分解，逆向思维考虑基本氨基酸合成时几种主要原料(氨、碳骨架)的来源。

生物体内的蛋白质来源包括从食物中摄取的和细胞自身合成的两部分。食物中的蛋白质需要在胃肠道经过多种消化酶的作用，分解成短肽和氨基酸，然后在小肠内被机体吸收。细胞自身合成的蛋白质也不是一成不变的，而是不断地进行新老更替。即使是组成型蛋白质，其含量保持稳定，但实际上也是一种动态平衡。诱导型蛋白质或酶类的含量更是受到严格调控，在机体需要的时候及时表达，不需要的时候则及时降解。因此，胞内蛋白质是有寿命的。生命体对一些非正常折叠的蛋白质、合成提前终止的蛋白质或损伤的蛋白质，有着一套复杂的识别和降解机制。真核生物细胞内蛋白降解的途径有两种：一是进入溶酶体，被里面的蛋白水解酶分解，其机理与胃肠道的蛋白质分解类似；二是泛素-蛋白酶体途径，首先将待分解的蛋白质泛素化修饰，然后被蛋白酶体特异性识别并分解。

第一节　蛋白质的降解

生物体蛋白质处于不断合成和降解的动态变化之中。蛋白质降解也是在酶的催化下进行的。

水解蛋白质的酶称为蛋白酶(protease 或 proteinase)，又称肽酶(peptidase)。不仅动物消化道含有多种蛋白酶，在某些植物组织中也富含蛋白酶。例如，番木瓜中含有木瓜蛋白酶，是典型的植物蛋白酶；在无花果中，含有无花果蛋白酶；在菠萝的叶子和果实中，含有菠萝蛋白酶等。在许多种食虫植物中，均发现有丰富的蛋白酶，用于将捕获到的虫体内的蛋白质分解，供植物吸收利用。

蛋白酶有多种分类方法，如可以按照活性中心的关键氨基酸不同分类，也可以像核酸酶(参见第八章)一样，按照酶切位点和方向分类。

一、蛋白酶分类

(一)按活性中心关键氨基酸分类

按活性中心关键氨基酸分类，蛋白酶可分为 4 类(部分合并描述)。

1. 丝氨酸/苏氨酸蛋白酶(EC 3.4.21/EC 3.4.25)

丝氨酸/苏氨酸蛋白酶(serine/threonine protease)因活性中心含有 Ser/Thr 残基而得名。严格地讲，它们属于两类蛋白酶，即丝氨酸蛋白酶和苏氨酸蛋白酶。但是，鉴于其活性中心特征具有极高的相似性，本书将其合并描述(下文类似处理)。丝氨酸蛋白酶活性中心非常保守，通常包含 3 个氨基酸残基(His、Ser 和 Asp)，又称为催化三联体(catalytic triad)。其中，Ser 羟基作为亲核试剂，攻击肽键中的羰基碳。同时，His 咪唑基氮原子的孤对电子接受 Ser 羟基上的氢，配合亲核进攻。Asp 的羧基根据催化进度，交替与前述 His 咪唑基的氮原子形成氢键，保持该位点的活跃性。可以看出，真正负责进攻靶标蛋白肽键的是 Ser 的羟基，这也是为什么以其命名分类方式的原因。苏氨酸蛋白酶也是类似的原理，但是利用的是 Thr 的羟基。丝氨酸蛋白酶的作用机制如图 9-1 所示。

很多消化酶类，如胰蛋白酶(trypsin)、胰凝乳蛋白酶(chymotrypsin)、弹性蛋白酶(elastase)、还有其他如枯草芽孢杆菌蛋白酶(*Bacillus licheniformis* subtilisin)、信号肽酶Ⅰ(signal peptidase Ⅰ)、凝血酶(thrombin)等均属于丝氨酸蛋白酶。蛋白酶体(参见本章后

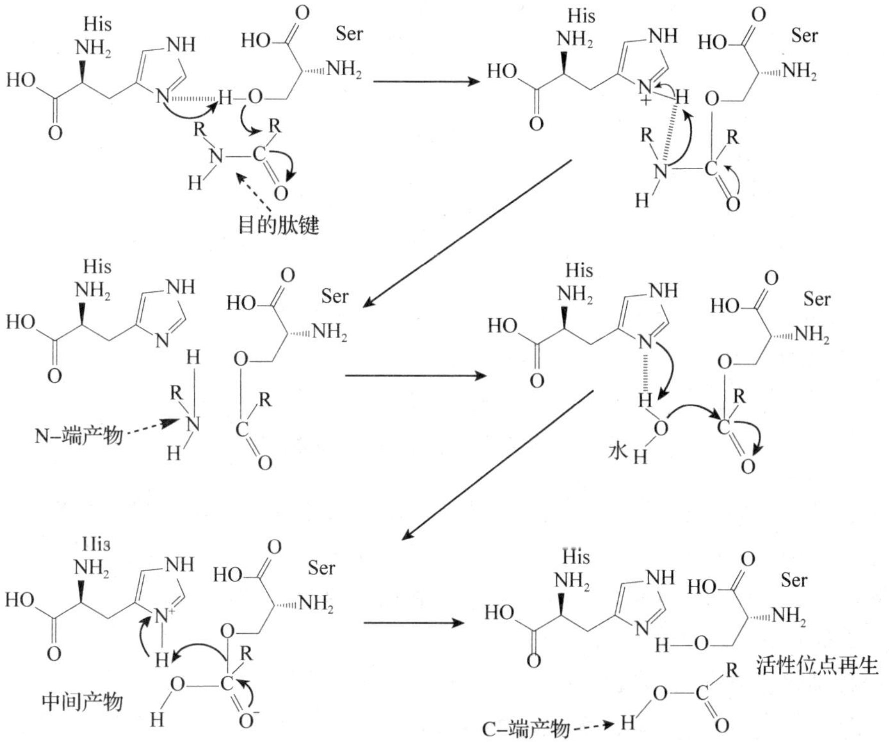

图 9-1 丝氨酸蛋白酶的作用机制

文)的催化亚基属于苏氨酸蛋白酶。

丝氨酸蛋白酶的活性能够被一些蛋白质抑制，这些抑制剂称为丝氨酸蛋白酶抑制剂(serine protease inhibitor, Serpin)，它们是一个天然存在的蛋白质超家族。一些人工化学分子，如苯甲基磺酰氟(phenylmethylsulfonyl fluoride, PMSF)和 4-(2-氨乙基)苯磺酰氟盐酸盐[4-(2-aminoethyl)benzenesulfonyl fluoride hydrochloride, AEBSF]均带有磺酰氟基团，属于磺酰卤类化合物，可作为磺酰化试剂与蛋白酶活性位点中的 Ser 羟基反应，形成磺酰化产物，从而抑制酶活性。

2. 半胱氨酸蛋白酶(EC 3.4.22)

半胱氨酸蛋白酶(cysteine protease)的活性中心含有 Cys 残基而得名。而 Cys 的重要活性基团是巯基，因此，这类酶又称为巯基蛋白酶(thiol protease)。这类蛋白酶也有类似丝氨酸蛋白酶的保守活性中心，通常包含 3 个或 2 个氨基酸残基[至少含有 Cys 和 His 形成的催化二联体(dyad)]。其催化机理也与丝氨酸蛋白酶类似，Cys 的巯基首先将氢转移 His 咪唑氮原子，然后作为亲核试剂，攻击肽键中的羰基碳。

半胱氨酸蛋白酶的种类也很多，如木瓜蛋白酶(papain)、菠萝蛋白酶(bromelain)、烟草蚀纹病毒蛋白酶(TEV protease)等。

3. 天冬氨酸/谷氨酸蛋白酶(EC 3.4.23)

天冬氨酸/谷氨酸蛋白酶(aspartic/glutamic protease)的活性中心含有 Asp 或 Glu 残基而得名。天冬氨酸蛋白酶的活性中心通常包含 2 个 Asp 残基，而谷氨酸蛋白酶的活性中心包含 1 个 Glu 和 1 个 Gln 残基。目前认为，天冬氨酸蛋白酶的一个 Asp 羧基吸引水分子的质子，然后使其剩余部分变成亲核试剂进攻目标肽键的羰基，形成中间产物，进而导致肽键断裂（图9-2）。而另一分子 Asp 负责瞬时稳定中间产物。天冬氨酸/谷氨酸蛋白酶的活性中心在强酸下才能达到最佳效果。

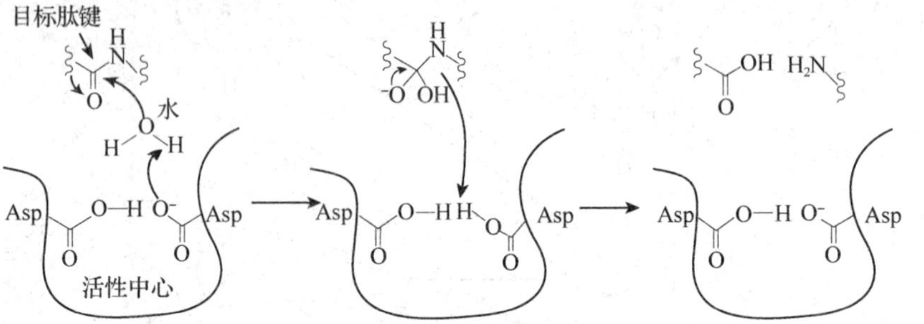

图 9-2　天冬氨酸蛋白酶的作用机制

天冬氨酸蛋白酶的种类也很多，如胃蛋白酶（pepsin）、肾素（血管紧张素原酶，renin）、组织蛋白酶（cathepsin）等。谷氨酸蛋白酶目前仅在一些病原微生物中被发现。

天冬氨酸蛋白酶的活性均受一种六肽分子胃酶抑素（pepstatin）的抑制，该分子中有一种特殊的氨基酸——抑胃酶氨酸（statine）。

4. 金属蛋白酶（EC 3.4.17/ EC 3.4.24）

金属蛋白酶（metalloprotease 或 metalloproteinase）的活性离不开金属离子。锌离子是这类酶中最常见的金属离子，少数还可以利用钴离子。去整合素金属蛋白酶（a disintegrin and metalloproteinase, ADAM）是一个重要的膜整合金属蛋白酶家族。金属螯合剂（chelating agent），如乙二胺四乙酸（ethylenediaminetetraacetic acid, EDTA）是金属蛋白酶的常见抑制剂。

除了上述蛋白酶外，近年来人们发现了一类特殊的蛋白酶，天冬酰胺多肽裂解酶（asparagine peptide lyase）。顾名思义，其活性中心离不开天冬酰胺，但是，这类酶与天冬氨酸蛋白酶有两个重要的区别。第一，这类酶只催化分子自身的肽键断裂，而不作用于其他多肽链；第二，其催化过程中天冬酰胺直接与相应的肽键进行亲核消除反应，不需要水的参与。因此，这类酶应属于裂解酶类。具体归类仍需要进一步研究。

（二）按照酶切位点和方向分类

蛋白酶按照酶切位点和方向可分为肽链内肽酶和外肽酶两类。值得注意的是，这种分类方法不考虑其作用机制。

1. 内肽酶

内肽酶（endopeptidase）识别肽链内部的肽键，类似内切核酸酶（参考第八章）。不同的内肽酶对靶标肽键两侧的氨基酸具有不同程度的要求，即序列特异性。例如，消化系统中主要蛋白酶的特异性差异明显。胰蛋白酶专一性强，只断裂 Lys 残基或 Arg 残基羧基端参与形成的肽键。胰凝乳蛋白酶断裂 Phe、Trp 或 Tyr 等氨基酸残基羧基端的肽键（表9-1）。

表 9-1　几种消化系统蛋白酶的专一性

酶	专一性	酶	专一性
胃蛋白酶	Trp, Phe, Tyr, Leu（氨基端）	胰凝乳蛋白酶	Phe, Tyr, Trp（羧基端）
胰蛋白酶	Arg, Lys（羧基端）	弹性蛋白酶	脂肪族氨基酸残基（羧基端）

当然，也有很多蛋白酶具有类似核酸限制性内切酶一样的专一性。例如，肠激酶（enterokinase）能够识别五肽（Asp-Asp-Asp-Asp-Lys）组成的序列，并在其羧基端水解肽键（表9-2）。有些蛋白酶还能够识别多肽的空间结构，以确定是否为靶标序列，如 SUMO 蛋白酶（small ubiquitin-related modifier，SUMO protease）。这些酶已被用于重组蛋白表达后去除人工添加的额外序列，如各种融合标签（fusion tag）。

表 9-2　几种专一性更强的蛋白酶

酶	识别序列及断裂位点
凝血酶（thrombin）	Leu-Val-Pro-Arg-Gly-Ser
凝血因子 Xa（factor Xa）	Ile-Glu/Asp-Gly-Arg
肠激酶（enterokinase）	Asp-Asp-Asp-Asp-Lys
烟草蚀纹病毒蛋白酶（TEV protease）	Glu-Asn-Leu-Tyr-Phe-Gln-Gly
预分解蛋白酶（PreScission protease）	Leu-Glu-Val-Leu-Phe-Gln-Gly-Pro

2. 外肽酶

外肽酶（exopeptidase）可以将多肽链上的氨基酸逐一水解。根据作用方向，又可分为羧肽酶和氨肽酶。

（1）羧肽酶（carboxypeptidase，CP）

这类酶专一地从羧基端开始水解。在萌发的种子中，除存在肽链内肽酶外，还含有活跃的羧肽酶，起着水解贮藏蛋白质的作用。此外，在马铃薯块茎、柑橘的叶子和果实、玉米根尖等多种植物组织中，都含有羧肽酶。羧肽酶也有不同的特异性，如羧肽酶 A 偏好 R 基是芳香族（aromatic）和分支烷烃链（branched aliphatic）的氨基酸，字母 A 便是两者的首字母（参见第三章）。羧肽酶 B（basic）倾向于剪切精氨酸和赖氨酸形成的肽键。研究表明，除了部分羧肽酶，如胰腺羧肽酶参与食物消化外，很多羧肽酶并不参与分解代谢，而是参与蛋白翻译后加工（参见第十一章）。

（2）氨肽酶（aminopeptidase，AP）

与羧基肽酶不同，氨肽酶专一地从氨基端开始对肽链进行水解。氨肽酶也存在于种子、叶片等器官中，它和羧肽酶及肽链内肽酶一起，不同程度地参与蛋白质的水解反应。

二、蛋白质的酶促降解

生物体蛋白质经常处于合成和降解的动态变化之中。旧的蛋白质不断分解，产生的氨基酸可被再利用，成为新蛋白合成的原料，也可进一步氧化供能。例如，人体每天从食物中以蛋白质形式摄入的总氮量与排出的氮量相当，基本上没有氨基酸和蛋白质的贮存，这种收支平衡被称为"氮平衡"。正在成长的儿童和处于病后恢复期的患者，体内蛋白质的含量大于分解量，这时外源氮的摄入大于排出量，这种状态称为正平衡。反之，长期饥饿或患有消耗性疾病的患者，由于食物蛋白的摄入不足，或组织蛋白的分解过盛，使排出的氮量大于摄入的氮量，这种状态称为负平衡。这种动态变化，不仅表现为量的增减，也表现在质的改变。蛋白质是原生质的主要成分，生物在生长发育过程中和不同的环境条件下，必须不断改变其蛋白质（包括酶）的含量与组成，以适应生物机体在不同时期和不同条件下的需求。这样，原有蛋白质便需要不断水解成氨基酸，这些氨基酸又必须和新合成的氨基酸一道，根据需要重新合成新的蛋白质。本书主要涉及消化道和溶酶体中蛋白质的降解，以及机体中一种特异性蛋白降解途径。

(一) 消化道中蛋白质的降解

高等动物所摄取的外源性蛋白质主要在消化道中被降解为短肽和氨基酸。外源蛋白质进入消化道后，在细胞分泌的各种蛋白酶的作用下，逐步被分解为短肽和氨基酸，再由消化管壁细胞进行吸收。例如，胃中消化蛋白质的酶类为胃蛋白酶。哺乳动物摄取的食物蛋白进入胃里后，能够刺激胃酸的分泌。胃酸一方面可以使食物蛋白变性，有利于蛋白酶的分解；另一方面还可以激活胃壁细胞分泌的胃蛋白酶原(pepsinogen)。激活后的胃蛋白酶也能激活其他胃蛋白酶原转化成胃蛋白酶，称为自身激活作用(autocatalysis)。胃蛋白酶的最适 pH 值为 1.5~2.5，对蛋白质肽键作用的特异性较差。食物蛋白质经胃蛋白酶作用后，主要分解成多肽和少量氨基酸。当部分分解后的食物蛋白继续进入肠道后，又能刺激消化腺和肠道管壁细胞分泌胰蛋白酶、胰凝乳蛋白酶、氨肽酶、羧肽酶和弹性蛋白酶等，对蛋白质及多肽进一步降解。

(二) 溶酶体中的蛋白质降解

溶酶体(lysosome)是具有单层膜的细胞器。作为细胞内主要的消化细胞器，溶酶体内含有至少 60 种水解酶类，包括蛋白酶、磷酸酶、脂酶、磷脂酶、糖水解酶、硫解酶和核酸酶等。这些酶大多数以无活性前体形式合成，然后转运进高尔基体，进一步糖基化修饰，带上 N-甘露糖-6-磷酸基团。然后，高尔基体转运网络中的甘露糖-6-磷酸受体将有该标记的酶转移到溶酶体中，并在到达溶酶体时通过蛋白质水解激活。溶酶体水解酶将蛋白质和核酸降解为氨基酸和核苷酸等小分子物质。这些水解产物再通过溶酶体膜运输到细胞质，在细胞质中被重新利用以合成新的大分子。

溶酶体降解底物既可以来自细胞内，也可以源自细胞外。细胞外物质通过内吞作用进入细胞(参见第四章)，再输送到溶酶体。细胞质底物通过自噬(autophagy)过程被直接捕获，以自噬体(autophagosomes)的形式传递到溶酶体。约 50%~70%的细胞蛋白以此方式完成新旧更替。在某些造血细胞中，溶酶体也可以充当分泌细胞器。

溶酶体作为细胞内组成型降解的主要场所，在维持机体正常功能方面发挥着非常重要的作用。细胞中的组分需要被降解并且回收利用，自噬作用不仅能够快速提供能量并且为细胞组分的回收利用提供基本的构建，同时还能调节细胞饥饿及其他压力反应。自噬对于胚胎发育和细胞分化也很关键，细胞还能利用自噬来消除损伤的蛋白质和细胞器。这种细胞内的质量控制机制对于应对老化带来的副作用也发挥着至关重要的作用。目前已知至少有 50 多种疾病跟溶酶体功能异常密切相关。正是因为溶酶体对维持细胞正常功能的重要性，1974 年比利时生物学家克里斯汀·德·迪夫(Christian René de Duve)因发现溶酶体及其功能获得了诺贝尔生理学或医学奖；2016 年日本科学家大隅良典(Yoshinori Ohsumi)因阐明了自噬的机制再次获奖(参见附录)。

(三) 泛素-蛋白酶体降解途径

泛素-蛋白酶体途径是指先由泛素(ubiquitin)标记待降解蛋白质，然后由蛋白酶体(proteasome)负责实施的降解途径。这是真核生物中广泛存在的一种蛋白质降解方式，也是蛋白质翻译后调节的重要手段。该途径可分为两个阶段进行。

1. 泛素化标记

泛素由 76 个氨基酸组成，广泛存在于真核生物，序列高度保守。泛素需要经过 3 步反应才能与靶标蛋白连接，从而将其标记为待降解状态。反应第一步，在泛素活化酶（ubiquitin-activation enzyme，E1）的作用下，将泛素 C-端羧基腺苷酸化，进而转移至 E1 的半胱氨酸残基的巯基上，形成硫酯键。第二步，在泛素结合酶（ubiquitin-conjugating enzyme，E2）的作用下，使活化的泛素从 E1 上转移至 E2 的巯基上。第三步，在泛素蛋白质连接酶（ubiquitin ligase，E3）的作用下，将活化的泛素转移至靶标蛋白的赖氨酸的 ε—NH_2 上，形成异肽键（isopeptide bond）。这一过程被称为蛋白质的泛素化（ubiquitination）。蛋白质一旦被泛素标记，多个泛素分子可以串联，以增强待降解信号（图 9-3）。

E3 在选择待降解蛋白质过程中，扮演着重要角色。E3 通常通过识别蛋白质 N-端氨基酸来决定其是否为靶标蛋白。通常 N-端 α 氨基没有被修饰的蛋白质容易被选择。另外，

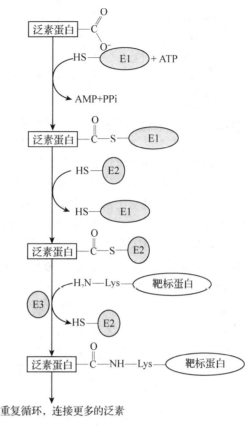

图 9-3 泛素-蛋白酶体降解途径

N-端为丙氨酸、甘氨酸、苏氨酸、半胱氨酸、甲硫氨酸、丝氨酸或缬氨酸残基的蛋白质不会被选择，所以较稳定，半衰期通常大于 10 h。而 N-端为组氨酸、天冬氨酸、天冬酰胺、谷氨酸、谷氨酰胺、酪氨酸、精氨酸、亮氨酸、赖氨酸、色氨酸或苯丙氨酸残基的蛋白质容易被选择，其半衰期为 2~30 min。这只是一般规律，实际情况要复杂得多。例如，部分蛋白质中存在富含脯氨酸、谷氨酸、丝氨酸和苏氨酸的区域（PEST 序列），这些信号也能诱发泛素化。生物体内通常只有一种或几种 E1，而含有多种类型的 E2（至少 40 种）和 E3（至少 600 种）。因此，不同类型的 E2 和 E3 对待降解蛋白质的特异性识别具有重要作用。

2. 蛋白酶体降解

蛋白质被泛素标记后，即被蛋白酶体识别并降解。蛋白酶体是一个较大的寡聚体，通常有两种，即 20S 蛋白酶体和 26S 蛋白酶体。部分细菌和大多数古生菌拥有 20S 蛋白酶体，但是其他原核生物的蛋白酶体相对古老，蛋白组分也有差异。真核生物也有 20S 蛋白酶体，但最常见的是 26S 蛋白酶体，由一个 20S 蛋白酶体核心和两个 19S 帽子（19S cap 或 19S regulator）组成。20S 核心部分，是一个由四层环状结构堆叠的桶装形态，由两种蛋白质亚基 α 和 β 组成。其中，上下外层环状结构由多个 α 蛋白组成（α 环），中间两层均是由 β 蛋白组成（β 环）。每层蛋白个数通常都是 7 个，因此该结构也被称为 $\alpha_7\beta_7\beta_7\alpha_7$ 结构。原核生物的 20S 蛋白酶体通常使用相同的 α 亚基和相同的 β 亚基，但真核生物的 α 环和 β 环由各自的多种同源蛋白组合而成。

原核生物的 20S 蛋白酶体降解蛋白时，首先由 α 环结合待降解蛋白质并解除其高级结

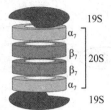

图 9-4　26S 蛋白酶体示意图

构，然后将其从 α 环开口处送入桶状结构的内部。β 环的内部具有蛋白水解酶活性，能够将蛋白降解成 7~9 个氨基酸长度的寡肽。原核生物没有泛素，因此，20S 蛋白酶体自身对蛋白的降解作用缺乏精确的选择性和可控性。

真核生物的 20S 蛋白酶体不具备识别泛素化标记的功能，该功能由 26S 蛋白酶体中的 19S 帽子提供（图 9-4）。19S 帽子通常由 18~20 个亚基组成，不同的亚基具备不同的功能。两个 19S 帽子分别位于两个 α 环的外侧。19S 帽子除了识别泛素化标记外，还具备 ATP 水解酶活性。利用 ATP 水解的能量，消除底物的高级结构，从而将底物运输进入 20S 核心进行降解。另外，19S 帽子还具备泛素水解酶（ubiquitin hydrolase）活性，用于将串联的泛素从捕获的待降解蛋白质上解离，并再次变成单体状态，继续寻找目标进入下一轮泛素化循环。

泛素-蛋白酶体降解途径是细胞内 ATP 依赖的蛋白质选择性降解的主要途径，是真核细胞内重要的蛋白质质控系统，参与细胞凋亡、细胞周期以及细胞内信号转导等多种生理功能，对维持细胞的稳态具有十分重要的意义。2004 年，以色列科学家阿龙·西查诺瓦（Aaron Ciechanover）、阿弗拉姆·赫尔什科（Avram Hershko）和美国科学家伊尔温·罗斯（Irwin Rose）因发现了泛素调节的蛋白质降解机制获得了诺贝尔化学奖（参见附录）。

第二节　氨基酸的分解与转化

基本氨基酸的结构互不相同，代谢途径也有很大差别。但它们几乎都具有 α-氨基和 α-羧基，因而代谢上也有共同之处。氨基酸在生物体内既可以合成组织蛋白、肽类和一些生物活性物质，又可以被分解代谢。所谓一般分解代谢，就是指这种共同性的分解代谢途径。氨基酸分解时，在大多数情况下，是从脱氨基作用开始，生成氨和 α-酮酸；另外，氨基酸也可进行脱羧作用，生成 CO_2 和胺类。

一、氨基酸的脱氨基作用

氨基酸在动植物体内分解代谢，最主要是脱氨基作用（deamination）。它可以通过氧化脱氨基、非氧化脱氨基、转氨基、联合脱氨基和脱酰胺基的方式脱去氨基，而后进一步代谢。其中以联合脱氨基作用最为重要。

（一）氧化脱氨基作用

氧化脱氨基作用（oxidative deamination）是指氨基酸在脱氨基时伴有氧化（脱氢）过程，生成 α-酮酸和氨。已知催化氨基酸氧化脱氨基的酶有 3 种，即 L-氨基酸氧化酶、D-氨基酸氧化酶和 L-谷氨酸脱氢酶。

L-氨基酸氧化酶（L-amino acid oxidase，LAAO）的辅酶是 FAD，因此，属于黄素酶类。它能催化多种氨基酸氧化脱氨。体外试验发现，其最适 pH 值为 10，故在生理条件下（pH 值接近 7），它的活性不大。蛇毒液中富含 LAAO，可达总蛋白的 1%~9%。最新的研究表明，该酶参与部分氨基酸的分解和合成代谢。另外，还与抗菌、抗病毒，甚至抗寄生虫等有关。该酶不是大多数氨基酸脱氨基的主要酶系。

D-氨基酸氧化酶（D-amino acid oxidase，DAAO）主要利用 FAD 作为辅酶，其底物主要是 D-氨基酸，因此也不可能是机体中氨基酸脱氨的主要酶。值得一提的是，人们是在研究 DAAO 活性时，发现 FAD 具有辅因子功能的。因此，DAAO 是人类发现的第二个黄素酶类，而 FAD 是第二个被发现的黄素类辅因子(参见第三章)。虽然 D-氨基酸通常不形成蛋白质，但是在很多生物中具有重要作用(参见第一章)。例如，D-丝氨酸是人体大脑中重要的神经递质；D-丙氨酸、D-谷氨酸和 D-谷氨酰胺是细菌细胞壁中肽聚糖(peptidoglycan)的重要组成。因此，DAAO 分解这些氨基酸时发挥作用，目前，发现这种酶的活性高低与精神分裂症(schizophrenia)存在一定的关联。

L-谷氨酸脱氢酶(glutamate dehydrogenase，GLDH 或 GDH)存在于根、种子、胚轴、叶片等组织中，细胞质和线粒体中都已发现，在动物体内除肌肉组织外均有分布，在肝细胞的线粒体基质中活性最强，该酶是目前唯一为人所知的既能利用 NAD$^+$ 又能利用 NADP$^+$ 作为辅酶的酶，如 EC 1.4.1.2 仅使用 NAD$^+$，EC 1.4.1.4 仅使用 NADP$^+$，而 EC 1.4.1.3 可以使用这两种辅酶。L-谷氨酸脱氢酶能催化 L-谷氨酸氧化脱氢，生成 α-酮戊二酸和氨。但这种酶的专一性很强，只对谷氨酸起催化作用，故不是体内理想的脱氨基方式。

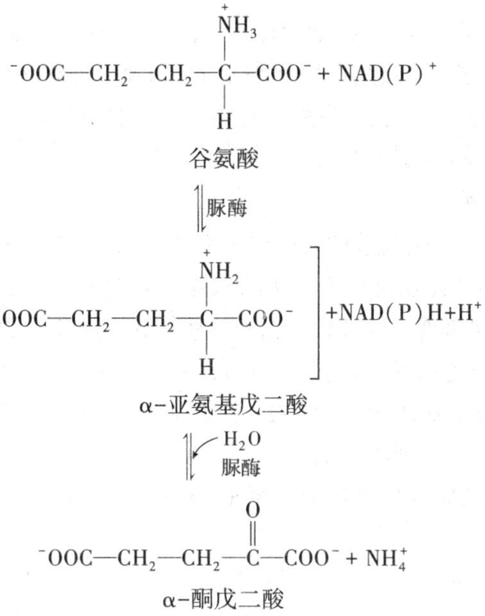

$$^-OOC-CH_2-CH_2-\underset{H}{\overset{\overset{+}{N}H_3}{C}}-COO^- + NAD(P)^+$$

谷氨酸

⇅ 脲酶

$$\left[^-OOC-CH_2-CH_2-\underset{H}{\overset{\overset{+}{N}H_2}{C}}-COO^-\right] + NAD(P)H+H^+$$

α-亚氨基戊二酸

⇅ H_2O, 脲酶

$$^-OOC-CH_2-CH_2-\overset{O}{\overset{\|}{C}}-COO^- + NH_4^+$$

α-酮戊二酸

(二)非氧化脱氨基作用

非氧化脱氨(non-oxidative deamination)包括许多酶促反应，其中最著名的例子是苯丙氨酸解氨酶(L-phenylalanine ammonia-lyase，PAL)催化苯丙氨酸和酪氨酸的脱氨(拓展阅读：知识窗 9-1)。反应过程如下：

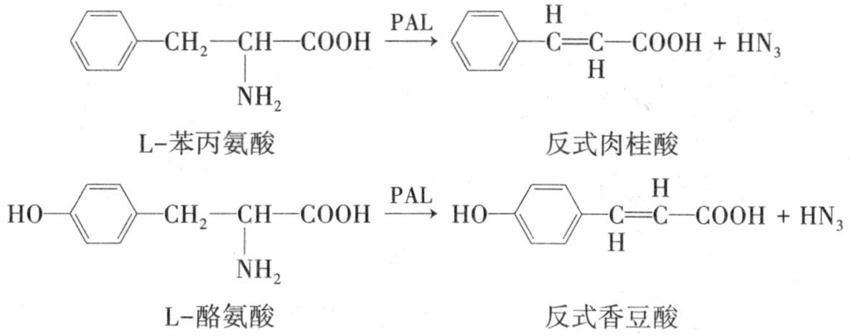

L-苯丙氨酸 →(PAL) 反式肉桂酸 + HN_3

L-酪氨酸 →(PAL) 反式香豆酸 + HN_3

上述两个反应很重要，因为生成的反式肉桂酸可进一步转化为木质素、黄酮类化合物、单宁等次生物质。木质素(lignin)是植物次生细胞壁的组成成分；单宁(tannin)又称鞣质，它是植物中广泛存在的一类多元醇衍生物。反式香豆酸可转化为对羟基苯甲酸，可参与辅酶Q的生物合成。

(三) 转氨基作用

转氨基作用(transamination)是指氨基酸在氨基转移酶(aminotransferase)或称转氨酶(transaminase)催化下，将 α-氨基转移到另一个 α-酮酸的羰基位置上，从而生成相应的 α-酮酸和一个新的 α-氨基酸，此过程只发生了氨基的转移，而无游离氨产生。反应如下：

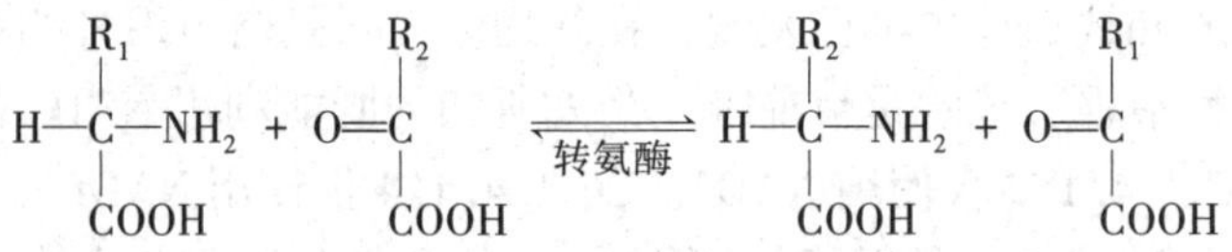

$$\begin{matrix} R_1 \\ H-C-NH_2 \\ COOH \end{matrix} + \begin{matrix} R_2 \\ O=C \\ COOH \end{matrix} \underset{转氨酶}{\rightleftharpoons} \begin{matrix} R_2 \\ H-C-NH_2 \\ COOH \end{matrix} + \begin{matrix} R_1 \\ O=C \\ COOH \end{matrix}$$

氨基转移作用在各组织细胞普遍存在。氨基转移酶的辅酶是维生素 B_6 的衍生物磷酸吡哆醛和磷酸吡哆胺，是氨基传递体的关键。氨基转移反应是可逆的，只要有相应的 α-酮酸存在，通过其逆过程就可合成某种氨基酸，这是生物体合成非必需氨基酸的重要途径。另外，值得注意的是，转氨基作用不限于 α-氨基，如将鸟氨酸(参见本章尿素循环)的 δ-氨基也可以被转移至 α-酮戊二酸，产生一分子的谷氨酸，而鸟氨酸变为谷氨酸-γ-半乳糖醛(glutamate-γ-semialdehyde)。

(四) 联合脱氨基作用

转氨基作用只是将一个氨基酸的氨基转移到另一个酮酸上生成新的氨基酸，并没有真正脱去氨基。另外，L-谷氨酸脱氢酶催化的氧化脱氨基作用，虽然能把氨基酸中的氨基真正除去，但只能作用于谷氨酸。所以，现在认为大多数氨基酸脱氨是通过上述两种作用联合起来实现的，称为联合脱氨基作用(combined deamination)。联合的结果是：各种氨基酸先与 α-酮戊二酸进行转氨基作用，生成 L-谷氨酸和相应的 α-酮酸，再经 L-谷氨酸脱氢酶催化，脱去氨重新生成 α-酮戊二酸。在联合反应中，α-酮戊二酸起着传递氨基的作用，本身并不消耗，而总的结果却使各种氨基酸脱去氨基，变成相应的酮酸(图 9-5)。

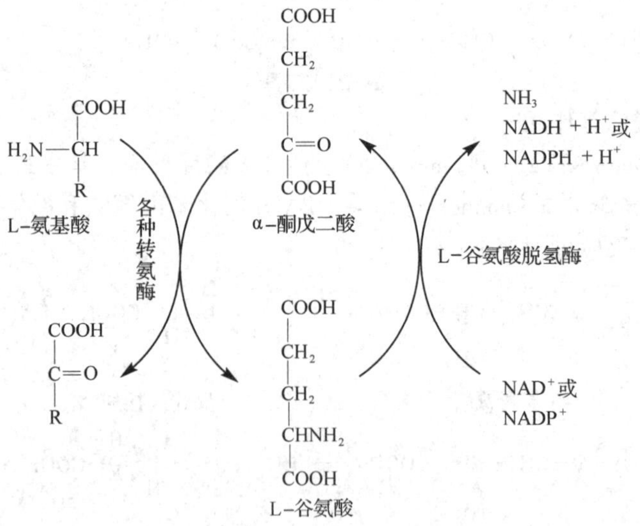

图 9-5 联合脱氨基作用

另外,在心肌、骨骼肌、脑等组织中,谷氨酸脱氢酶的活性很低,难以进行上述联合脱氨基反应,但是可以通过嘌呤核苷酸循环过程进行,如图9-6所示。

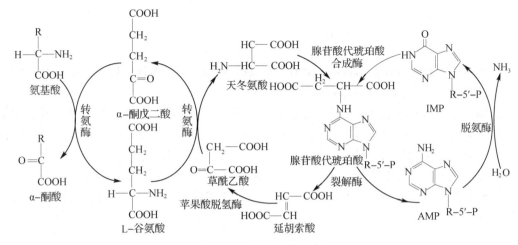

图 9-6 嘌呤核苷酸循环

(五)脱酰胺基作用

脱酰胺(deamidation)作用是指酰胺在脱酰胺酶(deamidase)作用下脱去酰胺而生成氨的过程。

$$谷氨酰胺 + H_2O \xrightarrow{谷氨酰胺酶} 谷氨酸 + NH_3$$

$$天冬酰胺 + H_2O \xrightarrow{天冬酰胺酶} 天冬氨酸 + NH_3$$

上述的脱氨基反应产生的游离氨,若大量积累会对生物组织产生毒性,例如,血液中1%的氨就会引起神经中毒,因此,必须将氨转变为无毒的化合物。如果组织内含有足够的碳水化合物,可以与由碳水化合物转变成的酮酸发生氨基化,重新生成氨基酸。有些植物组织有大量的有机酸,氨可以与有机酸形成有机酸盐。在哺乳动物中脑、肌肉等组织主要是通过合成谷氨酰胺向肝和肾运氨。在肾脏可被谷氨酰胺酶水解释放氨,氨与尿中的H^+结合成铵盐而排出体外。在肝脏则合成尿素经血液运至肾脏随尿排出。

此外,在极度饥饿条件下,哺乳动物还可以通过葡萄糖-丙氨酸循环(glucose-alanine cycle)在肌肉和肝脏之间进行氨基的转移(图9-7)。肌肉蛋白降解产生游离的氨基酸,通过转氨基作用将氨基转移给丙酮酸,从而生成大量的丙氨酸,丙氨酸被释放进入血液并转运到肝脏,在肝脏中经过转氨基作用又产生丙酮酸,经糖异生作用形成

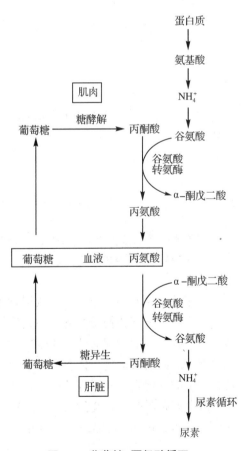

图 9-7 葡萄糖-丙氨酸循环

葡萄糖又回到肌肉中，在肌肉中又以糖酵解方式降解为丙酮酸。氨基通过葡萄糖-丙氨酸循环从肌肉转运到肝脏后，最终用于尿素的形成。葡萄糖-丙氨酸循环可与乳酸循环对比学习。

二、氨基酸的脱羧基作用

氨基酸在脱羧酶(decarboxylase)作用下发生脱羧反应，生成胺类化合物的过程，称为氨基酸的脱羧基作用(decarboxylation)。

在动物、植物和微生物体内广泛存在着氨基酸脱羧酶，它的辅酶为磷酸吡哆醛。动物和植物中最常见的是谷氨酸脱羧生成γ-氨基丁酸(γ-aminobutyric acid，GABA)。在动物体内，γ-氨基丁酸是重要的神经递质，几乎只存在于神经组织中，参与多种代谢活动，具有很强的生理活性。植物体内也含有丰富γ-氨基丁酸，它是番茄质外体(apoplast)中含量最高的氨基酸。还可进一步发生转氨基作用，生成琥珀酸半醛，再氧化成琥珀酸而进入三羧酸循环。

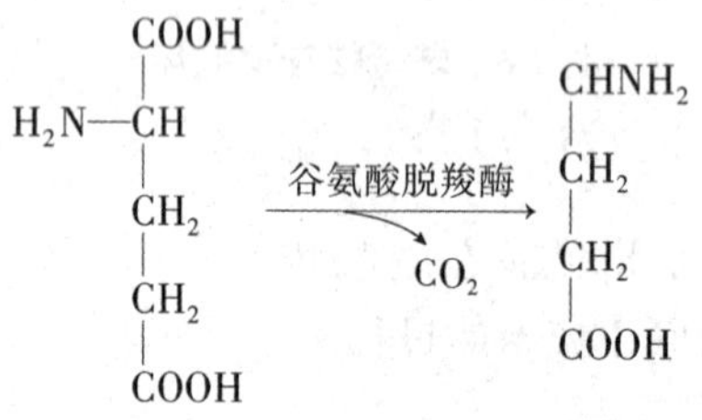

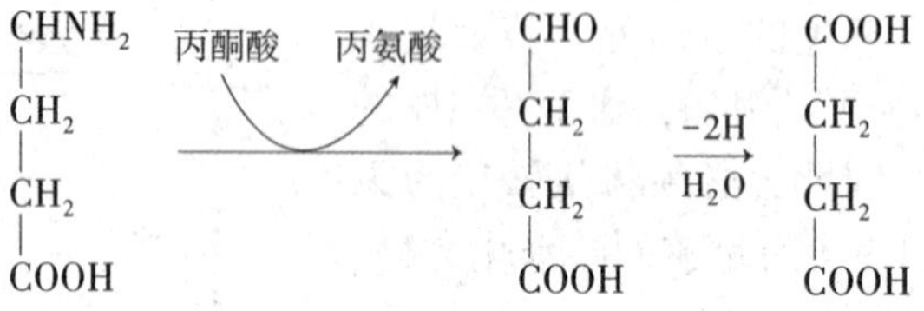

在黄化的大豆幼苗中，大量进行着赖氨酸的脱羧，生成戊二胺(尸胺)。大麦植株缺钾时，叶片中发生鸟氨酸的脱羧作用，生成丁二胺(腐胺)。这些二胺都具有很强的生理作用。

色氨酸在脱氨和脱羧后，生成植物生长素吲哚乙酸(见本章后面含氮活性化合物)。

含蛋白质丰富的物质经腐败细菌作用时，常发生氨基酸的脱羧作用，生成的胺类化合物很多具有强烈的生理活性。含蛋白质丰富的食物腐败后，容易引起食物中毒，这是其中原因之一。肉类及动物尸体腐烂时发出的恶臭气味，是由细菌分解蛋白质后生成的尸胺和腐胺产生的，但腐胺有促进动物和细菌细胞生长的效应，对RNA合成也有刺激作用。

酪氨酸在酪氨酸羟化酶(tyrosine hydroxylase)催化下发生羟化而生成3,4-二羟苯丙氨酸(3,4-dihydroxyphenylalanine，DOPA，多巴)，后者被多巴脱羧酶(DOPA decarboxylase)催化脱羧生成3,4-二羟苯乙胺(3,4-dihydroxyphenylethylamine，dopamine，多巴胺)。在动物体内，由多巴和多巴胺可生成去甲肾上腺素和肾上腺素，在植物内则可形成生物碱。

$$\underset{\text{酪氨酸}}{\text{HO-C}_6\text{H}_4\text{-CH}_2\text{-CH(NH}_2\text{)COOH}} \xrightarrow{\text{酪氨酸羟化酶}} \underset{\text{多巴}}{\text{(HO)}_2\text{C}_6\text{H}_3\text{-CH}_2\text{-CH(NH}_2\text{)COOH}} \xrightarrow{\text{多巴脱羧酶}} \underset{\text{多巴胺}}{\text{(HO)}_2\text{C}_6\text{H}_3\text{-CH}_2\text{-CH}_2\text{-NH}_2} + CO_2$$

三、氨基酸分解产物的去向

氨基酸降解是通过脱氨基作用和脱羧基作用生成各种产物,如 NH_3、α-酮酸和胺类等。这些产物在生物体内必须进一步参与代谢转变(助记小结 9-1)。

(一)氨的代谢去向

除了直接排出,动植物机体主要通过以下几种形式转变氨:①与 α-酮酸发生还原性氨基化作用,重新合成氨基酸;②中和组织中的有机酸,形成铵盐;③生成无毒的谷氨酰胺或天冬酰胺;④合成毒性很小的尿素。现分述如下:

1. 直接排出

游离氨对动植物组织是有害的,故动植物细胞中游离氨浓度极低。氨主要以尿素或尿酸等形式排出体外,称为排尿素代谢(ureotelism)和排尿酸代谢(uricotelism)(参见第八章)。例如,陆生动物、两栖类和哺乳动物主要以尿素形式排氨,而昆虫、鸟类和很多爬行动物则以尿酸的形式排氨。另外,大部分海洋生物,包括原生动物、线虫和鱼类将氨以谷氨酰胺的形式运输至排泄部位,经谷氨酰胺酶分解,直接生成 NH_3,再经过扩散作用排出,称为排氨型代谢(ammonotelism)。

2. 重新合成氨基酸

生物体内的游离氨可与碳水化合物转化成 α-酮酸发生氨基反应,重新生成氨基酸。新生成的氨基酸与原有的氨基酸不尽相同,从数量上并不增加。

3. 生成铵盐

生物体内有大量的有机酸,如异柠檬酸、柠檬酸、苹果酸、酒石酸、草酰乙酸等,可与氨结合成铵盐,中和了氨,还可参与调解细胞 pH 值。

4. 生成酰胺

氨可以通过谷氨酰胺合成酶或天冬酰胺合成酶,生成相应的酰胺;这些酰胺又可经谷氨酰胺酶或天冬酰胺酶的作用将 NH_3 重新释放出来。因此,二羧酸的酰胺既是植物运输和贮藏氨的主要方式,也是解除氨毒的一条主要途径。在动物体内各类酰胺主要是通过肾脏从尿中排出。

5. 生成尿素

如前所述,排尿素动物体内氨的主要去路是在肝脏中合成尿素,并随尿排出,约占人体总排氮量的 80% 以上。在植物中也能形成尿素。尿素的合成在动植物体内既能解除氨毒,又是氨的贮存形式之一。植物与哺乳类动物不同,它含有脲酶,尤其在豆科植物种子中,脲酶的活性较大,能专一地催化尿素水解,释放的氨,可以作为合成氨基酸中的氮源。

$$\underset{NH_2}{\underset{|}{C}}\!\!=\!\!O + H_2O \xrightarrow{\text{脲酶}} \underset{NH_2}{\underset{|}{C}}\!\!=\!\!O \xrightarrow{\text{脲酶}} 2NH_3 + CO_2$$

在哺乳动物体内,氨可通过鸟氨酸循环(ornithine cycle,又称尿素循环,urea cycle)生成尿素。这个过程发生在肝脏中。现已证实,高等植物中也有鸟氨酸循环的酶类存在。例如,在发芽的豆科和松柏科种子中,积累精氨酸,随着幼苗的生长,精氨酸减少而尿素积累。高等植物中也含有精氨酸酶。在西瓜中还存在着大量的瓜氨酸,它是鸟氨酸循环中的一个中间产物。可见,高等植物中也存在着鸟氨酸循环的反应机理。

现将肝脏中鸟氨酸循环的反应过程叙述如下:

(1) 氨甲酰磷酸的合成

来自外周组织或肝脏自身代谢生成的 CO_2 和 NH_3,在肝细胞线粒体内被氨甲酰磷酸合成酶 I (carbamoyl phosphate synthetase I,CPS I)催化合成氨甲酰磷酸,并消耗 2 分子 ATP。

$$HCO_3^- + NH_3 + 2ATP \longrightarrow \text{\textcircled{P}}\!\!\sim\!\!O\!-\!\!\overset{O}{\underset{\|}{C}}\!\!-\!\!NH_2 + 2ADP + Pi$$
氨甲酰磷酸

氨甲酰磷酸合成酶 I 是别构酶,N-乙酰谷氨酸是别构激活剂,该酶存在于线粒体内。氨甲酰磷酸是高能化合物,性质活泼。

(2) 瓜氨酸的合成

在线粒体内,鸟氨酸氨甲酰转移酶(ornithine transcarbamoylase,OTC)催化将氨甲酰磷酸的氨甲酰转移到鸟氨酸(ornithine,Orn)生成瓜氨酸(citrulline,Cit):

鸟氨酸　　　氨甲酰磷酸　　　瓜氨酸

鸟氨酸在细胞质中生成,并穿过线粒体膜进入线粒体内,与氨甲酰磷酸进行反应。

(3) 精氨酸的合成

瓜氨酸在线粒体内合成后,被转移到细胞质中,进一步反应生成精氨酸。该反应分两步进行。第一步是在精氨琥珀酸合成酶(argininosuccinate synthetase,ASS)催化下,瓜氨酸与天冬氨酸结合，生成精氨琥珀酸。反应需要 1 分子 ATP(消耗 2 个高能键)。

第二步是在精氨琥珀酸裂解酶(argininosuccinate lyase，ASL)催化下，精氨琥珀酸裂解为精氨酸和延胡索酸。反应如下：

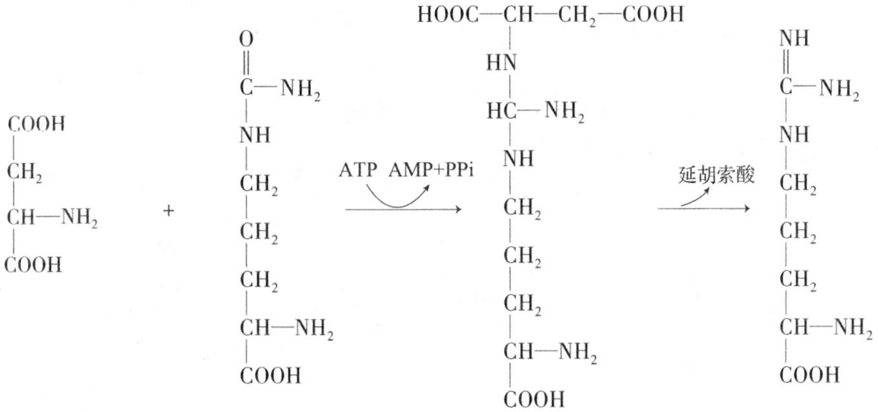

天冬氨酸 + 瓜氨酸 $\xrightarrow{ATP\ \ AMP+PPi}$ 精氨酸代琥珀酸 $\xrightarrow{延胡索酸}$ 精氨酸

在上述反应中，天冬氨酸起着供氨基的作用。生成的延胡索酸进一步转变为草酰乙酸，再与谷氨酸经转氨基作用生成天冬氨酸。而谷氨酸的氨基又来自体内多种氨基酸。可见，多种氨基酸的氨基可通过天冬氨酸形成或参与尿素合成。

(4) 精氨酸水解生成尿素

细胞质生成的精氨酸在精氨酸酶(arginase，ARG)的催化下，水解为尿素和鸟氨酸。鸟氨酸可重新返回线粒体参与瓜氨酸合成。尿素可通过血流运到肾脏排出。这种专一性很强的 L-精氨酸酶广泛存在于各种生物中，反应如下：

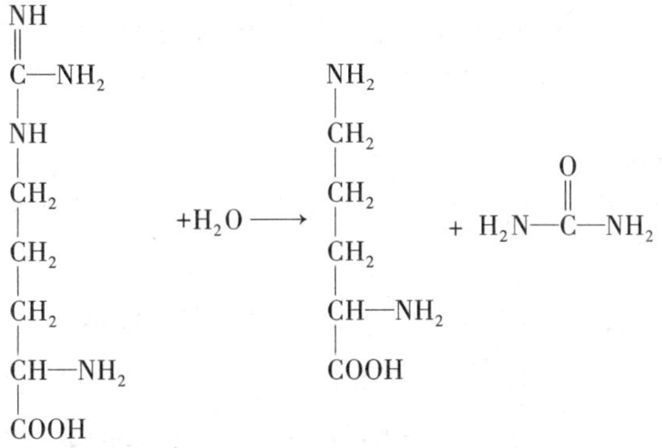

精氨酸 $+H_2O \longrightarrow$ 鸟氨酸 $+ H_2N-\overset{O}{\underset{\|}{C}}-NH_2$ 尿素

以上反应综合起来，可用下式表示：

$$CO_2 + 2NH_3 + 3H_2O + 3ATP \longrightarrow 尿素 + 2ADP + AMP + 4Pi$$

鸟氨酸循环整体流程如图 9-8 所示(助记小结 9-2)。每经过一次循环，共消耗 1 分子 CO_2、2 分子 NH_3(包括 1 分子游离氨和 1 分子天冬氨酸提供的氨基)、3 分子 ATP(共消耗 4 个高能磷酸键)，最终产生 1 分子尿素，经肾随尿排出，以解氨毒。而在植物体内则根据需要，在脲酶作用下，水解释放氨，用来合成氨基酸或进入其他代谢途径，说明植物对氮素的利用比动物经济。

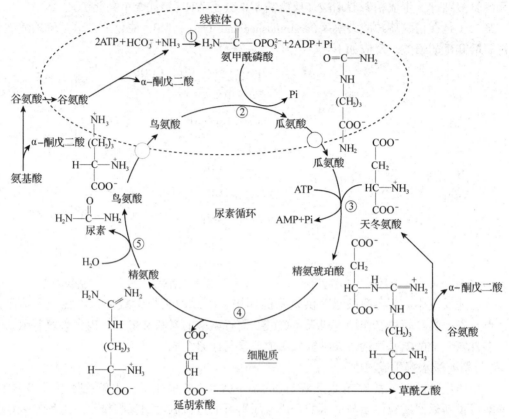

图 9-8 鸟氨酸循环

注：尿素循环部分发生在线粒体，部分发生在细胞质。其通路是分别经鸟氨酸及瓜氨酸在特异的运输体系下穿过线粒体膜实现的。①氨甲酰磷酸合成酶Ⅰ；②鸟氨酸氨基甲酰转移酶；③精氨琥珀酸合成酶；④精氨琥珀酸裂解酶；⑤精氨酸酶

(二) α-酮酸的去向

氨基酸脱氨基后生成 α-酮酸可进一步进行代谢，其途径有 3 个：

1. 重新生成氨基酸

由于转氨基作用和联合脱氨基作用都是可逆反应，各种氨基酸降解的终产物（表 9-3）就是它们合成时的碳骨架，因而产生的各种 α-酮酸都可通过脱氨基作用的逆过程接受氨

表 9-3 氨基酸降解中产生的 α-酮酸

氨基酸	终产物
丙氨酸、丝氨酸、半胱氨酸、甘氨酸、苏氨酸、色氨酸	丙酮酸
甲硫氨酸、异亮氨酸、缬氨酸、苏氨酸	琥珀酰-CoA
苯丙氨酸、酪氨酸	延胡索酸
精氨酸、脯氨酸、组氨酸、谷氨酸、谷氨酰胺	α-酮戊二酸
天冬酰胺、天冬氨酸	草酰乙酸
亮氨酸、色氨酸、异亮氨酸、苏氨酸	乙酸-CoA
苯丙氨酸、酪氨酸、亮氨酸、赖氨酸、色氨酸	乙酰乙酸（或乙酰乙酰-CoA）

基，生成相应的氨基酸。但因生物体内没有必需氨基酸相对应的α-酮酸，因此体内无法合成必需氨基酸，只能通过摄取补充。

2. 转变成糖和酮体或脂肪酸

根据动物营养学研究和同位素标记示踪实验证明，人体中很多氨基酸脱去氨基后的α-酮酸可通过糖异生途径转变成糖，此类氨基酸称为生糖氨基酸（glycogenic amino acid）。少数几种如亮氨酸不能转变成糖，只能转变成酮体和脂肪酸，称为生酮氨基酸（ketogenic amino acid）。另有5种苯丙氨酸、酪氨酸、色氨酸和异亮氨酸等分解产物，既能生糖，也能生酮，故称为生糖兼生酮氨基酸（表9-4）。

表 9-4 生糖和生酮氨基酸种类

分类	氨基酸
生糖氨基酸	甘氨酸、丙氨酸、丝氨酸、精氨酸、脯氨酸、谷氨酸、谷氨酰胺、缬氨酸、组氨酸、甲硫氨酸、半胱氨酸、天冬氨酸、天冬酰胺
生酮氨基酸	亮氨酸、赖氨酸
生糖兼生酮氨基酸	苯丙氨酸、酪氨酸、色氨酸、异亮氨酸、苏氨酸

3. 氧化分解

氨基酸降解产生的各种α-酮酸在生物体内都可直接或间接进入三羧酸循环途径彻底氧化。根据氨基酸生成的酮酸进入三羧酸循环的途径不同，可把氨基酸分为两大类：一类是形成乙酰-CoA，或经乙酰乙酰-CoA、丙酮酸再生成乙酰-CoA；另一类是直接形成三羧酸循环的中间产物，如α-酮戊二酸、琥珀酰-CoA、延胡索酸。这些酮酸直接进入三羧酸循环氧化分解，释放能量。各种氨基酸碳架的氧化途径总结如图9-9所示。

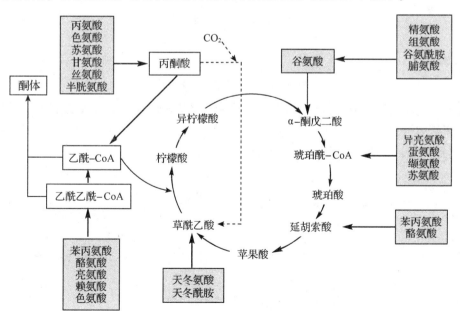

图 9-9 氨基酸碳架进入三羧酸循环的途径

(三)胺的转移

氨基酸脱羧后产生的胺类化合物，是生理活性物质，必须进一步代谢转变。胺类的代谢主要有以下两种：

1. 胺类的氧化

在胺氧化酶(amine oxidase)作用下，胺类可迅速进行氧化脱氨，生成相应的醛和氨，醛继续被氧化成羧酸。

胺氧化酶和醛氧化酶都属需氧脱氢酶，脱氢产物为 H_2O_2。后者可被过氧化氢酶迅速分解为 H_2O、O_2，或被过氧化物酶转化利用。

2. 转变为其他含氮活性化合物

胺类可进一步转变为生物碱、生长调节剂或其他含氮活性化合物。例如，色氨酸经脱氨基和脱羧基后，可生成植物生长激素 β-吲哚乙酸，如图 9-10 所示。

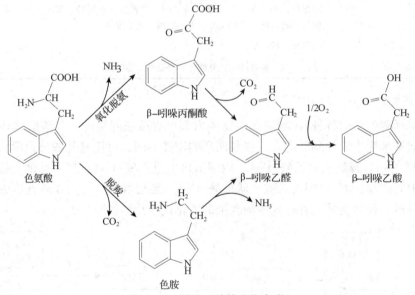

图 9-10 吲哚乙酸的生物合成

丝氨酸经脱羧后生成乙醇胺(胆胺)，再继续甲基化反应，即转变为胆碱。其甲基由 S-腺苷甲硫氨酸提供。乙醇胺和胆碱是构成磷脂酰乙醇胺(脑磷脂)和磷脂酰胆碱(卵磷脂)的原料(参见第四章)。胆碱也是构成乙酰胆碱的成分。

3. 酚类的生成

酪氨酸经脱羧基后，生成酪胺，后者再进行甲基化，形成大麦芽碱（hordenine），该产物存在于大麦芽内。

酪氨酸经脱羧基、脱氨基及氧化作用后，可生成苯酚和对甲酚等有害物质。

四、一碳基团的概念及其生物学意义

有些氨基酸在生物体内分解过程中，可产生具有一个碳原子的活性基团，称为一碳基团（one carbon group）或一碳单位（one carbon unit）。

生物体内许多活性物质，如肌酸、卵磷脂、S-腺苷甲硫氨酸等的生物合成，都和一碳单位的转移有关。这些化合物中都含有活性甲基，可以说，一碳单位是体内各种甲基化反应的甲基来源。

五、一碳单位的种类和生成

(一) 一碳单位的种类

许多氨基酸都和一碳基团有关，如甘氨酸、丝氨酸、色氨酸、组氨酸等，都可以作为一碳单位的供体。生物体内重要的一碳单位见表 9-5。

表 9-5　一碳单位存在形式

一碳单位	结构	与四氢叶酸结合位	主要来源
甲基	—CH_3	N^5	甲硫氨酸
甲烯基	—CH_2—	N^5 和 N^{10}	丝氨酸
甲酰基	—CHO	N^5 和 N^{10}	色氨酸
甲炔基	—C≡	N^5 和 N^{10}	甘氨酸、丝氨酸
羟甲基	—CH_2OH	N^5	丝氨酸
亚氨甲基	—CH=NH	N^5	色氨酸

(二) 一碳单位的生成

1. 由丝氨酸或甘氨酸生成

丝氨酸在羟甲基转移酶（serine hydroxymethyltransferase，SHMT）作用下，其 β 碳原子转移到四氢叶酸（FH_4 或 THF），并脱水生成 N^5,N^{10}-甲烯基四氢叶酸和甘氨酸。甘氨酸在甘氨酸脱羧酶复合体（glycine decarboxylase complex，GDC）的催化下，又可与四氢叶酸反应，生成 N^5,N^{10}-甲烯基四氢叶酸。

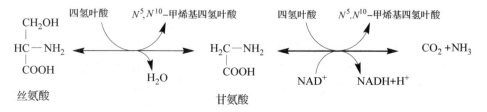

2. 由组氨酸生成

组氨酸首先转变成亚氨甲酰谷氨酸（N-forminino-glutamate），再在亚氨甲基转移酶（glutamate formimidoyltransferase）催化下与四氢叶酸反应，生成 N^5-亚氨甲酰四氢叶酸（N^5-formimidoyltetrahydrofolate）和谷氨酸。N^5-亚氨甲酰四氢叶酸经环脱氨酶（N-forminino-THF cyclodeaminase）催化脱氨生成 N^5,N^{10}-亚甲基四氢叶酸（N^5,N^{10}-methenyl tetrahydrofolate）。

(三) 一碳单位的相互转变

从上述一碳单位生成反应，可见各种不同形式的一碳单位中碳原子的氧化状态不同。在适当的条件下，它们可以通过氧化还原反应而彼此转变。现将一碳单位的来源、相互转变和功用归纳如图 9-11 所示。

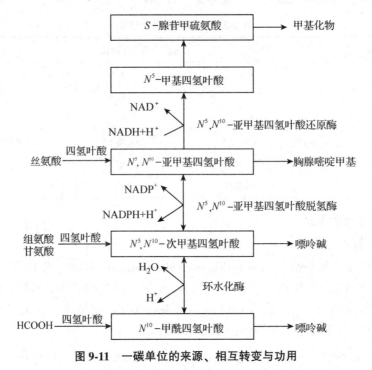

图 9-11 一碳单位的来源、相互转变与功用

各种不同形式的一碳单位在彼此转变过程中，一旦生成 N^5-甲基四氢叶酸，便不能转变为其他的一碳单位，也就是说 N^5-甲基四氢叶酸中的甲基转移势较低，已经无法为大部分反应提供甲基。但是在甲硫氨酸合酶（methionine synthase）的作用下，N^5-甲基四氢叶酸能与高半胱氨酸（homocysteine）反应生成甲硫氨酸和四氢叶酸，使四氢叶酸重新获得被利用的机会。甲硫氨酸合酶的辅酶是维生素 B_{12}，维生素 B_{12} 缺乏时，不仅不利于甲硫氨酸的

生成，同时也影响四氢叶酸的再生，导致核酸合成障碍(参见第三章)。因此，维生素 B_{12} 不足时可以产生巨幼红细胞性贫血。

(四)一碳单位的转运

一碳单位不能游离存在，必须与其载体相结合并由载体进行转运。最常见的载体是由叶酸(维生素 B_{11} 或 PGA)衍生而来的四氢叶酸，一碳单位常与四氢叶酸的 N^5-、N^{10}-位结合而被携带和转运到需要的合成部位。

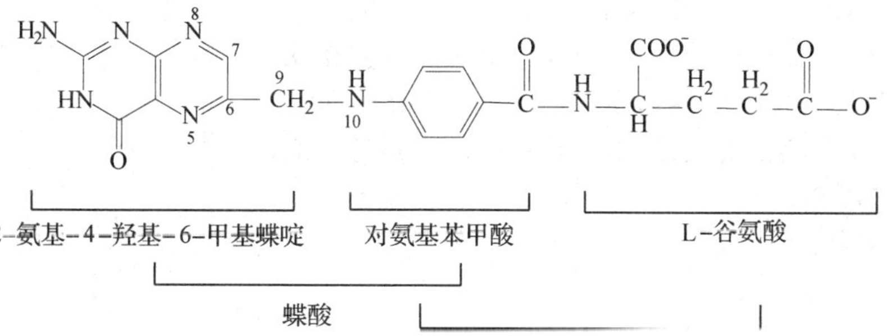

另外，由于 N^5-甲基四氢叶酸中的甲基利用受限，机体内需要真正的甲基供体一般是 S-腺苷甲硫氨酸(S-adenosyl methionine，SAM)。甲硫氨酸在甲硫氨酸腺苷转移酶(methionine adenosyltransferase)催化下与 ATP 反应生成 SAM，SAM 通过转甲基作用为胆碱、肌酸和肾上腺素等重要物质的生物合成提供了甲基，与此同时产生的 S-腺苷高半胱氨酸水解生成高半胱氨酸，后者可再次接受 N^5-甲基四氢叶酸提供的甲基重新生成甲硫氨酸，进入下一轮循环。

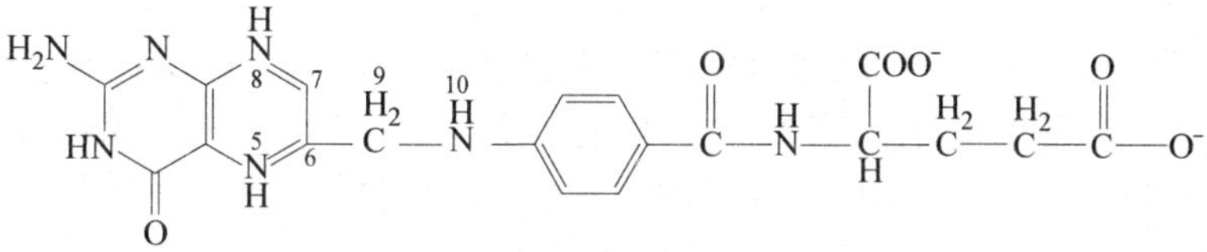

一碳基团除了与许多氨基酸的代谢有关外，还参与嘌呤和胸腺嘧啶的生物合成。

第三节 氨基酸的生物合成

一、氨的来源

在地球表面的氮分布在大气、陆地和海洋中。空气含 78% 的氮气，呈分子态(N_2)存在。此外，在空气中还含有微量的气态氮化合物，如 NO、NO_2、NH_3 等。在陆地和海洋中也含有种类繁多的无机和有机氮化合物，包括生物体内的含氮化合物。自然界中各种氮化物经常处于动态变化之中，形成了自然界的氮素循环(nitrogen cycle)。在这个循环中，自然的作用和人类的活动不断改变着循环的进程。尤其是人类活动已经成为其中最积极的因素。大气中的氮气，通过生物固氮、工业固氮、大气固氮(如闪电)，部分地转变为氨或硝酸盐，进入土壤中。土壤中的氨在硝化细菌(包括亚硝酸细菌和硝酸细菌)的作用(硝化作用，nitrification)下，进行硝化反应而氧化成为硝酸盐。土壤中的铵盐和硝酸盐被植物吸收后，转变为植物体内的含氮化合物。植物被食草动物取食后转为动物体内含氮化合物。动物的排泄物、植物的枯枝落叶，以及动植物和微生物的尸体残骸中的有机氮化物，经微生物分解，重新转变为氨，又回到土壤中。土壤中的一部分硝酸盐也可经反硝化细菌作用(denitrification)，转变为一氧化二氮(N_2O)，再变成氮气返回到大气中去。另外，人们还发现了一种特殊的产生氮气的途径——厌氧氨氧化，即被少数厌氧菌将氨转变成氮气(拓展阅读：知识窗9-2)。整个循环过程如图9-12所示。

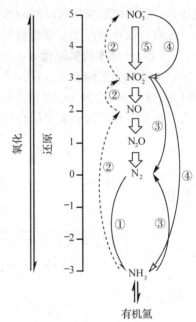

图9-12 自然界的氮素循环
①固氮；②硝化；③厌氧氨氧化；
④氨同化；⑤反硝化

(一)生物固氮

1. 生物固氮的意义

据估计，大气中含氮量达$3.8×10^{15}$ t，但氮气却不能直接被植物利用。这是因为氮气是一种十分稳定的惰性气体，要打开气体氮分子中的 N≡N 键，需要$9.45×10^2$ kJ/mol 的能量。在工业上，当用铁为催化剂时，要在450℃高温和$2×10^4$~$3×10^4$ kPa下才能固定氮素以生成氨。但是微生物却能在常温常压的条件下将氮还原为氨：

$$N_2 + 3H_2 \longrightarrow 2NH_3$$

这种微生物将空气中的氮气还原为氨的过程称为生物固氮(biological nitrogen fixation)。生物固氮与工业固氮相比可以大大节省能源，减少环境污染，对维持自然界的氮循环和供应植物生长所需要的氮来源起着重要作用。土壤中的氨又可被硝化细菌氧化生成亚硝酸盐和硝酸盐，对固氮生物的研究和利用、开辟农业肥源、维持和提高土壤肥力具有重大意义。

2. 固氮酶复合体

固氮酶复合体(nitrogenase complex)是生物固氮中的主要酶，是一种多功能的氧化还原酶。在所有研究过的微生物中，固氮酶的组成和性质都非常相似。在所有经研究过的细菌中，固氮酶复合体均是由两种组分构成。

一种组分为固氮酶还原酶(dinitrogenase reductase)，又称为铁蛋白(Fe protein)，是由两个相同的亚基组成的二聚体，相对分子质量为60 000~64 000。每个亚基含有一个铁硫蛋白(4Fe-4S)，用于接受或提供电子。该酶还可以结合 ATP 或 ADP。每分子含有4个铁原子和4个S^{2-}离子，并有12个半胱氨酸巯基。

另一种组分为固氮酶(dinitrogenase)，又称为钼铁蛋白(Mo-Fe protein)，相对分子质量220 000~240 000，由两个不同的亚基组成的四聚体($\alpha_2\beta_2$)。该酶含有两个钼原子，32个铁原子和30个硫原子。另外，人们还发现了一类含有钒(V, vanadium)的固氮酶(不含钼原子)。

固氮酶复合体中，固氮酶还原酶与固氮酶的分子比为1∶1或2∶1(图9-13)。

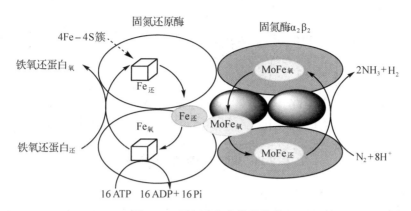

图 9-13 固氮酶复合体的结构

每次反应，铁氧还蛋白(ferredoxin，Fd)为固氮酶复合体提供 8 个电子，该电子具有高的还原力，电子经过一系列的传递，到达固氮酶。该过程需要消耗 ATP。6 个电子最终传递给 N_2，生成 2 分子氨，还有 2 个电子交给质子，生成 H_2。

固氮酶对氧是十分敏感的，因此，要求在严格的厌氧环境下才能进行固氮。这对于厌氧性固氮微生物来说是不成问题的，兼厌氧性固氮微生物则只有在厌氧条件下才能固氮，但好气性固氮微生物则必须有防氧措施。

(二) 硝酸还原

高等植物不能利用空气中的氮气，仅能吸收化合态的氮。植物可以吸收氨基酸、天冬酰胺和尿素等有机氮化合物，但是植物的氮源主要是无机氮化物，而无机氮化物中又以硝酸盐和铵盐为主，它们广泛存在于土壤中。植物从土壤中吸收铵盐后，可用于合成氨基酸。而吸收的硝酸盐则不能直接被利用，必须将硝酸盐还原为氨方可被利用，因为蛋白质的氮呈高度还原状态，而硝酸盐的氮却呈高度氧化状态。硝酸还原成氨的总反应：

$$NO_3^- + 9H^+ + 8e^- \longrightarrow NH_3 + 3H_2O$$

这一还原过程是在硝酸还原酶和亚硝酸还原酶的催化下分步进行的。在植物体内，硝酸盐的还原可在植物的根和叶内进行，但以叶内还原为主。不过种子萌发的早期，或在缺氧条件下，根部的还原成为主要过程。

1. 硝酸还原酶(nitrate reductase，NR)

硝酸还原酶的作用是把硝酸盐还原成亚硝酸盐。

$$NO_3^- + 2H^+ + 2e^- \longrightarrow NO_2^- + H_2O$$

此酶广泛存在于高等植物、藻类、细菌和酵母中。在植物的绿色组织中硝酸还原酶的活性较大。硝酸还原酶需要钼离子(Mo^{4+})，用于结合硝酸根，反应通常以 NADH 或 NADPH 作为电子供体，将电子传递给硝酸根(图 9-14)。

2. 亚硝酸还原酶(nitrite reductase，NIR)

正常情况下，由硝酸还原生成的亚硝酸，很少在植物细胞内积累，会很快在亚硝酸还原酶催化下进一步还原成氨：

$$NO_2^- + 7H + 6e^- \longrightarrow NH_3 + 2H_2O$$

从高等植物和绿藻分离出的亚硝酸还原酶是由一条多肽链构成，相对分子质量为 60 000~70 000。它的辅基是一种铁卟啉的衍生物——西罗血红素(siroheme)。分子中还含

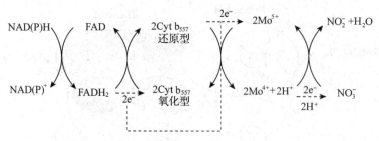

图 9-14 硝酸还原酶的催化机理

有一个铁硫中心。

亚硝酸还原酶存在于绿色组织的叶绿体中，它的直接电子供体是铁氧还蛋白。显然，在这里光合作用的非环式光合磷酸化可为亚硝酸还原酶提供还原态的铁氧还蛋白，并和辅基西罗血红素上结合的亚硝酸根直接作用生成氨。

此外，在铁氧还蛋白 $NADP^+$ 还原酶的作用下，也可将氧化态的铁氧还蛋白转变为还原型。亚硝酸被还原成氨的整个过程如图 9-15 所示。

光照对亚硝酸还原有促进作用，可能与光照时生成还原态的铁氧还蛋白有关。当植物缺铁时亚硝酸的还原受阻，可能与

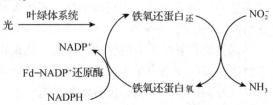

图 9-15 叶绿体内亚硝酸还原酶的作用

铁氧还蛋白及铁卟啉衍生物的合成减少有关。亚硝酸还原时需要氧，因而在厌氧条件下，亚硝酸的还原会受阻。

进入植物体内的硝酸盐，经过硝酸还原酶和亚硝酸还原酶的作用生成氨。氨进一步代谢转化合成氨基酸、蛋白质及其他含氮有机化合物，这些将在后面介绍。

(三) 直接吸收

植物可以从土壤直接吸收氨，以供合成氨基酸之用。

(四) 重新利用

氨基酸分解后形成的氨可以重新用于氨基酸的合成，这在动物中是比较重要的一条途径。

二、氨的同化

经固氮酶复合体反应形成的氨需要保持在低水平才能防止固氮体系的抑制。植物体也常因为吸收固氮作用或硝酸还原作用产生的氨过多而使生长受到抑制。但与动物比较，植物能将体内代谢反应放出的氨迅速同化，转变为含氮有机化合物，以防止毒害作用。氨的同化 (ammonia assimilation) 是指氨转化为有机分子中氮的过程。在氨基酸合成中，氨是转化为氨基酸的氨基。氨的同化作用对于固氮微生物和植物都是非常重要的生化反应和氮代谢的关键步骤。

氨的同化包括谷氨酸合成途径和氨甲酰磷酸形成途径。

(一) 谷氨酸合成途径

在生物体内，氨基酸和蛋白质是主要的含氮化合物。虽然已发现有许多个由氨形成氨

基酸的反应，但目前一般认为，由无机态的氨转变为氨基酸主要是通过谷氨酸合成途径，其他氨基酸则是通过转氨基作用生成的。谷氨酸合成途径又可分为谷氨酸脱氢酶途径和谷氨酰胺合成酶途径，现分述如下：

1. 谷氨酸脱氢酶途径

如上节所述，L-谷氨酸脱氢酶能够催化氨基酸的氧化脱氨，但是，值得注意的是，该酶催化的反应是可逆的。当 NH_4^+、α-酮戊二酸和 NADH 或 NADPH 同时存在时，该酶可催化生成谷氨酸(但要求 NH_4^+ 的浓度较高)。在植物、细菌和部分藻类中，当 NH_4^+ 浓度很高时，可利用下述逆反应将 NH_4^+ 转化为谷氨酸：

$$\alpha\text{-酮戊二酸} + NAD(P)H + NH_4^+ \rightleftharpoons \text{谷氨酸} + NAD(P)^+ + H_2O$$

在脑部，L-谷氨酸脱氢酶和下述谷氨酰胺合成酶的含量也很高，均参与将 NH_4^+ 转变为有机氮。但是，后者催化的反应可能更为重要。

2. 谷氨酰胺合成酶途径

在生物体内还存在有谷氨酰胺合成酶(glutamine synthetase，GS)，它催化下面的反应：

$$\begin{array}{c}COOH\\|\\H_2N-CH\\|\\CH_2\\|\\CH_2\\|\\COOH\end{array} + NH_3 + ATP \xrightleftharpoons{\text{谷氨酰胺合成酶}} \begin{array}{c}COOH\\|\\H_2N-CH\\|\\CH_2\\|\\CH_2\\|\\CONH_2\end{array} + ADP + Pi + H_2O$$

谷氨酸　　　　　　　　　　　　　　　　谷氨酰胺

该反应将氨贮存在谷氨酰胺中，以降低生物体的氨浓度，这对维持脑细胞的正常功能有重要意义。因为血氨浓度过高，就会与三羧酸循环中的 α-酮戊二酸结合生成谷氨酸或谷氨酰胺，使三羧酸循环受到干扰，不能进行正常的能量供应，引起脑细胞功能紊乱而出现昏迷，称为氨中毒或氨昏迷。

谷氨酰胺又可作为氨的供体，通过谷氨酸合成酶(glutamate synthase，也称谷氨酰胺：α-酮戊二酸转氨酶，glutamine oxoglutarate aminotransferase，GOGAT)的作用，将酰胺的氨基转移至 α-酮戊二酸，生成新的谷氨酸。

$$\begin{array}{c}COOH\\|\\H_2N-CH\\|\\CH_2\\|\\CH_2\\|\\CONH_2\end{array} + \begin{array}{c}COOH\\|\\C=O\\|\\CH_2\\|\\CH_2\\|\\COOH\end{array} + \begin{array}{c}NAD(P)^+H\\\text{或 Fd(还)}\end{array} + 2H^+ \rightleftharpoons 2\begin{array}{c}COOH\\|\\H_2N-CH\\|\\CH_2\\|\\CH_2\\|\\COOH\end{array} + \begin{array}{c}NAD(P)^+\\\text{或 Fd(氧)}\end{array}$$

谷氨酰胺　　α-酮戊二酸　　　　　　　　　　　　　　谷氨酸

在谷氨酸合成酶循环中，一分子谷氨酸可继续循环；另一分子谷氨酸可转变成脯氨酸和精氨酸，或经转氨作用生成其他氨基酸。当谷氨酰胺的氨基通过转氨作用形成其他化合物(如天冬酰胺或氨甲酰磷酸)时，谷氨酸也可以再生。

谷氨酸合成酶有 3 种形式，主要存在于光合细菌和绿色植物中。可以分别用 NAD^+(EC 1.4.1.14)、$NADP^+$(EC 1.4.1.13)和 Fd 氧还蛋白(EC 1.4.7.1)作为辅因子。这点与前述 L-谷氨酸脱氢酶不同。

谷氨酸脱氢酶和谷氨酰胺合成酶的催化反应有两个明显的不同。①存在部位。谷氨酸脱氢酶在真核生物中分布在线粒体，在谷氨酸的降解中发挥作用。谷氨酰胺合成酶分为3种类型（Ⅰ型、Ⅱ型和Ⅲ型）。其中，Ⅰ型和Ⅲ型主要存在于原核生物，Ⅱ型主要存在于真核生物和部分微生物，如根瘤菌科。在真核细胞中谷氨酰胺合成酶在质体和细胞质中均有分布。②亲和力。酶动力学研究证明，谷氨酸脱氢酶对氨的亲和力很低（K_m 值在 10^{-3} mol/L 水平），而氨的生理浓度大大低于该酶的 K_m 值。而谷氨酰胺合成酶对氨有很高的亲和力（$K_m = 10^{-5} \sim 10^{-4}$ mol/L）。所以，在正常生理条件下，氨同化为氨基酸是经过谷氨酰胺合成酶来完成的（图 9-16）。

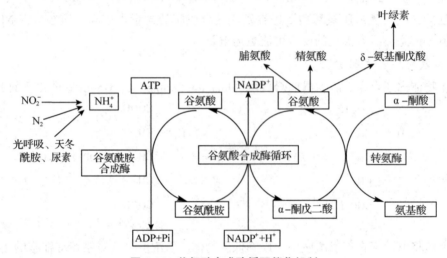

图 9-16　谷氨酸合成酶循环催化机制

(二) 氨甲酰磷酸形成途径

氨的同化另一途径是氨甲酰磷酸的形成。有两种反应：

第一种，氨甲酰激酶（carbamate kinase，CKase）催化的反应：

$$NH_2 + CO_2 + ATP \xrightarrow[Mg^{2+}]{\text{氨甲酰激酶}} H_2N-\overset{O}{\underset{\|}{C}}-O \sim ℗ + ADP$$

氨甲酰磷酸

第二种，氨甲酰磷酸合成酶（carbamoyl phosphate synthetase，CPS）催化的反应：

$$NH_3 + CO_2 + 2ATP \xrightarrow[Mg^{2+}]{\text{CPS I}} H_2N-\overset{O}{\underset{\|}{C}}-O \sim ℗ + 2ADP + Pi$$

氨甲酰磷酸

$$L\text{-谷氨酰胺} + CO_2 + 2ATP \xrightarrow[Mg^{2+}]{\text{CPS II 或 CPS III}} H_2N-\overset{O}{\underset{\|}{C}}-O \sim ℗ + 2ADP + Pi + L\text{-谷氨酸}$$

氨甲酰磷酸

氨甲酰磷酸合成酶有3种类型，CPS Ⅰ 存在于线粒体中，主要参与本章前述的尿素循环。CPS Ⅱ 是细胞质酶，主要参与嘧啶的合成代谢（参见第八章）。CPS Ⅲ 主要存在于水生生物中,也是线粒体酶。值得注意的是,CPSⅡ和CPSⅢ催化的反应中,氨基的供体是谷氨酰胺。

三、碳架来源

氨基酸的合成还需要有氨基和碳骨架。氨基是通过转氨作用由已有的氨基酸提供的;碳骨架则有不同的来源,先形成α-酮酸,然后通过转氨作用合成不同的氨基酸。现已证明,谷氨酸和谷氨酰胺在这些相互转化中起着关键性作用(图9-16)。

氨基酸的碳架主要是从糖酵解、三羧酸循环和磷酸戊糖途径的中间产物衍生而来的。其中,起主要作用的有6个中间产物,它们是α-酮戊二酸、草酰乙酸、丙酮酸、甘油酸-3-磷酸、磷酸烯醇式丙酮酸和赤藓糖-4-磷酸(图9-17)。利用这些碳架作为受体分子,并利用谷氨酸和谷氨酰胺作为主要的氨基供体,在转氨酶催化下,即可生成相应的氨基酸。

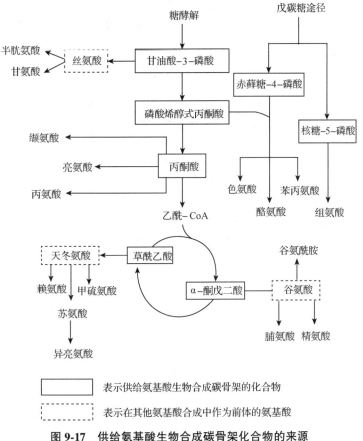

图 9-17 供给氨基酸生物合成碳骨架化合物的来源

四、氨基酸的生物合成

关于氨基酸生物合成的研究,大多数用微生物或动物作材料,其合成机理也比较清楚,对高等植物氨基酸合成的研究虽然不多,但近年来的实验证明它和微生物及动物中的合成途径大同小异。

(一) 转氨作用

转氨作用是指一种氨基酸分子上的氨基转移至其他 α-酮酸上，再形成另一种氨基酸（参见本章前述转氨基作用和图 9-17）。催化反应的酶是转氨酶。前面已提到转氨酶的辅因子是磷酸吡哆醛和磷酸吡哆胺。在反应时，磷酸吡哆醛暂时转变成磷酸吡哆胺。当底物（氨基酸）不存在时，磷酸吡哆醛的醛基与转氨酶活性部位上特异赖氨酸残基的 ε-氨基酸侧链相连，形成希夫碱。而在转氨时，底物氨基酸的 α-氨基代替了赖氨酸残基的 ε-氨基，形成希夫碱(图 9-18)。已知生物细胞内含有许多酮酸，而且生物组织中的某些转氨酶有广泛的底物特异性。因此，一旦氮原子被同化为氨基，就很容易经过转氨反应重新分配，形成许多不同的氨基酸或其他含氮有机物。转氨酶广泛存在于各种生物中。

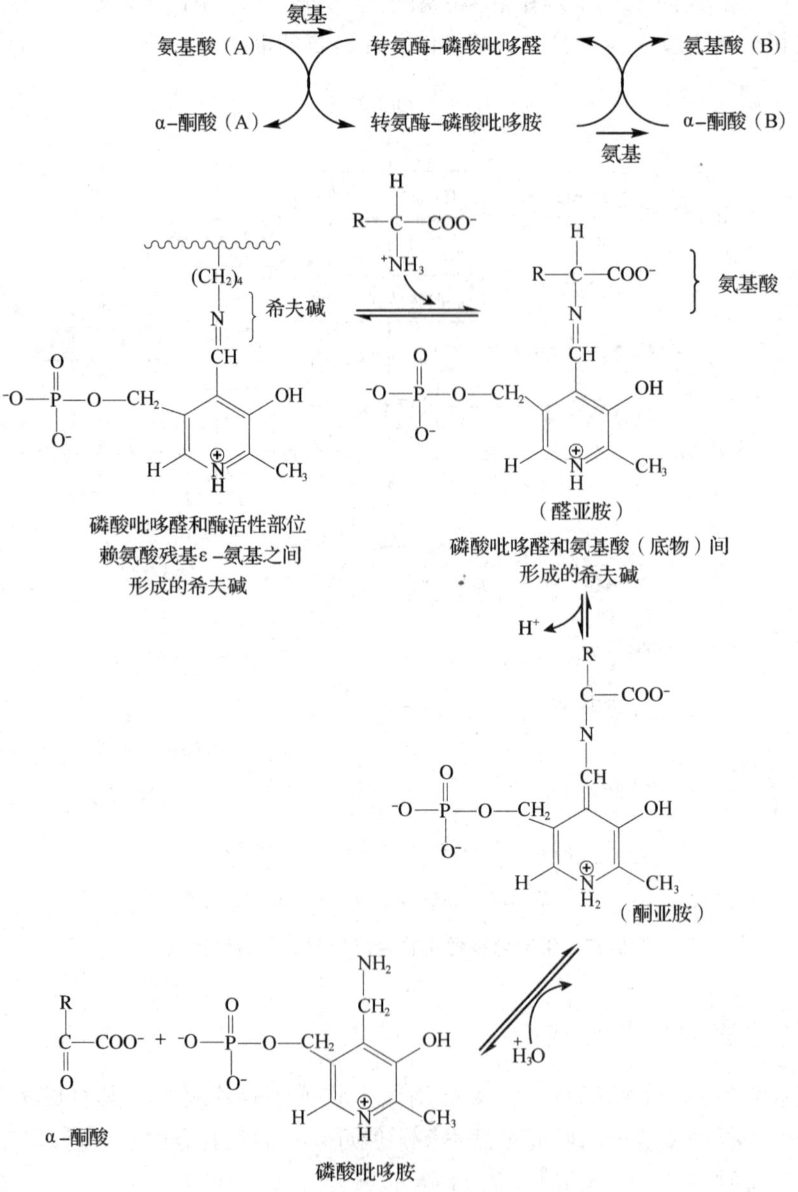

图 9-18 转氨反应时希夫碱的形成

(二)各种氨基酸的合成过程

根据氨基酸合成的碳骨架来源不同,可将氨基酸分为若干族。在每一族内,几种氨基酸有共同的碳骨架来源。在此不详细讨论每一种氨基酸的合成过程,下面只概括地介绍它们的碳骨架来源和合成过程的相互关系。

1. 丙氨酸族

丙氨酸族包括丙氨酸、缬氨酸、亮氨酸和异亮氨酸。它们的共同碳骨架均来自糖酵解生成的丙酮酸。由丙酮酸经转氨基作用生成丙氨酸。缬氨酸、异亮氨酸和亮氨酸的合成代谢途径如图 9-19 所示,该途径已用同位素稀释试验和标记前体饲喂法得到证明。

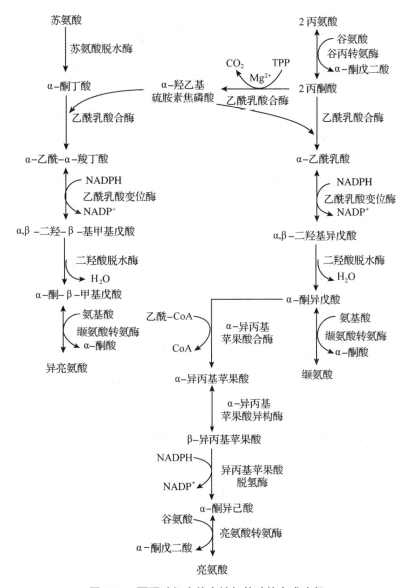

图 9-19 丙酮酸衍生的支链氨基酸的合成途径

2. 丝氨酸族

丝氨酸族包括丝氨酸、甘氨酸和半胱氨酸。由光呼吸乙醇酸途径形成乙醛酸经转氨作用可生成甘氨酸,由甘氨酸可能变为丝氨酸(图 9-20)。由于这些氨基酸合成所需要的碳骨架与光合作用中卡尔文循环的中间产物密切关系,所以它们可归属卡尔文循环形成的氨基酸。从图 9-20 可以看出,丝氨酸处于中心地位,它的形成可能有 3 条途径,其中包括磷酸化途径和非磷酸化途径。

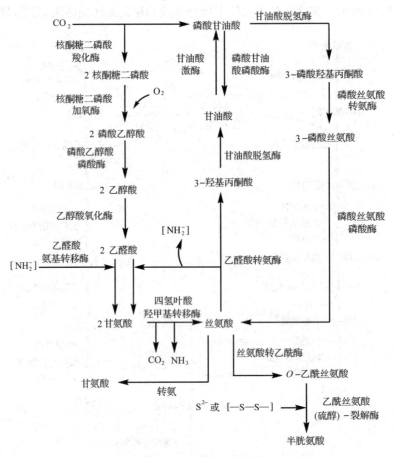

图 9-20　甘氨酸、丝氨酸和半胱氨酸的合成途径

半胱氨酸的硫由植物根从土壤吸收硫酸根(SO_4^{2-}),然后在细胞质或质体中被一系列的酶催化,生成硫化物,与 O-乙酰丝氨酸反应,生成半胱氨酸(图 9-21)。

动物体内半胱氨酸的硫主要来自高半胱氨酸(图 9-22),也是甲硫氨酸生物合成的一个中间产物。

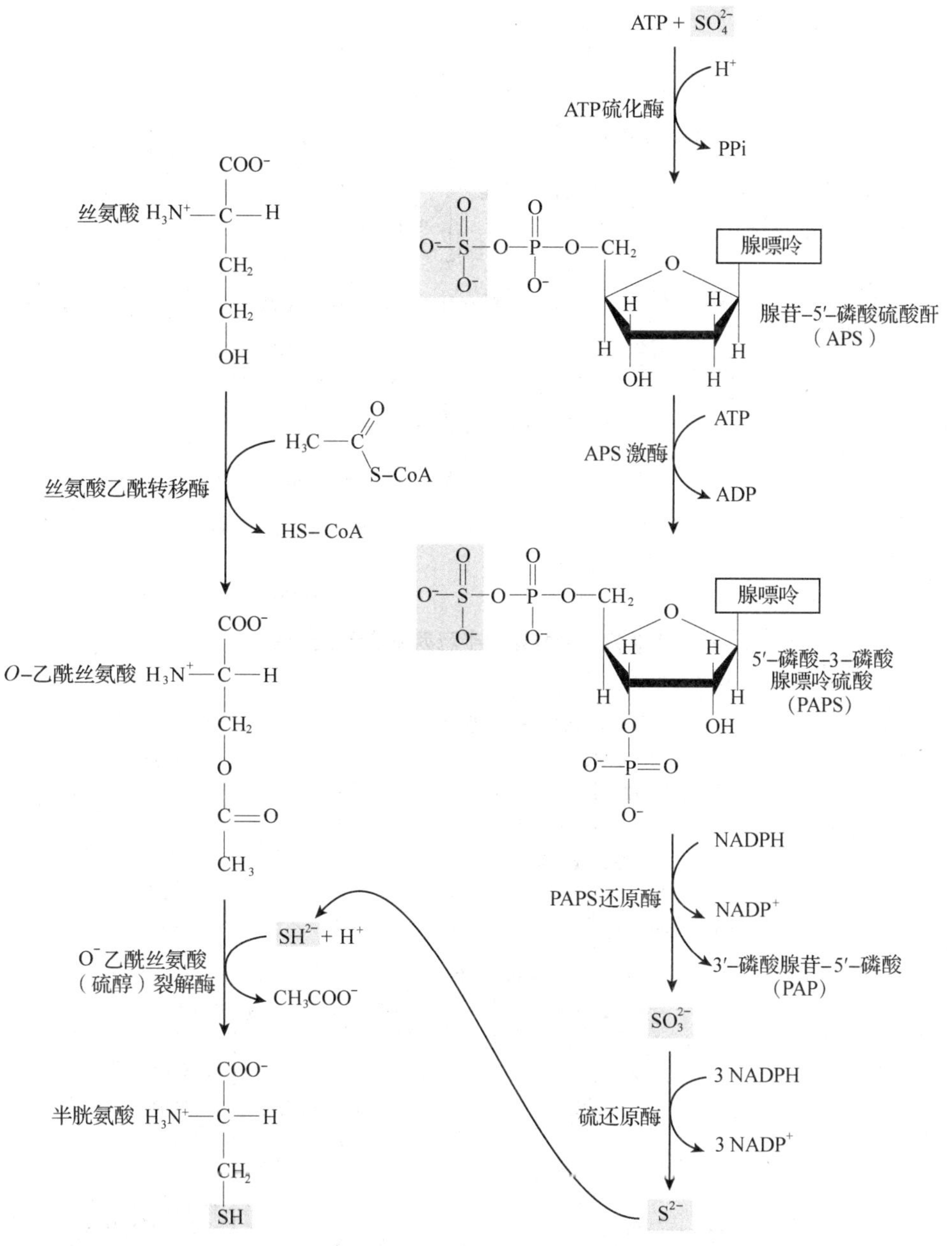

图 9-21　植物体内半胱氨酸的合成途径

3. 天冬氨酸族

本族包括天冬氨酸、天冬酰胺、赖氨酸、苏氨酸、甲硫氨酸和异亮氨酸，它们的共同碳骨架来源于三羧酸循环的草酰乙酸经转氨作用形成天冬氨酸；由天冬氨酸开始可以合成赖氨酸、苏氨酸、甲硫氨酸和异亮氨酸，其合成途径如图 9-23 所示。其中，苏氨酸至异亮氨酸的合成步骤如图 9-19 所示。

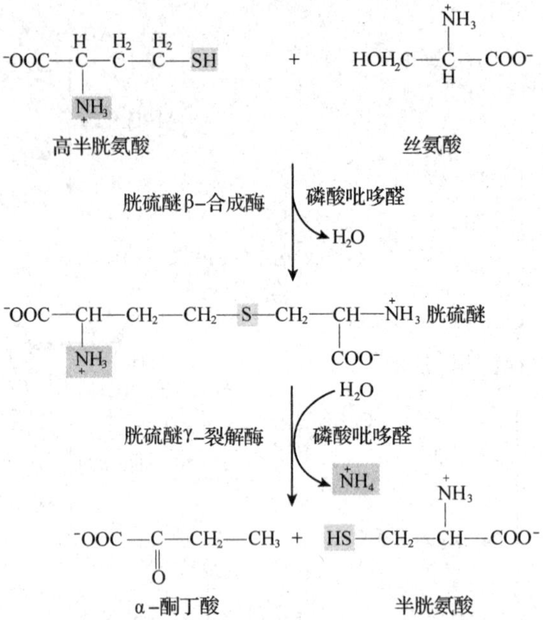

图 9-22　动物体内半胱氨酸的合成途径

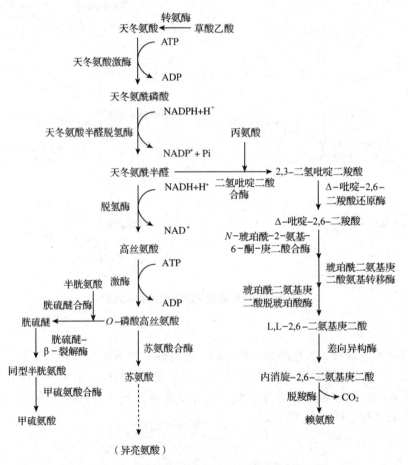

图 9-23　由天冬氨酸衍生的氨基酸合成途径

上述几种氨基酸合成的关系如下：

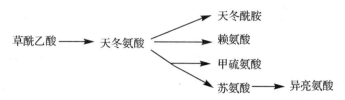

4. 谷氨酸族

本族包括谷氨酸、谷氨酰胺、脯氨酸、羟脯氨酸和精氨酸。它们的共同碳架来源于三羧酸循环中间产物 α-酮戊二酸，其合成途径如图9-24所示。

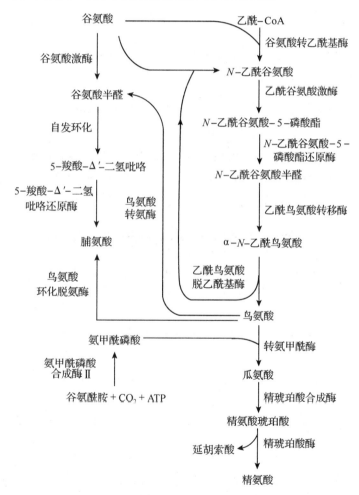

图 9-24 谷氨酸族氨基酸的合成途径

由谷氨酸可转变为脯氨酸，脯氨酸进入肽链后被羟化形成羟脯氨酸。谷氨酸也可转变为精氨酸，鸟氨酸和瓜氨酸是精氨酸生物合成途径中重要的中间产物。

上述几种氨基酸的合成过程关系如下：

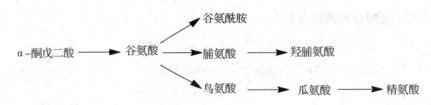

5. 组氨酸和芳香氨基酸族

这一族包括组氨酸、色氨酸、酪氨酸和苯丙氨酸。组氨酸的合成过程较复杂，它的碳骨架主要来自磷酸戊糖途径的中间产物磷酸核糖。此外，还有 ATP、谷氨酸和谷氨酰胺的参与，它们的分子中各个原子的来源如下：

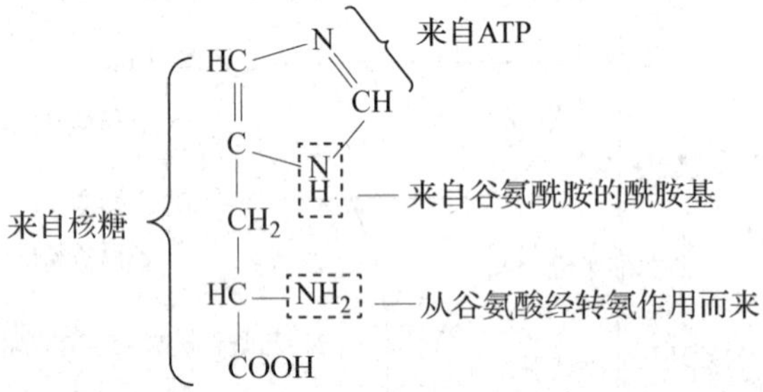

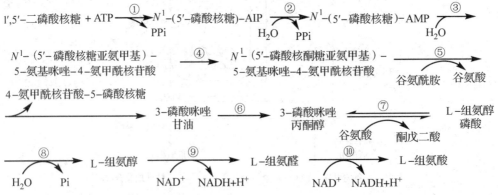

组氨酸的合成途径，最初是从微生物研究得到的，先由磷酸核糖焦磷酸(PRPP)与 ATP 缩合成磷酸核糖 ATP(PR-ATP)，然后进一步转化为咪唑甘油磷酸，再进一步转化为组氨醇，由组氨醇再转化为组氨酸，反应过程如下：

$1',5'$-二磷酸核糖 + ATP $\xrightarrow{①}{PPi}$ N^1-($5'$-磷酸核糖)-ATP $\xrightarrow{②}{H_2O,PPi}$ N^1-($5'$-磷酸核糖)-AMP $\xrightarrow{③}{H_2O}$

N^1-($5'$-磷酸核糖亚氨甲基)-5-氨基咪唑-4-氨甲酰核苷酸 $\xrightarrow{④}$ N^1-($5'$-磷酸核酮糖亚氨甲基)-5-氨基咪唑-4-氨甲酰核苷酸 $\xrightarrow{⑤}{谷氨酰胺,谷氨酸}$

4-氨甲酰核苷酸-5-磷酸核糖 $\xrightarrow{}$ 3-磷酸咪唑甘油 $\xrightarrow{⑥}$ 3-磷酸咪唑丙酮醇 $\xrightarrow{⑦}{谷氨酸,酮戊二酸}$ L-组氨醇磷酸

$\xrightarrow{⑧}{H_2O,Pi}$ L-组氨醇 $\xrightarrow{⑨}{NAD^+,NADH+H^+}$ L-组氨醛 $\xrightarrow{⑩}{NAD^+,NADH+H^+}$ L-组氨酸

注：①ATP 磷酸核糖转移酶；②焦磷酸水解酶；③磷酸核糖-AMP 环化水解酶；④亚氨甲基-5-氨基咪唑-4-羧酰胺核苷酸磷酸核糖同分异构酶；⑤谷氨酰胺酰胺基转移酶；⑥咪唑甘油磷酸脱水酶；⑦L-组氨醇磷酸氨基转移酶；⑧L-组氨醇磷酸酯酶；⑨组氨醇脱氢酶；⑩组氨醛脱氢酶

芳香族氨基酸的碳骨架来自磷酸戊糖途径的中间产物赤藓糖-4-磷酸(erythrose-4-phosphate，E4P)和糖酵解的中间产物磷酸烯醇式丙酮酸。这二者缩合后经过几步反应生成莽草酸(shikimic acid)。由莽草酸可生成芳香族氨基酸和其他多种芳香族化合物，称为莽草酸途径(shikimic acid pathway)。莽草酸经磷酸化后，再与磷酸烯醇式丙酮酸反应生成分支酸(chorismic acid)，由分支酸可以合成色氨酸，分支酸也可以转变为预苯酸(prephenic acid)，预苯酸可进一步生成苯丙氨酸和酪氨酸。上述几种氨基酸合成的关系如图 9-25 所示。

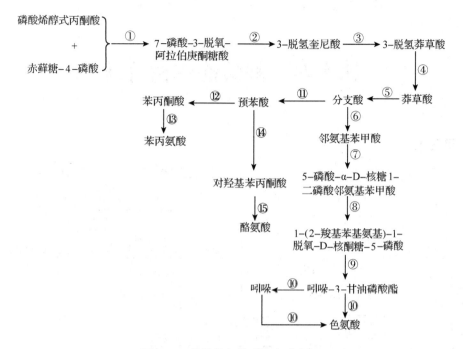

图 9-25 芳香族氨基酸的合成途径

①3-脱氧-阿拉伯庚酮糖酸-7-磷酸（3-deoxy-D-arabino-heptulosonate-7-phosphate, DAHP）合酶；②3-脱氢奎尼酸合酶；③3-脱氢奎尼酸脱水酶；④莽草酸脱氢酶；⑤为 3 种酶共同作用：莽草酸激酶、3-烯醇式丙酮酰莽草酸-5-磷酸合酶、分支酸合酶（在植物中仅为莽草酸激酶）；⑥邻氨基苯甲酸合酶；⑦邻氨基苯甲酸磷酸核糖转移酶；⑧磷酸核糖邻氨基苯甲酸异构酶；⑨吲哚-3-甘油磷酸合酶；⑩色氨酸合酶；⑪分支酸变位酶 P；⑫预苯酸脱水酶；⑬和⑮转氨酶；⑭预苯酸脱氢酶。其中，⑪和⑫由同一个酶执行两个功能，又称为分支酸变位酶 P/预苯酸脱水酶；而催化对羟基苯丙酮酸形成的也是一个多功能酶，即 NAD$^+$ 依赖性分支酸变位酶 T-预苯酸脱氢酶

思 考 题

1. 生物体内氨基酸脱氨有哪些方式？各有何特点和生理意义？
2. 说明尿素循环的主要过程及生理意义。
3. 氨基酸分解后产生的氨是如何排出体外的？
4. 氨中毒或氨昏迷的生化机理是什么？
5. 生物固氮有何意义？
6. 硝酸还原有哪几种方式？
7. 各族氨基酸合成碳骨架的来源是什么？
8. 一碳单位有何生物学意义？
9. 蛋白质在细胞内为何需要降解？

第十章 核酸的生物合成

【学习导图】

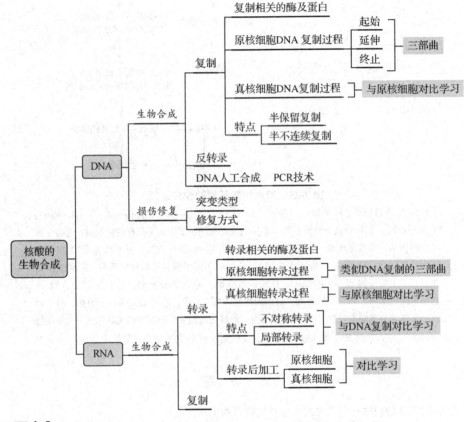

【学习要点】

掌握 DNA 生物合成的两种途径，即复制和反转录。

掌握 DNA 合成的半保留半不连续复制机理；重点掌握参与大肠埃希菌 DNA 复制的多种蛋白或酶（DNA 聚合酶、引发酶、DNA 连接酶、DNA 解链酶、单链结合蛋白、DNA 拓扑异构酶、其他）；在此基础上，理解并掌握原核生物 DNA 的复制"三部曲"（起始、延伸和终止）。对于真核生物的复制，主要是对比其与原核生物相关酶及其复制特点的异同。理解 DNA 的损伤与修复。掌握反转录酶和反转录的机理。

掌握 RNA 生物合成的两种途径，即转录和复制。

掌握 RNA 转录相关概念：不对称转录、转录单位、启动子等。掌握大肠埃希菌 RNA 聚合酶的结构和功能，在此基础上，理解并掌握转录过程。对于真核生物的转录，主要是对比其与原核生物相关酶及其转录特点的异同。理解 RNA 转录后的加工。了解 RNA 的复制。

学习建议：本章相关名词容易混淆。建议先充分掌握原核生物复制和转录的详细内容，并形成适合自己的知识点和逻辑关系的层次结构(如上面的导图),然后在此基础上逐一对比真核细胞的相关细节。还需要注意,复制、转录,以及第十一章的蛋白质的生物合成,均有一个清晰的"三部曲"阶段,即起始、延伸和终止。这也是可以充分对比的层次结构。

DNA 是生物界遗传的主要物质基础。生物有机体的遗传特征以密码的形式编码在 DNA 分子上,表现为特定的核苷酸排列顺序,即遗传信息。在细胞分裂前,通过 DNA 的复制(replication),将遗传信息由亲代传递给子代。在后代的个体发育过程中,遗传信息自 DNA 转录(transcription)给 RNA,并指导蛋白质合成,以执行各种生命功能,使后代表现出与亲代相似的遗传性状。这种遗传信息的传递方向,是从 DNA 到 RNA,再到蛋白质,即所谓的生物学"中心法则"(central dogma)。20 世纪 80 年代以后,在某些致癌 RNA 病毒中发现遗传信息也可存在于 RNA 分子中,由 RNA 通过逆转录(reverse transcription)的方式将遗传信息传递给 DNA。这为中心法则加入了新的内容。目前认为生物界遗传信息传递的中心法则为:

复制 (DNA) ⇌(转录/逆转录) (RNA) RNA复制 →(翻译) 蛋白质

本章将介绍 DNA 的生物合成及其损伤修复系统、RNA 的生物合成及其合成后加工等内容。

第一节 DNA 的生物合成

在细胞分裂前进行准确的自我复制(self-replication)是 DNA 作为遗传物质的基本特点,也是细胞分裂的物质基础。根据 DNA 双螺旋结构模型,两条互补的脱氧核苷酸链组成了 DNA 分子,所以一条 DNA 链上的核苷酸排列顺序可以由双螺旋 DNA 的另一条链复制决定(图 10-1)。这就说明 DNA 的复制是由原来存在的分子为模板来合成新的链。关于 DNA 复制方式曾经有过多种学说,包括全保留复制、半保留复制及弥散复制等(图 10-2)。

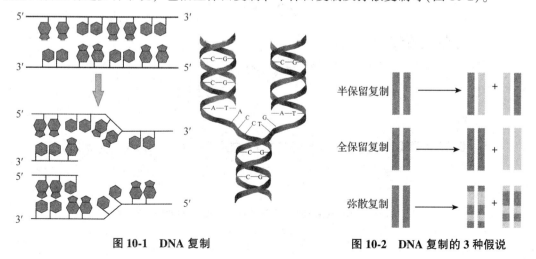

图 10-1 DNA 复制　　　　　　　图 10-2 DNA 复制的 3 种假说

一、DNA 的半保留复制

在 Watson 和 Crick 提出 DNA 双螺旋结构模型时就做出推测,DNA 在复制时,首先两条链之间的氢键断裂,分成两条单链,然后分别以每一条链作模板合成一条新的 DNA 链。这样新合成的子代 DNA 分子的两条链中有一条来自亲代 DNA,而另一条链是新合成的,这种复制方式为半保留复制(semi-conservative replication)(助记小结 10-1)。

1958 年,Matthew Meselson 和 Franklin Stahl 在大肠埃希菌中利用氮标记技术首次证实了 DNA 的半保留复制。他们在含有 ^{15}N 标记的 NH_4Cl 培养基中培养大肠埃希菌,繁殖了 15 代,这样所有的大肠埃希菌 DNA 就被 ^{15}N 所标记,可以得到 ^{15}N-DNA。然后将大肠埃希菌转移到含 ^{14}N 标记的 NH_4Cl 培养基中再进行培养。在不同代数培养过程中收集大肠埃希菌,裂解细胞后用氯化铯(CsCl)密度梯度离心法观察 DNA 所处的位置。由于 ^{15}N-DNA 的密度比普通 DNA(^{14}N-DNA)的密度大,在 CsCl 密度梯度离心时,两种密度不同的 DNA 分布在不同的区带。

实验结果表明,在全部由 ^{15}N 标记的培养基中得到的 $^{15}N^{15}N$-DNA 带位于离心管的管底,此为重密度带。当转入 ^{14}N 标记的培养基中进行繁殖后的第一代的 DNA 带在位于离心管中部,是一条中密度带,这是 ^{15}N-DNA 和 ^{14}N-DNA 的杂交分子。第二代中除了具有 $^{15}N^{14}N$-DNA 的中密度带外还含有低密度带,即 $^{14}N^{14}N$-DNA 带。随着以后在 ^{14}N 培养基中培养代数的增加,低密度带显著增强,而中密度带则逐渐减弱。离心结束后,从管口到管底,CsCl 溶液密度分布从低到高形成密度梯度,不同质量的 DNA 分子就停留在与其相当的 CsCl 密度处,在紫外光下可以看到 DNA 分子形成的区带。为了证实第一代杂交分子确实是一半 ^{15}N-DNA、一半 ^{14}N-DNA,将这种杂交分子经加热变性,对于变性前后的 DNA 分别进行 CsCl 密度梯度离心,结果变性前的杂交分子为一条中密度带,变性后则分为两条区带,即重密度带(^{15}N-DNA)及低密度带(^{14}N-DNA)。这样的实验结果只有用半保留复制的理论才能得到圆满的解释(图 10-3)。

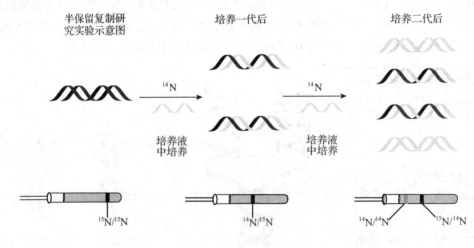

图 10-3　Meslson-Stahl 实验 CsCl 密度梯度离心后的 DNA 位置示意图

二、DNA复制的酶类和蛋白质因子

DNA的复制是一个复杂的过程，包括DNA双螺旋的解旋和重新形成，模板上的引物及新的DNA单链的生成，复制的起始、延伸和终止等。因此，这是一个涉及多种酶和相应的蛋白质因子的过程。其中，聚合反应的本质就是催化4种脱氧核苷酸形成3′,5′-磷酸二酯键。

(一)原核DNA聚合酶

1957年，Arthur kornberg首次在大肠埃希菌中发现DNA聚合酶Ⅰ(DNA polymerase Ⅰ，DNA pol Ⅰ)，后来又相继发现了DNA聚合酶Ⅱ和DNA聚合酶Ⅲ(DNA polymerase Ⅱ，Ⅲ，简写为DNA pol Ⅱ，DNA pol Ⅲ)以及DNA聚合酶Ⅳ和DNA聚合酶Ⅴ。实验证明，大肠埃希菌中DNA复制的主要过程靠DNA pol Ⅲ起作用，而DNA pol Ⅰ和DNA pol Ⅱ在DNA错配的校正和修复中起作用(表10-1)。

表10-1 大肠埃希菌DNA聚合酶特征

特 征	DNA聚合酶Ⅰ	DNA聚合酶Ⅱ	DNA聚合酶Ⅲ
相对分子质量	103 000	88 000	>1 000 000
每个细胞中的分子数	400	17~100	10~20
5′→3′聚合活性	+	+	+
37℃转化率/[核苷酸数/(酶分子·秒)]	10~20	2~5	250~1 000
5′→3′外切活性	+	-	-
3′→5′外切活性	+	+	+
缺切刻平移活性	+		
对dNTP亲和力	低	低	高
功 能	修复，去除引物，填补空缺	不详	复制

这类酶的共同性质是：①需要DNA模板，因此，这类酶又称为依赖DNA的DNA聚合酶(DNA dependent DNA polymerase，DDDP)；②需要RNA或DNA作为引物(primer)，即DNA聚合酶不能从头催化DNA的起始；③催化dNTP加到引物的3′羟基，因而DNA合成的方向是5′→3′；④3种DNA聚合酶都属于多功能酶，它们在DNA复制和修复过程的不同阶段发挥作用。

1. DNA聚合酶Ⅰ

DNA聚合酶Ⅰ是由一条多肽链组成，酶分子中含有的一个Zn^{2+}，是DNA聚合活性必需的。大肠埃希菌每个细胞中约有400个酶分子。在37℃下，每个酶分子每分钟可以催化667个核苷酸入DNA链中。用枯草杆菌蛋白酶可将DNA聚合酶Ⅰ水解成两个片段，大片段相对分子质量为76 000，通常称为klenow片段，小片段相对分子质量为34 000。大小片段具有不同的酶活性。

(1) DNA聚合酶Ⅰ的5′→3′聚合活性

DNA聚合酶Ⅰ最主要的活性就是5′→3′聚合活性，按照模板DNA链上的脱氧核苷酸顺序，将互补的dNTP逐个加到引物RNA的3′羟基，并促使3′羟基与dNTP的5′磷酸形成磷酸酯键。酶的专一性必须在新进入的 dNTP 与模板 DNA 碱基配对时才有催化作用。5′→3′聚合活性存在于 klenow 片段上(图 10-4)。

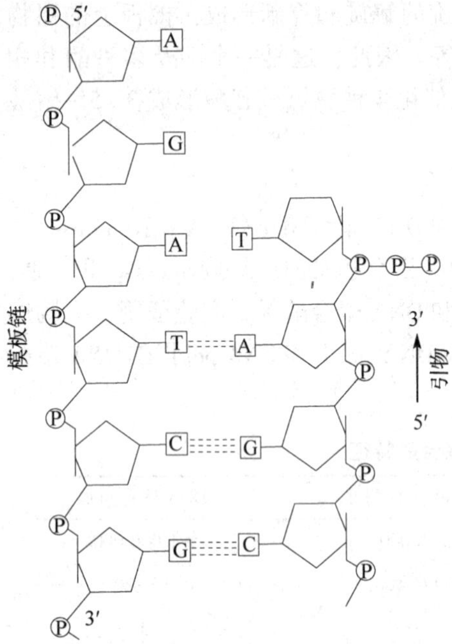

(2) DNA 聚合酶 I 的 3′→5′外切核酸酶活性

3′→5′外切核酸酶活性主要功能是从 3′→5′方向识别并切除新合成的 DNA 生长链末端与模板 DNA 链不配对的核苷酸，这种功能称为校对功能。校对功能对于 DNA 复制中高度的保真性是至关重要的。

(3) DNA 聚合酶 I 的 5′→3′外切核酸酶活性

5′→3′外切核酸酶活性是从 DNA 链的 5′端向 3′端水解已配对的核苷酸，本质是切断磷酸二酯键。该活性对复制完成的 DNA 新链 5′端的 RNA 引物的去除是必须的，在 DNA 损伤的修复中也可能起重要作用。

DNA 聚合酶 I 并不是 DNA 复制过程中的主要酶。许多实验证实它的作用主要与 DNA 损伤后的修复有关。

图 10-4 DNA 聚合酶 I 的聚合作用

2. DNA 聚合酶 II

每个细胞中大约有 100 个 DNA 聚合酶 II 分子，但它的活性只有 DNA 聚合酶 I 的 5%，它不仅具有 5′→3′聚合活性，还具有 3′→5′外切核酸酶活性，但是没有 5′→3′外切核酸酶活性，它的作用可能与 DNA 损伤修复有关。

3. DNA 聚合酶 III

DNA 聚合酶 III 在细胞中存在的数目不多。现已证明 DNA 聚合酶 III 是大肠埃希菌复制的主要酶。DNA 聚合酶 III 是一个多亚基复合体，现已确定 DNA 聚合酶 III 全酶由 α、β、γ、θ、ε、τ、ψ、χ、δ、δ′ 10 种亚基组成，且含有 Zn 原子。其中，α 亚基具有 5′→3′聚合 DNA 的酶活性；ε 亚基具有 3′→5′外切酶的活性，是 DNA 复制的保真性所必需的；θ 亚基能够稳定 ε 亚基。α、ε 和 θ 组成 DNA 聚合酶 III 的核心酶(core enzyme)。核心酶已经具备

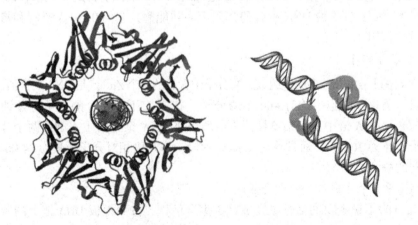

图 10-5 β 夹子的作用(左图来源 PDB ID：5FKV)

DNA 聚合酶活性，但是活性很低，需要进一步完善。τ 亚基可促使核心酶组建成异二聚体，将两个催化核心连接在一起。γ 亚基是一种依赖于 DNA 的 ATP 酶，通过水解 ATP 可使 β 亚基结合到 DNA 上，与其余 4 种亚基形成复合体（γχψδδ′），称为夹子安装器（clamp-loading complex，又称 γ 复合体）。夹子安装器用于将 β 亚基安装至核心酶上。β 亚基具有夹钳的功能，两个拷贝的 β 亚基负责保持催化核心的模板链的结合并向前滑动直至复制完成，因此也称为滑动夹子、β 夹子或滑动钳（sliding clamp）（图 10-5）。最终形成的完整的 DNA 聚合酶Ⅲ称为全酶（holo enzyme）（图 10-6）。DNA 聚合酶Ⅲ的亚基组成列于表 10-2。

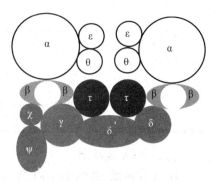

图 10-6　DNA 聚合酶Ⅲ全酶结构

表 10-2　DNA 聚合酶Ⅲ全酶的亚基组成

亚基	相对分子质量	亚基数目	基因	亚基功能	
α	13 200	2	polC(dnaE)	聚合活性	
ε	27 000	2	dnaQ(mutD)	3′→5′外切酶校对功能	核心酶
θ	10 000	2	holE	组建核心酶	
τ	71 000	2	dnaX	核心酶二聚化，稳定与模板的结合	
γ	52 000	2	dnaX*	形成 γ 复合物，依赖 DNA 的 ATP 酶	
δ	35 000	1	holA	可与 β 亚基结合打开夹子	γ 复合物（夹子安装器）
δ′	33 000	1	holB	安装夹子	
χ	15 000	1	holC	与 SSB 互作	
ψ	12 000	1	holD	与 γ 和 χ 互作	
β	37 000	4	dnaN	两个亚基形成滑动夹子，以提高酶的持续合成能力	

注：*γ 亚基由 ψ 亚基的基因的一部分所编码，τ 亚基氨基末端 80% 与 γ 亚基具有相同的氨基酸序列。

DNA 聚合酶Ⅲ的复杂亚基结构保证了 DNA 复制的高度忠实性（fidelity）、协同性（cooperativity）和持续性（processivity），各亚基的功能相互协调，全酶可以持续完成整个染色体 DNA 的合成。

（二）真核 DNA 聚合酶

真核生物 DNA 聚合酶至今发现有 15 种以上，在复制和修复过程中起主要作用的有 5 种，它们分别是 DNA 聚合酶 α、β、γ、δ 及 ε。细胞核染色体的复制主要由 α、δ 和 ε 协同完成，它们的基本特性与大肠埃希菌 DNA 聚合酶相似，主要具有催化 dNTP 的 5′→3′聚合活性，基本特征见表 10-3。

表 10-3　真核生物主要的 DNA 聚合酶

DNA pol	α	β	γ	δ	ε
亚细胞定位	细胞核	细胞核	线粒体	细胞核	细胞核
5′→3′聚合活性	中	低	高	高	高
3′→5′外切酶活性	−	−	+	+	+

(续)

DNA pol	α	β	γ	δ	ε
5′→3′外切酶活性	-	-	-	-	-
持续合成能力	低	低	高	高（与PCNA结合后）	高
功　能	起始引发，引发酶活性	低保真度的复制	线粒体DNA复制和修复	复制后随链的主要酶	复制前导链的主要酶

（三）DNA 连接酶

DNA 连接酶（DNA ligase）是 1967 年在 3 个实验室同时在大肠埃希菌细胞中发现的。它是一种封闭 DNA 链上缺口的酶，借助 ATP 或 NAD^+ 水解提供的能量催化 DNA 链的 5′磷酸与另一 DNA 链的 3′羟基生成磷酸二酯键，从而将两条核苷酸链或两个片段连接起来。DNA 后随链以冈崎片段的形式复制，这些片段中的 RNA 引物被 DNA 聚合酶 I 切除时，会同时发挥 5′→3′聚合酶活性，补齐这段单链缺失，即用 DNA 序列替换引物序列，最终从碱基对的角度看，序列完全补齐，但是相邻两个冈崎片段间并未以 3′,5′-磷酸二酯键相连。DNA 连接酶的主要功能就是在这个位置生成 3′,5′-磷酸二酯键，使片段真正连接起来，即补平缺刻（nick）。这在 DNA 复制、修复和重组中起着重要的作用，连接酶有缺陷的突变株不能进行 DNA 复制、修复和重组。大肠埃希菌中 DNA 连接酶的辅酶是 NAD^+，而 T4 噬菌体中 DNA 连接酶利用 ATP 作为辅因子。

连接反应过程可分 3 步（图 10-7）：（a）NAD^+ 或 ATP 将其腺苷酰基转移到 DNA 连接酶的一个赖氨酸残基的 ε-氨基上形成共价的酶-腺苷酸中间物，同时释放出烟酰胺单核苷酸

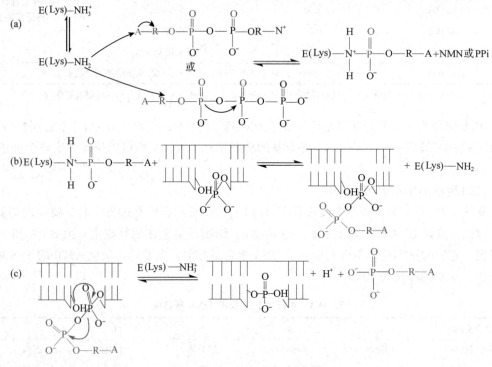

图 10-7　DNA 连接酶作用机制

A 是腺嘌呤；R 是核糖；N^+ 是烟酰胺

(NMN)或焦磷酸;(b)将酶-腺苷酸中间物上的腺苷酰基再转移到 DNA 的 5′端磷酸,形成一个焦磷酰衍生物,即 DNA-腺苷酸;(c)这个被激活的 5′端磷酸可以和 DNA 的 3′端羟基反应合成磷酸二酯键,同时释放出 AMP。

值得注意的是 DNA 连接酶既不能催化两单链 DNA 分子连接,也不能连接双链中一个或多个核苷酸缺失所致的缺口(gap),只能连接双链 DNA 分子的单链缺刻,且缺刻的 3′端有羟基,5′端有磷酸基团。

(四)引发酶

参与 DNA 复制的 DNA 聚合酶,必须以一段具有 3′端自由羟基(3′—OH)的 RNA 作为引物,才能开始聚合子代 DNA 链。RNA 引物的大小,在原核生物中通常约 10 nt,而在真核生物中≤10 nt(真核生物中 RNA 引物后面紧接着还有一段 20~30 nt 的起始 DNA,参见后文)。在 DNA 复制中催化 RNA 引物合成的特殊 RNA 聚合酶叫作引发酶(primase,又称引物酶)。引发酶可催化短片段 RNA 的合成,这种短 RNA 片段一般为十几个核苷酸,它们在 DNA 复制起始处作为引物。引发酶不需要特殊 DNA 序列来起始合成,只有与 DNA 解旋酶等结合时才被激活。大肠埃希菌的引发酶叫作 DnaG,由一条多肽链组成,相对分子质量为 60 000。RNA 引物的 3′端羟基提供了由 DNA 聚合酶催化形成 DNA 分子第一个磷酸二酯键的位置(图 10-8)。

(五)解旋酶

DNA 复制时,需要将双链不断解开,这一反应是在一种解旋酶(helicase,也称解链酶)的催化下进行的。解旋酶是利用 ATP 的化学能,使亲本 DNA 双链在复制叉处分离成单链。所有生物中都发现了解旋酶,除了参与 DNA 复制,还参与 DNA 修复、重组、转录终止、RNA 剪接、RNA 编辑等过程。

大肠埃希菌中的解旋酶有 12 种。DnaB 蛋白是大肠埃希菌中主要负责在复制叉解旋的酶(图 10-9)。DnaB 蛋白在大肠埃希菌的复制起点具有双重功能:一个是 5′→3′解旋酶功能;另一个是结合引发酶,并激活引物合成。DnaB 是由相同亚基组成的六聚体,它结合在后随链的模板上,沿 5′→3′方向移动,它也可以利用 GTP 或 CTP 进行解旋。

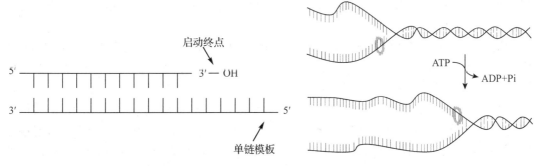

图 10-8 DNA 合成需要 RNA 引物引发

图 10-9 DNA 解旋酶分离双螺旋的两条链

(六)单链 DNA 结合蛋白

解旋酶解开的 DNA 局部双股螺旋呈单链状态,此时,细胞内大量的单链 DNA 结合蛋白(single strand DNA binding protein,SSB)立即和单链 DNA 结合,防止其重新配对形成双链 DNA(复性)。SSB 与解旋酶不同,它不具备酶的活性。在大肠埃希菌细胞中 SSB 是 177

肽所组成的四聚体，与单链 DNA 结合后，约覆盖 32 nt。除了防止复性外，SSB 还可以使 DNA 单链保持一种伸展构象，作为模板；使解开的单链不形成发卡结构；保护 DNA 单链不受 Dnase 水解。SSB 结合 DNA 单链有协同性（cooperative binding），即一个 SSB 四聚体结合于单链 DNA 上可以促进其他 SSB 四聚体与相邻的单链 DNA 结合（图 10-10）。SSB 可以重复使用，当新生的 DNA 链合成到某一位置时，该处的 SSB 便会脱落，并被重复利用。

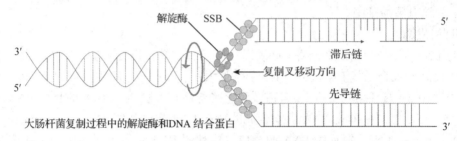

图 10-10　大肠埃希菌复制过程中解旋酶和 SSB

（七）拓扑异构酶

当解旋酶不断向前解旋时，其前方未解链的 DNA 双股螺旋张力无法释放，不断产生正超螺旋（参见第二章）。这种张力必须及时释放，才能保证复制的顺利进行，否则会在复制叉前进的前方形成"死结"（类似快速解开双股盘绕的绳子，在解链的交汇点前方会迅速形成一个死结）。而拓扑异构酶（topoisomerase）可以释放这个张力。拓扑异构酶是一类改变 DNA 拓扑性质的酶（拓展阅读：知识窗 10-1）。除了连环数不同，其他性质均相同的 DNA 分子称为拓扑异构体（topological isomer）。DNA 在细胞内以超螺旋状态存在。超螺旋 DNA 处于较高的自由能状态，如果有一个单链缺口就能自发地变成松弛态。几乎所有天然状态的双链 DNA 均以负超螺旋的方式存在，有利于解链，执行相关活动，如 DNA 的复制。DNA 拓扑异构酶催化同一 DNA 分子在不同超螺旋状态之间的转变。在 DNA 复制时，复制叉行进的前方 DNA 分子部分产生有正超螺旋，拓扑异构酶可松弛超螺旋，有利于复制叉的前进及 DNA 的合成。DNA 复制完成后，拓扑异构酶又可将 DNA 分子引入超螺旋，使 DNA 缠绕、折叠、压缩以形成染色质。当然，除了复制外，转录过程也涉及拓扑异构酶的活性。

拓扑异构酶能与 DNA 形成共价结合中间体，使 DNA 磷酸二酯键断裂，形成 DNA 缺刻，DNA 的一条链进行解旋，旋转而改变 DNA 分子的拓扑状态。拓扑异构酶的种类分为Ⅰ型和Ⅱ型，它们广泛存在于原核生物及真核生物中。

原核生物中的Ⅰ型拓扑异构酶的作用是暂时切断一条 DNA 链，形成酶-DNA 共价中间物而使超螺旋 DNA 松弛，然后再将切断的单链 DNA 盘绕另一条单链一圈后，再连接起来。每次反应改变一个连环数。具体过程是：（a）酶与 DNA 结合使双链解旋；（b）使一条链切开，但酶与切口的两端结合阻止了螺旋的旋转；（c）酶使另一条链经过缺口，然后将两断端连接起来；（d）酶从 DNA 上脱落，两条链复原，得到的 DNA 比原来少一个负超螺旋（图 10-11）。也就是说，Ⅰ型拓扑异构酶主要用于消除负超螺旋。

原核生物的Ⅱ型拓扑异构酶最先是在大肠埃希菌中发现的，曾被称为旋转酶（gyrase）。它的作用特点是同时切开环状双链 DNA 的两条链，并使切口处的两条单链盘绕一周（两种方向均可），然后封闭切口，使 DNA 恢复闭合的双股螺旋状态。当没有 ATP 参与时，Ⅱ

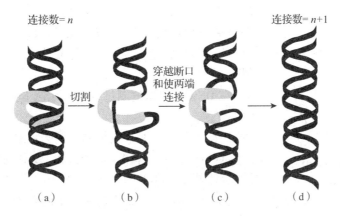

图 10-11　Ⅰ型拓扑异构酶作用机制

Ⅰ型拓扑异构酶可使 DNA 分子从负超螺旋状态转变为松弛状态,但不作用于正超螺旋。当 ATP 参与时,DNA 复制完成后,Ⅱ型拓扑异构酶可引入负超螺旋,每次改变两个连接数(图 10-12)。ATP 参与的反应比没有 ATP 参与的反应速度快 10 倍。此外,拓扑异构酶Ⅱ催化的拓扑异构化反应还有环链或解环链,以及打结或解结。

真核生物的Ⅰ型拓扑异构酶既能消除负超螺旋,又能消除正超螺旋。Ⅱ型拓扑异构酶也能消除这两种超螺旋,但是不能像原核生物的Ⅱ型拓扑异构酶那样引入负超螺旋。

三、原核细胞的 DNA 复制

DNA 复制以 4 种脱氧核糖核苷酸,即 dATP,dGTP,dCTP,dTTP 为原料,亲代 DNA 的两股链解开后分别作为模板(template)进行复制。主要在 DNA 聚合酶及 DNA 连接酶、拓扑异构酶、

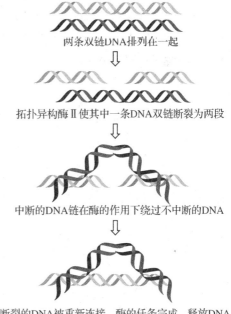

图 10-12　拓扑异构酶Ⅱ作用机制

解螺旋酶、单链结合蛋白及其他蛋白因子的共同作用下将脱氧核糖核苷酸依次添加到 RNA 引物的 3′羟基端上。整个复制过程包括起始、延伸和终止 3 个阶段。

(一) 起始

原核细胞的复制是从 DNA 分子上的特定部位开始的,这一部位叫作复制起始点(origin of replication),常用 ori 或 o 表示。ori 在所有细菌复制起始位点中都是保守的。细胞中的 DNA 复制一旦开始就会连续复制下去,直至完成细胞中全部基因组 DNA 的复制。DNA 复制从起始点开始直到终点为止,每个这样的 DNA 单位称为复制子或复制单元(replicon)。在原核细胞中,每个 DNA 分子只有一个复制起始点,因而只有一个复制子。复制开始时,DNA 双链打开,形成一个复制泡(replication bubble,从打开的起点向两个方向形成)。复制泡有两个角,每个角代表一个复制方向,因为具有"Y"字形形态,又称为复制

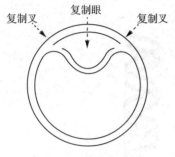

图 10-13 共价闭环 DNA 复制形态

叉（replication fork）。DNA 正在复制的部分在电镜下观察起来犹如一只眼睛，所以又称为复制眼。大肠埃希菌染色体 DNA 是环状双链 DNA，它的复制是典型的 θ 型结构（图 10-13）。

在 DNA 半保留复制过程中，DNA 链的合成主要有 3 种方式：

① 两个起点，两个生长端，相向复制　这种方式最为简单，某些线性 DNA 病毒（如腺病毒）就是通过这种方式进行复制，不能形成典型的复制叉[图 10-14（a）]。

② 一个起点，一个复制叉，单向复制　两条链的复制起点在同一位置，复制叉向一个方向运动，两条 DNA 链均被复制，如大肠埃希菌的 colE1 质粒的复制就属于这个类型[图 10-14（b）]。

③ 一个起点，两个复制叉，双向复制　复制起始于一个位点，形成两个复制叉，向相反方向运动[图 10-14（c）]。在每个复制叉，两条 DNA 链均被复制。这种双向方式是生物界中主要的复制方式。

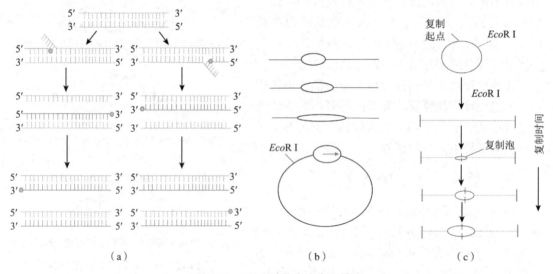

图 10-14　DNA 链的合成主要模式

（a）腺病毒 DNA 双起点双向复制；（b）大肠埃希菌的 ColE1 质粒的单起点单向复制；
（c）猿猴病毒 40（simian virus 40，SV40）DNA 单起点双向复制

大肠埃希菌的复制起点称为 oriC，位于其基因组天冬酰胺合成酶和 ATP 合酶操纵子间，最短由 245 bp 构成，其序列和控制元件在细菌复制起点十分保守。oriC 关键序列为 2 个短的重复：3 个 13 bp 的同向重复序列和 4 个 9 bp 的反向重复序列（图 10-15）。2 种重复序列皆富含 AT 序列。

大肠埃希菌 DNA 进行复制，首先要形成引发体（primosome），这需要很多蛋白因子的参与。复制起点上 4 个 9 bp 的反向重复序列为 DnaA 蛋白结合位点，大约 20~40 个 DnaA 蛋白以正协同方式结合于此位点上，并聚集在一起，负超螺旋的 oriC 序列盘绕其外（类似真核生物的核小体结构），形成起始复合物。HU 蛋白是细胞内最丰富的 DNA 结合蛋白

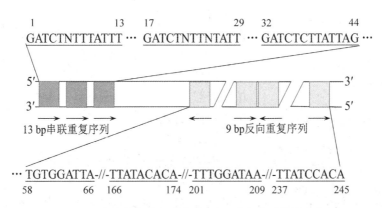

图 10-15 大肠埃希菌复制起点 *oriC* 成串排列的重复序列

(类似真核细胞的组蛋白),可以与 DNA 非特异性结合,促使双链 DNA 弯曲。之后 DnaA 蛋白在消耗 ATP 前体下,促使 DNA 在 *oriC* 的 3 个 13 bp 正向重复序列位点解链,形成开放型复合物。通常复制起始时,DNA 解链长度约在 60 bp 以内。

随后 6 个 DnaB 蛋白和 1 个 DnaC 蛋白组成复合物,将 DnaB 蛋白运送到指定位置,从而形成前引发复合物(prepriming complex),也叫引发前体。DnaC 可抑制解旋酶 DnaB 的活性,直到其与 DNA 结合。DnaB 使 DNA 双螺旋解旋形成两个复制叉,并在多种蛋白因子(PriA、PriB 和 PriC)的帮助下,招募引发酶 DnaG 与 DnaB 结合,组装成引发体,合成 RNA 引物,开始 DNA 的复制(图 10-16)。DNA 双链的解开还需要Ⅱ型拓扑异构酶和单链 DNA 结合蛋白(SSB),以消除解旋酶产生的拓扑张力并保护单链防止恢复双链。SSB 结合在被解开的单链上。

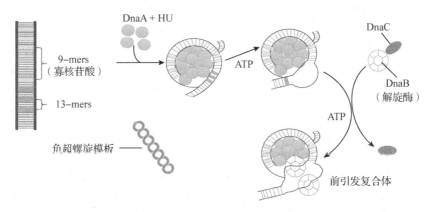

图 10-16 大肠埃希菌复制起始模型

DNA 复制还需要 RNA 聚合酶的参与,在所有前导链开始聚合之前有一必需的步骤就是由 RNA 聚合酶(不是引发酶)沿滞后链模板转录一短的 RNA 分子。在大部分 DNA 复制中,该 RNA 分子没有引物作用。它的作用似乎只是分开两条 DNA 链,暴露出某些特定序列以便引发体与之结合,在前导链模板 DNA 上开始合成 RNA 引物,这个过程称为转录激活(transcriptional activation)。此时,DNA 聚合酶Ⅲ进行组装并在复制叉上形成二聚体(图 10-17)。引发体在滞后链上沿 5′→3′方向相对移动,并在模板链上断断续续地引发生

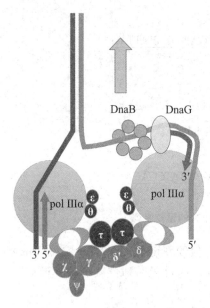

图 10-17 DNA 聚合酶Ⅲ组装和
复制叉形成二聚体

成滞后链的引物 RNA，供 DNA 聚合酶Ⅲ合成冈崎片段使用。在 RNA 引物 3′羟基端 DNA 开始聚合。RNA 引物形成后，DNA 聚合酶Ⅲ的亚基组装成非对称 DNA 聚合酶Ⅲ二聚体，它催化并将第一个脱氧核糖核苷酸按碱基互补原则加在 RNA 引物 3′羟基端而进入 DNA 链的延伸阶段。

(二) 延伸

RNA 引物合成后便开始 DNA 的复制。DNA 复制起点双链随着解旋酶的移动解旋后形成两个复制叉，即可进行双向复制。每个复制叉上，由一个 DNA 聚合酶Ⅲ同时负责两条链的合成（图 10-18）。随着复制起始结构的形成，许多酶和蛋白相继进入复制叉，在复制叉形成的超分子复合物叫作复制体（replisome）。在 DNA 聚合酶Ⅲ的催化下，从引物的 3′羟基开始，沿 5′→3′方向逐个加入 dNTP，使 DNA 链得以延长。DNA 聚合酶Ⅲ以 3′→5′方向模板链为模板时，随着复制叉移动方向，可以连续合成，新合成的链称为前导链（leading strand，也称先导链）。

另一条链也是沿着 5′→3′方向合成，但与复制叉的前进方向相反，因此，只能倒着分段合成，这些片段称为冈崎片段。因此，这条链的合成是不连续的，称为后随链（lagging strand，又称滞后链）。前导链 DNA 的聚合作用开始一段时间后，后随链模板随即向后回折成环（loop）。引物酶合成引物后，与 DNA 聚合酶Ⅲ的另一个核心酶活性中心按前导链的取向缔合，起始新冈崎片段的合成。当新的冈崎片段（为方便描述，编号为冈崎片段 2）合成至上一个冈崎片段（为方便描述，编号为冈崎片段 1）的 5′端时，合成停止，相应的 DNA 聚合酶Ⅲ核心酶释放相应的模板链，等待下一次合成的启动。此时，β 亚基仍在刚才的冈崎片段 2 上滞留，用于招募 DNA 聚合酶Ⅰ和连接酶到其 3′端的冈崎片段 1 的引物位点。DNA 聚合酶Ⅰ切除引物，同时继续延长冈崎片段 2，填满切除引物后形成的空隙。换句话说，就是用新合成的 DNA 序列代替了原来的 RNA 引物序列。此时，冈崎片段 2 和冈崎片段 1 之间仅剩一个缺刻，由 DNA 连接酶催化生成磷酸二酯键将两个冈崎片段连接起来。然后，在 DNA 聚合酶Ⅲ的 δ 亚基的帮助下，促使 β 亚基离开冈崎片段 2，从而重复利用。

与此同时，复制体并不解体，继续合成前导链。当前进一定的距离，足够形成第 3 个冈崎片段时，引物酶 DnaG 合成第 3 个冈崎片段的引物，然后，刚才离开后随链模板的 DNA 聚合酶Ⅲ核心酶重新启动冈崎片段 3 的合成，依此类推。虽然前导链合成稍快于后随链，但是两条链的合成速度不会差很多。

(三) 终止

实验表明，在 DNA 上也存在着复制终止位点，DNA 复制将在复制终止位点处终止。大肠埃希菌的复制终止位点是一个很大的区域（30 kb），在基因组上的位置相对于复制起点 oriC。在复制叉汇合点两侧约 100 kb 处各有 5 个终止区（terminus，Ter），其中，TerK、TerI、TerE、TerD 和 TerA 在一侧，TerJ、TerG、TerF、TerB 和 TerC 在另一侧 [图 10-19

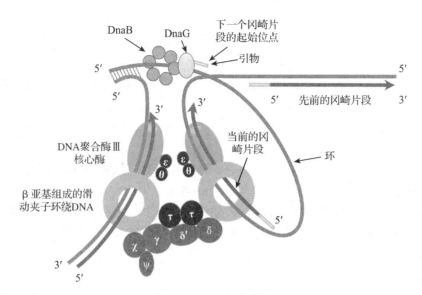

图 10-18 DNA 复制体

(a)]。每个终止区序列中均含有一个 23 bp 共有序列（AATTAGTATGTTGTAACTAAAGT），Tus 蛋白（terminus utilization substance）识别并结合于这一共有序列。Tus 是解旋酶 DnaB 的抑制剂。当 Tus 和 Ter 结合后，能够允许一个方向的复制叉通过，而阻止另一个方向的复制叉。复合物能阻挡复制叉的继续前移，它具有反解旋酶活性。

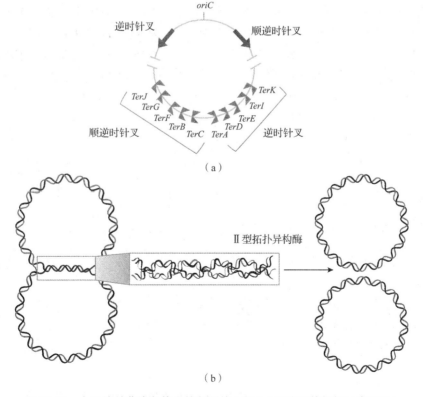

图 10-19 大肠埃希菌染色体上的复制终止区（a）及连环体拆解示意图（b）

当两个复制叉在终止区相遇时，复制停止，复制子解体，但是，因复制叉及其复制体空间位阻的问题，仍有一小段 DNA(50~100 bp)未被复制[图 10-19(b)]。随着母链 DNA 的解离，可能以 DNA 损伤修复的机制完成剩余序列的填补。最终形成两个子代 DNA 环，以连环体(catenane，也称连锁体)的形式存在，需要用Ⅱ型拓扑异构酶将其中一条 DNA 双螺旋剪开，在盘绕出来后，重新闭合。

四、真核细胞的 DNA 复制

真核细胞有 15 种 DNA 聚合酶，其中有 5 种非常重要，分别是 DNA 聚合酶 α，β，γ，δ 和 ε(表 10-3)。真核生物细胞比原核生物复杂得多，但 DNA 复制的基本过程还是相似的。尽管如此仍有一些特点，如复制的速度较慢，有多个起始点，冈崎片段的长度小于原核生物，在 DNA 聚合酶 δ 与 α 配合下催化合成反应等不同。在这里我们主要讨论一些重要的区别。

1. 多复制起点

真核和原核生物 DNA 复制的基本特征是相同的，但真核 DNA 远比原核 DNA 大，且大多数真核生物是由多细胞组成的，因此在 DNA 复制上有所不同。真核生物 DNA 复制有许多起始点，如单倍型酵母(*Saccharomyces cerevisiae*)的 16 条染色体约有 400 个起始点，因此，虽然真核生物 DNA 复制叉移动速度(<50 bp/s)比原核生物的(约 1 000 bp/s)慢得多，但复制完全部基因组 DNA 也只要几分钟的时间。

2. 多种蛋白质和酶参与

真核生物复制需要多种 DNA 聚合酶和蛋白因子(表 10-4)。真核生物中的 DNA 聚合酶聚合反应机制与原核生物的相似。SV40 病毒 DNA 主要依靠宿主细胞中的 DNA 复制体系进行 DNA 的复制，这是了解真核生物 DNA 复制的体外模型。DNA 聚合酶 α(pol α)的引发酶亚基在 DNA 模板上先合成 RNA 引物(<10 nt)，再由 pol α 的 DNA 聚合酶亚基继续延长，生成一段长约 20~30 个脱氧核苷酸的起始 DNA(initiator DNA，iDNA)，随后，pol α 被负责延伸 DNA 链的酶所替代。在前导链上，它是 DNA 聚合酶 ε，被称为聚合酶转换(polymerase switch)。这个过程需要增殖细胞核抗原(proliferating cell nuclear antigen，PCNA，类似原核细胞的 β 夹子)与 pol α 的互作。复制因子 C(RFC)打破 PCNA 与 pol α 之间的结合，将 PCNA 与 DNA 聚合酶 δ(pol δ)相连，提升其聚合活性，合成冈崎片段(图 10-20)。

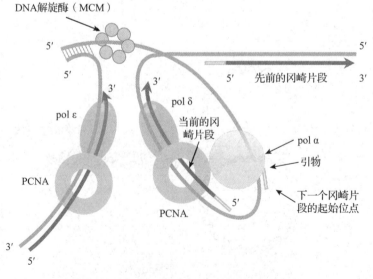

图 10-20　真核生物 DNA 复制叉结构示意图

表 10-4　真核 DNA 复制叉主要蛋白质的功能

蛋白质因子	功　　能
复制蛋白 A(RPA)	单链 DNA 结合蛋白质；刺激 DNA pol δ 的活性，产生较长的 DNA 产物；使解旋酶容易结合 DNA；刺激 DNA pol α-引发酶活性
增殖细胞核抗原(PCNA)	激活 DNA 聚合酶和 RFC 的 ATP 酶活性
复制因子 C(RFC)	依赖 DNA 的 ATP 酶；破坏 pol α 与 RPA 的结合，使 PCNA 与 pol δ 结合，并使其激活
pol α	合成 RNA 引物和 iDNA
pol δ	复制后随链和参与引物切除后的填补，校正错配碱基(3′→5′外切酶活性)
pol ε	复制前导链，校正错配碱基(3′→5′外切酶活性)
FEN1 和 RNase H1	核酸酶，切除 RNA 引物
RNase HI	核酸酶，切除 RNA 引物
DNA 连接酶 I	ATP 供能，连接冈崎片段
DNA 解旋酶	DNA 双螺旋解旋
Ⅰ型拓扑异构酶	清除复制叉前方产生的正超螺旋
Ⅱ型拓扑异构酶	分开连环体

3. 端粒

由于真核生物染色体是线性 DNA，而所有生物 DNA 聚合酶都只能催化 DNA 从 5′→3′的方向合成，因此当复制叉到达线性染色体末端时，前导链可以连续合成到头，而由于后随链是以一种不连续的形式合成冈崎片段，所以不能完成线性染色体末端的复制(图 10-21)。另外，引物去除后，如果原来引物的 5′端上游没有新的冈崎片段，那么引物去除产生的缺口也无法填补，这个问题在前导链中也存在。因此，每轮复制结束，子代 DNA 中亲本链的 3′端均形成单链突出。

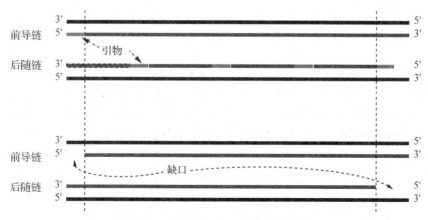

图 10-21　线性 DNA 两端复制的缺陷

如果这个问题不解决，真核生物在细胞分裂时 DNA 复制将产生 5′端隐缩，使 DNA 不断地缩短。真核生物细胞中的端粒(telomere)及其复制完美地解决了这一问题。端粒位于真核生物染色体 DNA 的两端，是由独特的 DNA 重复序列及相关蛋白组成的复合体。端粒

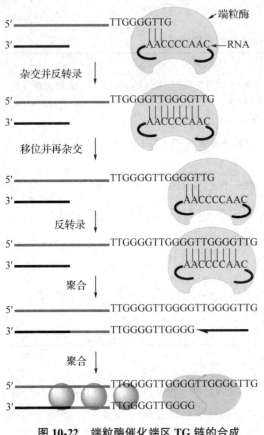

图 10-22 端粒酶催化端区 TG 链的合成

的序列是由简单的串联重复核苷酸序列构成的，其共同特点是富含 G，长度达几百到几千个 bp。例如，面包酵母的端区重复序列是 5'G(1~3)T3' 和 5'G(1~5)A3'。这些重复序列有端粒酶产生。

端粒酶(telomerase)是真核生物体内都存在的一种特殊的反转录酶(参见本章"反转录")，由蛋白质和 RNA 两部分组成的。端粒酶以自身的 RNA 为模板，继续延长子代 DNA 中的 3' 突出末端，当延长至足够合成一个冈崎片段时暂停。此时，由 DNA 复制体系的相关酶重新合成引物，并聚合一个新的冈崎片段，使 DNA 整体延长。最终，虽然由于引物的去除，DNA 链仍然是 3' 端突出，但是，这些单链区域都是重复序列，而不是 DNA 内部的基因序列。另外，末端的 DNA 序列将与多种蛋白质，包括端粒重复 DNA 结合蛋白(telomere duplex DNA-binding protein)、端粒重复结合因子(telomere repeat binding factor)等结合并折叠，形成颗粒状的结构，因此，称为端粒(图 10-22)。

由此可见，端粒酶在保证染色体复制的完整性上有重要意义(拓展阅读：知识窗 10-2)。端粒的功能主要有：①维持染色体的完整性，决定细胞的寿命。若无端粒，两个染色体末端很可能融合一起。②解决末端复制问题。端粒酶能与端粒作用，延伸其长度。

五、反转录

反转录(reverse transcription，又称逆转录)是以 RNA 为模板合成 DNA 的过程。催化这一反应的酶称为反转录酶(reverse transcriptase，又称逆转录酶)。这种酶是由 Howard Temin 和 David Baltimore 等于 1970 年分别在鸟类的劳氏肉瘤病毒(Rous sarcoma virus)和小鼠白血病病毒(murine leukemia virus)中发现的一种依赖于 RNA 的 DNA 聚合酶(RNA-dependent DNA polymerase，RDDP)。两人也因此获得了 1975 年的诺贝尔生理学或医学奖(参见附录)。后来，人们陆续发现了各种真核生物的 RNA 肿瘤病毒都有反转录酶，这些 RNA 病毒统称为反转录病毒或逆转录病毒(retrovirus)。鸟类的劳氏肉瘤病毒的反转录酶有 3 种，分别为 α、αβ 和 $β_2$，其中 αβ 是主要形式。α 亚基相对分子质量为 $6.3×10^4$，β 亚基的相对分子质量为 $9.4×10^4$。α 亚基是 β 亚基的水解产物。只有 α 亚基具有酶活性。哺乳动物的 RNA 肿瘤病毒的反转录酶一般为单亚基结构，如小鼠白血病病毒中的反转录酶是相对分子质量为 $7.0×10^4$ 的单条多肽链。

反转录酶催化 DNA 的聚合除要求 4 种 dNTP 作为底物外，需要适当浓度的 Mg^{2+}、

Mn^{2+}，还要有模板和引物存在，沿 5′→3′合成 DNA。

反转录酶具有多重功能，它既可利用病毒 RNA 作模板，合成一条互补的 DNA 链（complementary DNA，cDNA），形成 RNA-DNA 杂交分子；还能将 RNA-DNA 杂交分子中的 RNA 链水解去除（类似核糖核酸酶 H 的作用）；最后，还可以利用新合成的 DNA 单链为模板，合成另一条互补的 DNA 链，形成双螺旋 DNA 分子。这 3 种酶活性也是反转录病毒完成基因组 RNA 向 DNA 转变的关键（图 10-23）。注意，在合成 DNA 链时

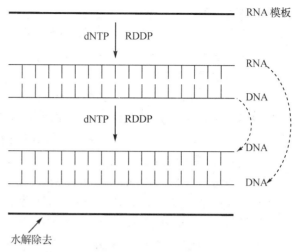

图 10-23 反转录示意图

仍然需要引物。狡猾的反转录病毒会利用宿主细胞特定的 tRNA 作为引物。最终合成好的双链 DNA，称为原病毒 DNA，可以在病毒自身携带的整合酶（integrase）的作用下，随机整合到宿主染色体 DNA 中，称为宿主细胞永久性的遗传物质。也就是说会随着宿主 DNA 的复制而复制。

整合好的反转录病毒 DNA 会利用宿主细胞的系统转录和加工，然后开始翻译病毒蛋白质，最终将 RNA 和病毒蛋白质一起组装成新的病毒颗粒。

反转录酶现已广泛应用于生物技术和分子生物学研究领域。

六、DNA 的人工合成

随着基因结构的研究测定和基因重组技术的迅速发展，以及在科学研究中对目的基因的需求，科学家们研究出了在实验室中获取目的基因的方法，这些方法就是 DNA 的人工合成方法，主要有：化学法合成 DNA、酶促合成 DNA 以及 DNA 聚合酶链式反应。

（一）化学法合成 DNA

DNA 的化学合成研究始于 20 世纪 50 年代。1952 年阐明核酸大分子是由许多核苷酸通过 3′,5′-磷酸二酯键连接起来的这个基本结构以后，化学家们便立即开始尝试核酸的人工合成。DNA 合成的含义是将核苷酸单体以 3′,5′-磷酸二酯键连接，使其具有天然的 DNA 分子的全部生物学活性和特定的排列顺序。到目前为止，使用的 DNA 合成方法有磷酸三酯法、亚磷酸酯法及亚磷酸酰胺法。后来发展的固相亚磷酸酰胺法是目前绝大部分 DNA 自动合成仪所使用的方法，合成的原理及步骤：首先，将欲合成的寡核苷酸链 3′末端核苷（N1）以其 3′羟基通过 1 个长的烷基臂与固相载体（不溶性的高分子物质，常用的有硅胶 S、交联的聚苯乙烯、特殊孔径的多孔玻璃珠等）偶联、N1 的 5′磷酸以二甲氧基三苯甲基（DMTr）保护。然后，从 N1 开始逐步地添加核苷酸。1 个合成循环包括去保护（deprotection）、偶联反应（coupling）、加帽反应（capping）、氧化反应（oxidation）4 步。每经历一轮循环，接长 1 个核苷酸。经过分离纯化得到所需要的最后产物。

DNA 化学合成在基因工程和分子生物学领域可以用于基因、探针、引物和连接子及接头的合成；在医学中可以用于遗传病和传染病的诊断。目前有许多基因和蛋白质的核苷

酸和氨基酸序列已得到阐明，人们已经可以根据需要合成出具有实际应用和研究价值的多肽和蛋白质基因，例如，人生长激素、干扰素、胰岛素、表皮生长因子、白细胞介素Ⅱ、集落刺激因子等，这些基因均已被克隆，绝大多数已在原核和真核系统中获得表达。

(二) 酶促合成 DNA

酶促合成 DNA 是以真核生物中目的基因转录成的 mRNA 为模版，利用 mRNA 的多聚腺苷酸尾巴在体外加入寡聚 dT(Oligo dT)引物或者特异性引物，在前述反转录酶的作用下反转录，并最终获得双链 DNA，从而获得所需要的基因。

(三) DNA 聚合酶链式反应

聚合酶链式反应(polymerase chain reaction，PCR)是一种体外酶促扩增特定 DNA 片段的技术，即将微量的 DNA 进行成倍扩增。该技术模拟体内天然 DNA 的复制过程。其基本原理是：在模板、引物、4 种 dNTP 和耐热 DNA 聚合酶存在的条件下，双链 DNA 分子在接近沸点的温度下解链，形成两条单链 DNA 分子，即变性；然后降低温度，使与待扩增片段两端互补的寡核苷酸(引物)分别与两条单链 DNA 分子两侧的序列特异性结合，即退火或复性；在适宜的条件下，DNA 聚合酶利用反应混合物中的 4 种 dNTP，在引物的 3′端，按 5′→3′的方向合成互补链，即引物的延伸。这种热变性、复性、延伸的过程就是一个 PCR 循环。随着循环的进行，前一个循环的产物又可以作为下一个循环的模板，如此周而复始。使产物的数量按 2^n 方式增长(图 10-24)。从理论上讲，以一条模板链为起始，每多一次循环，产物都可以增加 2 倍，经过 n 次循环后，产物的量为 2^n。当然，实际反应过程中，受多种因素的影响，实际产物量低于理论值。

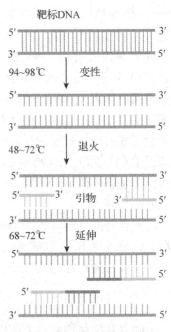

图 10-24 DNA 聚合酶链式反应

PCR 反应具有特异性强、灵敏度高、简单快速、对模板的纯度要求低等特点。PCR 技术作为一种方法学革命，大大推动了分子生物学以及医学领域各有关学科的研究，使其达到一个新的高度。Kary Mullis 因发明了聚合酶链式反应而获得 1993 年度诺贝尔化学奖(参见附录)。传统 PCR 技术以及衍生出来的新型 PCR 技术自面世以来，就被广泛应用到生命科学的各个领域。如食品和水中致病微生物的检测，医学中乙肝病毒、肿瘤、病原体等的检测，法学中亲子鉴定、血型鉴别以及指纹鉴别等，非生物学中对伪造产品的检测、污染源的追踪调查等，DNA 测序、基因克隆、引入基因点突变、基因融合等遗传图谱构建、器官移植的组织类型鉴定、检测转基因动植物中的植入基因等领域，均能利用 PCR 技术。随着技术方法的不断改进与完善，RT-PCR(reverse transcription PCR)技术、实时荧光 PCR(real-time PCR, qPCR)技术、多重 PCR(multiplex PCR)技术、数字 PCR(digital PCR, dPCR)等 PCR 技术的衍生技术的应用将越来越广泛(拓展阅读：知识窗 10-3)。

第二节 DNA 的损伤修复

DNA 存储着生物体赖以生存和繁衍的遗传信息，因此维护 DNA 分子的完整性对细胞至关重要。外界环境和生物体内部的因素都经常会导致 DNA 分子的损伤或改变，而且与 RNA 及蛋白质可以在胞内大量合成不同，一般在一个原核细胞中只有一份基因组 DNA，在真核二倍体细胞中相同的基因组 DNA 也只有一对，如果 DNA 的损伤或遗传信息的改变不能更正，对体细胞就可能影响其功能或生存，对生殖细胞则可能影响到后代。所以在进化过程中生物细胞所获得的修复 DNA 损伤的能力就显得十分重要，也是生物能保持遗传稳定性之所在。在细胞中能进行修复的生物大分子也就只有 DNA，反映了 DNA 对生命的重要性。另外，在生物进化中突变又是与遗传相对立统一而普遍存在的现象，DNA 分子的变化并不是全部都能被修复成原样的，正因为如此生物才会有变异、有进化。

一、突变

DNA 复制产生的一些差错如被漏校，或 DNA 的一些损伤未被修复，结果导致错误被遗传下去。DNA 上的任何碱基都可以发生突变，根据碱基突变的数目可以把 DNA 突变分为点突变和结构畸变两类。

(一) 点突变

点突变 (point mutation) 是由单一碱基或核苷酸的改变而产生的突变。可以是由一个碱基的缺失 (deletion)、插入 (insertion) 或者置换 (substitution) 引起的。前两种方式容易理解。置换有两种形式：一种形式是碱基转换 (transition)，即一个嘧啶碱基置换成另一个嘧啶碱基，或者是一个嘌呤碱基置换成另一种嘌呤碱基；另一种形式是碱基颠换 (transversion)，即嘧啶碱基置换成嘌呤碱基，或者嘌呤碱基置换成嘧啶碱基。

置换突变又可分为：

1. 沉默突变 (silent mutation)

遗传密码的改变并未引起氨基酸的改变，或尽管氨基酸发生了改变，但两种氨基酸的性质和结构相近，产物的生物学特性无明显改变，这种突变称为沉默突变，也称为同义突变 (same-sense mutation 或 silent mutation 或 synonymous mutation)。

2. 错义突变 (missense mutation)

如果突变导致氨基酸发生变化则会导致错义突变。根据氨基酸的重要性和改变前后氨基酸性质的差异，这种突变产生的后果也有多种程度。例如，错义突变导致的蛋白质功能未受到显著影响，称为中性突变 (neutral mutation)；如果影响到关键性氨基酸且导致产物生物功能丧失及生物体死亡的突变，称为致死突变 (lethal mutation)。

3. 无义突变 (nonsense mutation)

突变导致有义密码子变成终止密码子就是无义突变。这种突变也可能会显著影响蛋白功能，导致不同程度的影响。当然，终止密码子也可能变成有义密码子，这种突变称为加长突变 (elongation mutation)。

而碱基插入或缺失的数量如果不是 3 的整数倍，会导致移码突变 (frameshift mutation)，即基因的读码框发生偏移。

(二) 结构畸变

结构畸变是指由于 DNA 分子上大片段核苷酸的插入或缺失，或者 DNA 上的一个缺口使得 DNA 的模板链失去功能，从而阻碍 DNA 分子的复制和转录而引起的突变。这种突变给 DNA 结构造成较大的变化。

突变或诱变对生物可能产生 4 种后果：①致死性；②丧失某些功能；③改变基因型 (genotype) 而不改变表现型 (phenotype)；④发生了有利于物种生存的结果，使生物进化。

二、修复

很多因素可以导致 DNA 损伤，如细胞代谢、紫外线照射、放射线、化学损伤、复制错误等都可以造成 DNA 损伤。细胞在长期进化过程中形成了一系列的修复机制，细胞对 DNA 损伤做出应答的一个重要过程是检查点活化（检查点激酶 CHK1 和 CHK2 使关键蛋白磷酸化，从而阻止正常的细胞周期）。DNA 修复方法包括错配修复、直接修复、切除修复、重组修复和应急修复。

(一) 错配修复

DNA 在复制过程中如果发生错配，则需要在新合成的链中得到校正其编码的遗传信息才能正确表达，否则基因会发生突变被固定下来。这一修复过程由错配修复 (methyl-directed mismatch repair) 系统完成。大肠埃希菌中的错配修复机制需要多种蛋白或酶的参与，具体修复过程为：在水解 ATP 的作用下，错配修复蛋白 MutS 发现错配碱基，招募另一个错配修复蛋白 MutL 形成复合物；MutS 沿着 DNA 链向错配碱基的上游或下游一定范围内移动，寻找半甲基化位点（序列通常为 5′-GATC-3′），即只有一条链上的特定碱基被甲基化（亲本链），另一条链对应位点无甲基化（子链）；一旦发现，继续招募 MutH；MutH 的内切酶活性被激活，在未甲基化的子链 5′-GATC-3′序列的 5′端切开；UvrD 解旋酶（又称解旋酶 2）执行解旋酶活性，将子链被切开的序列附近解旋成局部单链；SSB 将亲本单链区域保护起来；由特定的外切核酸酶将子链解旋区域逐步水解直到把错配碱基去除（当 MutH 切口在错配碱基 3′端时，此时有外切核酸酶 I 和 X 从 3′→5′方向水解；反之，由外切核酸酶 VII 和 RecJ 从 5′→3′水解）；最后，由 DNA 聚合酶Ⅲ填补缺失序列，连接酶封闭切口，甲基化酶 (Dam) 将新链甲基化（图 10-25）。

错配修复机制不仅巧妙地利用了亲本链和子链化学修饰过程（如甲基化）的时间差，还充分体现了机体为了保证遗传物质的保真性而不惜代价的修复"理念"。该机制还可用于对碱基插入和缺失进行修复。

(二) 直接修复

直接修复 (direct repair) 是指将错误位点直接修正，而不经过类似上述错配修复那样的复杂过程。直接修复中的经典案例是光修复。光修复是最早发现的 DNA 修复方式，又称光逆转，用于修复任何嘧啶二聚体的损伤。在紫外线的照射下，DNA 链上相邻的嘧啶碱基之间易产生共价交联，生成环丁酰环，从而形成嘧啶二聚体，如 TT 二聚体。生物体中有一种酶称为光复活酶 (photolyase，又称 DNA 光裂合酶)，可以识别并作用于嘧啶二聚体。其修复过程为：光复活酶识别嘧啶二聚体并使其空间反转，与酶的活性中心结合；然后，在 300~600 nm 可见光照射下，酶的辅基吸收能量，将电子传递给嘧啶二聚体，使两者间的共价键不稳定并被打开，完成修复（图 10-26）。

光复活酶已在细菌、酵母菌、原生动物、藻类、蛙、鸟类、哺乳动物中的有袋类和高等哺乳类及人类的淋巴细胞和皮肤成纤维细胞中发现。这种修复功能虽然普遍存在，但主要是低等生物的一种修复方式，随着生物的进化，它所起的作用也随之削弱。

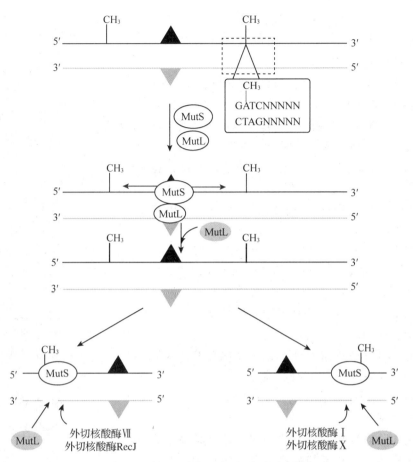

图 10-25　大肠埃希菌 DNA 损伤的错配修复

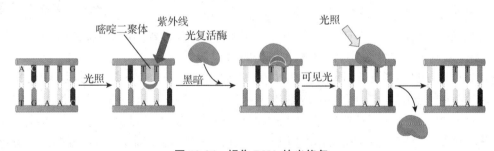

图 10-26　损伤 DNA 的光修复

另一个直接修复的例子是 O^6-甲基鸟嘌呤的去甲基化。这种损伤可能由一些烷基化试剂导致。细胞内有一种 O^6-甲基鸟嘌呤-DNA 甲基转移酶（O^6-methylguanine-DNA transmethylase）可以催化该位点甲基的去除。

（三）切除修复

切除修复（excision repair）是指在多种酶的作用下，将 DNA 损伤部位部分切除，并以另一条完整的单链为模板，合成切除部分的修复过程。对多种 DNA 损伤包括碱基脱落形成的无碱基位点、嘧啶二聚体、碱基烷基化、单链断裂等都能起修复作用。这种修复方式普遍存在于各种生物细胞中，也是人体细胞主要的 DNA 修复机制。修复过程需要多种酶的一系列作用，基本步骤如下(图10-27)：

①由核酸酶识别 DNA 的损伤位点，根据损伤类型，选择不同的处理方式。

如果损伤为单碱基，则启动碱基切除修复(base-excision repair, BER)。即利用不同的 DNA 糖基化酶(glycosylase)识别不同类型的错误碱基，并催化其与核糖的糖苷键水解，导致该位点变为无嘌呤(apurinic)或无嘧啶(apyrimidinic)位点，简称 AP 位点。然后，特殊的内切酶——AP 内切核酸酶在该位点附近将 DNA 链切开，外切核酸酶将包括 AP 位点在内的若干个核苷酸切除(图10-27)。

如果损伤部位较长，则启动核苷酸切除修复(nucleotide excision repair, NER)，即直接利用内切核酸酶将损伤部位切开，再利用外切核酸酶将含有损伤部位的单链切除。不同的DNA损伤需要不同的特殊核酸内切酶来识别和切割。

②在 DNA 聚合酶的催化下，以完整的互补链为模板，按 $5'→3'$ 方向填补已切除的空隙。

③由 DNA 连接酶缝合缺刻，完成修复。

(四) 重组修复

上述的切除修复在切除损伤片段后是以原来正确的互补链为模板来合成新的片段而实现修复的。但在某些情况下没有互补链可以直接利用，如在 DNA 复制进行时发生 DNA 损伤，此时 DNA 两条链已经分开，其修复可用图 10-28 所示的 DNA 重组方式：①受损伤的 DNA 链复制时，产生的子代 DNA 在损伤的对应部位出现缺口。②另一条母链 DNA 与有缺口的子链 DNA 进行重组交换，将母链 DNA 上相应的片段填补在子链缺口处，而母链 DNA 出现缺口。③以另一条子链 DNA 为模板，经 DNA 聚合酶催化合成新 DNA 片段填补母链 DNA 的缺口，最后由 DNA 连接酶连接，完成修补。

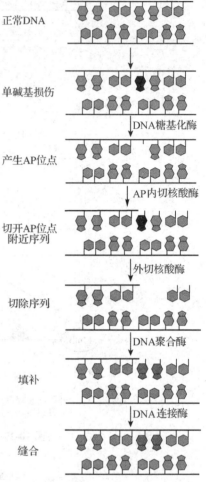

图 10-27　DNA 单碱基损伤的切除修复

重组修复不能完全去除损伤，损伤的 DNA 段落仍然保留在亲代 DNA 链上，只是重组修复后合成的 DNA 分子是不带有损伤的，经多次复制后，损伤就被"冲淡"了，在子代细胞中只有一个细胞是带有损伤 DNA 的。

(五) 应急反应

"SOS"是国际上通用的紧急呼救信号。细胞处于 DNA 严重损伤的危急状态时，也会诱导一种应急反应(SOS response)。SOS 反应包括诱导 DNA 的损伤修复、诱变效应、细胞分裂的抑制，以及溶源性细菌中噬菌体的释放等。

SOS 反应诱导的 DNA 损伤修复包括避免差错的修复(error free repair)和易错修复(error prone repair)。前述多种修复机制，包括错配修复、直接修复、切除修复和重组修复等均倾向于遵从 DNA 的保真性，从而保证物种或细胞的稳定性和生存质量，属于避免差错的修复。SOS 反应可以诱导这些修复方式。

另外，为了在极端情况下保障物种或细胞个体的生存，SOS 反应还能易错修复，即在修复过程中，妥协保真性，保障 DNA 能够正常执行功能，如复制，但会留下较多的错误，因此会导致较高的突变率。

SOS 修复是 Miroslav Radman 在 1975 年提出的，紫外照射可能在大肠埃希菌中诱发出一种 DNA 修复系统，增强 DNA 损伤后的修复能力，同时促进突变。在大肠埃希菌中，这种反应由 RecA-LexA 系统调控。正常情况下，LexA 结合于目的基因启动子附近，使其表达处于抑制状态，因此，LexA 又称为阻遏蛋白（参见第十二章）。LexA 的靶基因结合位点叫作 SOS 框（SOS box），它存在于每一个 LexA 所抑制的操纵子（o-

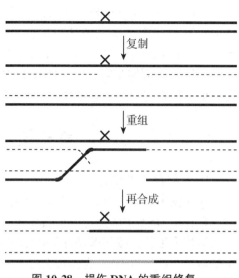

图 10-28 损伤 DNA 的重组修复

peron，参见第十二章）的操纵基因之中，与其所在操纵子的启动子相重叠。相应操纵子能够表达多种损伤修复时所需要的应急蛋白，包括紫外线损伤修复蛋白（uvrA、uvrB、uvrC）、单链结合蛋白、DNA 聚合酶Ⅳ和Ⅴ等。有趣的是，LexA 本身也能结合并抑制 RecA 和 LexA 编码基因的表达。当有诱导信号（如 DNA 损伤或复制受阻形成暴露的单链）时，RecA 蛋白的蛋白酶活性就会被激活，分解阻遏蛋白 LexA，使 SOS 反应有关的基因去阻遏而先后开放，产生一系列细胞效应。引起 SOS 反应的信号消除后，RecA 蛋白的蛋白酶活力丧失，LexA 蛋白又重新发挥阻遏作用（图 10-29）。

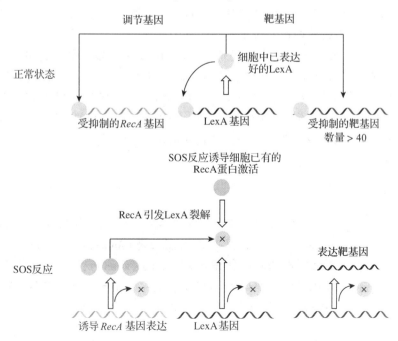

图 10-29 大肠埃希菌的 SOS 反应激活

RecA 和 LexA 蛋白相互作用，形成 SOS 应答循环：一方面，当 DNA 损伤时，RecA 蛋白促使 LexA 水解，激活 SOS 反应；另一方面，当 DNA 损伤基本修复时，RecA 蛋白就丧失了水解 LexA 的能力，而此刻 LexA 基因正值高水平表达，从而造成 LexA 蛋白大量积累，进而关闭 SOS 应答基因。这一循环的重要性在于，它使细胞具备迅速恢复正常状态的能力，但这种修复带给细胞很高的突变率。

第三节　RNA 的生物合成

　　DNA 贮存的遗传信息，必须经过转录、翻译等过程产生具有生物学功能的蛋白质分子，从而赋予细胞一定的功能或表型，这样基因才能表达出它的生命意义。根据中心法则，贮存于 DNA 中的遗传信息需要通过转录和翻译而得到表达。转录时，DNA 双链中的一条链作为模板，按照碱基互补配对的方式合成 RNA 分子，所合成的 RNA 链与 DNA 模板链碱基互补。以 DNA 为模板合成 RNA 的过程称为转录（助记小结 10-2），是 RNA 生物合成的主要方式，也是基因表达的开始。转录是在依赖 DNA 的 RNA 聚合酶（DNA-dependent RNA polymerase，DDRP）的催化下进行的核苷酸聚合过程。转录产生初级转录物称为 RNA 前体（RNA precursor），它们必须经过加工过程转变为成熟的 RNA，才能表现其生物学活性。另外，自然界中还存在另一种 RNA 的生物合成方式，即以 RNA 为模板直接合成 RNA，称为 RNA 的复制。

　　RNA 转录同 DNA 复制一样具有特定的起始位点和终止位点。RNA 链的转录起始于 DNA 模板的一个特定起点，并在另一终点处终止。这一转录区域就称为转录单位。一个转录单位可以由一个基因组成，也可以包含多个基因。转录的起始是由 DNA 的特殊的碱基序列——启动子控制的，而转录终止也是由称为终止子（terminator）的碱基序列控制。目前对转录的机制已经研究的比较详细。基因的转录是一种有选择性的过程，细胞在内外条件改变以及不同生长发育阶段都转录出不同的基因。

　　RNA 的转录合成从化学角度来讲类似于 DNA 的复制，多核苷酸链的合成都是沿着 5′→3′的方向，在 3′羟基端加入核苷酸，生成磷酸二酯键。但是，由于复制和转录的目的不同，转录又具有其独特的特点：①对于一个基因组来说，转录只发生在一部分 DNA 序列，而且每个转录单位都受到相对独立的控制；②转录是不对称的，即是一条链的区域转录，而另一条链对应的区域一般不转录；③转录时不需要引物，而且 RNA 链的合成是连续的。

一、不对称转录

　　RNA 的转录合成是不对称的，即在转录单位的 DNA 区域，只有其中一条链作为模板，这条链叫作模板链（template strand），又叫作无意义链（antisense strand）或负链（-链）。DNA 双链中另一条不作为模板的链叫作编码链（coding strand），又叫作有意义链（sense strand）或正链（+链），编码链的序列与转录物 RNA 的序列相同，只是在编码链上的胸腺嘧啶（T）在转录产物 RNA 中被尿嘧啶（U）取代（图 10-30）。

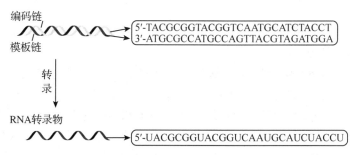

图 10-30 RNA 的不对称转录

二、RNA 聚合酶

RNA 聚合酶是转录过程最关键的酶，该酶有以下特点：①以 DNA 为模板；②4 种三磷酸核苷是其作用底物，即合成 RNA 的原料；③都遵循 DNA 与 RNA 之间的碱基配对原则，即按照 A═U，C═G 的配对关系来合成与模板 DNA 序列互补的 RNA 链；④RNA 链的延长方向是按照 $5'\to3'$ 方向连续合成；⑤合成时需要 Mg^{2+} 或 Mn^{2+}；⑥RNA 合成时并不需要引物。RNA 聚合酶缺乏 $3'\to5'$ 外切核酸酶活性，所以没有校正功能。

(一) 细菌的 RNA 聚合酶

大肠埃希菌中的 RNA 聚合酶相对分子质量约为 450 000，全酶由 α、β、β'、ω 和 σ 5 种亚基组成（$\alpha_2\beta\beta'\omega\sigma$），去掉 σ 亚基的部分称为核心酶，核心酶本身即可催化核苷酸之间形成磷酸二酯键（表 10-5）。β 和 β' 两个大亚基组成了聚合酶的催化中心，β 亚基可能是酶和核苷酸底物结合的部位，β' 亚基是酶与 DNA 模板结合的主要成分。利福平 (rifampicin) 和利福霉素 (rifamycin) 可与 β 亚基结合，强烈地抑制 RNA 聚合酶的活性，但是两者抑制机制不同。这些抑制剂能使聚合酶停留在启动子附近从而阻止 RNA 链的延伸，抑制转录的发生。α 亚基与核心酶的组装及启动子识别有关，并参与 RNA 聚合酶和部分调节因子的相互作用。σ 亚基负责模板链的选择和转录的起始，是酶的别构效应物，使酶专一性识别模板上的启动子。只有带 σ 亚基的全酶才能专一性地与 DNA 上的启动子结合，选择其中的一条链作为模板，合成产物。σ 亚基的作用只是起始，一旦转录起始，它就会脱离起始复合物，而由核心酶负责 RNA 链的延伸。ω 亚基的功能尚不清楚。因此，聚合酶全酶的作用是启动子的选择和转录的起始，核心酶的作用是转录的延伸。

表 10-5 大肠埃希菌 RNA 聚合酶

亚单位	相对分子质量	亚单位数目	功　能
α	3.6×10^4	2	组装核心酶；决定哪些基因被转录
β	1.51×10^4	1	与转录全过程有关
β'	1.56×10^4	1	结合 DNA 模板
σ	7.0×10^4	1	启动子识别
ω	1.1×10^4	1	促进核心酶组装；是 β 亚基的分子伴侣

(二) 真核细胞的 RNA 聚合酶

真核生物中的 RNA 聚合酶根据其对 α-鹅膏蕈碱 (α-amanitin) 的敏感性可以分为 RNA

聚合酶Ⅰ、Ⅱ、Ⅲ。

RNA 聚合酶Ⅰ基本不受 α-鹅膏蕈碱的抑制，存在于核仁中，其功能是合成 5.8S rRNA、18S rRNA 和 28S rRNA。

RNA 聚合酶Ⅱ对 α-鹅膏蕈碱最敏感，主要存在于核质中，其功能是合成 mRNA、lncRNA、绝大多数 miRNA、具有帽子结构的 snRNA 和 snoRNA。

RNA 聚合酶Ⅲ对 α-鹅膏蕈碱的敏感性介于酶Ⅰ和酶Ⅱ之间，存在于核质中，其功能是合成 tRNA、5S rRNA 及一些小分子 RNA（包括无帽子结构的 snRNA 和 snoRNA、少数 miRNA 和 lncRNA、端粒酶 RNA、7SL RNA 和 7SK RNA 等）。

真核生物 3 种 RNA 聚合酶不仅分子巨大，而且比大肠埃希菌的 RNA 聚合酶要复杂得多，它们一般由 8~14 个亚基组成。3 类聚合酶的亚基存在两条普遍遵循的原则：①聚合酶中有两个大亚基，与大肠埃希菌 RNA 聚合酶的两个大亚基（β，β'）具有同源性。②同种生物 3 类聚合酶有"共享"小亚基的倾向。

除了细胞核中的 RNA 聚合酶之外，真核生物线粒体和叶绿体中还存在不同的 RNA 聚合酶，但都不受 α-鹅膏蕈碱所抑制。它们分别转录线粒体和叶绿体的基因组 DNA。线粒体和叶绿体的 RNA 聚合酶结构比较简单，类似于细菌的 RNA 聚合酶，能催化所有种类 RNA 的生物合成，并被原核生物 RNA 聚合酶的抑制物利福平所抑制。

三、原核生物的转录

原核生物中，如大肠埃希菌中转录的基本过程包括：转录的起始、转录的延伸、转录的终止 3 个阶段。

（一）转录的识别和起始

转录是从 DNA 分子的特定部位开始的，这个部位也是 RNA 聚合酶全酶结合的部位，即启动子。启动子是确保转录精确而有效地起始的一段 DNA 序列。启动子处的核苷酸序列具有特殊性，为了方便，人们将与新生 RNA 链第一个核苷酸相对应 DNA 链上的碱基（通常为一个嘌呤）称为转录起点（transcription start site，TSS），用+1 表示。常把转录起点前面的序列称为上游（upstream），依次表示为-1，-2…把转录起点后面的序列称为下游（downstream），依次表示为+2，+3…也就是顺着转录方向向下的核苷酸序列均用正值表示；逆着转录方向向上的核苷酸序列均用负值表示。

对原核生物的 100 多个启动子的核苷酸序列进行比较后发现，原核生物的启动子序列具有显著的结构特点：在 RNA 转录起始点上游大约-10 bp 附近，有一组 6 bp 的保守序列称为-10 区。-10 区的共有序列为：TATAAT，这是 David Pribnow 和 Heinz Schaller 等首先发现的，称为 Pribnow 框（Pribnow box），是 RNA 聚合酶的结合部位和 DNA 双链打开的部位。而在-35 bp 附近，也有一组 TTGACA 的保守序列，称为-35 区。-10 区和-35 区是 RNA 聚合酶中的 σ 亚基识别并结合的位置。而且-10 区与-35 区之间有一定的距离，在大约 90%的启动子中，-10 和-35 序列之间的距离是 16~18 bp，只有个别小到 15 bp，大到 20 bp。小于 15 bp 或大于 20 bp 都会降低启动子的活性。这一间隔区的序列本身并不重要，但其长度可以使两个共有序列保持适当的距离，对于在空间上适应于 RNA 聚合酶的结合很重要。这在一定程度上决定了启动子的强度。

RNA 聚合酶分子很大，大约能覆盖 70 bp 的 DNA 序列，酶分子与 DNA 结合的一个适合部位就是占据从-35 到-10 序列区域。因此，-10 到-35 序列区域是 RNA 聚合酶与启动子的识别和结合位点，能与 σ 亚基相互识别而具有很高的亲和力。当 RNA 聚合酶的 σ 亚基发现其识别位点时，全酶就与启动子的-35 区序列结合形成一个全酶和启动子的封闭复合物（closed complex）。

此时，酶所结合的 DNA 依然保持双螺旋状态。由于全酶分子较大，其另一端可到-10 区的序列，在某种作用下，整个酶分子向-10 区转移并与之牢固结合。在此区域 DNA 发生局部解链，形成全酶和启动子的开放复合物（open complex），因其形状类似复制泡，因此又称为转录泡（transcription bubble）。在开放复合物中，起始位点和延长位点都被相应的核苷酸前体充满，在 RNA 聚合酶 β 亚基催化下前两个核苷酸之间形成 RNA 的第一个磷酸二酯键。

RNA 合成的第一个核苷酸几乎均为嘌呤核苷三磷酸（GTP 或 ATP），以 GTP 常见，这样就产生了 RNA-DNA-核心酶的三元复合物（ternary complex）。RNA 聚合酶停留在启动子处即可使新生的 RNA 链长度增加到 9 nt。转录起始成功，RNA 聚合酶释放 σ 亚基，使核心酶与启动子的亲和力下降，开始沿模板链运动，进入转录延伸阶段，而脱落的 σ 亚基与另一个核心酶结合成全酶，反复利用（图 10-31）。

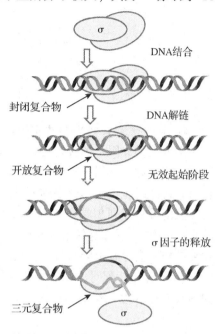

图 10-31 大肠埃希菌转录的识别和起始

当然，RNA 聚合酶催化的转录起始不是 100% 成功的。通常情况下，在真正成功转录出目的 RNA 前，需要经历数百次的转录失败，称为无效转录（abortive transcription）。这些失败的产物通常仅 3~8 nt，因为，在 RNA 聚合酶保持不动时，其活性中心最多容纳 8 nt。绝大多数无效转录产物会被释放，当部分无效转录产物（约 6 nt）释放时，进入 RNA 聚合酶第二个结合位点（RNA 离开的通道）时，酶的构象发生改变，开始正式启动转录。

(二) 转录的延伸

转录起始完成后，当酶沿 DNA 模板链 3′→5′方向前进时，按照 5′→3′方向合成 RNA，新合成的 RNA 片段暂时与模板以 RNA-DNA 杂交链形式存在，当长度超过 12 个核苷酸后，RNA 和 DNA 链之间的结合力不能维持杂交链的存在，RNA 链便游离下来；与此同时，RNA 聚合酶前方的 DNA 被 RNA 聚合酶解链，RNA 聚合酶后方的 DNA 模板链随后与编码链互补，重新复性形成双螺旋结构（图 10-32）。因此，DNA 的解链部分长度约为 17 bp，RNA-DNA 杂交链的长度约为 8~9 bp。

(三) 转录的终止

当 RNA 聚合酶核心酶在 DNA 模板上前进遇到终止序列——终止子后，酶便停止向正在延伸的 RNA 链添加核苷酸，RNA-DNA 杂交区域解链，将 RNA 产物从 DNA 模板上释放下来，DNA 重新形成双螺旋。这一过程即为转录终止。研究发现，原核生物中 DNA 模板上的转录终止方式有两种：

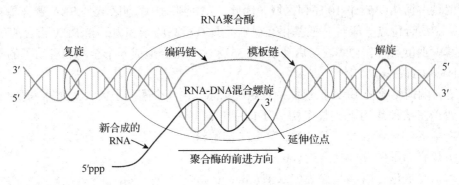

图 10-32　大肠埃希菌转录延伸

1. 不依赖于 ρ 因子的转录终止

不依赖于 ρ 因子的转录终止也叫作简单终止（simple termination），即 RNA 聚合酶核心酶不依赖于蛋白质因子实现终止作用，而依靠转录产物的特殊序列形成的发夹式结构终止转录。这类终止子由两个序列元件组成：一个是富含 GC 的回文序列（7~20 bp），另一个是在反向重复序列 3' 端通常有一段大约 8 个 A═T 的碱基对序列（图 10-33）。这些元件被转录形成 RNA 后才起转录终止作用。首先，RNA 产物中富含 GC 的回文序列会形成一个发夹结构，会导致 RNA 聚合酶停顿。然后，发夹结构的 3' 端有一个寡聚 U 序列，与模板 DNA 形成 A═U 配对，其稳定性较弱，很容易脱落，从而实现终止（图 10-33）。发夹序列和连续 U 的长度均影响简单终止的转录终止效率，越长效率越高。

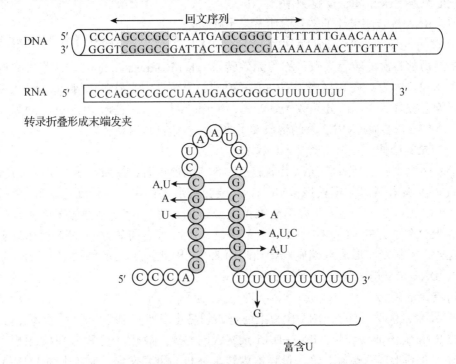

图 10-33　内在终止子（不依赖 ρ 因子的终止子）

2. 依赖于 ρ 因子的转录终止

依赖于 ρ 因子的终止子中 GC 含量较少,且没有多聚 dA 序列。相应的转录产物在终止子处可形成不稳定发夹结构,引起聚合酶转录暂停。但是,由于该结构 3′端无寡聚 U 序列,因此,与模板链的杂交相对稳定,不易脱落,需要 ρ 因子的辅助。

依赖于 ρ 因子的终止子的终止效率会随 ρ 因子利用位点(ρ factor utilization site,又称 rut 位点,约 50~90 nt,富含 C 而少 G)区域长度增加而提高。依赖于 ρ 因子的终止子必须在 ρ 因子存在时才发生终止作用。

ρ 因子的活性形式为六聚体,相对分子质量为 275 000,亚基具有一个 ATP 水解域和 RNA 结合域。六聚体具有 ATPase 活性。ρ 因子能结合位于 RNA 的 5′端的 rut 位点,水解 ATP 供能使其沿 RNA 的 5′→3′方向移动。ρ 因子还具有依赖 ATP 的 5′→3′解旋酶活性,利用 ATP 的能量使 RNA-DNA 杂交链分离。在 RNA 转录过程中,当 rut 位点序列被转录出现以后,ρ 因子便与之结合,并沿新生 RNA 链 5′→3′方向移动,到达 DNA-RNA 杂交链区域后,ρ 因子发挥解旋酶的作用打开杂交链的氢键。当 ρ 因子追上遇到终止子而暂停转录的 RNA 聚合酶时,在 NusA 等其他蛋白的参与下,RNA 聚合酶核心酶构象发生变化,从模板上脱落下来,转录结束(图 10-34)。

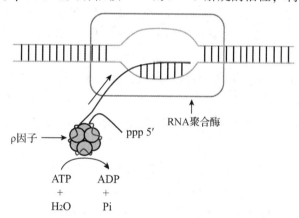

图 10-34 依赖 ρ 因子的转录终止过程

四、真核生物的转录

前面已经介绍,由于真核生物的基因组比原核生物更大,它们的 RNA 聚合酶也更为复杂。真核生物 RNA 聚合酶主要有 3 类,即 RNA 聚合酶 Ⅰ、Ⅱ、Ⅲ。在转录中每一种 RNA 聚合酶都特异地识别自己特定的启动子类型,因此,真核生物 RNA 转录过程远比原核生物复杂。下面将真核生物 RNA 转录过程做一个简单的介绍。

(一)真核生物的启动子

真核生物中每一种 RNA 聚合酶都有自己特定的启动子类型,因此,比原核生物启动子更具复杂性和多样性。

真核生物中,由 RNA 聚合酶在转录因子(transcription factor,TF)的协助下识别启动子。转录因子是指除 RNA 聚合酶外的一系列参与转录起始及转录调控的蛋白质。多种转录因子和 RNA 聚合酶在起点上形成前起始复合物(preinitiation complex)而促进转录。启动子通常包含一些短的保守序列,RNA 聚合酶单独存在时与启动子不具亲和力或亲和力极低,必须由一些转录因子协助才能识别启动子。

1. RNA 聚合酶 Ⅱ 识别的启动子

典型的 RNA 聚合酶 Ⅱ 识别的启动子,又称为类别 Ⅱ 启动子(class Ⅱ),包括核心启动子(core promoter, CP, 又称基础启动子, basal promoter)、调控元件(regulatory element)、增强子(enhancer)和沉默子(silencer)。

(1) 核心启动子

核心启动子(core promoter)指 RNA 聚合酶精确起始转录所必需的序列元件，其功能主要是决定转录起点。在这一区域 RNA 聚合酶Ⅱ结合通用转录因子，并围绕转录起点形成转录起始复合物。核心启动子由 4 种不同序列的元件组成：①TFⅡB 识别元件(TFⅡB recognition element, BRE)；②TATA 框(TATA box, 又称 TATA 盒)；③起始子(initiator, Inr)；④下游启动子元件(downstream promoter element, DPE)。通常一个启动子只含有 4 个元件中的 2 个或 3 个。TFⅡB 是重要的转录因子，可以与 RNA 聚合酶和其他的转录因子共同组装成前起始复合物。TFⅡB 的识别位点在 TATA 框上游，叫作 TFⅡB 识别元件。TATA 框位于转录起始位点上游大约 25 bp 处，即-25 bp 区，其共有序列为 TATA(A/T)A，与原核生物的 Pribnow box 相似，是 RNA 聚合酶Ⅱ与 DNA 分子的结合部位。序列中多为 A=T 对，仅少数启动子含有 C≡G 对。起始子位于转录起点附近，通常是-2 bp 和+5 bp 之间，绝大多数 Inr 在-1 和+1 两个位点的核苷酸序列为 CA。没有 TATA 框的真核蛋白质编码基因的启动子，则使用起始子 Inr 起始转录。下游启动元件位于转录起点下游 30 bp 左右，保守序列为 G(A/T)CG，用于补偿某些启动子上缺失的 TATA 框。

(2) 调控元件

调控元件又包括上游邻近元件(upstream proximal element, UPE)和上游诱导元件(upstream inducible element, UIE)。

上游邻近元件位于核心启动子上游约 100 bp 处或稍远，由 GC 框(GC box)、CCAAT 框(CAAT box)和 OCT(八聚核苷酸)等短序列元件组成。这些短序列元件需要与反式作用因子(trans-acting factor)结合才能发挥作用，而决定启动子的转录效率。反式作用因子是指一些能够与顺式作用元件(cis-acting element)结合的蛋白质。而顺式作用元件就是类似这里提及的各种调节基因表达的序列，如启动子、调控元件、增强子和沉默子等。CAAT 在多数启动子中位于-80 bp 附近，保守序列为 GGCCAATCT，可能与转录起始频率有关。真核蛋白质编码基因的启动子由若干长度不足 10 bp 的短序列元件以不同的拷贝数、位置和方向组合而成，但没有一种元件是所有启动子必需的或共有的。

上游诱导元件，也称为应答元件，主要用于响应细胞内外各种信号的变化。特定的环境信号作用于特定的上游诱导元件，如热激应答元件、激素应答元件等(参见第十二章)。

(3) 增强子和沉默子

增强子和沉默子的作用效果正好相反(参见第十二章)。前者能够大幅提高基因的转录效率，而后者强烈阻止基因表达。这些元件的作用发挥也离不开相应的反式作用元件。值得注意的是，这两种元件不一定在启动子附近，可以距离更远，甚至在转录单位的下游。当然，距离越近，作用效果越强。其作用方向与序列无关，但是具有组织特异性。

2. RNA 聚合酶Ⅲ识别的启动子

RNA 聚合酶Ⅲ可以识别各种形式的启动子(类型Ⅲ)，且绝大部分启动子具有位于转录起点下游的独特特征。也有一部分 RNA 聚合酶Ⅲ识别的启动子具有 TATA 框，类似

RNA 聚合酶 Ⅱ 识别的启动子的结构。

3. RNA 聚合酶 Ⅰ 识别的启动子

RNA 聚合酶 Ⅰ 专一地识别合成 rRNA 前体的基因的启动子(类型 Ⅰ)。RNA 聚合酶 Ⅰ 所识别的启动子与 RNA 聚合酶 Ⅱ 所识别的启动子具有较大的差异，是由位于转录起始位点周围的核心元件和位于起点上游 100~150 bp 处的上游控制元件(upstream control element，UCE)组成。转录起始需要选择因子(selectivity factor，SL1)和上游结合因子(upstream binding factor，UBF)参与。

(二)真核生物的转录过程

真核生物转录起始十分复杂，需要多种蛋白因子的协助。细胞中有一类转录因子可与 RNA 聚合酶 Ⅱ 形成转录起始复合物，共同参与转录起始过程。与细菌转录起始不同，真核生物 RNA 聚合酶必须借助转录因子的装配才能选择性地结合到启动子上。RNA 聚合酶 Ⅱ 至少与 6 种转录因子在转录起始位点紧密结合。RNA 转录反应分为 4 个阶段：装配、起始、延伸和终止。

以 RNA 聚合酶 Ⅱ 为例，主要过程如下：

1. 基本转录装置的形成

在转录起始阶段，RNA 聚合酶 Ⅱ 和大量的(至少 6 种)通用转录因子一起，组成转录起始复合物。通用转录因子见表 10-6，其中 TFⅡH 含有 9 个亚基，是最大、最复杂的转录因子，具有多种酶活性，包括 ATP 酶、解旋酶和激酶活性。转录时，转录因子 TFⅡD 首先结合于 TATA 框及其上游序列，按顺序先后依次加入 TFⅡA、TFⅡB，再加入 TFⅡF/RNA 聚合酶 Ⅱ，然后 TFⅡE、TFⅡH 等加入，最后形成基本转录装置，即酶-转录因子-启动子序列的复合物(图 10-35)。

表 10-6　RNA 聚合酶 Ⅱ 的通用转录因子

通用转录因子	亚基数	相对分子质量/×10³	功能
TFⅡD-TBF	1	38	识别核心启动子，募集 TFⅡB
TFⅡD-TAFs	12	15~250	帮助转录激活和启动子识别
TFⅡA	3	12, 19, 35	稳定 TFⅡD 和启动子结合
TFⅡB	1	35	募集 RNA 聚合酶 Ⅱ 和 TFⅡF
TFⅡF	2	30, 74	辅助 RNA 聚合酶 Ⅱ 到达启动子
TFⅡE	2	34, 57	募集 TFⅡH；修饰 TFⅡH 解旋酶、ATP 酶和激酶活性
TFⅡH	9	89, 80, 62, 52, 44, 34, 32, 38, 40	启动子该因子解旋酶活性解链，DNA 修复

2. 转录起始

在转录起始装置作用下启动子区解旋(需要消耗 ATP)，合成一定长度的 RNA 产物。RNA 聚合酶 Ⅱ 最大的亚基 C-端的一段肽链称为羧基末端结构域(carboxyl-terminal domain，CTD)，含有很多个脯氨酸、丝氨酸和苏氨酸。启动转录时 CTD 须处在未磷酸化状态。

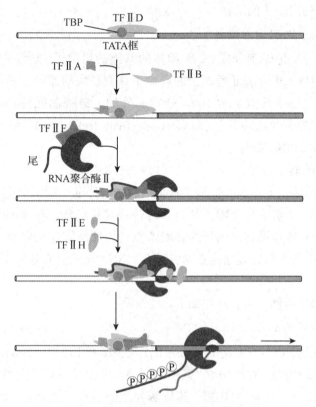

图 10-35　基本转录装置的形成和转录起始

3. 转录延伸和终止

转录起始合成一定长度的 RNA 产物的同时，RNA 聚合酶的 CTD 磷酸化，之后 RNA 聚合酶才能逃离启动子进入延伸阶段。CTD 的磷酸化导致了起始因子与延伸、加工因子之间的交换。TFⅡH 不仅借助水解 ATP 获得能量参与启动子解链，而且能催化 RNA 聚合酶Ⅱ多个位点发生磷酸化，使起始复合物改变构象而进入活性转录状态。当转录终止时，RNA 聚合酶Ⅱ会发生去磷酸化反应而失活，转录活性丧失。真核生物由于 RNA 转录后很快就进行了加工，因此很难确定原初转录物的 3′端。SV40 病毒的终止位点很像大肠埃希菌的不依赖 ρ 因子的终止子，转录后的 RNA 可形成一个发夹结构，3′端带有一串 U。爪蟾 5S RNA 的 3′端有 4 个 U，它们前后的序列为富含 GC 的序列，这是所有真核生物 RNA 聚合酶Ⅲ转录的终止信号（图 10-36）。这种序列特征高度保守，从酵母到人都很相似，任何改变这种序列特征的突变都将导致转录终止位置的改变。

五、转录过程的抑制剂

转录能被一些特异性的抑制剂抑制，有些抑制剂是治疗某些疾病的药物，有的则是研究转录机理的重要试剂。按照作用机理的不同，转录抑制剂分为以下三大类。

第一类抑制剂特异性地与 DNA 链结合，抑制模板的活性，使转录不能进行。这类抑制剂同时抑制 DNA 复制，如放线菌素 D（actinomycin D）、纺锤菌素（netropsin）、远霉素（telomycin）、溴乙锭（ethidium bromide）和黄曲霉素（aflatoxin）等。放线菌素 D 是提取于链霉菌的一种含有环肽和三杂环的抗生素。它紧紧结合于双螺旋 DNA 的 G≡C 碱基对之间，致使 DNA 双股螺旋的小沟变宽和扭曲，从而阻止 RNA 聚合酶的前进。其中，真核生物 rRNA 中的 GC 含量很高，因此，RNA 聚合酶的Ⅰ对放线菌素 D 最敏感。

第二类抑制剂作用于 RNA 聚合酶，使 RNA 聚合酶的活性改变或丧失，从而抑制转录的进行。这类抑制剂只抑制转录，不影响复制，是研究转录机制和 RNA 聚合酶性质的重要工具，如利福平等。利福平是从链霉菌中提取的利福霉素的半合成衍生物，它在转录起始过程中抑制第一个磷酸二酯键的形成，对于 RNA 链的延伸无影响。其作用位点是 RNA 聚合酶的 β 亚基。

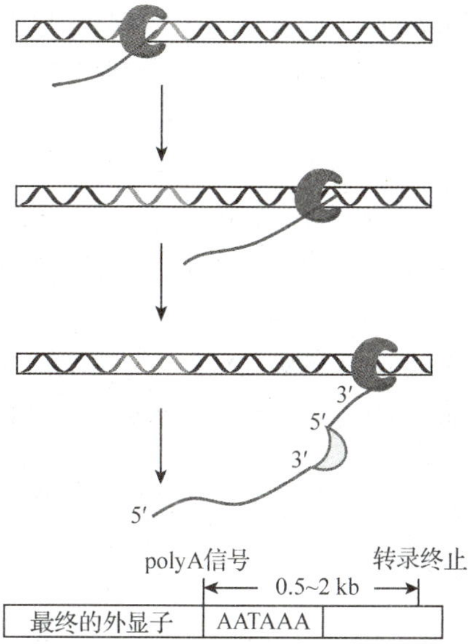

第三类是一些人工合成的嘌呤和嘧啶的类似物，可作为核苷酸代谢的拮抗物抑制核酸前体的合成，从

图 10-36　RNA 聚合酶Ⅲ转录的终止信号

而抑制和干扰核酸的合成，如 6-巯基嘌呤和 5-氟尿嘧啶等。它们或者直接抑制核苷酸合成的有关酶类，或者加入核酸分子中，形成异常的 DNA 或 RNA，从而影响核酸的功能并导致突变。

六、RNA 转录后加工

在细胞内，由 RNA 聚合酶合成的原初转录物（primary transcript）并不是最终的转录产物，往往需要经过链的裂解、5′端与 3′端多余序列的切除和特殊结构的形成、核苷酸的修饰和糖苷键的改变以及拼接和编辑等过程才能转变为成熟的 RNA 分子。这一过程总称为前体 RNA 的加工，也叫 RNA 转录后加工（post-transcriptional processing）。

无论原核还是真核生物的 rRNAs 的初级转录物都是以更为复杂的形式被合成的，然后加工成为成熟的 RNA 分子。然而绝大多数原核生物转录和翻译是同时进行的，随着 mRNA 开始在 DNA 上合成，核蛋白体即附着在 mRNA 上并以其为模板进行蛋白质的合成，因此，原核细胞的 mRNA 并无特殊的转录后加工过程。真核生物由于存在细胞核结构，转录与翻译在时间上和空间上都被分隔开来。真核生物中几乎所有转录的前体都要经过一系列酶的作用，进行加工修饰，才能成为具有生物功能的 RNA。下面将分别介绍原核生物和真核生物 RNA 转录后加工。

(一) 原核生物 RNA 转录后加工

原核生物没有核膜，转录和翻译是相偶联的，往往转录还未完成已开始翻译。原核生物的结构基因是连续编码序列，转录形成的 mRNA 绝大多数不需加工修饰。

1. mRNA

原核生物中转录生成的 mRNA 为多顺反子（polycistron），即几个结构基因在转录时利用共同的启动子和共同终止信号产生一个 mRNA 分子，这一 mRNA 分子编码几种不同的蛋白质。例如，乳糖操纵子上的 Z、Y 及 A 基因，转录生成一个 mRNA，但其加工后可翻译生成 3 种酶，即半乳糖苷酶（galactosidase）、透过酶（permease）和乙酰基转移酶（acetyltransferase)(参见第十二章)。原核生物中没有核膜,所以转录与翻译是连续进行的,往往转录还未完成,翻译已经开始了,因此,原核生物中转录生成的 mRNA 没有特殊的转录后加工修饰过程。

2. rRNA

原核生物的 rRNA 和某些 tRNA 基因组成混合操纵子,它们在形成多顺反子转录物(>5 500 nt)后,通过切割成为 rRNA 和 tRNA 前体,进一步加工成熟(图 10-37)。原核生物 rRNA 转录后加工,包括以下几方面:①rRNA 在修饰酶催化下进行碱基的甲基化修饰;②rRNA 前体被 RNase Ⅲ、RNase E、RNase P、RNase F 等剪切成一定链长的 rRNA 分子;③rRNA 与蛋白质结合形成核糖体的大、小亚基。

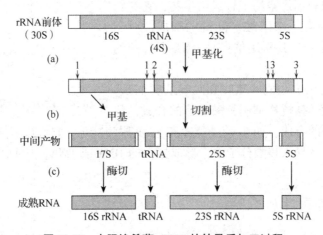

图 10-37 大肠埃希菌 rRNA 的转录后加工过程

大肠埃希菌共有 7 个 rRNA 的转录单位,它们分散在基因组的各处。每个转录单位都包含 16S rRNA、23S rRNA、5S RNA 以及 1 个或几个 tRNA 的基因(图 10-37)。16S rRNA 后常有 1~2 个 tRNA 基因;23S 和 5S rRNA 后有 1 或 2 个 tRNA 基因,或者没有。rRNA 的基因原初转录物的沉降常数为 30S,5′端为 $_{ppp}$A。加工时 rRNA 前体需先经甲基化修饰,再被内切核酸酶(RNase Ⅲ)和外切核酸酶切割。RNase Ⅲ 是一种负责 RNA 加工的内切核酸酶,它的识别部位为特定的 RNA 双螺旋区。16S rRNA 和 23S rRNA 前体的两侧序列互补,形成发夹结构,RNase Ⅲ 在茎部有两个切割位点(图 10-38)。切割产生 17S、25S、5S rRNA 的中间产物以及 tRNA。中间产物分别在 M16、M23、M5 等内切核酸酶的作用下进行末端修剪,最终形成 3 种成熟的 rRNA 和 1 分子 tRNA。不同细菌 rRNA 前体的加工过程并不完全相同,但基本过程类似。

3. tRNA

大肠埃希菌染色体基因组共有 tRNA 的基因约 60 个,有的散布在 16S rRNA 基因和 23S rRNA 基因之间,有的分布在远离启动子的末端序列中(图 10-38)。tRNA 的基因大多成簇存在,除 tRNA 基因外还含有其他基因,如与 rRNA 的基因,或编码蛋白质的基因一起组成混合转录单位。tRNA 前体的加工不涉及内含子的剪接,是在一系列酶的作用下完成的。主要包括(图 10-39):①tRNA 前体被 tRNA 剪切酶剪切成一定大小的 tRNA 分子。剪切是指原核 tRNA 前体在 RNase P 和 RNase F 的作用下,从混合转录单位转录出的原初

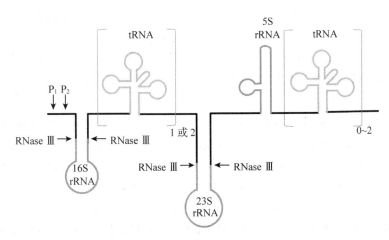

图 10-38 大肠埃希菌 tRNA 和 rRNA 基因组成的混合转录单位

转录产物上释放出来的过程,这两种 RNA 内切核酸酶都识别 tRNA 前体加工部位的空间结构,RNase P 作用可直接使 tRNA 的 5′端成熟,而 RNase F 则需要 RNase D 的帮助才能使 tRNA 的 3′端成熟。②由外切核酸酶从 3′端逐个切去附加的序列,进行修剪(trimming);在 tRNA 3′端加上—CCA—OH。修剪主要指—CCA—OH—3′端形成的过程,包括两种情况:有些是将不含—CCA—OH 的 tRNA 前体装上—CCA—OH,此过程由 tRNA 核酸转移酶催化;有些 tRNA 的—CCA—OH 原本存在,但是需要专一性的酶处理以后方能暴露。③成熟 tRNA 中核苷酸的修饰(形成稀有碱基)和异构化。核苷酸修饰是指对 tRNA 分子上的部分核苷酸进行修饰,主要发生在碱基上,包括甲基化、酰化、硫代和重排等,如氨基酸臂的 4-硫尿苷,D 臂的 2-甲基鸟苷,TΨC 臂的假尿苷(Ψ)和反密码子环上的 2-异戊烯腺苷。

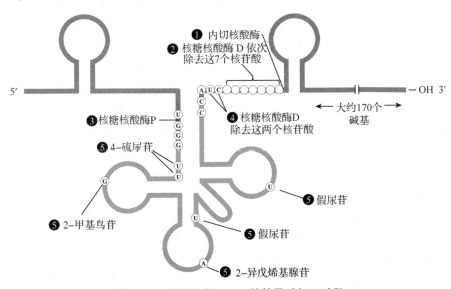

图 10-39 原核生物 tRNA 的转录后加工过程

(二)真核生物 RNA 转录后加工

真核生物由于细胞核的存在,转录与翻译在时间上和空间上都被分隔开来,其 mRNA

前体的加工极为复杂。而且真核生物的大多数基因都被内含子(intron)所分隔而成为断裂基因(interrupted gene),在转录后需通过剪切拼接才使编码区成为连续序列。真核生物中几乎所有转录的前体都要经过一系列加工修饰,才能成为具有生物功能的 RNA。因此,对于真核生物来讲,RNA 的加工尤为重要。

1. mRNA 加工

真核生物转录和翻译在时间和空间上是分开的,刚转录出来的 mRNA 分子是复杂的前体,且大小很不一致,有的只有几个 S,有的达 100S,称作核内不均一 RNA(heterogeneous nuclear RNA, hnRNA)。hnRNA 中 1/4 的序列经过加工成为成熟 mRNA;hnRNA 周转率极高,它们在核内迅速合成,也迅速降解,比细胞质 mRNA 更不稳定。RNA 聚合酶的 CTD 在延伸过程中被磷酸化,可募集 5′加帽酶、剪接体的组分以及多聚腺苷酸化所需要的酶。其实在 RNA 被合成达到 20~40 nt 时就开始进入加工阶段。hnRNA 转变成 mRNA 的加工过程包括 5′端和 3′端的首尾修饰及剪接。

(1) 5′端加帽

首先,要注意 mRNA 的 5′端帽子结构是在 hnRNA 转录过程中形成的。当 RNA 聚合酶 Ⅱ 的转录产物合成约 30 个核苷酸时,其 5′端就加上 1 个甲基化鸟苷酸(m^7G),其中 G 来自 GTP,甲基来自 S-腺苷甲硫氨酸。大致过程为(图 10-40):转录产物第一个核苷三磷酸在细胞核内的 RNA 三磷酸酯酶(RNA triphosphatase)作用下水解释放 1 分子磷酸基团;然后,5′端的焦磷酰基与另一 GTP 反应生成新的磷酸二酯键(mRNA 鸟苷酰基转移酶,guanylyltransferase);在 mRNA(鸟嘌呤-7)甲基转移酶(RNA methyltransferase)的作用下,第一个鸟嘌呤碱基发生甲基化反应,形成帽子(Cap)结构。由于 Cap 位点的第一个和第二个核苷酸单位中的 2′羟基也可能被甲基化,所以帽子结构有 3 种类型:Cap 0 型比较简单,如酵母转录产物,只有 m^7G,其符号为 $m^7G5′ppp5′Np$;Cap Ⅰ 型存在于多数动物和植物的帽子结构中,m^7G 后面的第一个核苷酸单位的核糖 2′羟基也被甲基化,其符号为 $m^7G5′ppp5′NmpNp$;Cap Ⅱ 型存在于脊椎动物转录产物的帽子结构中,Cap 位点的第二个核苷酸单位的核糖 2′羟基又被甲基化,其符号为 $m^7G5′ppp5′NmpNmp$(参见第二章)。

真核生物 mRNA 5′端帽子结构的重要性在于它是 mRNA 作为翻译起始的必要的结构,为核糖体对 mRNA 的识别提供了信号,这种帽子结构还可能增加 mRNA 的稳定性,保护 mRNA 免遭 5′外切核酸酶的攻击,并可能促进成熟的转录产物从核内输送到核质。

(2) 3′端加多聚腺苷酸尾巴

mRNA 分子的 3′末端的多聚腺苷酸尾巴(polyA tail)的形成也发生在转录过程中。几乎所有的 mRNA 靠近 3′端(polyA 尾上游 10~35 个核苷酸处)都有一段保守序列 AAUAAA,少数为 AAAAAA,这是作为发生多聚腺苷酸化(polyA)的加尾信号。当该序列被转录出现以后,一种切割和聚腺苷酸化特异因子(cleavage and polyadenylation specificity factor, CPSF)在切割刺激因子(cleavage and stimulate factor, CstF)的协同下与之特异性结合,并与内切核酸酶、polyA 聚合酶(polyA polymerase)相互作用,由内切核酸酶将 mRNA 链从保守序列处切断,由 polyA 聚合酶以 ATP 为底物沿 mRNA 链的 3′端连续加入腺苷酸,释放出焦磷酸(图 10-41)。polyA 尾巴具有保护 mRNA 的 3′末端不会被核酸酶降解,并且有助于 mRNA 从细胞核向细胞质中转移的功能。

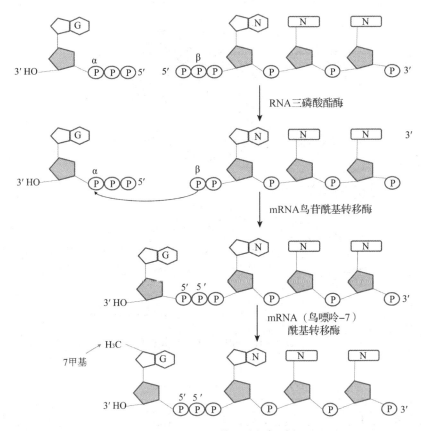

图 10-40　mRNA 的 5′端加帽过程

(3) 外显子的剪接

核内不均一 RNA(hnRNA)平均分子长度为 8~10 kb (2~14 kb)。hnRNA 是 mRNA 的前体，比 mRNA 的平均长度(1.8~2 kb)要长 4 倍多。hnRNA 在加工成为成熟 mRNA 的过程中，约有 50%~70%的核苷酸片段被剪切。真核细胞的基因通常是一种割裂基因，即由几个编码区被非编码区序列相间隔并连续镶嵌组成。在结构基因中，具有表达活性的编码序列称为外显子(exon)；没有表达活性、不能编码相应氨基酸的序列称为内含子(intron)。在转录过程中，外显子和内含子均被转录到 hnRNA 中。在细胞核中 hnRNA 进行剪接作用，首先，在内切核酸酶作用下剪切掉内含子；然后在连接酶作用下，将外显子各部分连接起来，而变为成熟的 mRNA，这就是剪接作用(图 10-42，详见后文)。

(4) mRNA 的内部甲基化修饰

真核生物 mRNA 除了 5′端帽子结构中有 1~3 个甲基化核苷酸外，分子内部尚含有若干个甲基化位点，主要是在 N^6-甲基腺嘌呤(m^6A)。它们都是在 mRNA 前体的剪接之前，由特异的甲基化酶催化产生的。这种甲基化修饰在 mRNA 前体加工、输出或滞留等方面起作用，进入细胞质后，也参与翻译和半衰期的调节。

2. rRNA 的加工

真核生物 rRNA 基因有几十至几千个拷贝数，这些拷贝串联重复。其中 18S rRNA、28S rRNA 和 5.8S rRNA 基因成簇排列组成一个转录单位，彼此被间隔区分开，由 RNA 聚

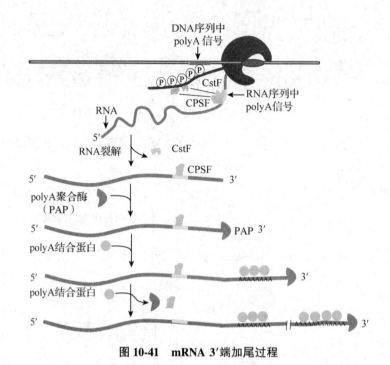

图 10-41　mRNA 3′端加尾过程

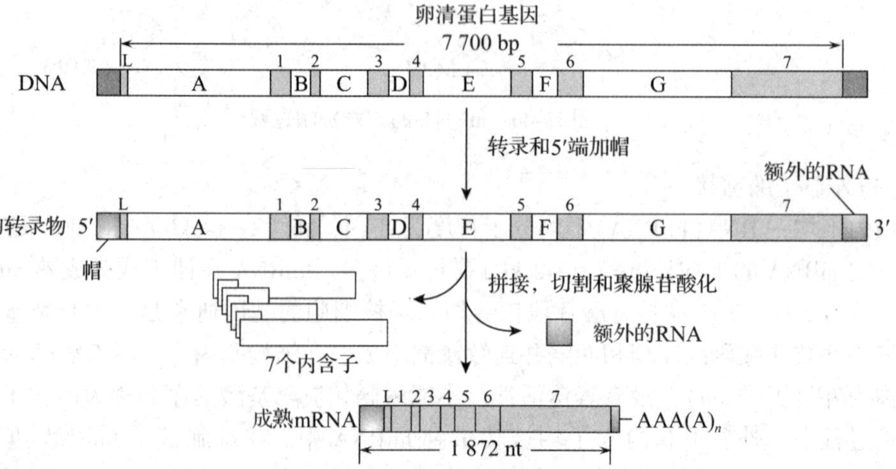

图 10-42　真核生物 mRNA 前体的剪接

合酶Ⅰ转录成一个 rRNA 前体。哺乳动物的初级转录物是一条 45S RNA，形成后立刻与蛋白质结合，加工发生在核糖体上，而不是游离的 rRNA 上。45S 前体 rRNA 加工时，首先在特定位置进行大量甲基化，甲基化主要发生在核糖的 2′羟基；然后切除不需要片段，产生 18S、5.8S 和 28S rRNAs（图 10-43）。甲基的存在是初级转录物转变成熟的 rRNA 的标志。

真核生物的另一种 5S rRNA 基因也成簇排列，存在于另一个转录单位，间隔区不被转录，由 RNA 聚合酶Ⅲ转录，基本不需要加工。还有些 rRNA 前体，如四膜虫有一种长度 6 400 nt 的核苷酸前体，能进行自我剪接。

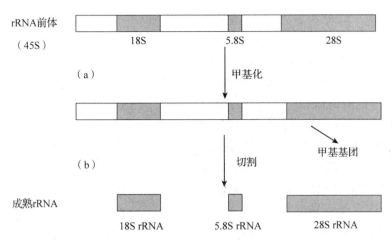

图 10-43 真核生物 rRNA 的转录后加工

3. tRNA 的加工

真核生物 tRNA 基因的数目比原核生物 tRNA 基因的数目要大得多。例如，啤酒酵母有 320~400 个，果蝇 850 个，爪蟾 1 150 个，而人体细胞则有 1 300 个。真核生物的前体分子 tRNA 基因是单顺反子，但成簇排列，并且被间隔区所分开。tRNA 基因由 RNA 聚合酶Ⅲ转录，转录产物为 4.5S 或稍大的 tRNA 前体，相当于 100 个左右的核苷酸。tRNA 前体需进行加工修饰产生成熟的 tRNA 才有生物活性。成熟的 tRNA 分子为 4S，约 70~80 个核苷酸。前体分子在 tRNA 的 5′端和 3′端都有附加的序列，需由核酸内切酶和外切酶加以切除。与原核生物类似的 RNase P 可切除 5′端的附加序列，但是真核生物 RNase P 中的 RNA 单独并无切割活性。3′端附加序列的切除需要多种内切核酸酶和外切核酸酶的作用。

真核生物 tRNA 前体的 3′端没有—CCA—OH 序列，此序列是由核苷酰转移酶催化 CTP 和 ATP 反应后加到 3′端的。真核 tRNA 的基因转录后加工比原核生物增加了剪接内含子的过程(图 10-44)。

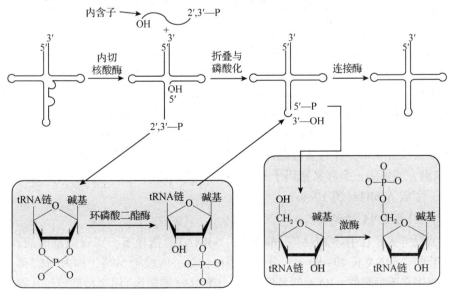

图 10-44 酵母 tRNA 的转录后加工过程

以酵母为例，酵母约有 272 个 tRNA 基因，有 59 条为断裂基因，每条基因含有 1 个内含子，内含子长度 14~60 bp 不等，无保守性。酵母 tRNA 的剪切和连接是两个独立的反应。切除内含子的酶识别 tRNA 的二级结构而不是保守序列。酵母 tRNA 的内含子中都含有一段与反密码子环互补的序列，结果使反密码子环构象改变，而其他部分结构正常。tRNA 的剪接需要独立的核酸酶和连接酶活性。由内切酶保证内含子识别的专一性，在内含子两个末端进行 tRNA 的剪接。首先，特殊的内切核酸酶将相邻的内含子与外显子的边界切断，产生一个线性的内含子和两个仍依靠碱基间氢键组合在一起的半分子 tRNA。这些单链分子的 5′端均为羟基，3′端均为 2′,3′-环磷酸基。接着，环磷酸二酯酶打开 2′,3′-环磷酸基，产生 3′羟基和 2′磷酸基；5′羟基被激酶磷酸化（ATP 供能）。最后，裂口被 RNA 连接酶缝合。tRNA 经过剪切、拼接、碱基修饰以及 3′端连接 CCA 序列结构成为成熟的 tRNA。图 10-45 为酵母 tRNA^{Phe} 前体拼接前后的结构变化比较。

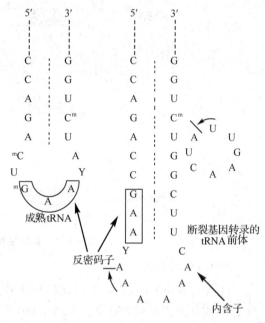

图 10-45　酵母 tRNA^{Phe} 前体拼接前后的结构

（三）RNA 编辑

RNA 编辑（RNA editing）是指在 mRNA 水平上发生碱基的插入、缺失或替换等变化而表达出与 DNA 编码序列有所不同的蛋白质的过程。RNA 编辑最先在锥虫中发现，目前认为其广泛存在于多种生物基因的转录后加工，包括原生动物、昆虫、哺乳动物及植物等。3 种常见 RNA（mRNA、tRNA、rRNA）均能被编辑。介导 RNA 编辑的机制有两种：

1. 位点特异性脱氨基作用

目前发现两类脱氨酶用于在 RNA 特定位点脱氨，从而导致碱基的转换。一类是作用于 RNA 的胞苷脱氨酶（cytosine deaminase that on RNA，CDAR），催化 C→U 转换；另一类是作用于 RNA 的腺苷脱氨酶（adenosine deaminase that on RNA，ADAR），催化 A→I 转换。例如，哺乳动物的脂蛋白中的载脂蛋白 B（apolipo protein B，ApoB，参见第四章）按大小可分为 ApoB100 和 ApoB48。两种蛋白实际上由一个基因编码。研究发现，当该基因 mRNA 在翻译前如果没有编辑，那么直接翻译出完整大小的蛋白质，即 ApoB100。如果翻译前进行 RNA 编辑，使中间一个有义密码子 CAA 变成了无义密码子 UAA，那么该基因翻译时将提前终止，生成 ApoB48（图 10-46）。

2. 依赖引导 RNA 的编辑

这种编辑方式是在引导 RNA（guide RNA，gRNA）的指导下，实现碱基的插入或缺失，通常是尿苷酸。gRNA 长 40~80 nt，分为 3 个区：第一区位于 5′端，称为"锚"区，负责指引 gRNA 到达它所编辑的 mRNA 的目标区域；第二区（编辑区）用来精确定位在被编辑的序列中尿嘧啶将插入的位置；第三区位于 3′端，是一段多聚尿嘧啶序列。

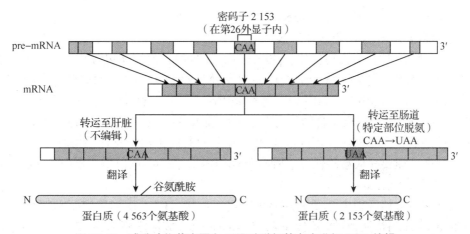

图 10-46　哺乳动物载脂蛋白 B 通过脱氨基方式进行 RNA 编辑

首先，gRNA 利用锚定区定位待编辑的 RNA 序列，并与之碱基互补配对。特定的限制性内切酶进入，切开错配的碱基。接下来有两种类型的编辑，插入或删除碱基。如果是需要插入碱基，则利用末端尿苷酸转移酶（terminal uridylyl transferase）在切点的 3′端加入若干个 U，并使其与 gRNA 正确配对，最后利用 RNA 连接酶连接编辑位点（图 10-47）。当然，切开位点有时候需要删除一些碱基，此时将由 3′-尿苷酸外切酶（3′-uridylate exonuclease）负责剪切，然后仍由 RNA 连接酶负责缝合。

七、RNA 的剪接

RNA 剪接是基因表达调节的重要环节。RNA 转录后通过拼接而提取有用信息，形成连续的编码序列，并可通过选择性剪接而控制生物机体生长发育。因此，这是真核生物遗传信息

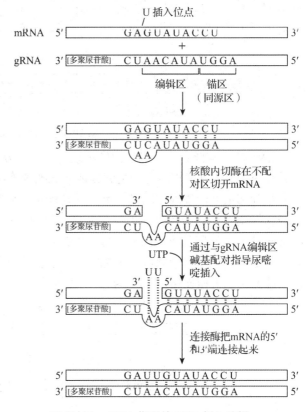

图 10-47　gRNA 指导的 RNA 插入编辑

精确调节和控制的方式之一。RNA 剪接主要存在于真核生物，原核生物极为少见，但并非没有。

真核生物中，大多数编码蛋白质的基因是割裂基因。与没有内含子的原核基因一样，真核割裂基因也完整转录为一条 RNA 链（pre-mRNA）。在翻译成蛋白质之前，pre-mRNA 中的内含子必须先被除去形成成熟 mRNA。一个基因的外显子和内含子都转录在一条初级转录物 RNA 分子中，把内含子切除，把外显子连接起来，才能产生成熟的 RNA 分子，这

个过程叫作 RNA 剪接(RNA splicing)。

(一)细胞核 mRNA 的剪接体剪接

细胞核 mRNA 剪接是由剪接体(spliceosome)执行的，剪接体包含约 150 种蛋白质和 5 种 RNA，大小与核糖体差不多。剪接体中的 5 种 RNA(U1、U2、U4、U5、U6)统称为核小 RNA(small nuclear RNA，snRNA)。每种 snRNA 长 100~300 nt，分别与几种蛋白质形成复合物。这些 RNA-蛋白质复合物称为核小核糖核蛋白(snRNP)。剪接体在剪接反应的不同时期具体的成分不尽相同；不同的 snRNP 在不同时间进出剪接体。每种 snRNP 执行某些专门的任务。而要完成这些任务，所有 RNA-RNA、RNA-蛋白质、蛋白质-蛋白质之间的相互作用都很重要。

那么剪接体如何区别内含子和外显子并进行剪接？RNA 序列决定了剪接位点。剪接所必需的 RNA 序列特征为：5′剪接位点(5′ splice site)最保守序列为 GU，3′剪接位点(3′ splice site)最保守序列为 AG，这两个保守序列称为边界顺序，这一规律称为 GU-AG 法则(GU-AG rule)或 Chambon 法则。中间分支点(branch point site)处最保守序列则为 A，在靠近内含子 3′端还有一个多嘧啶区(Py tract)(图 10-48)。

图 10-48 剪接位点特征

RNA 剪接需要先后经过两次转酯反应。第一次转酯反应由分支点 A 的 2′羟基攻击 5′剪接位点，5′外显子与内含子之间的磷酸二酯键断裂，分支点 A 的 2′羟基与内含子 5′端的核苷酸间形成新的磷酸二酯键；第二次转酯反应由第一次转酯反应产生的上游外显子 3′羟基攻击 3′剪接位点，使内含子与 3′外显子间的磷酸二酯键断裂，上游外显子 3′羟基与下游外显子 5′磷酸基团间形成新的磷酸二酯键；经过两次转酯反应，2 个外显子连接起来，它们中间的内含子呈套索状(lariat)被释放。内含子的 5′端 G 和分支点 A 之间通过特殊的 2′,5′-磷酸二酯键相连接(图 10-49)。

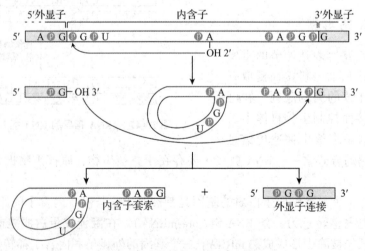

图 10-49 剪接的二次转酯反应

在 RNA 剪接过程中，首先要形成 E 复合体（early presplicing complex），即 U1 snRNP 识别 5′剪接位点（RNA 之间的碱基配对），U2 辅助因子（U2 auxiliary factor，U2AF）的一个亚基与多嘧啶区结合，协助分支点结合蛋白（branch point binding protein，BBP）结合到分支点上，U2AF 另一个亚基与 3′剪接位点结合。随后在 U2AF 协助下，U2 snRNP 取代 BBP 结合到分支点 A，形成剪接体 A 复合物（spliceosomal A complex）。U4、U6、U5 形成三联 snRNP（tri-snRNP）颗粒加入到剪接体 A 复合物，形成 B 复合物。B 复合物发生重排把 3 个剪接位点拉到一起。然后 U1、U4 先后离开剪接体，U6 和 U2 发生作用，剪接体发生重排并产生活性位点，进行两次转酯反应[图 10-50(a)]。最后内含子降解，snRNP 又进入下一轮循环。

(二) 自剪接内含子的剪接

某些细胞器基因或 rRNA 的剪接属于自剪接内含子的剪接，属于核酶（参见第三章）。剪接不需要剪接体，通过自身折叠成一种特殊的构象就可以从 pre-mRNA 上切下来内含子。自剪接内含子包括两种类型：Ⅰ类自剪接内含子和Ⅱ类自剪接内含子。

Ⅱ类自剪接内含子与 pre-mRNA 剪接类似，但不需剪接体而是自我剪接，遵循 GU-AG 规则，需要分支点，形成 2′,5′-磷酸二酯键和套索结构，且不消耗 ATP[图 10-50(b)]。

Ⅰ类自剪接内含子的 RNA 具有自我剪接的能力，含有特定的二级结构。剪接过程需要一价和二价阳离子，以及辅因子鸟苷(酸)，如 GTP、GDP、GMP 或鸟苷均可，但不能是其他核苷(酸)。第一个转酯反应由鸟苷酸提供 3′羟基，亲核攻击内含子 5′端形成酯键，使上游外显子末端产生新的 3′羟基端。第二个转酯反应则由上游外显子的 3′羟基端攻击内含子 3′端和下游外显子相连接的磷酸二酯键，同时，释放出线性内含子[图 10-50(c)]。

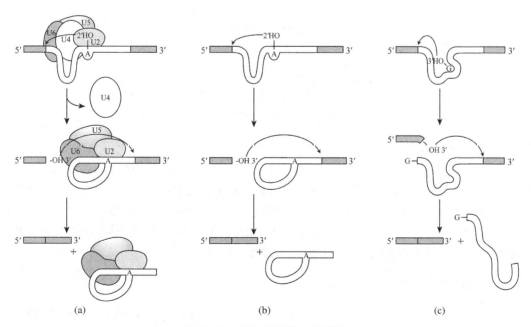

图 10-50　RNA 剪接的 3 种类型

(a)mRNA 前体的剪接；(b)Ⅱ类自剪接内含子；(c)Ⅰ类自剪接内含子

(三) tRNA 的酶促剪接

无论原核细胞还是真核细胞中的 tRNA 前体都需要由核酸内切酶和外切酶切除冗余部分,再由 RNA 连接酶进行拼接、修饰才形成成熟的 tRNA(详见"RNA 转录加工")。

(四) 可变剪接

有些 pre-mRNA 存在不止一种剪接方式,可以除去不同组合的内含子,从而产生不同的成熟 mRNA,翻译出多种蛋白,这种剪接方式称为可变剪接(alternative splicing,也称为选择性剪接)。

选择性剪接可分为 4 种类型:①外显子缺失,就是说在拼接时,外显子数量比正常情况少;②内含子保留,即一个或多个原本作为内含子去除的序列,作为外显子部分保留在最终的成熟 mRNA 中;③外显子部分缺失,即外显子中存在 5′或 3′剪接点,从而缺失了该外显子的部分序列;④内含子部分保留,即内含子中存在 5′或 3′剪接点,从而保留了该内含子的部分序列(图 10-51)。

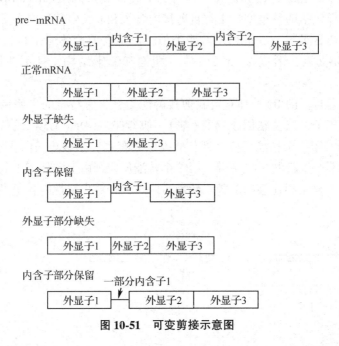

图 10-51　可变剪接示意图

(五) 反式剪接

大多数剪接发生在同一 RNA 前体分子上,因此,称为顺式剪接(cis-splicing)。不同的 RNA 分子间的外显子被连接在一起的剪接方式称为反式剪接(trans-splicing)。此种剪接方式很少见,但是在锥虫体内很常见,叶绿体中也有类似的反式剪接现象。例如,锥虫可以将一段 35 nt 的片段从 SL RNA 剪接至其他 mRNA 分子的 5′端,使这些 mRNA 拥有共同的前导序列。真核生物中的反式剪接是由剪接体完成的。

八、RNA 的复制

RNA 在遗传信息表达和调节中具有重要作用,在遗传信息从 DNA 表达为蛋白质的过程中起着桥梁和枢纽的作用。但在有些生物中,RNA 本身就是遗传信息的携带者,可以在依赖 RNA 的 RNA 聚合酶(RNA-dependent RNA polymerase,RDRP,又称 RNA 复制酶,

RNA replicase)作用下，以 RNA 自身为模板，按照碱基互补配对的原则以 4 种核苷三磷酸为原料合成出与模板性质相同的 RNA 分子。RNA 复制酶的模板特异性极高，只识别病毒自身的 RNA，对宿主细胞和其他与病毒无关的 RNA 均无识别反应。例如，某些 RNA 病毒，当它侵入寄主细胞后可借助于复制酶而进行病毒 RNA 的复制。用复制产物去感染细胞，即能产生正常的 RNA 病毒。有很多病毒就是通过这种方式繁殖的，如大肠埃希菌单链 RNA 噬菌体 Qβ、MS_2、R_{17}、f_2 的繁殖方式皆属于此种。

复制酶参与的合成特点包括：合成方向也是 5′→3′；极少数需要引物，且引物是一些特殊的化合物，如特定蛋白质中的酪氨酸侧链的羟基；复制酶无校正功能，因此，合成过程无校正机制，导致突变率非常高（这也是 RNA 病毒变异率远高于 DNA 病毒的原因）；对放线菌素 D 不敏感，但对核糖核酸酶敏感；复制通常发生在细胞质，极少数病毒在细胞核复制。

RNA 病毒的种类很多，其复制方式也不同。病毒 mRNA 先翻译合成各种病毒蛋白质，再进行病毒基因组的复制和病毒装配。所以，病毒 mRNA 的翻译合成在病毒复制过程中处于核心主导地位。不同类型的 RNA 病毒产生 mRNA 的机制大致可分为以下 3 类（图 10-52）。

（一）病毒含有正链 RNA

这类病毒进入宿主细胞后，可以直接用于翻译复制酶和相关蛋白，然后由复制酶以正链为模板合成负链 RNA，再以负链 RNA 为模板合成新的病毒 RNA，最后由病毒 RNA 和蛋白质装配成病毒颗粒。脊髓灰质炎病毒（poliovirus）和大肠埃希菌单链 RNA 的噬菌体 Qβ 均属于此种类型。

（二）病毒含有负链 RNA

这类病毒侵入宿主细胞后，需要借助于病毒携带的复制酶先合成正链 RNA，再以此正链 RNA 为模板，翻译合成病毒蛋白质并继续复制产生新的病毒 RNA。这类病毒有狂犬病病毒（rabies virus）、马水泡性口炎病毒（vesicular stomatitis virus of horse）、流感病毒（influenza virus）等。

（三）病毒含有双链 RNA 和复制酶

这类病毒以双链 RNA 为模板，在病毒复制酶的作用下通过不对称的转录，合成 mRNA，并利用其翻译病毒蛋白质，包括复制酶和结构蛋白。当积累到一定程度后，开始利用这些蛋白和 mRNA 组装非成熟的病毒颗粒，然后在非成熟的病毒颗粒内部再合成病毒负链 RNA，形成双链 RNA 分子。这类病毒有呼肠孤病毒（reovirus）和轮状病毒（rotavirus）等。

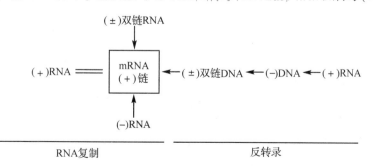

图 10-52 利用基因组 RNA 合成 mRNA 的不同途径

思 考 题

1. 所谓的 DNA 半保留复制是什么？是否所有的 DNA 都以此方式进行？
2. 一个线性双链 DNA 分子在经过连续 5 代 DNA 复制后，原始 DNA 占总 DNA 的比例是多少？
3. 上题中，原始 DNA 分子怎样在后代分子中分配？
4. 请比较在大肠埃希菌 DNA 复制中各种前体、酶和其他蛋白质分子在前导链和后随链合成中的功能。
5. DNA 复制的精确性、持续性和协同性是通过怎样的机制实现的？
6. DNA 复制和 DNA 修复合成的区别是什么？
7. 环状双螺旋 DNA 的什么特征对于其作为 DNA 克隆载体很重要？
8. RNA 聚合酶如何识别启动子？
9. 与真核生物转录有关的聚合酶有哪几类？
10. 细菌 RNA 聚合酶的抑制剂有哪些？各有何作用特点？
11. 真核生物基因一般由外显子和内含子构成，这些序列都转录和翻译吗？

第十一章 蛋白质的生物合成

【学习导图】

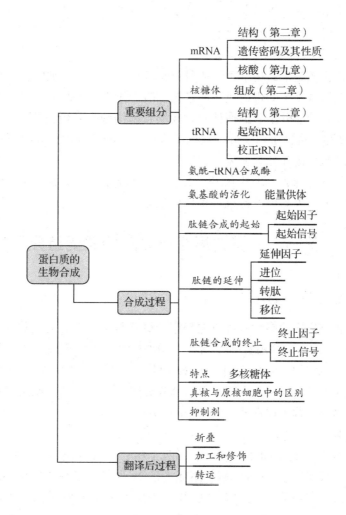

【学习要点】

掌握蛋白质生物合成的重要组分及其相关结构、性质和在真核和原核细胞中的区别。温习第二章的内容，回忆 mRNA、tRNA 和 rRNA 的结构特点。通过本章，深入了解 mRNA 编码区的奥秘，即遗传密码的组成和性质；学习掌握起始 tRNA 的特点，了解校正 tRNA 的功能；掌握核糖体的组成及在原核和真核细胞中的区别。

掌握原核细胞蛋白质生物合成过程的四大步骤。其中，第一步，氨基酸活化的学习容易遗漏。注意，总结糖代谢、脂代谢中类似的现象，即相应的初始底物均需要先活化，再进入代谢途径。第二步，掌握翻译能够精确起始的机制。第三步，肽链的延伸，为便于学习，进一步划分为进位、转肽和移位 3 个小步骤。其中，注意转肽酶活性由 rRNA 提供，是核酶的重要案例。第四步，主要体会终止因子作为蛋白质，但模拟 tRNA 空间结构，从而能够进入 A 位点并促使核糖体肽基转移酶活性转变为水解酶活性的巧妙进化设计。在此基础上，通过比对，了解真核细胞蛋白质生物合成的过程及相关特点。

了解翻译后肽链折叠、加工和修饰、转运的过程。折叠、加工和修饰是为了形成最终的空间结构，为正确地行使其生物学活性奠定基础。

不同的蛋白质可以通过分选信号被准确无误运送到特定的位点。经过上述加工和运输，蛋白质才能正确行使其生物学活性。当某些蛋白质不再需要或出现损伤后，机体会通过多种途径将其降解，以保证生物体的安全。

蛋白质的生物合成是生命科学重要的研究领域之一。中心法则的核心便是用遗传信息表达出具有特定氨基酸顺序的蛋白质。如果把核酸看作指导生命活动的基本信息分子，那么蛋白质就是主要的功能分子。据估计，大肠埃希菌细胞中有蛋白质 3 000 多种，真核细胞中有 100 000 多种。每种蛋白质分子数目保持在一定的范围内，并以不同的速度不断交替更新，以适应细胞代谢和分裂所需。

本书对蛋白质生物合成机理的介绍，主要以大肠埃希菌为对象。真核细胞蛋白质合成的机理更为复杂，但与大肠埃希菌有许多相似之处。

第一节　蛋白质合成体系的重要组分

一、mRNA 与遗传密码

任何一种天然蛋白质的多肽链都有它特定的氨基酸序列，决定这种序列的信息包含在从 DNA 转录出来的 mRNA 的核苷酸序列中。mRNA 由 4 种核苷酸组成，其中编码区负责编码蛋白质，而蛋白质的一级结构则是由 20 种基本氨基酸以特定顺序形成的多肽链。因此，mRNA 中核苷酸排列顺序和蛋白质中氨基酸之间的对应关系，便是遗传信息与功能分子之间的编译密码，被称为遗传密码(genetic code)。

(一) 遗传密码

用数学方法推算，如果 mRNA 分子中每两个相邻的碱基决定一个氨基酸，那么 $4^2=16$，即 4 种核苷酸只能编组 16 种密码，不能满足 20 种基本氨基酸的需要。如果采用 3 个相邻核苷酸为一组，则可编出 $4^3=64$ 组密码，显然可以满足 20 种氨基酸的编码容量。因此，三联体(triplet)编码方式从理论上是成立的。研究证实，每 3 个相邻的核苷酸确定一个氨基酸，这些三联体被称为密码子(codon)。三联体密码的正确性是用遗传学的方法证明的。例如，用某些吖啶染料可以引起噬菌体 DNA 上增加或删除 1~3 个碱基。当增加或删去 1 个碱基时，从这一突变位点以后的密码就发生了错误。增加或删去 2 个碱基时情形也如此。这两种突变类型的基因产物往往失去功能。但是增加或删除 3 个碱基时，情况就有所不同。最先形成少数几组错误的密码子，以后又恢复正常。这种突变类型的基因产物很可能保持活性。如果遗传密码不是三联体，就不会发生这种情形。

Nirenberg 等用大肠埃希菌无细胞蛋白质合成体系，外加 20 种氨基酸和人工合成的多聚尿苷酸(polyU)等，温浴后只获得了多聚苯丙氨酸。显然，polyU 在这里起了类似 mRNA

的作用。这不仅确定了 UUU 是苯丙氨酸的编译密码,而且为遗传密码的破译开创了一条十分有效的途径。人们相继用 polyA 得到了多聚赖氨酸;用 polyC 得到了多聚脯氨酸,从而分别确定了赖氨酸的密码子为 AAA,脯氨酸的密码子为 CCC。PolyG 易形成多股螺旋,无法行使类似 mRNA 的功能。现在看来,之所以这种没有起始和终止信号的人工 mRNA 能够被转录,得益于科学家当时使用了较高的 Mg^{2+} 浓度,从而使翻译可以任意起始。随后,Nirenberg 等又设计出核糖体结合技术,将人工合成的三联体、相应的氨酰-tRNA 一起结合在核糖体上,从而直接判断某个氨基酸的密码子。这种方法确定了约 50 种氨基酸的密码子。随后,Khorana 等利用人工合成的 poly(UG)作为模板,用大肠埃希菌无细胞蛋白质合成体系指导合成了 poly(Cys-Val)等。结合 Nirenberg 等的研究成果,确定了这两种氨基酸的密码子。应用这些方法,科学家们终于在 1966 年将 64 个密码子所代表的氨基酸全部确定,并编制了遗传密码表(表 11-1)。

表 11-1 遗传密码表

第一位 5′端	第二位				第三位 3′端
	U	C	A	G	
U	苯丙(Phe)	丝(Ser)	酪(Tyr)	半胱(Cys)	U
	苯丙(Phe)	丝(Ser)	酪(Tyr)	半胱(Cys)	C
	亮(Leu)	丝(Ser)	终止	终止	A
	亮(Leu)	丝(Ser)	终止	色(Trp)	G
C	亮(Leu)	脯(Pro)	组(His)	精(Arg)	U
	亮(Leu)	脯(Pro)	组(His)	精(Arg)	C
	亮(Leu)	脯(Pro)	谷氨酰胺(Gln)	精(Arg)	A
	亮(Leu)	脯(Pro)	谷氨酰胺(Gln)	精(Arg)	G
A	异亮(Ile)	苏(Thr)	天冬酰胺(Asn)	丝(Ser)	U
	异亮(Ile)	苏(Thr)	天冬酰胺(Asn)	丝(Ser)	C
	异亮(Ile)	苏(Thr)	赖(Lys)	精(Arg)	A
	甲硫(Met)	苏(Thr)	赖(Lys)	精(Arg)	G
G	缬(Val)	丙(Ala)	天冬(Asp)	甘(Gly)	U
	缬(Val)	丙(Ala)	天冬(Asp)	甘(Gly)	C
	缬(Val)	丙(Ala)	谷(Glu)	甘(Gly)	A
	缬(Val)	丙(Ala)	谷(Glu)	甘(Gly)	G

表 11-1 中 UAA、UGA 和 UAG 3 个密码子,具有特殊的生物学意义,是翻译的终止信号,称为终止密码子(termination codon)。其余 61 个密码子都有对应的氨基酸。AUG 不仅是甲硫氨酸的密码子,还是翻译的起始信号,称为起始密码子(initiation codon)。在原核生物中,GUG 或 UUG 也可作为少数基因的起始密码子。

(二)遗传密码的基本性质

1. 遗传密码的方向性和读码的连续性

密码子的阅读方向是从 5′→3′。在 mRNA 编码区连续的核苷酸之间,不存在标点符号。因此要正确地阅读密码,必须从一个正确的起始位点开始,以一个三联体为单位,连续不断往下读,直至遇到终止信号。这种解码方式和顺序称为一个阅读框(reading frame)。对于一个特定的核苷酸序列而言,如果只能从 5′→3′ 方向读码,且不考虑起始密码子,理论上可以有 3 种阅读框,即分别从第一个、第二个或第三个核苷酸起始阅读,并产生 3 种完全不同的氨基酸序列(图11-1)。但实际上，mRNA 的解码起始位点是受严格调控的。如果在编码区内插入或删除一个碱基，就会使该位点以后的读码发生错误，称为移码突变(frame-shift mutation)。

阅读框1　5'····|GUA|AGU|AAG|UAA|GUA|AGU|AA····3'
阅读框2　5'····G|UAA|GUA|AGU|AAG|UAA|GUA|A····3'
阅读框3　5'····GU|AAG|UAA|GUA|AGU|AAG|UAA|····3'

图 11-1　单一方向(5'→3')上相同序列的 3 种阅读框

2. 遗传密码的简并性

大多数氨基酸都具有几个密码子，如 UUA、UUG、CUU、CUC、CUA 及 CUG 均是亮氨酸的密码子。这些编码同一氨基酸的一组密码子称为同义密码子(synonymous codon)。多密码子对应一种氨基酸的现象称为密码子的简并性(degeneracy)，具有重要的生物学意义。简并性可以使 DNA 的碱基组成具有较大的变化余地，同时保持多肽链氨基酸序列不变。例如，某基因的一个亮氨酸密码子 CUA 中的 C 突变成 U，密码子 UUA 依然编码亮氨酸，蛋白质序列不受影响。再如，物种间基因组 DNA 的 G+C 含量变动很大，而很多蛋白质却是跨物种保守的。简并性也保证了物种间同源基因的碱基序列差异并不会引起蛋白质的显著变化。当然，每种氨基酸密码子的简并程度也有差异，如色氨酸和甲硫氨酸各自仅有 1 个密码子；精氨酸、亮氨酸和丝氨酸均有 6 种密码子；丙氨酸、甘氨酸、脯氨酸、苏氨酸和缬氨酸均有 4 种密码子；异亮氨酸有 3 种密码子；其余 9 种氨基酸均有 2 种密码子。

3. 遗传密码的变偶性

密码子中第三位碱基比前两位具有较小的专一性。例如，丙氨酸有 4 组密码子：GCU，GCC，GCA，GCG，头两个碱基都相同，均为 GC，但第三位碱基可以是 4 种碱基之一。有些同义密码子的第三位要么都是嘌呤，要么都是嘧啶。例如，组氨酸的密码子 CAU 和 CAC 的第三位皆为嘧啶，谷氨酰胺的密码子 CAA 和 CAG 的第三位皆为嘌呤。已经证明，tRNA 上的反密码子与 mRNA 的密码子配对时，前两位碱基严格配对，而第三位碱基配对不严格。这种特性称为变偶性(或摆动性，wobble)。不同的 tRNA 携带不同的氨基酸，并拥有不同的反密码子。正是通过反密码子与密码子的配对，从而将核苷酸序列信息转化为氨基酸序列。反密码子中与密码子上第三位碱基对应的位点通常有 5 种碱基，即 A、U、G、C 和 I(次黄嘌呤)。其配对关系见表 11-2。其中 I 的变偶性最强，它可以与密码子第三位的 3 种碱基配对，包括 U、C 和 A。这就使含有 I 碱基的反密码子具有最大限度的阅读密码子的能力，从而可减少由于遗传密码突变引起的氨基酸错误。例如，酵母丙氨酸-tRNA 的反密码子为 IGC(5'→3')，可以阅读 GCU、GCC 和 GCA(5'→3') 3 个密码子。另外，变偶性还能减少 tRNA 的种类，不需要每个物种或细胞均转录 61 种 tRNA。

4. 遗传密码的通用性

一般情况下，无论病毒、原核还是真核生物都共用一套密码子，即密码子具有通用性。但是同义密码子被利用的频率因物种不同而表现出较大差异，这种现象称为密码子的偏好性(codon bias)。

当然，不同物种来源的细胞器，如线粒体等，也发现了一些密码子含义的变化(表 11-3)。另外，人们在细菌、古细菌和真核生物中发现一种特殊的氨基酸——硒代半胱氨酸(selenocysteine，Sec，U)。这个氨基酸与其他非基本氨基酸不同，不是在蛋白质翻译后通过修饰形成的，而是在翻译过程中直接通过相应的 tRNA(硒代半胱氨酰-tRNA)加入的。该氨基酸拥有自己的密码子 UGA。由于 UGA 通常是终止密码子，当需要翻译为硒代半胱氨酸时，还需要其他信息的辅助，才能被 tRNA 识别。在相应的 mRNA 中具有一段特殊的序列，硒代半胱氨酸插入序列(selenocysteinc insertion se-

表 11-2 反密码子和密码子碱基配对的变偶性

反密码子第一位碱基 (3′→5′)	密码子第三位碱基 (5′→3′)
A	U
C	G
G	U C
U	A G
I	U C A

quence，SECIS)，能够形成特殊的二级结构，帮助硒代半胱氨酰-tRNA 识别其密码子。因此，硒代半胱氨酸被认为第 21 种蛋白质基本氨基酸。吡咯赖氨酸(pyrrolysine，Pyl，O)与硒代半胱氨酸相似，是利用 UAG 作为自己的密码子，也具有特异的 tRNA，是蛋白质中发现的第 22 种氨基酸，但是只在古细菌和真细菌中发现其存在。

表 11-3 线粒体不同含义的遗传密码

	密码子				
	UGA	AUA	AGA AGG	CUN	CGG
通用密码子	终止	Ile	Arg	Leu	Arg
动物					
脊椎动物	Trp	Met	终止	Leu	Arg
果蝇	Trp	Met	Ser	Leu	Arg
酵母					Arg
酿酒酵母	Trp	Met	Arg	Thr	Arg
光滑球拟酵母	Trp	Met	Arg	Thr	无此密码子
粟酒裂殖酵母	Trp	Ile	Arg	Leu	Arg
丝状真菌	Trp	Ile	Arg	Leu	Arg
锥虫	Trp	Ile	Arg	Leu	Arg
高等植物	终止	Ile	Arg	Leu	Trp
莱茵衣藻	无此密码子	Ile	Arg	Leu	无此密码子

5. 遗传密码的抗突变性

生物体的密码子绝非随机产生或分配的，而是在长期的进化压力下，充分筛选和精巧编排的。这套编码系统能够最大化地防止错义突变(missense mutation，指编码某种氨基酸的密码子碱基突变，变成编码另一种氨基酸的密码子，从而使多肽链序列发生改变)以及突变带来的潜在威胁。例如，密码子第三位碱基的变偶性，使得即使该位点突变，其编码氨基酸随之改变的概率仅有 25%。因此，密码子第三位碱基的点突变很多都属于同义突变，即碱基发生改变，但其编码的氨基酸并未发生变化。另外，基因组点突变中发生频率最高的是转换突变(transition mutation)，即嘌呤变成另外一种嘌呤($G \rightleftharpoons A$)，或嘧啶变成另外一种嘧啶($C \rightleftharpoons T$)。而当密码子第一位碱基发生转换突变后，氨基酸虽然改变，但是其化学属性往往很接近。例如，GUU编码缬氨酸，如果第一位碱基发生转换突变，将编码异亮氨酸(AUU)或亮氨酸(CUU)。而这3种氨基酸同属于R基非极性氨基酸，性质相近，最大限度地减少了氨基酸突变对整个蛋白质性质的影响。

二、核糖体

核糖体是蛋白质生物合成的部位。原核细胞中，核糖体一般以游离状态存在于细胞质中。真核细胞中的核糖体既有游离形式，也有很大一部分与内质网相结合，形成粗糙内质网。

核糖体组成复杂，可分为一大一小两个亚基。原核细胞核糖体，以大肠埃希菌为例，直径约25 nm，沉降系数为70 S，相对分子质量约2 520 000。其中，小亚基为30S，大亚基为50S。30S亚基含21种蛋白质和一条16S rRNA。50S亚基含有31种蛋白质及5S和23S rRNA各一个。一个大肠埃希菌细胞中，平均包含20 000个核糖体，约占细胞干重的20%。细胞内rRNA的含量约占所有RNA的80%~90%。

真核细胞核糖体结构与原核细胞核糖体类似，但更大、更复杂，沉降系数约80S。其大亚基为60S，由47种蛋白和5S、5.8S、28S rRNA组成；小亚基为40S，由33种蛋白和18S rRNA组成。线粒体和叶绿体由于起源于原核细胞，其核糖体大小和复杂程度更接近原核细胞。真核细胞的rRNA含量也占所有RNA的80%~90%。如此高的转录水平，也是我们能够在细胞核中观察到核仁的主要原因，即核仁是细胞核内核糖体RNA集中转录的位点。

核糖体的各个组分在适当的pH值和离子强度下，能够自发装配。环境中Mg^{2+}浓度低于1 mmol/L时，大小亚基会发生解离。核糖体整体结构以rRNA为骨架，大部分蛋白质主要起辅助、填充或稳定作用。因此，核糖体的外形与核糖体RNA的三级结构基本一致。这一现象也支持了"RNA世界"学说(RNA world hypothesis)，即RNA早于DNA和蛋白质出现，是一类多功能的分子，生命早期负责遗传信息的贮存、生物催化和结构功能等。

核糖体两个亚基接触面虽然不规则，但是其结合处能够形成一条裂缝(cleft)，供mRNA通过(图11-2)。核糖体的活性中心，即催化肽键形成的位点，位于大亚基上，称为肽基转移酶活性中心(peptidyl transferase center)。该酶活性由23S rRNA提供，属核酶。该活性中心上部有一条隧道(tunnel)，是新合成的肽链运送至核糖体外面的专用出口。大小亚基结合后，在mRNA通道的上方，依次形成3个完整的tRNA结合位点，分别是氨酰基位点(aminoacyl site, A位)、肽酰基位点(peptidyl site, P位)和退出位点(exit site, E位)。A位点是氨酰-tRNA的进入位点，在多肽链的合成过程中，不断地

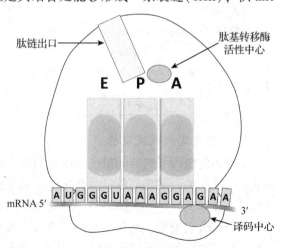

图11-2 核糖体结构示意图

结合下一个氨酰-tRNA。P 位点是不断增长的肽链与 tRNA 形成的肽酰-tRNA 的结合位点。另外，起始 tRNA 也只能与 P 位点结合。E 位点是卸载氨基酸后的空载 tRNA 结合的位点。这些空载 tRNA 很快将通过 E 位点离开核糖体。肽基转移酶活性中心位于 A 位点和 P 位点上方附近，催化新的肽键形成。另外，在 30 S 亚基中，还有一个称为译码中心(decoding center)的部位，位于反密码子末端结合位点附近。其功能在于监测并防止 A 位点进入非预期的氨酰-tRNA。该位点对保证翻译的忠诚性起到重要作用。值得一提的是，译码中心的功能由 16 S rRNA 行使。此外，核糖体上还有许多与起始因子、延伸因子、释放因子及各种蛋白质相结合的位点。不难看出核糖体是一个非常复杂的结构，因此常被称为蛋白质合成的工厂。

三、tRNA

在蛋白质合成过程中，tRNA 起着运载氨基酸的作用，其三级结构的一端结合氨基酸，另一端突出反密码子。通过反密码子与 mRNA 上密码子的碱基配对，将基因的核苷酸序列翻译成氨基酸序列。因此，tRNA 是多肽链和 mRNA 之间的重要转换器(adaptor)。每一种氨基酸，尤其是具有简并密码子的氨基酸，都可以有一种以上 tRNA 作为运载工具。人们把这类携带相同氨基酸而反密码子不同的 tRNA 称为同功受体 tRNA(isoacceptor tRNA)。tRNA 的表示方式通常是 tRNA^{氨基酸三字符号}，如能够携带丙氨酸的 tRNA，表示为 tRNA^{Ala}。如果该 tRNA 已装载氨基酸，则称为氨酰-tRNA(aminoacyl-tRNA)，如丙氨酰-tRNA^{Ala}(alanyl-tRNA^{Ala})。还有一些特殊的 tRNA 在蛋白质合成过程中扮演重要的角色，如起始 tRNA、校正 tRNA 等，将在下面的内容中详述。tRNA 具有以下功能：

(一) 3′端结合氨基酸

tRNA 分子的 3′端的碱基顺序是-CCA-OH，"活化"的氨基酸的 α-羧基(为了方便描述，如无特殊说明，后文中提及氨基酸的 α-羧基或 α-氨基时，包括脯氨酸羧基或氨基，但请务必牢记，脯氨酸不是 α-氨基酸)与 3′端腺苷核糖的 3′羟基形成酯键，从而形成相应的氨酰-tRNA。该反应是在氨酰-tRNA 合成酶(aminoacyl-tRNA synthetase)催化下完成的。一种氨酰-tRNA 合成酶只能识别一种氨基酸和一组对应的同功受体 tRNA。氨酰-tRNA 合成酶对底物识别的特异性也是翻译忠诚性的保证。

(二) 反密码子识别密码子

在 tRNA 的反密码子环上，有 3 个特定的碱基组成的反密码子。反密码子与密码子的方向相反，前者按碱基配对原则识别 mRNA 链上的密码子。其配对原则在符合基本的 Waston-Crick 配对原则的前提下，密码子第三位表现出变偶性(表 11-2)。因此，一种 tRNA 分子常常能够识别一种以上的同义密码子，这样生物体就不需要携带所有的同工受体 tRNA 基因。分析表明，同义密码子的使用频率是不相同的，它与细胞内对应的 tRNA 含量(tRNA 的丰度)呈正相关。含量高的同功受体 tRNA 所对应的密码子的使用频率高，这也是密码子偏好性的分子基础。

反密码子在部分氨酰-tRNA 合成酶对 tRNA 的识别中也有重要作用。例如，tRNA^{Met} 的反密码子是 CAU，如果换成 UAC，则该 tRNA^{Met} 只能被缬氨酰-tRNA 合成酶识别。如果用 CAU 替换 tRNA^{Val} 和 tRNA^{Trp} 的反密码子，则这两种 tRNA 将能够被甲硫氨酰-tRNA 合成酶识别。

(三) 连接桥梁

肽链合成的过程中，肽链通过 tRNA 暂时结合在核糖体的正确位置上，直至合成终止后，肽链才从核糖体上脱离。tRNA 起着连接新生肽链、核糖体以及 mRNA 的作用。

(四) 起始 tRNA：tRNA$_i^{fMet}$

我们已经知道密码子 AUG 既是起始密码子，又是肽链延伸中甲硫氨酸的密码子。那么如何区分起始密码子 AUG 和延伸中的 AUG 呢？一方面是起始密码子 AUG 处于 mRNA 的特殊部位，它的 5′上游区有特殊的 SD 序列(原核生物)帮助定位起始密码子 AUG；另一方面是两个不同部位的 AUG 使用不同的 tRNA 来解读。

负责解读起始密码子 AUG 的 tRNA 称为 tRNA$_i^{fMet}$，其结构与识别其他部位 AUG 的 tRNA(tRNA^{Met})有差异。例如，tRNA$_i^{fMet}$ 的反密码子环上有 3 个连续的 G≡C 配对(5′约第 30 个碱基附近)，在二氢尿嘧啶环上有 CCU 序列，5′第一个碱基 C 与 3′倒数第 5 个碱基 A 对应，但是不配对。tRNA$_i^{fMet}$ 中的 i 表示起始(initiation)的意思；fMet 表示该 tRNA 上的 3′-CCA 上应该连接的不是甲硫氨酸，而是 N-甲酰甲硫氨酸。当然无论是 tRNA$_i^{fMet}$ 还是 tRNA^{Met}，催化其装载氨基酸的酶是相同的——甲硫氨酰-tRNA 合成酶。首先在该酶的催化下，一分子的甲硫氨酸与 tRNA$_i^{fMet}$ 形成酯键，然后，在甲硫氨酰-tRNA$_i^{fMet}$ 甲酰基转移酶(methionyl-tRNA$_i^{fMet}$ formyl transferase)的作用下，将一个甲酰基(由 N^{10}-甲酰基-四氢叶酸提供)转移到甲硫氨酸的 α-氨基上，形成一个酰胺键。最终形成 N-甲酰甲硫氨酰-tRNA$_i^{fMet}$(N-formyl-Met-tRNA$_i^{fMet}$)(图 11-3，以二级结构显示)。

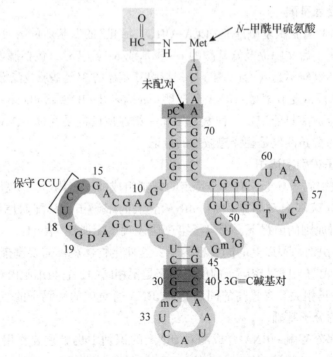

图 11-3　N-甲酰甲硫氨酰-tRNA$_i^{fMet}$

(五) 校正 tRNA

当某个基因的个别密码子发生错义突变或无义突变(nonsense mutation，是指由于碱基突变使代表某种氨基酸的密码子突变为终止密码子，从而使肽链合成提前终止)时，由于相应蛋白质性质的变化，可能导致生物体缺陷或死亡。机体可以通过修改相应氨基酸的同工受体 tRNA 的基因，使其反密码子与突变后的密码子相匹配。但是其携带的氨基酸依然是突变前的氨基酸，这样就可以保证蛋白质合成不受影响。这类能够抑制密码子突变效应的 tRNA 称为校正 tRNA(suppressor tRNA)。例如，如果酪氨酸的密码子 UAC 突变为 UAG，则该位点变为终止密码子，相应蛋白的翻译会提前终止。如果某个酪氨酸的同工受体 tRNA^{Tyr} 的反密码子从 GUA 变为 CUA，则该反密码子能够识别突变产生的 UAG 密码子，并将酪氨酸加入该位点，使新生蛋白质保持正常。当然，机体在产生校正 tRNA 时，倾向于选择同工受体 tRNA 中基因拷贝数较少的一种来突变，这样才能保证该氨基酸其他密码子的解读不受影响。

第二节 蛋白质合成的过程

蛋白质生物合成是一个极为复杂的生化过程，是 DNA 中遗传信息的最终表达。为了叙述方便，把这一过程分为 4 个阶段：①氨基酸的活化；②肽链合成的起始；③肽链合成的延伸；④肽链合成的终止与肽链的释放。

一、氨基酸的活化

氨基酸在掺入肽链前必须活化以获得额外的能量。活化反应是在细胞质中的氨酰-tRNA 合成酶催化下，将氨基酸与 tRNA 连接，形成氨酰-tRNA。氨酰-tRNA 便是氨基酸的活化形式。该活化反应分两步进行：

1. 形成氨酰-AMP-酶复合物

$$\text{R}-\underset{\underset{NH_3}{+}}{\overset{H}{\text{C}}}-\overset{O}{\overset{\|}{\text{C}}}-\text{O}^- + \text{E} \xrightarrow[\text{Mg}^{2+}]{\text{ATP} \quad \text{AMP} + \text{PPi}} \text{E:R}-\underset{\underset{NH_3}{+}}{\overset{H}{\text{C}}}-\overset{O}{\overset{\|}{\text{C}}}-\text{O}-\overset{O}{\overset{\|}{\text{P}}}-\text{OCH}_2\text{—A（核糖 OH OH）}$$

氨酰-AMP-酶复合物

ATP 水解后释放出焦磷酸(PPi)，焦磷酸继续水解形成磷酸，其释放的能量足够推动反应的进行。反应需要 Mg^{2+} 或 Mn^{2+} 的参与。氨酰-AMP-酶复合物中，氨基酸的 α-羧基通过酸酐键与 AMP 上的 5′-磷酸基连接，消耗 ATP 的 2 个高能键形成高能酸酐键，从而使氨基酸活化。

2. 形成氨酰-tRNA

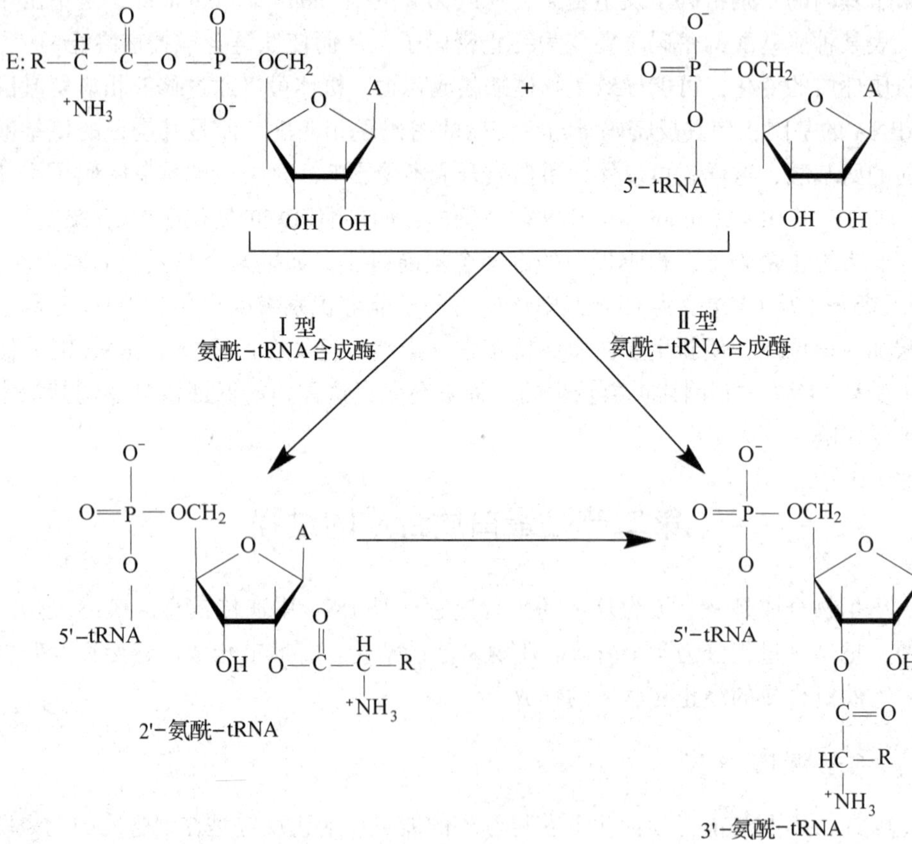

氨酰-AMP-酶复合物与相应的 tRNA 相遇。氨酰基转移至 tRNA 3'-CCA 中腺苷酸的核糖上，形成 2'-或 3'-氨酰-tRNA。根据氨酰-tRNA 合成酶分类不同（分为两大类），该步反应历程不同：Ⅰ型酶，经历 2'-氨酰-tRNA 历程，最后 2'-氨酰-tRNA 上的氨酰基发生转酰基反应，转移至 3'-羟基上；Ⅱ型酶直接生成 3'-氨酰-tRNA。因此，不论哪种类型的氨酰-tRNA 合成酶，催化的最终产物都是 3'-氨酰-tRNA。

3. 氨基酸活化的总反应

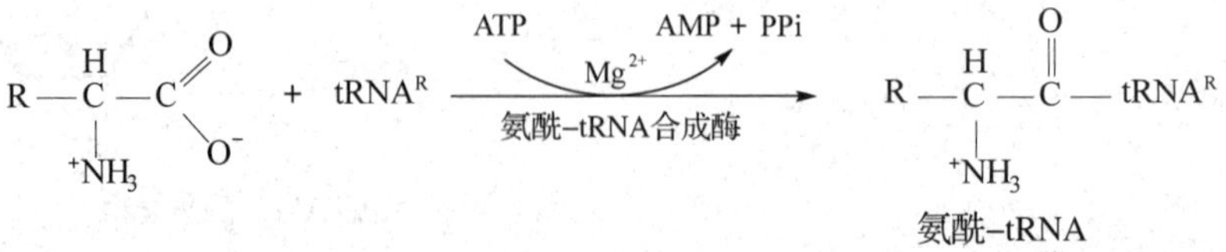

tRNA 与氨基酸之间的键是高能酯键，其标准自由能变化 -29 kJ/mol，能量来自 ATP 水解。此反应是不可逆的。

氨酰-tRNA 合成酶具有很高的专一性，只能识别一种氨基酸及相应的同工受体 tRNA，因此生物体中一般有 20 种氨酰-tRNA 合成酶。不同的氨酰-tRNA 合成酶其氨基酸序列、大小和多聚体数目都有差异。有的氨酰-tRNA 合成酶对氨基酸的专一性并不很高，但对 tRNA 仍具有极高专一性。研究表明，该酶可能通过识别反密码子、氨基酸臂特异序列、二氢尿嘧啶环特异序列、识别位碱基(discriminator base,位于3′-CCA前面的一个非配对碱基)等信息来区分tRNA类型。遗憾的是,目前仍未总结出其识别方式的通用规律或规则。例如,适用于某些tRNA的识别规律和结合要素,在其他的tRNA中反而成了干扰或排斥因素。人们相信,氨酰-tRNA合成酶对tRNA的识别规律,是仅次于密码子与氨基酸关系(即遗传密码)的第二套遗传密码(the second genetic code)。

二、肽链合成的起始

为便于理解,我们首先以大肠埃希菌为例,介绍原核细胞中肽链的合成。然后,在此基础上介绍更为复杂的真核生物肽链合成。

1. 起始信号的识别

细菌中多肽的合成并不是从mRNA 5′端的第一个核苷酸开始的。被翻译的第一个密码子往往位于5′端的第30个核苷酸附近。首先,核糖体的30S亚基与mRNA结合,形成30S起始复合物(30S initiation complex)。30S亚基通过16S rRNA的3′一段富含嘧啶的序列与mRNA的5′端一段富含嘌呤的序列碱基配对(图11-4)。因此,mRNA上这段序列称为核糖体结合位点(ribosome binding site,RBS),又称为SD序列(Shine-Dalgarno sequence)。SD序列较为保守,富含嘌呤,但在不同的原核生物和基因之间均有不同。一旦形成配对,翻译的起始位点即被识别。因为起始密码子AUG(个别基因是GUG或UUG),就位于SD序列下游约10个核苷酸附近,正对即将形成的完整核糖体的P位点。

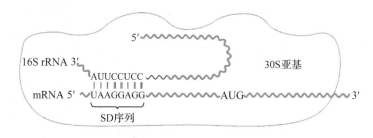

图11-4 30S亚基对SD序列的识别与结合

另外,30S起始复合物还必须包括起始因子(IF)、GTP、N-甲酰甲硫氨酰-$tRNA_i^{fMet}$等。首先,起始因子IF-1和IF-3(表11-4)与30S亚基形成复合物,然后该复合物识别mRNA的SD序列并结合;同时IF-2结合N-甲酰甲硫氨酰-$tRNA_i^{fMet}$与GTP(形成N-甲酰甲硫氨酰-$tRNA_i^{fMet}$:IF-2:GTP复合物),并促使N-甲酰甲硫氨酰-$tRNA_i^{fMet}$通过反密码子与起始密码子AUG配对,从而形成30S起始复合物。

表11-4 原核生物蛋白质合成的相关因子及其功能

类型	名称	功能
起始因子	IF-1	结合在30S亚基的A位点,防止tRNA的结合
	IF-2	结合起始tRNA(N-甲酰甲硫氨酰-$tRNA_i^{fMet}$),与IF-1互作,属于G蛋白(鸟苷酸结合蛋白,是一类具有GTP水解活性的蛋白)
	IF-3	结合在30S亚基的E位点,防止50S亚基的结合,即防止提前形成完整的核糖体 促进30S亚基与mRNA的结合

类型	名称	功能
延伸因子	EF-Tu	结合并运送氨酰-tRNA 至核糖体 A 位点，属于 G 蛋白
	EF-Ts	将 EF-Tu 上的 GDP 替换为 GTP，属于鸟苷酸交换因子
	EF-G	促进 mRNA 的进位，属于 G 蛋白
终止因子	RF-1	识别终止密码子 UAA 和 UAG，属于鸟苷酸交换因子
	RF-2	识别终止密码子 UAA 和 UGA，属于鸟苷酸交换因子
	RF-3	水解 GTP，释放的能量用于释放 RF-1 或 RF-2，属于 G 蛋白

2. 70S 起始复合物的形成

30S 起始复合物一旦形成，50S 亚基就会与其结合，形成 70S 起始复合物。50S 亚基的加入，促使起始因子释放，同时水解 GTP 为 GDP 和磷酸，释放的能量用于改变核糖体的构象，使其活化。70S 起始复合物形成后（图 11-5），核糖体形成了完整的 P 位点和 A 位点。其中 P 位点已经结合了起始 tRNA（N-甲酰甲硫氨酰-tRNA$_i^{fMet}$），A 位点暂时空闲，等待下一个氨酰-tRNA 的加入，即进入翻译的延伸阶段。

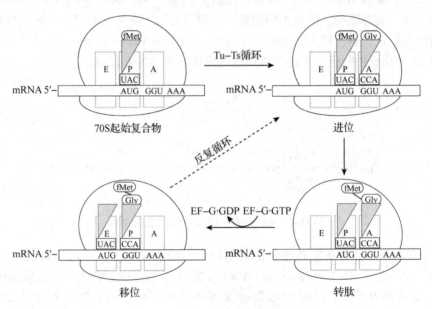

图 11-5 肽链合成的延伸

三、肽链合成的延伸

肽链延伸需要 70S 起始复合物、氨酰-tRNA、延伸因子和 GTP 等成分，大致可以分 3 步进行：

1. 进位

进位是指一个新的氨酰-tRNA 进入 70S 核糖体的 A 位点，并通过反密码子与 A 位点上的密码子配对。译码中心迅速判断新进入的氨酰-tRNA 是否与密码子相符，如果不正确，则迅速使其解离，直到正确的氨酰-tRNA 进入（图 11-5）。进位反应需要 GTP 及两种延伸因子(elongation factor，EF)的帮助——EF-Tu 和 EF-Ts(表 11-4)。

延伸因子 EF-Tu 负责携带氨酰-tRNA。这种因子对氨酰-tRNA 没有选择性，因此同一生物一般只有一种 EF-Tu，但是其在细胞中的含量非常丰富，如大肠埃希菌细胞中 EF-Tu 含量约占总蛋白的 5%。EF-Tu 还能结合 GTP，也是一种 G 蛋白。通常氨酰-tRNA：EF-Tu：GTP 复合物靠近 70S 复合物，并将氨酰-tRNA 置于 A 位点。一旦反密码子和密码子配对，译码中心校准无误，核糖体构象改变。核糖体构象的改变使氨酰-tRNA 结合更加稳定，并促使 EF-Tu 因子水解 GTP 为 GDP。随即 EF-Tu：GDP 复合物从核糖体分离。这时，氨酰-tRNA 中的氨基酸正好处于 50S 亚基中的肽基转移酶活性位点，以便新肽键的形成。

EF-Tu：GDP 复合物游离之后，与延伸因子 EF-Ts 相遇。该延伸因子是一类鸟苷酸交换因子(guanine-nucleotide exchange factor，GEF)，负责将 EF-Tu：GDP 复合物中的 GDP 卸载，形成 EF-Tu：EF-Ts 复合物。紧接着，新的 GTP 分子替换 EF-Ts，形成 EF-Tu：GTP 复合物。EF-Tu：GTP 复合物又能装载新的氨酰-tRNA，再次形成氨酰-tRNA：EF-Tu：GTP 复合物，继续为蛋白质合成提供氨基酸。通常将 EF-Tu 和 EF-Ts 互作装载氨酰-tRNA 的过程，称为 Tu-Ts 循环(图 11-6)。

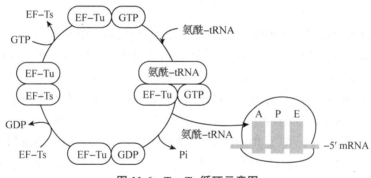

图 11-6　Tu-Ts 循环示意图

另外，我们也应注意，EF-Tu 因子与 IF-2 因子有着很大的相似性。例如，它们都属于 G 蛋白，能够结合并水解 GTP；都能结合在 A 位点附近(实际上两者结合位点相同)，并向核糖体运送氨酰-tRNA。两者的区别在于，EF-Tu 因子用于非特异性地结合 20 种基本氨基酸的氨酰 tRNA，并将它们向 A 位点运输；而 IF-2 只结合 N-甲酰甲硫氨酰-tRNA$_i^{fMet}$，并只向 P 位点运送。

2. 转肽

此时，N-甲酰甲硫氨酰-tRNA$_i^{fMet}$(第二个延伸循环开始后，就是肽酰-tRNA)处于核糖体 P 位，下一个刚进位的氨酰-tRNA 处于 A 位。两个氨基酸正好位于 50S 亚基的肽基转移酶活性中心。在该酶的催化下，P 位的 N-甲酰甲硫氨酰基(或肽酰基)转移到 A 位氨基酸的 α-氨基上，形成肽键。该催化活性由 23S rRNA 提供，能够极大地加速肽键的形成(约 $4×10^6$ 倍)。

3. 移位

新肽键形成后，原来 P 位点的氨酰(或肽酰)-tRNA 变为脱酰-tRNA，即处于空载状态。A 位点的氨酰-tRNA 现在变为肽酰-tRNA(每个延伸循环,肽链增加一个氨基酸长度)。这时就需要使核糖体相对 mRNA 前进一个密码子的步长,进入下一个延伸循环。移位过程大致分为两步。第一步,50S 亚基与其他所有组分(包括 mRNA、A 位和 P 位的 tRNA、30S 亚基等)发生相对交错位移。交错位移的结果使空载的 tRNA 从 P 位点进入 50S 亚基的 E 位点部分,A 位点新生的肽酰-tRNA 进入 50S 亚基的 P 位点部分,A 位空出。第二步,30S 亚基发生相对位移,恢复与 50S 亚基的正常结合状态。结果使新生的肽酰-tRNA 也进入 30S 亚基的 P 位点部分,至此肽酰-tRNA 完全进入 P 位点;同时由于新生的肽酰-tRNA 通过反密码子与 mRNA 一直保持配对,mRNA 与其保持同步位移,因此使 30S 亚基的 A 位点向前进步 1 个密码子长度,正对下一个密码子(图 11-5)。至此,合成进入下一轮延伸循环。

在移位的过程中,需要另一种延伸因子 EF-G 的参与。该因子也是一种 G 蛋白。其结合位点与 IF-2、EF-Tu 相同,在 A 位点附近。EF-G 因子在移位的第二步,水解 GTP 为 GDP,释放能量的一部分用于核糖体构象的变化,另一部分使 EF-G 解离。只有 EF-G 解离,才能给 EF-Tu 因子让位,从而进入下一轮延伸循环。

四、肽链合成的终止与肽链的释放

随着肽链合成的继续,核糖体 A 位迎来了该蛋白基因最后的密码子——终止密码子。这时肽链合成即发生终止(termination)。肽链合成的终止包括 3 步:①对 mRNA 上终止信号的识别;②肽酰-tRNA 酯键的水解,以便使新合成的肽链释放出来;③肽链合成装置的解体。生物体内没有识别终止密码子的所谓"终止 tRNA",而是由终止因子(release factor,RF)参与识别,其功能见表 11-4。

当 A 位到达终止密码子时,RF-1 或 RF-2 进入 A 位,通过特定的氨基酸序列识别密码子。然后 RF-3 因子携带 GTP 结合在 A 位附近(与 IF-2、EF-Tu、EF-G 等结合位点相同)。此时,形成 70S 核糖体:RF-1(或 RF-2):RF-3-GTP:终止信号复合物。该复合物的形成,促使核糖体的肽基转移酶活性变为水解酶活性,即不再将肽酰基转移给新的氨基酸的 α-氨基,而是将其转移给水分子,肽酰基变成肽链 C-端的羧基,从而使合成的肽链从 tRNA 上脱落。脱落的肽链从核糖体 50S 亚基的专门出口释放,进入蛋白质翻译后进程。肽链的释放,促使 RF-3 水解 GTP 为 GDP,释放的能量促进 RF-1 或 RF-2 的解离。剩下的核糖体:mRNA:tRNA 复合物需要核糖体再循环因子(ribosome recycling factor,RRF)、EF-G 和 IF-3 等的帮助才能解离。核糖体解离后,可以再利用,进入下一轮蛋白合成过程(图 11-7;助记小结 11-1;扩展阅读:知识窗 11-1)。

五、真核细胞蛋白质生物合成

真核细胞的蛋白质合成与原核相似,但也有诸多差异。先介绍如下:

1. mRNA 结构不同

真核生物 mRNA 具有 5′帽子结构和 3′ polyA 尾。其中,5′帽子结构是 mRNA 与核糖体结合的关键。3′ polyA 尾能够提高翻译效率。两种结构均对维持 mRNA 的稳定性有重要作用。

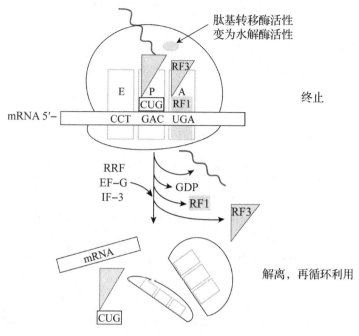

图 11-7 肽链合成的终止

2. 起始

真核生物核糖体为 80S，由 40S 和 60S 两个亚基组成。真核细胞的起始因子(eukaryotic initiation factor，eIF)种类也更多(表 11-5)。当翻译起始时，由一系列起始因子与 40S 亚基结合，形成 43S 起始前复合物(43S preinitiation complex)。然后，甲硫氨酰-tRNA$_i^{Met}$：eIF2：GTP 复合物(类似于原核的 N-甲酰甲硫氨酰-tRNA$_i^{fMet}$：IF-2：GTP 复合物)与 43S 起始前复合物结合。这里至少有 3 点与原核细胞的差异：①真核细胞的起始 tRNA 没有甲酰基，满载的 tRNA 称为：甲硫氨酰-tRNA$_i^{Met}$(Met-tRNA$_i^{Met}$，其中 i 依然是 initiation 的首字母)；②真核细胞的起始 tRNA 与核糖体的结合，不需要 mRNA 的参与，即不是依靠起始密码子与甲硫氨酰-tRNA$_i^{Met}$ 的反密码子配对来决定的；③真核细胞的 mRNA 没有 SD 序列，而是需要 AUG 附近(包括上游和下游)的 kozak 序列来辅助定位。

与此同时，一系列 eIF4 类起始因子与 mRNA 的 5′帽子结构结合，polyA 结合蛋白(polyA binding protein，PABP)与 3′ polyA 尾结合，并促使 mRNA 与 43S 起始前复合物结合，从而形成 48S 起始前复合物(48S preinitiation complex)。48S 起始前复合物中 eIF4F 因子，具有 RNA 解旋酶活性，可将 mRNA 的二级结构消除，该过程需要水解 ATP。随后，eIF4G 与 PABP 结合，使 mRNA 环化。mRNA 一旦环化，40S 亚基便开始沿 mRNA 从 5′→3′前进，寻找起始密码子 AUG。AUG 的定位依靠甲硫氨酰-tRNA$_i^{Met}$ 的反密码子与之配对。

当遇到起始密码子 AUG 时，甲硫氨酰-tRNA$_i^{Met}$：eIF2：GTP 复合物中的 GTP 被 eIF2 水解，从而使所有起始因子解离。随即，60S 亚基与 40S 亚基形成完整的核糖体，与 mRNA、甲硫氨酰-tRNA$_i^{Met}$ 等一起被称为 80S 起始复合物。翻译正式开始。

表 11-5　真核生物蛋白合成起始因子及其功能

名称	亚基	功能
eIF1		促进起始复合物的形成
eIF1A		稳定甲硫氨酰-tRNA$_i^{Met}$ 与 40S 亚基的结合
eIF2		甲硫氨酰-tRNA$_i^{Met}$ 的载体，使其与 40S 亚基结合，属 G 蛋白
	α	磷酸化调节位点
	β	结合甲硫氨酰-tRNA$_i^{Met}$
	γ	结合 GTP、甲硫氨酰-tRNA$_i^{Met}$
eIF2B		促进 eIF2 上 GTP 和 GDP 的交换，属于 GEF 类因子
eIF3		由很多亚基组成，作为框架招募 mRNA，属于其他 eIF 因子
eIF4F		包括 eIF4A、eIF4E 和 eIF4G 因子；与 mRNA 5′帽子和 3′ polyA 尾结合；具有 ATP 依赖的 RNA 解旋酶活性
eIF4A		结合 RNA，并促进 mRNA 与 40S 亚基结合；具有 ATP 依赖的 RNA 解旋酶活性
eIF4E		与 mRNA 5′帽子结合
eIF4G		连接 eIF3 和 PABP，使 mRNA 环化
eIF4B		结合 RNA，并促进 mRNA 与 40S 亚基结合；促进 eIF4A 的 RNA 解旋酶活性
eIF4H		与 eIF4B 互作激发 eIF4A 的 RNA 解旋酶活性
eIF5		激活 eIF2 的 GTP 酶活性，从而释放 eIF2 和 eIF3
eIF5B		促使 40S 和 60S 亚基的结合；核糖体依赖的 GTP 酶活性
eIF6		与 60S 亚基结合，促使 80S 核糖体解离
PABP		识别并与 3′ polyA 尾结合

3. 延伸

真核生物蛋白合成的延伸与原核生物类似，主要差异在于延伸因子不同。真核细胞的延伸因子（eukaryotic elongation factor，eEF）有 3 个，eEF1A、eEF1B 和 eEF2。其中，eEF1A 相当于原核细胞的 EF-Tu，eEF1B 相当于 EF-Ts，而 eEF2 相当于 EF-G。

4. 终止

真核生物只有一个终止因子。该终止因子首先与 GTP 结合，然后结合到 A 位。从而促使肽酰基水解，并水解 GTP，最终使肽链释放，翻译复合物解体。

六、多核糖体

为保证 mRNA 的利用率，一条 mRNA 往往会被多次翻译。尤其是原核生物，mRNA 转录初期，便有核糖体结合开始蛋白质合成。而当前一套合成装置进行到一定距离时，后方又形成新的合成装置，并启动新的合成过程。显微观察发现，一条 mRNA 上通常存在多个念珠状结构，研究证实为多个核糖体在独立进行蛋白翻译。这种结构称为多核糖体（polyribosome 或 polysome，图 11-8）。原核生物的多核糖体结构中，核糖体数目较多，甚至达到几百个，而真核生物一般少于 10 个核糖体。

图 11-8　多核糖体示意图

七、蛋白质合成的抑制剂

研究蛋白质的合成抑制剂一般有两个目的：一个是可以研究蛋白质合成的生化机制；另一个是部分蛋白质合成抑制剂可以杀死病原体，而对人体本身没有影响。表 11-6 列出常见蛋白质合成抑制剂的作用方式。

表 11-6　常见蛋白质合成抑制剂及其作用方式

抑制类型	抑制剂	抑制对象	作用方式
抑制合成的起始	金精三羧酸	原核生物	阻止 IF 与 30 S 结合
	春雷霉素	原核生物	抑制 N-甲酰甲硫氨酰-tRNA$_i^{fMet}$ 的结合
	链霉素	原核生物	结合于 30S，阻止起始复合物的形成，并造成错读
抑制氨酰-tRNA 的结合	四环素	原核生物	结合于 30S，阻止氨酰-tRNA 进入 A 位点
	黄霉素	原核生物	结合 EF-Tu，阻止其构象变化，从而干扰鸟苷酸交换
抑制肽键的形成	稀疏霉素	原核生物	抑制肽酰转移酶活性
	氯霉素	原核生物	结合于 50S 的 A 位，并抑制肽酰转移酶活性
	红霉素	原核生物	阻塞 50S 上的多肽专用出口
抑制进位	梭链孢酸	原核/真核生物	抑制 EF-G：GDP 从核糖体解离
	硫链丝菌素	原核生物	抑制 EF-Tu 和 EF-G 的 GTP 酶活性
	白喉霉素	真核生物	通过 ADP 的糖基化使 eEF2 失活
	环己酰亚胺	真核生物	结合与 60S 的 E 位点，阻止肽链延伸
合成提前终止	嘌呤霉素	原核/真核生物	氨酰-tRNA 的类似物，结合 A 位点，使肽链延伸终止
失活核糖体	蓖麻毒素	真核生物	失核糖体失活

第三节　肽链合成后的修饰

蛋白质合成完成后，不同的蛋白质必须经过不同加工、修饰和定位，才能正确地行使功能。

一、新生肽链的折叠

蛋白质的三级结构信息主要取决于其一级结构，因此很多多肽链在合成过程中，便开始了自发折叠过程。但是细胞内部是一个非常复杂、拥挤的极性环境。对于大部分球状蛋白质来说，折叠的主要原则便是将疏水的部分向内包裹，而将亲水的部分置于蛋白质的表面。但是由于蛋白质浓度较高，很多蛋白质之间很容易发生疏水互作，从而聚集沉淀，影响正常结构的形成。因此，生物体进化出一些能够防止其他蛋白质非正常聚集或防止其错误折叠的蛋白质，称为分子伴侣(molecular chaperone)。

分子伴侣种类很多，其中很多被称为热休克蛋白(heat shock protein，Hsp)，如Hsp70、Hsp60和Hsp90系统等。Hsp后面的数字，表示其分子大小，如前面几种热休克蛋白大小依次为70 000、60 000和90 000。这些分子伴侣一般不具备高度的专一性，即能够作用于多种蛋白质。不同分子伴侣其作用方式也不尽相同。

Hsp70系统主要依靠Hsp70与待折叠肽链反复地结合与释放，实现蛋白质的逐步折叠。首先，Hsp70在Hsp40的帮助下，水解与自身结合的ATP，变成Hsp70∶ADP复合物。该复合物与待折叠的肽链稳定结合，防止其聚集或错误折叠。然后，GrpE蛋白将Hsp70上ADP替换为ATP，形成Hsp70∶ATP复合物。该复合物与刚刚结合的待折叠蛋白质亲和力显著降低并分离。此蛋白质获得一定的自由空间进行部分折叠。接着，Hsp70再次在Hsp40的帮助下，水解与自身结合的ATP，变成Hsp70∶ADP复合物。重复上述结合−释放循环，使靶标蛋白逐步折叠成正确的构象。Hsp90系统的作用方式与Hsp70系统类似，但是其只作用于信号传导途径中相关蛋白的构象调节。

Hsp60，又称伴侣素(chaperonin)，以寡聚体的形式作用。原核生物中，该蛋白能够形成一个14聚体，分成上下两层，每层7个亚基。每层均为中空的环状。两个环状大亚基反向堆叠形成柱状结构，称为Anfinsen笼(Anfinsen cage)。Anfinsen笼的两侧顶端(即每层环状结构的顶部)内侧多为疏水表面，能够与未折叠蛋白质的疏水部分互作；Anfinsen笼的中间位置(即每层环状结构的底部)，能够结合ATP。Anfinsen笼结构，允许上、下两层各自同时折叠一个蛋白质。当一个待折叠的蛋白质进入Anfinsen笼上层后，首先与顶部内侧疏水表面结合。然后，ATP结合于该侧环状结构底部，并招募Hsp10蛋白。Hsp10的作用类似帽子或拱顶，将环状结构的开口覆盖。ATP的结合也促使环状结构内部的疏水表面隐藏，从而使其结合的待折叠蛋白质释放至Anfinsen笼的内腔。在这个内腔空间，这个蛋白质可以自发折叠，而不用担心被其他未折叠蛋白质干扰。随后，Hsp10促进ATP水解。继而Anfinsen笼的下层进入一个待折叠的蛋白质，并结合ATP。该ATP的结合，促进上层Hsp10的解离，以及顶部内侧恢复疏水表面。此时，上层待折叠蛋白质如果正确折叠，则形成外亲内疏的空间结构，从上侧开口释放；如果尚未完成折叠，则继续被顶部内侧疏水表面捕获，重复上述折叠过程，直到完全正确折叠(图11-9)。真核生物中，作用方式类似，只是蛋白质大小、形成Anfinsen笼的单体数量等稍有不同。

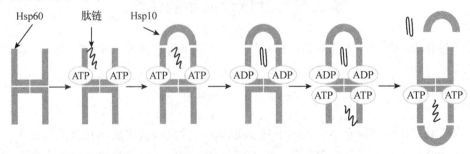

图11-9　Hsp60系统作用模式

二、翻译后的加工和修饰

多肽链合成后往往需要经过一系列的加工和修饰。加工和修饰的方式有上百种，这里列举一些常见方式，例如：

(1) 氨基端氨基酸残基的修改

多肽链的合成起始都是 N-甲酰甲硫氨酸（原核生物）或甲硫氨酸（真核生物）。但是，待多肽合成完成后，近乎一半以上的肽链的起始氨基酸或 N-甲酰甲硫氨酸的 N-甲酰将被去除。

(2) 糖基化

多肽链合成过程中或合成之后，某些位点以共价键结合单糖、寡糖或多糖，称为糖基化（glycosylation）。糖基化通常发生在内质网和高尔基体中。糖蛋白具有重要的生物学功能。糖蛋白中常见的单糖组分包括 D-半乳糖、D-葡萄糖、D-甘露糖、L-岩藻糖、N-乙酰氨基葡萄糖、N-乙酰氨基半乳糖、D-木糖和 L-阿拉伯糖等。这些单糖组分通常构成一定的寡糖链，或以 N-糖苷键结合于肽链中特定的天冬酰胺残基，或以 O-糖苷键与肽链中特定的丝氨酸或苏氨酸残基等相连。

(3) 个别氨基酸的修饰

多肽链中个别氨基酸的修饰包括磷酸化、腺苷酸化、甲基化、尿苷酸化、乙酰化、羟基化等。这些氨基酸的修饰，对调节蛋白质的活性具有重要意义。

(4) 信号肽的切除

信号肽是分泌蛋白或膜蛋白等需要特殊定位的蛋白质中存在的一段肽链，通常位于蛋白质的 N-端。其长度一般为几十个氨基酸残基。大部分信号肽，在蛋白质实现定位后被切除。

(5) 蛋白质的酶解

很多蛋白质，尤其是酶类，通常以原蛋白（proprotein）的形式表达（参见第九章）。原蛋白通常没有功能，当需要其功能时，原蛋白要经过相应的酶消化，产生有功能的蛋白。如酶原激活，即是将酶原消化后，形成有活性的酶。

(6) 肽链的剪接

部分生物的个别多肽链合成后也含有内含子（蛋白质内含子，又称内含肽，intein）。这些肽段也需要剪接，即切去内含子，连接外显子（蛋白质外显子，又称外显肽，extein）。内含子通常能够自我催化蛋白质的剪接（protein splicing），使自身从前体蛋白中切除，并将两侧外显子连接，形成成熟蛋白。部分内含子已被商业化开发，用于重组蛋白的表达和纯化。

(7) 连接辅基

缀合蛋白的活性往往与其辅基有关，多肽链合成后需要与辅基以共价键或配位键结合，从而变成有功能的蛋白。例如，血红素蛋白需要配位血红素等。

第四节 蛋白质合成后的运送

核糖体上新合成的多肽经过分选（sorting）被定向投送（trafficking）到目的地，以行使各自的生物学功能,这个定向运输过程称为蛋白质的靶向定位(protein targeting)。

一、蛋白质的分选信号

新合成的蛋白质能够准确无误地被送到相应的膜结构或细胞器,是由于新合成的多肽上存在着分选信号。靶标位点的生物膜上存在着分选信号的受体,用于对相应蛋白的识别或结合。蛋白质的分选信号通常是位于多肽链N-端的一段连续的氨基酸序列,一般有15~60个氨基酸残基,称为信号肽(signal peptide或leader peptide)。在信号肽的引导下,蛋白质到达目的地,然后该信号肽被相应的信号肽酶(signal peptidase)切除。当然,细胞内也不乏定位后不被切除的蛋白质信号肽,还有一些信号肽位于蛋白质的C-端或在多肽链的内部。

信号肽通常没有通用或保守的氨基酸序列,其识别特征包括信号肽电荷分布(如信号肽N-端常富含碱性氨基酸)、肽链的极性(如信号肽中部常富含疏水氨基酸)和二级结构(如信号肽的C-端常富含甘氨酸和脯氨酸,防止形成α-螺旋)。另外,信号肽是否剪切,不是蛋白质是否分泌的决定因素。

二、蛋白质的运送类型

1. 共翻译转运

真核生物中,分泌蛋白或细胞膜整合蛋白在合成出信号肽之后,被信号识别颗粒(signal recognition particle,SRP)识别,并暂停翻译。SRP引导该核糖体至内质网上,并与相关受体结合。随后,SRP解离,并将该核糖体转交给内质网膜上的转运子。蛋白质继续合成,并直接通过转运子的通道进入内质网的内腔。进入内质网的蛋白质经过一系列加工和修饰,如信号肽的切除、空间结构的折叠、蛋白质的糖基化等,被包裹在运输泡(transport vesicle)中运输至高尔基体。在高尔基体中进一步加工修饰之后,再被运输至细胞膜、细胞外或溶酶体等位点。这种边翻译边转运的蛋白质定位方式称为共翻译转运(co-translational translocation)。

2. 翻译后转运

真核生物中,还有一部分蛋白质,需要运输至细胞核、线粒体和叶绿体等位点。这些蛋白质首先在细胞质内合成,然后通过相应的途径定位,故称为翻译后转运(post-translational translocation)。这些不同定位的蛋白质均有相应的信号序列供细胞识别。

原核生物没有细胞器,但是其分泌蛋白或膜整合蛋白的定位既有共翻译转运,也有翻译后转运方式。

思 考 题

1. 遗传密码有哪些特点?
2. 何谓密码子的摆动性?
3. 核糖体的基本结构与功能有哪些?
4. 假定以下列mRNA上的片段为模板,合成的多肽氨基酸序列是什么?

5′-GGUUUCAUGGACGAAUAGUGAUAAUAU-3′

5. 根据一段DNA序列(5′-TCGTCGACGATGATCATCGGCTACTCG-3′),试写出:

①DNA 复制时，互补单链的序列；
②转录成的 mRNA 的序列(本题假设不考虑起始密码子的有无或位置)；
③合成多肽的序列(以 mRNA 第一个碱基为密码子的起始位置)。
6. 蛋白质合成过程中，哪些环节可以保证多肽合成的正确性？
7. 氨酰-tRNA 合成酶有何功能？
8. tRNA 的功能有哪些？
9. 简单描述蛋白质生物合成过程。
10. 请列举几种蛋白质翻译后的修饰方式。
11. 请思考蛋白质在细胞内为何需要降解？

第十二章 物质代谢的联系与调节

【学习导图】

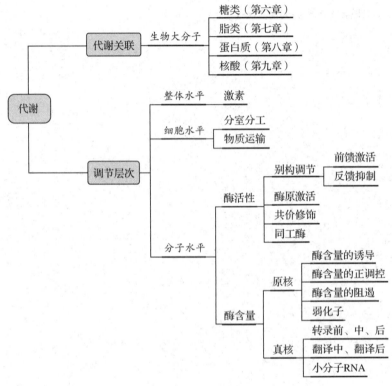

【学习要点】

熟悉物质代谢之间的联系，理解代谢调节水平。

掌握酶活性的调节，包括酶的别构调节、酶原激活、共价修饰调节、同工酶调解和辅因子调解等。

掌握酶含量的调节，包括：原核生物的操纵子调控、诱导酶、阻遏酶、正调节、负调节等概念及机制；了解真核细胞多层次的调节，特别是转录水平调节；了解顺式作用元件，包含启动子、增强子、弱化子等及反式作用因子的概念。

了解细胞水平的调节作用和激素在整体水平的主要作用机制。

生物的生长、发育、遗传、变异等生命现象，都建立在细胞正常的新陈代谢基础之上。前面章节讨论了生物体主要物质糖类、脂类、蛋白质、核酸等的代谢变化。除此之外，还有许多其他物质的代谢。例如，一个细菌细胞内的代谢反应就有一千种以上，那么其他多细胞高等生物代谢反应的复杂程度便可想而知了。然而，生物机体可以通过复杂的调节机制使众多的新陈代谢途径成为一个完整统一的过程。

本章着重介绍生物体内各种代谢途径间的关系和代谢的调节方式。

第一节 物质代谢的相互关系

细胞内的生物分子数以万计，代谢途径复杂多样。这些分子、途径之间并不是孤立的，而是相互协调和紧密相关的。各代谢途径之间的这种相关性、协调性主要通过交叉点上的关键中间代谢物来实现，即共同的中间代谢物使各条代谢途径得以沟通，形成了经济有效、运转良好的代谢网络通路。细胞内的物质代谢途径纷繁复杂，但是它们都是以糖类、脂类、蛋白质、核酸等几大类物质代谢为中心的。鉴于生物化学的基本任务要求，本节主要讨论细胞内这4类主要物质相互转变的关系(图12-1)。

一、糖代谢与蛋白质代谢的相互关系

糖类是生物机体重要的碳源和能源物质。糖代谢过程中的许多α-酮酸，通过转氨基作用，可以直接或间接合成各种氨基酸分子。例如，葡萄糖等单糖在分解代谢过程中的中间产物丙酮酸、α-酮戊二酸或草酰乙酸等可通过相应的转氨酶催化，生成丙氨酸、谷氨酸或天门冬氨酸。20种基本氨基酸中，大多数都可以通过这种方式生成。此外，糖在分解代谢过程中产生的能量，可供氨基酸和蛋白质的合成之用。

蛋白质酶解生成的氨基酸，在体内可以转变为糖。如上述丙氨酸、谷氨酸或天门冬氨酸等通过转氨基作用，谷氨酸还可以通过直接氧化脱氨，生成相应的α-酮酸，如丙酮酸、α-酮戊二酸或草酰乙酸可直接进入糖代谢途径。

二、糖代谢与脂代谢的相互关系

糖类与脂类物质也能互相转变。在机体中糖类转变为脂类的大致步骤是：糖经过糖酵解途径，生成磷酸二羟丙酮和丙酮酸。磷酸二羟丙酮可还原为甘油-3-磷酸。丙酮酸经氧化脱羧后转变为乙酰-CoA，然后缩合生成脂肪酸。脂肪酸转变为脂酰-CoA与甘油-3-磷酸进一步结合，形成酰基甘油。脂类分解产生的甘油可以经过磷酸化生成甘油-3-磷酸，再转变为磷酸二羟丙酮。磷酸二羟丙酮沿糖异生途径可生成糖。当然，不是所有的生物体均能将脂肪酸转变为糖。脂肪酸通过β-氧化，生成乙酰-CoA。在植物或微生物体内，乙酰-CoA可缩合成三羧酸循环中的有机酸，如经乙醛酸循环生成琥珀酸，琥珀酸进入线粒体变成草酰乙酸，然后可以进入糖异生途径合成糖。但在动物体内，不存在乙醛酸循环，通常情况下，乙酰-CoA都是经三羧酸循环氧化成二氧化碳和水，而生成糖的机会很少。虽然同位素实验表明，脂肪酸在动物体内也可以转变成糖，但在这种情况下，需要有其他来源补充三羧酸循环中的草酰乙酸、α-酮戊二酸等。

在某些病理状态下，也可以观察到糖代谢与脂类代谢之间的密切关系。例如，糖尿病患者的糖代谢发生了障碍，同时也常伴有不同程度的脂类代谢紊乱。由于糖的利用受阻，体内必须依靠脂类物质的氧化来供给能量，因此，大量体内贮存的脂肪被动员，运到肝脏组织内进行氧化，大量乙酰-CoA的积累导致酮体含量急剧升高。肝脏中缺少将乙酰乙酸变成乙酰乙酰-CoA的β-酮脂酰-CoA转移酶(β-ketoacyl-CoA transferase)，因此，无法利

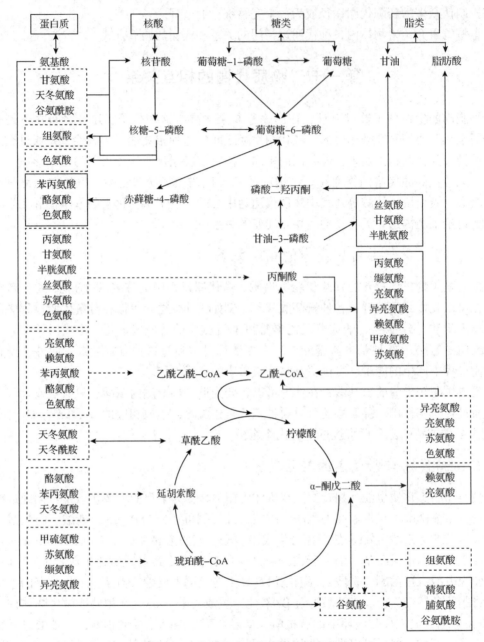

图 12-1 4 类生物大分子代谢的相互关系

用酮体，而是将其通过血液运到其他组织，如肌肉组织中，进行氧化利用。当血液中酮体含量过高，无法及时分解时，会降低血液 pH 值，导致酸中毒（acidosis）。当饥饿时，也会产生与糖尿病相类似的情况。

三、脂类代谢与蛋白质代谢的相互联系

脂类与蛋白质之间可以互相转变。脂类分子中的甘油可先转变为丙酮酸，然后接受氨基而转变为丙氨酸。丙酮酸还可以先转变为草酰乙酸或 α-酮戊二酸，然后接受氨基而转

变为天冬氨酸或谷氨酸。脂肪酸可以通过 β-氧化生成乙酰-CoA，乙酰-CoA 与草酰乙酸缩合进入三羧酸循环，从而与天冬氨酸及谷氨酸等相联系。在植物和微生物中存在乙醛酸循环。可以由 2 分子乙酰-CoA 合成 1 分子琥珀酸，用以补充三羧酸循环、糖异生过程的中间产物，为合成氨基酸提供碳骨架。在动物体内不存在乙醛酸循环，由脂肪酸合成氨基酸将会受到限制。当三羧酸循环中的有机酸被用于形成氨基酸时，需要及时补充，否则，反应便受到限制。

蛋白质转变成脂肪的方式是蛋白质分解为氨基酸，其中生酮氨基酸能生成乙酰乙酸。由乙酰乙酸酰基化后，再分解为乙酰-CoA，从而可以进入脂肪酸合成途径。至于生糖氨基酸，通过丙酮酸，可以转变为甘油，也可以在氧化脱羧后转变为乙酰-CoA，进而合成脂肪酸。

四、核酸代谢与糖类、脂类及蛋白质代谢的相互联系

核酸是细胞中重要的遗传物质，它通过控制蛋白质的合成，影响细胞的组成成分和代谢类型。一般来说，核酸本身并不是重要的碳源、氮源和能源物质。核苷酸在代谢中起着重要的作用。例如，ATP 是生物体的能量通货，为大多数需能反应供能，同时还参与很多磷酸基团转移反应。另外，ATP 的多种衍生物也具备多种功能，如 cAMP 是重要的第二信使；许多重要的辅酶，如 CoA、NAD^+（$NADP^+$）和 FAD 等，都含有 AMP；ATP 是合成组氨酸的前体物质；UTP 参与单糖的转变和多糖的合成；CTP 参与卵磷脂的合成；GTP 供给合成蛋白质肽链时所需要的能量。

核酸本身的合成，又受到其他物质特别是蛋白质的作用和控制。例如，甘氨酸、天冬氨酸、谷氨酰胺是嘌呤和嘧啶成环原子的重要供体。核酸的合成除需要酶催化外，还需要多种蛋白质因子参与作用。

综上所述，可以看出糖类、脂类、蛋白质和核酸等物质在代谢过程中是相互联系、彼此影响和密切相关的。三羧酸循环不仅是各类物质彻底氧化的主要途径，而且也是它们之间相互联系的枢纽。

第二节　代谢调节

一、代谢调节的不同水平

在细胞内同时进行着上千种生化反应，多细胞生物的细胞之间还有多种通信和物质能量传递途径。然而，这些反应和过程错综复杂却有条不紊，当细胞内外环境或机体环境发生改变时，还能适时调整，维持细胞和机体的生理稳态，我们将这种调节称为代谢调节（metabolic regulation）。单细胞生物的代谢调节一般来说比较简单，而多细胞生物机体的代谢调节较为复杂。代谢调节总体可以概括为 3 种不同水平：①分子水平调节，包括酶活性、酶含量调节；②细胞水平调节，即主要通过代谢途径的分隔控制、膜的选择通透性、膜与酶的结合等方式进行的调节；③多细胞生物整体水平的调节，主要包括激素调节和神经调节等。以上 3 种调节水平之间相辅相成、密切相关、高度协调一致。由于生物体代谢过程都是在酶的催化下进行的，各种因素最终都通过酶活性和酶含量的调节来实现，因

此，在这一水平的调解是代谢最基本、最关键的调节。

二、分子水平调节

生物体内的各种代谢变化都是离不开酶的参与。酶的作用主要表现在两个方面：一是催化各种生化反应发生；二是调节、控制代谢的速率、方向和途径。而机体也是通过两个层面调控酶的总体活性的：一是激活或抑制细胞内已有酶分子的催化活性；二是控制酶合成或降解速率。因此，分子水平调节主要内容分为酶活性调节和酶含量调节两个方面。

一个代谢途径的各个反应步骤的反应速率并不相同，反应速率最慢的步骤，称为限速步骤，催化限速步骤的酶称为限速酶，也称关键酶。实验证明，并不是代谢途径的每个酶都需要被调节，通常限速酶是重要的调节位点。

(一)酶活性调节

酶活性的调节方式包括别构调节、酶原激活、共价修饰调节和辅因子调节等。不同的调节方式又能够细化为各种不同的类型。生物体内代谢途径繁多，调节复杂，对某种途径中酶活性的调节往往同时使用了多种方式，如糖原磷酸化酶同时受到别构调节和共价修饰调节。

1. 别构调节

别构调节是指一些物质(称为调节因子或效应物)可与一些酶分子活性中心以外的部位(即别构中心)可逆地结合，从而使酶构象发生改变，导致酶活性中心与底物的结合力改变，进而影响酶的催化活性。这类酶便是之前学习的别构酶。这些别构酶多为寡聚酶，含有两个或多个亚基。调节因子可以是激活剂，也可以是抑制剂，主要包括反应的底物、产物或代谢过程中的辅因子。

对别构酶进行别构调节可分为前馈(feedforward)和反馈(feedback)两种方式。前馈是指代谢底物对当前酶促反应或下游代谢过程的影响，而反馈是指代谢产物对当前酶促反应或上游代谢过程的影响。前馈和反馈都具有正、负两种作用。凡是能够使代谢过程速率加快的调节，称为正调控(+, positive regulation)；反之，则称为负调控(-, negative regulation)(图12-2)。

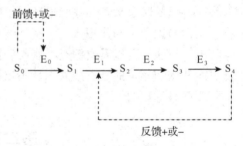

图12-2 酶促反应的前馈和反馈模式

(1)前馈激活

在代谢途径中，前面的底物对其后面的某种酶的激活作用，即称为前馈激活(feedforward activation)。通常，代谢底物对代谢反应都具有促进作用，因此例子十分丰富。例如在糖原合成中，G-6-P可以激活糖原合酶，促进糖原的合成(图12-3)(参见第六章)。在糖分解代谢中，F-1,6-2P对于磷酸烯醇式丙酮酸羧化酶的激活作用也是正前馈作用等。

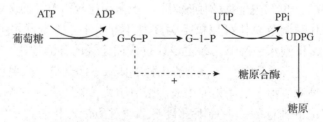

图12-3 G-6-P对于糖原合酶的正前馈作用

(2)反馈抑制

通常,一些代谢反应产物能够使代谢过程的速率减慢,称为反馈抑制(feedback inhibition)。这种作用种类较多,下面分别介绍。

①线性反馈抑制 在线性的代谢途径中,单一的末端产物对催化关键步骤酶的反馈抑制称为线性反馈抑制(linear feedback inhibition),又称单价反馈抑制(monovalent feedback inhibition)。在一些教材中也被理解为简单反馈抑制(simple feedback inhibition)。该方式是反馈抑制的基本方式。例如,在脂肪酸合成途径中,不断形成的各种长度的脂酰-CoA 对合成途径第一步中的乙酰-CoA 羧化酶具有反馈抑制作用(图 12-4)。

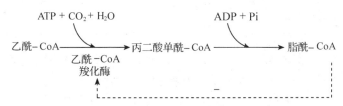

图 12-4 脂酰-CoA 对于代谢途径关键酶的反馈抑制

在部分分支代谢中,有些代谢途径中的某个限速反应,可能分别由不同的同工酶催化,而其他步骤共享相同的路径和酶,相应的最终代谢终产物也不尽相同。这种情况下,不同的终产物可能只对该限速步骤中相应的同工酶具有反馈抑制作用。这种现象称为酶的多重抑制(enzyme multiplicity)。例如,芳香族氨基酸的合成途径中,首先由赤藓糖-4-磷酸和磷酸烯醇式丙酮酸(PEP)反应生成 3-脱氧阿拉伯庚酮糖-7-磷酸(DAHP)。催化这一反应的酶称为 DAHP 合酶,该酶在大肠埃希菌中一共有 3 个同工酶(AroF、AroG 和 AroH),而这 3 个同工酶分别对应代谢终产物酪氨酸、苯丙氨酸和色氨酸。当这些芳香族氨基酸浓度升高时,分别仅对各自的 DAHP 合酶表现出反馈抑制。即酪氨酸仅抑制 AroF,苯丙氨酸仅抑制 AroG,色氨酸仅抑制 AroH(图 12-5)。

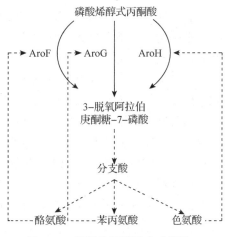

图 12-5 芳香族氨基酸合成代谢中酶的多重抑制

如果从单个最终产物的代谢途径的角度讲,单个产物只反馈抑制限速步骤中相应的一个同工酶,也是一种线性反馈抑制。因此,本书把酶的多重抑制这一概念放在该部分介绍。

②非线性反馈抑制 多数分支代谢途径中,不同的末端产物对某一反应酶的影响类型不同,主要包括:协同反馈抑制、累积反馈抑制、合作反馈抑制和顺序反馈抑制。

协同反馈抑制(concerted feedback inhibition),又称多价反馈抑制(multivalent feedback inhibition),是指在分支代谢途径中,一种终产物单独过量时(如 X 或 Y),只抑制其分支反应的关键酶;而当几个终产物(X 和 Y)同时过量时才抑制共同代谢途径中的关键酶[图 12-6(a)]。例如,多黏类芽孢杆菌(*Paenibacillus polymyxa*)和荚膜红假单胞菌(*Rhodop-*

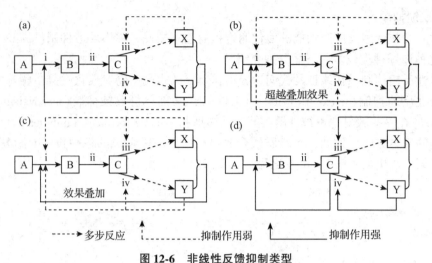

图 12-6 非线性反馈抑制类型
(a)协同反馈；(b)合作反馈；(c)累积反馈；(d)顺序反馈

seudomonas capsulata)等细菌中的天冬氨酸激酶受终产物赖氨酸和苏氨酸的协同反馈抑制，而两种氨基酸单独存在并过量时，对该激酶无抑制作用(表12-1)。

表 12-1 终产物对天冬氨酸激酶活性的抑制作用

产物	不加	苏氨酸	赖氨酸	苏氨酸+赖氨酸
天冬氨酸激酶相对活力	100%	110%	112%	4%

合作反馈抑制(cooperative feedback inhibition 或 synergistic feedback inhibition)，又称增效反馈抑制，是指在分支代谢途径中，当终产物单独积累(如 X 或 Y)时，可部分或微弱抑制共同途径的关键酶。而当所有分支终产物同时存在时，对关键酶的抑制作用远大于各个终产物的抑制效果之和[图12-6(b)]。哺乳动物和细菌中嘌呤合成的第一个反应是将谷氨酰胺的氨基转到磷酸核糖焦磷酸(PRPP)上，形成5-磷酸核糖胺。催化该反应的酶是谷氨酰胺-磷酸核糖焦磷酸转酰胺酶(glutamine-PRPP amidotransferase)(参见第八章)。该酶受到终产物 AMP 和 GMP 的增效反馈抑制，即 AMP 和 GMP 同时存在时的抑制效果远高于各个产物单独的效果叠加。该抑制类型有时被认为是协同反馈抑制的一种特例或变形。

累积反馈抑制(cumulative feedback inhibition)，是指几个终产物中任何一个过量都能抑制前面共同途径中的关键酶，并且各终产物对这一关键酶的抑制作用有累积效应，当所有终产物都过量时，对这个酶的抑制达到最大，即各个独立抑制效果的叠加[图12-6(c)]。大肠埃希菌谷氨酰胺合成酶是最早发现的累积反馈抑制案例。该酶催化谷氨酸合成谷氨酰胺，而谷氨酰胺是用于合成组氨酸、色氨酸、AMP、CTP、氨基甲酰磷酸和葡萄糖胺-6-磷酸的前体，因此该酶受这6种终产物的反馈抑制。另外，甘氨酸和丙氨酸也是该酶的别构抑制剂。这8种物质对谷氨酰胺合成酶的反馈抑制是可叠加的(部分抑制数据见表12-2)，属于累积反馈抑制。

表 12-2 大肠埃希菌谷氨酰胺合成酶累积反馈抑制计算表

终产物	单独累积时抑制作用	同时存在时各个抑制酶活力
色氨酸	16%	16%
CTP	14%	(100%−16%)×14% = 11.8%
氨甲酰磷酸	13%	(100%−16%−11.8%)×13% = 9.4%
AMP	41%	(100%−16%−11.8%−9.4%)×41% = 25.7%
4 种产物总抑制率	62.9%	16% + 11.8% + 9.4% + 25.7% = 62.9%

顺序反馈抑制(sequential feedback inhibition)，是指分支代谢途径中，终产物 X 和 Y 首先分别反馈抑制各自支路上第一个酶(iii 和 iv)，从而使中间产物 C 累积；然后中间产物 C 再对共同途径第一个酶 i 产生反馈抑制[图 12-6(d)]。这种调节方式也存在于前述的细菌芳香族氨基酸的合成途径。当酪氨酸、苯丙氨酸、色氨酸单独过量时，各自首先抑制自身支路代谢速率，继而引起它们共同前体物质预苯酸和分支酸的累积，这些中间产物再反馈抑制共同途径的 DAHP 合酶的活性(图 12-7)。

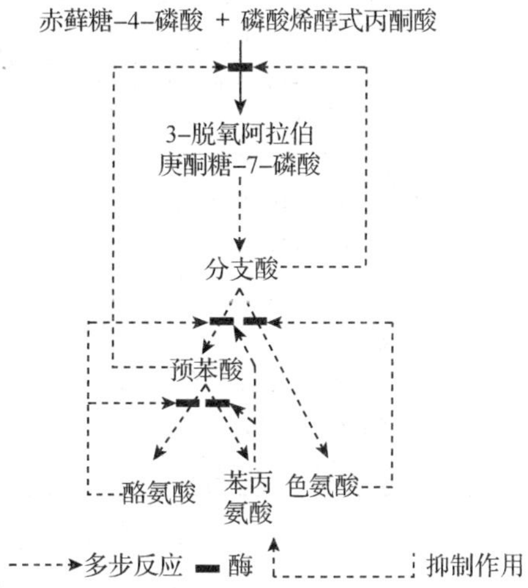

2. 酶原激活

在第三章我们学习了酶原，是那些在刚刚合成的时候并无活性，需要通过其他酶作用切除部分多肽片段后才被活化。最常见的例子是消化酶的激活。胃和胰腺合成的蛋白酶类，如胃蛋白酶、胰凝乳蛋白酶、膜蛋白酶、羧肽酶和弹性蛋白酶等，刚合成时都是以酶原的形式存在的，当分泌到消化道后才被酶切激活。切除部分寡肽或多肽片段后剩余部分变为具有活性的酶的过程称为酶原激活(zymogen activation)。常见的几种酶原激活情况见表 12-3。例如，胰蛋白酶原在小肠中被肠激酶消化，水解胰蛋白酶原 N-端第 6、7 个氨基酸之间的肽键，进而改变其空间结构，形成有活性的活性中心而被激活。另外，激活后的胰蛋白酶也能够对其他的胰蛋白酶原分子进行激活。

图 12-7 芳香族氨基酸合成中的顺序反馈抑制

酶原激活过程是通过去掉分子中部分肽段，引起酶分子空间结构的变化，从而形成或暴露出活性中心，转变为具有活性的酶。不同的酶原在激活过程中去掉的肽段大小及数目不同(表 12-3)。使酶原激活的物质称为激活剂(activator)。虽然不同的酶原激活剂不完全相同，但有的激活剂可以激活多种酶原，如胰蛋白酶可以激活消化系统的多种酶原。

表 12-3 常见的几种酶原激活情况

激活作用	激活剂
胃蛋白酶原 → N-端 42 肽 + 胃蛋白酶	H^+、胃蛋白酶
胰蛋白酶原 → N-端 6 肽 + 胰蛋白酶	肠激酶、胰蛋白酶
胰凝乳蛋白酶原 → α-胰凝乳蛋白酶 + 内切 14-15(Ser-Arg)、147-148(Thr-Asn)两个 2 肽	胰蛋白酶、胰凝乳蛋白酶

3. 共价修饰调节

酶蛋白肽链上的某些侧链基团在一些酶的作用下发生共价修饰，从而引起酶活性的改变，这种调节称为酶的共价修饰（covalent modification）或化学修饰（chemical modification）。常见的化学修饰方式是磷酸化与去磷酸化，另外还有乙酰化与去乙酰化、甲基化与去甲基化、腺苷酰化和脱腺苷酰化、尿苷酰化和脱尿苷酰化等。催化磷酸化反应的酶称为蛋白激酶（protein kinase），由 ATP 供给磷酸基团和能量，磷酸基团转移到靶蛋白特异的丝氨酸、苏氨酸或者酪氨酸残基上。催化酶蛋白去磷酸的是蛋白磷酸酯酶，可将磷酸基团水解除去。常见的磷酸化/去磷酸化的调节酶类见表 12-4。

表 12-4　磷酸化共价修饰与酶活性调节

酶类	共价修饰类型	酶活性变化
糖原磷酸化酶	磷酸化/去磷酸化	激活/抑制
糖原磷酸化酶 b 激酶	磷酸化/去磷酸化	激活/抑制
果糖磷酸化酶	磷酸化/去磷酸化	激活/抑制
酪氨酸羟化酶	磷酸化/去磷酸化	激活/抑制
RNA 聚合酶	磷酸化/去磷酸化	激活/抑制
糖原合酶	磷酸化/去磷酸化	抑制/激活
丙酮酸脱氢酶	磷酸化/去磷酸化	抑制/激活
乙酰-CoA 羧化酶	磷酸化/去磷酸化	抑制/激活

磷酸化反应具有高度的放大效应，如一个活化的激酶能够在很短的时间内催化若干个靶蛋白的磷酸化，使之激活；新的被激活的激酶又能激活下一个激酶，由此引起级联激活反应，信号呈指数递增，使相应的代谢反应能够迅速达到生理效果。所谓调节级联系统（regulatory cascade），又称酶的级联系统（enzyme cascade），就是指在一个连锁反应中，当起始的酶受到激活后，其他的酶依次被激活，从而使原始信号得到快速、高效放大的酶联反应体系。因此，又称为级联放大系统（cascade amplification）。

糖原磷酸化酶的激活过程是研究较早较清楚的级联系统的典型例子。该酶的作用是促进糖原磷酸解，生成 G-1-P（参见第六章）。肝脏组织细胞中存在两种不同形式的糖原磷酸化酶，分别称为糖原磷酸化酶 b 和糖原磷酸化酶 a，两者都以二聚体形式存在。糖原磷酸化酶 b 本身无活性，但在糖原磷酸化酶 b 激酶催化下，由 ATP 提供磷酸基团而被磷酸化，转变为有活性的糖原磷酸化酶 a。而后者则可以通过糖原磷酸化酶 a 磷酸酶作用水解脱去磷酸，再次成为糖原磷酸化酶 b。其激活过程如图 12-8 所示。

腺苷酰化/脱腺苷酰化作用是细菌中共价修饰调节酶活性的另一种方式，其中以大肠埃希菌谷氨酰胺合成酶研究的比较清楚。谷氨酰胺合成酶催化谷氨酸、NH_3 和 ATP 合成谷氨酰胺（参见第九章）。该酶由 12 个完全相同的亚基组成（真核生物和部分细菌来源的谷氨酰胺合成酶为同源十聚体），各亚基中第 397 位的酪氨酸残基能够可逆地腺苷酰化和脱腺苷酰化。该可逆反应由腺苷酰转移酶（adenylyltransferase）催化完成，腺苷由 ATP 供给。其催化方向由调节蛋白 P_{II} 控制，当 P_{II} 被尿苷酰化时，催化脱腺苷酰化反应；反之，当 P_{II} 蛋白未被尿苷酰化时，催化腺苷酰化反应。当 12 个亚基完全腺苷酰化或部分腺苷酰化时酶处于无活性或低活性状态。只有全部脱腺苷酰化时才是高活性的。因此，根据不同生理条件需要，该酶能够通过腺苷酰化的程度来调节自身活性，以保证代谢需要（图 12-9）。

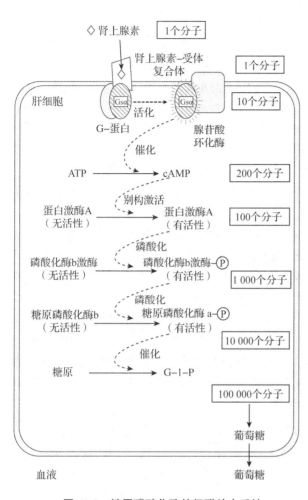

图 12-8 糖原磷酸化酶的级联放大系统

构抑制剂，如较高水平的 NADH 会对二氢硫辛酸脱氢酶、异柠檬酸脱氢酶等酶产生抑制作用，减慢糖的有氧氧化代谢速率。因此，相对缺氧条件下，细胞主要以无氧呼吸方式对糖进行分解，以保证缺氧条件下细胞对 ATP 的需要。而当缺氧状态解除后，NADH 会很快被呼吸链消耗，转变成 NAD^+。随着 NAD^+ 水平的升高，解除对以上酶的抑制作用，三羧酸循环又会恢复正常代谢。

（2）$NADPH/NADP^+$ 比值对代谢的调节

NADPH 在机体内主要用于生物合成过程，生成途径主要是磷酸戊糖途径和柠檬酸-丙酮酸循环。$NADPH/NADP^+$ 比值对代谢的影响与 $NADH/NAD^+$ 类似。一般来说，在生物合

4. 辅因子调节

在细胞错综复杂的代谢系统中，许多酶催化反应过程需要辅因子参加，如 NAD^+、$NADP^+$、CoA、FAD、FMN、ATP 和 ADP 等。如果细胞中缺乏这些辅因子，某些酶促反应必然会受到抑制，相关代谢途径的进行速率也必然会受到影响。因此，它们在细胞中的浓度、状态的改变，在一定程度上会对代谢的速率和方向产生影响。

（1）$NADH/NAD^+$ 比值对代谢的调节

许多脱氢酶需要 NAD^+ 为氢受体，在酶催化反应后它被还原成 NADH。正常情况下，NAD^+ 和 NADH 的生成反应和利用反应是处于动态平衡的，该辅因子的两种形式（氧化态和还原态）的总量一般比较恒定。细胞中两者是按一定比例存在的，这对于维持很多酶的正常活性以及相关代谢途径的代谢速率十分重要。例如，在组织相对缺氧的条件下，由于呼吸链末端缺乏电子受体，细胞线粒体基质中的 NADH 相对较多，此时的 NADH 成为糖有氧氧化代谢途径中的关键酶的变

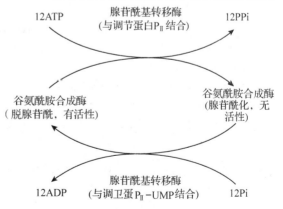

图 12-9 谷氨酰胺合成酶的共价修饰调节

成比较旺盛的组织中，磷酸戊糖途径进行也比较活跃，即 NADPH 利用较多时，NADPH 的生成也比较快。如果生成速率大于利用速率，累积达到一定水平的 NADPH 就会对生成途径中的关键酶产生抑制；相反，当利用速率大于生成速率时，NADPH/NADP$^+$ 比值处于低水平，NADPH 产生的抑制作用就会解除。总之，NADPH/NADP$^+$ 比值对代谢同样具有明显的调节作用。

(3) 能荷对代谢的调节

能荷对于糖代谢的调节在前面已经介绍，从细胞水平的总体上来看，ATP/ADP 比值对于代谢的调节作用十分重要，因为它既与分解代谢密切相关，也与合成代谢密切相关。例如，ATP/ADP 比值对糖代谢的 3 条主要途径：糖酵解、糖原合成和糖原分解过程的调节可以总结如图 12-10 所示。

糖代谢在细胞中占重要地位。图 12-10 中，由葡萄糖生成 G-6-P 后其代谢有两个去向，一条是通过糖酵解和三羧酸循环途径氧化供能；另一条是通过 G-1-P 以糖原的形式贮存起来。究竟 G-6-P 主要进入哪条途径，ATP/ADP 比值对其具有重要调节作用。当耗能过程强烈时，由于 ATP 大量利用而被转变为 ADP 或 AMP，ATP/ADP 比值处于较低状态，ADP 和 AMP 将会对糖的有氧氧化途径关键酶起到激活作用，加强糖的氧化过程，而对糖原合成过程产生抑制。而当耗能过程减弱时，ATP 浓度会很快上升，当 ATP/ADP 比值水平达到一定程度时，较高浓度的 ATP 将会对糖的氧化分解途径产生抑制，以减慢糖的分解代谢，而促进糖原合成。因此，ATP/ADP 比值通过这种调节方式与其利用代谢和 ATP 生成代谢相协调，并维持了糖的代谢平衡。

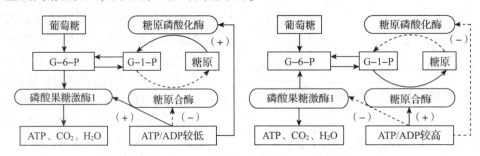

图 12-10　ATP/ADP 比值对糖代谢的调节

(二) 酶含量调节

根据细胞内酶的合成对环境影响反应的不同，酶可分为两大类：一类称为组成酶 (constitutive enzyme)，如糖酵解和三羧酸循环的酶系等，其酶蛋白合成量十分稳定，通常不受代谢状态的影响，这些用于保持机体能源供给的酶系常常是组成酶；另一类酶，它的合成量受环境营养条件及细胞内有关因子的影响，分为诱导酶 (inducible enzyme) 和阻遏酶 (repressible enzyme)。诱导酶是在正常代谢条件下不存在，当有诱导物存在时才产生的酶，常与分解代谢有关。阻遏酶是正常代谢下存在，当有辅阻遏物时其合成被阻遏，常与合成代谢有关。

酶含量调节分为酶合成的调节和酶分解的调节。以前者为主，酶含量的调节也就是基因表达的调节。另外，原核生物和真核生物的相关调节有较大的区别。

1. 原核生物基因表达的调节

(1)操纵子及其结构

操纵子是原核生物重要的基因表达调控结构。1961年，法国巴斯德研究所的J. Monod和F. Jacob根据研究结果提出了操纵子(operon)学说。该学说指出，一个操纵子就是DNA分子中在结构上紧密连锁、在信息传递中以一个单位起作用而协调表达的遗传结构，也就是能够决定一个独立生化功能的相关基因表达的调节单位。操纵子包括：启动基因、操纵基因和结构基因(图12-11)。

启动基因(promoter, P)：也称启动子，是转录时RNA聚合酶首先识别并结合的区域，位于结构基因上游。

操纵基因(operator, O)：是调节基因编码产生的一种特异蛋白(阻遏蛋白)结合的区域。操纵基因在不同的操纵子中序列不同，且位置也稍有不同。通常主要集中在启动子和结构基因之间，或结构基因内部。

结构基因(structural gene, S)：是真正需要表达的基因，即被操纵子调控的基因。通常一个操纵子常含有多个结构基因，并串联在一起，即多顺反子。

另外，要实现操纵子调节，还需要有调节基因(regulator gene)的帮助。该基因具有独立的启动子和终止子序列，能够表达阻遏蛋白(repressor)。如果这种阻遏蛋白与操纵基因结合，会对RNA聚合酶产生空间上的阻碍，结构基因就不能成功转录，进而表达，基因处于关闭状态(或称为阻遏状态)。而当阻遏蛋白未与操纵基因结合时，RNA聚合酶能够顺利转录出结构基因，基因表达打开。应特别注意调节基因并不属于操纵子的结构成分。

图12-11 操纵子结构示意图

(2)操纵子的调控方式

操纵子的调控方式主要包括负调控和正调控。

负调控通常通过调节基因合成的阻遏蛋白实现，当阻遏蛋白结合于操纵基因时，就使转录停止。另外，一些操纵子，如很多氨基酸合成途径相关酶类的操纵基因，还能通过弱化子(attenuator，也成衰减子)结构实现负调控。从最终效果来看，负调控可分为酶合成的诱导和酶合成的阻遏。

酶合成的诱导：通常细菌并不合成在代谢过程中没有用的酶类，相关基因被阻遏蛋白阻遏。例如，一些分解代谢的酶的基因通常因阻遏蛋白的结合而呈关闭状态。只有当相关底物或底物类似物使阻遏蛋白失活时，基因才能打开，酶被诱导合成。这种方式的经典案例是乳糖操纵子。

酶合成的阻遏：通常是针对合成代谢酶类的调节。一般情况下，这些酶基因操纵子的调节蛋白没有活性，基因处于打开状态。当相关产物或产物类似物过量时，能激活相应的调节蛋白，使之与操纵基因结合，转录被关闭，相关酶类的合成被阻遏。这种方式的经典案例是色氨酸操纵子。

（3）操纵子实例

①大肠埃希菌乳糖操纵子　乳糖操纵子（lac operon）是酶合成诱导的典型代表（图12-12）。该操纵子包含3个结构基因：lacZ 基因，编码 β-半乳糖苷酶（β-galactosidase），它能将乳糖分解成半乳糖和葡萄糖；lacY 基因，编码半乳糖苷透性酶（galactoside permease），它能够使乳糖透过大肠埃希菌的质膜；lacA 基因，编码半乳糖苷乙酰基转移酶（galactoside acetyltransferase），它可以催化乙酰-CoA 的乙酰基转移到硫代半乳糖苷的 C_6 羟基上。这3个基因紧密连锁，以一个多顺反子 mRNA 的形式转录，同时合成3个酶。该操纵子还有一个操纵基因 lacO，位于启动基因 3′端。该位点不编码任何肽链，是阻遏蛋白的结合位点。乳糖操纵子的阻遏蛋白由 lacI 基因编码。该基因位于乳糖操纵子启动子的 5′端，不属于乳糖操纵子，拥有独立的启动子和终止子。该基因属于组成型表达（constitutive expression）基因，即基因表达一直处于打开状态，不断表达阻遏蛋白。

当培养基中含有葡萄糖，但没有乳糖时，阻遏蛋白与操纵基因 lacO 位点结合，使乳糖操纵子处于阻遏状态。最终，RNA 聚合酶虽然能够低效识别并结合启动子，但无法跨越 lacO 位点，导致3个结构基因不能表达。乳糖操纵子的阻遏蛋白调节，就属于负调控。

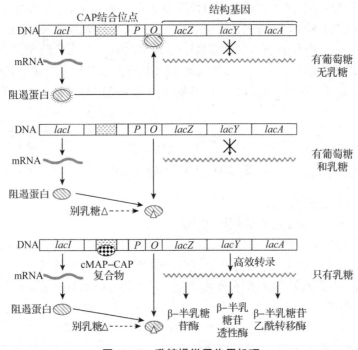

图 12-12　乳糖操纵子作用机理

当培养基中没有葡萄糖，但加入乳糖时，细胞主要碳源为乳糖，需要大量合成乳糖代谢的相关酶类。乳糖在细胞内含量很少的 β-半乳糖苷酶作用下，使少量乳糖异构化形成别乳糖（allolactose）。别乳糖作为诱导物与阻遏蛋白结合，引起阻遏蛋白构象变化，进而导致其与操纵基因的亲和力大大降低，并脱离该位点。此时，RNA 聚合酶便能顺利通过 lacO 序列，使转录正常进行。最终3个结构基因得以表达，用以分解乳糖，为细胞提供能量。但是，仅靠阻遏蛋白的脱离，该操纵子只能处于打开状态，但无法高效表达。研究发现，还有一个位点在调控着乳糖操纵子的高效表达，即 CAP 结合位点。该位点位于乳糖操纵子启动子 5′端，是降解物基因活化蛋白（catabolite activator protein，CAP）复合物 cAMP-CAP 或称环化腺苷酸受体蛋白（cAMP receptor protein，CRP）复合物 cAMP-CRP 的结合位点。由于培养基中没有葡萄糖，从而导致细胞内 cAMP 浓度上升。高浓度 cAMP 能够与 CAP 结合，形成 cAMP-CAP 复合物。该复合物能够识别并结合乳糖操纵子的 CAP 结合位点，继而快速招募 RNA 聚合酶与乳糖操纵子的启动子结合，高效起始转录。研究表明，cAMP-CAP 复合物的存在，能够提高乳糖操纵子转录效率约 50 倍。而 cAMP-CAP 复合物对乳糖操纵子的调节属于正调节。

当葡萄糖和乳糖共同存在时，虽然阻遏蛋白与别乳糖结合，脱离操纵基因。但是，葡萄糖的存在，使细胞内 cAMP 的浓度下降，无法形成 cAMP-CAP 复合物。因此，CAP 位点处于未结合状态，乳糖操纵子处于关闭状态。这种调控是为了优先利用葡萄糖。而当葡萄糖消耗殆尽时，cAMP 浓度回升，促使 cAMP-CAP 复合物的形成，继而使乳糖操纵子高效转录，开启利用乳糖模式。这种葡萄糖代谢对其他碳源利用的抑制作用称为分解代谢产物阻遏（carbon catabolite repression，CCR），也称为葡萄糖效应（glucose effect）。

② 色氨酸操纵子　是酶合成阻遏的经典案例。这个操纵子从 5′端依次包含启动子（P）、操纵基因（O）、前导序列（$trpL$）和 5 个结构基因（色氨酸合成途径的相关酶类）（图 12-13）。色氨酸操纵子的调控由操纵基因和前导序列共同调控。其操纵基因功能与乳糖操纵子相同，是阻遏蛋白的结合位点。不同于乳糖操纵子的是，色氨酸操纵子的阻遏蛋白正常情况下是无活性的，无法与操纵基因结合。前导序列是一种新的调节方式，该序列位于操纵基因和结构基因之间，包含 162 个碱基对，分为 4 段区域[图 12-14(a)]。1 区为编码区，能够编码含 14 个氨基酸的多肽，其中包括两个连续的色氨酸密码子。细胞内色氨酸的含量影响其翻译的速率。前导序列转录后，1 区和 2 区、2 区和 3 区、3 区和 4 区碱基配对能够分别形成茎环结构[图 12-14(d)和(e)]。

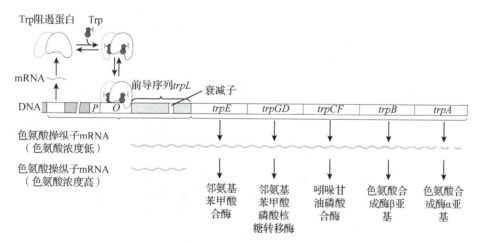

图 12-13　色氨酸操纵子结构示意图

当色氨酸丰富时，色氨酸和阻遏蛋白结合，引起阻遏蛋白的构象改变而活化，并结合于操纵基因上，进而抑制了转录[图 12-14(b)]。同时，还有一个调控结构用来进一步终止已经启动的转录。当 RNA 聚合酶已经跨过操纵基因，开始转录前导序列时，1 区和 2 区首先被转录。此时，1 区和 2 区配对形成茎环结构，称为暂停结构（pause structure），能够

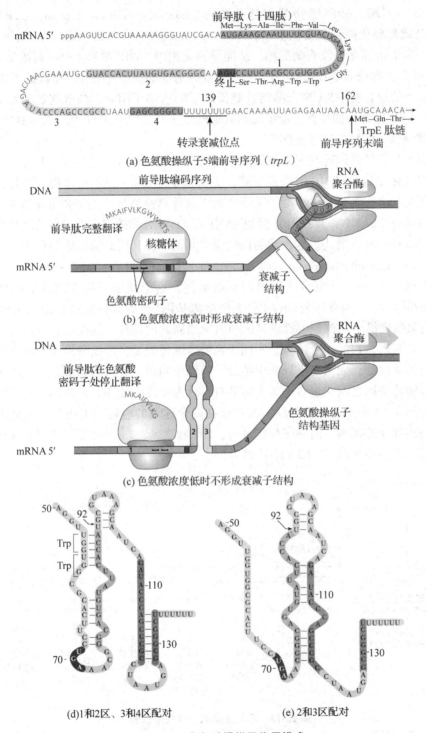

图 12-14 色氨酸操纵子作用模式

使 RNA 聚合酶暂停转录，但不脱离。在此期间，核糖体开始翻译 1 区的多肽。在翻译至第 10、第 11 个氨基酸(均为色氨酸)时，由于细胞内色氨酸含量丰富，翻译不受阻碍，并迅速完成。前导肽的完整翻译使 1 区和 2 区的茎环结构打开，暂停结构破坏，RNA 聚合酶继续转录3区序列。这时核糖体紧随其后，占据1区和2区序列，从而使2区无法与3区配对。当RNA聚合酶完成4区的转录后，3区和4区配对形成茎环结构。该结构富含GC碱基对，且4区的3′端为一段富含U的区域。这种结构称为弱化子结构（attenuator structure），是一种典型的强终止子结构，能够迅速使RNA聚合酶解离，终止转录。因此，3区和4区称为弱化子。在色氨酸含量丰富时，细菌通过阻遏蛋白和衰减作用（transcription attenuation）共同抑制色氨酸合成代谢途径。

当色氨酸缺乏时，色氨酸未与阻遏蛋白结合，阻遏蛋白处于失活状态，不能与操纵基因结合，从而使RNA聚合酶顺利通过，转录顺利起始。同样，当转录出前导序列的1区和2区后，RNA聚合酶被暂定结构滞留，等待下一步信号。接着，核糖体开始迅速翻译前导肽。由于色氨酸的匮乏，当翻译至第10、第11个密码子时，翻译停滞。此时暂停结构已被翻译过程破坏，但是核糖体滞留在色氨酸密码子处，未能覆盖2区序列。这时，RNA聚合酶继续转录出3区序列，与2区形成茎环结构。该茎环结构与弱化子结构不同，不是典型的强终止子结构，不影响RNA聚合酶的工作，转录继续进行并完成。因此，2区和3区形成的茎环结构称为反终止子（antiterminator）。最终，结构基因得以高效表达，用以合成足够的色氨酸[图12-14(c)]。

2. 真核生物基因表达的调节

真核生物基因表达的调节与原核生物相比要复杂得多。其基因表达是随细胞内外环境条件和时间程序的不同而进行精确调节的。主要包括转录前调节、转录调节、转录后的加工调节、转运调节、mRNA的翻译调节及降解调节、翻译后的调节等方面（图12-15）。

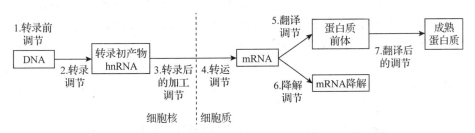

图12-15 真核生物基因表达在多级水平进行调节总体示意

（1）转录前调节

转录前调节，也称为DNA水平的调节，是指通过改变DNA序列和染色质结构从而影响基因表达的过程。主要包括以下几种方式：

①染色质丢失 某些低等真核生物，在其发育早期的卵裂阶段，除一个分裂细胞外，其他细胞均将异染色体部分去掉，使染色质减少约1/2。而保持完整基因组的细胞则成为生殖细胞。丢失的染色质部分仅对生殖细胞是必需的。也有一些生物的细胞需要丢弃部分基因组序列后，其他基因才能正常转录表达。在高等生物中，最突出的例子是哺乳动物的红细胞，在成熟过程中整个核都丢失了。

②基因扩增（gene duplication） 通过改变某一基因数量而调节基因表达产物的水平，从而适应特殊需要。

③基因重排（gene rearrangement） 通过转座，DNA的断裂或错接等，使正常的基因表达发生切换，由一种基因转为另一种基因。另外，基因重排也是一种产生新基因的方式。

④DNA 的修饰　DNA 的碱基能够被甲基化(methylation)，主要形成 5-甲基胞嘧啶和少量 6-甲基腺嘌呤。甲基化也是一种控制基因表达的开关。

⑤异染色质化(heterochromatin)　染色质处于凝缩状态称为异染色质化，真核生物可以通过异染色质化关闭某些基因的表达。

(2) 转录调节

转录调节是真核生物基因表达调节的重要环节，不仅涉及基因调控序列的识别与互作，还涉及染色质相关部位的结构变化。基因调控序列的识别与互作主要是通过顺式作用元件和反式作用因子互作实现。

顺式作用元件(cis-regulatory element, CRE)是能影响基因转录的特定 DNA 序列。顺式作用元件包括核心启动子、增强子、沉默子和应答元件等，它们的作用是参与基因转录的调控。顺式作用元件本身不编码任何蛋白质，而是部分反式作用因子的作用位点，两者相互作用才能实现调节功能。顺式作用元件是基因的调控区域，决定了基因转录的时间、速率等，是基因的重要组成部分。现介绍如下：

①核心启动子(core promoter)　参见第十章。

②增强子(enhancer)　能够显著增强其附近基因的转录频率。目前认为，转录激活因子(transcription activator)首先识别并结合增强子，然后转录激活因子与介导因子(mediator)互作。介导因子是一种辅助活化因子(coactivator)。辅助活化因子通常介导转录因子与 RNA 聚合酶Ⅱ的互作，从而激活转录。增强子有两个显著的特点：一是其功能与位置无关。通常增强子位于核心启动子的上游，有些甚至相隔几千个碱基对。研究发现，即使将其放在基因的下游，也不会影响其功能。二是其作用无方向性，即增强子的作用与其序列方向($5'\rightarrow 3'$或$3'\rightarrow 5'$)无关。增强子的特异性，取决于与之结合的转录因子。酵母中存在类似于增强子的元件，称为上游激活序列(upstream activation sequence, UAS)，该元件必须位于启动子上游才能起作用。

③沉默子(silencer)　与增强子正好相反，是转录抑制因子(transcription repressor)的结合位点，是对基因转录进行负调控的元件。

④应答元件(response element)　是一类能够被特异的转录因子识别的核酸序列。真核生物有多种应答元件，包括热激应答元件(heat shock response element, HSE)、金属应答元件(metal response element, MRE)、激素应答元件(hormone response element, HRE)等。热激应答元件能够快速对环境温度的变化做出反应，促进相关基因的转录起始。

反式作用因子(trans-acting factor)，也称为转录因子(transcription factor, TF)，是指能直接或间接地识别或结合在各类顺式作用元件核心序列上，参与调控靶基因转录效率的蛋白质。反式作用因子通常可以分为两类：通用或基本转录因子(general/basal transcription factors, GTFs)和基因特异性转录因子(gene specific transcription factors)。通用转录因子结合在 TATA 框和转录起点，与 RNA 聚合酶一起形成转录起始复合物。特异性转录因子能够识别或结合特定基因的调控元件，从而调控转录。所有结合 DNA 的反式作用因子都至少有一个 DNA 结合结构域(DNA-binding domain, DBD)。在 DNA 结合结构域中存在着一些常见的基序，主要有以下几种(图 12-16)：

①螺旋-转角-螺旋(helix-turn-helix, HTH)　常见的 DNA 结合基序，约 20 个氨基酸残基。该结构中，两个 α-螺旋(每个 7~9 个氨基酸残基)通过一个 β-转角连接。其中，

一个α-螺旋含有很多能够与DNA互作的氨基酸，负责DNA识别。该结构通常突出于蛋白质表面，识别并结合DNA的大沟或附近区域。

②锌指结构（zinc finger）　一种锌指结构单位约有30个氨基酸残基，形成一个反平行β-发夹，随后是一个α-螺旋，由β-片层上两个半胱氨酸残基和α-螺旋上两个组氨酸残基与Zn构成四面体配位结构，称为典型的锌指结构，表示为Cys2/His2。还有一类是由4个半胱氨酸残基与Zn构成四面体配位结构，称为Cys2/Cys2锌指。锌指结构中的Zn主要用于稳定结构，而不参与DNA互作。锌指结构单位中部分氨基酸对不同DNA序列具有识别作用，但是一个锌指结构单位与DNA的结合非常微弱。因此，不同的锌指蛋白含有多个锌指结构单位，从而大大提高了与DNA结合的特异性。

③同源域（homeodomain）　通常由60个氨基酸残基组成，N-端为伸展的肽链，C-端含有3个α-螺旋。其中α-螺旋1和2反向平行，α-螺旋3与前两个接近垂直。α-螺旋3和2形成类似HTH的结构，由α-螺旋3负责DNA的识别与结合。该结构广泛存在于同源异型基因（homeotic gene，控制生物形态发育的基因）中。

④亮氨酸拉链（leucine zipper）　亮氨酸拉链是两个单体形成的二聚体。每个单体约35个氨基酸残基，形成α-螺旋。每个单体的肽链C-端部分富含疏水氨基酸，N-端部分富含碱性氨基酸（Arg和Lys），使整个螺旋具有两性性质。在疏水端，每两圈螺旋有一个亮氨酸。两个单体通过C-端亮氨酸的疏水作用力而二聚化。C-端犹如拉链，而整体结构类似"Y"字形。该二聚体借助N-端带正电的碱性氨基酸的侧链与DNA上带负电的磷酸基团结合，因此，也称为碱性亮氨酸拉链（basic region leucine zipper，bZip）。这里需要注意的是，亮氨酸拉链本身不能与DNA结合，而是形成二聚体的重要基础。真正与DNA结合的是N-端的碱性氨基酸。

⑤螺旋-突环-螺旋（helix-loop-helix，简称HLH）　含有两个较短的α-螺旋，螺旋之间以一段长度各异的突环连接。该突环区别于HTH的β-转角。该结构也能形成二聚体，然后与DNA结合。其中，两个单体的C-端螺旋，通过疏水作用力结合，N-端的螺旋含有碱性氨基酸，以此与DNA结合。该结构的组合方式类似亮氨酸拉链。

真核生物DNA约90%以常染色质（euchromatin）形式存在，其压缩程度较低。常染色质中核小体存在各种差异，而这种差异代表了不同部位的转录活跃程度。核小体是染色质的基本单位，当DNA上的目的基因需要表达时，必须先将相应位点的核小体结构移动、调整或解升，才能使上述反式作用因子、RNA聚合酶等允分接触DNA并实现转录。这种染色质中与转录相关的结构变化称为染色质重塑（chromatin remodeling）。染色质功能状态的转变可由修饰所引起，主要包括组蛋白的乙酰化、甲基化和磷酸化、DNA的甲基化。启动子激活的大致流程为：转录激活因子识别特殊的序列并结合其上；转录激活因子介导染色质重塑复合物（chromatin remodeling complex）与之结合；转录激活因子解离；染色体重塑复合物介导修饰酶复合物与之结合；组蛋白被依次乙酰化、磷酸化，影响染色质结构使基因活化；转录复合物形成，转录起始。当然，对于不同的基因，其相应的组蛋白乙酰转移酶、组氨酸激酶、染色体重塑复合物等辅助活化因子作用顺序可能会有变化，甚至忽略个别过程。与之相反，转录阻遏蛋白引起的重塑可能导致组蛋白脱乙酰基或甲基化，从而使基因失活。

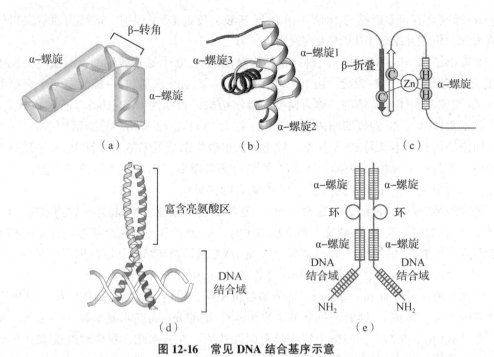

图 12-16 常见 DNA 结合基序示意

(a) 螺旋-转角-螺旋；(b) 同源域；(c) 锌指结构；(d) 亮氨酸拉链；(e) 螺旋-突环-螺旋

(3) 转录后的加工调节

真核生物的 mRNA 前体加工过程主要包括 5 个步骤：①5′加帽子。在新生的 mRNA 前体 5′端上加一个甲基化的鸟嘌呤核苷酸，称为 5′帽子，即 m7GpppNp。这一过程通常在 mRNA 转录出约 25 个核苷酸时，开始进行。②3′加尾巴。当 RNA 聚合酶转录至基因的终止信号，由一系列 RNA 识别蛋白或酶特异性结合并将新合成的 RNA 链切下。随后，由多聚腺苷酸聚合酶在其 3′端加一段多聚腺苷酸尾巴，该反应过程不需要模板。如前所述，5′帽子和 3′尾巴对于维持 mRNA 的稳定性和翻译效率具有重要作用。③mRNA 前体的可变剪接（alternative RNA splicing）。将 mRNA 前体的内含子切除，并使两个外显子重新连接，这一过程称为剪接。mRNA 前体通过不同的剪接途径可以产生不同的 mRNA 分子。这也是真核生物蛋白质远高于其基因数量的重要原因。例如，果蝇的 *Dscam* 基因能够通过可变剪接产生 38 000 种 mRNA，其中至少 14 000 个 mRNA 已被确定。④转录产物的可变剪切。在 mRNA 前体转录终止过程中，细胞根据需要，可能会在 3′不同的部位切断 RNA，之后加 A 尾，形成不同的转录产物，对应不同的蛋白质。⑤RNA 编辑（RNA editing）。RNA 编辑在非编码 RNA 中比较常见，如 rRNA 和 tRNA 转录后，很多位点都要编辑，包括甲基化、尿嘧啶转变为假尿嘧啶等。mRNA 中，也有几种常见的编辑方式，如腺嘌呤到次黄嘌呤和胞嘧啶到尿嘧啶的转变。这些核苷酸位点的编辑，对蛋白质序列、mRNA 前体的剪接、跨膜转运或翻译效率等均可能产生影响。

(4) 翻译调节

真核生物在翻译水平进行基因表达调节，主要是控制 mRNA 的稳定性、运输和有选择地进行翻译。

mRNA 的稳定性主要由 5′帽子、3′ polyA 尾以及 mRNA 上相应部位结合的蛋白质来调节。

mRNA 运输可以理解为两个方面：成熟 mRNA 从细胞核向细胞质的转运和 mRNA 在细胞质中的定位。①转运。成熟的 mRNA 需要转运至细胞质后，才能用于蛋白翻译。而转运过程也是需要调节的。首先必须保证只有正确修饰、信息完整的 mRNA 才能够转运至细胞质。转运时，核转运受体(nuclear transport receptor)与 mRNA 的 3′端结合，然后将其运输至核孔复合体(nuclear pore complex)稍作停留，最后迅速运出细胞核。而其他的诸如加工切下的碎片和内含子、损伤的 mRNA 或其前体等是不允许被转运的。这些非正常的 RNA 片段将留在细胞核内，被核内外泌体(nuclear exosome)降解。②定位。mRNA 进入细胞质后，通常迅速与核糖体结合，起始并完成翻译。但对于一些分泌蛋白，当翻译出 N-端信号肽后，被一系列识别蛋白结合并将其(包括核糖体、mRNA、新生肽链等复合物)转运至内质网，然后才继续翻译，从而使该蛋白质能够正确分泌。另外，一些 mRNA 需要定位到细胞的一些特殊区域后，才能够高效翻译。这种先定位后高效翻译的优势在于，能够将蛋白质直接表达到细胞高度需要的部位，提高蛋白质的利用效率。

真核生物 mRNA 是否能够进行翻译或者能否高效翻译，也受到复杂的调控。例如，细胞会检查刚刚转运至细胞质的 mRNA 编码序列是否提前终止，这种检测方式称为无意义密码子介导的 mRNA 的降解(nonsense-mediated mRNA decay)。一旦发现无义突变，该 mRNA 将被迅速降解，而不用于蛋白翻译。另外，真核生物 mRNA 的起始密码子 AUG 上游不存在 Shine-Dalgarno 序列，其翻译起始受到 5′帽子的调控。当 5′帽子被抑制因子结合时，翻译无法起始。同时，3′UTR 也能被一些抑制因子识别并结合，从而影响 5′帽子与 3′polyA 尾的结合，最终影响翻译。翻译起始前 5′帽子与 3′polyA 尾在相应的翻译起始因子和其他蛋白的作用下相互结合，是细胞再次对 mRNA 完整性的监测。

(5) mRNA 的降解调节

研究发现，生物体内除了常见的 mRNA、rRNA 和 tRNA，还有很多其他类型的 RNA 分子。这些 RNA 不编码蛋白质，与 rRNA 和 tRNA 一样属于非编码 RNA(non-coding RNA)。由于其分子长度较短，且缺乏显著的特点，近些年才被科学家陆续发现。这些神秘的非编码 RNA 对基因表达的调控、机体防御等具有重要作用，但其作用机理尚未完全揭示。例如微 RNA(miRNA)，单链，长约 20~25 nt，能够与细胞某些蛋白质形成 RNA 诱导的沉默复合物(RNA-induced silencing complex，RISC)。RISC 能够借助 miRNA 的序列，与靶标 mRNA 碱基配对，从而抑制其正常的翻译(translation repression)或促使其降解(mRNA decay)。人类基因组中已发现上千种 miRNA 分子，调控约 1/3 的基因表达。小分子干扰 RNA(siRNA)是另一种类似的小分子 RNA，双链，约 23 bp。siRNA 也能形成 RISC 复合物，之后由双链降解为单链，并以此单链配对靶标 mRNA 或其前体，从而介导其快速降解或转录终止。由这些小分子 RNA 介导的基因表达的减弱或终止，称为 RNA 干扰(RNA interference，RNAi)。这些小分子调控 RNA 已成为重要的基因工程工具，用于研究基因的功能、构建基因缺失突变体等。另外，近年来，在部分细菌中也发现类似的非编码 RNA——crRNA(CRISPR RNA，参见第八章)，其能够介导这些细菌的对外防御系统(CRISPR 系统)。除此之外，还有一些非编码 RNA 表现出更加复杂的功能。例如，长链非编码 RNA (long non-coding RNA, lncRNA)，通常大于 200 nt，但是依然不能翻译蛋白质。人类基因组中已发现 8 000 多个 lncRNA。其功能多样，有些具有上述小分子 RNA 的作用，用于基因表达的调控，有些能够作为介导蛋白互作的骨架或中间体，有些能够作为介导蛋白与核酸互作的中间体等。

(6) 翻译后的调节

多肽链合成后通常须经过一系列的加工和空间折叠才能成为有活性的蛋白质。蛋白质的折叠构象主要决定于氨基酸序列，而其最后具有生物活性的构象则是在加工或共价修饰过程中形成的。翻译后的加工过程包括：①N-端起始甲硫氨酸的移除。部分蛋白质合成后，会除去起始的甲硫氨酸残基，以此增加蛋白质 N-端氨基酸的多样性；当然，有时候 N-端和 C-端其他氨基酸也有可能被切除。②信号肽的切除。部分分泌蛋白或其他需要亚细胞定位的蛋白质，在定位过程中或定位结束后，会切除 N-端的信号序列。③部分肽链的切除。很多酶原或多肽类激素的前体，在形成具有活性的酶或激素分子时，需要将部分肽链切除。④个别氨基酸的共价修饰。例如，甲基化、乙酰化、磷酸化、羧基化、腺苷酰化等。细胞中已经发现上百种共价修饰类型。通过共价修饰，能够进一步调整蛋白质的空间结构，从而调控其活性变化。⑤蛋白质的糖基化(糖蛋白)、酰基化(脂蛋白)等，对调节蛋白功能、定位具有重要作用。⑥空间结构的形成。蛋白自身或在其他酶和分子伴侣的帮助下进行空间结构的折叠，并正确定位。⑦非蛋白组分的结合。很多蛋白质，尤其是酶，正常功能的行使，需要与非蛋白组分结合。例如，血红蛋白需要结合血红素，很多酶需要结合辅酶等。⑧二硫键的形成。有些蛋白质，如很多胞外蛋白，在形成空间结构之后，还要形成一些分子内或分子间的二硫键，以进一步稳定其结构或防止蛋白质降解。⑨蛋白质的降解。细胞中存在一些结构破坏、功能丧失甚至可能产生负作用的蛋白质，还有一些受严格时序调控的酶类。这些蛋白质一旦不再需要，就必须通过一些途径及时清理。因此，蛋白质的降解也是一种重要的翻译后的调控方式。

三、细胞水平调节

细胞水平调节，主要是生物膜对代谢的调节作用。各种生物膜的存在为酶促反应、物质运输、信号的传导和隔离提供了基本的物质基础。

(一) 内膜系统对物质和代谢的分隔作用

在真核生物中，细胞被生物膜分隔为若干种亚细胞区域，如各种有膜的细胞器。这就使得各种酶与底物等可以被分配到相应的独立空间，不仅提高相对浓度，而且使各个代谢反应可以互不干扰，从而实现分室分工。表 12-5 总结了细胞中各个细胞器中的重要酶类及其相关代谢。

(二) 生物膜能够控制细胞内外物质的运输

生物膜是半透膜，能对极性或分子质量较大的物质的跨膜运输起重要的调控作用。这就为代谢途径间的相互交流(如促进或制衡)提供了基础。

(三) 细胞膜是不同生物信号的重要识别和解读部位

不同部位或功能的细胞对不同的生物信号，如神经递质、激素等具有特异的响应受体。这就为调节各类细胞执行不同的生物功能提供了基础。

表 12-5 常见代谢中的一些酶在细胞内的区域化列表

细胞部位		酶种类	相关代谢
细胞膜		ATP 酶，腺苷酸环化酶、各类膜受体等	能量及信息转换
细胞核		DNA 聚合酶、RNA 聚合酶、连接酶等	DNA 复制、基因表达等
溶酶体		各种水解酶	蛋白质、多糖、脂、核酸等
粗面内质网		蛋白质合成酶类	蛋白质合成
光面内质网		加氧酶系、合成糖、脂酶系等	加氧反应、糖蛋白、脂蛋白加工
过氧化体		过氧化氢酶、过氧化物酶	处理过氧化氢、过氧化物等
线粒体	外膜	单胺氧化酶、脂酰转移酶、NDP 激酶	胺氧化、脂肪酸活化、NTP 合成
	间质	腺苷酸激酶、NDP 激酶、NMP 激酶	核苷酸代谢
	内膜	呼吸链酶类、肉毒碱脂酰转移酶	呼吸电子传递、脂肪酸转运
	基质	TCA 酶类、β-氧化酶类、氨基酸氧化脱氨酶及转氨酶类	糖、脂肪酸及氨基酸的有氧氧化
胞浆		EMP 酶类、HMP 酶类、胱氨酸合成酶系、谷胱甘肽合成酶系、氨酰 tRNA 合成酶	糖分解、GSH 代谢、氨基酸活化

四、激素调节

激素(hormone)是由动植物特化的组织细胞分泌的、含量甚微的小分子化合物或蛋白质，对维持机体正常生理功能有重要作用。动物激素由内分泌系统(endocrine system)合成。微生物中没有激素的概念，但是有的微生物机体中发现激素类似物。激素通过作用敏感器官(靶器官)或细胞(靶细胞)而发挥调节作用；激素在体内虽然含量少，但作用大、效率高，它作为"化学信使"可引起靶细胞中一系列新陈代谢变化，进而产生生理效应。另外，在动物体内，激素本身受到神经系统或者其他激素的调控。

(一) 激素分类

激素按照来源可以分为脊椎动物激素、植物激素和无脊椎动物激素。

1. 脊椎动物激素

按照化学本质，脊椎动物激素(包括人类激素)分为 3 类：①含氮激素，包括氨基酸衍生物类激素(如甲状腺素、肾上腺素等)、肽类激素(如加压素、催产素等)和蛋白质类激素(如生长素、胰岛素等)、一氧化氮；②类固醇类激素(如肾上腺皮质激素、性激素、维生素 D 类激素等)；③脂肪酸衍生物类激素(如前列腺素等)。表 12-6 列举了部分较常见的脊椎动物激素。

表 12-6　部分脊椎动物激素的分泌器官及作用

分类	名称	分泌器官	对代谢的调节作用
含氮激素	甲状腺素	甲状腺	促进基础代谢，糖、蛋白质、脂类代谢
	肾上腺素	肾上腺髓质	促进糖原分解，升高血糖；促进脂肪、氨基酸分解
	生长激素	腺垂体	促进氨基酸进入细胞，促进 DNA、RNA 和蛋白质合成；抑制肌肉和脂肪组织利用葡萄糖，促进糖异生
	抗利尿素	神经垂体	促进肾脏对水的重吸收并有升压作用
	甲状旁腺激素	甲状旁腺	调节 Ca、P 代谢，升高血钙
	降钙素	甲状旁腺	调节 Ca、P 代谢，降低血钙
	胰岛素	胰岛 β 细胞	促进葡萄糖利用、糖原合成、氨基酸转移
	胰高血糖素	胰岛 α 细胞	促进糖原分解，使血糖升高
类固醇衍生类激素	皮质酮	肾上腺皮质	调节糖代谢、矿质平衡及保持体内钠离子浓度，促使体内保持钠、排出钾
	皮质醇	肾上腺皮质	调节糖代谢、矿质平衡及保持体内钠离子浓度，促使蛋白质转变为糖，抑制糖的氧化
	醛固酮	肾上腺皮质	调节水和电解质的平衡
	11-脱氧皮质醇	肾上腺皮质	调节水和电解质的平衡
	睾酮	睾丸	促进生殖系统发育和性活动
	雌酮	卵巢	促进生殖系统发育和性活动
脂肪酸衍生类激素	前列腺素	前列腺	对内分泌、生殖、消化、呼吸、泌尿、神经系统和心血管等均有作用

2. 植物激素

植物激素是指一些对植物生长发育(发芽、开花、结实和落叶等)及代谢有控制作用的有机化合物，现常用含义更广泛的植物生长调节物质来代替植物激素的名称。经典的高等植物激素有植物生长素、赤霉素、细胞分裂素、脱落酸及乙烯五大类(表 12-7)。另外，水杨酸、茉莉酸、油菜素内酯、独脚金内酯等植物重要的生长调节物质也正在被人们所认知。

表 12-7　部分植物激素的名称及其生理作用

名称	主要生理作用
生长素	促进细胞的生长
赤霉素	促进细胞的生长
细胞分裂素	促进细胞分裂
脱落酸	促进植物离层细胞的成熟，因而引起器官的脱落
乙烯	促进器官的成熟

3. 无脊椎动物激素

无脊椎动物激素，如昆虫激素包括昆虫内激素和昆虫外激素。昆虫内激素是由昆虫内腺体分泌的激素，对昆虫的生长发育有很大影响，包括保幼激素、蜕皮激素和脑激素等。性信息素是研究较多的昆虫外激素。常见的昆虫激素见表 12-8 所列。

表 12-8　昆虫的内激素和外激素的分泌器官和生理作用

分类	名称	分泌器官	生理作用
内激素	蜕皮激素	前胸腺	促进昆虫、甲壳类的蜕皮
	保幼激素	咽侧体	保持幼虫的形态
	脑激素	脑内神经分泌细胞	调节控制幼虫前胸腺分泌蜕皮激素
外激素	蜂王物质	蜂王上颚腺	促进雌幼虫的性腺发育
	性外激素	雌蚕蛾的性腺	引诱雄蛾

(二) 脊椎动物激素作用机制

1. 第二信使介导的信号传导途径

第二信使(second messenger)学说最早由 Sutherland 于 20 世纪 50 年代提出，是指激素与靶细胞膜上的特异受体非共价结合后，在细胞内产生的带有激素化学信号的分子。最早发现的是 cAMP，后来随着细胞信号转导研究的进展，相继又发现了其他第二信使。第二信使可对细胞内诸多代谢途径进行调节。常见第二信使见表 12-9 所列。

表 12-9　部分第二信使及其功能

第二信使	功能
环腺苷酸(cAMP)	激活蛋白激酶
环鸟苷酸(cGMP)	激活蛋白激酶，调节离子通道，调节磷酸二酯酶
Ca^{2+}	激活蛋白激酶，激活钙调蛋白
肌醇三磷酸(IP_3)	激活钙离子通道
一氧化氮(NO)	激活鸟苷酸环化酶，松弛平滑肌
一氧化碳(CO)	抗低温、保持内稳态等
甘油二酯(DAG)	激活蛋白激酶 C

注：一氧化氮的生物功能繁多，既有激素作用，又可以作为第二信使等。

例如，当肾上腺髓质收到上游神经递质(如乙酰胆碱等)的信号后，刺激肾上腺髓质细胞分泌肾上腺素。该激素能够随血液循环进入肝脏，与肝脏中的靶标细胞膜上的肾上腺素受体专一性、高亲和力地结合。肾上腺素的结合使得该受体构象变化，并与 G 蛋白结合。随后，G 蛋白释放活化的 α 亚基(Gsα，结合有 GTP)，Gsα 又与腺苷酸环化酶结合，使腺苷酸环化酶激活。该酶催化胞浆内的 ATP 转化为 cAMP。cAMP 就是一种第二信使。cAMP 进一步引发一系列级联反应调节细胞内的代谢，如糖原的降解、糖异生作用、脂肪的分解等途径。当血糖浓度达到一定水平时，细胞内的磷酸二酯酶会促使 cAMP 降解为 AMP，丧失第二信使功能。所以，细胞内的 cAMP 浓度是受到腺苷酸环化酶和磷酸二酯酶共同制约的。

2. 类固醇激素的信号传导途径

类固醇激素亲脂性很强，难溶于水，往往需要专一的载体将其转运至靶细胞。到达靶细胞后，这类激素分子能够通过简单扩散的方式，透过质膜。随后，与细胞质或细胞核内受体专一性结合，从而激活该受体。激活后的受体识别并结合基因上游的激素应答元件，从而调节目标基因的转录。因此，类固醇类激素的受体，一般都属于转录因子。这类调节方式产生显著效果往往需要几小时甚至数天。

思 考 题

1. 新陈代谢调节主要在哪些水平上进行?主要特点是什么?
2. 反馈抑制的类型和异同点有哪些?
3. 原核生物酶活性调节的主要方式有哪些?
4. 化学修饰调节与别构调节有何异同点?常见的化学修饰有哪些方式?最主要的化学修饰是什么?
5. 原核生物酶含量调节的主要方式有哪些?
6. 诱导酶与阻遏酶在转录水平的调节机制区别是什么?它对生物代谢调节的主要意义是什么?
7. 什么是级联系统?试举例说明。

参考文献

郭蔼光, 2001. 基础生物化学[M]. 北京: 高等教育出版社.
郭勇, 2000. 酶学[M]. 广州: 华南理工大学出版社.
卢善发, 2017. 植物脂肪酸的生物合成与基因工程[J]. 植物学通报 (6): 481-491.
罗纪盛, 张丽萍, 杨建雄, 等, 1999. 生物化学简明教程[M]. 3版. 北京: 高等教育出版社.
沈黎明, 1996. 基础生物化学[M]. 北京: 中国林业出版社.
沈昭文, 沈仁权, 黄爱珠, 等, 1996. 英汉汉英生物化学词汇[M]. 北京: 科学出版社.
石东乔, 周奕华, 陈正华, 等, 2002. 植物脂肪酸调控基因工程研究[J]. 生命科学, 14 (5): 291-295, 317.
宋方洲, 2014. 生物化学与分子生物学[M]. 北京: 科学出版社.
汪沛洪, 1995. 植物生物化学[M]. 北京: 中国农业出版社.
王冬梅, 吕淑霞, 2010. 生物化学[M]. 北京: 科学出版社.
王继峰, 2003. 生物化学[M]. 北京: 中国中医药出版社.
王金胜, 吕淑霞, 2021. 基础生物化学[M]. 2版. 北京: 中国农业出版社.
王金胜, 1999. 植物基础生物化学[M]. 北京: 中国林业出版社.
王镜岩, 朱圣庚, 徐长法, 2002. 生物化学[M]. 3版. 北京: 高等教育出版社.
王琳芳, 杨克恭, 2001. 医学分子生物学原理[M]. 北京: 高等教育出版社.
吴显荣, 1999. 基础生物化学[M]. 2版. 北京: 中国农业出版社.
杨荣武, 2012. 生物化学[M]. 北京: 科学出版社.
杨荣武, 2018. 生物化学原理[M]. 北京: 高等教育出版社.
杨志敏, 2015. 生物化学[M]. 北京: 高等教育出版社.
于自然, 黄熙泰, 2001. 现代生物化学[M]. 北京: 化学工业出版社.
袁勤生, 2001. 现代酶学[M]. 上海: 华东理工大学出版社.
张来群, 谢丽涛, 2001. 生物化学习题集[M]. 北京: 科学出版社.
张曼夫, 2002. 生物化学[M]. 北京: 中国农业出版社.
赵容乐, 2002. 脂类代谢与人体健康[J]. 生物学通报, 37 (5): 19-21.
赵武玲, 2010. 分子生物学[M]. 北京: 中国农业大学出版社.
郑集, 陈钧辉, 1998. 普通生物化学[M]. 3版. 北京: 高等教育出版社.
周奕华, 陈正华, 1998. 植物种子脂肪酸代谢途径的遗传调控与基因工程[J]. 植物学通报, 15(5): 16-23.
朱圣庚, 徐长法, 2017. 生物化学[M]. 4版. 北京: 高等教育出版社.
朱玉贤, 李毅, 2019. 现代分子生物学[M]. 5版. 北京: 高等教育出版社.
邹国林, 朱汝, 1997. 酶学[M]. 武汉: 武汉大学出版社.
ALBERTS BRUCE, JOHNSON ALEXANDER, LEWIS JULIAN, et al, 2015. Molecular biology

of the cell[M]. 6th ed. New York: Garland Science, Taylor & Francis Group.

BUCHANAN B B, GRUISSEM W, RUSSELL L J, 2015. Biochemistry & molecular biology of plants[M]. 2nd ed. West Sussex: John Wiley & Sons.

BERG J M, TYMOCZKO J L, GATTO G J, et al, 2019. Biochemistry[M]. 9th ed. New York: W. H. Freeman and Company.

DJURHUUS A, PORT J, CLOSEK CJ, et al, 2017. Evaluation of filtration and DNA extraction methods for environmental DNA biodiversity assessments across multiple trophic levels[J]. Frontiers in Marine Science, 4: 314.

HAMES B D, 2000. 生物化学(精要速览系列)[M]. 王镜岩, 等译. 北京: 科学出版社.

HAMES B D, HOOPER N M, 2001. 生物化学[M]. 王镜岩, 文重, 等译. 北京: 科学出版社.

KREBS J E, GOLDSTEIN E S, KILPATRICK S T, 2018. Lewin's genes XII[M]. Sudbury: Jones & Bartlett Learning.

KUCHEL P W, RALSTON G B, 2002. 生物化学[M]. 姜招峰, 译. 北京: 科学出版社.

NELSON D L, COX M M, 2021. Lehninger principles of biochemistry[M]. 8th ed. New York: W. H. Freeman and Company.

PFISTER B, ZEEMAN S C, 2016. Formation of starch in plant cells[J]. Cellular and Molecular Life Sciences, 73: 2781-2807.

POND CAROLINE M, 2001. 生命与脂肪[M]. 俞宝发, 译. 上海: 复旦大学出版社.

SHOAIB N, LIU L, ALI A, et al, 2021. Molecular functions and pathways of plastidial starch phosphorylase (PHO1) in starch metabolism: Current and future perspectives[J]. International Journal of Molecular Sciences, 22(19): 10450.

STRYER L, 1992. 生物化学[M]. 唐有祺, 张惠珠, 等译. 北京: 北京大学出版社.

TETLOW I J, BERTOFT E, 2020. A review of starch biosynthesis in relation to the building block-backbone model[J]. International Journal of Molecular Sciences, 21(19): 7011.

THOMA S P, WILLIAM E, JENNIFER L S, et al, 2017. Cell biology[M]. 3rd ed. Philadelphia: Elsevier.

附录　诺贝尔生理学或医学奖、化学奖清单
（1901—2022 年）

获奖年份	获奖名称	获奖人	获奖内容
1901	生理学或医学奖	Emil Adolf von Behring（德国）	血清疗法及其在治疗白喉中的应用
	化学奖	Jacobus Henricus van't Hoff（荷兰）	发现溶液中的化学动力学法则和渗透压定律
1902	生理学或医学奖	Ronald Ross（英国）	在疟疾方面的工作，展示了疟疾如何进入生物体，从而为成功研究这种疾病和防治这一疾病的方法奠定了基础
	化学奖	Hermann Emil Fischer（德国）	在糖类和嘌呤合成方面的工作
1903	生理学或医学奖	Niels Ryberg Finsen（丹麦）	对集中光辐射治疗疾病，尤其是寻常狼疮的贡献，由此开辟了医学科学的新途径
	化学奖	Svante August Arrhenius（瑞典）	提出了电离理论
1904	生理学或医学奖	Ivan Petrovich Pavlov（俄罗斯）	在消化生理学上的工作，通过这些研究使该学科重要方面的知识由此被改变和扩充
	化学奖	William Ramsay（英国）	发现了空气中的惰性气体元素，并确定了它们在元素周期表中的位置
1905	生理学或医学奖	Robert Koch（德国）	对结核病的相关研究和发现
	化学奖	Adolf von Baeyer（德国）	对有机染料和氢化芳香族化合物的研究，推动了有机化学和化学工业的发展
1906	生理学或医学奖	Camillo Golgi（意大利）和 Santiago Ramón y Cajal（西班牙）	在神经系统结构研究上的工作
	化学奖	Henri Moissan（法国）	对氟元素的研究和分离以及以他的名字命名的电炉
1907	生理学或医学奖	Charles Louis Alphonse Laveran（法国）	对原生动物致病作用的研究
	化学奖	Eduard Buchner（德国）	生物化学研究和无细胞发酵的发现
1908	生理学或医学奖	Ilya Ilyich Mechnikov（俄罗斯）和 Paul Ehrlich（德国）	在免疫性研究上的工作
	化学奖	Ernest Rutherford（英国）	对元素的蜕变放射化学的研究
1909	生理学或医学奖	Emil Theodor Kocher（瑞士）	对甲状腺生理学、病理学以及在外科学上的研究
	化学奖	Wilhelm Ostwald（德国）	对催化作用的研究和对化学平衡以及化学反应速率的基本原理的研究
1910	生理学或医学奖	Albrecht Kossel（德国）	通过对蛋白质（包括核物质）的研究，为了解细胞化学作出了贡献
	化学奖	Otto Wallach（德国）	在脂环族化合物领域的开创性工作，促进有机化学和化学工业的发展

(续)

获奖年份	获奖名称	获奖人	获奖内容
1911	生理学或医学奖	Allvar Gullstrand(瑞典)	在眼睛屈光学研究上的工作
	化学奖	Maria Sktodowska-Curie(波兰)	发现了镭和钋元素，提纯镭并研究了这种引人注目的元素的性质及其化合物
1912	生理学或医学奖	Alexis Carrel(法国)	在血管缝合以及血管和器官移植方面的工作
	化学奖	Victor Grignard(法国)	发明了格氏试剂
		Paul Sabatier(法国)	发明了在细金属粉存在下有机化合物的加氢法
1913	生理学或医学奖	Charles Richet(法国)	在过敏反应研究上的工作
	化学奖	Alfred Werner(瑞士)	对分子内原子连接的研究，特别是在无机化学研究领域
1914	生理学或医学奖	Robert Bárány(奥地利-匈牙利)	在前庭器官的生理学与病理学研究上的工作
	化学奖	Theodore William Richards(美国)	精确测定了大量化学元素的原子量
1915	生理学或医学奖	无	无
	化学奖	Richard Martin Willstatter(德国)	对植物色素，特别是叶绿素的研究
1916	生理学或医学奖	无	无
	化学奖	无	无
1917	生理学或医学奖	无	无
	化学奖	无	无
1918	生理学或医学奖	无	无
	化学奖	Fritz Haber(德国)	对从单质合成氨的研究
1919	生理学或医学奖	Jules Bordet(比利时)	在免疫性方面的发现
	化学奖	无	无
1920	生理学或医学奖	Schack August Steenberg Krogh(丹麦)	发现毛细血管的运动调节机制
	化学奖	Walther Hermann Nernst(德国)	在热化学方面的研究
1921	生理学或医学奖	无	无
	化学奖	Frederick Soddy(英国)	对了解放射性物质的化学性质上的贡献，以及对同位素的起源和性质的研究
1922	生理学或医学奖	Archibald Vivian Hill(英国)	关于肌肉产生热量的发现
		Otto Fritz Meyerhof(德国)	发现肌肉中氧的消耗和乳酸代谢之间的固定关系
	化学奖	Francis William Aston(英国)	通过质谱仪发现了大量非放射性元素的同位素，并阐明了整数法则
1923	生理学或医学奖	Frederick Grant Banting(加拿大)和John James Rickard Macleod(英国)	发现胰岛素
	化学奖	Fritz Pregl(奥地利)	创立了有机化合物的微量分析法
1924	生理学或医学奖	Willem Einthoven(荷兰)	发明心电图装置
	化学奖	无	无

(续)

获奖年份	获奖名称	获奖人	获奖内容
1925	生理学或医学奖	无	无
	化学奖	Richard Adolf Zsigmondy(德国)	阐明了胶体溶液的异相性质,创立了相关分析法,确立了现代胶体化学的基础
1926	生理学或医学奖	Johannes Andreas Grib Fibiger(丹麦)	发现螺旋线虫与老鼠胃癌间的联系
	化学奖	Theodor Svedberg(瑞典)	对分散系统的研究
1927	生理学或医学奖	Julius Wagner-Jauregg(奥地利)	发现在治疗麻痹性痴呆过程中疟疾接种疗法的治疗价值
	化学奖	Heinrich Otto Wieland(德国)	对胆汁酸及相关物质构成的研究
1928	生理学或医学奖	Charles Jules Henri Nicolle(法国)	在斑疹伤寒研究上的工作
	化学奖	Adolf Otto Reinhold Windaus(德国)	对甾醇的构成及其与维生素的关系的研究
1929	生理学或医学奖	Christiaan Eijkman(荷兰)	发现抗神经炎的维生素
		Frederick Gowland Hopkins(英国)	发现刺激生长的维生素
	化学奖	Arthur Harden(英国)和Hans Karl August Simon von Euler-Chelpin(德国)	对糖类的发酵以及发酵酶的研究
1930	生理学或医学奖	Karl Landsteiner(奥地利)	发现人类的血型
	化学奖	Hans Fischer(德国)	对血红素和叶绿素构成的研究,尤其是对血红素合成的研究
1931	生理学或医学奖	Otto Heinrich Warburg(德国)	发现呼吸酶的性质和作用方式
	化学奖	Carl Bosch(德国)和Friedrich Bergius(德国)	发明和发展化学高压技术
1932	生理学或医学奖	Charles Scott Sherrington(英国)和Edgar Douglas Adrian(英国)	发现神经元的相关功能
	化学奖	Irving Langmuir(美国)	在表面化学方面的发现和研究
1933	生理学或医学奖	Thomas Hunt Morgan(美国)	发现染色体在遗传中的作用
	化学奖	无	无
1934	生理学或医学奖	George Hoyt Whipple(美国), George Richards Minot(美国)和William Parry Murphy(美国)	发现贫血的肝脏治疗法
	化学奖	Harold Clayton Urey(美国)	发现重氢
1935	生理学或医学奖	Hans Spemann(德国)	发现胚胎发育中的组织者(胚胎发育中起中心作用的胚胎区域)效应
	化学奖	Frédéric Joliot(法国)和Irène Joliot-Curie(法国)	合成了新的放射性元素
1936	生理学或医学奖	Henry Hallett Dale(英国)和Otto Loewi(奥地利)	神经冲动的化学传递的相关发现
	化学奖	Peter Debye(荷兰)	通过研究偶极矩以及气体中X射线和电子的衍射来了解分子结构

(续)

获奖年份	获奖名称	获奖人	获奖内容
1937	生理学或医学奖	Albert von Szent-Györgyi Nagyrapolt(匈牙利)	与生物燃烧过程有关的发现，特别是关于维生素 C 和延胡索酸的催化作用
	化学奖	Walter Norman Haworth(英国)	对碳水化合物和维生素 C 的研究
		Paul Karrer(瑞士)	对类胡萝卜素、黄素和维生素 A 和维生素 B_2 的研究
1938	生理学或医学奖	Corneille Jean Francois Heymans(比利时)	发现颈动脉窦和主动脉在呼吸调节中的作用机制
	化学奖	Richard Kuhn(德国)	对类胡萝卜素和维生素方面的研究
1939	生理学或医学奖	Gerhard Domagk(德国)	发现百浪多息(一种磺胺类药物)的抗菌效果
	化学奖	Adolf Friedrich Johann Butenandt(德国)	对性激素的研究
		Leopold Ruzicka(瑞士)	对聚亚甲基和高级萜烯的研究
1940	生理学或医学奖	无	无
	化学奖	无	无
1941	生理学或医学奖	无	无
	化学奖	无	无
1942	生理学或医学奖	无	无
	化学奖	无	无
1943	生理学或医学奖	Henrik Carl Peter Dam(丹麦)	发现维生素 K
		Edward Adelbert Doisy(美国)	发现维生素 K 的化学性质
	化学奖	George de Hevesy(匈牙利)	在化学过程中使用同位素作为示踪剂
1944	生理学或医学奖	Joseph Erlanger(美国)和 Herbert Spencer Gasser(美国)	发现单神经纤维的高度分化功能
	化学奖	Otto Hahn(德国)	发现重核的裂变
1945	生理学或医学奖	Alexander Fleming(英国)，Ernst Boris Chain(英国)和 Howard Walter Florey(澳大利亚)	发现青霉素及其对各种传染病的疗效
	化学奖	Artturi Ilmari Virtanen(芬兰)	在农业和营养化学方面的研究和发明，特别是提出饲料贮藏方法
1946	生理学或医学奖	Hermann Joseph Muller(美国)	发现用 X 射线辐射的方法能够产生突变
	化学奖	James Batcheller Sumner(美国)	发现酶可以结晶
		John Howard Northrop(美国)和 Wendell Meredith Stanley(美国)	制备了高纯度的酶和病毒蛋白质
1947	生理学或医学奖	Carl Ferdinand Cori(美国)和 Gerty Theresa Cori née Radnitz(美国)	发现糖原的催化转化过程
		Bernardo Alberto Houssay(阿根廷)	发现垂体前叶激素在糖代谢中的作用
	化学奖	Robert Robinson(英国)	对具有重要生物学意义的植物产物，特别是生物碱的研究

(续)

获奖年份	获奖名称	获奖人	获奖内容
1948	生理学或医学奖	Paul Hermann Muller（瑞士）	发现DDT是一种高效杀死多类节肢动物的接触性毒药
	化学奖	Arne Wilhelm Kaurin Tiselius（瑞典）	在电泳现象和吸附分析方面的研究，特别是对血清蛋白复杂性质的研究
1949	生理学或医学奖	Walter Rudolf Hess（瑞士）	发现间脑的功能性组织对内脏活动的调节功能
		António Caetano de Abreu Freire Egas Moniz（葡萄牙）	发现前脑叶白质切除术对特定重性精神病患者的治疗效果
	化学奖	William Francis Giauque（美国）	在化学热力学领域的贡献，特别是对超低温状态下的物质的研究
1950	生理学或医学奖	Edward Calvin Kendall（美国），Tadeusz Reichstein（瑞士）和Philip Showalter Hench（美国）	发现肾上腺皮质激素及其结构和生物效应
	化学奖	Otto Paul Hermann Diels（西德）和Kurt Alder（西德）	发现和发展了二烯合成法
1951	生理学或医学奖	Max Theiler（美国）	发现黄热病及其治疗方法
	化学奖	Edwin Mattison McMillan（美国）和Glenn Theodore Seaborg（美国）	发现超铀元素
1952	生理学或医学奖	Selman Abraham Waksman（美国）	发现链霉素，第一个有效对抗结核病的抗生素
	化学奖	Archer John Porter Martin（英国）和Richard Laurence Millington Synge（英国）	发明分配色谱法
1953	生理学或医学奖	Hans Adolf Krebs（英国）	发现柠檬酸循环
		Fritz Albert Lipmann（美国）	发现辅酶A及其对中间代谢的重要性
	化学奖	Hermann Staudinger（西德）	在高分子化学领域的研究发现
1954	生理学或医学奖	John Franklin Enders（美国），Thomas Huckle Weller（美国）和Frederick Chapman Robbins（美国）	发现脊髓灰质炎病毒在各种组织培养基中的生长能力
	化学奖	Linus Carl Pauling（美国）	对化学键的性质的研究及其在解释复杂物质结构中的应用
1955	生理学或医学奖	Axel Hugo Theodor Theorell（瑞典）	发现氧化酶的性质和作用方式
	化学奖	Vincent du Vigneaud（美国）	对具有生物化学重要性的含硫化合物的研究，特别是首次合成了多肽激素
1956	生理学或医学奖	André Frédéric Cournand（美国），Werner Forssmann（德国）和Dickinson W. Richards（美国）	心脏导管术及其在循环系统的病理变化方面的发现
	化学奖	Cyril Norman Hinshelwood（英国）和Nikolay Nikolaevich Semenov（苏联）	对化学反应机理的研究
1957	生理学或医学奖	Daniel Bovet（意大利）	发现一些合成化合物能够抑制某些体内物质的活性或作用，特别是对血管系统和骨骼肌的作用
	化学奖	Lord（Alexander R.）Todd（英国）	在核苷酸和核苷酸辅酶研究方面的工作

(续)

获奖年份	获奖名称	获奖人	获奖内容
1958	生理学或医学奖	George Wells Beadle(美国), Edward Lawrie Tatum(美国)	基因能调节生物体内的化学反应
		Joshua Lederberg(美国)	发现基因重组和细菌遗传物质
	化学奖	Frederick Sanger(英国)	在蛋白质结构的研究,特别是胰岛素的研究
1959	生理学或医学奖	Severo Ochoa(美国)和Arthur Kornberg(美国)	发现核糖核酸和脱氧核糖核酸的生物合成机制
	化学奖	Jaroslav Heyrovsky(捷克)	发现并发展了极谱分析法
1960	生理学或医学奖	Frank Macfarlane Burnet(澳大利亚)和Peter Brian Medawar(英国)	发现获得性免疫耐受
	化学奖	Willard Frank Libby(美国)	发展了使用碳14同位素进行年代测定的方法,在考古学、地质学、地球物理学和其他科学分支中被广泛应用
1961	生理学或医学奖	Georg von Békésy(美国)	发现耳蜗内刺激的物理机制
	化学奖	Melvin Calvin(美国)	对植物吸收二氧化碳的研究
1962	生理学或医学奖	Francis Harry Compton Crick(英国), James Dewey Watson(美国)和Maurice Hugh Frederick Wilkins(英国)	发现核酸的分子结构及其对生物中信息传递的重要性
	化学奖	Max Ferdinand Perutz(英国)和John Cowdery Kendrew(英国)	对球状蛋白质结构的研究
1963	生理学或医学奖	John Carew Eccles(澳大利亚), Alan Lloyd Hodgkin(英国)和Andrew Fielding Huxley(英国)	发现在神经细胞膜的外围和中心部位与神经兴奋和抑制有关的离子机理
	化学奖	Karl Ziegler(西德)和Giulio Natta(意大利)	在高聚物化学和技术领域的研究
1964	生理学或医学奖	Konrad Bloch(美国)和Feodor Lynen(西德)	发现胆固醇和脂肪酸的代谢机理和调控作用
	化学奖	Dorothy Crowfoot Hodgkin(英国)	用X射线技术测定一些重要生化物质的结构
1965	生理学或医学奖	Francois Jacob(法国), André Lwoff(法国)和Jacques Monod(法国)	在酶和病毒合成的遗传控制中的发现
	化学奖	Robert Burns Woodward(美国)	在有机合成领域的杰出成就
1966	生理学或医学奖	Peyton Rous(美国)	发现诱导肿瘤的病毒
		Charles Brenton Huggins(美国)	发现前列腺癌的激素疗法
	化学奖	Robert S. Mulliken(美国)	利用分子轨道法对化学键和分子的电子结构方面的基础研究
1967	生理学或医学奖	Ragnar Granit(瑞典), Haldan Keffer Hartline(美国)和George Wald(美国)	发现眼睛的初级生理及化学视觉过程
	化学奖	Manfred Eigen(西德), Ronald George Wreyford Norrish(英国)George Porter(英国)	利用很短的能量脉冲对反应平衡进行扰动的方法,对高速化学反应的研究
1968	生理学或医学奖	Robert W Holley(美国), Har Gobind Khorana(美国)和Marshall W. Nirenberg(美国)	破解遗传密码并阐释其在蛋白质合成中的作用
	化学奖	Lars Onsager(美国)	发现以他的名字命名的倒易关系,为不可逆过程的热力学奠定了基础

（续）

获奖年份	获奖名称	获奖人	获奖内容
1969	生理学或医学奖	Max Delbrück（美国），Alfred D. Hershey（美国）和 Salvador E. Luria（美国）	发现病毒的复制机理和遗传结构
	化学奖	Derek H. R. Barton（英国）和 Odd Hassel（挪威）	对构象概念的发展及其在化学中的应用
1970	生理学或医学奖	Bernard Katz（英国），Ulf von Euler（瑞典），Julius Axelrod（美国）和	发现神经末梢中的体液性传递物质及其贮存、释放和抑制机理
	化学奖	Luis F. Leloir（阿根廷）	发现糖核苷酸及其在碳水化合物的生物合成中所起的作用
1971	生理学或医学奖	Ear W. Sutherland（美国）	发现激素的作用机理
	化学奖	Gerhard Herzberg（加拿大）	对分子的电子构型与几何形状，特别是自由基的研究
1972	生理学或医学奖	Gerald M. Edelman（美国）和 Rodney R. Porter（英国）	发现抗体的化学结构
	化学奖	Christian B. Anfinsen（美国）	对核糖核酸酶的研究，特别是关于氨基酸序列和生物活性构象之间的联系
		Stanford Moore（美国）和 William H. Stein（美国）	对核糖核酸酶分子活性中心的化学结构和催化活性之间的关系的研究
1973	生理学或医学奖	Karl von Frisch（西德），Konrad orenz（奥地利）和 Nikolaas Tinbergen（英国）	发现个体与社会性行为模式的组织和引发
	化学奖	Ernst Otto Fischer（西德）和 Geoffrey Wilkinson（英国）	在金属有机化合物（所谓的三明治化合物）的化学性质的开创性工作
1974	生理学或医学奖	Albert Claude（比利时），Christian de Duve（比利时）和 George E. Palade（美国）	发现了细胞的结构和功能组织
	化学奖	Paul J. Flory（美国）	高分子物理化学的理论和实验方面的基础研究
1975	生理学或医学奖	David Baltimore（美国），Renato Dulbecco（美国）和 Howard Martin Temin（美国）	发现肿瘤病毒和细胞的遗传物质之间的相互作用
	化学奖	John Warcup Cornforth（英国）	酶催化反应的立体化学的研究
		Vladimir Prelog（瑞士）	有机分子和反应的立体化学的研究
1976	生理学或医学奖	Baruch S. Blumberg（美国）和 D. Carleton Gajdusek（美国）	发现传染病产生和传播的新机理
	化学奖	William N. Lipscomb（美国）	对硼烷结构的研究，揭示了化学键的问题
1977	生理学或医学奖	Roger Guillemin（美国）和 Andrew V. Schally（美国）	发现大脑分泌的肽类激素
		Rosalyn Yalow（美国）	开发肽类激素的放射免疫分析法
	化学奖	Ilya Prigogine（比利时）	对非平衡热力学的贡献，特别是耗散结构的理论
1978	生理学或医学奖	Werner Arber（瑞士），Daniel Nathans（美国）和 Hamilton O. Smith（美国）	发现限制性内切酶及其在分子遗传学方面的应用
	化学奖	Peter D. Mitchell（英国）	利用化学渗透理论公式，为了解生物能量传递作出贡献

（续）

获奖年份	获奖名称	获奖人	获奖内容
1979	生理学或医学奖	Allan M. Cormack（美国）和 Godfrey N. Hounsfield（英国）	开发计算机辅助的断层扫描技术
	化学奖	Herbert C. Brown（美国）和 Georg Wittig（西德）	分别将含硼和含磷化合物用于有机合成中的重要试剂
1980	生理学或医学奖	Baruj Benacerraf（美国），Jean Dausset（法国）和 George D. Snell（美国）	发现调节免疫反应的细胞表面受体的遗传结构
	化学奖	Paul Berg（美国）	对核酸生物化学的基础研究，特别是对重组DNA的研究
		Walter Gilbert（美国）和 Frederick Sanger（英国）	确定核酸中DNA碱基序列的方法
1981	生理学或医学奖	Roger W. Sperry（美国）	发现大脑半球的功能性分工
		David H. Hubel（美国）和 Torsten N. Wiesel（瑞典）	发现视觉系统的信息加工
	化学奖	Kenichi Fukui（日本）和 Roald Hoffmann（美国）	通过他们各自独立发展的理论来解释化学反应的发生
1982	生理学或医学奖	Sune K. Bergström（瑞典），Bengt I. Samuelsson（瑞典）和 John R. Vane（英国）	发现前列腺素及其相关的生物活性物质
	化学奖	Aaron Klug（英国）	开发了晶体电子显微镜和阐明了具有重要生物学意义的核酸-蛋白质复合物的结构
1983	生理学或医学奖	Barbara McClintock（美国）	发现可移动的遗传元素
	化学奖	Henry Taube（美国）	对金属配合物中电子转移反应机制的研究
1984	生理学或医学奖	Niels K. Jerne（丹麦），Georges J. F. Köhler（西德）和 César Milstein（英国）	关于免疫系统的发育和控制特异性的理论以及发现单克隆抗体产生的原理
	化学奖	Robert Bruce Merrifield（美国）	开发了固相化学合成法
1985	生理学或医学奖	Michael S. Brown（美国）和 Joseph L. Goldstein（美国）	在胆固醇代谢调控方面的发现
	化学奖	Herbert A. Hauptman（美国）和 Jerome Karle（美国）	在发展晶体结构直接测定方法方面的杰出成就
1986	生理学或医学奖	Stanley Cohen（美国）和 Rita Levi-Montalcini（美国）	发现生长因子
	化学奖	Dudley R. Herschbach（美国），Yuan T. Lee（美国）和 John C. Polanyi（加拿大）	对化学基本过程动力学的贡献
1987	生理学或医学奖	Susumu Tonegawa（日本）	发现产生抗体多样性的遗传学原理
	化学奖	Donald J. Cram（美国），Jean-Marie Lehn（法国）和 Charles J. Pedersen（美国）	开发和使用具有高选择性且结构特异的可相互作用的分子
1988	生理学或医学奖	James W. Black（英国），Gertrude B. Elion（美国）和 George H. Hitchings（美国）	发现药物治疗的重要原理
	化学奖	Johann Deisenhofer（西德），Robert Huber（西德）和 Hartmut Michel（西德）	确定了光合反应中心的三维结构

（续）

获奖年份	获奖名称	获奖人	获奖内容
1989	生理学或医学奖	J. Michael Bishop（美国）和 Harold E. Varmus（美国）	发现逆转录病毒致癌基因的细胞来源
	化学奖	Sidney Altman（加拿大）和 Thomas Cech（美国）	发现了 RNA 的催化性质
1990	生理学或医学奖	Joseph E. Murray（美国）和 E. Donnall Thomas（美国）	发明应用于人类疾病治疗的器官和细胞移植术
	化学奖	Elias James Corey（美国）	有机合成理论和方法的发展
1991	生理学或医学奖	Erwin Neher（德国）和 Bert Sakmann（德国）	发现细胞中单离子通道的功能
	化学奖	Richard R. Ernst（瑞士）	对高分辨率核磁共振（NMR）光谱学方法的发展做出了贡献
1992	生理学或医学奖	Edmond H. Fischer（美国）和 Edwin G. Krebs（美国）	发现可逆的蛋白质磷酸化作用是一种生物调节机制
	化学奖	Rudolph A. Marcus（美国）	对化学系统中电子转移反应理论的贡献
1993	生理学或医学奖	Richard J. Roberts（英国）和 Phillip A. Sharp（美国）	发现断裂基因
	化学奖	Kary B. Mullis（美国）和 Michael Smith（加拿大）	发展了以 DNA 为基础的化学研究方法，开发了聚合酶链式反应（PCR）方法
1994	生理学或医学奖	Alfred G. Gilman（美国）和 Martin Rodbell（美国）	发现 G 蛋白及其在细胞中的信号转导作用
	化学奖	George A. Olah（美国）	对碳阳离子化学的贡献
1995	生理学或医学奖	Edward B. Lewis（美国），Christiane Nüsslein-Volhard（德国）和 Eric F. Wieschaus（美国）	发现早期胚胎发育中的遗传调控机理
	化学奖	Paul J. Crutzen（瑞士），Mario J. Molina（墨西哥）和 Frank Sherwood Rowland（美国）	对大气化学方面的研究，特别是关于臭氧的形成和分解的研究
1996	生理学或医学奖	Peter C. Doherty（澳大利亚）和 Rolf M. Zinkernagel（瑞士）	发现细胞介导的免疫防御特性
	化学奖	Robert F. Curl Jr.（美国），Harold W. Kroto（英国）和 Richard E. Smalley（美国）	发现了富勒烯
1997	生理学或医学奖	Stanley B. Prusiner（美国）	发现了朊病毒（一种新的生物感染原理）
	化学奖	Paul D. Boyer（美国）和 John E. Walker（英国）	阐明了三磷酸腺苷（ATP）合成中的酶催化机制
		Jens C. Skou（丹麦）	发现离子传输酶 Na^+, K^+-ATP 酶
1998	生理学或医学奖	Robert F. Furchgott（美国），Louis J. Ignarro（美国）和 Ferid Murad（美国）	发现在心血管系统中起信号分子作用的一氧化氮
	化学奖	Walter Kohn（美国）	创立了密度泛函理论
		John A. Pople（英国）	发展了量子化学中的计算方法
1999	生理学或医学奖	Günter Blobel（美国）	发现蛋白质具有控制其在细胞中传递和定位的内在信号
	化学奖	Ahmed Zewail（埃及）	用飞秒光谱学对化学反应过渡态的研究

(续)

获奖年份	获奖名称	获奖人	获奖内容
2000	生理学或医学奖	Arvid Carlsson(瑞典), Paul Greengard(美国)和Eric R. Kandel(美国)	发现神经系统中的信号传导
	化学奖	Alan J. Heeger(美国), Alan G. MacDiarmid(美国)和Hideki Shirakawa(日本)	导电聚合物的发现和开发
2001	生理学或医学奖	Leland H. Hartwell(美国), Tim Hunt(英国)和Paul M. Nurse(英国)	发现细胞周期的关键调节因子
	化学奖	William S. Knowles(美国)和Ryoji Noyori(日本)	对手性催化氢化反应的研究
	化学奖	K. Barry Sharpless(美国)	对手性催化氧化反应的研究
2002	生理学或医学奖	Sydney Brenner(南非), H. Robert Horvitz(美国)和John E. Sulston(英国)	发现器官发育和细胞程序性死亡的遗传调控机理
	化学奖	John B. Fenn(美国)和Koichi Tanaka(日本)	开发了生物大分子的鉴定和结构分析方法,建立了软解析电离法对生物大分子进行质谱分析
	化学奖	Kurt Wüthrich(瑞士)	开发了对生物大分子进行鉴定和结构分析的方法,建立了利用核磁共振谱学来解析溶液中生物大分子三维结构的方法
2003	生理学或医学奖	Paul Lauterbur(美国)和Peter Mansfield(英国)	在核磁共振成像方面的发现
	化学奖	Peter Agre(美国)	发现了细胞膜水通道
	化学奖	Roderick Mackinnon(美国)	对离子通道结构与机理的研究
2004	生理学或医学奖	Richard Axel(美国)和Linda B. Buck(美国)	发现了嗅觉受体和嗅觉系统的组织方式
	化学奖	Aaron Ciechanover(以色列), Avram Hershko(以色列)和Irwin Rose(美国)	发现了泛素介导的蛋白质降解
2005	生理学或医学奖	Barry J. Marshall(澳大利亚)和J. Robin Warren(澳大利亚)	发现了幽门螺杆菌及其在胃炎和消化性溃疡病中的作用
	化学奖	Yves Chauvin(法国), Robert H. Grubbs(美国)和Richard R. Schrock(美国)	促进有机合成中复分解方法的发展
2006	生理学或医学奖	Andrew Z. Fire(美国)和Craig C. Mello(美国)	发现了RNA干扰——通过双链RNA使基因沉默
	化学奖	Roger D. Kornberg(美国)	对真核生物转录的分子基础的研究
2007	生理学或医学奖	Mario R. Capecchi(美国), Martin J. Evans(英国)和Oliver Smithies(美国)	发现了利用胚胎干细胞在小鼠身上引入特定基因修饰的原理
	化学奖	Gerhard Ertl(德国)	对固体表面化学过程的研究
2008	生理学或医学奖	Harald zur Hausen(德国)	发现了引起宫颈癌的人类乳头瘤病毒(HPV)
	生理学或医学奖	Françoise Barré-Sinoussi(法国)和Luc Montagnier(法国)	发现了人体免疫缺陷病毒(HIV)
	化学奖	Osamu Shimomura(日本), Martin Chalfie(美国)和Roger Y. Tsien(美国)	发现和改造了绿色荧光蛋白GFP

(续)

获奖年份	获奖名称	获奖人	获奖内容
2009	生理学或医学奖	Elizabeth Blackburn(澳大利亚),Carol Greider(美国)和Jack W. Szostak(美国)	发现端粒和端粒酶保护染色体的机理
	化学奖	Venkatraman Ramakrishnan(印度),Thomas A. Steitz(美国)和Ada E. Yonath(以色列)	对核糖体结构和功能的研究
2010	生理学或医学奖	Robert G. Edwards(英国)	发展体外授精疗法
	化学奖	Richard F. Heck(美国),Ei-ichi Negishi(日本)和Akira Suzuki(日本)	对有机合成中钯催化偶联反应的研究
2011	生理学或医学奖	Bruce A. Beutler(美国)和Jules A. Hoffmann(法国)	在激活先天免疫方面的发现
		Ralph M. Steinman(加拿大)	发现树突状细胞及其在获得性免疫中的作用
	化学奖	Dan Shechtman(以色列)	发现准晶体
2012	生理学或医学奖	John B. Gurdon(英国)和Shinya Yamanaka(日本)	发现成熟细胞可以重新编程成为多功能细胞
	化学奖	Robert J. Lefkowitz(美国)和Brian K. Kobilka(美国)	对G蛋白偶联受体的研究
2013	生理学或医学奖	James E. Rothman(美国),Randy W. Schekman(美国)和Thomas C. Südhof(德国)	发现了调节囊泡运输的机制,囊泡运输是细胞中的主要运输系统
	化学奖	Martin Karplus(奥地利),Michael Levitt(英国)和Arieh Warshel(以色列)	为复杂化学系统开发多尺度模型
2014	生理学或医学奖	John O'Keefe(美国),May-Britt Moser(挪威)和Edvard I. Moser(挪威)	发现了构成大脑定位系统的细胞
	化学奖	Eric Betzig(美国)、Stefan W. Hell(德国)和William E. Moerner(美国)	研制超分辨率荧光显微技术
2015	生理学或医学奖	Tu Youyou(中国)	发现治疗疟疾的新疗法
		William C. Campbell(爱尔兰)和Satoshi Ōmura(日本)	发现治疗丝虫寄生虫新疗法
	化学奖	Tomas Lindahl(瑞典),Paul Modrich(美国)和Aziz Sancar(土耳其)	DNA修复的细胞机制研究
2016	生理学或医学奖	Yoshinori Ohsumi(日本)	发现细胞自噬的机制
	化学奖	Jean-Pierre Sauvage(法国),J. Fraser Stoddart(美国)和Bernard L. Feringa(荷兰)	分子机器的设计和合成
2017	生理学或医学奖	Jeffrey C. Hall(美国),Michael Rosbash(美国)和Michael W. Young(美国)	发现了调控昼夜节律的分子机制
	化学奖	Jacques Dubochet(瑞士),Joachim Frank(德国)和Richard Henderson(英国)	发展了冷冻电子显微技术,以高分辨率测定溶液中生物分子的结构
2018	生理学或医学奖	James P. Allison(美国)和Tasuku Honjo(日本)	发现了负性免疫调节治疗癌症的疗法
	化学奖	Frances H. Arnold(美国)	酶的定向演化
		George P. Smith(美国)和Gregory P. Winter(英国)	多肽和抗体的噬菌体展示技术

(续)

获奖年份	获奖名称	获奖人	获奖内容
2019	生理学或医学奖	William G. Kaelin Jr.（美国），Peter J. Ratcliffe（英国）和 Gregg L. Semenza（美国）	发现了细胞如何感知和适应氧气供应
	化学奖	John B. Goodenough（美国），M. stanley Whittlingham（英国）和 Akira Yoshino（日本）	在锂离子电池研发领域的贡献
2020	生理学或医学奖	Harvey J. Alter（美国），Michael Houghton（英国）和 Charles M. Rice（美国）	发现了丙型肝炎病毒
	化学奖	Emmanuelle Charpentier（法国）和 Jennifer A. Doudna（美国）	开发了一种基因组编辑方法
2021	生理学或医学奖	David Julius（美国）和 Ardem Patapoutian（黎巴嫩）	发现了温度和触觉感受器
	化学奖	Benjamin List（德国）和 David W. C. MacMillan（英国）	推动了不对称有机催化的发展
2022	生理学或医学奖	Svante Pääbo（瑞典）	在已灭绝人种的基因组和人类进化上的重大发现
	化学奖	Carolyn R. Bertozzi（美国），Morten Meldal（丹麦）和 K. Barry Sharpless（美国）	在链接化学和生物正交化学领域的贡献